以本为本
铸魂育人

首都经济贸易大学课程思政教育教学改革优秀论文集

主　编　刘　强
副主编　陈　磊　褚福磊

首都经济贸易大学出版社
Capital University of Economics and Business Press
·北京·

图书在版编目（CIP）数据

以本为本，铸魂育人：首都经济贸易大学课程思政教育教学改革优秀论文集／刘强主编. -- 北京：首都经济贸易大学出版社，2023.12

ISBN 978-7-5638-3538-6

Ⅰ.①以… Ⅱ.①刘… Ⅲ.①高等学校—思想政治教育—教学研究—中国—文集 Ⅳ.①G641-53

中国国家版本馆CIP数据核字（2023）第115231号

以本为本　铸魂育人——首都经济贸易大学课程思政教育教学改革优秀论文集
主　编　刘　强
副主编　陈　磊　褚福磊
YIBEN WEIBEN　ZHUHUN YUREN
——SHOUDU JINGJI MAOYI DAXUE KECHENG SIZHENG JIAOYU JIAOXUE GAIGE YOUXIU LUNWENJI

责任编辑	陈雪莲
封面设计	风得信·阿东 FondesyDesign
出版发行	首都经济贸易大学出版社
地　　址	北京市朝阳区红庙（邮编100026）
电　　话	（010）65976483　65065761　65071505（传真）
网　　址	http://www.sjmcb.com
E-mail	publish@cueb.edu.cn
经　　销	全国新华书店
照　　排	北京砚祥志远激光照排技术有限公司
印　　刷	北京九州迅驰传媒文化有限公司
成品尺寸	170毫米×240毫米　1/16
字　　数	653千字
印　　张	41.25
版　　次	2023年12月第1版　2023年12月第1次印刷
书　　号	ISBN 978-7-5638-3538-6
定　　价	98.00元

图书印装若有质量问题，本社负责调换
版权所有　侵权必究

总 序

习近平总书记强调："培养什么人，是教育的首要问题。"全国高校思想政治工作会议以来，在习近平总书记关于教育重要论述的指导下，高校课程思政建设全面推进，为我国高等教育实现高质量发展注入了新的活力和动力，促进了高校三全育人体制机制的完善。持续深化课程思政建设是进一步推动中国特色社会主义教育理论体系不断形成新的生动实践的客观要求，当前，要进一步明确课程思政建设的内涵、路径、方法，既要坚持从为党育人、为国育才的政治高度来强化思想认知，更要回归教育的本质来推进实践探索。要牢牢抓住全面提高人才培养能力这个核心点，始终坚持人才培养的内在逻辑，锚定"专业"这一人才培养的基本单元，着力于在专业思政的框架下健全课程思政的工作体系、教学体系和内容体系，不断深化课程思政建设，提升专业人才培养质量。

人才培养的内在逻辑是专业思政和课程思政的基本遵循。从高等教育人才培养规律看，专业是人才培养的基本单元，课程是人才培养的最小单元。专业思政和课程思政作为新时代中国共产党人对高等教育人才培养规律的新认识，是新时代高校构建高水平人才培养体系的重要实践，是学校对专业内涵的丰富和拓展，为新时代专业建设提供了重要遵循。

专业思政是深化课程思政建设的基石和平台，是对专业的人才培养功能的新认识，强调所有专业都要在学校办学总体目标定位的基础上明确本专业的育人目标和规格，把育人要求细化到本专业的人才培养方案中，落实到人才培养全过程，在课程体系（含实践教学）、教学规范、师资队伍、教学条件、质量保障等各环节中有机融入本专业所蕴含的思想政治教育元素，实现思想政治教育与知识体系教育的有机统一。

专业与课程的逻辑关系决定了专业思政与课程思政具有天然的一体性。专业思政是指在本专业人才培养方案中对本专业所培养人才应具备的核心素养进行总体设计，提出要求和实施路径；课程思政是指依据专业思政的目标要求，把"做人做事的基本道理""社会主义核心价值观的要求""实现民族复兴的理想和责任"细化落实到每门课程的教学大纲、教学设计、课堂教学、考试测验等全过程的各方面各环节，彰显出每门课程"守好一段渠，种好责任田"、成为育人主渠道的功能。专业思政不仅为课程思政建设聚焦了育人方向、规定了工作目标、营造了浓厚氛围，而且搭建了本专业课程共享的思政资源平台，同时也为本专业的非专业课程（公共基础课程等）开展课程思政提供了体现"因专业而思政"的专业思政资源。

近三年来，首都经济贸易大学按照高等教育人才培养的内在逻辑，在专业思政框架下不断深化课程思政建设，逐步形成了党委统一领导、党政齐抓共管、教务部门牵头抓总、相关部门联动、院系落实推进、自身特色鲜明的课程思政建设工作格局。

2020年，学校完善了课程思政建设的顶层框架，出台了《关于推进"三全育人"综合改革的实施意见》《关于深化课程思政建设的意见》等文件，统筹推进"三全育人"综合改革和课程思政建设，制定了《首都经济贸易大学全面落实立德树人根本任务 打造新时代一流本科教育实施方案》和专业建设规划，开展本科人才培养方案的全面修订，给出了课程思政建设的行动指南，在全校进一步明确了课程思政"是什么，为什么，怎么做，怎么做好"的认识。

2021年，学校成立了课程思政教学研究中心，课程思政建设在学校继续全面推进，在全校范围内打造了一批具有示范引领作用的专业、课程、教材、案例、教研成果、实践教学成果、教学名师和教学团队；组织了学校课程思政教学设计大赛，开展了课程思政工作坊系列讲座；与新华网实现共建，并搭建了"新华思政"课程思政资源库平台，形成了"课程门门有思政 教师人人讲育人"的良好氛围。

2022年，学校专业思政建设全面推进。在学校党委和行政部门的全力推动下，采用"重点推进"与"全面铺开"相结合的方式，通过7个试点学院和3个试点专业的先行先试，全面推进专业思政建设。打造了经济学、法学、会计学三个专业的专业思政资源库，并以此为基础，将专业思政建设的理念与做法推广到 25 个国家级一流专业建设中，推广到全校 34 个在招专业建设中，探索研制专业思政与课程思政建设标准，进一步完善学校课程思政建设体系。

此次统一规划出版的课程思政建设系列丛书，是学校开展课程思政建设的阶段性成果。丛书将贯彻学校在专业思政框架下深化课程思政建设，坚持专业育人理念，聚焦专业核心素养养成，提升专业人才培养质量的实践探索。

今后，学校将牢牢把握在专业思政框架下深化课程思政建设的着力点，优化人才培养方案和教学大纲，完善课程思政的工作体系、教学体系和内容体系，压实专业负责人的主体责任，注重教师的个人能动作用，提升教师教育能力、教学能力，不断提高学校专业建设、课程建设的水平和专业人才培养质量。

韩宪洲

2022 年 3 月 12 日

序 言

自全国高校思想政治工作会议以来,在习近平总书记关于教育的重要论述的指导下,首都经济贸易大学课程思政建设全面推进,为学校高等教育实现高质量发展注入了新的活力和动力。在课程思政建设的推进过程中,学校牢牢抓住全面提高人才培养能力这个核心点,始终坚持人才培养的内在逻辑,锚定"专业"这一人才培养的基本单元,着力于在"专业思政"框架下健全完善课程思政的工作体系、教学体系和内容体系。

学校充分认识到要搞好专业思政建设,需把握好如下四个指导思想:一是坚持以习近平新时代中国特色社会主义思想为指导,特别是坚持以习近平总书记关于教育的重要论述和关于立德树人的重要论述为遵循,为专业思政建设提供强大的政治引领和不竭的源头活水。二是坚持从立德树人根本任务、高水平人才培养体系和"三全育人"体制机制的高度认识专业思政。三是坚持把思想政治工作贯通专业建设各要素及全过程。专业思政应当把思想政治工作贯穿教育教学全过程,在培养目标上明确人才培养规定的思想政治素质要求,将专业课程体系、教学规范、师资队伍、教学条件、质量保障等各要素要与培养目标相衔接,体现专业思政的内容和要求。四是坚持以专业思政建设为着力点,推动师德师风建设,提升教师的师德责任意识、师德践行能力、师德修养方法,进一步激发教师自育的内生性和育人的自觉性。

遵循上述指导思想,学校提出了六项主要举措:第一,全面搭建专业思政建设框架。全校各专业要遵循专业建设的内在规律,突出专业建设重点,科学设计专业课程与实践训练的思政育人体系,合理制定专业思政建设总体方案。在人才培养的专业能力和核心素养的设计中,要对育人目标和总体要求进行科学表述,明确提出本专业思政育人的总体要求和具体实现路径。第二,进一步优化人才培养方案和教学大纲。全校各专业要在人才培养方案中对人才培养规格(包括专业能力和核心素养)作出完整、科学的表述,注重红色基因、科学精神、创新能力、批判性思维的培养培育，并把专业能力与核心素养的培养分解到本专业的所有课程（群）中。每门课程需围绕专业培养目标中规定的核心素养来完善教学大纲。第三，系统打造专业思政资源库。全校各专业在有效凝练专业特色、人才培养核心素养以及课程思政建设思路的基础上，系统设计课程教学内容，做好课堂教学内容体系和实践教学安排，落实好人才培养方案和教学大纲要求。各专业要做好专业思政资源库的建设工作，编制课程教案、说课设计以及示范课展示课件等，不断丰富完善专业思政资源库建设。第四，持续深化课堂教学模式改革。各教学单位要深刻把握课程思政教学体系的原生性特点，明确课程思政教学不是添加些思政元素，而是对课程教学体系中内容、方法、模式等的全面梳理。全校任课教师要进一步提升信息化教学的能力和水平，积极推进线上线下混合式教学模式改革；要进一步推进课堂教学与实践教学的有效衔接，提升学生的实践能力。学院层面要进一步加强教学过程管理和教学质量监控，全面提升课堂育人效果。第五，持续推进"七个一批"工程建设。全校各专业要积累建设经验，凝练建设成果，持续推进专业思政成果转化。在全校层面建设一批示范课程，推出一批示范教材，形成一批示范案例，推进一批实践教学示范项目，培育一批研究成果，打造一批示范专业，选出一批示范教师和教学团队，形成具有引领性、示范性的高质量专业建设成果，全面提升人才培养的能力和水平。第六，进一步调动教师个人的能动性。课程思政具有专业规定性和教师自主性双重特征，全体任课教师既要遵循课程思政的专业规定性，使课程思政切实服务于专业人才培养目标的达成，又要充分发挥教师自身的主观能动性，形成鲜明的讲授特点和风格。继续办好学校课程思政教学设计大赛，推进全体教师主动承担育人责任，营造"课程门门有思政，教师人人讲育人"的良好氛围。

　　为了更好地在专业思政的框架下深化课程思政建设，及时总结学校课程思政教育教学改革成果，搭建课程思政建设好成果、好做法、好经验、好示范的经验交流平台和成果展示平台，宣传和推广课程思政的先进经验，学校面向全校教师征集课程思政教育教学改革论文。教务处、课程思政教学研究中心对征文稿件进行筛选后，共收录49篇优秀论文，约46万字。其中，第一篇为"专业思政理论阐述",共收录 10 篇文章,相关论文或基于专业思政的学理阐释,或基于问卷调查的实证研究,以充分论证专业思政的路径探索、误区矫正等问题,并深入分析专业思政的实施策略和评估机制。第二篇为"专业思政建设实践",共收录 10 篇文章,相关论文主要总结和凝练了经济学、法学、投资学、安全工程、统计学、土地资源管理等专业在实施专业思政建设中的实践路径和改革措施。第三篇为"课程思政教学研究",共收录 18 篇文章,相关论文主要围绕课程思政与三全育人体系之关系、课程思政与师资队伍建设之关系、课程思政建设之难点与困境、课程思政评价体系等焦点问题进行系统阐释。第四篇为"课程思政教学设计",共收录 14 篇文章,相关论文主要围绕经管文法等核心课程(包括实验类课程)的课程思政导入模式、实施路径等具体内容,展示课程思政的教学设计,总结教师的理论思考,突出课程思政教育教学过程中实际问题的探索、实践与经验。

总体来看,本次征文对众多问题进行了探讨,包括:专业思政的基本内涵、概念厘清、逻辑进路,从"课程思政"到"专业思政"的理论阐释与实践路径,课程思政、专业思政一体化建设的逻辑向度及实践路径,专业思政建设框架下深化课程思政建设的难点与突破,专业思政建设对教师队伍建设的推动机理与提升路径,课程思政、专业思政的建设标准与评价体系,财经类高校课程思政建设的误区、转变与方向,红色文化融入高校思政课一体化建设路径,新时代高水平人才培养体系构建背景下专业思政建设的关键问题及解决思路,并对相关一流专业建设背景下专业思政建设的价值审思、现实困境、路径抉择等理论与实践问题进行了深入的探讨,基本达到了征文活动的预期目标。以本次征文活动为契机,学校将进一步搭建交流研讨、教学展示等平台,促进学院之间、专业之间、教师之间开展互动交流,营造专业思政和课程思政建设氛围,提升学校专业思政和课程思政的建设能力和建设水平。

目 录

第一篇　专业思政理论阐述 ……………………………………… 1

在专业思政框架下推进课程思政建设的路径探索 …………………… 3
论高校专业思政建设中的误区与矫正 ………………………………… 14
"大思政课"视角下金融类专业课程思政建设的实施策略
　　——基于学生满意度的调查 …………………………………… 26
课程思政与专业思政一体化的内在逻辑与实现路径 ………………… 39
专业思政与课程思政一体化建设的路径探索
　　——基于问卷调查的分析 ……………………………………… 53
专业思政框架下三全育人成效的评估体系研究 ……………………… 65
从"课程思政"到"专业思政"的理论阐释与实践路径 …………… 77
专业思政建设框架下深化课程思政建设的难点与突破 ……………… 89
推进课程思政与专业思政一体化建设的理论思考 …………………… 99
课程思政与中国经济学教育的本土化和国际化 ……………………… 105

第二篇　专业思政建设实践 ……………………………………… 119

基于核心素养的经贸类专业思政建设思路及实现路径研究 ………… 121

高校法学专业思政建设中的问题及改进 ……………………………… 139
专业思政建设评价体系的构建研究

  ——以统计学专业为例 ………………………………………… 151
专业思政与课程思政一体化设计和协同育人路径研究

  ——以土地资源管理专业为例 ………………………………… 168
法学专业课程思政、专业思政一体化建设的实现路径研究 ……… 182
投资学专业思政建设模式探讨 ……………………………………… 190
安全工程专业从"课程思政"到"专业思政"建设的路径探索 ……… 200
传播学专业课程思政、专业思政一体化建设的逻辑向度

  及实践进路 …………………………………………………… 214
法学专业思政的内涵释义及改革路径研究 ………………………… 233
从课程思政迈向专业思政的路径探索

  ——以法学专业为例 …………………………………………… 251

第三篇　课程思政教学研究 ……………………………… 265

从"思政课程"到"课程思政"的三全育人体系构建研究 ………… 267
基于 OBE 教育理念的公共管理类课程思政评价体系构建 ……… 280
论课程思政背景下"师道尊严"的重建及其对大学教师队伍

  建设的推动 …………………………………………………… 293
关于做好课程思政　助力立德树人的思考 ………………………… 311
互联网时代高校教师课程思政教育面临的挑战与应对 …………… 317
课程思政建设背景下研究生网络课程质量评估研究 ……………… 324

高校成本管理会计课程思政的探索与实践 …… 338

新工科背景下数据科学与大数据技术专业课程思政的困境与路径 …… 349

高等数学课程思政建设思路与教学策略 …… 362

大学英语课程思政建设实践难点与解决方案 …… 373

论大学统计学课程思政建设之要点 …… 386

后疫情时代大学英语课程思政建设的机遇与挑战 …… 392

课程思政建设中外语学习策略的教学理念及实施路径探索 …… 399

"思政+国际化+实践"三位一体的大学英语第二课堂

  实践模式探究 …… 415

课程思政融入税收专业课程体系的路径研究 …… 427

资产评估课程思政教学设计研究与实践 …… 446

课程思政视阈下国际私法教学理念的转型与创新 …… 457

税法专业课程思政的背景、意义及路径 …… 472

第四篇 课程思政教学设计 …… 483

高校高级财务会计课程思政的探索与实践 …… 485

高校财务管理课程思政的探索与实践 …… 496

浅谈思政元素融入审计学课程教学的实现路径 …… 505

商业伦理与会计职业道德课程思政的导入模式与实施路径 …… 517

以学生为中心的会计专业实验实践课思政建设探索

  ——以会计信息系统为例 …… 528

红色文化融入中国金融史课程建设的教学探索 …… 539

绿色生产和绿色消费视域下生态环境法学课程思政的体系设计 ………… 549

国家一流专业建设背景下课程思政建设的教学设计

　　——以城市文化学课程为例 …………………………………… 558

国际化视阈下大学英语课程思政内容链建设研究

　　——以核心英语为例 …………………………………………… 567

国际化教学模式中的专业课程思政教学设计

　　——以运营管理为例 …………………………………………… 582

思政教育融入税法课程的教学设计

　　——以消费税税制为例 ………………………………………… 594

课程思政视域下英文经典听诵活动的设计理念与实施路径

　　——以研究生公共英语教学为例 ……………………………… 612

音乐名曲欣赏课程思政的实践研究 ……………………………………… 629

审计与鉴证业务课程思政元素设计与实践探析 ………………………… 639

第一篇　专业思政理论阐述

在专业思政框架下推进课程思政建设的路径探索[1]

韩宪洲 刘 强 陈 磊[2]

【摘 要】在专业思政框架下推进课程思政建设，可以巩固学校意识形态阵地，增强教师课程思政建设的能力和动力，优化学校专业建设和课程建设成果。在专业思政框架下推进课程思政建设时，高校应当搭建立体化课程思政教学研究宣传展示平台，制定出台专业建设规划，全面修订人才培养方案，将课程思政细化并融入人才培养的全过程；通过树立试点学院和试点专业的方式，实现重点推进与全面铺开的有机结合；形成以学院党组织、教师党支部为引领，二级教学单位和教研室、课程组协同推进的"专业思政"建设新格局。

【关键词】专业思政；课程思政；专业建设规划

一、在专业思政框架下推进课程思政建设的现实意义

（一）巩固学校意识形态阵地

全面推进课程思政建设是落实立德树人根本任务的战略举措。课程思政建设是高校近年来的中心工作之一，也是所有教师的共同任务。专业思政是课程思政顶层设计的现实需要和统筹规划的应然选择。高校应当通过课程思

---

[1] 基金项目：北京高校青年教师创新教研工作室、北京市属高等学校优秀青年人才培育计划项目的阶段性成果；文章受北京市教育工会、首都经济贸易大学北京市属高校基本科研业务费专项资金资助项目支持。

[2] 作者简介：韩宪洲，研究员，首都经济贸易大学原党委书记；刘强，教授，首都经济贸易大学教务处处长；陈磊，副教授，首都经济贸易大学教务处处长助理，首都经济贸易大学课程思政教学研究中心研究员。

政与专业思政一体化建设，坚持把立德树人成效作为根本标准，将课程思政作为党委落实意识形态主体责任的重要内容，纳入评价学校办学质量和学科建设评估体系、分类评价体系。扎实的课程思政与专业思政一体化建设工作，能够积极引导师生从巩固马克思主义在意识形态领域的指导地位、培育和践行社会主义核心价值观、巩固全党全国各族人民团结奋斗共同思想基础的政治高度，积极推动习近平总书记重要讲话精神进教材、进课堂、进学生头脑，全面融入课程思政建设，形成协同效应。

（二）增强教师课程思政建设的能力和动力

高校通过课程思政与专业思政一体化建设，可以帮助广大教师不断提高对课程思政的认识，正确把握"课程思政"与"立德树人""三全育人"的关系，在探索中不断反思如何把课程思政有机融入课堂教学，不断强化教书育人的使命感和责任心，增强课程思政的意识，提升课程思政元素的挖掘能力。通过课程思政与专业思政一体化建设，教师可以把党史学习教育的成果落实到自身育人活动之中，融入课程思政建设，不断拓展课程思政的承载形式，推动"三全育人"向纵深发展，担好立德树人根本任务的担子。

（三）优化学校专业建设和课程建设成果

高校通过课程思政与专业思政一体化建设，可以在人才培养方案的修订方面进一步突出课程思政的相关要求，保障培养方案和每门课程的教学大纲中都加入了课程思政元素。例如，在课程思政与专业思政一体化建设体系下，可以将军事理论课新增为通识教育必修课，通识教育选修课中增加"四史"课程作为选修类必修课，加入必修课程"习近平新时代中国特色社会主义思想概论"等建设内容。

在专业建设方面，课程思政与专业思政一体化建设体系的实施，可以加快形成"课程门门有思政，教师人人重育人"的良好局面，确保学校坚持"价值引领、五育并举"的育人导向，探索创新课程思政建设方法路径，促进每位教师、每门课程都深度挖掘并提炼所蕴含的德育元素和承载的德育功能，将思政元素加入课程教学目标，修订教学大纲，并在相应的课程质量分析报告中加入思政教学成效总结。

二、在专业思政框架下推进课程思政建设的基本要求

（一）规划专业思政建设体系的顶层设计方案

课程思政是高校落实立德树人根本任务、铸就教育之魂的理念创新和实践创新。要办好中国特色社会主义高等教育并增强课程思政建设的有效性，高校必须坚持党委的统一领导。在课程思政建设的推进工作中，高校党委应当落实课程思政工作体系的顶层设计，加强对课程思政建设目标和重点领域的系统化和整体性设计，充分发挥党委在高校教育工作中的重要作用。

课程思政理念对立德树人成效有显著的正向影响，在课程思政理念和立德树人成效间起部分中介作用。课程思政与专业思政一体化建设体系的实施过程中，高校党委应当强调要将推进课程思政建设作为学校落实立德树人的根本任务，以及健全"三全育人"体制机制、形成高水平人才培养体系的重要抓手；明确课程思政建设是学校各单位和全体教师的共同任务，学校上下要协同推进；要在试点学院开展有益探索的基础上，在学校有序推广、全面推进课程思政和专业思政。学院要通过先行先试、广泛研讨、树立榜样等方式，切实解决好教师"该干""想干""会干""能干好"的问题；要发挥好党建对"三全育人"综合改革和深化课程思政建设的引领作用，全面贯彻党的教育方针，落实立德树人根本任务，加强和改进新形势下的思想政治工作。

为了准确把握课程思政教育的规律，强化课程育人导向，完善课程思政育人大格局，高校党委还要积极探索课程思政的基本内涵，持续创新课程思政的理论研究。首先，要聚焦"课程思政是什么、为什么、怎么干、怎么看"的问题，高校党委应当从课程思政的含义、课程思政建设的背景、对课程思政建设的认识、课程思政是师德师风建设的内驱动力等方面，阐述课程思政建设与推进师德师风建设的关系。其次，应当强调既要从技术、理念、制度层面全方位加深课程思政的理解，又要从教师、学校两个层面完整认识课程思政，通过把握课程思政长期性、普遍性的基本特点，遵循课程思政润物无声、潜移默化的基本规律，发挥课程思政武装头脑、指导实践、推动工作的建设作用。最后，要在课程思政建设过程中采用"挖掘课程思政元素—有机融入课堂教学—教育者先受教育"的工作思路，明确教师的着力点，积极打造"活的"思政课，突出课程思政在师德师风建设中的内驱作用。

（二）出台专业思政建设体系的制度文件

课程思政是新时代中国特色社会主义高等教育的理论创新与实践创新。要深化学校课程思政建设，推动高校不断健全"三全育人"体制机制，高校应当出台课程思政与专业思政一体化建设体系的制度文件，为学校"三全育人"综合改革和深化课程思政建设明确顶层设计、绘制路线图。这些制度在设计时，既要着力强化各级党组织的牵头引领作用、提升校院系行政的推进落实作用、调动群团服务部门的氛围营造作用、激发全校教职工的育人主体作用、挖掘各类社会力量的协同促进作用，还要紧抓覆盖学生全学段的思政课程体系建设、紧抓覆盖专业全领域的课程思政体系建设、紧抓覆盖学涯全过程的日常思政工作体系建设。不仅如此，深化课程思政建设还应当遵循"思想引领、协同推进""试点先行、持续深化""全员参与、教师主体"的基本原则，在具体推进方案中，可以明确通过推进试点学院课程思政建设，形成具有特色的课程思政建设基本经验和特色做法，并通过试点学院带动全校各教学单位的课程思政建设，实现试点先行与全面推进的有机统一。此外，应当强调以党支部规范化建设为基础，以教师党支部书记"双带头人"培育工程为抓手，以基层党建工作示范创建和质量创优为目标，积极引导教师党支部主动承担育人功能，持续深化课程思政建设。

（三）构建专业思政建设体系的设计逻辑

高校应当在党委的直接领导和推动下，在专业思政框架下深化课程思政建设。根据前述顶层设计和制度方案，构建课程思政与专业思政一体化建设体系的设计逻辑。具体而言，在课程思政建设过程中，高校应当积极关注教师和基层教学组织两个主体。要全面推进课程思政建设，专业课教师的课程思政能力是关键，其直接影响课程思政建设要求是否能够落实。因此，应当将学生需求与师资涵养两手抓，以学生在课程思政方面的需求作为出发点和落脚点，通过开展培训强化教师课程思政水平，发挥育人团队、教师党支部对课程思政的引领作用。校院二级协同推进课程思政建设。加强学校层面教改立项、课程、案例库等方面的课程思政建设，扩大课程思政试点学院范围并出台实施办法，充分调动试点学院在课程思政建设中的主动性。

要落实课程思政的"育人"之义，需以知识传授为内核、以能力培养为路径，最终彰显价值塑造之意蕴，且三者贵在"一体"。在课程思政与专业思政一体化建设的设计中，高校应当用好五个抓手落实课程思政建设体系。一是要以新版人才培养方案修订为契机，明确"立德树人""五育并举"的专业思政发展方向；二是要将思政育人与专业课程有机融合，加大课程思政改革力度；三是要坚持价值引领、劳动育人的导向，充分发挥课堂教学的育人效果；四是要构建校院两级课程思政教改立项研究体系，强化教学研究支持力度；五是要开展课程思政教学设计大赛，突出课程思政建设的示范效应。上述五个抓手之间的设计逻辑在于：人才培养方案对应于专业思政，其为课程思政建设的统领、框架，课程是课程思政建设的载体，课堂教学是课程思政建设的主渠道，教学研究需要做好课程思政建设的学理阐释，设计大赛则是树立标杆，做好课程思政建设的引导示范。

三、在专业思政框架下推进课程思政建设的举措建议

（一）高校各职能部门应当协同推动课程思政建设工作

高校应当按照"三全育人"综合改革和深化课程思政建设的要求，要求各职能部门协作开展形式多样的课程思政建设工作，推动课程思政建设工作。首先，高校党委宣传部应当统筹协调学校各职能部门协同联动，这也是深化课程思政建设、推进课程思政改革的重要保障措施。其次，教务处作为学校推进课程思政建设的重要职能部门，应当协助学校统筹制订课程思政教学年度工作计划，指导基层教学组织及教师开展课程思政教学工作与教学实践，组织开展课程思政示范课程与教改项目遴选申报工作，组织开展学校课程思政教学研究专题培训和学术交流活动。最后，学校其他相关职能部门在推动课程思政建设的工作中，也应当优化体制机制、完善政策制度、创新工作思路、丰富载体抓手，积极制订工作计划、出台保障制度，实现课程思政工作的规范化。例如，研究生院可以组织开展研究生课程思政示范项目建设申报工作，面向研究生教育选树一批课程思政示范课程、教学名师和团队，全面推进不同专业的课程思政建设理论研究和教学实践，探索创新课程思政建设的方法和路径。人事处可以组织开展课程思政元素挖掘引导能力提升培训、

课程思政融入课程建设高级研修班线上讲座等活动，组织教师参加研修，切实提高教师课堂教学的育人水平。学生工作部可以组织辅导员进行党史教育专题培训，落实推动思政课、课程思政、日常思想政治工作同向同行，形成协同效应。

（二）高校应当搭建形成立体化课程思政教学研究宣传展示平台

在课程思政与专业思政一体化建设的具体实施过程中，高校应当逐步搭建课程思政研究平台、宣传平台与展示交流平台，形成立体化课程思政教学研究宣传展示载体。

一是研究平台的搭建。高校应当成立课程思政教学研究中心，制定出台中心章程、推进方案。课程思政教学研究中心的核心任务是推进学校"三全育人"综合改革和深化课程思政建设，推动课程思政基础性、战略性重大问题研究，提升学校课程思政建设的能力和水平，提升课堂育人效果。研究中心应当负责对学校课程思政理论创新、体制机制、模式方法等进行深入调查，研究不同类别课程德育体系、方案、路径及规律，协助学校组织开展全校课程思政研究和学术交流活动。研究中心需要着力于研究上级政策精神、规划建设任务、研制教研立项选题、开展交流研讨等工作。

二是宣传平台的搭建。高校应当设立"课程思政"建设模块，方便师生随时了解最新的"专业思政"工作动态，获取优秀教学资源。宣传平台应当通过推送课程思政新闻动态、校内专家理论文章、平台资源链接，对学校教师的慕课教学视频进行推广，对课程思政教学设计大赛获奖授课视频进行宣传等方式，对学校课程思政建设的主要工作及成效进行宣传。

三是展示平台的搭建。教学准备、教学实施和教学评价是提升课程思政教学质量与效果的三个关键环节。高校可以通过组织"课程思政教学设计大赛"等活动，广泛动员、全面铺开，打造一批"课程思政"的教学示范标杆，营造全员参与的良好氛围。教学设计大赛的举办能够实现以赛促改的目的，强化教学环节中的教学准备、教学实施和教学评价，深入发掘和提炼各类课程所蕴含的思政要素和德育功能，并融入课堂教学，实现思政教育与专业教育的协同推进，推动教师承担起课程思政主体责任，做好课程育人教学设计、创新教育教学方式方法。教学设计大赛中的教学设计应当突出课程所蕴含的思想政治教育元素和所承载的思想政治教育功能，以专业技能知识为载体加强大学生思想政治教育，将思想政治教育融入课堂教学各环节，实现思想政治教育与知识体系教育的有机统一。参赛教师需要从课程建设情况、教学目标、教学设计思路、思政元素融入点以及预期的教学效果等方面展开阐述，总结在立德树人、课程思政建设等方面的心得、体会以及成长经历。

（三）高校应当将课程思政细化融入专业规划及培养方案

在制度建设层面，高校应当组织制定出台所有本科专业方向的专业建设规划，所有本科专业都实施课程思政细化并融入专业建设规划。设计专业建设规划时，要尤其注意课程思政与专业思政一体化建设理念的落实：一方面，推进课程思政全面开展，切实提升立德树人的成效。应当围绕全面提高人才培养能力这一核心点，围绕政治认同、家国情怀、文化素养、宪法法治意识、道德修养等重点优化课程思政内容供给，提升教师开展课程思政建设的意识和能力，系统进行中国特色社会主义和中国梦教育、社会主义核心价值观教育、法治教育、劳动教育、心理健康教育、中华优秀传统文化教育，坚定学生理想信念，切实提升立德树人的成效。另一方面，高校专业课教师作为高校课程思政教学的主力军，对专业课课程思政的实施起着至关重要的作用。课程思政是对新时代教师教书育人职责的深化和拓展，教师要铭记不能只做传授书本知识的教书匠，而要成为塑造学生品格、品行、品味的大先生，深入推进课程思政建设，使思政育人与专业育人同向同行，培养具有社会主义核心价值观，适应现代经济和社会发展需要，德智体美劳全面发展，理论基础扎实、知识结构合理、人文素养高、具有较强的实践能力和创新创业能力以及开阔的国际化视野，在相关领域有较大发展潜力的高级应用型和复合型人才。

课程思政的本质和内核是立德树人，其要义在于育人与育才的齐头并进和辩证统一。在此基础上，高校应当适时修订本科人才培养方案，原则上应当明确要求"立德树人，价值引领"，坚持立德树人根本任务，紧紧围绕培养什么人、怎样培养人、为谁培养人的根本问题。在人才培养方案的顶层设计上，要把做人做事的基本道理、社会主义核心价值观的基本要求以及实现民族复兴的理想和责任融入本科人才培养方案，实现思政育人与专业育人同向同行。在制定人才培养方案的思路上,应当深化课程思政内涵建设,探索专业思政体系建设,强化价值引领,最大限度发挥课堂教学育人主渠道作用,实现"三全育人"目标。

(四)高校应当探索课程思政建设校院两级的实施路径

在实施路径层面,高校应当深入推动学校层面和学院层面的课程思政建设实施路径,在全校范围内打造一批具有引领示范作用的课程、教材、案例、教学名师和教学团队,提升课堂教学效果,提高人才培养质量。

第一,学校是推进课程思政建设的总体设计者。高校应当不断完善顶层设计,强化制度建设,积极搭建各类平台,充分发挥教师队伍"主力军"、课程建设"主战场"、课堂教学"主渠道"作用,建成一批示范课程,推出一批示范教材,推进一批实践教学示范项目,培育一批研究成果,选树一批示范教师和教学团队,打造一批示范专业。同时,学校在项目申报、岗位聘任、考核评价等方面应当支持引导教师开展课程思政的教学改革;通过选树榜样教师和教学团队、评选最美课堂等方式,建立课程思政建设的长期制度和有效机制,广泛动员全校教师自觉将思政教育元素融入专业课教学之中。

第二,学院也应当出台课程思政试点学院建设办法,从课程、教材建设、课堂教学、实践教学、师资建设等方面推进课程思政建设。其一,科学推进课程教学体系改革。学院应当深挖课程思政元素,引导专业教师结合自身专业背景与专业知识,整合课程内容体系,积极总结课程思政教学经验,启动课程思政案例库建设工作。其二,积极推进专业教材建设。学院应当出台教材管理规定,加强教材研究与编写修订工作,鼓励开展信息技术与教育教学深度融合、多种介质综合运用、表现力丰富的新形态教材建设。其三,大力推进课堂教学改革。高校教师是课程思政的实施主体,课程思政是高校教师的教育使命,两者统一在立德树人这个总目标和课堂教学这个主渠道中。通过举办学院青年教师基本功比赛、教师教学创新大赛、最美课堂评比等活动,引导教师深入挖掘各类课程和教学方式中蕴含的思政元素,有机融入课堂教学。其四,持续推进实践教学建设。学院应当坚持"价值引领、五育并举"的育人导向,将参加国家和北京市重大活动的志愿服务纳入人才培养体系中。积极打造社会实践基地,充分挖掘第二课堂、学科竞赛、社会实践、创新创业、毕业论文（设计）等方面的思政元素。其五，系统推进教师队伍建设。课程思政与师德师风的关系非常密切，新时代对师德师风的新要求是开展课程思政建设的重要基础。学院应当引导教师积极投身教育教学改革，把立德树人成效作为教师职务晋升以及各类教学评优表彰的根本标准。加强教师的专业技能培训，充分挖掘教研室、教学团队、课程组等基层教学组织在课程思政建设中的主体作用。其六，全面推进专业思政建设。学院应当夯实专业学科基础，全面修订本科人才培养方案。坚持课程思政和专业思政一体化设计、一体化实施，打造具有学校特色的专业课"课程群"。统筹设计第一课堂和第二课堂，实现专业育人与思政育人同向同行。

（五）高校应当采取重点推进与全面铺开相结合的推进方式

在推进方式上，高校应当采用重点推进与全面铺开相结合的方式，通过试点学院和试点专业的先行先试，形成学校课程思政建设、专业思政建设的经验做法，实现重点推进与全面铺开的有机结合。学院是落实课程思政建设的主阵地。推进试点学院课程思政建设是探索和形成具有特色的"三全育人"体系的重要途径，是学校全面推进课程思政建设的有力抓手。各试点学院和试点专业应当按照学校的统一部署，发挥先行先试功能，探索解决好"教师想干不知怎么干的问题"，为形成具有特色的课程思政建设体系、提升全校课程思政建设水平打牢基础。

（六）高校应当加强专业思政建设的组织保障

大学生党建与思想政治教育在高校人才培养中均占据着极其重要的地位，两者在不同领域发挥着同样重要的育人作用。在组织保障层面，高校应当形成以学院党组织、教师党支部为引领，二级教学单位和教研室、课程组协同推进的专业思政建设新格局。高校应当明确将立德树人成效作为检验高校党的建设工作的根本标准，努力实现党建与育人"双促进""两加强"，持续推进和深化课程思政建设应当以党的建设为根本保障。学校各级党组织应当以课程思政为抓手，学校党委抓顶层设计、学院党组织负责统筹、教师党支部示范引领，激励全体党员担当作为。校院两级党组织应当统筹推进，为教师党支部开展课程思政建设提供坚强保障。

党建是高校思政教育的重要内容，也是推动高校学生传承党的使命与精神的有效途径。高校党组织应当认识到，党支部建设可以推动解决课程思政的动力问题，党支部成为课程思政的重要载体，既可以为课程思政建设提供坚强组织保证，也能使课程思政建设成为加强教师党支部建设的新载体、新途径。教师党支部在实践中探索出党支部建设与课程思政建设"双螺旋"提升机制。在优秀基层党组织、党建创新项目、党建课题、主题党日活动等的组织申报中，学校所有二级党组织、教师党支部都应将课程思政作为主线，贯穿党建工作的各个层面。教师党支部要发挥战斗堡垒作用，教育者必须先受教育。课程思政的价值引领作用在于，让党员教师信仰更坚定的同时，实现课程思政和党支部建设的"双螺旋提升"。因此，学院行政负责人与专业负责人应当共同走上推进课程思政建设的一线，形成"专业负责人牵头、院系党组织推动、教师全员参与"的一体化建设路径。

四、结语

立德树人、久久为功，课程思政建设是新时代的新任务、新要求，是高校高水平人才培养体系、健全"三全育人"体制机制的重要抓手。高校应当高度认识课程思政建设的重要性，持续强化顶层设计，深刻践行"课程门门有思政，教师人人讲育人"的教育理念。高校应当不断深入理解课程思政建设的内涵，把握课程思政建设的基本特点，遵循课程思政的基本规律，不断借鉴、学习、创新课程思政的具体方法，提升教师课程思政专业化水平，进一步将立德树人根本任务落到实处，在全校范围内形成"党政同责，全员、全过程、全方位积极参与推进课程思政"的良好氛围。高校应当在试点学院、试点专业的基础上，全面推进专业思政建设，进一步深化专业思政、课程思政的理论阐释和体制机制创新，探索设计"专业思政"的建设标准、质量评价体系和激励机制，形成具有推广价值的经验做法和高质量教学研究成果。

参考文献

[1] 韩宪洲. 全面推进课程思政建设的逻辑进路探析 [J]. 中国高等教育，

2021（6）：31-33.

[2] 楚国清，王勇．"课程思政"到"专业思政"的四重逻辑［J］．北京联合大学学报（人文社会科学版），2022，20（1）：18-23.

[3] 王英龙，李红霞．课程思政对立德树人成效的影响研究［J］．中国大学教学，2021（12）：69-73.

[4] 韩宪洲．课程思政：新时代中国特色社会主义高等教育的理论创新与实践创新［J］．中国高等教育，2020（22）：15-17.

[5] 岳宏杰．高校专业课教师课程思政能力建设研究［J］．现代教育管理，2021（11）：66-71.

[6] 李蕉，方霁．课程思政中的"思政"：内核、路径与意蕴［J］．思想教育研究，2021（11）：108-113.

[7] 蒲清平，何丽玲．新时代高校课程思政教学提质增效的实践路径［J］．思想教育研究，2022（1）：109-114.

[8] 李建敏，彭爱辉．高校专业课教师课程思政教学的SWOT分析及能力提升策略研究［J］．高等教育研究学报，2021（4）：93-100.

[9] 唐德海，李枭鹰，郭新伟．"课程思政"三问：本质、界域和实践［J］．现代教育管理，2020（10）：52-58.

[10] 刘丁鑫．论高校课程思政课堂育人效果提升的主要原则［J］．思想理论教育导刊，2021（10）：126-129.

[11] 韩宪洲．以课程思政推进师德师风建设的内在逻辑与现实路径［J］．思想理论教育导刊，2021（7）：123-127.

[12] 曲一歌．大学生党建与思想政治教育协同育人论［J］．学校党建与思想教育，2019（16）：28-30.

[13] 韩宪洲．以课程思政推动立德树人的实践创新［J］．中国高等教育，2019（23）：12-14.

[14] 付晓琳，张杰．新时代背景下高校党建与思政教育融合发展研究：评《高校党建与思想政治教育研究》［J］．领导科学，2022（1）：156.

论高校专业思政建设中的误区与矫正①

刘 强 陈 磊 郝宇彪②

【摘 要】 课程思政是落实立德树人根本任务的关键举措,是高校人才培养理念和方式的重大创新。专业思政是课程思政的基础框架与顶层设计,是课程思政建设深化到一定阶段后的必然选择与必然迈进。从目前部分高校专业思政建设的理念与实践来看,普遍存在着对专业思政建设的内涵及其基本理念把握不当,对于专业思政建设的评价体系存在错误认知,思政课教师"培训"专业课教师的做法违背专业思政的基本遵循等问题。对于这些问题,亟需明确专业思政与课程思政之内涵与逻辑关系,明确思政课教师与专业课教师间的"协作"关系,完善课程思政建设成果的评价体系。

【关键词】 课程思政;专业思政;逻辑关系

专业教育与思政教育同向而行是立德树人的重要手段。以培育社会主义核心价值观为重要导向,高校的育人工作及教学改革正在经历从思政课程到课程思政再到专业思政的重要转变。由于高校人才培养过程中,专业是人才培养的基本单元,因此在开展课程思政建设时,应当从专业入手谈课程,根据专业特点组织课程思政。从这个角度而言,专业思政建设具有发展的必然性和可行性。专业思政建设要从人才培养着手,做好"知识观+价值观"的同向同行和协同发展,做到全方位育人、立德树人。在这一过程中,尽管各高

---

① 基金项目:首都经济贸易大学校级教改课题"法学专业课程思政建设的误区与矫正研究"、北京高校青年教师创新教研工作室、北京市属高等学校优秀青年人才培育计划项目的阶段性成果;文章受北京市教育工会、首都经济贸易大学北京市属高校基本科研业务费专项资金资助项目支持。

② 作者简介:刘强,教授,首都经济贸易大学教务处处长;陈磊,副教授,首都经济贸易大学教务处处长助理,课程思政教学研究中心研究员;郝宇彪,教授,首都经济贸易大学教务处处长助理,课程思政教学研究中心研究员。

校均在尝试发现和探究专业课程中的思政元素，不断加强制度建设以增强教师的育人理念，提升教师育人的能力，但是对于专业思政建设的内涵、基本理念仍存在不少误区，在具体推进专业思政建设过程中，仍存在建设评价体系不完善、不科学，推进方式违背专业思政基本遵循等问题亟待解决。本文以上述问题为引，提出完善专业思政建设的建议，以期使学生在专业学习过程中真正将正确的世界观、价值观和人生观内化于心、外化于行。

一、专业思政的内涵

育人为本、德育为先，育德育人始终是高校办学的宗旨，是高等教育的根本任务，坚持社会主义办学方向是高等教育的基本遵循。我国高等教育方向要与中国特色社会主义建设的目标和方向一致，确立马克思主义在高校意识形态领域的主导地位，需要对青年学生进行思想价值观的引导；同时，坚定道路自信、理论自信、制度自信和文化自信，培养社会主义现代化建设的接班人更离不开思想政治工作。不过，由于受各种意识形态、各类社会思想及价值观等思潮影响，当代高校青年大学生存在较多困惑，这也给了精致利己主义、享乐主义、拜金主义、极端自由主义观念等错误思想可乘之机。当前高校普遍存在思政教育与专业教育贯通不畅，知识传授与价值引领、显性教育与隐性教育未能有机融合等问题，需要高校在教育教学中不仅要注重专业技能的传授，还要做好学生价值观的引导工作，此项重要工作仅仅依靠思政课程来完成是不现实的，专业项下的各类教学科研活动均承担着一定的价值观教育的职能，因此高等教育的思政建设应落实至专业和课程。这也是专业思政、课程思政建设的初衷。

课程思政是在专业课程中融入思政元素、实现价值引导、落实育人理念。专业思政则是指需要根据不同专业人才培养特点和专业能力素质要求，聚焦专业培养目标，科学提炼专业核心素养，明确专业核心技能，合理设计专业课程与实践训练的思想政治教育内容，遵循专业建设的规律，突出专业建设重音，将本专业的育人目标及核心素养总要求细化落实至专业人才培养方案所关涉的各环节各方面。专业课程的思政元素不会自动呈现，需要专业教师在精通专业发展史、学科建设史、知识变迁史的基础上深入挖掘，像构建知识体系那样把思政元素整合起来，使课程中的思政元素成为教学的兴奋点和创新点。

开展专业思政建设符合人才培养的基本遵循和专业建设的基本遵循。一方面，落实专业思政建设，要求各专业的人才培养在思政教育中落实"价值塑造、知识传授、能力培养"三位一体，尤其是要注重"价值塑造"，要把本专业的思政总要求细化落实到课程体系（含实践教学）、教学规范、师资队伍、教学条件、质量保障等专业人才培养方案所关涉的各环节各方面。这是人才培养的基本遵循。另一方面，专业建设需聚焦专业培养目标，而专业培养目标特别要落实育人目标。实现专业育人目标需要分析学科专业特征，从价值特征、内涵特征、培养特征等方面进行专业"画像"，通过在专业课程中融入思政案例，潜移默化地引导学生将专业技能与价值塑造有效融合。这是专业建设的基本遵循。

二、目前我国高校专业思政建设中的误区

随着课程思政和专业思政建设的不断深入，国内高校纷纷开始探索专业育人新模式，寻找专业课与思政课同频共振的契合点，不断更新课程思政的"打开方式"。不过对于多样化"专业+思政"育人理念的形成过程是否科学、合理，理论与实务上仍有一些争议。关于专业思政、课程思政建设的基本理念、推进方式、评价体系的构建，目前国内高校的某些做法尚存在错误认知，其科学性与实效性也值得商榷。部分高校在专业思政建设中存在如下几点误区。

（一）对专业思政建设的内涵及其基本理念把握不当

在推进专业思政过程中，某些高校强调"专业课飘出醇厚'思政味'"；要求"凝聚育人合力，让专业课堂飘出'思政味'"；让所有专业课程上透着"思政味"。然而本文认为，飘出浓厚"思政味"的专业课程并不必然等于进行了好的课程思政建设，上述理念实属对专业思政建设的内涵及其基本理念把握不当，也与课程思政建设的基本原则背道而驰。具有"思政味儿"的课程形式往往采取"直给"的教育方式，某种意义上更趋近于思政课程的做法。尽管"当头棒喝"与"春风化雨、润物无声"都是教育的方式，二者

并无优劣之分，但是前者是思政课的课程特征，后者则是课程思政建设的特征。二者的不同在于，马克思主义学院的课程中思想政治教育是主旋律，其他专业课的课程思政建设中专业知识仍是主旋律。如果强行要求课程思政建设具有"浓厚思政味道"，那么会造成喧宾夺主的现象。并且由于思政建设潜移默化的特性，在达到教育效果的同时，思政因素"隐藏"得越好，越能证明专业课程的优秀，过于强调某节课的"思政味道"反而会扼杀真正的好课程，造成劣币驱逐良币的现象。不仅如此，"思政味道"过浓的课程思政建设脱离了在专业思政框架下完成课程思政建设的基本原则，因为一旦"思政味道"过浓，必将忽略专业技能的传授，专业课程与思想政治教育内容的比重设计亦会不甚合理，其没有突出专业建设的重音，没有凸显本专业的育人目标及核心素养，是违背专业建设规律的教学活动。

（二）思政课教师"培训"专业课教师之做法违背专业思政的基本遵循

在进行专业思政建设过程中，某些高校由马克思主义学院的思政课教师组成"课程思政辅导团"，对全校其他学院各专业任课教师进行"思政"培训；某些高校采取"专业+思政"双主体项目化研究团队，推动机电工程学院汽车专业教师与思政教师共同研究开设专业公开课，共同研究开发课程；某些高校探索将马克思主义学院的思政课专任教师加入了"土木工程概论"等专业课的授课团队；某些高校由马克思主义学院负责组织教学，每年接收来自全校各学院专业课教师参加为期一年的培训。按照上述做法，在课程思政建设推进方式上，思政课教师与其他专业课任课教师之间是"培训与被培训""辅导与被辅导"的关系。本文认为，由思政课教师培训专业课教师之做法亦属曲解专业思政内涵之行为，其与课程思政建设的根本意旨有所偏差。

首先，上述做法中所谓"培训"，其内容无外乎为马克思主义学院专家单向汇报本院的思政建设进程及思政课的授课内容、授课技巧，但这些内容对其他专业教师并无实质性帮助；另外，马克思主义学院必然是思政建设效果最好的学院吗？答案并不一定。而恰恰是因为仅凭思政课程无法满足高校思政建设的需要，才需要进行课程思政建设、专业思政建设的。思政课程与课程思政建设的关联之处在于二者的方向是一致的，但是二者的道路不尽相同甚至有着本质上的差异。马克思主义学院承担的思政课程因其学科特性，可以直接采用"直给"的方式进行教学,而课程思政建设则注重各学科对学生进行潜移默化的培养。当然难说二者教学效果孰优孰劣,二者有着客观差别,各有利弊。"直给"的教学方式的优势在于采用强硬的思想灌输方式,可以让学生直截了当地获取思政知识,然而此种方式也易引起学生的反感,特别是处于叛逆期的学生容易产生逆反心理,从而造成条件反射般的厌恶感。通过课程思政建设的方式,润物细无声地引导学生的价值观,其优势在于可以巧妙地避免学生的叛逆心理,通过在知识点中插入故事、案例、人物传记的形式引起学生的探知欲,进而植入思政建设的种子;其劣势在于采取委婉的手段进行价值观的传递,有些"不敏感"的学生无法把握教师所要传递的精神内核,因此需要多次、重复地进行建设,并且避免"直给"的方式,这对教师的教育教学水平提出了较高的要求。

其次,专业思政、课程思政建设需要将专业课程的知识点与思政元素紧密融合,然而马克思主义学院的专家对于思政内容的理解是专业的,但是对于如何将思政内容与各学科知识点相融合却是其无法教授的。虽然各专业学科之间存在共性,但各专业的个性也是无法忽视的,仅通过马克思主义学院的思政建设经验无法满足各专业教师的需要。思政课与专业课有着本质的区别,如此培训将会导致"外行人教内行人"的尴尬情况。故前文提及的由专业教师与思政教师共同研究开设课程,抑或是思政课教师"培训"专业课教师,都非适宜的专业思政建设途径。尤其是,让思政课教师参与研究部分专业性极强的课程的结构体系设计,是不妥当也不科学的。以上工作,无论是挖掘专业课的思政元素,还是制定专业课程标准,都是思政课教师无法指导的。

(三) 对于专业思政建设的评价体系存在错误认知

建立健全课程思政建设工作评价机制是专业思政建设的重要一环。不过,目前部分高校对于专业思政建设的评价体系存在错误认知。例如,某些高校采取"学校—学院—专业—教师"的闭环评价思路;某些高校制定的课程思政建设成效评价指导标准缺乏专业育人目标的考核内容;某些高校将课程思政建设成效与年终考核挂钩,构建"教师自评—党支部考核—师德建设小组鉴定"的三级考评体系。上述专业思政、课程思政建设评价体系存在的理念误区具体体现在如下三个方面。

第一，评价客体存在错误认知。前面提及的某些高校着重强调建设有"思政味儿"的专业课程，除了对专业思政建设的内涵及其基本理念、基本原则把握不当之外，还误解了专业思政建设的评价体系。一方面，"思政味儿"的评价客体是教师的授课过程、授课内容。然而课程思政建设的根本任务是培养人才，实现育人目标。最终的评价也应以是否达到了育人目的为考量，即通过教师在课堂的讲授，学生是否受到了好的思政教育。也就是说，是否充分发挥好每门课程的育人作用，人才培养效果如何，才是课程思政建设评价的首要标准。教学是由教师教授到学生思考消化的双向过程，是由两个主体做出的不同阶段的事情。让课程讲出"思政味儿"仅仅停留在了第一层次，也即教师讲授阶段，忽略了课程思政建设的根本任务。如若以此标准评价课程思政建设的好坏，最后的结果很可能会使思政教育流于形式，难以达到预期的育人效果。

第二，评价主体存在错误认知。按照目前部分高校的做法，评判一节课是否具有"思政味儿"的评委是其他教师，但是教师始终是传输知识的一方，教师评价教师只是传输端的相互评价，没有接收端的评价一定是不准确的。前面提及的某些高校采取"学校—学院—专业—教师"的闭环评价思路即陷入了此项误区，即专业思政建设的评价机制中缺少学生这一核心评价主体。因为教育教学的最终阶段是学生的接受与消化，因此学生的评价一定是中肯与准确的，否则很可能出现一位专业教师讲述了一堂具有浓厚"思政味儿"的课程，受到了评委教师的一致认可，但是对于学生而言，不仅没有汲取本应掌握的专业课知识，还由于"思政味儿"过于浓厚而对该课程甚至所修专业感到反感。因此，学生应作为专业思政建设评价体系的一环，也是最关键的一环。

第三，考评机制存在错误认知。某些高校为加强专业思政建设工作，将专业课教师课程思政建设成效与年终考核相挂钩。此举虽然可以提升教师开展课程思政建设工作的积极性，但"课程思政建设成效"这一标准的设置却不甚合理。前面提及，专业思政、课程思政建设是潜移默化、润物无声的过程，其建设成效的显现是一个缓慢的过程，不宜作为评判标准，应将可以直接反映思政课程成功与否，即课程受学生欢迎的程度作为标准。而将"课程思政建设成效"作为评价标准的误区在于，将专业课的结束视为专业思政建设的"完成时"。笔者认为，专业课程的结束并非意味着专业思政建设的完成，专业思政是通过潜在的价值观引导、优化、补充、完善专业知识教育，从而让学生具备更完整的知识体系、能力体系与价值体系。明确此项定位有助于教师规划课程思政的教学方式，如果将课程的结束视为思政建设的完成，那么将产生两大问题。一是思政建设完成的标准无从考量。上文已辨析过教师讲授与学生接受两个层级的关系，如果将学期或学年课程的结束视为思政建设的完成，那么无疑又落入了形式主义。而如果将标准设为对"学生思想的考察"，那么也是僵硬的形式主义，因为没有一个明确的标准可以证明一名学生"思政达标"。二是对于高校学生而言，最重要的是独立思考的能力，如果将课程结束视为思政建设完成，将过于考量结果，无助于培养学生的思考能力。教师在讲述某一问题时，最重要的是传授解答问题的思考过程，而不是最终的结果。同理，在进行思政建设时重要的是引导学生进行思考，而不是"喊口号"。

三、专业思政建设误区之矫正

专业思政作为课程思政的框架和顶层设计，是课程思政的统领。前面已讨论过高校在进行专业思政建设时的几点误区，以下逐一探讨其相应的矫正思路。

（一）明确专业思政与课程思政之内涵与逻辑关系

自2016年教育部提出"课程思政"理念以来，课程思政建设在全国高校范围内全面推进。课程中的思想政治教育元素主要是指思想政治教育元素，但是其并非指具体的思想政治教育理论知识内容，也可以是思想政治教育所体现的一种价值理念和精神追求。一方面，从课程思政的具体融入内容看，具有较强的可操作性和比较容易实现的融合模式，即将社会主义核心价值观融入课程教学过程中，在内容上集中凸显了课程思政的价值引领特点；另一方面，从课程思政内容融入的抽象层面看，课程思政的主要内容不是向学生灌输思想政治教育的基本理论知识，而是通过这种教育形式使学生树立正确的世界观、人生观和价值观。总体而言，不管是从具体的还是抽象的内容融入来看，课程思政最本质的内涵就是遵循知识传授规律，彰显思政价值引领。价值引领始终是课程思政的核心特点，这就要求课程思政中"思政味儿"不宜"过浓"，而应当是潜在的、蕴含在专业知识中的"隐形教育"。

近年来，高等教育正在有组织、有体系地落实课程育人机制，并取得了一定成果。值得反思的是，完成课程思政的深化，需要正确界定课程思政之内涵，并在专业思政建设的框架下完成。由于课程是为专业服务的，设置课程要遵从专业人才培养的内在逻辑。因此要从专业入手谈课程，根据专业组织课程思政。只有从宏观上把握专业的价值意蕴，才能深化课程思政。从这个角度而言，"思政味儿"过浓的课程思政建设一定程度上脱离了专业的知识体系，且不能有效"为专业服务"，因此该种做法要避免并予以适时矫正。

此外，专业思政虽由课程思政实现，但专业思政并不单纯等于课程思政的叠加。有观点认为，"专业思政最终是由一门门具有思政元素的课程组合而成的"[①]。这种认识片面理解了专业思政和课程思政之关系，忽略了在专业人才培养中第二课堂、实习实践、教材建设、科学研究等教育教学活动的重要性。

关于专业思政与课程思政之逻辑关系问题，从课程思政到专业思政是不断升华、不断深化的过程，开展专业思政是课程思政建设深化到一定阶段的必然选择、必然迈进。专业思政作为课程思政的框架与顶层设计，必须明确思政教育的定位，即对价值观的引领作用，需要专业思政对课程思政建设进行顶层设计，而课程思政作为基石辅助实现专业思政。课程思政是课程价值塑造的具体实施，专业思政是专业育人目标的抽象概括。同时，课程思政的深化需要在专业思政的框架下完成，课程思政是实现专业育人的"点"；专业思政是实现专业育人的"线"，是对课程思政的统领，为课程思政建设提供了专业框架。因此，专业思政在顶层设计时需要明确，不能就课程谈课程思政，要从高水平人才培养体系的角度来认识课程思政，要从学科特征、价值特征、

[①] 王伟宾，訚宕. 课程思政、专业思政与学科思政的基本关系及融合建设路径研究[J]. 黑龙江教育（理论与实践），2022（11）：14.

内含特征、培养特征等方面进行专业画像。专业思政、课程思政二者共同作为人才培养的"重要抓手",提高课程建设和专业建设的效果,落实立德树人根本任务,打造高水平人才培养体系。

(二) 明确思政课教师与专业课教师间的"协作"关系

在进行课程思政、专业思政建设时,单由马克思主义学院专家(思政课教师)对其他专业课教师进行培训存在较大的局限性,难以产生理想的效果,前面已论及,在此不再赘述。在课程思政建设上,教师间的关系不应是"培训与被培训""辅导与被辅导"的关系,而是"交流""协作"关系。各专业学科具有不同的"个性",教师们应以"共性"作为交流的内容。具体而言,专业间的"个性"在于知识点不同、可融入知识点的思政内容不同。"共性"在于各专业教师都有进行思政建设的需求。这一需求可以放大为两个方面:一是将专业知识点与思政元素融合的需求,二是使学生达到有效接受的需求。基于此,教师可以:①分享思政元素与知识点融合的思路与经验,并抽象概括出可以适用于各专业的方式。教师在讲述知识点的同时讲述此项制度出现的背景、演变的过程以及如此设计的目的,进而抽象出一般思路,即融入此知识点产生的背景、历史以及目的用途,以方便思政教育的融入。②分享交流何种讲述方式可以使学生更易接收,"抬头率"更高。此外,思政课教师与专业课教师间的相互协作,还包括研讨如何充分发挥不同性质的教师在思政建设中的能动作用、反思如何细化课程教学方法改革、探索如何实现教学平台的精准融合等教学技巧。

(三) 完善课程思政建设成果的评价体系

青年学生正处于人生的"拔节孕穗期",最需要精心引导和栽培,而且青年的价值取向在某种程度上决定了未来整个社会的价值取向,因此抓好这一时期的价值观教育十分重要。青年学生作为思政建设的对象,自然应当是衡量建设效果的重要一环。学生评价的渠道多种多样,在此以调查问卷为例。问卷中问题设置要极力避免以下类似表述:"通过该门课程,你是否得到了好的思政教育";"该门课程的思政建设效果如何";"该门课程是否有机融入思想政治教育"。有效的问题可以包含如下几个要点并进行类似表述:"你在学习该门课程专业知识的同时,是否对学科/专业的历史/政治背景有所了解";

"你是否有意愿继续了解该课程相关的思想与政治理论";"该门课程任课教师在知识传授和能力培养时,有哪些价值观上的引导";"通过该门课程,你是否认识到专业学习中的学术问题和社会现实问题";"该门课程在授课过程中,融入了哪些理想信念教育";"该门课程在授课过程中,融入了哪些关于中国特色社会主义和中国梦教育、社会主义核心价值观教育、法治教育、劳动教育、心理健康教育、中华优秀传统文化教育等方面的因素";"该门课程在授课过程中,融入了哪些爱党、爱国、爱社会主义、爱人民、爱集体等教育因素";"该门课程在授课过程中,融入了哪些政治认同/家国情怀/文化素养/宪法法治意识/道德修养等教育因素";"通过该门课程,你是否深刻理解并自觉实践本行业的职业精神和职业规范";等等。

此外,专业课的结束并非专业思政建设的完成,而是学生建设自己的开始。独立思考的能力是学生应该养成的,课程思政更多起到起跑前的矫正与助推作用,后面则是学生自己学习的过程。经过专业思政、课程思政的正面引导,如果学生的三观教育体系初具雏形,对本专业的学习兴趣与动力不断提升,专业教育过程中价值塑造、知识传授与能力培养能够并向齐行,课程思政便起到了引领作用。

四、结语

立德树人是思政教育的目标。"育人"先"育德",注重传道授业解惑、育人育才的有机统一一直是我国教育的优良传统。思想政治教育是做人的工作,是我们党和国家的优良传统和各项工作的生命线。自课程思政育人理念提出以来,各高校对课程思政建设进行了大量的研究与实践。本文通过梳理部分高校课程思政建设的理念与实践,发现高校在课程思政、专业思政建设中主要存在三点误区:一是对专业思政建设的内涵及其基本理念把握不当;二是思政课教师"培训"专业课教师的做法违背专业思政的基本遵循;三是对于专业思政建设的评价体系存在错误认知。对于上述误区,应当从理论上明确专业思政与课程思政之内涵与逻辑关系;明确思政课教师与专业课教师间的"协作"关系,完善课程思政建设成果的评价体系,并在课程思政建设的实践中适时反思并矫正。需要说明的是,尽管本文做了较多的调查研究,探讨了部分高校在专业思政建设过程中存在的问题，并提出了相应的矫正思路，但囿于资料限制，本文在各高校课程思政实践层面做法的调研、高校课程思政共通问题与个性问题的凝练等方面仍有不足。希望后续研究中可以通过走访调查、问卷访谈等方式进行更多有针对性的实证研究。

参考文献

[1] 欧媚. 专业课讲出思政味 思政课讲出专业情 [N]. 中国教育报，2021-03-26.

[2] 尹晓军，王耀辉. 专业课飘出醇厚"思政味" [N]. 中国教育报，2020-11-24.

[3] 凝聚育人合力 让专业课堂飘出"思政味" [EB/OL]. （2022-06-11）[2022-07-17]. http://cq.people.com.cn/n2/2022/0611/c367889-35310695.html.

[4] 刘玉. 沈阳建筑大学：工科专业课透着"思政味儿" [N]. 中国教育报，2022-04-08.

[5] 潘玉娇，任素梅. 成立专家辅导团队 推动"课程思政"教改 [N]. 中国教育报，2018-08-07.

[6] 苏雁. 苏州市职业大学：打造"专业+思政"的双主体金牌课堂 [N]. 光明日报，2020-01-04.

[7] 樊丽萍. 上海应用技术大学首批28门专业课程试点思政课教师加入授课："课程思政"尝试"将盐溶在汤里" [N]. 文汇报，2017-07-14.

[8] 陈欣然. 希望每门专业课都有思政味儿 [N]. 中国教育报，2022-03-30.

[9] 李河水. 高职院校"三维思政"建设研究：以山西机电职业技术学院为例 [J]. 教育理论与实践，2021（36）：25.

[10] 韩宪洲. 课程思政的发展历程、基本现状与实践反思 [J]. 中国高等教育，2021（23）：22.

[11] 王伟宾，闫岩．课程思政、专业思政与学科思政的基本关系及融合建设路径研究［J］．黑龙江教育（理论与实践），2022（11）：14．

[12] 尹夏楠，孙妍玲．专业思政与课程思政一体化建设的探索与实践［J］．山西财经大学学报，2022（44）：128．

[13] 王学俭．现代思想政治教育前沿问题研究［M］．北京：人民出版社，2008．

"大思政课"视角下金融类专业课程思政建设的实施策略
——基于学生满意度的调查[①]

王佳妮 尹志超[②]

【摘 要】 调查金融类专业课程思政实施效果发现：课程思政取得了一定进展，学生对教师开展课程思政总体满意，但学生对课程思政的认知、教师课程思政参与率与课程覆盖面、教学设计与实施等方面还存在一些问题。建议以"大思政课"建设为牵引，发挥专业思政与课程思政的协同作用，提升教师课程思政建设的意识和能力，增强金融类专业课的引领性和感召力。

【关键词】 大思政课；课程思政；金融类专业

一、引言

党的十八大以来，以习近平同志为核心的党中央高度重视高校思想政治教育工作，作出了一系列重大决策部署。2016年12月，习近平总书记在全国高校思想政治工作会议上指出："要用好课堂教学这个主渠道，思想政治理论课要坚持在改进中加强，提升思想政治教育亲和力和针对性，满足学生成长发展需求和期待，其他各门课都要守好一段渠、种好责任田，使各类课程与思想政治理论课同向同行，形成协同效应。"这一重要论述为高校课程教育教学改革提出了新要求，也对"课程思政"的内涵进行了科学概括。

---

① 基金项目：首都经济贸易大学2021年校级教改立项资助项目（课程思政类）"金融类课程思政元素挖掘与教学改革路径研究——以《投资银行学》为例"。

② 作者简介：王佳妮，首都经济贸易大学金融学院讲师，投资系教师党支部书记；尹志超，首都经济贸易大学副校长，教授，博士生导师。

全面推进高校课程思政建设是深入贯彻落实习近平总书记关于教育系列重要论述和全国教育大会讲话精神的重要举措，也是高校落实立德树人根本任务的战略举措。2020年5月，教育部印发了《高等学校课程思政建设指导纲要》，明确了课程思政建设的重要意义、目标要求和内容重点。2021年7月，国务院印发《关于新时代加强和改进思想政治工作的意见》，再次提出"坚持全员、全程、全方位育人……深入挖掘各学科专业课程的育人功能……"新时代加强和改进思想政治工作必须坚持的重要方针原则包括"坚持守正创新"，对于高校课程思政建设而言，亦是如此。如何提升课程思政的针对性和实效性，不断焕发生机活力？2021年全国两会期间，习近平总书记提出"'大思政课'我们要善用之"的重要论断，不仅为新时代思政课改革创新提供了根本遵循，也为深化专业课程思政建设进一步指明了方向。

过去几年，各高校都在积极开展课程思政建设，也涌现出大量关于课程思政的研究成果。相比之下，金融类专业课程思政建设的探讨明显不足。教师是推进课程思政建设的关键角色，但作为受教育的对象，学生的认知和感受直接影响课程思政的实施效果。因此，本文基于高校金融学专业977名本科生、研究生（硕博）的问卷调查，分析了金融类专业课程思政实施过程中存在的问题，并从"大思政课"角度提出提升课程思政实施效果的对策建议。

二、学生对课程思政的认知及感受状况

为了深入了解课程思政建设成效，本文通过问卷调查摸清了学生对课程思政的认知、态度及感受，从而分析专业课教师在课程思政实施中存在的问题，并结合学生偏好和需求提出有针对性的解决对策。

2021年11月至12月，通过线上渠道开展调研，对高校金融学专业在校本科生、硕博研究生发放问卷，最终回收有效问卷977份。本次调查涵盖所有年级、所有金融类专业的学生。其中，本科生658人（67.35%），党员（含预备）172人（17.6%）。在进行问卷调查的同时，还对少量学生进行深度访谈，以期能够及时全面地了解学生对课程思政实施的实际想法。调查结果显示，学生对课程思政的认知及感受表现出如下几个特征。

（一）学生对"课程思政"有一定了解，对相关的教学改革有较高的兴趣

在本次调研中，有32%的学生对"课程思政"比较了解，还有8%的学生非常了解（见图1）。在另一题项中，给出了关于"课程思政"基本内涵的描述（课程思政是指在专业课教学中融入思政教育，思政教育内涵比较广泛，除了爱国主义、集体主义、社会主义核心价值观等方面的教育外，还包含对大学生世界观、人生观、价值观、道德修养、心理素质、法治意识、职业精神等方面的教育与培养）；在此基础上，询问学生对"课程思政"的兴趣，结果显示：大多数学生表示出有兴趣（76%），其中39%的学生兴趣度较高（见图2）。

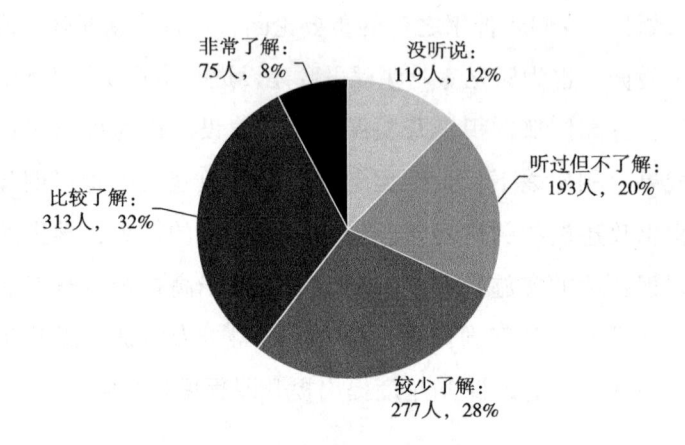

图1 学生对课程思政的了解程度

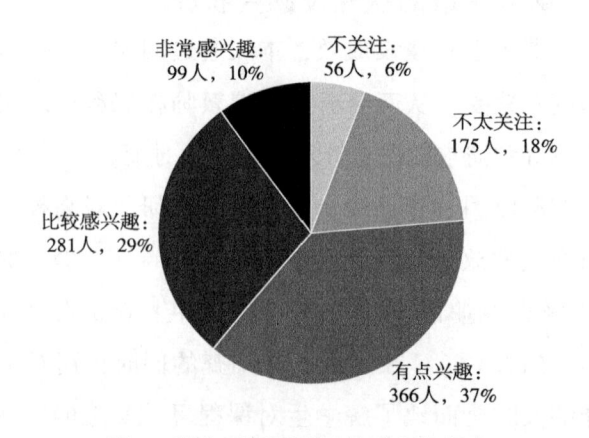

图2 学生对课程思政的感兴趣程度

（二）教师正在努力实施课程思政，教师覆盖面及教学改革取得了较好进展

本次调研从学生感受视角，分析了最近一年专业课教师实施课程思政的积极性、思政元素融入情况。从问卷反映的结果来看，大多数学生表示：至少有一半及以上的教师正在积极实施课程思政教学改革（74%）；平均每个月至少有1次及以上的课堂教学蕴含了思政元素（71%）。调研结果见图3和图4。

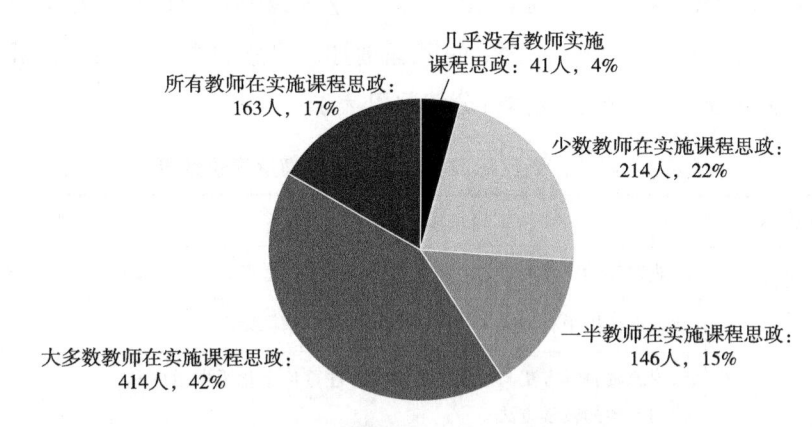

图3 专业课教师实施课程思政的积极性

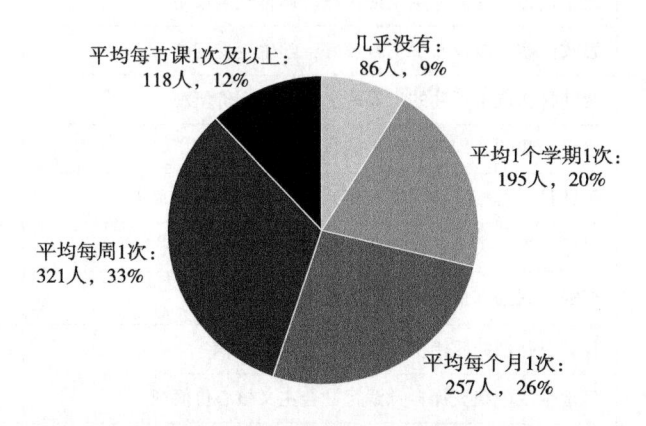

几乎没有教师实施课程思政：41人，4%
少数教师在实施课程思政：214人，22%
一半教师在实施课程思政：146人，15%
大多数教师在实施课程思政：414人，42%
所有教师在实施课程思政：163人，17%

图4 思政元素融入专业课的频率

几乎没有：86人，9%
平均1个学期1次：195人，20%
平均每个月1次：257人，26%
平均每周1次：321人，33%
平均每节课1次及以上：118人，12%

(三)课程思政取得了较好的效果,学生对课程思政实施的满意度比较高

课程思政满意度评价指标体系包括教师在专业课中融入思政教育内容的质量、教学方法与手段、学生的学习体验和收获等14个指标。调研发现:平均而言,学生对专业课教师实施课程思政比较满意(均值为4.00),课程思政取得了较好的效果,对学生的学习体验和实际行动有一定的正向影响。从得分最高的三项来看:通过实施课程思政,学生在日常生活中更加自觉践行社会主义核心价值观(均值为4.10),在专业实践中更加自觉实践职业精神和职业规范(均值为4.09),学生的家国情怀、民族自尊心和自豪感得到增强(均值为4.09)。各指标具体打分情况见表1。

表1 学生对课程思政教学效果的满意度评价结果

一级指标	二级指标(问卷题目)	平均分值
内容设计 (3.985)	专业课教学中体现了思政教学目标和内容,重点突出	3.98
	知识点传授中有机融入了思政内容,实现润物无声	3.99
实施过程 (3.990)	课程思政教学方法与教学内容匹配,注重信息化手段运用和使用不同的教学方法	4.00
	创新教学模式,方式灵活多样,注重激发学生兴趣	3.98
	教学过程中注重学生反馈,适时调整教学策略	4.02
	思政内容与专业知识契合较好,学生接受度高	3.96
学习体验 (4.072)	帮助我塑造了正确的世界观、人生观、价值观	4.05
	增强了我的家国情怀、民族自尊心和自豪感	4.09
	帮助我了解相关的国家战略、法律法规和相关政策	4.06
	引导我深入关注社会实践、关注现实问题	4.08
	加强了我的诚信服务、德法兼修职业素养	4.08
实际表现 (4.080)	我有更强烈的政治认同和坚定"四个自信"	4.08
	日常生活中我更加自觉践行社会主义核心价值观	4.10
	专业实践中我更加自觉实践职业精神和职业规范	4.09
	对近一年专业课融入思政教育的总体感受	4.05

注:非常满意=5;比较满意=4;一般=3;不满意=2;非常不满意=1。

三、课程思政实施过程中的主要问题

(一) 部分学生对课程思政的认知不足、感受不深

问卷结果显示：有60.28%的学生对课程思政了解有限，认知不足。表2为学生对最近一年课程思政元素融入专业课的感受。调研发现：学生对课程思政的总体接受程度不高（均值为3.62），有35.52%的学生表示"无感"，另有6.45%的学生给出消极评价。交叉分析和相关性检验的结果显示：课程思政的了解程度与接受程度之间具有一定的正相关性，相比那些对课程思政了解程度较高的学生，对课程思政了解程度低的学生对课程思政的喜欢程度也会更低（3.34<4.13）。问卷结果在一定程度上反映出课程思政建设的宣传和教育力度有待提升，尤其是要加强学生对课程思政改革的认识，在育人过程中更加关注学生的需求和感受。

表2 学生对最近一年教师实施课程思政的接受程度

指标		全部样本占比	了解程度低的样本占比（没听说、听过但不了解、较少了解）	了解程度高的样本占比（非常了解、比较了解）
样本分布	反感	2.05%	3.06%	0.52%
	不太喜欢	4.40%	5.60%	2.58%
	无感	35.52%	47.03%	18.04%
	比较喜欢	45.75%	38.88%	56.19%
	非常喜欢	12.28%	5.43%	22.68%
接受程度均值		3.62	3.34	4.13

注：非常喜欢=5；比较喜欢=4；无感=3；不太喜欢=2；反感=1。

(二) 课程思政改革尚未实现全员参与、全课覆盖

图3结果显示，仅有17%的学生认为所有教师都在实施课程思政，并且有26%的学生表示实施课程思政的教师较少。在课程思政元素融入课堂教学的频率方面，有20%的学生反映平均每学期有1次，另有9%的学生表示几乎没有（见图4）。这些数据表明，目前高校内部还没有营造出"课程门门有思政、教师人人讲育人"的生动氛围，有必要在院系层面落实推进课程思政建设工作，进一步增强教师参与课程思政建设的积极性和主动意识。

（三）课程思政的内容设计和实施过程需要改进

表1中课程思政满意度得分最低的三项分别为：思政内容与专业知识契合较好，学生接受度高（3.96）；创新教学模式，方式灵活多样，注重激发学生兴趣（3.98）；专业课教学中体现了思政教学目标和内容，重点突出（3.98）。这与另一个调研问题的结果一致。问及"当前课程思政教学中存在的主要问题"时，学生对教师素养和教学态度持肯定评价，并指出了教师在实施课程思政时教学方法和方式运用的不足。图5结果显示：学生反映的前三大问题分别是：思政教育内容植入生硬，不能引发学生兴趣（37.97%）；思政教育方式陈旧，教学手段单一（35.93%）；思政教学内容脱离专业实际，实效性不强（32.24%）。此外，还存在师生交流互动较少（28.76%）、没有对学生进行课程思政改革背景方面的宣讲和教育（24.97%）、教师关注学生需求与感受少（18.22%）等问题。因此，教师课程思政建设如果不"接地气"，便很难"入人心"和"聚人气"，也无法真正落实"以学生为中心"的教学理念。

选项	比例
思政教育植入生硬，不能引发学生兴趣	37.97%
思政教育方式陈旧，教学手段单一	35.93%
思政教学内容脱离专业实际，实效性不强	32.24%
师生交流互动较少	28.76%
没有对学生进行课程思政改革背景的宣讲与教育	24.97%
教师关注学生需求与感受少	18.22%
教师的人格魅力不足	4.40%
教师的学识不够渊博	2.56%
其他	8.80%

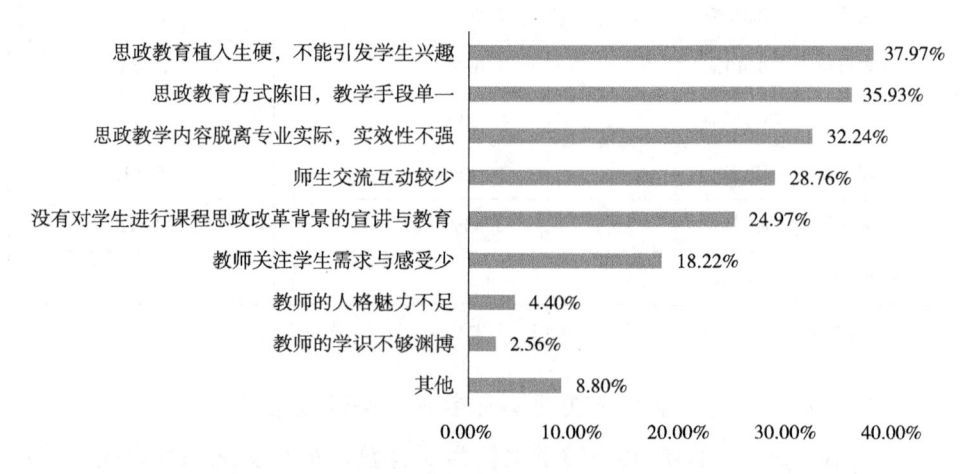

图5　课程思政教学中存在的主要问题（限三项）

四、提升金融类专业课程思政效果的对策建议

金融学类专业属于应用经济学门类，其以各类金融活动为研究对象，这一学科领域的专业课中蕴含了大量鲜活的思政元素，在"铸魂育人"方面有

着天然的优势。但是，如何发挥专业课堂教学的主渠道作用，如何有效整合各类育人资源，如何真正实现价值引领的入脑入心，应当成为思政教学的重中之重。习近平总书记关于"大思政课"的重要论述，为深化课程思政建设指明了方向和路径。

（一）构建"大教学体系"，发挥专业思政与课程思政的协同作用

课程思政不应当只是优化课堂教学，也并非局限于课程建设。课程思政建设是以专业教育中的课程为载体的思政教育，是专业思政的基础和核心。课程思政要依托专业建设进行一体化设计和整体推进，只有围绕专业思政进行持续优化，课程思政的"最后一公里"问题才能得到解决（韩宪洲，2021）。专业思政最大的价值就是为深化课程思政建设搭建共同的思政资源平台，构建更大的教学体系，而"大思政课"建设是推进专业思政与课程思政一体化建设的有效路径。

一是专业思政与课程思政协同，提升三全育人实效。从专业整体出发实施系统性、全要素的思政教育，是新时代高校高质量推进课程思政的必然要求，也是深度加强专业教育与思政教育有机融合的本质需求（虞晓芬，2022）。对于金融类专业来说，应该根据《高等学校课程思政建设指导纲要》和《金融类本科专业类教学质量国家标准》构建专业核心素养框架体系，设定思政育人目标（如政治认同、爱国情怀、道德修养、经世济民、诚信服务、德法兼修等），再进一步将本专业所蕴含的思想政治教育元素和所承载的思想政治教育功能落实到教材大纲、课堂教学、课外实践、作业考试等专业人才培养各环节。特别地，要发挥金融专业与金融行业优势，厚植科研育人和实践育人的内容和方式，通过深刻、独特的体验内化价值观，反哺课堂教学，切实提高思政教育质量。

二是充分发挥科研育人功能，讲好中国金融故事。"科研育人"，即寓思想政治教育于科研过程中，通过科研活动来推动立德树人任务的落实（刘在洲等，2019）。高校做好科研育人，就是要面向国家战略、培养学生的学术道德素养、创新性思维以及独立研究能力。课程思政的首要内容就是用习近平新时代中国特色社会主义思想铸魂育人，引导学生了解世情国情党情民情。由此可见，"科研育人"的关键在于讲好中国特色社会主义的故事。教师要鼓

励学生了解国家战略和发展需求，致力于分析和解决中国现实难题，强化责任担当。可以引导学生着重研究近两年国家和社会比较关注的普惠金融、数字金融、绿色金融以及金融支持乡村振兴、共同富裕、高质量发展等相关问题。在方法上，要善于从历史和现实、国内和国际的联系中，帮助学生正确认识中国特色社会主义的优越性，坚定"四个自信"（冯秀军，2021）。例如，无论是早期的国际金融危机、中美贸易战，还是近期的新冠疫情冲击与中概股风波，这些事件都能够让学生深刻感受我国的制度优势。又如，中国普惠金融的发展使得更多中低收入群体受惠，从而有利于实现共同富裕。近年来，我国不断完善金融支持创新体系，以更好地支持高水平科技自立自强，彰显了"中国之治"。

三是校内校外联动、网上网下融合，整合"大资源"。与传统授课不同，"大思政课"突破了时间、空间、环境、教学资源、教学方式等局限，将学校小课堂与社会大课堂连接起来，推动思政育人传统优势同信息技术高度融合，倡导社会各方力量参与人才培养，形成"大资源"共享、全方位合力育人的新格局（蓝波涛、覃杨杨，2022）。实践出真知，实践能育人。组织学生开展项目式、体验式、浸润式及实景式学习，增加课程思政的实践性；通过"引进来"和"走出去"的方式，让课程思政更有生命力和感染力，这都是实现课程思政育人目标的重要手段。习近平总书记强调：要在提炼、转化、融合上下功夫，让收藏在馆所里的文物、陈列在大地上的遗产、书写在古籍里的文字成为教书育人的丰厚资源。基于此，学校可以与中国钱币博物馆、中国人民银行红色金融教育基地、中国金融工运陈列馆、国际金融博物馆等公益机构建立合作关系，为课程思政建设提供丰富的平台。除了红色场馆，还可以把课程思政的课堂移到街道、社区、乡村、田野、科技园区、金融小镇、证券交易所等地方，激励学生利用课余时间开展社会调查活动，参加各类实践实训项目，提高学生认识社会和服务社会的能力。另外，线上线下混合式教学已经成为新常态，教师应该强化互联网思维，充分利用信息手段增加思政教育的吸引力和趣味感。

（二）培育"大先生队伍"，提升教师课程思政建设的意识和能力

全面推进课程思政建设，教师是关键。习近平总书记指出：教师要成为

大先生，做学生为学、为事、为人的示范，促进学生成长为全面发展的人。因此，贯彻落实"大先生"的要求，是提升广大教师育人意识和能力最本质的手段。

在育人意识方面，教师要转变观念，要用大胸怀、大格局及大智慧开展教育。教师不仅仅是一份平凡的职业，更是一种崇高的信仰、一项伟大的事业。教师要始终坚定跟党走，厚植家国情怀，把教书育人与实现中华民族伟大复兴的中国梦同频共振，要向学生分享自身的认识和感受，激发学生的理想信念和情感共鸣。课程思政建设既要谆谆教导，更要春风化雨、言传身教。

从育人能力来看，教师要紧跟学情、主动实践、不断学习、持续改进。"以学生为中心"的前提就是了解学情、尊重学生。"以学定教"是实现课程思政育人效果的决定性因素（蒲清平、何丽玲，2022）。在调研中，学生反馈了当前面临的需求和痛点，其中最重要的前三项分为：职业素养与专业知识的融合、学习方法和信息渠道的拓展、热点问题的关注和了解；他们最喜欢的前三类教学方法为：案例故事和案例讨论，短视频/动画，线上学习，教学与学生实际需求相结合。因此，无论是前期备课，还是课堂教学和课后交流，教师都应该关注并响应学生成长诉求，课程思政建设必须围绕学生、关照学生、服务学生，重点是要创新教学方法和模式，让学生"动"起来，让课堂"活"起来。另外，不同专业的育人目标存在一定差异，同一专业的不同课程在知识特点、思维方法和价值理念上也不完全相同，有必要围绕金融学科与金融类专业的特质进行针对性强、实效性好的宣传教育及培训交流活动。例如，加大金融学、投资学、公司金融、商业银行经营管理等核心课课程思政建设的专题培训、经验交流、观摩实训等活动，建立课程组与教学团队的集体磨课、交流研讨及资源共享机制。金融类专业课很多知识点属于交叉学科范畴，课程思政本身也富有"跨界融合"特点，为此，要支持跨学科、交叉学科团队之间合作，加强金融类专业课教师与思政背景、计算机类、统计类、数学类专业课教师之间的交流，学习和掌握更多思政育人视角和手段。

需要注意的是，"大先生"并非局限于校园内，也不是遥不可及的。"大先生"是一个大的群体，还包括受到表彰的时代楷模、各行各业的榜样先锋与精英专家，也可以是我们身边的平凡劳动者，学习和宣传他们的先进事迹和崇高精神，不仅有助于激励学生，也给教师带来了很大的启发和鼓舞（韩可，2022）。

（三）善用"大思政课程"，增强金融类专业课的引领性和感召力

"大思政课"我们要善用之，一定要跟现实结合起来。

首先，专业课教育要与时代同向。在金融类专业课中，教师应当帮助学生熟悉国家有关金融的方针、政策和法律法规，把握金融发展的最新趋向，学以致用，创造性地解决实际金融问题。这不仅有助于丰富学生的专业视野，也能引导学生关注现实，树立大局意识，而且这些内容本身也得到学生的普遍认可。从调研结果来看，除了爱国情怀和理想信念教育、社会主义核心价值观、政治认同和四个自信之外，学生也希望教师在专业课教育中融入社会实践、现实问题与热点事件，以及专业相关的国家战略、法律法规和政策。

其次，经世济民是永恒的使命。2019年2月22日，习近平总书记在主持中共中央政治局第十三次集体学习时指出："金融要为实体经济服务，满足经济社会发展和人民群众需要。金融人才，为何培养、又为谁培养？归根到底，金融人才要服务于国家战略需求。"所以，金融学、投资学、金融工程、保险学等金融类专业课内容体系的构建，需要依据金融服务实体经济的内在逻辑以及最新的金融人才需求和要求。可以通过引入重大事件、分析典型案例、解读行业数据、师生研讨交流等多种方式，让学生理解银行、证券、基金、保险等金融机构对实体经济的支持作用。例如，商业银行在疫情防控期间为中小企业提供的信贷服务，创业板、科创板对企业创新的作用，双碳战略下的绿色金融发展、金融创新与金融监管的关系等，这些知识的讲授有助于学生强化对金融学科的使命感与担当感。

最后，红色是最鲜亮的底色。历史是最好的教科书，党史是最好的营养剂。事实上，中国共产党的百年奋斗史也是一部生动的中国金融史。一百年来，中国共产党始终坚持牢牢把握金融事业发展和前进的方向，不断探索金融支持革命战争、创立新政权、服务改革开放和社会主义现代化建设，推动经济转型升级和高质量发展（中国金融思想政治工作研究会，2021）。在专业课上，将"红色银行""红色股票""红色债券"等案例巧妙地融入知识点讲

解中，较好地让学生感受红色文化、红色精神；通过讲述我国金融业发展取得的重大成就，增强学生的"四个自信"。

五、结语

2022年4月，习近平总书记在中国人民大学考察时强调："培养社会主义建设者和接班人，迫切需要我们的教师既精通专业知识、做好'经师'，又涵养德行、成为'人师'，努力做精于'传道授业解惑'的'经师'和'人师'的统一者。"习近平总书记这一重要讲话对课程思政提出了更高要求。如何在金融类专业课程思政中实现"教书"与"育人"相统一？针对当前金融类专业课程思政实施中存在的问题和薄弱环节，本文建议：以"大思政课"建设为牵引，发挥专业思政与课程思政的协同作用，提升教师课程思政建设的意识和能力，增强金融类专业课的引领性和感召力。

参考文献

[1] 韩宪洲. 课程思政的发展历程、基本现状与实践反思 [J]. 中国高等教育，2021（23）：20-22.

[2] 虞晓芬. 专业思政与课程思政如何相辅相成 [N]. 中国教育报，2022-03-21.

[3] 刘在洲，谢晨霞，刘香菊，等. 大学科研育人现状、问题与对策：基于H省4所高校的调查 [J]. 高等教育研究，2019（6）：79-85.

[4] 冯秀军. 善用"大思政课"的三个维度 [J]. 思想理论教育导刊，2021（8）：103-109.

[5] 蓝波涛，覃杨杨. 构建大思政课协同育人格局：价值、问题与对策 [J]. 教学与研究，2022（2）：92-100.

[6] 蒲清平，何丽玲. 新时代高校课程思政教学提质增效的实践路径 [J]. 思想教育研究，2022（1）：109-114.

[7] 韩可. 课程论视角下"大思政课"的实施维度与实践理路 [J]. 思想理

论教育，2022（5）：72-77.

[8] 中国金融思想政治工作研究会. 中国红色金融史［M］. 北京：中国财政经济出版社，2021.

课程思政与专业思政一体化的内在逻辑与实现路径[①]

孙忠娟 李花倩 冯佳林[②]

【摘 要】 专业思政和课程思政的一体化融合是有效推进高校思政工作的关键。本文基于对课程思政、专业思政内涵、特点和逻辑关系的分析,提炼二者一体化建设的路径。其中,课程思政与专业思政的一体化建设主要有五个步骤,即以新需求为依据,明确专业特色;以专业特色为指引,构造专业核心价值体系;以专业核心价值体系为原则,设计培养方案;以培养方案为总纲,挖掘专业思政框架;以专业思政框架为指导,推进课程思政。最后,本文以工商管理专业为例,展示了专业思政与课程思政一体化建设路线图。本文对高校思政建设和推进立德树人根本任务具有重要启示。

【关键词】 专业思政;课程思政;一体化建设

2016年12月7日至8日,全国高校思想政治工作会议在北京召开。习近平总书记在会议中强调:"坚持把立德树人作为中心环节,把思想政治工作贯穿教育教学全过程。"2020年5月在教育部印发的《高等学校课程思政建设指导纲要》中再次指出:"全面推进课程思政建设是落实立德树人根本任务的战略举措,要结合专业特点分类推进课程思政建设。"

---

① 基金项目:2022年校内专项——课程建设专项——课程思政示范课程(项目号:00192254204030);教育部产学合作协同育人项目"基于ESG理念的商科课程思政产教融合基地"(项目号:202102126204)。

② 作者简介:孙忠娟,首都经济贸易大学工商管理学院副院长,副教授,博士生导师;李花倩,首都经济贸易大学工商管理学院博士研究生;冯佳林,首都经济贸易大学工商管理学院博士研究生。

课程思政与专业思政一体化是一个复杂的、开放的、动态的系统构建过程，如何真正做到育知与育德的有机融合，达到育人和育才的真正统一，是高效落实立德树人的根本任务。然而，课程思政与专业思政一体化建设仍然处于初步阶段，如何将两者有机相容是一个亟待解决的问题。本文在了解课程思政与专业思政的内涵与相互联系的基础上，探索课程思政与专业思政相互协调的内在逻辑，并据此提出各教学单位或组织单位关于课程思政与专业思政一体化建设的思路，以及两者协同育人的实现路径，以期为高校思政建设提供启示。

一、课程思政与专业思政的内涵和特点

（一）课程思政的内涵与特点

课程思政是指将思政元素有机融入各门课程中从而利用非思政课程来开展思政教育的一种体系，其本质是以课程为基础，遵循知识传授规律，彰显思政价值引领，充分发挥课堂主渠道作用，大力提高新时代人才培养质量。课程思政意味着教育结构的变化，即实现知识传授、价值塑造和能力培养的多元统一，具有普适性、隐教性和多样性的特点。其中，普适性是指课程思政普遍适用于不同学科的教学和不同阶段的教学对象，任何课程都可以有机融入思政元素，对学生进行价值观的引导。隐教性是指课程思政更强调隐性教育，通过将思政元素分散渗透于课堂教学之中，使学生潜移默化地接受思政的引导，在润物无声中引导学生树立正确的世界观、人生观、价值观，切实提高课程教学效果。多样性是指课程思政具有多样化的类型，除了借助多种形式打造多样化的主干课程之外，还可以通过产学研基地、移动课堂等把枯燥的理论知识和学生生活实际巧妙结合，实现小课堂与大社会的融合。

（二）专业思政的内涵与特点

专业思政是指以专业为载体，根据不同专业特色所要求的人才培养计划和专业能力素质要求，提炼专业所要求的核心价值，将之融入专业人才培养全过程的专业建设中。专业思政具有价值引领性、特色性、体系性的特点。其中，价值引领性是指专业思政以专业核心素养作为价值引领，其既是专业的育人价值目标，也是检验育人质量的根本标准。特色性是指"专业思政"

的目标、载体、实现途径和方法具有鲜明的专业特色。体系性是指"专业思政"应春风化雨般地渗透于专业的全部要素和教育教学全过程。专业思政是建设"价值引领，特色发展"的一流专业的内在要求，是深化课程思政、推进"三全育人"综合改革的客观要求。

二、人才培养、专业思政与课程思政的逻辑关系

人才培养体系是专业思政设计的总体纲要，专业思政与课程思政均需在人才培养体系的引领下展开，人才培养体系要结合专业特色和人才特色要求。其中，人才培养体系要遵循一个核心、三个重点、四个统一的培养要求，即以全面提高人才培养能力为核心，以紧抓"主力军"（教师队伍）、"主战场"（课程建设）、"主渠道"（课堂教学）为重点，以坚持知识传授和价值引领相统一、坚持显性教育和隐性教育相统一、坚持统筹协调和分类指导相统一、坚持总结传承和创新探索相统一为基本要求构建综合性人才培养体系。专业特色中蕴含了专业的价值特色、内涵特色和培养特色。价值特色取决于专业使命、专业伦理、专业所对应的职业特点和专业历史积淀。内涵特色是指专业研究对象、专业领域的知识体系、方法体系和产业领域等方面的特色。培养特色反映了每个专业在人才培养过程中培养目标、要求、方法和载体形式等方面的特色或模式。对人才特色而言，在培养专业人才的过程中要结合专业能力与核心素养，充分考虑人才培养对学科核心素养的需要，探索符合国家发展战略和时代要求的专业人才培养模式。

专业核心素养作为引领和抓手，囊括了新时期专业人才发展需要具备的品质与能力，为专业思政的发展提供了新依据，也对人才培养提出了新要求。专业思政需要以人才特色中的核心素养为导向，制定专业化的培养方案。专业思政体系包括培养目标、培养特色、毕业要求、教学计划、学制和学位、阅读目录、学分要求、培养流程与课程体系。

课程思政是专业特色与专业思政的基本组成单元，课程体系是将专业思政落实到课程思政的连接轴。以专业思政方案为引导，依托课程体系，深化组织建设，推进课程思政，保证每一门课程都有核心价值理念与要素，不同课程思政所组成的课程思政群诠释专业思政的核心价值理念。图1所示的是

人才培养、专业思政与课程思政的逻辑关系。

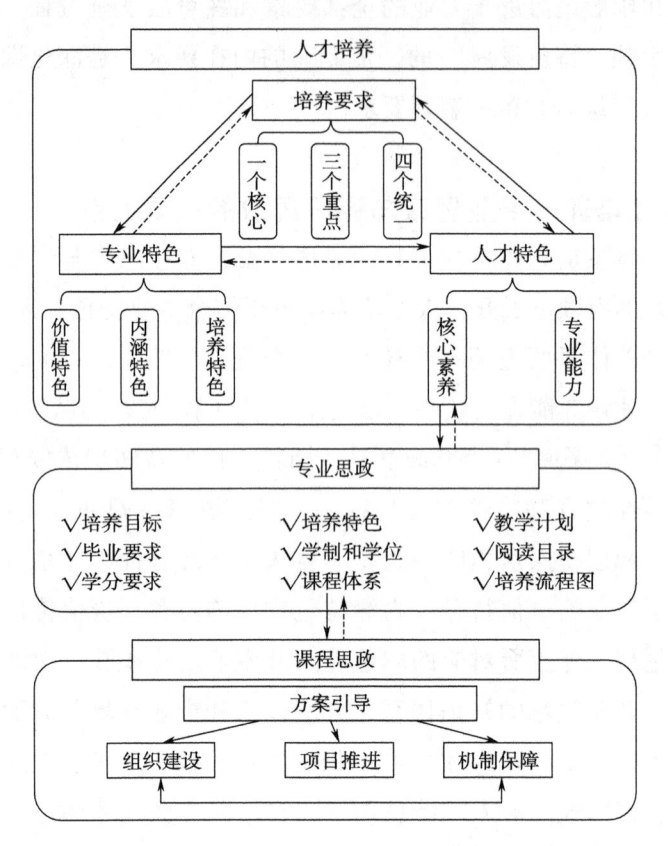

图1 人才培养、专业思政与课程思政的逻辑关系

三、专业思政与课程思政的一体化实现路径

基于对课程思政、专业思政内涵、特点和逻辑关系的分析，本部分提炼了实现课程思政与专业思政的一体化建设的五个步骤（见图2）。

（一）以新需求为依据，明确专业特色

不同专业虽然有其育人的独特使命，但是各专业都要以"培养什么人、怎样培养人、为谁培养人"这一根本性问题为主要依据。在此基础上，结合专业特点挖掘专业自身所蕴含的思政元素，提炼出专业独有的特色。

首先，结合战略规划文件，提炼需求矩阵。全面梳理党和国家对于课程

```
┌─────────────────────────────────────────────┐
│        以新需求为依据，明确专业特色          │
│   ┌────────┐  ┌────────┐  ┌────────┐       │
│   │ 价值特色│  │ 内涵特色│  │ 培养特色│       │
│   └────────┘  └────────┘  └────────┘       │
└─────────────────────────────────────────────┘
                      ⇩
┌─────────────────────────────────────────────┐
│     以专业特色为指引，构造专业核心价值体系    │
│      √政治素养          √专业责任            │
│      √道德品格          √其他相关素养        │
└─────────────────────────────────────────────┘
                      ⇩
┌─────────────────────────────────────────────┐
│    以专业核心价值体系为原则，设计培养方案     │
│  ┌────────────┐ ┌────────────┐ ┌────────┐  │
│  │人才培养目标│ │人才培养特色│ │毕业要求│  │
│  └────────────┘ └────────────┘ └────────┘  │
└─────────────────────────────────────────────┘
                      ⇩
┌─────────────────────────────────────────────┐
│      以培养方案为总纲，挖掘专业思政框架       │
│   √一个核心理念          √两大互动主体       │
│   √一个专业核心价值体系  √三种协同育人机制   │
│   √一个专业人才培养方案  √四类实施路径       │
│                          √N门专业课程         │
└─────────────────────────────────────────────┘
                      ⇕
┌─────────────────────────────────────────────┐
│      以专业思政框架为指导，推进课程思政       │
│   ┌────────┐  ┌────────┐  ┌────────┐       │
│   │课堂传授│  │科学研究│  │实践探索│       │
│   └────────┘  └────────┘  └────────┘       │
└─────────────────────────────────────────────┘
```

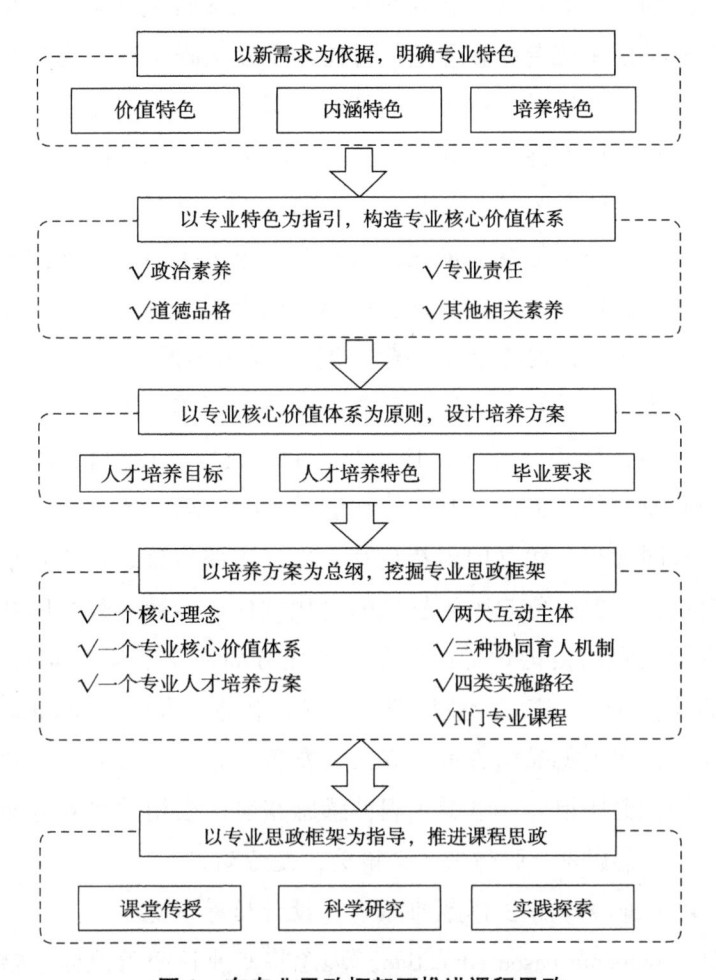

图 2　在专业思政框架下推进课程思政

思政、社会发展、专业人才的战略规划文件，结合数字化和可持续发展趋势，调研学校、学生与家长、商业企业与校友等对数字管理新范式和专业人才的培养需求，提炼人才能力的"铁三角"市场需求矩阵。

其次，紧盯培养需求，明确专业建设方向。国家和社会发展的多样化正在拉动育人进程，学校需要把握住发展趋势，紧盯培养需求，主动建设服务于社会的学科专业。有针对性地培养人才，既可以满足国家或社会对专业人才的需求，也可以帮助学校明确专业建设方向，实现国家和学校的双赢。

最后，摸清自身优势，发展专业特色。所谓专业特色，是指专业本身区别于其他专业的风格和形式，包含价值特色、内涵特色和培养特色。将各专业教师与其他学校相似专业教师进行对比，充分调研"双一流"高校和相关领域国家级一流专业建设专业的培养特色，深入分析自身专业所具有的价值特色、内涵特色和培养特色，提炼人才培养的专业特色矩阵。

（二）以专业特色为指引，构造专业核心价值体系

以社会主义核心价值观为依托，以专业特色为指引，深度挖掘专业职业道德与核心价值观之间的内在联系，在此基础上引入国家大德、社会公德和公民美德等思政元素，构造专业系统性的核心价值体系。

专业核心价值体系是专业特色引领下的政治素养、专业责任、道德品格和其他相关素养，体现在专业责任担当、职业道德、创业精神、家国情怀、人文素养与职业诚信等方面。其中：在政治素养方面，要求学生树立中国特色社会主义共同理想，建立中国特色社会主义道路自信、理论自信、制度自信、文化自信，立志肩负起民族复兴的时代重任，传播热爱中国共产党、扎根人民、奉献国家的爱国情怀；在专业责任方面，要求学生牢记专业使命，肩负专业的社会责任，遵守专业伦理（技术、利益、责任）、职业规范，全心全意服务客户；在道德品格方面，守法、友善、勤俭、敬业，并做到诚实正直、善学乐知、责任担当、坚毅乐观、感恩宽容；在相关素养方面，要求学生做到广学识，善思考，强体魄，会审美，爱劳动。

（三）以专业核心价值体系为原则，设计培养方案

以OBE（outcome based education）理念将专业核心价值体系融入人才培养目标和毕业生基本要求，并做出明确且可操作的描述，然后结合专业特征构建与之适应的课程体系，按照社会需求与专业核心价值体系→培养目标→毕业要求→能力指标→课程体系的逆向约束路径构建培养方案。

第一，在人才培养目标方面。利用文本分析法和比较分析法，整合国家、经济、市场的外部需求和专业的内部优势资源，从专业能力和核心素养两条线来确定不同专业的人才培养目标，并以此为导向实施立德树人的专业能力培养任务。

第二，在人才培养特色方面。借助模拟课堂、专业实验、创新创业训练等多种方式积极引导思政元素，帮助学生提炼学科知识点，挖掘所掌握的学

科知识点的社会应用价值。

第三，在毕业要求方面。要求学生掌握通识教育类、学科基础类、专业类知识及相关学科知识；要求学生具有团队协作意识，具有自主学习和终身学习意识；要求学生具有人文素养、科学精神和社会主义核心价值观，在实践活动中理解并遵守职业道德和职业规范。

（四）以培养方案为总纲，挖掘专业思政框架

以培养方案为总纲，通过"111234+N"的方式搭建专业思政框架，其中："1"指一个核心理念、一个专业核心价值体系和一个专业人才培养方案；"2"是指两大互动主体；"3"是指三种协同育人机制；"4"是指四类实施路径；"N"是指专业课程群案例库。

具体而言，一个核心理念是要培育和践行社会主义核心价值观。依据习近平总书记在全国高校思想政治工作会议的指示，做人做事的基本道理，社会主义核心价值观的要求，实现民族复兴的理想和责任，强化教育引导、实践养成、制度保障，把社会主义核心价值观融入社会发展各方面，转化为学生的情感认同和行为习惯。

一个专业核心价值体系是培养具有政治素养、专业责任、道德品格和其他相关素养的卓越人才。以立德树人为根本任务，构建立体化的育人格局，着力培养具备专业核心素养的人才。

一个专业人才培养方案是在人才培养目标、毕业要求和人才培养特色方面实现育人。按照学校对专业人才培养提出的核心要求，构建"强大的"专业课程体系，建立并完善相关专业知识课程群，帮助学生搭建专业知识体系，培养能够满足行业发展需求的专业人才。

两大互动主体是教师和学生。教师的主要功能是教育者释放思政教育，学生的功能是实现知识和价值理念的传承。

三种协同育人机制是指人才供给与社会需求的协同机制、思政育人和专业育人的协同机制、中外合作与学科建设的协同机制，以构建全方位、全过程、深融合的专业协同发展机制。

四类实施路径是指课程体系、第二课堂、校外实习、实践指导四条实施路径。通过这四条路径，帮助学生在学习专业知识的过程中，树立中国特色

社会主义共同理想，为国家或社会培养高质量的综合型人才。

N门课程思政建设有利于形成专业思政案例库，以利于各专业教师和学生相互学习，兼具基本思政元素的覆盖保证和随机思政元素的拓展。

（五）以专业思政框架为指导，推进课程思政

以专业思政框架为指导，以"正向引导，逆向设计"方式嵌入思政点，通过课堂传授、科研引领、实践探索推进课程思政，强化"课堂教学为主渠道，科学研究为价值引领，实践探索为检验基地"的全过程育人，构建有内涵、有特色、可执行的育人体系，通过满足学生对知识的渴求加强价值观教育，提升价值观教育的效果。

第一，基于专业人才培养方案和专业核心价值体系，重新设计课程体系与课程大纲，嵌入思政点。在专业核心价值体系和培养方案的引导下，挖掘课程的思政元素，梳理课程的知识体系，形成教学内容与思政元素的映射关系。在此基础上，将含义相近的思政元素进行整合，并评估融入点的合理性，形成优化后的映射关系。

第二，在课堂传授中，从"立""引""挖""扩"四个层面开展课程思政建设。首先是"立"，即任课教师立德立言，通过言传身教，让学生耳濡目染；其次是"引"，即引入经典案例、名人故事、实时热点等，让学生心有大局、事清镜明；再次是"挖"，即挖掘恰到好处的切入点，合理篇幅的内容体系，正向引导；最后是"扩"，即扩充专业以外的认知，学科交叉，实现各类课程与思想政治理论课同向同行。

第三，在科学研究中，强调专业思政与新时代、学术前沿、社会亟需科研成果相结合，在教学研究与专业研究中实现课程思政的价值引领。一方面，从教育教学中发现问题，在教育教学过程中有目的地加以研究，实现教学与教研相长；另一方面，专业科研方面动员教师努力发挥"传、帮、带"的作用，引领全体教师增强科学精神和创新意识，脚踏实地掌握学科学术前沿。

第四，在实践探索中，强调课程思政体系的建设需要融入实践探索，把枯燥的理论知识和学生生活实际巧妙结合，实现小课堂与大社会的融合。教师可以通过承担课题、产业规划、北京两区建设、国家战略等科研项目和学术研究，实现课程思政的校内小课堂和社会大课堂的良好结合；学生通过产

学研基地、移动课堂和就业等，传播和弘扬可持续发展理念、红色历史、优良文化和爱国情怀等正向思政要素。

四、工商管理专业思政与课程思政一体化建设实例

本部分以首都经济贸易大学工商管理学院工商管理专业思政和该专业下的课程思政为实例，介绍专业思政与课程思政一体化建设成果。具体而言，工商管理专业思政与课程思政的成果主要概括为几个方面，即基于数字时代管理新范式诉求，以立德树人为导向，明确"矩阵式"人才需求，提炼"四维新工商"专业特色，打造"双层式"专业核心价值体系，设计"高特色"专业培养方案，挖掘"模块化"专业思政框架，推进"全时空"课程思政体系建设（如图3所示）。从工商管理类专业实践性、应用性强的特点出发，充分融合专业能力与核心素养，探索科学、合理、有效的工商管理专业思政和课程思政一体化实践方案。

（一）明确"矩阵式"人才需求

在VUCA时代①，数字经济通过数字化技术的广泛应用，变革了企业的组织结构、决策模式、产品服务、业务运营、商业伦理等管理范式，数字时代的工商管理如何应对新商业伦理、新技术、新需求、新实践等管理新范式，工商管理专业教育如何更新办学理念，依据人才"新需求"优化人才"新供给"，培养符合时代需求的复合型人才已成为不可避免、亟待解决的问题。基于多维调查，学院明确了工商管理专业的"矩阵式"人才需求：第一，懂数智技术，能够立足数字时代进行微观组织的计划、组织、协调、控制的人才需求。第二，能够适应现代经济和社会发展需要，具有较强的实践能力和创新创业能力的复合型人才需求。第三，能够承担创造社会价值的责任，协同自然环境与商业环境的人才需求。第四，能够立足于企业单元，传承和创造商业文明的人才需求。

（二）提炼"四维新工商"专业特色

面向需求，立足工商管理国际级一流专业优势和劣势，提炼了"四维"

---

① VUCA时代指的是变幻莫测的时代。

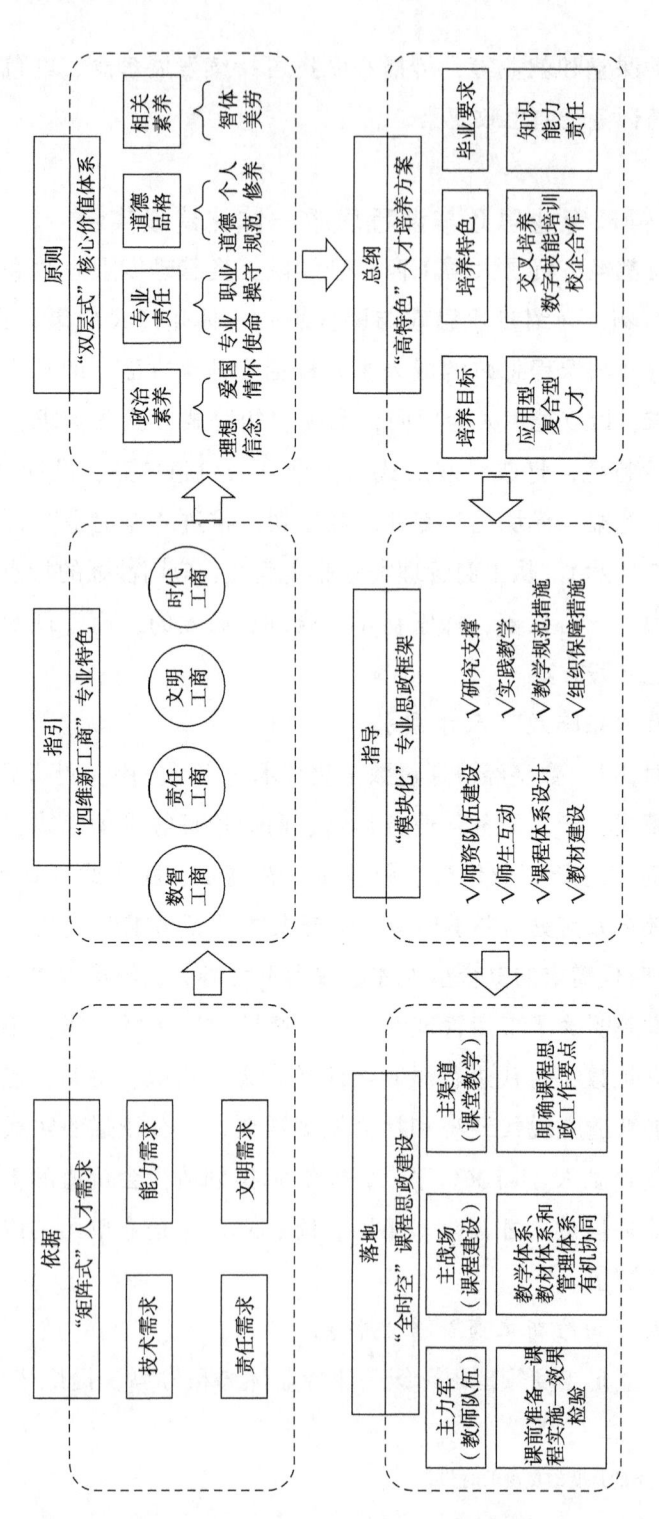

图3 工商管理专业思政和课程思政一体化建设路线图（一个示例）

新工商专业特色,即"数智工商、责任工商、文明工商、时代工商"。其中,数智工商是指紧跟数字社会建设步伐,在学术研究、学科建设、实践基地和服务社会等活动中,既要依托数字技术建设专业,培养具备数字化运营、数字化管理以及商业分析等硬技能的高素质工商管理专业人才,又要尽可能挖掘与企业数字化相关的软硬件教学环境。责任工商指的是教师引导学生树立正确的环境、社会和公司治理价值观,教育学生牢固树立可持续发展意识。时代工商指的是自觉将培育"胸怀'国之大者'"堪当大任的时代新人为己任,并且在面向时代前沿与社会核心问题时,积极构建学术生态,提供社会服务,奋斗于"新时代"。文明工商指的是以"践行社会主义核心价值观"为鲜明旗帜,从主体、路径、特色、目标多维努力,让学生和教师"知文明、懂文明、做文明人",积极建设融"数智、责任、时代和文明"为一体的专业特色。

(三) 打造"双层式"专业核心价值体系

基于需求与专业特色,工商管理专业明确了"双层式"核心价值体系,即四个一级核心价值维度(政治素养、专业责任、道德品格和相关素养)和七个二级核心价值指标(理想信念、爱国情怀、专业使命、职业操守、道德规范、个人修养和智体美劳)。政治素养维度包括理想信念和爱国情怀两个指标,主要强调提高学生的思想政治素养,保证学生在今后的工作中坚定理想信念,无论面对何种诱惑都能以国家利益为先;专业责任维度包括专业使命和职业操守两个指标,主要强调学生在之后的工作岗位上遵守专业伦理,承担对各利益相关者的社会责任,保证专业素质与专业技能同向同行;道德品格维度包括道德规范和个人修养两个指标,主要强调学生在以后生活或工作各方面都做到诚实正直、善学乐知、客观公正等,在诚信道德的基础上从细节做起;相关素养维度包括智、体、美、劳各方面,主要强调全方面发展,以适应现代经济和社会发展需要。

(四) 设计"高特色"人才培养方案

在核心价值体系的原则指引下,工商管理专业从培养目标、培养特色、毕业要求入手设计了"高特色"人才培养方案。在培养目标方面,培养具有社会主义核心价值观,适应现代经济和社会发展需要,德智体美劳全面发展,掌握现代管理理论与管理方法,理论基础扎实、知识结构合理、人文素养高、具有较强的实践能力和创新创业能力以及开阔的国际化视野，适应进一步学习深造的需要，或在企事业单位和政府部门中从事管理与相关领域科研岗位工作的应用型、复合型人才。在培养特色方面，借助交叉培养、数字技能培训、校企合作等渠道，通过"科研竞赛—科研项目—创新训练"方式实现协同育人。在毕业要求方面，首先，要求学生能够系统应用管理学、经济学以及计算机科学的基本原理和方法对本专业领域及相关领域问题进行判断、分析和研究，提出相应对策和建议，并形成解决方案。其次，要求学生能够在本学科及多学科团队活动中发挥个人能力，并能与其他成员进行协作，有创新创业能力及不断学习与适应发展的能力。最后，要求学生熟悉商业领域相关政策及法律、法规，能够传承商道文明，服务社会。

（五）挖掘"模块化"专业思政框架

工商管理专业从师资队伍建设、师生互动、课程体系设计、教材建设、研究支撑、实践教学、教学规范措施和组织保障措施等模块挖掘了"模块化"专业思政框架。在师资队伍建设方面，首先，开展提高教师思政水平的讲座或培训，进一步提升教师的育人水平。其次，选培"课程思政"示范教师和教学团队，通过"课程思政"设计案例的宣传和示范教师的讲解，形成示范效应。再次，聘请一些业界成功的商务人员举办相关讲座，使学生领略到社会精英的风采，同时获得实际的管理实务经验，并明确企业中该注意的专业技能问题及职业道德问题。最后，借助"双师制"导师培养机制，增加校外导师对学生职业道德的培育。

在师生互动方面，教师可通过"师生互动"，对学生价值观、做人做事原则等起到重要影响。在课程体系设计方面，在课程体系中有机地融入思政教育内容，针对章节授课要点、思政元素融入点、授课形式与教学方法，以及预期成效进行详细的设计。在教材建设方面，一方面，对工商管理课程系列教材进行修订，融入思政内容，每章都增加了思政小课堂板块；另一方面，鼓励教师们在新编教材中注意思政元素的融入。在研究支撑方面，依托学科发展与专业建设为专业思政的发展提供支撑，对专业思政、课程思政的教研投入持续增加，在学科建设与专业建设之间形成良性的互动，培育更高水平的教研成果。在实践教学方面，鼓励学生通过参加暑期实践、大科创、挑战杯等活动，把理论学习研究成果主动服务于改造世界的实践，让学生进入真情境、解决真问题、创造真成果。在教学规范措施方面，借助集体备课、情景教学、案例教学、教育教学改革工作交流会和校外实践基地，提升整个专业思政的规范化水平。在组织保障措施方面，设计制度文件，建设组织机构和保障体系，部署行动地图，保障专业思政建设体系行之有效，高质量落实立德树人根本任务。

（六）推进"全时空"课程思政体系建设

分解工商管理专业思政工作方案，设计"学科—专业—课程"思政一体化赋能方案，推进"全时空"课程思政体系建设。首先，以学科为引导，基于学科特点和优势，紧抓"主力军"（教师队伍），教师要强化育心铸魂的责任感，基于"课前准备—课程实施—效果检验"全过程，做到"课程设计有灵魂、课堂教学有活力、课后反思有深度"，有效释放教师思政教育功能。其次，以专业为载体，抓紧"主战场"（课程建设），实现专业内围绕课程建设的教学体系、教材体系和管理体系有机协同。最后，立足"主渠道"（课堂教学），在学科思政和专业思政的引导下，以课程思政为基础单元，明确课程思政工作要点。全面梳理工商管理专业的核心专业课程，保证每一门课程的教学目标在原有知识、能力和素质要求的基础上，增加课程思政教学目标，实现在课程体系中有机地融入思政教育内容，深度契合社会主义核心价值观，做好价值引领，讲好中国故事。在课程讲授过程中，通过社会主义核心价值观的引领和驱动，培育遵纪守法、爱岗敬业、具有正确价值观、能够胜任未来电子商务相关工作的优秀人才。

五、启示

课程思政与专业思政一体化建设是一件全面性的工作，需要在以"三全育人"为原则的基础上，做到无时无刻、方方面面都要育人。明确课程思政与专业思政一体化建设逻辑对高校及教学单位落实"立德树人"根本任务具有重要启示。具体而言，课程思政与专业思政的一体化建设需要遵循"六个需要"：需要"顺势而为"，即应依据学科专业已有的特点和条件整体设计并一体化建设，将价值体系落实到培养方案、课程思政和实践培养体系中；需要"师德为先",落实的关键在于教师团队,必须"教育者先受教育",形成团队共识,强化教师思政能力,并成为教师的行为自觉;需要"坚持不懈",专业思政和课程思政的一体化建设不是一蹴而成的,而是通过长期的持续性工作,积累和沉淀形成专业育人文化和育人模式;需要"精诚协同",充分调动多方主体的积极性,课程思政与专业思政的一体化建设不仅仅是一个专业的事,更是教务、科研、学生等各个部门支持和协同的结果;需要"破旧立新",加快专业思政体系建设,必须构建合理的机制和政策,设计制度文件,建设组织机构和保障体系,部署行动地图,保障课程思政和专业思政一体化建设体系行之有效,高质量落实立德树人根本任务;需要"百花齐放",每个专业、每位教师、每门课程、每项工程、每位学生都是一个单独的原生体,每一个原生体都拥有独特的课程思政文明主题,不同原生体之间有机协同,产生天然协奏状态。

参考文献

[1] 中国共产党普通高等学校基层组织工作条例 [N]. 人民日报, 2021-04-23 (3).

[2] 韩宪洲. 课程思政的发展历程、基本现状与实践反思 [J]. 中国高等教育, 2021 (23): 20-22.

[3] 康丽琴, 廖慧英, 高永红, 等. 基于应用型人才培养理念下的课程思政教育建设 [J]. 大学化学, 2021, 36 (3): 22-25.

[4] 李春旺, 范宝祥, 田沛哲. "专业思政"的内涵、体系构建与实践 [J]. 北京联合大学学报, 2019, 33 (4): 1-6.

[5] 韩宪洲. 全面推进课程思政建设的逻辑进路探析 [J]. 中国高等教育, 2021 (6): 31-33.

[6] 韩宪洲. 善用"大思政课"健全立德树人落实机制 [J]. 中国高等教育, 2022 (5): 1.

[7] 韩宪洲. 胸怀"国之大者"书写立德树人的首经贸答卷 [J]. 北京教育 (德育), 2021 (Z1): 27-28.

专业思政与课程思政一体化建设的路径探索
——基于问卷调查的分析

何 晴 陈 蕾 吴瑛楠[①]

【摘　要】 "大思政课"背景下，如何实现专业思政与课程思政一体化设计、一体化实施，以专业思政建设统领课程思政建设更凸显其重要性。基于在财税评估专业师生中开展的调查研究，本文对具有整体性和系统性特征的专业思政与课程思政一体化建设的影响因素、现实条件和可行路径进行探索，据此提出在专业思政框架下深化课程思政建设的相关建议。

【关键词】 专业思政；课程思政；一体化建设；调查研究；可行路径

一、引言

2021年3月6日，习近平总书记看望参加全国政协会议的医药卫生界、教育界委员时强调，"'大思政课'我们要善用之，一定要跟现实结合起来"。习近平总书记关于"大思政课"的重要论述引领高校思想政治工作进入新阶段。2022年，教育部落实习近平总书记关于"大思政课"的重要指示，制定并印发了《全面推进"大思政课"建设的工作方案》，明确提出要以大思政课建设为抓手，坚持问题导向、目标导向和效果导向相统一，推动思想政治教育的高质量发展。"大思政课"的建设方向对高等教育提出了更高的要求，"大思政课"无法以单独课程为载体来阐释和传递思政元素，需要以专业为单

[①] 作者简介：何晴，首都经济贸易大学财政税务学院教授；陈蕾，首都经济贸易大学财政税务学院教授、副院长；吴瑛楠，首都经济贸易大学财政税务学院分团委书记。

元做好人才培养的整体设计,将育人的思政元素分解到人才培养的各个环节和各门课程中,搭建"大思政课"的专业架构。在这一背景下,如何实现专业思政与课程思政一体化设计、一体化实施,以专业思政建设统领课程思政建设(韩宪洲,2021)更凸显其重要性。本研究基于在财税评估专业师生中开展的调查研究,对具有整体性和系统性特征的专业思政与课程思政一体化建设的影响因素、现实条件和可行路径进行探索,据此提出具有现实意义的相关建议。

二、问题提出与研究设计

2018年10月,教育部印发的《关于加快建设高水平本科教育 全面提高人才培养能力的意见》中提出:"要强化课程思政和专业思政,把思想政治教育贯穿高水平本科教育全过程。""专业思政"这一概念首次被提出。专业思政在整体的思政建设中处于中观的地位,它覆盖了课程设置、科学研究、社会实践等人才培养的各个环节,为课程思政搭建了资源平台(韩宪洲,2019)。经过近四年的实践,从课程思政到专业思政,立德树人理论的实践从"点"到"面",思政建设整体化、纵深化和系统化发展的趋势日益明显。

在高等教育实践中,教师和学生是否准确把握课程思政和专业思政的内涵,是否认识到两者的一体性?师生是否能站在专业思政高度上,对专业人才培养目标、环节、流程有清晰的把握?教学实践中,凸显出哪些专业思政建设上的问题和短板?教师是否能够深刻把握专业思政与课程思政的一体化特征?专业思政建设的关键路径包括哪些内容?为了探究这些问题的答案,本研究采用问卷调查方法,目的主要在于获得以上问题的描述性结论。

本研究问卷调查的对象是首都经济贸易大学财政税务学院的专任教师和在读学生(包括本科生和硕士研究生)。问卷发放和收回采取问卷星方式,合计共收回问卷643份,研究者对回收较早的20份问卷与回收较晚的20份问卷中认知型变量进行无回复偏差检验,结果表明回收时间不同的问卷没有显著差异。据统计,填写问卷的教师数为38人,占财税学院专任教师比例为

70.3%；填写问卷的学生数为 605 人，占财税学院在读本科生和硕士研究生比例为 91%，问卷调查结论能够反映整体情况。

填写问卷的教师中，34%的调查对象教龄在 5 年以下，教龄在 5 至 10 年的为 18%，10 至 20 年的为 24%，20 年以上的为 24%（见图 1），调查对象的教龄结构合理。调查对象中，承担学科基础课、专业主干课、专业选修课和通识课的教师比例分别为 39.47%、52.63%、63.16% 和 10.53%（见图 2），符合财税学院专业课程特征。填写问卷的学生中，来自 2019 级、2020 级和 2021 级的本科生分别占比 25%、24% 和 27%，在读硕士研究生占比 24%（见图 3），调查对象分布年级比例均衡，能够全面反映在读学生对课程思政的认知和态度。调查对象的男女比例约为 30%：70%，与财税学院学生性别比例一致。

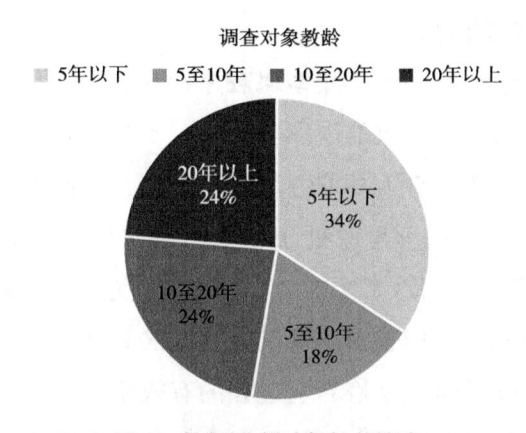

图 1　教师调查对象教龄分布

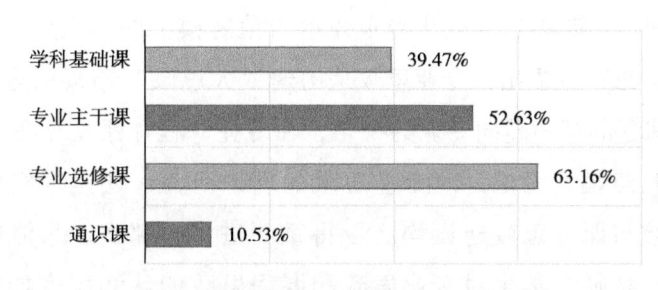

图 2　教师调查对象承担课程性质分布

调查对象年级
■ 2019级 ■ 2020级 ■ 2021级 ■ 在读硕士研究生

在读硕士研究生 24%
2019级本科生 25%
2021级本科生 27%
2020级本科生 24%

图3　学生调查对象所在年级分布

三、问卷调查的发现

（一）教师与学生对专业思政与课程思政的认知

关于专业思政与课程思政的内涵与关系，不同学者有不同的认知。韩宪洲（2019）认为，二者在育人功能方面是一体的，专业思政为深化课程思政提供了思政资源平台，课程思政处于专业思政建设的核心地位。李春旺等（2019）认同专业思政的思政资源平台观点，并认为专业思政丰富了"课程思政"的思政元素和功能。闫长斌和郭院成（2020）认为，专业思政和课程思政是把思想政治工作贯通人才培养全过程的有效手段，专业思政与课程思政耦合育人有利于整体提升协同育人效果。房小可和朱建邦（2021）则进一步从时空两个维度对二者关系进行了辨析：时间上，二者与思政教育是同向同行关系；空间上，课程思政处于专业思政价值链模型的承上启下位置。楚国清和王勇（2022）则提出，专业思政是构建"大思政"格局的客观要求，专业思政是从课程的视角转向专业的视角，在专业课程体系框架下开展各门课程的课程思政建设。无论是对专业思政的理论研究，还是现实中的教育实践，专业思政与课程思政建设均已取得重要进展，那么，具体到教育实践的微观主体，教师和学生对专业思政和课程思政的认知程度如何？尤其是施教者如何理解专业思政的核心要义，是否认为专业思政和课程思政应该一体化建设?

从问卷调查的结果看,教师和学生对课程思政和专业思政的认知均处于较高水平,但不同调查对象对两者的认知程度仍存在显著差异。如图4所示,无论是教师还是学生,对课程思政的了解程度均显著高于对专业思政的了解程度,其中,教师对两者的了解程度均显著高于学生,78.94%和63.15%的教师表示自己了解或者比较了解课程思政和专业思政,而学生关于这两者的相应占比分别为62.32%和47.43%;同时,明确表示自己不太了解或者不了解课程思政和专业思政的学生比例均大幅高于教师,分别有13.55%和20.66%的学生表示自己不太了解或者不了解课程思政和专业思政,而教师关于这两者的相应占比分别为2.63%和5.26%。

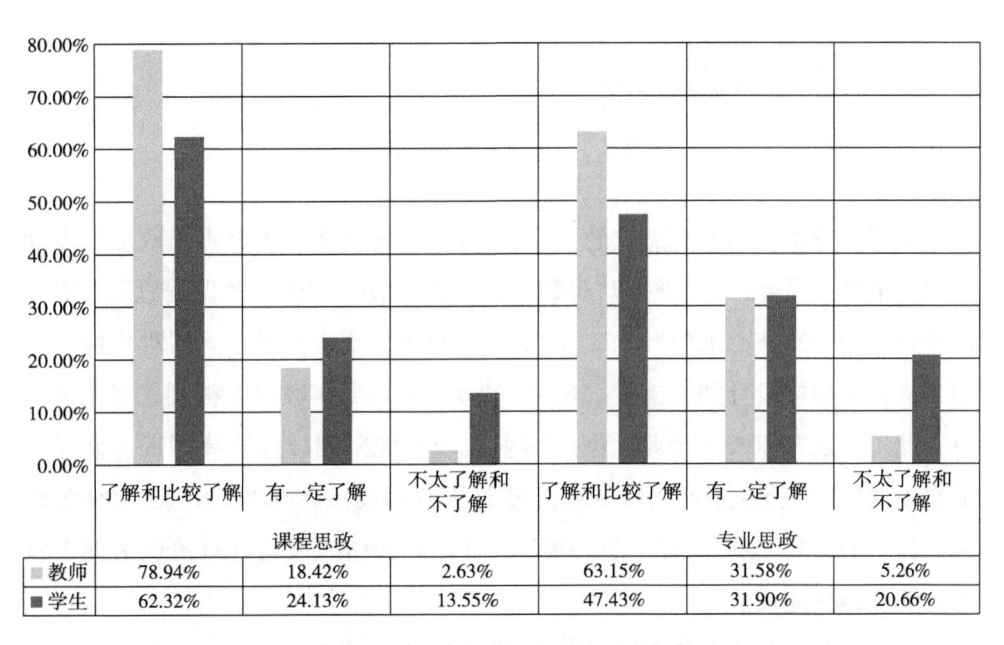

	课程思政			专业思政		
	了解和比较了解	有一定了解	不太了解和不了解	了解和比较了解	有一定了解	不太了解和不了解
教师	78.94%	18.42%	2.63%	63.15%	31.58%	5.26%
学生	62.32%	24.13%	13.55%	47.43%	31.90%	20.66%

图4 师生对专业思政和课程思政的认知程度

本研究对教师群体关于专业思政的构成要素、专业思政和课程思政的关系以及两者一体化建设的必要性的态度进行调查。调查发现,超过80%的被调查对象认为专业思政应包括"在人才培养目标中体现本专业对人才核心素质的要求"(89.47%)、"在人才培养方案中反映本专业核心素养要求的育人目标和实现路径"（89.47%）和"在专业人才培养全过程和各环节中有机融入本专业蕴含的思政元素"（81.58%）三个要素，这说明教师普遍认为践行专业思政的核心要义是将思政元素融入专业人才培养；此外，超过40%的被调查对象还提及"构建思政资源的共享平台"和"建立专业教师成长共同体"的重要性（见图5）。

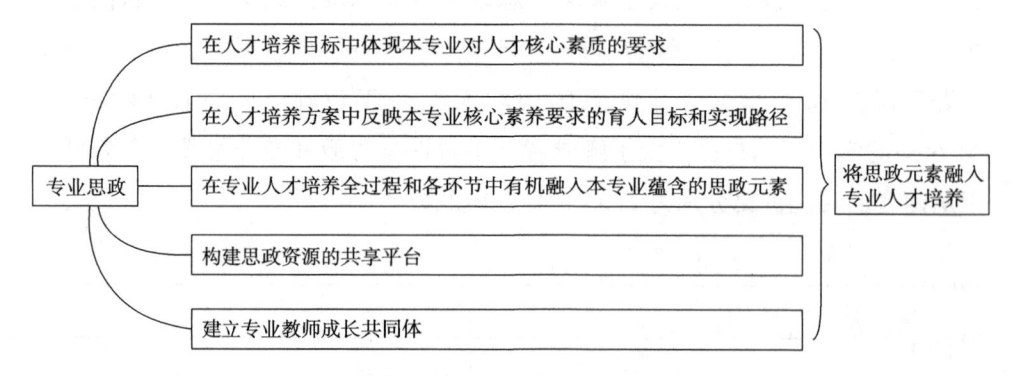

图5 专业思政的构成要素

关于课程思政与专业思政的关系，78.95%的教师认为课程思政应以专业思政为依托。另外，"专业思政统领课程思政"（60.53%）、"课程思政在专业思政建设中处于核心地位"（52.63%）、"专业思政应当对不同课程中的思政要素进行一体化设计和实施"（50%）的观点也得到半数以上被调查对象的认可；此外，还有40%的教师认同"专业思政不能限制教师开展课程思政建设的自主性"。至于专业思政和课程思政是否有必要一体化建设，65.79%的教师认为"有必要"或"有一定必要"，但有7.89%的被调查对象认为两者没有必要一体化建设。

（二）专业思政与课程思政一体化建设的基础条件

专业思政的核心要义是将思政元素嵌入人才培养的全过程，覆盖课程设置、科学研究、社会实践等人才培养的各个环节，而落实人才培养目标的总体要求、实施人才培养和开展质量评价的基本依据是高校各专业的人才培养方案。因此，本研究从调查教师与学生对本专业人才培养方案的认知程度入手，了解专业思政全面嵌入人才培养是否具有建设基础（见图6）。

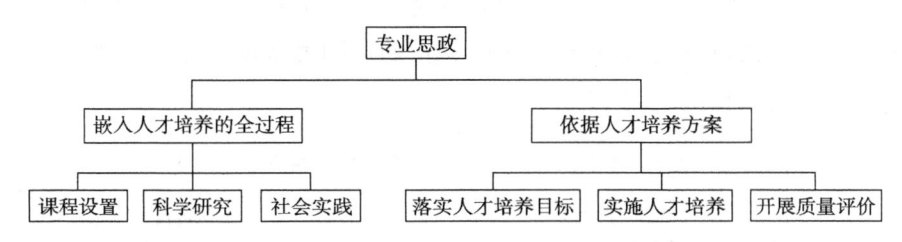

图 6 专业思政与课程思政一体化建设的基础条件

从调查结果看，教师对人才培养方案的目标、路径、环节和思政元素的了解程度均显著高于学生；其中，相比其他项目，师生对人才培养方案中的思政元素的了解程度相对较低，仅有52.63%的教师和39.01%的学生对其"很了解"或"比较了解"，另有23.47%的学生表示"不了解"或"不太了解"，详见图7。

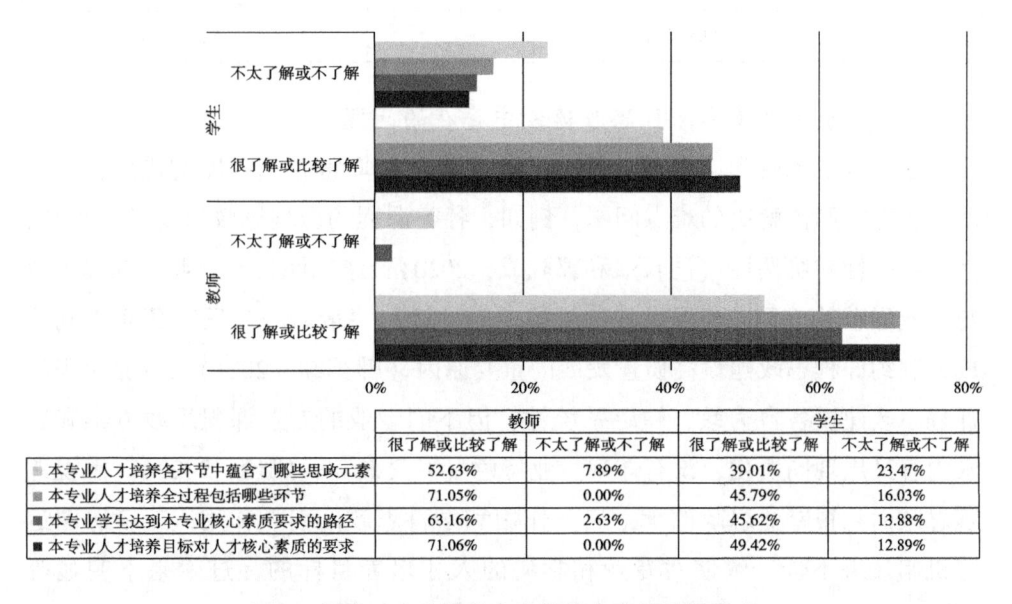

	教师		学生	
	很了解或比较了解	不太了解或不了解	很了解或比较了解	不太了解或不了解
■ 本专业人才培养各环节中蕴含了哪些思政元素	52.63%	7.89%	39.01%	23.47%
■ 本专业人才培养全过程包括哪些环节	71.05%	0.00%	45.79%	16.03%
■ 本专业学生达到本专业核心素质要求的路径	63.16%	2.63%	45.62%	13.88%
■ 本专业人才培养目标对人才核心素质的要求	71.06%	0.00%	49.42%	12.89%

图 7 师生对人才培养方案具体内容的了解程度

本研究还从学生角度调查了专业课教学中思政教育内容的融入情况，从表1结果可见，目前课程思政建设已经初见成效，专业教师在课程上已经能有意识地融入思政教育内容，思政育人表现为教师的系统性行为，思政建设

59

已经融入专业教学中。此外，课程思政教学方式中，学生对实践教学（62.15%）和案例探究式教学（59.01%）的认同度最高。专业课教学中思政教育内容的融入情况见表1。

表1 专业课教学中思政教育内容的融入情况

思政教育内容	学生认可情况占比（%）
世情、国情、党情、民情	72.73
社会主义核心价值观	72.40
道路自信、理论自信、制度自信、文化自信	68.93
党的创新理论的政治认同、思想认同、情感认同	65.79
中华优秀传统文化	59.34
职业精神和职业规范	59.01
职业责任感	55.21
法治教育	54.71

（三）专业思政和课程思政建设中存在的问题

虽然专业思政和课程思政的一体化建设已经取得相当程度的进展，但实践中仍存在亟待解决的难点问题，例如，各类课程的课程思政建设各自为政，缺乏统一性和协调性（闫长斌和郭院成，2020）；忽视课程与专业、课程思政与专业思政的关系，课程思政建设的顶层设计和"最后一公里"落实不到位成为制约课程思政建设高质量发展的重要原因（韩宪洲，2021）；专业课程的课程思政建设各自为政，缺乏系统性，但不同专业的专业课程思政方案和思政内容又出现同质化，没有体现专业特色（尹夏楠和孙妍玲，2022）。重视课程思政而忽视专业思政的承上启下作用和学科思政的引领作用，三者协同运行机制效果不佳，致使对专业和学科的人才培养目标的促进效果不明显等（王伟宾和闫岩，2022）。

本研究调查了财税学院教师和学生关于人才培养中专业思政和课程思政建设中存在的问题和短板的评价，一方面用于发现存在的问题，另一方面也是对财税学院专业思政建设效果的检验。从表2可见，认为"缺乏思政共享平台，教师课程思政视野受限""不同专业课程的课程思政各自为政，缺乏系统性，不同课程的思政建设重复性明显""课程思政和专业思政建设更多从教师角度出发，对学生需求的考虑不足"的教师比例明显高于认为以上问题不明显的教师比例，这些问题应该引起学院及其专业负责人的重视。

表2 教师对思政建设中存在问题的评价

存在问题	教师认为问题明显的比例（%）	教师认为问题不明显的比例（%）
缺乏思政共享平台，教师课程思政视野受限	39.47	26.31
不同专业课程的课程思政各自为政，缺乏系统性，不同课程的思政建设重复性明显	36.84	15.79
课程思政和专业思政建设更多从教师角度出发，对学生需求的考虑不足	36.84	23.68
教师固守单门课程思政教育，难以从专业人才培养的视角思考课程的作用	23.68	36.85
不同专业的专业课程思政方案和思政内容存在同质性，不能体现专业特色	21.05	44.73

从学生的角度看，被调查者对表3中所列示的三个问题的意见相对分散，认为问题明显和认为问题不明显的学生所占比例相当，均占调查对象的1/3左右，另有1/3的调查对象对问题是否明显持不确定的态度。这在一定程度上能够反映出学生学习状态的差异性，教师在日常教学活动中应当关注到这种差异性并探索"因材施教"的可能性。

表3 学生对思政建设中存在问题的评价

存在问题	学生认为问题明显的比例（%）	学生认为问题不明显的比例（%）
不同专业课程中的思政内容有重复性，缺乏系统性	31.40	25.29
本专业的思政内容不能体现专业特色	31.24	32.73
课程思政和专业思政建设对学生需求的考虑不足	30.08	30.75

（四）专业思政与课程思政一体化建设的影响因素和路径

根据韩宪洲（2019，2021）、闫长斌和郭院成（2020）、尹夏楠和孙妍玲

(2022)、王伟宾和闫岩（2022）等对一体化推进专业思政和课程思政建设的关键点和关键路径提出的观点，总体来看，强化专业思政和课程思政的一体化设计和一体化实施是主要行动方向，将思政建设贯穿专业建设全过程、坚持课程思政的核心地位、发挥专业负责人的领导作用和教师党支部的保障作用等是一体化建设的主要路径选择。考虑到教师是实施专业思政与课程思政一体化建设的主体，因此本研究关于一体化建设的影响因素和建设路径的调查主要在教师群体中开展。调查发现，教师任务一体化建设中的关键影响因素和关键路径按照重要性的排序如表 4 和表 5 所示。其中，关键影响因素的排序显示，教师认为自上而下的推动力在专业思政建设中会发挥关键性的作用；关键路径的排序显示，教师认为将专业思政要求具体落实到人才培养的全过程是实现思政建设目标的关键。

表 4 专业思政与课程思政一体化建设的关键因素

重要性排序	关键影响因素
1	学校办学理念体现核心素养和办学特色
2	学校做好顶层设计，调动资源投入一体化建设
3	院系做好各专业建设的统筹工作，发挥合力
4	专业负责人深入挖掘专业的核心价值体系，明确人才培养目标
5	教师创新教学方法，有机融入思政元素，在专业思政目标指引下做好课程思政建设
6	学生坚定理想信念，立志成为德才兼备的社会主义建设者和接班人

表 5 专业思政与课程思政一体化建设的关键路径

重要性排序	关键路径
1	明确本专业人才培养目标，并落实到课程体系、教学规范、师资队伍、教学条件等各环节
2	遵循专业建设规律，把本专业的思政要求细化落实到每门课程
3	明确专业负责人在专业思政建设中的责任
4	制定专业人才培养方案和课程教学大纲，一体化实施专业思政和课程思政
5	充分发挥党支部的引领和保障作用
6	加强组织专业教师学习培训

四、结论与建议

本研究是在财税学院开展专业思政与课程思政一体化建设实践的基础上进行的问卷调查研究，目的在于通过问卷调查，获取教师和学生关于思政建设认知、现状与问题、关键因素和路径的判断与评价，进而在专业思政框架下更有效地深化课程思政建设。通过对调查数据的分析可以发现：

第一，历经近几年的课程思政建设实践，教师和学生均对专业思政和课程思政有较高的认知水平，但两者相比，师生对课程思政的了解程度均显著高于对专业思政的了解程度，教师对专业思政和课程思政的了解程度均显著高于学生。此外，教师对于专业人才培养方案的了解程度显著高于学生。考虑到学生作为受教育者，在教育实践中不应仅被动地接受教育，而应更多地发挥主观能动性，除了进一步提高师生对专业思政的意义和重要性的认知外，还应当通过各种方式调动学生主导个体学业的主动性。

第二，目前专业思政和课程思政的一体化建设中仍然存在一些问题，如缺乏思政共享平台、教师课程思政视野受限，不同专业课程的课程思政各自为政，缺乏系统性，不同课程的思政建设又重复性明显，课程思政和专业思政建设对学生需求的考虑不足等，这些问题也是专业思政建设所面临的难点。建议通过打造思政共享平台、加强教师培训和交流、发挥专业负责人的组织领导作用、更多听取学生意见和建议等方式来寻求突破，从而更好地实现三全育人目标。

第三，专业思政应当有全过程、全方位的重视、设计与实施，也要有价值塑造和核心素养的理念。基于专业思政和课程思政一体化建设目标，建议进一步从课程体系设计、课堂教学设计、实践育人、教材建设、理论和应用研究、校内外合作等方面，尤其是结合中国现实问题以及建设实践基地和对红色金融、红色财税、红色货币等红色文化的探索，着力构建专业思政三级责任制与三级实践体系，探索专业思政和课程思政一体化建设以及在专业思政框架下深化课程思政建设的实现路径。

参考文献

[1] 韩宪洲. 深化"课程思政"建设需要着力把握的几个关键问题 [J]. 北京联合大学学报（人文社会科学版），2019，17（2）：1-6.

[2] 李春旺，范宝祥，田沛哲."专业思政"的内涵、体系构建与实践 [J]. 北京联合大学学报，2019，33（4）：1-6.

[3] 韩宪洲. 课程思政：新时代中国特色社会主义高等教育的理论创新与实践创新 [J]. 中国高等教育，2020（22）：15-17.

[4] 闫长斌，郭院成. 推进专业思政与课程思政耦合育人：认识、策略与着力点 [J]. 中国大学教学，2020（10）：35-41.

[5] 房小可，朱建邦. 论"课程思政"与"专业思政"的关系：以北京联合大学为例 [J]. 北京联合大学学报，2021，35（1）：52-56.

[6] 韩宪洲. 全面推进课程思政建设的逻辑进路探析 [J]. 中国高等教育，2021（6）：31-33.

[7] 韩宪洲. 课程思政的发展历程、基本现状与实践反思 [J]. 中国高等教育，2021（23）：20-22.

[8] 楚国清，王勇."课程思政"到"专业思政"的四重逻辑 [J]. 北京联合大学学报：人文社会科学版，2022（1）：18-23.

[9] 王伟宾，闫岩. 课程思政，专业思政与学科思政的基本关系及融合建设路径研究 [J]. 黑龙江教育：理论与实践，2022（2）：13-15.

[10] 尹夏楠，孙妍玲. 专业思政与课程思政一体化建设的探索与实践 [J]. 山西财经大学学报，2022，44（S01）：127-129.

专业思政框架下三全育人成效的评估体系研究[①]

李红霞[②]

【摘　要】 三全育人和课程思政是新时代高校通过思想政治教育和课堂教学实践活动,实现立德树人根本目标的基本思想和路径。三全育人工作成效的评估与整体推进,需要按照专业分类、年级分层、学程分段设计成效评估的内容和体系。新时代课程思政的成效评估与整体推进既需要纲领性内容,也需要建立以专业课程思政为框架的评估内容体系,具体以推进高校课程思政的四个并举为其成效的评估机制。第一课堂:思政课程与课程思政同向同行成效评估;第二课堂:活动育人与德智体美劳全面发展同向同行成效评估;第三课堂:多样化路径的实践育人成效评估;第四课堂:以网络媒介为载体的线上育人成效评估。通过在公共课程、学科课程、专业课程、专业竞赛、实践课程等课程和实践环节融入思政元素,保证实现全员育人、全过程育人、全方位育人,最终实现为党育人,为国育才,培养德智体美劳全面发展的社会主义建设者和接班人,达成立德树人的根本目标任务。

【关键词】 三全育人;课程思政;新时代;评估

党的十九大以来,习近平总书记在十九大报告和十九届二中、三中、四中全会讲话,全国高校思想政治工作会议重要讲话,全国学校思想政治课程教师座谈会重要讲话,各级各类学校视察谈话和每年教师节重要谈话中,全

---

① 基金项目:校级教改项目(课程思政类)"新时代高校三全育人与课程思政成效的评价机制"。
② 作者简介:李红霞,首都经济贸易大学劳动经济学院副教授。

面阐述了新时代党的教育方针、立德树人的根本任务、三全育人的教育战略、课程思政的教育策略，形成了新时代以立德树人为核心任务的习近平思想政治教育论述和思想。这些思想系统阐明了新时代"培养什么样的人、如何培养人以及为谁培养人"这个根本问题，为高校人才培养和各项工作提供了根本遵循和科学指南。

为了贯彻落实这些教育论述和思想，教育部等八部门印发了《关于加快构建高校思想政治工作体系的意见》，要求高校围绕立德树人根本任务和学会做人、学会求知、学会共处、学会创新、学会生活的教育目标，以更广阔的视野和更深入的视角，构建三全育人和课程思政工作体系，贯彻党的教育方针，完成立德树人根本任务。全国许多高校领导和教师发表系列论著，论述了三全育人和课程思政的概念、内涵、逻辑关系、理论依据、工作思路、践行策略，部分高校积极探索、总结、报告了具体的教育活动方案和实践理论反思。本文试图结合笔者的课程思政教学工作的学习体会，就三全育人和课程思政的实施和评估机制进行探索性的论述。

一、新时代高校三全育人与课程思政的理论思想

中国共产党是高度重视高校道德教育、思想教育、政治教育的政党，新中国成立以来，高校党的建设和思想政治工作常抓不懈，保证了高校人才培养的政治方向和道德水准。改革开放以来，高校探索总结了教书育人、管理育人、服务育人的三育人思想，总结了晓之以理、动之以情、导之以行、持之以恒的道德教育思想方法，形成了道德教育、思想教育、政治教育三结合的工作思路和理论体系。党的十九大以来，基于新时代中国特色社会主义建设背景下高校思想政治工作和道德修养教育的需要，习近平总书记高瞻远瞩，论述了新时代党的教育方针，阐述了高校立德树人的根本目标任务，总结了三全育人和课程思政的新概念、新内容、新思路，提出了高校思想政治工作和道德教育工作的新理念、新思想、新理论。在新时代的背景下，高校深刻理解立德树人的思想内涵，以立德树人为教育的根本任务和高校的立身之本，将立德树人的教育作为高校思想政治工作的中心环节，将立德树人的成效和育人效果作为检验学校工作的根本标准，着力构建三全育人教育体系，为党

育人，为国育才，培养德智体美劳全面发展的社会主义建设者和接班人。三全育人和课程思政的探索性、创新性活动全面开花，提出了新时代学生"立德"就是要明大德、守公德、严私德；新时代教师"立德"就是要争做有理想信念、有道德情操、有扎实学识、有仁爱之心的四有好老师。三全育人是立德树人的根本路径和方略，其核心在于构建高校立德树人的要素协同机制，凝聚立德树人的人员要素、时间要素、空间要素，整合立德树人的资源要素和载体要素，形成人人育人、时时育人、处处育人、事事育人的"大思政"格局和大视野。三全育人和课程思政制度化、常态化、长效化、持续化机制正处于建立的起步阶段，需要探索以制度建设为抓手、以评估评价为导向的三全育人和课程思政工作方案，建立三全育人评估体系、专业思政评估体系和专业思政框架下的课程思政评估体系，提高课程思政的教学质量，保障三全育人的实效。

二、高校三全育人工作成效的评估与实施路径

高校专业思政评估、课程思政评估、教学评价、学习评价是教学管理系统的末端环节，也是反馈意见、促进整改的初始环节，四个评估模块同时产生一个螺旋式上升和发展的评估机制。三全育人与课程思政的整体推进，离不开评估评价体系建设的保障基础和保证机制。高校的专业思政评估可以通过外部的政府评估机制和学校内部的自评相结合；课程思政评估可以分层级进行全国、北京市和学校评估；教学评价由督导和学院专业课程团队教师共同评价；学习评价以学生对自身学习效果的评价和教师对学生的学习效果的评价相结合的方式。在以上四个方面的评估过程中及时发现问题和不足，有效督导整改落实，是三全育人和课程思政取得实效、可续发展的有效途径。

（一）高校三全育人工作成效评估的依据

高校三全育人成效评估必须以习近平新时代中国特色社会主义思想为指导，全面落实党的教育方针，以立德树人为根本任务，以理想信念为教育内容，以核心价值为引领，以全面发展为目标，坚持系统配套原则、统筹兼顾原则、需求导向原则、学生发展原则。按照《高等学校课程思政建设指导纲要》、专业思政和课程思政实施标准，以凝聚人心、完善人格、开发人力、培

育人才、造福人民为工作目标。实施过程以分类型、分年级、分时段的全过程育人的框架思路进行。新时代高校三全育人与课程思政的实施和评估以专业思政框架下四个课堂并举相结合的全方位育人方案为实施路径，编制具体的评估方案和评价指标体系。全校以评估为机制导向，围绕学生、关照学生、服务学生，全校合力、全体合力、全程合力，持续提高学生的思想水平、政治觉悟、道德品质、文化素养，培养德智体美劳全面发展的社会主义合格建设者和可靠接班人。

（二）高校三全育人和课程思政评估的纲领内容

新时代高校为了促进三全育人的有效实施和课程思政的全面落实，以《高等学校课程思政建设指导纲要》的三全育人目标作为实施和评估课程思政的纲领性内容，强调凝聚人心、完善人格、开发人力、培育人才。

1. 凝聚人心，在坚定理想信念上下功夫。教育引导学生树立中国特色社会主义共同理想，热爱和拥护中国共产党，扎根人民、爱国奉献，肩负民族复兴的时代重任。

2. 完善人格，在加强品德修养上下功夫。教育引导学生培育和践行社会主义核心价值观，修身立德，成为有大爱大德大情怀、人格完善、心理健康的新时代有为青年。

3. 开发人力，在激发奋斗精神上下功夫。教育和引导学生树立志存高远、敢于担当、不懈奋斗的使命感，强化迎难而上、挑战自我、自强不息、乐观向上的责任感。

4. 培育人才，在增长知识和见识上下功夫。教育引导学生惜时如金、为学求真、心无旁骛、孜孜不倦、增长见识、丰富学识，沿着求真理、悟道理、明事理的方向前进。

5. 造福人民，在增强综合素质上下功夫。教育引导学生学以致用、学用结合，提升综合能力、找准人生定位，培养创新思维、提高问题解决能力，实现学校及专业目标定位下的人才培养和发展目标。

（三）专业思政框架下高校三全育人和课程思政成效的评估内容

新时代高校三全育人和课程思政是以专业思政为框架的课程思政，通过凝心聚力、资源共通共享，实现育人目标。以专业教师队伍、专业人才（学生）和专业发展为具体评估内容，通过建立二级指标及具体的评估标准，对三全育人和课程思政的成效进行评估。下面将对本文所设想的有关评价体系的大致情况进行介绍，具体内容见表1，相关内容还需要进一步完善。

表1 专业思政框架下的三全育人成效的评估体系

评估对象	一级指标	二级指标	评估标准
专业教师队伍	综合素质	思想政治素质	思想政治理论的学习和践行等
		道德素质	教德、师风、模范带头等
		品性修养	教师修养和心理健康等
	专业教育能力	课堂教学能力	教学效果、学生课程成绩等
		课后育人能力	竞赛、大科创成果等
		专业建设能力	专业发展、排名、评估效果等
专业人才（学生）	专业核心素养	专业知识技能	专业知识和技能的掌握等
		专业应用能力	学科竞赛、社会实践等
		专业认同度	专业认知、专业情感、专业意志、专业行为等
		职业精神	职业使命、职业操守、终身学习、长期主义、创新等
	综合能力素质	沟通组织能力	书面和口头沟通、合作、协调等
		道德品质	爱国、敬业、创新、使命、担当等
		心理健康水平	社会适应、人际关系、情绪管理等
专业发展	学科能力	育人能力	培育有文化、有远大理想、有专业情怀、有高尚品格的专业素质人才，外部的专业评价等
		科研创新能力	高水平的项目、论文、专利等
		社会服务能力	学校层面的社会服务、学生参与的社会服务等

注：表中"评估标准"是举例的内容，还需要进一步完善和开发科学有效的测量工具。

1. 专业教师队伍。首先，在教育者先受教育思想的引导下，作为一名专业教师，需要全方位提升自己的综合素质，包括思想政治素质、道德素质和品行修养等。其次，教师还要全面提升自己的专业教育能力，包括课堂教学能力、课后育人能力和专业建设能力等。具体的评估标准还需要进一步进行科学论证和完善，评估工具还需要进一步编制。

2. 专业学习目标下的专业人才（学生）。如果说课程思政所培养的人是个性化的、个体化的、个人特色更鲜明的人，那么专业思政框架下的课程思政所培养的人则是某一个专业特色下的或者职业培养模式下的人，是具有专业烙印的人，这直接回答了成为一个什么样的劳动者的问题，更突出专业人才的群体特征和专业特征。因此，对学生的培养首先考虑专业核心素养，包括专业知识技能、专业应用能力、专业认同度和职业精神等。其次还要考虑到学生的综合能力素质，包括沟通组织能力、道德品质、心理健康水平等。具体的评价标准和工具还需要进一步完善和开发。

3. 专业发展。专业发展主要指该专业未来的学科发展能力，包括育人能力、科研创新能力和社会服务能力等。具体的评价标准主要以有关专业各级各类成果的产出为主。

（四）按照年级分层评估三全育人成效的指标内容

1. 大学一年级学生以"适应—养成"教育为主题，评估内容包括：学生通过开展入学教育、适应教育、公民素养教育、军事国防教育，是否夯实专业基础、适应大学生活；学习"思想道德修养与法律基础""中国近现代史纲要"等课程，参观学校校史馆等，是否激发了学生对学校的认同感、归属感、发展感；学生是否树立正确的世界观、人生观、价值观。

2. 大学二年级学生以"成长—发展"教育为主题，评估学生通过开展价值观教育、学业发展教育、能力提升教育，以及系列知识讲座、社团活动、专业规划，是否拓展了专业知识领域、掌握了大学生学习的基本学习方法。通过"马克思主义基本原理概论"课程，学生是否基本掌握了马克思主义基本立场、基本观点、基本方法；通过"毛泽东思想和中国特色社会主义理论体系概论"课程，学生是否增强了中国特色社会主义道路自信、理论自信、制度自信和文化自信，是否愿意将爱国情、强国志、报国行自觉融入坚持和发展中国特色社会主义事业、建设社会主义现代化强国、实现中华民族伟大复兴的奋斗道路。

3. 大学三年级学生以"提升—定位"为主题，评估学生在选专业之后进入专业的学习情况，通过专业提升教育，是否筑牢专业基础知识和技能、提升专业水平、丰富专业学识、掌握专业内涵；是否深度掌握专业体系、思想价值、精神内涵；是否拓展了专业思想的广度、深度，是否理解专业课程的知识性、人文性，提升了引领性、时代性、开放性；通过开展生涯规划教育、择业心理教育，是否了解社会现实、精准把握了时代大势和社会重大所需；是否提高了明辨是非、价值判断的能力；是否形成国家所倡导、地区所需、自己所能的就业定位和职业规划。

4. 大学四年级学生以"促进—就业"教育为主题，评估通过理想信念教育、职业素质教育、专业实践教育、创新创业教育、就业从业教育、职业准入教育，是否强化了技能素养、找准了就业面向，是否掌握了就业岗位所需的知识与技能；是否激发了学生的创新思维和创业意识；是否塑造了学生的创业品质和综合素质；是否提高了学生的社会责任感、历史使命感、创新精神、创业能力，是否促进了学生的创业就业和全面发展；是否形成学生的发展潜力。

（五）按照学程分段评估三全育人成效的指标内容

按学程分段评估三全育人成效，学校是否注重以文化人、以文育人，开展形式多样、健康向上、格调高雅的校园文化活动；学校是否从学生入校到学生毕业离校，从每个学期开学到结束，从双休日到寒暑假，从课堂学习到社会实践教育，将育人目标贯穿于学生在校期间的全过程；学校是否用好每一个育人节点和契机，认真搞好新生入学教育、日常课堂教学、课外教育活动、假期志愿服务活动、实习实践、就业指导等各个环节的教育和管理工作，学习期间的每个阶段学生是否都受到教育、经受锻炼、提高素质、增长才干。例如：

1. 开学典礼以爱校教育为主线，着力培养学生的归属感、认同感、荣誉感、责任感，激发学生的荣誉感、历史使命感和时代担当意识。

2. 入学教育组织新生学习校风校训，学唱校歌，参观校史馆以了解校情校史，引导学生热爱学校，热爱专业。

3. 毕业典礼以感恩奉献教育、荣校教育为主线，着力激发学生眷念母校、报效祖国的精神和志向，注重母校情结的培育，搭建师生情感交流的平台。

4. 毕业教育通过主题留言、爱心奉献、集体演唱毕业歌、制作宣传片活动，引导学生增强学校认同感、归属感和集体荣誉感。

5. 各类颁奖庆典仪式活动以励志成才教育为主线，激发学生成长成才意识，树立发奋图强、追求卓越、回馈社会的理想，激发学生的成就感。

6. 要充分利用重大节庆日和纪念日，以爱国主义教育为主线，通过集体升国旗、唱国歌、展播爱国主题电影、开主题班会、举行红色文化活动等，进行革命传统教育，激发学生的历史使命感和民族自豪感。

三、通过四个课堂并举推进高校课程思政的评估机制

贯彻执行《高等学校课程思政建设指导纲要》和高校课程思政的评估，以课程教学为第一课堂、文化活动为第二课堂、技能实践为第三课堂、网络阵地为第四课堂，形成四个课堂并举的全方位育人长效机制评估体系。第一课堂强调课程教学方法改革，由讲道理转型讲故事；第二课堂强调活动育人与德智体美劳全面发展相结合，由显性教育转型隐性教育；第三课堂强调理论教育与实践养成相结合，由虚拟实践转型实体实践；第四课堂强调思想政治工作联网上线，由现实面对面转为在线面对面。

（一）第一课堂：思政课程与课程思政同向同行成效评估

第一课堂的课程思政成效，评估是否贯彻落实习近平新时代中国特色社会主义思想，是否用三全育人的大思政观使各类课程与思想政治理论课同向同行，共同守好一段渠、种好责任田，形成育人的协同效应；第一课堂思政成效评估是否扎实推进思想政治理论课建设思路创优、师资创优、教材创优、教法创优、机制创优、环境创优；是否将新媒体新技术引入高校思想政治理论课教学，打造高校思想政治理论课资源平台和网络集体备课平台；是否积极探索启发式、参与式、研究式教学方法；是否将传授知识与思想教育结合起来，切实提升思政课的亲和力和针对性，满足学生成长发展需求和期待；是否将实践教学与社会调查、志愿服务、公益活动、专业实习有机结合起来，通过时政要闻、红色演诵、青春话语、周末话题等形式多样的实践活动，形成学生主导、教师引领、理论与实践相结合、任务驱动、集散结合、全员覆

盖，项目设计、研赛结合的思政课实践教学独特模式；是否挖掘专业课政治性、价值性，分析研究章节教学内容的思政相关内容，建立专业知识和思政教育知识的有机联系，保证专业课教学的思想性、教育性；是否通过组织课程思政专项教学竞赛、课程思政精品课程建设、课程思政示范课项目建设等方式，深入研究课程，挖掘专业课程的思政元素，提高教学质量的同时，提升学生境界、涵养精神气概，促进学生精神成长和个人发展。

（二）第二课堂：活动育人与德智体美劳全面发展同向同行成效评估

第二课堂的课程思政成效评估主要看，是否组织和引导学生开展富有知识性、学术性、文艺性、健身性、公益性的各种课外活动，将活动育人与德智体美劳全面发展的培养目标相结合，构建以文化人、以体育人、以美育人、以劳育人的活动育人模式，拓宽学生社会视野，充实学生社会体验，丰富学生社会生活，使学生对人民富有感情、对社会承担责任、对国家忠诚。

1. 以文化人主要看是否发挥共青团、学生社团作用，开展德智共融的文化活动；是否开展了中华经典诵读工程、中华传统文化振兴工程、原创文化经典推广工程。

2. 以体育人主要看是否发挥体育教育专业优势，倡导阳光锻炼理念，通过开展各种体育锻炼、体育竞技，增强学生身体素质、锤炼学生意志品质、提升学生抗挫能力，比如开展三走活动，即走下网络，远离手机游戏；走出宿舍，展示青春活力；走向操场，享受运动快乐。营造出时时可锻炼、处处能锻炼、人人需锻炼的体育文化，促进学生体育锻炼意识提升，养成健康的生活习惯。

3. 以美育人主要看是否发挥音乐美术传媒类专业优势，通过开设种类多样、内容缤纷的美育活动，弘扬中华美育精神，提升学生审美能力。比如，开展高雅艺术进校园，以及走进大剧院、美术馆等公共艺术场馆参加音乐会、经典艺术讲堂、专题展览等活动，切实提高学生的审美素养。比如，举办文化艺术节活动，整合优质美育资源，成立合唱队、管乐队和话剧社，营造以美育人、以美化人的校园环境。

4. 以劳育人主要看是否通过劳动教育提升学生的实践意识和动手能力，实现以劳增智、以劳强体、以劳育美；是否将劳动教育理念融入教育，引导学生增强劳动观念、端正劳动态度、养成劳动习惯，践行手脑并用，秉承"崇德尚能，经世济民"的校训精神，自觉抵制坐享其成、不劳而获、好逸恶劳的错误思想；是否将实践内容纳入学生综合素质评价，防止劳动教育娱乐化和形式化；是否通过寝室装饰、宿舍美化、校园绿化方式，养成自己的事自己做、他人的事帮着做、公益的事争着做的行为习惯。

(三) 第三课堂：多样化路径的实践育人成效评估

第三课堂的思政成效评估主要看实践、实习、实训、竞赛活动成效，例如：是否通过专业实习、学科竞赛、社会实践、创新创业、志愿服务项目，创办形式多样的行走课堂；是否健全志愿服务体系，深入开展青年红色筑梦之旅、小我融入大我、青春献给祖国主题社会实践等活动（在整个冬奥期间，首都经济贸易大学共有603名志愿者服务保障冬奥会，这显示了多样化路径育人所取得的显著成效）；是否构建政府、社会、学校协同联动的实践育人共同体；是否整合实践资源，拓展实践平台，助力学生以知促行、以行求知；是否结合创新创业教育，引导学生在创业奋斗中升华信念、在创新创造中闪光理想；是否坚持理论教育与实践养成相结合，思政小课堂与社会大课堂相结合，引导学生把爱国情、强国志、报国行融入新时代的追梦征程；是否以学科竞赛为载体，通过以赛促教，融合思政元素，激发学生的学习兴趣，锻炼学生创新思维，提高学生实践能力（如劳动经济学院的全国高校集体协商谈判模拟大赛和全国大学生人力资源管理知识与技能大赛）；是否利用北京当地红色资源（如参观中国共产党历史展览馆），挖掘革命文化育人内涵，开展先进文化教育和社会主义核心价值教育活动，传承和弘扬红色精神，激励学生为中国特色社会主义共同理想奋斗的信念。

(四) 第四课堂：以网络媒介为载体的线上育人成效评估

第四课堂的思政成效评估主要看是否通过MOOC、SPOC、云学习、翻转课堂、微信群、学习通、腾讯会议等虚拟课堂和网络交互平台打造学生喜爱、乐于参与的线上线下混合式育人模式，构建智慧式、开放式、互动式的网络育人平台；是否充分利用互联网、手机移动客户端，贴近青年喜好、瞄准青年需求，生产学生喜闻乐见的网络文化内容，实现新媒体资源的有效整合，推进网络思想政治教育线上线下共同成长；是否以新媒体传播手段创新思想政治教育方式，通过"线上线下""圈内圈外""校内校外"相结合的方式，创作以弘扬中华传统文化、行为习惯养成等为主题的微视频、博文、音乐、原创漫画等贴近学生生活的优秀网络文化作品，实现正能量的思想引导；是否构建特色校园网络文化，完善网络育人工作体系，推动教育教学传统优势同新时代信息技术高度融合，实现学生得引领、社团得进步、骨干得成长、学生工作得发展、人才培养体系得完善的良好育人效果；是否提升校园新媒体网络平台的服务力和吸引力，增强中国大学生在网络阵地的示范性、引领性、辐射度，发挥新媒体平台的育人作用。

综上所述，三全育人和课程思政，是新时代高校通过思想教育和课程教学实践活动实现立德树人根本目标任务的基本思想和思路。为了保证三全育人和课程思政思想有据可依、有规可循、有制可度、有标可准，必须有良好的制度体系设计和成效评估体系，高等学校可以从三全育人和课程思政两个视角进行评估标准的设定。三全育人制度从党建育人制度、管理育人制度、教学育人制度、团学育人制度四个角度设计，课程思政则从培养标准编制，尤其注重在专业框架下凝练思政教育的总体育人目标，挖掘专业思政元素，突出专业培养特色，强化专业劳动者素质。围绕专业思政的育人目标进行课程标准、教学标准、学习效果标准的设计。通过专业思政评估系统循环进行评估，及时发现不足并整改，监测督导制度落地落实，进而实现全员育人、全过程育人、全方位育人。新时代高校要以立德树人为根本目标，最终实现为党育人、为国育才，培养德智体美劳全面发展的社会主义建设者和接班人。

参考文献

[1] 杨秀萍. 课程思政与思政课程协同育人：前提、途径与机制 [J]. 黑龙江高教研究, 2021 (12): 87-91.

[2] 中共中央宣传部 教育部关于印发《新时代学校思想政治理论课改革创新实施方案》的通知 [EB/OL]. [2020-12-22]. http://www. Moe. Gov. cn /srcsite /A26 /jcj_ kcjcgh /202012 /t20201231_ 508361. html.

[3] 彭立平."三全育人"视域下高校实践育人工作路径探究[J].学校党建与思想教育,2022(22):78-80.

[4] 习近平在北京大学师生座谈会上的讲话[N].人民日报,2018-05-03(2).

从"课程思政"到"专业思政"的理论阐释与实践路径

茹常君[①]

【摘 要】 "专业思政"寻求的是全局最优解,而非单一教师自身课程的局部最优解。专业思政体系是从教师到课组的由点及面的专业思政体系建设模式,它从课程到专业、从教师到课组联动发力,可以有效克服"课程思政"元素呈现随意化、碎片化、零散化,以及课程缺乏学理高度的逻辑构建问题。笔者从一线教师角度提出了做好"专业思政"的五个先决条件,从高校党建角度提出了高校党建如何引领提升和助推专业思政体系的三点实施方法。

【关键词】 专业思政;高校党建;实践路径;立德树人

一、引言

"课程思政"到"专业思政"是高校思想政治工作创新发展和升级跃迁的新主题。"专业思政"是"课程思政"的顶层设计,根据"课程、专业、学科"的内在关联进行统筹规划,是"三全育人"格局的实践教学。落实"专业思政"体系,既需要从高校最基本的单元(即课堂和课程)中寻找答案,也需要从学科上统筹、专业上拓展、课程上聚焦,遵循知识逻辑、历史逻辑、现实逻辑、需求逻辑,形成全覆盖、有特色但不重叠的专业思政体系。下面以首都经济贸易大学计算机信息管理系为案例,呈现从 MS Office 高级应用课程建设到计算机信息管理专业人才培养、从授课教师发力到课组联动的由点及面的课程思政体系建设模式;同时提出对一线教师的五点要求和高效

[①] 作者简介:茹常君,首都经济贸易大学华侨学院讲师。

党建引领专业思政体系的三点具体做法。

二、从"课程思政"到"专业思政"的历史时间轴

2012 年，习近平总书记在党的十八大上提出"把立德树人作为教育的根本任务"①，"课程思政"理念开始萌芽。2016 年 12 月，在全国高校思想政治工作会议上，习近平总书记指出："所有课堂都有育人功能，不能把思想政治工作只当作思想政治理论课的事，其他各门课都要守好一段渠、种好责任田。"②思政课程与课程思政被明确区分开来，课程思政的本质不在于新的课程建设，而是一种课程观，关键是"高校的所有课程都要发挥思想政治教育作用"③。2018 年 5 月，习近平总书记在北京大学师生座谈会上提出，"人才培养体系涉及学科体系、教学体系、教材体系、管理体系等，而贯通其中的是思想政治工作体系"④，课程思政的实践开始向学科思政、教材思政、实践思政、专业思政延伸。2018 年 6 月，在新时代全国高等学校本科教育工作会议上，时任教育部长陈宝生提出：新时代高等学校应当以本科教育为根本，推进教育回归常识、回归本分、回归初心、回归梦想，"加强课程思政、专业思政十分重要，要把它提升到中国特色高等教育制度层面来认识"⑤，"专业思政"概念得以正式提出。

三、"课程思政"升级为"专业思政"体系的底层逻辑

尽管课程思政取得巨大进展，涌现了一批重要建设成果，但是也出现了诸如浮于表面、方式生硬、案例雷同、评判缺位等问题。课程思政的实施是一项系统性、长期性的复杂工程，以课程思政为起点推进专业思政建设需要秉持系统理论和系统思维，专业思政要在新的起点上，从育人主体、教学目标、教学内容等方面系统谋划、高水平推进课程思政建设目标的实现。专业

---

① 中共中央文献研究室. 十八大以来重要文献选编［M］. 北京：中央文献出版社，2014.
② 陈宝剑. 立心铸魂：加强和改进高校思想政治工作的理论探索［M］. 北京：人民出版社，2018.
③ 邱伟光. 课程思政的价值意蕴与生成路径［J］. 思想政治教育，2017（7）.
④ 习近平. 在北京大学师生座谈会上的讲话［N］. 人民日报，2018-05-03.
⑤ 陈宝生. 在新时代全国高等学校本科教育工作会议上的讲话［J］. 中国高等教育，2018（3）.

思政应根据专业课程的授课规律，顾及不同性质课程之间的差异，提高德育内容供给的针对性和多样性，防止千篇一律、简单机械的价值塑造与引导。2020年5月，教育部印发的《高等学校课程思政建设指导纲要》中强调，专业课程是课程思政建设的基本载体，要结合专业特点分类推进课程思政建设。《高等学校课程思政建设指导纲要》根据教育教学规律和人才培养规律，结合学科专业建设特点，对课程思政教学体系进行有针对性的设计。经济学、管理学、法学类专业课程要在课程教学中坚持以马克思主义为指导，加快构建中国特色哲学社会科学学科体系、学术体系、话语体系。要帮助学生了解相关专业和行业领域的国家战略、法律法规和相关政策，引导学生深入社会实践、关注现实问题，培育学生经世济民、诚信服务、德法兼修的职业素养。从课程思政到专业思政，是立德树人的理论升维过程，从"点"（某一课程思政）到"线"（课程思政群）再到"面"（专业思政），实现了课程思政整体化、纵深化和立体化发展。在此阶段，厘清课程思政与专业思政十分必要。

四、从"课程思政"到"专业思政"的实践路径

（一）专业思政体系"点—线—面"

专业思政体系"点—线—面"是将课程的"点"、专业的"线"和院系学科的"面"三个层次合为一体的、多方协同育人的格局。前期课程思政主要聚焦于"单一课程"思政元素的开发和挖掘，取得了丰富的经验。但这仅仅属于教师自身课程的局部最优解，而非整个专业、学院以及学校的全局最优解。基于学院的全局观，课程思政元素呈现碎片化、零散化状态，缺乏学理高度的逻辑构建。教师更多关注一门课甚至一节课的思政元素挖掘，这些零散的思政元素缺乏系统的体系建构，同一学院不同专业的不同教师间的思政元素高度同质化。这导致要素之间的协同效应难以发挥，整体专业教学进度较慢，最终育人效果被大大削弱。例如，有些教师把专业课生硬地开成思政课，不但不符合课程思政的目标，无法完成专业教学的任务，而且会引起学生对课程思政的反感。如果单纯地将课程思政"打碎"后再与专业教学"做加法"，依然无法解决思政元素挖掘的随意性、思政元素融入的散点式和思政元素分布的碎片化问题。为克服"挖掘'单一课程'思政元素"的弊

端，必须从顶层"统筹做好各学科专业、各类课程的课程思政建设"，发挥专业思政体系的优势。具体来说，宏观统筹建构"学科—专业—课程"的课程思政内容体系，从学科上统筹、专业上拓展、课程上聚焦，遵循知识逻辑、历史逻辑、现实逻辑、需求逻辑，形成全覆盖、有特色但不重叠的专业思政体系，这意味着在专业思政体系的规划下，在契合学科特色和优势的前提下挖掘课程思政元素。从此，单一课程不再是全面兼顾，而是院系整体对不同课程进行规划和分工，使整个学院处于一个系统、精炼、一致、连贯的专业思政元素分布体系之下。在专业思政体系下，元素挖掘的主体从"单一教师"向"学校—院系—教师"转变。另外，在三全育人理念的影响下，学界日益重视"课程思政与思政课程"的协同，强调二者同为"大思政格局"的重要子系统。

（二）从课程思政到专业思政体系的三点调整

专业思政体系建设有利于课程思政教学资源的整合，有助于提供专业内部课程之间协作育人的良好环境和外部条件。从课程思政到专业思政又需要怎样的改变呢？

第一，专业思政体系是课程思政的综合化与体系化。在高校的人才培养活动中，学科引领专业和课程发展，专业为学科的拓展和课程的组织形式，课程构成学科和专业的基础，将宏观、中观和微观三个不同层次的活动嵌入高校思想政治教育理论框架，形成学科思政、专业思政、课程思政相结合的课程体系。课程思政的关键在于挖掘专业中的思政元素，体现课程思政的基础性，而专业思政的关键在于设定思政目标，专业思政使课程思政所进行的思想政治工作体系贯通人才培养体系并进行拓展和深化，专业思政体系侧重实现专业课程与专业课程之间的协同推进和有机统一。课程是专业的载体，课程思政也是专业思政的重要组成和载体，课程思政勉强可以"各自为政"，具有相对的独立性和自主性，但专业思政却需要聚焦，凸显与其他专业有差异的核心价值体系，体现规划性和引领性。

第二，专业思政体系在课程思政和学科思政之间承上启下，理解专业思政还需从"课程、专业、学科"的关联上来把握。

第三，专业思政体系使课程思政实现平台化和显性化。专业思政体系组织搭建专业思政资源平台，以专业为单元进行一体化建设，把相近或相通内容的课程思政资源汇聚到一起，方便思政元素的挖掘、利用和积累。

综上所述，专业思政与课程思政的侧重点不同，目标不同，课程思政为专业思政提供基础，专业思政对课程思政进行系统化和优化，同时为课程思政提出具体任务。在教学实践中，可从自顶向下设计和自底向上归纳两个方向同时发力，在教学中边建设、边实践、边优化，迭代专业思政体系建设，最终有效改善课程思政教学中不成体系的局部介入、随意嵌入、碎片融入，解决课程思政建设形散且神不聚的问题。

(三) 身为一线教师做好专业思政的先决条件

1. 让学生发自内心地爱上课并充分信任学生。大胆勇敢尝试，教中学，并给予学生实时反馈。如果无法做到让学生发自内心地期待来到课堂，采取再多的专业思政和课程思政建设措施也没有用。教师应努力将基本原理变成生动道理，假如忽视学生的现实生活需求，一味地强调教学内容的政治性和学术性就会脱离学生需求。换言之，需要将思政元素"生态式"融入教案，平衡好"政理"、"学理"和"事理"的"生态位"，即对专业思政体系中教学内容所蕴含的政治思想、专业知识和生活常识进行内容、时点、方式和方法的合理设计。这对教师提出如下两方面的要求：一方面，要提升自身的专业素质，多参加实训培训，做到学高为师；另一方面，要改变教学方法，更新教学手段，将能力培养和价值塑造有机融入知识传授的过程。笔者在首都经济贸易大学"MS Office 高级应用"的课堂教学中，对大量知识点的引入采用"动手操作"和"举一反三"教学法，同时利用"学习通讨论"工具为学生提供发表意见和展现其作品的畅通渠道。

2. 基于学生素养发展找到育人与知识点的切入点，融合时注重"抓住时机、把握节奏、讲究策略"，最终实现知识传授与价值塑造双丰收。首先，课程思政是在遵循课程自身内在逻辑体系前提下对思政资源的内涵式开发，科学合理地深入挖掘课程中蕴含的思政元素才能实现课程育人，深度契合"逻辑层面保持一致、知识层面配合补充、理论层次衔接递进、价值引领效力凸显"的要求。其次，教师可以结合教学内容和《高等学校课程思政建设指导纲要》对管理学类专业课程的要求，引导学生关注现实问题。例如，鼓励学生绘制"中国 2010—2022 年我国 60 岁及以上老年人口数量及其比重图",引发学生思考社会热点——养老问题。这就需要教师对课堂教学内容进行再设计,将能够引发深入思考的内容和学生容易产生错误理解的内容放到课堂中,以更灵活的交互、更实时的学习成效反馈让学生上课有更大的收获感。同时,需要梳理出一些适合自学的内容,让学生在课外随时随地进行线上学习,最大化地利用课外碎片化时间。另外,时机把握也很重要,例如,当学生表现出强烈好奇、兴趣高涨时,教师要继续抛出问题,请学生作答后再作深入讲解;而当学生表现出生理疲倦时,教师可以运用与教学内容相关的小视频等吸引学生的注意力,以获得最佳教育效能。因此,课程思政设计与实施能够立足学情、教学模式与方法,最大程度地激发学生兴趣,调动学生的主体性和积极性,有效提升学生的参与度和学习体验。综上所述,以学生学情、学习习惯、兴趣关照程度为出发点,注重"时、度、效"的融入决定了课程思政的效能。

3. 身教是最直观有效的专业思政教育。对于学生而言,有情义,才能有滋有味;有滋有味,方能入脑入心。课堂的真情感、深情怀才能引发学生的情感共鸣和同频共振。笔者认为,教师自身应注重专业技能更新,保证技能教学"知行合一"。坚持实操练习与企业工作相融合,以全球芯片半导体产业的竞争态势与中国机遇、最近十年中国基建发展成绩、党史军史革命史、冬奥精神等主题,设计课堂主题,保证技能操作"学以致用"。另外,教师自身对待教学的态度和具体行动很大程度上会潜移默化地影响学生。例如,是否每堂课都提前十分钟到教室?是否有时间观念,做到准时下课?是否坚持不调课?是否每堂课都备课充分,让学生学有所获?是否用心解答学生的疑问?是否每次作业都给学生及时有效的反馈?等等。做好这些日常的点滴工作,学生也可以感受到老师的人格魅力并被感染。打铁必须自身硬,教师应积极参加专业思政教学案例设计比赛、说课比赛和讲课比赛,以赛促教、以赛促学、以赛促改、以赛促建,切实解决"挖什么""怎么挖""融什么""如何融"的难题。

4. 现实与虚拟相结合。用技术打开教室的门,课堂贴近年轻人,打破沉默状态,让低头的"工具"变成抬头的"利器"。笔者在首都经济贸易大学

"MS Office 高级应用"课程中针对课堂上学生低头玩手机这一难题，尝试反转操作，让学生"用手机"打败"玩手机"，组织他们使用搜索引擎做课外延伸的基本研究，通过弹幕或投票提出自己的观点，效果颇丰。技术不仅支持教学，还引领理念的转变和优质内容的缔造。理念转变即从传统的"教在前，学在后"转变为"以学为主"。课前先线上学习，课中将所学知识内化，同步互动，重点在能力提升。怎样能确保学生课前线上学习的有效性呢？那就需要克服供需矛盾。学生需要打破时空限制，最大化利用碎片化时间来提升学习兴趣。此外，原封不动地将传统课堂 45 分钟录制成视频，已无法满足短视频时代学生对视频的需求。教师需要重新审视教案，精简课程优质内容并进行碎片化组织。结合热门话题以及贴近生活的案例，将系统的复杂知识拆分成零碎易懂的问题，使得学生更容易听进去，最终让专业知识传播变得生动有趣。笔者在首都经济贸易大学"MS Office 高级应用"课程中，在学习通发布了 25 个十分钟以内的短视频，在课前分享给学生进行课前线上学习。课上使用学习通讨论功能让学生截图和实时共享屏幕展示技能应用，课上通过弹幕进行互动和答疑，课堂上针对学生的问题进行解答和拔高。现实与虚拟结合，在实践中探索总结经验，力达最佳效果。

5. "水不激不跃，人不激不奋。"[①] 2020 年 10 月，中共中央、国务院《深化新时代教育评价改革总体方案》的颁布，标志着中国教育评价改革进入了"深水区"。专业思政增值评价要求不仅关注学生的成绩，更应该关注学生的成长进步趋势，即思想行为变化、理论知识内化和实践转化。笔者在首都经济贸易大学"MS Office 高级应用"的期中测试和期末考试评价中，采用的非标准化考试，给定学生 22 个技能点和 3 个思政主题，让学生通过递交作品来体现知行合一，展现对所学技能的应用，表达对现实问题的关注。这与《高等学校课程思政建设指导纲要》中对经济学、管理学、法学类专业课程，坚持以马克思主义为指导，引导学生关注现实问题，培育学生诚信服务、德法兼修的职业素养是一致的。

---

① 出自《喻世明言·卷五》。

五、高校党建引领下提升和助推专业思政体系

（一）高校党建引领"专业思政"协同育人

构建党建引领、思政协同互动机制。党建工作是高校办学治校、育人育才的生命线，"专业思政"建设是高校落实立德树人根本任务的着力点。在基层党组织中，党支部组织之间应相互协作，结合双方工作特点、发展方向设计科学规范的工作机制，推动二者的联动协调，实现开好党建工作"火车头"、做强"专业思政"助推器的重要价值。其中，教职工党支部应当从宏观维度提出科学的思想指导和理念指引，发挥率先垂范作用；学生党组织则应充分认识自身职责使命，贯彻落实教职工党支部安排的党建任务和工作内容，如组织党建专题座谈会、师生研讨会等。在"专业思政"教育中，全员育人机制不可或缺。学校可以结合"专业思政"教育工作的问题和困境明确各部门工作职责，确定不同主体的工作内容和工作目标，有效整合校园教育力量和各教育主体的教育资源，构建全员育人机制，并配套建设科学的评估机制，为"专业思政"有序开展提供保障。各级党组织应围绕"专业思政"开展党建活动、党史教育等，将先进的政治理论、党史内容、党建思想融入"专业思政"教育过程，有效推动党建工作对"专业思政"教育的引领和指导。党建引领"专业思政"，可为"专业思政"建设把握前进方向、提供鲜活素材、给予有力支撑。"课程思政"建设有机融入党建工作，可创新党建工作载体、激发党建创新活力、促进党建虚功实做，二者融合相得益彰、互促互进，有利于形成育人新格局。以系所为单位，组建学科背景多样、能力资源互补的"专业思政"教学团队，由教师党支部书记担任"专业思政"负责人，把牢政治方向；专业课教师统筹学科教学；骨干教师和青年教师钻研教学方法；辅导员协同氛围营造，团队各方充分协同、优势互补、各尽其能。真正实现以党建为抓手、以课程为中心、以实践为引领，多方联动、全员育人。

（二）红色文化融入高校"专业思政"一体化，以伟大建党精神为主题

伟大建党精神融入高校专业思政体系是落实立德树人和推动大学生奋发有为的有效路径。把伟大建党精神融入高校专业思政体系，要求坚持把立德树人作为中心环节，实现全程育人、全方位育人，如此才能将伟大建党精神融入高校专业思政体系，传播好、讲述好伟大建党精神。中华民族几千年来

形成了博大精深的优秀传统文化，党带领人民在革命、建设、改革过程中锻造的革命文化和社会主义先进文化，为"课程思政"建设提供了深厚力量。伟大建党精神是中国共产党人在历史奋斗中吸取无数教训、积累无数经验凝结而成的，将其与高校"专业思政"很好地融合，进而开展高校思想政治教育，让大学生能够在课程思政课上有所思、有所悟，进而明白中国红色政权的建立来之不易、新中国的成立来之不易、改革开放的伟大成就来之不易、新时代的历史性巨变来之不易，从而在学习感悟中坚定政治立场、明确责任担当、继续艰苦奋斗，不断增强报效祖国的使命感，提高辨别是非的能力，进一步在思想上认同中国共产党的领导、认同中国特色社会主义事业。习近平总书记指出，"青年兴则国家兴，青年强则国家强。青年一代有理想、有本领、有担当，国家就有前途，民族就有希望"①。青年大学生是实现中华民族伟大复兴的先锋力量，每一个青年都应该成为社会主义的合格建设者和可靠接班人。高校是为党和国家培养社会主义建设者和接班人的摇篮，做好大学生的思想政治工作是重中之重，把伟大建党精神以及长征精神、红旗渠精神、塞罕坝精神、伟大抗疫精神和脱贫攻坚精神等融入高校专业思政课，不仅让大学生对中国共产党人的奋斗精神有了科学全面的认识，也为大学生树立了奋斗榜样，从而使大学生自觉按照党的要求奋斗拼搏、成长成才、建功立业，谱写一曲曲激扬的青春之歌，积极踊跃投身于第二个百年奋斗的历史大河之中，成长为社会所需的时代新人。总体来说，让伟大建党精神在课堂教授和传播过程中真正实现"有水平"与"有意思"的完美结合，伟大建党精神融入高校课程思政课必须有血有肉，坚持理论与实践相结合，让大学生真正感悟和体会到百年共产党的精神风貌。

要真正让伟大建党精神融入高校思政课，就必须以大学生喜闻乐见的形式提高思想政治教育的实效性。例如，需要结合大学生的年龄特点、专业优势和兴趣爱好等，通过挖掘党史中英雄人物的先进事迹和感人故事，借助年轻人喜欢的热门电视剧分享呈现，实现在教中学、学中教，以及通过开展"道德大讲堂""红色歌曲比赛""革命故事演讲"等形式多样的活动，实现

---

① 习近平谈治国理政 [M]. 3卷. 北京：外文出版社，2020.

以红色文化引领校园文化建设，使大学生不断融入其中，把红色文化内化于心、外化于行。把伟大建党精神转化成思想政治教育的特色案例和思政课程的重要元素，并融入教育教学全过程，做到守规矩、明大德，牢固树立正确的世界观、人生观、价值观。

在互联网时代，让伟大建党精神真正进课堂和走进大学生心中，不能局限于课堂教学和教材的理论学习，要通过打造课上课下两个课堂和网上网下两种空间相结合的教学模式，让新媒体平台真正融入"课程思政"教学。高校专业课教师可将伟大建党精神中的价值理念、内在精神、时代意蕴等进行整合，通过现实与虚拟有机融合，真正让伟大建党精神入脑入心。开发"专业思政文化资源数据库"，熔铸红色基因，发挥党课、党日活动和党务智慧系统等平台的正向引领作用，融红色资源与思政教于一体，开拓思政教育的"红色第二课堂"，切实让"专业思政课堂"活泼起来；搭建网络平台，依托微信公众号、短视频平台等新媒体，打造"网络育人"新阵地，让思政工作课上课下、线上线下相得益彰，达到"课上课下全覆盖、网上网下深融合"的育人实效。

（三）推动专业课与国防教育相贴近，锤炼意志品质

推动专业课与国防教育相贴近，打造有特色、有干货、有质量的专业思政体系，守好"课程思政"的"主课堂"，夯实"专业思政"的"大课堂"。以传承革命精神为重，实施"铸剑"行动，抓活红色实践教育。与部队联合编制思想政治教育辅助教材，融入"党史军史革命史"知识。以"上井冈、赴延安、到遵义"等"革命圣地行"为"经线"，以"唱红色歌曲、讲红色故事、读红色经典"等"红色精神颂"为"纬线"，开展"走读红色地图"教育活动。组织"传承红色基因、担当强军重任"等主题教育，引导士官生把信仰溶入血脉，把理想植入骨髓。

六、结语

总体来说，"课程思政"到"专业思政"的历史发展经历了三个阶段，分别为理念孕育期、确立期和实践期。当前"专业思政"是新时代高校办学治校的新使命、新任务，是育人主体性更高程度的回归和实现。2020年5月

教育部印发的《高等学校课程思政建设指导纲要》中强调结合专业特点分类和学科专业建设特点，进行有针对性的设计。在此基础上建立"点—线—面"的专业思政体系，形成课程的"点"、专业的"线"和院系学科的"面"三个层次合为一体的、多方协同育人的格局。从学科上统筹、专业上拓展、课程上聚焦，遵循知识逻辑、历史逻辑、现实逻辑、需求逻辑，形成全覆盖、有特色但不重叠的专业思政体系。这意味着"课程思政"不再是随意化、碎片化、非系统化的融入思政元素，而是在契合学科特色和优势的前提下挖掘课程思政元素。同时，单一课程不再是全面兼顾，而是院系整体对不同课程进行规划和分工。

各类课程的"课程思政"建设成为当下高等教育改革的重要任务之一。专业课程也应当发挥其在思政教育中的重要作用，将做人做事的基本道理、社会主义核心价值观的要求、实现民族复兴的理想和责任有机融入专业课程中，以实现全程育人、全方位育人的目标。身为一线教师，第一，需要努力做到让学生发自内心地爱上课，充分相信学生，大胆让学生去实践思政主题任务并实时反馈。第二，在授课时，以学院的"专业思政"体系任务为基础，"抓住时机、把握节奏、讲究策略"地融入思政，做到知识传授与价值塑造合一。第三，教师的身教是最直观有效的"专业思政"教育。对于学生而言，有情有义，才能有滋有味；有滋有味，方能入脑入心。课堂的真情感、深情怀才能引发学生的情感共鸣和同频共振。第四，现实与虚拟相结合，科学合理利用技术帮助学生打开教室的门，让课堂贴近年轻人，打破沉默状态，使低头的工具变成抬头的利器。第五，通过评价引领和调动学生学习的积极性，实施多元评价和以过程为导向的实时评价。专业思政增值评价要求不仅关注学生的成绩，更应该关注学生的成长进步，即关注学生的思想行为变化、理论知识内化和实践转化。

总之，高校要构建党建引领、思政协同互动机制；要将红色文化融入高校"专业思政"，发挥红色文化的重要作用。例如，推动专业课与国防教育相贴近，打造有特色、有干货、有质量的专业思政体系，守好"课程思政"的"主课堂"，夯实"专业思政"的"大课堂"。

参考文献

[1] 中共中央文献研究室. 十八大以来重要文献选编 [M]. 北京：中央文献出版社, 2014.

[2] 陈宝剑. 立心铸魂：加强和改进高校思想政治工作的理论探索 [M]. 北京：人民出版社, 2018.

[3] 邱伟光. 课程思政的价值意蕴与生成路径 [J]. 思想政治教育, 2017 (7).

[4] 习近平. 在北京大学师生座谈会上的讲话 [N]. 人民日报, 2018-05-03.

[5] 陈宝生. 在新时代全国高等学校本科教育工作会议上的讲话 [J]. 中国高等教育, 2018 (3).

[6] 教育部. 教育部关于印发《高等学校课程思政建设指导纲要》的通知（教高〔2020〕3号）[EB/OL]. (2022-12-20) [2020-06-03]. http://www.moe.gov.cn/srcsite/A08/s7056/202006/t20200603_462437.html.

[7] 王英龙, 曹茂永. 课程思政：我们这样设计 [M]. 北京：清华大学出版社, 2020.

[8] 张驰, 宋来. "课程思政"升级与深化的三维向度 [J]. 思想教育研究, 2020 (2).

[9] 马利霞, 赵东海. 系统思维视域下构建思政课程与课程思政协同育人体系 [J]. 系统科学学报, 2021 (1).

[10] 深化新时代教育评价改革总体方案 [N]. 人民日报, 2020-10-14.

[11] 习近平谈治国理政 [M]. 3卷. 北京：外文出版社, 2020.

[12] 韩宪洲. 以课程思政推动立德树人的实践创新 [J]. 中国高等教育, 2019 (23).

专业思政建设框架下深化课程思政建设的难点与突破

刘尔卓[①]

【摘　要】专业思政框架下，深化课程思政建设是实现"三全育人"体系、落实"大思政课"建设的重要手段。当前，专业思政框架下的课程思政建设面临着众多问题，例如：授课时间有限，难以展示专业思政的部分内涵；内容和对象错配，与专业思政脱节，内容同质化；加入党史元素困难等。为了突破上述难点，本文认为，课程思政需要拓展当前的教学渠道和手段，创新当前的教学方法，调整对不同阶段学生的教育内容，强化与专业思政之间的联系，协调好与同类型课程思政内容的关系，开发党史背景下的思政案例，从而更好地完善专业思政框架下的课程思政建设体系。

【关键词】专业思政；课程思政；思政育人

一、引言

习近平总书记于2016年在全国高校思想政治工作会议上指示："要坚持把立德树人作为中心环节，把思想政治工作贯穿教育教学全过程，实现全程育人、全方位育人，努力开创我国高等教育事业发展的新局面。"这句话从宏观上前瞻性地提出了课程思政、专业思政和"三全育人"的基本概念和工作方向。2022年教育部落实习近平总书记在五四青年节前夕针对"大思政课"的重要指示，制定并印发了《全面推进"大思政课"建设的工作方案》，明确提出以大思政课建设为抓手，坚持问题导向、目标导向、效果导向，推动

---

① 作者简介：刘尔卓，首都经济贸易大学财政税务学院讲师。

思想政治教育的高质量发展。大思政课建设下，思想政治教育绝不只包括思政课的建设，更包括专业思政框架的建设、专业思政框架下课程思政的建设，以及专业思政和课程思政之上的"三全育人"体系的建设。专业思政和课程思政建设至今，高校和专业课程的任课教师已经在积极思考课程思政的建设模式，并且组建了专业思政的教研团队，积极在课程思政的基础上搭建专业思政平台。这期间诞生了一批课程思政的经典案例，涌现出一群课程思政的教学名师，培养了一批经过课程思政和专业思政培训的优秀青年人才，形成了众多独特的课程思政和专业思政的教学方法。

但是，我们仍需看到，在专业思政框架下，课程思政建设仍面临着亟待解决的难点，例如：课程时间难以充分满足课程思政需要；专业思政的部分内容难以在既有课程中呈现；专业思政和课程思政的面向对象上存在错配；专业思政对课程思政的统领能力较差；不同课程的课程思政内容同质性较为严重；课程思政需要加入党史元素等。这些难点充分说明既有的课程思政教学手段和渠道不够丰富，课程思政的教学形式较为单一，本科生和研究生课程思政和专业思政的授课内容需要调整，专业思政和课程思政之间，以及不同课程的思政内容之间需要加强联动，课程思政需要创新融入党史元素。本文结合专业思政框架下课程思政遇到的难点，尝试提出针对性的解决方案，以求更好地完成专业思政框架下课程思政体系的建设，更好地支持"三全育人"和"大思政课"的宏伟目标。

二、专业思政和课程思政的内涵及其关联

教育部在2018年印发了《教育部关于加快建设高水平本科教育 全面提高人才培养能力的意见》（简称《新时代高教40条》），该文件首次提出了专业思政的概念。专业思政是指在专业课程设计上，建立好整体性的符合专业人才特点和专业能力要求的思想政治教育内容。它是对习近平总书记在2018年全国教育大会上讲话精神的具体落实和实践指引。专业思政在整体的思政建设中处于中观地位，覆盖了课程设置、科学研究、社会实践等人才培养的各个环节，专业思政为课程思政搭建了资源平台（韩宪州，2019）。专业思政有效整合了专业内部不同课程思政教育的共性，突出了不同专业思政的特点，

同时为之后的课程思政建设提供了有效的指引（尹夏楠、孙妍玲，2022）。由此看来，专业思政是课程思政经验的总结和提炼，为之后的课程思政实施搭建了框架，提供了指引，提出了要求。专业思政是习近平总书记在2022年五四青年节前夕讲话内在精神的具体体现。高校的专业教育应当分为两个方面，即专业内容和专业思政。专业内容的教学是向学生传道解惑、奠基未来的过程，它体现的是"经师"的实际含义；专业思政的贯彻是向学生启润心智、锤炼思想的过程，它体现的是"人师"的实际含义。经过专业思政教育，学生将夯实自身的理想信念，养成应有的职业道德，保持必要的人生定力。

课程思政较专业思政更早被提出。习近平总书记早在2016年全国高校思想政治教育工作会议上就明确提出，各门课程要善于利用课堂教学渠道，落实课程内的思想政治教育任务，让专业课程与思政课程发挥协同效应。课程思政是传统思政课程的深化拓展，是思政教育理论发展的最新成果，是实现立德树人的最新举措（韩宪州，2018）。为了推进课程思政建设，高校在课程设置上已经做出了一系列的改革举措，包括：改革课程思政的制度设计，提升教师团队的思想政治素养和思政教育能力，设置合理的课程思政评价体系，协调课程思政与思政课程之间的关系（于成文，2021）。课程思政改革历经五年，高校的课程思政建设已经初见成效。以首都经济贸易大学为例，课堂上教师已经能有意识地渗透思政教学的内容，思政育人已经由教师个人的自发行为转为全体教师的系统性行为，通过课程思政建设，思想政治建设已经贯彻整个高校教育的人才培养体系，教师党建和师德师风建设也据此找到了新的载体（韩宪州，2021）。

综合既有文献，本文认为专业思政和课程思政具有如下关系：首先，专业思政包含了课程思政的含义，课程是专业学习的最主要部分，课程思政的探索为专业思政的建设积累了宝贵的经验。其次，课程思政的前期探索为专业思政的建设提供了素材来源，课程思政建设中出现的问题为专业思政建设积累了经验教训。专业思政是课程思政教学成果的总结和提炼，它有效地将课程思政取得的最新成果系统化和理论化。最后，专业思政有效调整了同一专业内部不同课程思政教育的关系，避免了课程思政教育内容上的缺失和重复。专业思政不仅是课程思政的简单组合，它是在课程思政基础上形成的综合性教学模式、从业规范和学术道德体系。课程思政和专业思政都不是一成不变的，课程思政需要与时俱进，不断吸收和接纳马克思主义中国化的最新理论成果，将最新的理论思想渗透到教学当中；专业思政也需要结合时代发展，基于专业培养模式的变化，丰富和发展最新的专业育人方案。

在专业思政之上的更大概念是"三全育人"体系和"大思政课"建设，专业思政和课程思政有效地响应了"三全育人"的大局建设，符合"大思政课"的基本要求。在专业思政和课程思政的共同作用下最终将真正实现全员、全程、全方位塑造新时代高素质人才的既定目标。

三、专业思政框架下课程思政建设的难点

尽管专业思政和课程思政建设已经初见成效，但是在专业思政框架下，课程思政建设仍面临一些亟待解决的难点。

（一）课程时间有限，难以协调专业思政和课程思政的时间配置

随着时代的发展，专业课程内容难度正在逐年加大，每年课时数有限，专业课教师完成正常的教学任务就已经很难了，专业思政和课程思政的任务将使部分任课教师难以协调课程安排。以一门3学分18周的课程为例，除去两次考试，再结合中间的假期，实际的教学时长可能仅剩下15周左右。教师在较短的学期内很难专门抽1~2次课时，专门落实专业思政和课程思政的教学内容。这个难点反映的是目前教学方案和评价体系、课程思政和专业思政的不匹配和不协调。已有的教学方案更多关注的是传授专业知识，而较少地关注对课程思政和专业思政的时间安排，并且教师授课质量的评价体系也很少将课程思政和专业思政内容纳入其中。为了继续深入推进课程思政和专业思政的落实，需要切实对授课方案和评价体系进行调整，教师应当在授课方案中主动思考，充分利用课上和课后时间，增加课程和专业的思政元素。授课质量的评价体系也应当充分关注思政教学的重要作用，有意识地引导教师主动在授课过程中渗透思政方面的教学内容。

（二）专业思政的部分内容很难在课程思政中得到展现

专业思政的范围本身就广于课程思政，它在课程（包括实践）、教学、师资等方面都有相应的要求。专业思政的内容包括隐含在专业背后的职业道德

和职业伦理，它们关乎每一位从业者的基本操守和道德底线。然而，这些规则只凭单纯的课堂讲授很难被学生理解，这些知识未经实践也很难让学生在现实中加以运用。这就需要我们在课程思政中思考：如何让学生在课堂中深刻体会到这些职业道德规范的重要作用？如何教会他们使用规则保护自己、守护自己的职业生涯？目前，对于职业道德和职业伦理的内容，大部分课程只是在课堂上简单介绍，考试中略有提及，因而学生容易忽视这部分专业思政内容。在进一步完善课程思政体系的过程中，相关主题需要思考如何将专业思政的部分内容更加充分地展示到课程思政中去。

(三) 课程思政的授课对象与专业思政的面向对象之间存在错配

按照当前的高校教育培养模式，本科生在校学习方式以课程学习为主，本科生也是课程思政覆盖的主要群体。研究生以科学研究为主，课程学习并不是研究生获取知识、提高研究能力的主要渠道。专业思政中的重要内容包括本专业的学术道德，绝大部分高校都开设了学术道德和学术伦理的相关课程，但是，由于研究生课程容量本身有限，大部分研究生很少会选择学术道德和学术规范类型的课程，这导致最需要学习学术道德及规范的群体却疏于对相关内容的学习。而另一方面，本科生本身参与科研活动有限，对科研的认识并不深刻，即使参与了学术规范和学术道德的相关课程，也很难理解其中的含义。因此，当前专业思政框架下，课程思政和专业思政面向群体之间可能存在错配的问题，有必要适当地调整部分专业思政内容的授课对象。

(四) 专业思政和课程思政在内容上容易脱节，专业思政需要加强对课程思政的统领能力

专业思政是课程思政内容的综合、提炼和总结，专业思政为课程思政提供了平台和框架，但由于专业思政部分源于课程思政，相应的专业思政内容的调整速度要慢于课程思政内容的调整速度，这就造成部分时间段内专业思政的框架可能不能统领课程思政的全部内容，课程思政存在脱离专业思政单独发展的局面。例如，在数字经济和金融科技迅速发展的今天，既有的专业思政内容很难囊括全部的新兴经济和新兴业态的发展内容。这样，这类课程的课程思政内容的发展就超过或者独立于专业思政。因此，在课程内容和课程思政飞速发展的当下，思考如何让专业思政框架不断地与时俱进，提升其

对课程思政的平台支持作用、增强其对课程思政的统领性，是当前专业思政和课程思政发展的又一难点。

（五）不同课程的课程思政内容同质性较为严重

如前文所述，课程思政的提出要早于专业思政，这造成课程思政早期的发展缺乏整体层面的规划。课程老师基于自身课程的需要独立自发地开展本课程内的课程思政教育内容。而不同课程之间，由于教学内容的相似性，相同的课程思政内容很可能在不同的课上被多次重复。虽然这样做加强了课程思政的渗透作用，但不同课上多次重复相同的课程思政内容很可能造成课程资源的浪费。例如，经济学原理中涉及的课程思政内容，很可能在之后的中级和高级课程中被继续提及。在专业思政框架下，更好地协调不同课程思政内容的具体关系，优化课程思政资源的配置，是当前专业思政框架下课程思政的难点。专业思政需要思考如何调整不同课程的课程思政内容的编排顺序，使得相关思政内容更加符合学生接受知识循序渐进的认知规律，又不至于产生过多的低效率重复。

（六）课程思政内容需要思考引入党史元素

2021年，中共中央决定在全党开展党史学习教育，激励全体党员不忘初心、牢记使命，自觉学习党史、新中国史、改革开放史和社会主义发展史，做到学史崇德、学史明理、学史增信、学史力行；2022年，中共中央办公厅印发《关于推动党史学习教育常态化长效化的意见》。专业思政框架下的课程思政建设需要思考引入党史元素，特别是引入与专业课程相关的党史元素，这样既可以增强学生对专业发展进程的了解，又可以增强其对专业在党和新中国发展进程上重要性的认识，激发学生的自豪感和使命感。而如何在课程思政内容中引入党史元素就是其中的重要难点。一方面，党在各个专业发展中均做出过巨大的历史贡献，如何将这些内容提炼，形成系统化的知识体系，考验着任课教师和教研团队的智慧；另一方面，单纯地叙述专业相关的党史可能无法充分调动学生的学习热情，由此需要在实践教学中寻找一个合适的切入点，寻找专业发展的某个概念进行拓展，以形成生动的个案。这样才能有效地在课程思政中融入与专业发展相关的党史元素。

四、专业思政框架下课程思政建设的突破路径

面对上述专业思政框架下课程思政建设的痛点和难点，本文认为可以尝试采用如下路径突破课程思政建设的难点，实现专业思政统领下的课程思政建设，支持"三全育人"工作的顺利实施。

（一）延伸课程思政教育渠道，拓展课程思政教学手段

结合目前课堂教学时间紧张、难以协调课程思政和专业思政教学的时间问题，本文认为应当从教材编写、授课方案和课时设置三方面入手解决这一问题。教研团队的成员应当按照专业思政和课程思政的要求，在既有教科书体系下进行适当的更改和拓展，如在教材之外补充思政教学的案例素材，引导学生主动翻看书本之外的补充资料。在授课方案上，教师可以尝试将思政教学融入日常的授课之中，而不是专门抽出课时来讲授课程有关的思政内容。另外，教师可以考虑将相关思政内容以小组作业的形式布置给学生，引导学生开展探索性学习，加深学生对于思政内容的印象。在课时设置上，必须承认现有的课时数很难完成课程思政的教学目标，但是教师可以充分利用线上授课的教学资源，将课程思政的内容以网课的形式发布到公开的平台上，引导学生自觉在课外时间学习和充实自我。同时，教务部门也可以考虑革新寒暑假小学期的授课内容，将专业思政和课程思政的相关内容纳入小学期的教学范围中去，这样既节约了日常课程教学的时间，又实现了思政教学的相关任务。

（二）加强案例教学和实践教学，在实践中落实专业思政的实践意义

为了落实部分专业思政内容，特别是职业规范和职业伦理在课程思政中的体现，相关的课程思政设置上可以考虑适当地增加案例教学和实践教学的内容，以此增强学生对相关思政内容的体会和理解。例如，在课程上，教师通过特定的思政案例讲解实务中如何遵守相关的职业道德规范，以及不遵守相关的道德规范造成严重后果的深刻教训，以具体的案例而非宏大的叙事提升课程的生动性，增强学生的学习兴趣。另外，课程思政建设要将课程思政的内容充分渗透到学生的实践实习活动中去。学生在真正的实习实践中，在真实的职场环境中，将很可能面对与课程思政内容相关的场景。在实际情景下，教师如果能结合实际场景向学生讲解课程思政内容的运用方法，无疑将

加强学生对具体内容的理解和把握。专业思政实践内容的讲解也可以考虑通过对学生进行模拟面试的情境展开，通过行为面试的形式，增强学生对专业思政内容的体会。

(三)加强对本科生科研能力的培养，丰富研究生课程的专业思政内容

为了解决专业思政部分内容无法通过课程思政的形式渗透到目标学生的问题，本文认为需要同时从改革本科生和研究生的培养模式这两方面入手，加强专业思政内容与课程思政内容的适配性。首先，需要着重加强对本科生科研能力的训练，在科研能力训练中，提升其对专业思政内容中学术规范和学术道德等方面的理解，而不是简单地以课堂讲授的形式，以传统课程思政的方法，向其讲解专业思政的相关内容。其次，应当进一步充实研究生课程思政的内容，研究生应当适当的参与科研之外的专业思政和课程思政内容的学习，特别是针对学术道德和学术规范内容的学习，让课程思政在研究生群体中发挥"警示灯"的作用。这样有助于让研究生在学生阶段即养成良好的学术行为习惯，系好学术生涯道路上的第一粒"纽扣"。

(四)增强专业思政的动态革新能力，让专业思政与课程思政同步发展

专业思政和课程思政在内容上可能出现"脱节"，专业思政的内容调整可能慢于课程思政，为了解决这种发展进程上不匹配的问题，需要加强专业思政的动态革新能力。专业思政的教研团队可以密切跟踪最新专业前沿的变化趋势和课程设置的发展趋势，同时利用新设课程，开展新课程思政内容的试点，并及时将新的课程思政内容结合到专业思政的内容中去。专业思政教研团队内部要定期讨论专业思政的最新发展动态，及时纳入新的课程思政内容，淘汰部分已经过时的课程思政内容，加强专业思政对课程思政的统领能力，防止部分课程思政内容的缺失，警惕部分课程思政内容脱离专业思政的框架而单独发展。任课教师也要及时向专业思政教研组汇报本课程在教材选择、授课内容上的发展动态，及时反馈课程思政建设上的相关方案，加强课程思政和专业思政之间的联动性。

(五)专业思政要协调好不同课程中课程思政内容的关系，减少课程思政的"同质化"现象

专业思政应当充分发挥协调作用，立足专业的整体背景，思考不同课程

中课程思政的教学内容、教学难度和授课方式，避免相同的课程思政内容在不同课程中的简单重复。以经济学主干课程为例，在经济学原理部分，可以着重介绍中国经济发展过程中的经济故事，党在经济建设中的重要理论和成就，以案例教学的方式增强学生对思政内容的理解和对现实经济背景的认识。在中级和高级课程部分，则可以侧重对科研道德和学术规范的介绍，以课程作业、课堂论文的方式，检验课程思政的教学成果。这样可以有效避免同一类型、不同难度课程在思政教育上的同质化问题。专业思政也可以发挥平台作用，定期邀请不同课程教师开展跨课程的教研活动，现场交流不同课程中课程思政的内容。这样既可以加强不同课程中思政内容的沟通联系，做到取长补短、参考借鉴，又可以帮助不同课程的教师在内容设置上自主协调课程思政的教学内容，避免重复。

（六）课程思政要开发与党史相关的课程案例，扎实落实党史学习的相关要求

专业建设和课程发展过程中，党的领导在其中起到了至关重要的作用。当前高校学生大部分对宏大叙事的历史脉络不感兴趣，但是对历史中与本专业、自己生活息息相关的历史片段格外关注。思政课程可以考虑就党在专业建设历史中的某一个片段开发一系列独特的思政案例，激发学生学习党史的兴趣。例如，党在领导我国外汇市场建设和汇率制度改革过程就是很好的教学素材。从最初的固定汇率制度，到"汇率双轨制"和外汇调剂市场，再到"钉住"美元，最后到如今的参考"一篮子"货币的有管理的浮动汇率制度。介绍党在汇率制度上的改革案例可以帮助学生更加深刻地理解人民币现今汇率的形成方式，这比简单枯燥地介绍汇率决定理论更能让学生了解现实中的经济运行方式，也更容易激发出学生治学为民、济世报国的爱国热情。

五、结论

课程思政为专业思政的建设积累了素材来源，提供了宝贵经验；专业思政则为课程思政提供了平台，统领了课程思政的相关内容；专业思政和课程思政共同服务于"三全育人"体系的建设。目前，课程思政在实践上面临着课时安排、展现专业思政内容不充分、部分内容授课对象错配、与专业思政

结合不够紧密、同质化较为严重、融入党史学习元素困难等一系列难点。本文认为上述难点可以通过拓展课程思政的教学渠道和手段，加强课程思政的案例和实践教学，调整本科生和研究生课程思政内容的授课重点，增强课程思政和专业思政课程的联动关系，增加不同课程思政内容上的交流和沟通，开发与党史相关的课程思政案例来寻求突破，从而更好地实现"三全育人"的实践目标，并支持"大思政课"的体系建设。

参考文献

［1］韩宪洲．以"课程思政"推进中国特色社会主义一流大学建设［J］．中国高等教育，2018（23）：4-6.

［2］韩宪洲．深化"课程思政"建设需要着力把握的几个关键问题［J］．北京联合大学学报（人文社会科学版），2019，17（2）：1-6.

［3］韩宪洲．课程思政的发展历程、基本现状与实践反思［J］．中国高等教育，2021（23）：20-22.

［4］尹夏楠，孙妍玲．专业思政与课程思政一体化建设的探索与实践［J］．山西财经大学学报，2022，44（S1）：127-129.

［5］于成文．新时代高校"课程思政"改革的探索与实践［J］．中国高等教育，2021（23）：23-25.

推进课程思政与专业思政一体化建设的理论思考

史兴旺[①]

【摘　要】 课程思政与专业思政是把思想政治工作融入人才培养全过程的有效手段，专业思政与课程思政耦合育人有利于提升育人效果。本文在界定相关概念的基础上，阐述了课程思政与专业思政的关系，并且对如何推进课程思政与专业思政建设进行了探讨。

【关键词】 思政；课程思政；专业思政

2016年，习近平总书记在全国高校思想政治工作座谈会上指出："各类课程与思想政治理论课同向同行，形成协同效应，要把思想政治工作贯穿教育教学全过程，实现全程育人、全方位育人，努力开创我国高等教育事业发展新局面。"2018年，教育部在成都召开了新时代本科教育工作会议，陈宝生部长在《坚持"以本为本" 推进"四个回归" 建设中国特色、世界水平的一流本科教育》的报告中提出，"课程改革亮点频出，推出了一大批线上线下精品课程，课程思政、专业思政、学科思政的体系正在形成"。近年来，在党中央和教育部等部门的推动下，我国高校的课程思政与专业思政建设取得了一定进展。但在实践中，人们对课程思政与专业思政的相关问题仍然存在着模糊的认识，因此有必要对课程思政与专业思政的相关问题进行探讨。

---

① 作者简介：史兴旺，首都经济贸易大学财政税务学院副教授。

一、相关概念的界定

思政可以作以下两种解释：一是对思想政治的简称；二是对思想政治教育的简称。当思政与课程相连组成课程思政时，不是指思想政治，而是指思想政治教育。准确地说，思政是指思想政治教育这样一种社会实践活动。从广义上讲，可以将思政理解为旨在实现"立德树人"而进行的思想政治教育活动。

课程是指以课堂为渠道、以教材为载体的知识（理论）传递程序或进程。课程思政是指依托或借助课程而开展的思想政治教育实践活动。关于课程思政，可以从两个层面进行理解：一是课程思政是一种教育教学理念。课程思政是指以构建全员、全程、全课程育人格局的形式，将各类课程与思想政治理论课同向同行，形成协同效应，把"立德树人"作为教育教学的根本任务的一种综合教育教学理念。二是课程思政是一种思维方式。课程思政突出体现以人的全面发展为根本目的，以思想道德素质为核心和灵魂。在非思想政治理论课的教学过程中有目的、有计划、有实效地对学生进行思想政治教育。在设计非思想政治理论课的课程教学时，把育人作为课程教学的首要目标，并与通识教育和专业发展教育相结合。在不改变非思想政治理论课的本来属性的情况下，充分发挥其德育功能，运用德育的学科思维，提炼非思想政治理论课的德育基因和文化元素，将"立德树人"渗透到日常的教育教学过程中。

专业思政是指在专业建设全过程中，从专业目标的设计，到课程体系的建设，再到专业教育的管理，最后到专业课程教学环节，积极发挥专业负责人的带动作用和专业课教师的主体作用，积极挖掘并有机融入思想政治教育元素，将思想政治教育拓展到专业建设的各时段、各领域，强化价值引领，提升专业人才培养质量。专业思政的内涵是以专业为载体，发掘专业特点和优势，根据不同专业人才培养特点和专业能力素质要求，提炼专业所要求的核心价值，通过专业核心价值体系引领，贯通教育教学全过程、全要素的融合性设计，实现专业教育与思想政治教育和谐统一发展，形成特色鲜明的专业人才培养模式。专业思政的载体主要包括：人才培养方案、课程、专业教材、教学支撑环境、专业实践活动、学生团体等。专业思政是落实"三全育人"教育理念的手段之一，具有专业教育与思想政治教育融合的专业独特性和系统性。专业思政聚焦专业这一主线，从专业整体出发实施体系化、全要素的思政教育，保证专业人才培养的政治方向，回答好"培养什么人、怎样培养人、为谁培养人"的根本问题。

二、课程思政与专业思政的关系

目前高校的学科课程主要是思想政治理论课、专业课和通识课，可见课程思政之课程在理论上应该包括思想政治理论课、专业课和通识课等课程。从这个意义上讲，课程思政包含以专业课程为载体的思想政治教育实践活动。但一般讨论课程思政与专业思政的关系时所提的课程思政仅仅指以专业课程为载体的思想政治教育实践活动。

本文所提到的课程思政就是以专业教育中的课程为载体进行的思想政治教育实践活动。因此，课程思政是专业思政的基础，是专业思政的应有之义。专业思政则站在专业的高度确立思政目标、融入培养过程，通过专业内教学各环节的课程思政协同化，促使课程思政的教学各司其职、有序实施，因而专业思政是课程思政的深化，是课程思政的系统提升。专业思政与课程思政紧密联系，互为支撑，共同贯通高校教育教学全过程，构成高校立德树人的有机整体。

三、如何推进课程思政与专业思政建设

教师是知识的传播者和学生的引路人，教师的德育水平和业务能力决定了思政建设效果。因此，推进课程思政与专业思政建设，首先应当加强教师队伍建设。2016年发布的《中国学生发展核心素养》总体框架中，以培养全面发展的人为核心，将核心素养分解为社会参与、自主发展和文化基础三个主要维度，表现为责任担当、实践创新、学会学习、健康生活、人文底蕴、科学精神六大素养，具体细化为国家认同等18个基本要点。核心素养理念实现了育人目标从知识为本向以人为本的升华，回答了"培养什么人"的根本问题。因此，推进课程思政与专业思政建设，应当以核心素养为基础。

（一）大力提升教师的业务能力与思想政治教育水平

不论是课程思政，还是专业思政，教师是关键。教师既是课程实施的掌舵者，又是专业教育的实践者。一方面，高校应定期举办教师思想政治教育培训活动，强化理论武装，增强价值认同，进一步增强教师培养社会主义合格建设者和接班人的历史使命感和责任担当，力争使思想政治教育工作产生事半功倍的效果。另一方面，教师要加强科学研究和课程建设，积极融入科研团队和教学团队，不仅要在理论上深化思想政治的规律研究，而且要在学科、专业和课程实践中强化思想政治理论，深度揭示学科知识所蕴含的精神价值，使得"立德"与"求知"发生内在的有机联系，为思想政治教育主渠道作用的发挥奠定坚实基础。

（二）将核心素养贯穿专业思政建设全过程

扎实推进专业思政建设，必须将其纳入"三全育人"这一立德树人的重要保障机制中，为提升专业育人能力和育人水平提供有效的制度支撑和条件保障。强化"三全育人"理念落实，完善"三全育人"实施路径，必须将核心素养贯穿于专业思政建设的全过程。

1. 在人才培养目标上，坚持培养适应社会主义现代化建设需要、德智体美劳全面发展的高素质人才目标不动摇。本科人才培养目标的设定，应切实落实立德树人根本任务，根据国家、区域和行业具体需求，结合学校办学定位和特色做好顶层设计，将核心素养中的必备品格和关键能力作为贯穿性主题，注重知识、能力、素质协调发展。以核心素养为主线，对毕业生综合素质要求和目标进行精准设计，明确提出专业思政的总体要求，完善本专业的人才培养目标。此外，应根据科技、经济和社会可持续发展的需要，对毕业生核心素养生成与培养目标的吻合度进行跟踪和评估，建立人才培养目标动态调整和长效机制。

2. 在人才培养方案上，将核心素养融入人才培养的各个角落，与专业核心价值体系相结合，打造突出核心素养和专业特色的育人环境。各专业要认真审视本专业人才培养方案所涉及的各环节和各方面，包括人才培养基本要求、课程体系（含实践教学）、教学规范、师资队伍、教学条件、质量保障、学科支撑、教材建设等，对本专业毕业生核心素养生成方面的实现路径进行整体设计，把专业思政目标细化落实到人才培养方案的全过程，明确专业思政实施步骤和进度计划，强化专业育人功能，化有形为无形，真正实现思政育人与专业育人的无缝衔接。

3. 在课程体系结构上，以淘汰水课和建设金课为基准，将核心素养分解到课程体系中，构建复合型和均衡化课程结构，强化通识类、实践类和创新创业类课程。以"夯实基础、加强通识、强化实践、激励创新"为总体原则，根据人才培养目标和要求反向设计课程体系，破除传统课程体系中的功利性和非均衡性，例如，重工具理性轻价值理性、重理论轻实践等。充分发挥通识类课程和实践类课程育人功能，不断优化课程体系结构。

（三）将核心素养嵌入课程思政建设各环节

将核心素养嵌入课程思政建设的各个环节中，以高质量课程思政建设有效支撑高水平专业思政建设，促进耦合育人功能实现及其价值最大化。

1. 在课程标准要求上，完整地体现核心素养的两个基本要求。课程标准是规定某一学科的课程性质、课程目标、内容目标、实施建议的教学指导性文件。课程标准是面向中小学提出的，高校课程教学大纲与课程标准的作用基本类似，在课程的基本理念、课程目标、课程要求、教学内容、学时分配、考核方式以及课程教材等部分均有详细明确的阐述说明。无论是课程标准还是教学大纲，在目标要求上，均需要对课程学习后应该养成的必备品格和掌握的关键能力进行明确规定，例如，勇于探究的科学精神、救死扶伤的责任担当、精益求精的工匠精神等。

2. 在课程教学方法上，以核心素养的基本要点为基础，构建个性化和多样化的教学方法。以学生为中心的理念最终要落实在具体课程和实际课堂中。教学效果是检验课程和课堂的落脚点，而核心素养则是检验教学效果的理想准则。因此，教师应以学生发展核心素养为目标，兼顾共性与个性需求，千方百计地创新课程教学方法。例如，为了弥补实验条件的不足，充分利用虚拟仿真实验平台开展实验教学；积极开展线上与线下混合式教学，充分发挥二者的优势；利用有效提问和专题讨论等方式，提高学生参与度和互动效果。对不同类型的知识点，构建不同的自主学习模式。例如，对于难度不大的知识点，放手让学生自学；对于稍有难度的知识点，组建小组学习；对于难度较大的知识点，组建教师与学生的学习共同体。

3. 在课程教学内容上，以核心素养生成度为目标，优化学时分配，构建知识、能力、价值并重的教学内容组合。要围绕学生发展核心素养的生成度精心设计教学内容，突出重点和难点讲解的同时，将课程思政映射点融入其中，在课程教学内容设计上兼顾知识传授、能力培养和价值引领。

参考文献

[1] 习近平. 把思想政治工作贯穿教育教学全过程 开创我国高等教育事业发展新局面 [N]. 人民日报，2016-12-09.

[2] 陈宝生. 坚持"以本为本" 推进"四个回归" 建设中国特色、世界水平的一流本科教育 [J]. 时事报告（党委中心组学习），2018（5）.

[3] 周光礼. "双一流"建设中的学术突破：论大学学科、专业、课程一体化建设 [J]. 教育研究，2016，37（5）.

[4] 伍醒，顾建民. "课程思政"理念的历史逻辑、制度诉求与行动路向 [J]. 大学教育科学，2019（3）.

[5] 王学俭，石岩. 新时代课程思政的内涵、特点、难点及应对策略 [J]. 新疆师范大学学报（哲学社会科学版），2020，41（2）.

课程思政与中国经济学教育的本土化和国际化[①]

李 婧 冯 汐[②]

【摘 要】 "新时代高教40条"提出了课程思政与专业思政对全面育人,实现"教得好"和"学得好"的重要性。落实到经济学科的专业建设和人才培养,最重要最直接的路径就是中国经济学教育的本土化和国际化(以下简称"两化")。"两化"是中国特色社会主义市场经济实践提炼为中国智慧,培养年轻人的经济学素养,滋养创新潜质,运用先进的经济学思想服务社会主义经济建设的重要环节。文章阐述了课程思政、专业思政和中国经济学学科建设三者之间的基本逻辑,并以典型案例为基础阐述了中国经济学教育"西学东渐"和"东学西渐"的实践过程和成果;提出了在经济学教育的改革阶段,做好国外先进经济学思想的高阶"英译汉"和中国经济学思想的更高阶的"汉译英",促进和提升经济学教育的本土化和国际化,实现中外互鉴,提升中国对话世界的能力;引导年轻一代学子掌握中国经济文脉,树立国际视野,体验和学习变化的世界,用全球的智慧武装头脑,去发现和探索,为人类命运共同体建设面临的发展难题提出解决方案。

【关键词】 课程思政;经济学教育;本土化;国际化;三大体系

[①] 基金项目:首都经济贸易大学教育教学改革立项项目"研究生经济学教育的本土化和国际化探索",北京高等教育本科教学改革创新项目"国际经济学课程建设的本土化和国际化探索"的阶段成果。

[②] 李婧,首都经济贸易大学经济学院教授;冯汐,首都经济贸易大学经济学院教学秘书。

2018年教育部印发的《关于加快建设高水平本科教育 全面提高人才培养能力的意见》（即"新时代高教40条"），提出构建全员、全过程、全方位"三全育人"大格局过程中要强化课程思政和专业思政。这进一步强调了高校培养新时代中国社会主义建设接班人的重要使命，提出了更高的要求和具体的实施路径。关于我国高校如何实现"教得好""学得好"，是保证高质量学习的关键。

关于中国社会科学育人的发展方向和面临的问题与使命，习近平总书记早在2016年就有论述。2016年5月17日，国家主席习近平在哲学社会科学工作座谈会上的讲话中提出，要按照立足中国、借鉴国外，挖掘历史、把握当代，关怀人类、面向未来的思路，着力构建中国特色哲学社会科学，在指导思想、学科体系、学术体系、话语体系等方面充分体现中国特色、中国风格、中国气派。由此，构建中国特色、中国风格、中国气派的学科体系、学术体系、话语体系（以下简称"三大体系"），成为构建中国特色哲学社会科学的目标指向，是学术界积极探讨的重大课题。

2022年两会期间，全国政协委员李健提出了加强建设中国经济学学科，并将其纳入人才培养学科目录的建议。这引起了我国各界对经济学教育和经济学研究的深入思考。可以说，中国社会科学界已经开始重视在学科教育、专业建设中育人内容方面的设计。加强学生人文素养的培养就是指"回归常识、回归本分、回归初心、回归梦想"的具体路径。当前我国面临百年未有之大变局，实现中华民族复兴和国家富强是时代之重任。中国仍然是一个发展中国家，提高国家发展能力是核心，其中，经济发展能力是一国最重要的能力，课程思政就是要培养青年学生报效祖国的能力和情怀。

因此，课程思政关乎经济学科发展如何服务中国特色社会主义建设，如何培养、怎样培养社会主义建设者和接班人。课程思政不仅是当前高校经济学教育改革、促进高质量教学的重要指示，更是未来经济学科"三大体系"建设、提高中国融入世界经济大循环能力的重要内容，因此，在学理上阐述课程思政与经济学科建设，是实现"三全育人"，保证道路自信、理论自信、制度自信和文化自信的时代需要。

一、课程思政与经济学学科、专业建设的基本逻辑

（一）经济学学科、专业建设要体现育人方向

"新时代高教40条"中的关于课程思政的号召，实际上提出了"三全"教育的方向和基本的方法论。在专业的培养和课程的设计中要体现和融入家国情怀与责任担当。无论是自然科学还是社会科学的教育，谁来育人，为谁育人，怎样育人，育出什么样的人贯穿整个教育过程，决定教育的本质。经济学属于社科学，其育人的方向性就更有重要的理论和现实意义。任何社会科学都有其意识形态，经济学亦如此。资产阶级的政治经济学是为资产阶级服务的，社会主义政治经济学自然是为社会主义经济建设服务的。所以，我们培养社会主义现代化建设的接班人，不仅要注意培养学生的专业素养，更要注重其意识形态的教育，培养家国情怀，以中国人的立场和资格学以致用，建设拥有中国特色的社会主义强国。

（二）课程是中国经济学学科体系建设的载体，课程思政是经济学学科建设的指引

经济学教育中的课程思政，具体来讲就是中国经济学教育的本土化和国际化，简而言之，就是将"引进来"和"走出去"相结合。本土化的第一层含义是引介国外学说与中国国情相结合，解决中国问题，为我所用，即"他山之石可以攻玉""西学东渐"。第二层含义是从中国故事中提炼中国智慧，构建中国经济学的学科、学术体系和话语权。中国经济学的国际化的含义是我们在经济学科教育中树立国际视野，促进中国经济学学科、学术体系的国际化，做好中国智慧的"汉译英"，提高与世界经济对话的能力，服务人类发展共同体建设。

课程思政是学科建设的指引，具体到课程建设的全过程，即在培养方案的设计中体现成果导向的教育目标，为中国特色社会主义经济建设培养"思想过硬，专业高超"的接班人。在经济学教育的全过程以一个中国人的立场、中国人的资格，以中国的语言、中国的写作方式来建设中国经济学体系，并

延伸到其他社会学科体系。① 中国经济学要成为经济学参天大树的一个重要的枝条。在国际交往中,学科"有话"实现教科书"有踪",论坛"有声",逐渐体现中国经济学科的话语权,成为中国国家能力的一部分,是中国治国理政和全球经济治理的重要智慧。

二、西学东渐:经济学教育的"引进来",国外故事的"英译汉"

经济学"引进来的过程"一开始就是在中华民族寻求救亡图存的真理的背景下,一些有志之士到国外寻求摆脱黑暗的"火种"。

(一)从《原富》到《经济学原理》

从严复 1901 年翻译《原富》(《国富论》)算起,经济学理论在中国的传播迄今已有百余年。1930 年陈豹隐翻译《资本论》,代表马克思主义政治经济学传播到中国。它们是世界经济学传播中中国最早的普罗米修斯,为中国带来希望的火种。

改革开放后,大量的经济学著作陆续被翻译成中文引入中国大地。商务印书馆翻译和出版了大量国外名著,很多译者后来成为该出版社的作者。在 1982 年汉译世界名著丛书的出版说明中有这样一句话:"我们确信只有用人类创造的全部知识财富来丰富自己的头脑,才能建成现代化的社会主义社会。"这句话充分体现了"西学东渐"的逻辑和终极目标。斯密的《原富》、马克思和恩格斯的《资本论》的翻译代表中国经济学教育最初的"引进来",随着萨缪尔森著的《经济学原理》走入中国大学教育的课堂,版本不断更新,改革开放的东风使经济学教育达到了高潮。② 国内的社会科学学科建设中,"政治经济学"和"西方经济学(微观经济学和宏观经济学)原理"逐渐成为培养大学生基本人文素质的重要课程。

1989 年国家教委将"西方经济学"列入高校财经专业的核心课程目录,代表着经济学正式走入大学课堂。在很长的一段时间里,西方经济学的课堂教育强调该学科本身的"二重性"——资本主义的意识形态和资本主义市场

---

① 王亚南. 中国经济原论 [M]. 北京:商务印书馆,2014.
② 1980 年,中国人民大学的高鸿业教授翻译了保罗·萨缪尔森(Paul Samuelson)的著作《经济学》,影响了几代人的经济学思维。

经济的经验总结。因此，在学习中我们秉承的是"扬弃"的态度，"他山之石可以攻玉"成为经济学界对待西方经济学的基本共识①。在社会主义市场经济建设实践面临贫困、竞争、分配、产权等各种关键问题时，"问题导向"逐渐成为经济学教育和研究中自觉遵守的重要准则。当前，经济学教育已经成为提高大学生人文素质的重要一环，甚至在高中阶段，有些学校就开始普及经济学的基本常识，西方经济学在中国得到了广泛传播。2022年两会期间，全国政协委员李健提出了加强建设中国经济学学科，并将其纳入人才培养学科目录的建议。

（二）现代经济学落地中国：颐和园讲习班和福特班

改革开放打开了中国经济学教育的一扇窗，西方经济学落地中国标志性事件是开办"颐和园讲习班"和"福特班"。

1980年，改革开放之初，以著名经济学家克莱因教授为团长的美国经济学家代表团与中国社会科学院合作，在北京颐和园举办了为期7周的"经济计量学讲习班"。在这个后来被称为"颐和园讲习班"上，有100名中国经济学工作者得到了经济计量学理论和应用方面的培训。讲习班对于刚刚诞生的中国数量经济学的发展起到了实质性的推动作用。此后，中国陆续成立了数量经济学的专门研究机构，出版了数量经济学的专门刊物，一些大学也陆续开设数量经济学课程，设立数量经济学学科。

40多年来，数量经济学积极为中国经济建设服务，在国民经济分析与预测等方面发挥了巨大作用。所以，当年的"颐和园讲习班"成了中国数量经济学发展历程中的一个标志性事件。当时讲习班的学员年龄多在四五十岁，最大的六十多岁，而三十多岁的屈指可数。"文革"期间国内没有培养数量经济研究的青年学者，这是改革开放后第一次有西方经济学"登堂入室"，学员们积极汲取新知。40多年过去，颐和园讲习班最年轻的学员已经进入古稀之年，他们后来成为中国经济学的开门者，培养了一代又一代经济学学子，为中国

---

① 胡代光1996年在给保罗萨缪尔森和威廉诺德豪斯《经济学》第十四版中译本"序"中写道："'他山之石可以攻玉。'为加快改革开放和现代化建设，努力在本世纪末建立社会主义市场经济体制，就抓紧学习业务知识而论，我们翻译出版的这部《经济学》教科书第十四版，确是值得参考、借鉴、利用的。"

特色社会主义市场经济建设作出了卓越贡献。

如果说颐和园讲习班是中国数量经济学的黄埔军校，福特班则是西方经济学在中国的园地。因为颐和园讲习班的成立，海内外学者了解了中国经济学教育现代化的迫切需要。1984年夏天，颐和园讲习班的组织者之一、普林斯顿大学教授、著名学者邹至庄决定在中国参与组织"福特班"。他为这个班级也定下了目标，"设定为研究生水平，是因为我们希望在中国培养一批在毕业后能够作为老师教西方经济学的人"。在邹至庄等人帮助下，国家教育委员会①从1985年至1996年在中国人民大学，后来又于1988至1993年在复旦大学举办一年期的经济学培训班，每班由全国重点高校选拔出来的约50位研究生组成，先后培养了618名学生。学习班因为外汇支出大部分来自美国福特基金会，所以简称"福特班"。该学习班最终由"美中经济学教育研究委员会"与"中美经济学教育研究合作委员会"联合发起、委托中国人民大学经济学研究生培训中心举办。美方委员会的主席是邹至庄，中方的主席则是时任中国人民大学副校长的黄达。最初参与项目的有七所中国高校分别是中国人民大学、北京大学、南开大学、武汉大学、复旦大学、吉林大学、厦门大学，后来拓展到更多的高校。黄达曾撰文称，从1985年起，美方委员会为中国人民大学和复旦大学两个经济学培训中心提供了北美最新版本的经济学教科书8 000多册，并为七所项目学校提供了2 000多册经过挑选的最新版本教科书、工具书和参考书。

福特班的经济学教育在全国高校成为一面旗帜，是中外经济学教育的桥梁。1989年，国家教育委员会把西方经济学继续列入财经专业培养方案，西方经济学正式走入大学学堂。

随着改革开放的深入，特别是1992年邓小平南行讲话时提出要建立社会主义市场经济体制，中共十四大正式提出建立社会主义市场经济体制的目标，国内掀起了学习西方经济学的热潮。大量的英美教科书被引进，福特班犹如西方经济学的火种洒在中国大地，福特班的学员成为中国大学课堂的讲师，影响了一代又一代中国经济学学子，同时也有很多福特班学员出国深造，成

---

① 存在与1985年至1998年，1998年再次恢复更名为"教育部"。

为经济学研究的中坚力量，成为连接中国和世界经济学研究的纽带。

（三）经济学研究的本土化：方式与反思

经济学教育的本土化体现为经济学研究和运用的本土化，将经济学原理"洋为中用"，即"拿来主义"。

中国老一辈经济学研究者和教师都以开放的思维理解西方经济学理论和马克思主义政治经济学思想。他们在研究中以一个中国人的立场，在其中体现家国情怀和国际视野，总结中国发展可以借鉴的资本主义的成功经验，结合中国特点创造性地运用国外研究成果，即"本土化"或"中国化"。我们的经济学前辈王亚南先生在《中国经济学原论》中论述了在中国如何研究政治经济学，阐述了"形而下学""形而上学"两种倾向，强调研究要与现实结合。他具体指出：我们在研究中不能把政治经济学当作与现实无关的学问，这会影响中国经济学的殿堂；也不能当作与资本主义各国经济变动无关的学问，教学中将其作为教义来敷衍；也不能当作与中国社会无关的学问，与中国现实割裂。这三种方式都是把理论和现实隔开，只是程度不同而已。我们的老一辈经济学家马寅初先生，他是在美国接受的经济学教育，回国后，他在大量调查研究的基础上提出国民经济各部门平衡的"团团转"理论。"本土化"实际上是把研究做在田间地头、工厂矿山，是将其他国家的制度成果、实践成果和中国国情相结合，是对经济学理论的发展和创新，是经济学的长河流到中国后得到的新的"水源"，滋养中国大地，提高国民福祉。王亚南先生在《中国经济学原论》中明确提出了我们要逐渐努力创建一种中国人攻读的政治经济学，是特别有利于中国人阅读，特别能吸引中国人的兴趣，特别能指出中国社会经济改造途径的经济理论教程。此外，其例解，其引证，尽可能把中国经济实况作为材料[1]。

所以，经济学教育的引进来，就是"本土化"和中国化的过程，是经济学和中国经济现实的结合与运用、创新与发展。"知道—运用—发展"体现了科学与真理的发展过程。如果我们只是照本宣科，让学生明白供求法则，而不能够结合中国实际，就可能出现"形而上学"的情况，那么学生就没有经

---

[1] 王亚南. 中国经济学原论 [M]. 北京：商务出版社，2014：417.

过经济学训练，建立起严谨的经济学思维，更是忽视了家国情怀的培养，不能学以致用，弱化了为社会服务、为祖国经济建设服务的能力。经济学家罗德里克的著作《一种经济学，多种药方》就阐述了中国如何把经济学本土化的鲜活案例，解释了中国经济的增长之谜。由此，经济学教育中缺少了中国元素，我们的经济学教育就是"跛行"的，就失去了"引进来"的初心，不仅不能培养我们的能力，也削弱了我们与世界对话的能力。在福特班六天制的教学中，前五天学习西方经济学，第六天组织中国经济讲座，体现了中国经济学教育的开放性和本土性。这也可能进一步启蒙和鼓舞改革开放过程中中国经济学教育的设计者追求真理，培养年轻一代学子把真理用于中国经济学建设的初心。

我们普遍认为中国经济学教育本土化的缺乏，除了"教"的原因外还有"学"的原因。习近平同志的"新时代高教40条"提出了"学得好"比"教得好"更重要。根据笔者从事教学和教学管理的有限的经验来看，经济学本土化的不足和学生的学习态度、学习方式有关。除了教科书之外，学生很少阅读课外书籍，从课程考核和论文指导来看，学生表现为打开书本明白供给和需求，合上书本，现实的经济情况似乎和自己无关。这种"教与学"的结果使我们不能达到"以学生发展为本"，通过经济学训练，使学生建立起严谨的经济学思维，提高其认知中国和世界经济的能力，同时也忽视了家国情怀的培养，影响了未来学术深造和服务社会的能力，简而言之，即缺乏学以致用的能力。

经济学教育中缺少了中国元素，学生的知识体系是不完整的，也削弱了学生与世界对话的能力。从西方经济学教育的内容来看，学生在理解中国经济时会认为基本原理和中国现实不是一一对应关系。比如，对市场失灵的解释，政府克服市场失灵的方式的分析等。

三、东学西渐：经济学教育的"走出去"，中国故事的"汉译英"

中国故事、中国版本的经济学是否有世界意义呢？那要看中国经济在世界经济中的重要性。其实"走出去"是中国经济学教育"引进来"的倒影。20世纪30年代，鲁迅先生说"民族的，就是世界的"，他强调文化上民族的特性就是它的世界性。生物界呈现多样性，国家和民族亦然。每个国家的语言、文化、国情和制度都有其独特性。

（一）中国土香漂洋过海到世界，中国经济学的"送去主义"

1936年费孝通先生到伦敦政治经济学院求学，在博士论文选题的时候特别苦恼，每次见他的导师人类学家马林诺斯基的时候都十分忐忑。一次，他把暑假期间在家乡工厂体验的故事战战兢兢地念给老师听（老师视力不好，只能听）。老师听着听着就忽然说"停"，就写这个题目了"Earthbound China"（乡土中国）。现在《乡土中国》已经成为传世之作。费老在《出访英伦》中比较详细地阐述了论文写作的煎熬过程，但是确立了这个土里土气的主题，就让他豁然开朗，他不再是"上岸之鱼"。这个故事其实就是中国故事、中国元素的国际化，中国发现、中国制度的一个"汉译英"的过程。中国智慧也可以给世界带来"火种"，特别是占世界人口将近四分之一的中国减贫的经历，具有世界意义。当中国经济在世界经济中越来越重要时，中国经济发展就越来越具有世界意义。

（二）听懂一个故事，理解整个世界

我们熟知的《短缺经济学》，阐述的是匈牙利的故事。作者科尔奈在中文序言里写道："这本书是由一名匈牙利经济学家，一个很小的东欧国家的公民写的。中国可能比匈牙利大一百倍。但是这本书的主题不是写匈牙利的，而是'传统的'或'经典的'社会主义的一般式。"在序言的结尾，他又强调："本书提供了一些观察和阐述。有些可能得到后续研究的证实，有些很可能被修改，甚至被否定，并由更好的说明来代替，这是科学研究的一般过程。但是除了特别的观点之外，还存在普遍根本性的基本原理。"是的，我们在阅读这部著作的时候，我们看到的不是一个匈牙利，而是体验到"短缺"成为一类国家的共性，它给了我们理解匈牙利、理解东欧和世界的钥匙。

2010年笔者到北京大学给美国来的留学生讲授一学期的"China & World Economy"课程，教务秘书要求我在教学大纲（syllabus）中列好1 000页的阅读量。这对我来说是一个巨大挑战。备课期间，我阅读了薛暮桥先生的《中国社会主义经济》、吴敬琏先生的《当代中国经济改革进程》英文版，两位先生都是我们中国市场经济建设的拓荒者。同时，我还阅读了国外学者研究中国的著作，比如 Dani Rodrik 的 *One Economics, Many Recipes: Globalization, Institutions* 和 *Economic Growth*，Barry Naughton 的 *The Chinese Economy: Transitions and Growth*。他们把中国改革开放的故事讲给美国年轻人听，国际学者写中国故事，我理解的就是经济学教育的"走出去"和国际化，体现了中国教育面向世界。但是，在外国学者评价中国故事时，基本是在新古典的范式下作出的判断和评价。

（三）超越案例，实现中国经济学与世界经济学"互鉴"

中国经济运行实际上是一本鲜活的教科书，而不是教科书的一个案例，是发挥"就近参照"的优势、提高学生对经济学认知的重要途径，是促进学生学而思、学以致用的重要基地。随着中国改革开放和经济全球化的发展，中国经济学要走向世界，世界各国的经济学思想和实践也以各种方式进入中国，中国经济学与其他国家的经济学的"互鉴""各美其美""美美与共"就是经济学的国际化。

四、加强课程思政，经济学教育的本土化和国际化的方法论：初步思考

以课程为载体，增加思政元素，在经济学教育中实现经济学科"三大体系的建设"。改革开放的进程实际上就是我们经济学教育"迎进来"和"走出去"的过程，是经济学教育的"国际化—本土化—国际化"循环。这个动态过程使全球成为一个共同体，一起来建造一个经济学的大厦，包容世界各国的风格与个性，但是共性只有一个，提高人类的共同福祉，即习近平主席提出的人类命运共同体的概念。"本土化—国际化—本土化"是一个良性循环，它丰富了知识与经验分享的内容，提高了全球的认知能力。现在我国大学校园里有越来越多的留学生，国外大学校园也有越来越多的中国留学生，他们都在体验和学习变化的世界，在用全球的智慧武装头脑，去发现和探索，为全球的发展难题提出解决方案。这是一个没有协议的合作，为了人类共同利益的合作。真理的探究是在发现问题—分析问题—解决问题的过程中实现的，我们秉着追求真理的科学的态度，在经济学教育中培养历史观和实事求是的学风。

(一) 夯实课程思政的基础，加强读史自修课，培养历史观

经济学教育是"教"与"学"的过程，我们需要培养历史观。"新时代高教40条"中提出了"学得好"比"教得好"更重要。毛泽东同志曾指出："我们是马克思主义的历史主义者，我们不应当割断历史。从孔夫子到孙中山，我们应当给以总结，承继这一份珍贵的遗产。"伟大的思想来源于伟大的实践。历史学家钱穆对我们的教导是，"从现实中发现问题，在历史中寻找答案"。中国五千年的历史，有丰富的宝藏在等着我们去挖掘。20多年前，经济史学家吴承明先生在中国社会科学院研究生院的课堂里强调，"经济史才是经济学的源，而不是它的支流"。我们不能切断历史，历史这面镜子，只有擦亮，才能照人。在我们的经济学教育中，读史是一种习惯和素养，是我们师生都必须学习的自修课。2021年中国建党100周年，在百年奋斗史中，中国共产党积累了丰富的经验，获得了巨大成就。党史是一个宝库，阅读党史悟思想，是我们经济学教育的一个重要内容。

(二) 理论与实践相结合，培养调查研究的精神，为课程思政提供"活水"

实事求是，没有调查就没有发言权。"实事求是"出自《汉书》，原意是"研究学问要掌握充分的事实根据，然后从中找到真实的结论"，哲学家罗素也提出，智慧的基础是阐述和分析事实。1941年毛泽东同志在《改造我们的学习》一文中，按照辩证唯物主义基本原则，赋予了这个古老命题以新的含义，并将之视为"我们行动的向导"。毛泽东在该文中用生动的例子说明学习的本质。理论与实际相结合是我们遵循的基本原则，但是我们在学校教育中往往违背了这一原则，理论和实际分离："在学校的教育中，在在职干部的教育中，教哲学的不引导学生研究中国革命的逻辑，教经济学的不引导学生研究中国经济的特点，教政治学的不引导学生研究中国革命的策略，教军事学的不引导学生研究适合中国特点的战略和战术，诸如此类。其结果，谬种流传，误人不浅。在延安办学了，到富县就不能应用。经济学教授不能解释边币和法币，当然学生也不能解释。这样一来，许多学生就会产生一种反常的心理，对中国问题反而无兴趣，对党的批示反而不重视，他们一心向往的，就是从先生那里学来的据说是万古不变的教条。"82年过去了，这段话的道

理依然非常深刻。学生对国情国力了解不够和我们的教法和学法有密切关系。

如果只是看经济学原理的普及范围，今天的普及程度远远超越100年前严复翻译《原富》、90年前陈豹隐翻译《资本论》时期。现在我们需要的是高阶的"英译汉"，用人类智慧武装头脑。同时我们需要更高阶的"汉译英"，我们需要把中国故事提炼成智慧，成为世界其他地方可借鉴的成果，为其所用。经济学教育的本土化和国际化超越了知识的传播，是人类实现共同发展的情怀的培养，架起了共同体的桥梁。

由此，我们必须培养师生调查研究的精神，我们应当继续鼓励各种层面的调查研究，在我们的家庭教育和学校教育中提倡、组织这种观察社会和认识社会的方式。

(三) 提炼课程思政的精华，提高问题意识和归纳问题的能力

经济学是应用之学，是经世济民的学问。这要求我们在经济学教育中"家事国事天下事事事关心"，培养问题意识，突出问题意识，提炼课程思政的精华。

1. 教学中，教育者先受教育，有意识地将中国案例请进课堂，未来写进教科书。在本人的教学经历中，经济学教科书的例子主要是美国的。20世纪80年代教科书中关于冰激凌定价的例子对学生来说是陌生的。近些年，有些教科书已经做了改进，比如萨尔瓦多的《国际经济学》在专栏中补充了中国案例。原理是不变的，案例的中国化，就是教育学和心理学中的"就近参照"。对中国学生理解经济学原理，理解中国经济运行，培养对国情国力的了解有非常重要的意义。中国有广袤的土地，五千年的文化，"钻石就在后院"，忽略身边的事实，是我们巨大的损失。

2. 教育者不断受教育，教师做好导学，做中国问题研究，论文写在祖国大地上。中国的经济学教育的"二化"是以问题为导向的，中国问题的研究是教育者不断接纳"考试"，进行反思，归纳中国经济实践成果的过程。陈豹隐作为翻译《资本论》的第一人，是马克思主义经济学在中国的转播者。他曾指出，对经济现象的体系与解剖的"二分法"，其终极目标是要找到社会主义建设和发展的"规律"。他强调，"我们应当以中国人的资格，站在中国人的立场，研究中国经济学说和外国经济学说之间的区别和关联，并指出现今

中国经济学的发达程度和以后的发展倾向"。这两句话基本总结了未来中国经济学发展的要义。王亚南先生在研究中国经济形态时谈到，作为教育者不断接受同行、社会和学生的拷问，是"不断受教育"。2020年习近平总书记在经济社会领域专家座谈会上提出，新时代改革开放和社会主义现代化建设的丰富实践是理论和政策研究的"富矿"。从国情出发，从中国实践中来到中国实践中去，把论文写在祖国大地上，使理论和政策创新符合中国实际、具有中国特色。让研究反哺教学，把最新成果传播到课堂和讨论会中。教学教育培养的是未来中国经济理论和实践的人才，习近平总书记的讲话概括了经济社会领域研究者的重要使命。

3. 激发全民创造力，提高中国经济与世界的对话能力。经济学需要创新，科尔奈在1986年《短缺经济学》的中文版前言中坦诚地表达："我很高兴和荣幸，我的《短缺经济学》一书将放到中国读者手中。中国经济，连同中国经济学家的思想处在深刻的变革之中。我衷心希望我的书能对这种变动有所贡献，并希望它能对我的中国同事重新思考经济问题有所帮助。"

中国经济学具有开放性，我们需要以开放思维对待经济学教育的"两化"。在祖国建设的历程中，马克思主义真理激活了中华民族的活力，我们取得了巨大成就，中国已经成长为全球系统中重要的国家。在中国经济和世界经济对接的同时，中国经济学研究也要和世界对接。

本土化和国际化就是落实经济学教育中的课程思政要求。只有这样，我们才能实现高质量的教学和全人教育，为中国培养治国理政的人才和全球经济治理的智慧。在国际交往中，实现学科"有话"、教科书"有踪"，论坛"有声"，逐渐体现中国经济学科的话语权，成为中国国家能力的一部分。

时代是出卷人，我们要在中国建设中构建中国特色学科体系、学术体系、话语体系，并把我们的成果及时广泛地传播给世界，提高中国经济与世界的对话能力，让经济学的生命之树更加茂盛。中国经济学的建设和发展，将让中国和世界彼此看见，激发人类的创造力，建设更美好的未来。

参考文献

[1] 科尔纳. 短缺经济学 [M]. 北京：经济科学出版社，1986.

[2] 吴承明. 经济史：历史观与方法论 [M]. 北京：商务印书馆，2014.

[3] 薛暮桥. 薛暮桥回忆录 [M]. 天津：天津人民出版社，2006.

[4] 陈焕章. 孔门理财学 [M]. 北京：商务印书馆，2015.

[5] 罗德里克. 一种经济学，多种药方：全球化、制度建设和经济增长 [M]. 北京：中信出版社，2016.

第二篇　专业思政建设实践

基于核心素养的经贸类专业思政建设思路及实现路径研究

杜雯翠 赵家章 李 智[①]

【摘 要】 "强化课程思政和专业思政"是建设高水平本科教育的重要要求。专业思政建设是根据不同专业人才培养特点和专业核心素养要求,以满足新时代对人才培养的需求为目标,将专业核心素养体现在育人全过程,使学生具备该专业所必备的核心素养与能力。推进经贸类专业思政建设,应当明确人才培养目标、凝练专业核心素养,修订人才培养方案、完善课程教学大纲,建立健全制度机制、探索专业育人路径,狠抓师德师风建设、筑好育人精神堡垒。

【关键词】 专业思政;核心素养;经贸类专业;新时代

为深入贯彻习近平新时代中国特色社会主义思想和党的十九大精神,全面落实全国教育大会精神,2018年10月,教育部下发《关于加快建设高水平本科教育 全面提高人才培养能力的意见》(以下简称《意见》)。《意见》明确提出要"强化课程思政和专业思政,在构建全员、全过程、全方位的'三全育人'大格局过程中,着力推动高校全面加强课程思政建设,做好整体设计,根据不同专业的人才培养特点和专业能力素质要求,科学合理设计思想

[①] 作者简介:杜雯翠,首都经济贸易大学经济学院副院长,教授,博士生导师;赵家章,首都经济贸易大学经济学院副院长,教授,博士生导师;李智,首都经济贸易大学经济学院教授,博士生导师。

政治内容"①。专业是高校人才培养的基本单元，是建设高水平本科教育、培养高素质人才的"四梁八柱"。与课程思政着眼于课程建设不同，专业思政建设是站在人才培养的高度，以立德树人为根本任务，根据不同专业人才培养特点和专业核心素养要求，以满足新时代对人才培养的需求为最终目标，通过培养方案修订、课程体系构建、知识能力培养等途径，整体设计专业育人的实现路径，将专业核心素养体现在人才培养全过程，将思政融入人才培养的各个环节，使得学生能够具备该专业所必备的核心素养与能力。

一、专业思政建设的主要内容与逻辑思路

（一）满足新时代需求是专业思政建设的根本目的

党的十八大以来，习近平从培养社会主义建设者和接班人的战略视角强调教书育人的重要性，围绕教书育人问题发表了一系列重要论述。其中，"培养什么样的人、如何培养人以及为谁培养人"，一直是习近平强调的重中之重。作为"国之大计、党之大计"，我们的高等教育必须培养一代又一代拥护中国共产党领导和我国社会主义制度、立志为中国特色社会主义事业奋斗终生的有用人才。中国特色社会主义进入了新时代，世界百年未有之大变局加速演进，改革发展稳定任务之重、矛盾风险挑战之多、治国理政考验之大都前所未有，这些都对新时代我国高等教育人才培养提出了更高要求。可以说，满足新时代的人才需求是专业思政建设的根本目的。

（二）明确新时代背景下的人才培养目标是专业思政建设的重要前提

专业思政建设的目的是满足新时代的人才需求，这对人才培养目标提出了新的要求。因此，推进专业思政建设，还需厘清新时代背景下专业人才培养的目标。以经济学专业为例，立足新发展格局，新时代背景下经济学专业需要培养"笃行致远的创新型理论人才"，我们需要培养大批基础理论扎实、国际视野宽广、实践能力突出、人文素养深厚，有责任、敢担当、有家国情怀的新时代经济学人才，更好地服务于国家和地方发展需求。基于此，培养

---

① 教育部. 关于加快建设高水平本科教育 全面提高人才培养能力的意见（教高〔2018〕2 号）[EB/OL].（2018-10-08）[2022-06-20]. http://www.moe.gov.cn/srcsite/A08/s7056/201810/t20181017_351887.html.

目标可以分解为知识目标、能力目标、素质目标三个层次。一是知识目标，培养学生，使之牢固掌握经济学基础知识、基本理论和基本应用技能；掌握经济运行规律和经济指标的内在联系；理解经济学理论的内涵、发展演进、学派差异及争论；熟悉经济学理论运用的市场环境、政策依据和政策效果；了解经济学理论发展前沿和实践发展现状；具有宽广的知识面，熟悉人文学科、管理学、法学、自然科学和工程科学等其他相关领域的知识。二是能力目标，培养学生，使之具有较强的写作和语言表达能力；具有自主学习、独立思考，不断接受新知识、新理论、新技术的能力；具有将专业理论与知识融会贯通，综合运用专业知识分析和解决问题的能力；具有利用创造性思维开展科学研究和创业就业的能力；具有较强的沟通能力和团队合作能力。三是素质目标，培养学生，使之具有正确的人生观、价值观和世界观；具有良好的道德修养、职业素养、法治意识和社会责任感；具有持续的创新精神、创业意识；具有完整的知识结构和良好的科学素养、人文素养；具有较高的文化品位和审美情趣；具有良好的身体素质和健康的心理素质。

（三）核心素养是专业思政建设的核心要义

核心素养（key competence）是学生在接受教育的过程中逐步形成的适应个人终身发展和社会发展需要的必备品格与关键能力。专业核心素养是链接宏观教育理念、教育目标与具体课程的教学内容、教学方法的中间环节。从宏观视角看，专业素养是对党的教育方针、政策，国家教育总目标，以及经济发展总需求的理解框架，更是对新时代专业人才需求的深刻认识；从微观视角看，核心素养是专业培养方案制订的魂，培养方案下学科基础课、专业核心课、专业提升课三类课程的设置，以及教案、标准和质量评价都需要围绕专业核心素养，从不同角度支撑专业课程体系和课程群建设，最终达到培养学生核心素养的根本目的。

二、经贸类专业人才的核心素养

（一）经济学专业——培养"笃行致远的创新型理论人才"

目前我国在本科阶段设置的经济学类专业以理论经济学为主，兼有应用经济学的属性，在所有经济学科门类相关的专业体系中居于基础地位。经济学类专业的基础性决定了本专业的课程具有鲜明的理论色彩，在人才培养上特别注重理论素质的培养，同时经济学类专业也具有很强的应用性和实践性。中国特色社会主义新时代对经济学专业人才培养提出了新的要求，我们需要培养大批基础理论扎实、国际视野宽广、实践能力突出、人文素养深厚，有责任、敢担当、有家国情怀的新时代经济学人才，更好地服务于国家和地方发展需求。基于此，经济学专业的核心素养可以凝练为"三种必备品格、三项关键能力"共6项核心素养、14项基本要点（见表1）。6项核心素养指的是"博纳敏行的个人修养、勇于担当的社会责任、经世济民的家国情怀；理性批判的科学精神、系统严谨的学习能力、自我挑战的创新能力"。

表1　经济学专业的6项核心素养、14项基本要点

	核心素养	基本要点	主要表现
三种必备品格	博纳敏行的个人修养	人文情怀	掌握经济学及相关人文社科领域的基本知识，具备良好的思维方式和沟通能力，能够历史地、辩证地、综合地看待事物和分析问题 理解人的价值，自觉尊重、维护人的尊严，平等待人，关爱他人
		健全人格	能够理性思考问题，理性解决问题，正确认识和评价自我，形成客观稳定的自我意识
	勇于担当的社会责任	知行合一	悦纳自我，坚持自己的价值观，理解社会价值，言行一致，诚信待人，宽容友爱，乐于助人
		职业道德	了解经济学相关社会职业的道德规范，具有敬业精神，有责任、有担当
		和谐共生	理解人、自然与社会的关系，形成可持续发展理念，关心经济社会可持续发展
	经世济民的家国情怀	国家认同	理解国情，了解不同阶段中国经济社会发展的历史、现状与特点 认同中华文化，具有强烈的民族自豪感 理解和认同中国特色社会主义经济制度，树立为实现中华民族伟大复兴的中国梦而不懈奋斗的人生理想
		国际理解	了解全球经济发展进程，具备全球化意识 形成相互依存、和谐共生、共同发展的价值观，理解并认同人类命运共同体

续表

核心素养	基本要点	主要表现
理性批判的科学精神	理性思维	认识经济学本质与价值,养成崇尚科学逻辑的精神;具备严谨求学的科学态度,形成实事求是、求真务实的知行方式;掌握基本的经济学逻辑,形成经济学思维的方式与习惯 具备较强的抽象思维与逻辑推理能力;能运用归纳与概括、推演与计算、模型与建模等理性思维方式来认识和探讨各种经济学现象,解决经济学问题
理性批判的科学精神	批判质疑	善于提出问题,并能够通过发散思维和丰富的想象力创造性地解决经济学问题
理性批判的科学精神	勇于探索	能够追求真理,坚持真理,坚持不懈地探索经济学理论问题
系统严谨的学习能力	乐学善学	形成终身学习的意识,养成适应经济学理论的学习方式和学习习惯,善于把握知识的内在联系,注重经济学理论知识的形成过程及其迁移运用,具备自主学习能力
系统严谨的学习能力	勤于反思	理解自己的学习特点,懂得反思、调整自己的学习状态,并根据自己所长,积极调整学习策略,有效改进学习效率
自我挑战的创新能力	理论创新	具有较强的问题意识,具有好奇心和想象力,敢于质疑,善于发现和提出问题,并提出经济学新观点、新方法、新设想
自我挑战的创新能力	实践创新	能够进行独立判断,综合运用各种知识解决经济学问题

(注:第一列"三项关键能力"合并单元格)

(二) 国际经济与贸易专业——培养"守正创新的复合型国际化人才"

我国的国际经济与贸易专业是适应中国改革开放和经济社会发展需要发展起来的,国际经济与贸易专业以马克思主义和习近平新时代中国特色社会主义思想为指导,坚持立德树人,注重培养具有全球视野、富有创新能力的复合型国际化人才。新时代下,实行高水平对外开放,开拓合作共赢新局面是党中央做出的重要部署。高水平对外开放使得我国经济与世界经济日益融合,因此需要更多高素质国际经贸人才。我们需要培养大批了解现代国际经济与贸易环境,熟悉通行的国际贸易规则、法律与惯例,了解我国对外贸易的政策法规,通晓最新的国际贸易业务运作方式与基本操作技能,能够无障碍地进行英语交流的复合型、应用型高级专业人才，从而更好地服务于国家和地方发展需求。基于此，国际经济与贸易专业的核心素养可以凝练为"三种必备品格、三项关键能力"，共6项核心素养、14项基本要点（见表2）。6项核心素养指的是："克己慎独的道德品行、始终如一的使命担当、胸怀祖国的国际视野；扎实宽厚的学识基础、科学辩证的思维能力、守正创新的开拓能力。"

表2 国际经济与贸易专业的6项核心素养、14项基本要点

	核心素养	基本要点	主要表现
三种必备品格	克己慎独的道德品行	人文修养	掌握国际经济与贸易及相关人文社科领域的基本知识，具备良好的思维方式和沟通能力，能够历史地、辩证地、综合地看待事物和分析问题 理解人的价值，自觉尊重、维护人的尊严，平等待人，关爱他人
		以德立学	树立正确的世界观、人生观、价值观，形成先立德、再立学的思想理念 能够正确对待专业知识，正确认识世界经济规律，形成崇德向善的学习意识
	始终如一的使命担当	修身立节	悦纳自我，坚持自己的价值观，言行一致，诚信待人，宽容友爱，乐于助人 心怀大我，理解社会价值，养心明知，提升自身综合素质
		职业道德	了解国际经济学、国际贸易学相关社会职业的道德规范，具有敬业精神，有责任、有担当
		持续发展	理解人、自然与社会的关系，形成可持续发展理念，关心经济社会可持续发展 了解国际秩序的现状及问题，形成相互依存、良性发展、和谐共生的价值观
	胸怀祖国的国际视野	民族自信	理解国情，了解不同阶段中国经济社会发展的历程、特征以及中国在世界的位置 提高文化认同感和民族自豪感，树立强烈的爱国主义情怀 理解和认同中国特色社会主义经济制度，了解其与西方主流经济思想的区别，树立为实现中华民族伟大复兴的中国梦而不懈奋斗的人生理想
		全球视野	了解全球经济发展进程，具备全球化意识 站在时代前沿，认识国际秩序的走向 理解并认同人类命运共同体，了解国际经贸合作的内涵和要义，树立为经贸强国伟业、为人类社会的繁荣与和平而开拓进取的人生目标

续表

核心素养	基本要点	主要表现
三项关键能力 / 扎实宽厚的学识基础	知物由学	具有完善的国际经济与贸易知识体系，通晓国际法规和国际惯例了解国际经济与贸易环境，熟悉通行的WTO规则，了解中国的对外贸易政策，正确认识和把握经济规律，运用相关经济理论知识解决国际经济与贸易中的问题
	躬行实践	具有较强的国际经济数据处理能力，能够运用计量经济学、统计学等方法进行学术研究或从事涉外经济活动 具备较敏锐的观察能力、较好的文字及口头表达能力，以及具有较强的分析问题、解决问题的能力
	国际交流	能够精通并熟练地运用外语进行商务活动，具有较强的跨文化交流能力和国际商务谈判能力
科学辩证的思维能力	敏而好学	形成终身学习的意识，养成良好的学习方式和学习习惯，善于把握知识的内在联系，注重国际经济与贸易理论知识的形成过程及其迁移运用，具备自主学习能力，不断更新知识体系
	多维探索	具备跨学科学习能力，能够围绕专业领域，不断拓展自己的知识结构，做懂经济、懂贸易、懂法律、懂语言、通文化、会沟通、善创新、具有国际视野和眼光的复合型人才
守正创新的开拓能力	理论创新	具有较强的问题意识，具有好奇心和想象力，敢于质疑，善于发现和提出问题，并提出国际经济与贸易新观点、新方法、新设想
	开拓进取	能够进行独立判断，综合运用各种知识解决国际经济与贸易问题

（三）贸易经济专业——培养"义利并举的诚信儒商"

随着社会主义市场经济的持续繁荣和经济全球化趋势的不断演进，贸易经济专业所关注的商业交换和市场流通活动对国民经济运行的影响日趋凸显，贸易经济专业的学科地位全面提升。双循环新发展格局下，要求经济发展和市场运行要打通内外贸界限，构建中国特色现代流通体系，这就需要贸易经济专业培养更多的坚持社会主义核心价值观，秉承传统商业伦理，通晓现代流通规则，富有国际视野、创新精神和社会责任，胜任跨国别经营、跨领域管理和跨文化沟通工作的高素质、复合型人才。基于此，贸易经济专业的核心素养可以凝练为"三种必备品格、三项关键能力"，共6项核心素养、18项基本要点（见表3）。6项核心素养指的是："和谐理性的儒商情怀、诚实守信的契约精神、重义轻利的商业伦理；博古通今的认知能力、纵贯横跨的决策能力、经管协同的实务能力。"

表3 贸易经济专业的6项核心素养、18项基本要点

	核心素养	基本要点	主要表现
三种必备品格	和谐理性的儒商情怀	家国情怀	理解国情，认同中华文化，具有民族自豪感；理解和认同中国特色社会主义经济制度，树立为实现中华民族伟大复兴的中国梦而不懈奋斗的人生理想
		国际视野	了解全球化进程，具备国际化思维，形成相互依存、共同发展的价值观，理解并认同人类命运共同体
		和谐意识	理解自然与社会、供给与需求、商品与服务、规模与结构的关系，理解过犹不及的和谐理念，关心经济社会可持续发展
		链式理性	用供应链、产业链和价值链的思维理性认识经济、社会、市场、商业等系统的外部形态和内在关联
	诚实守信的契约精神	公平公正	以公开透明的商业模式和交易手段，以公正平等和相互尊重的方式与贸易伙伴开展公平交易
		诚实守信	言行一致，诚信待人；尊重合同，信守契约；诚实劳动，合法经营
		契约精神	自由缔约，平等签约，诚信守约，救济违约
	重义轻利的商业伦理	重义轻利	财自道生，利缘义取，促进商业的良性和持续增长
		进德修业	具有良好的思想品德、社会公德和职业道德；具有爱岗敬业、遵纪守法和团结合作的个人修养
三项关键能力	博古通今的认知能力	兼收并蓄	具有宽广的知识面，兼顾社会学、管理学、法学、人文科学和自然科学等其他相关领域的知识
		引经据典	了解贸易经济专业的历史沿革和理论渊源，掌握马克思主义商业经济理论和应用经济学现代研究方法
		守正出奇	理解贸易、商业、交换等一般规律，通晓黄金、品牌、都市产业等特色知识
		循规蹈矩	熟悉现代商物流规则和内外贸惯例，认知流通调控和产业规制的政策依据和政策效果
	纵贯横跨的决策能力	纵向贯通	纵向上，能够立足国际视野，观察和判断宏观经济形势，理解和洞悉中观行业动向，识别和把握微观商业机会
		横向跨越	横向上，能够适应跨国别、跨领域、跨文化的决策场景，熟练运用商业经营和商务决策的方法和工具

续表

	核心素养	基本要点	主要表现
三项关键能力	经管协同的实务能力	理论方法	善于运用经济管理的理论和方法，对内外贸、商物流领域的相关问题进行分析、判断、研究和解决
		决策工具	能够使用现代研究方法和决策工具，收集、处理、分析数据信息，完成商务决策和解决方案
		沟通表达	能够自由地通过书面或口头方式进行沟通，规范地写作公务文档和商务文案

三、基于核心素养的经贸类专业课程体系构建

专业思政建设的基础在"专业"，而专业发展的立足核心在"课程"。围绕立德树人根本任务和学校人才培养目标，把课程体系建设作为深化教学改革和专业建设的重要内容，基于经贸类专业人才培养的逻辑，以核心素养的培养和塑造为目标，构建专业思政框架下的经贸类专业人才培养课程体系。

（一）经济学专业课程体系构建

以首都经济贸易大学 2021 级经济学专业为例，围绕经济学专业核心素养，培养方案共设置了 9 门学科基础课、5 门专业核心课、20 门专业提升课，这 34 门专业课程组成了经济学专业的核心课程群。这 34 门课程围绕 6 项核心素养，基于不同理论、不同视角、不同水平，分布于经济学专业本科四年的 7 个学期中，构成经济学专业人才核心素养培养的课程体系。经济学核心素养与核心课程之间并不是一一对应的关系，而是在这 34 门经济学核心课程的教学设计中，每门课程都贯穿着经济学核心素养（见表 4），为培养学生具备上述共同素养而设计教学内容，只是每门课程的设计方法、角度和具体内容有所差异。34 门课程中，一类课程旨在培养学生的 6 项核心素养，这类课程有 19 门，包括"微观经济学""宏观经济学""政治经济学""中国特色社会主义政治经济学""国际经济学（双语）""产业经济学""新制度经济学""发展经济学"等；另一类课程旨在培养学生的某几项核心素养，这类课程有 15 门。

表 4 经济学专业核心课程与核心素养的对应关系

核心课程体系		博纳敏行的个人修养		三种必备品格 勇于担当的社会责任		经世济民的家国情怀		理性批判的科学精神		三项关键能力 系统严谨的学习能力		自我挑战的创新能力	
类别	序号	课程名称	人文情怀	健全人格	知行合一	职业道德	和谐共生	国家认同	国际理解	理性思维	批判质疑	勇于探索	乐学善学	勤于反思	实践创新	理论创新
学科基础课	1	政治经济学														
	2	微观经济学														
	3	宏观经济学														
	4	财政学														
	5	金融学														
	6	统计学														
	7	计量经济学														
	8	外国经济思想史														
	9	欧美经济史														
专业核心课	10	中国特色社会主义政治经济学														
	11	中级微观经济学														
	12	国际经济学（双语）														
	13	中级宏观经济学														
	14	产业经济学														

续表

类别	核心课程体系		三种必备品格							三项关键能力				自我挑成的创新能力	
	序号	课程名称	博纳敏行的个人修养		勇于担当的社会责任			经世济民的家国情怀		理性批判的科学精神		系统严谨的学习能力			
			人文情怀	健全人格	知行合一	职业道德	和谐共生	国家认同	国际理解	理性思维	批判质疑	勇于探索	乐学善学	勤于反思	理论创新	实践创新
	15	会计学														
	16	新制度经济学														
	17	发展经济学														
	18	博弈论														
	19	人力资源管理（双语）														
	20	学术写作与专业前沿														
	21	经济数学方法														
	22	管理学														
专业提升课	23	国际金融学（英语）														
	24	企业经济学														
	25	世界经济														
	26	经济学方法论														
	27	计量经济学实验														
	28	宏观经济分析														
	29	财务管理学														
	30	期货贸易														
	31	经济法														
	32	行为经济学														
	33	《资本论》选读														
	34	经济预测														

（二）国际经济与贸易专业课程体系构建

以首都经济贸易大学2021级国际经济与贸易专业为例，围绕国际经济与贸易专业核心素养，培养方案共设置了9门学科基础课、5门专业核心课、15门专业提升课，这29门专业课程组成了国际经济与贸易专业的核心课程群。在这29门核心课程的教学设计中，每门课程都贯穿着国际经济与贸易专业核心素养（见表5）。同样的，29门课程分为两类：第一类课程旨在培养学生的6项核心素养，共14门课程，包括"国际经济学（双语）""国际贸易""世界经济""国际金融学（双语）""国际贸易实务（双语）""国际商务（英语）"等；第二类课程旨在培养学生的某几项核心素养，共15门课程。

（三）贸易经济专业课程体系构建

以首都经济贸易大学2021级贸易经济专业为例，围绕贸易经济专业核心素养，培养方案共设置了9门学科基础课、7门专业核心课、16门专业提升课，这32门专业课程组成了贸易经济专业的核心课程群。在这32门核心课程的教学设计中，每门课程都贯穿着贸易经济专业核心素养（见表6）。32门课程分为三类：第一类课程能够综合提升学生的6项核心素养，共8门课程，包括"微观经济学""宏观经济学""国际经济学""产业经济学""商业经济学""消费经济学"等；第二类课程重在对学生进行品格塑造和伦理传承，并兼顾关键能力提升，包括"政治经济学""中国商业史""商业伦理学"共3门课程；第三类课程重在培养学生的理论认知和实务决策能力，并兼顾道德情操塑造，共21门课程。

四、进一步完善经贸类专业思政建设的几点建议

厘清新时代对专业人才的需求，明确专业人才培养目标，凝练专业核心素养，并基于核心素养构建专业课程体系。专业思政建设的逻辑思路可以归纳为"人才需求—培养目标—核心素养—课程体系"。根据经贸专业人才培养的基本逻辑，结合地方性财经院校的办学特色，进一步推进经贸专业思政建设，还应当注意如下几点。

表 5 国际经济与贸易专业核心课程与核心素养的对应关系

核心课程体系		三种必备品格				胸怀祖国的国际视野		扎实宽厚的学识基础			三项关键能力				
		克己慎独的道德品行		修身立节	始终如一的使命担当						科学辩证的思维能力		守正创新的开拓能力		
		人文修养	以德立学		职业道德	持续发展	民族自信	全球视野	知物由学	躬行实践	国际交流	敏而好学	多维探索	理论创新	开拓进取
类别	序号	课程名称													
学科基础课	1	政治经济学													
	2	微观经济学													
	3	宏观经济学													
	4	国际经济学（双语）													
	5	产业经济学													
	6	统计学													
	7	财政学													
	8	金融学													
	9	计量经济学													
专业核心课	10	国际贸易													
	11	世界经济													
	12	国际金融学（双语）													
	13	国际贸易实务（双语）													
	14	国际商务（英语）													

133

续表

类别	核心课程体系		三种必备品格						三项关键能力					
	序号	课程名称	克己慎独的道德品行		始终如一的使命担当		胸怀祖国的国际视野		扎实宽厚的学识基础			科学辩证的思维能力		守正创新的开拓能力	
			人文情怀	健全人格	知行合一	职业道德	和谐共生	国家认同	国际理解	理性思维	批判质疑	勇于探索	乐学善学	勤于反思	理论创新	实践创新
专业提升课	15	会计学														
	16	国际商法（双语）														
	17	国际经贸规则														
	18	学术写作与专业前沿														
	19	国际市场营销														
	20	经贸专业英语														
	21	管理学														
	22	国际商务谈判														
	23	中国对外贸易														
	24	跨国经营理论与实务														
	25	国际结算（双语）														
	26	国际服务贸易														
	27	跨境电子商务														
	28	欧美经济史														
	29	财务管理学														

表6 贸易经济专业核心课程与核心素养的对应关系

类别	核心课程体系 序号	课程名称	和谐理性的儒商情怀 家国情怀	和谐理性的儒商情怀 国际视野	三种必备品格 链式理性意识	三种必备品格 诚实守信的契约精神 公平公正	三种必备品格 诚实守信的契约精神 诚实守信	三种必备品格 诚实守信的契约精神 契约精神	重义轻利的商业伦理 重义轻利	重义轻利的商业伦理 进德修业	博古通今的认知能力 兼收并蓄	博古通今的认知能力 引经据典	博古通今的认知能力 守正出奇	博古通今的认知能力 循规蹈矩	三项关键能力 纵贯横跨的决策能力 纵向贯通	三项关键能力 纵贯横跨的决策能力 横向跨越	经营协同的实务能力 决策工具	经营协同的实务能力 理论方法	经营协同的实务能力 沟通表达
学科基础课	1	政治经济学																	
	2	微观经济学																	
	3	宏观经济学																	
	4	国际经济学																	
	5	产业经济学																	
	6	计量经济学																	
	7	统计学																	
	8	金融学																	
	9	财政学																	
专业核心课	10	商业经济学																	
	11	消费经济学																	
	12	中国商业史																	
	13	商业伦理学																	
	14	商业政策																	
	15	零售学																	
	16	品牌学																	

续表

核心课程体系			三种必备品格						三项关键能力					
类别	序号	课程名称	和谐理性的儒商情怀			诚实守信的契约精神		重义轻利的商业伦理		博古通今的认知能力		纵贯横跨的决策能力		经管协同的实务能力	
			家国情怀	国际视野	链式理性意识	公平公正	诚实守信	契约精神	重义轻利	进德修业	兼收并蓄	引经据典	守正出奇	循规蹈矩	纵向贯通	横向跨越	决策理论	工具方法	沟通表达
	17	现代商业技术																	
	18	物流学																	
	19	商品学																	
	20	管理学																	
	21	会计学																	
	22	商务交流																	
	23	价格学																	
	24	期货贸易																	
	25	电子商务																	
专业提升课	26	体育产业导论																	
	27	黄金产业经济																	
	28	国际商务																	
	29	国际贸易理论与实务																	
	30	国际市场营销																	
	31	国际商务谈判																	
	32	世界经济																	

(一) 明确人才培养目标，凝练专业核心素养

经贸类本科专业人才培养的基本目标是培养具有良好的思想品德和道德修养、自觉践行社会主义核心价值观，具有扎实的经贸类专业基础知识和基本理论，掌握现代经济学的基本方法，熟悉中国经济运行与改革实践，具有国际视野和创新创业能力的经贸人才。经贸专业的核心素养是经贸专业所有学生所必须具备的最关键、最必要的共同素养，也是经贸专业育人目标的具体体现，应当从国际视角探索核心素养、从传统文化发掘核心素养、从现实需求归纳核心素养、从课程标准反思核心素养、从创新实践推行核心素养的原则和方法，进一步凝练经贸专业的核心素养，使之充分体现新时代对经贸专业人才的核心需求。

(二) 修订人才培养方案，完善课程教学大纲

人才培养目标的确定和专业核心素养的凝练，为经贸专业思政提出了总要求。应当进一步结合学校办学层次和定位，以及经贸专业的特点，构建所在高校经贸专业人才培养特色，基于人才培养特色与学生发展规律，修订人才培养大纲。在师资力量允许的条件下，提高"两史一论"课程的学分，在课程设置中体现经贸专业思政的特色。明确每门课程在经贸专业人才培养体系中的位置，找到课程与经贸专业核心素养的对应关系，做到由"教课程"到"用课程教"的转变，最终实现育人的根本目的。同时，以课程为抓手，将每门课程的知识点分为现象性、概念性、方法性、价值性知识点，利用知识点的分层，重构知识点与经贸专业人才核心素养的关系，将课程思政建设做实，进而推动专业思政建设。

(三) 建立健全制度机制，探索专业育人路径

建立"专业负责人—课程负责人—教师"的专业思政建设三级体系。专业负责人是专业思政建设的第一责任人，专业负责人负有组织、指导专业思政建设，调动教师开展专业思政与课程思政建设的积极性等重要责任。课程负责人是一门课程建设的负责人，在专业负责人的领导下全面负责课程建设和教学组织工作，尤其是要帮助教师解决在专业育人中的思想困惑和技术难点。本专业的每位教师都是专业思政的实施者，教师与学生通过课程、实习、竞赛等教育教学活动紧紧联系在一起，是将思想政治工作贯穿于教育教学全

过程的落实人。

(四) 狠抓师德师风建设，筑好育人精神堡垒

育人者拥有高尚的师德师风是保障思政教育质量的精神基础。一是完善制度建设，认真落实师德师风建设的相关文件，压紧压实师德师风建设责任，院党委书记、院长为师德师风建设第一责任人，党政同责，落实领导班子成员一岗双责。二是以课程思政建设为抓手，发挥党支部在专业思政建设中的作用，注重师德传承、师德养成，将师德师风建设融入教职工的日常思想教育中。三是强化底线约束，增强自律意识。强化底线约束，落实师德一票否决制，将师德考核作为年度考核的前置环节，加大对师德失范行为的查处力度，有效提升教师的师德自律意识。

参考文献

[1] 教育部. 关于加快建设高水平本科教育 全面提高人才培养能力的意见（教高〔2018〕2号）[EB/OL]. （2018-10-08）[2022-06-20]. http://www.moe.gov.cn/srcsite/A08/s7056/201810/t20181017_351887.html.

[2] 虞晓芬. 专业思政与课程思政如何相辅相成[N]. 中国教育报, 2022-03-21.

[3] 韩宪洲, 宋志强. 习近平关于新时代教书育人论述探析[J]. 思想教育研究, 2021 (11): 3-7.

[4] 林崇德. 21世纪学生发展核心素养研究[M]. 北京：北京师范大学出版社, 2021.

高校法学专业思政建设中的问题及改进[①]

陈 磊 陶 盈[②]

【摘 要】 中国特色社会主义法治建设要求高校法学专业承担起培养德法兼修法治人才的重要任务。推动法学专业思政建设，落实法学专业教育与思政教育同向而行，是落实立德树人、培养一批高素质法治人才的重要手段。专业育人经历了从思政课程到课程思政再到专业思政的不同层次，但高校在具体推进法学专业思政建设过程中，还普遍存在建设理念滞后、建设保障体系不完善、建设评价体系缺失等问题。需要创新法学专业思政建设模式，增强法学专业建设的时代性，加强除专业课程外各育人环节的思政教育，加强法学专业思政建设的保障机制，构建系统全面的建设评价体系，推动法学专业思政建设有效进行。

【关键词】 法学专业思政；课程思政；德法兼修；法治人才

法学专业教育与思政教育同向而行是立德树人的重要手段，中国特色社会主义法治建设要求各高校法学院承担起新时代培养德法兼修法治人才的重要任务，推动法学专业思政建设，培养一批高素质法治人才。以培育社会主义核心价值观为重要导向，高校的育人工作及教学改革正在经历从思政课程

[①] 基金项目：首都经济贸易大学研究生课程思政示范课程建设项目"民事诉讼法"、北京市属高等学校优秀青年人才培育计划项目、北京高校青年教师创新教研工作室的阶段性成果；文章受北京市教育工会、首都经济贸易大学北京市属高校基本科研业务费专项资金资助项目支持。

[②] 作者简介：陈磊，副教授，首都经济贸易大学教务处处长助理，课程思政教学研究中心研究员；陶盈，副教授，首都经济贸易大学法学院副院长，课程思政教学研究中心研究员。

到课程思政再到专业思政的重要理念转变。由于高校人才培养过程中,专业是人才培养的基本单元,因此在开展课程思政建设时,应当从专业入手谈课程,根据专业特点组织课程思政。从这个角度而言,专业思政建设具有发展的必然性和可行性。

法学是有关公平与正义的学科,新时代的法学专业思政建设要从人才培养着手,做好"知识观+价值观"的同向同行和协同发展,做到全方位育人、立德树人。在这一过程中,尽管各高校法学院均在尝试发现和探究法学课程中的思政元素,不断加强制度建设,增强教师的育人理念,提升教师育人的能力,但是对于法学专业思政内涵的把握仍存在不少误区,在具体推进法学专业思政建设过程中,仍存在建设理念滞后、建设保障体系不完善、建设评价体系缺失等突出问题亟待解决。本文针对上述问题,提出法学专业思政建设的完善建议,以期使学生在法学专业学习过程中,真正将正确的世界观、价值观和人生观内化于心、外化于行。

一、法学专业思政的内涵解读

(一)专业思政建设的背景

高等教育的根本任务是立德树人。2016年12月全国高校思想政治工作会议提出,不能将课程思政与思政课程简单地画等号,课程思政也并不只是思想政治课的教学和任务,要厘清二者的区别,做到由"思政课程"向"课程思政"转变。"课程思政"这一概念提出以来,全国各高校全面推进课程思政建设,系统全面地落实全员、全过程、全方位育人措施,落实人才培养过程中立德树人的根本任务,并取得了一定的成效。2018年新时代全国高等学校本科教育工作会议中,"专业思政"的概念正式提出。如今课程思政向专业思政的转变和迈进,是课程思政建设的新发展和新方向,也是各高校课程思政建设的新使命、新任务。2020年,教育部印发《高等学校课程思政建设指导纲要》,要求各专业要按照学科特点分类进行课程思政建设,课程思政要向专业思政进一步转变。

(二)专业思政与课程思政的关系

一方面,专业思政与课程思政存在内在的紧密逻辑联系,二者的基本原则都要求教师在教学中必须坚持马克思主义的坚定信仰，树立大局意识，坚持专业育人、课程育人的基本战略。专业思政与课程思政的育人目标是一致的，都是在培养学生的过程中，实现学科知识与三观的融合，在提升专业技能的同时践行社会主义核心价值观，培养合格的社会主义建设者和接班人。由于课程的设置要遵循专业人才培养的目标和根本任务，遵循专业人才培养的理论和实践逻辑，因此需要根据专业特点组织课程思政建设。专业思政是课程思政的重要组成部分，也是深化课程思政建设的必然要求。"课程思政"是"专业思政"的实现基石，"专业思政"是"课程思政"的顶层设计。

另一方面，专业思政与课程思政也存在一定的区别。以课程思政为基点的专业思政，需要在分析专业特点的前提下，遵循专业培养目标，挖掘本专业蕴含的思政元素，不能"生硬"地增添思政元素，避免专业培养边缘化。专业思政是课程思政的进阶，课程思政的关键在于寻找各学科所蕴含的思政元素，而专业思政的关键在于整合各专业知识与其所包含的思政元素，采取"润物细无声"式的做法，将思政教育融入学生的培养体系之中。课程思政解决的是思政课程与其他课程之间的"两张皮"问题，注重思想政治教育与专业技能教育的统一；专业思政是解决同一专业下各学科、各课程之间缺乏系统性、整合性的问题，注重各专业下学科课程思政之间的协同发展。

专业思政是课程思政发展到一定阶段的必然选择，其符合人才培养和专业建设的根本遵循，有利于构建"价值塑造、知识传授、能力培养"三位一体的育人格局。所谓专业思政以及课程思政，多数学者认为：这是一种"课程观"，即一系列专业课程在融入思政元素的基础上要互相联系和促进，实现协同发展，是一种新的教学理念；不是增加课程或者增加一些蕴含思政元素的活动就能够实现的，而是要挖掘各专业、各课程的思政元素，将思想政治教育融入专业课程的各方面、各环节，以期构建全课程育人的大格局。

专业思政是一个课程体系，包括专业知识和思政内容的教学目标、手段、方法等。专业思政所包含的课程是除思政课程之外的本专业有关的课程，专业思政要求在传授专业课知识的同时注重专业课中蕴含的思政教育，在专业教育上，培养能力过硬、专业技能够强的合格建设者；在道德上，培养思想政治意识坚定的合格接班人。专业思政的根本目标是落实立德树人的根本任务，形成完善的人才培养体系，通过发挥教师的能动作用，在教学过程中自觉践行和维护"四个自信"，完成学校教书育人的使命。

(三) 法学专业思政的内涵

具体到法学专业思政，就是要在法学专业课程的基础上融入思政元素，使法学专业课与思政教育同向而行，强化法学专业融入思政元素的学科体系、话语体系和学术体系的建设，培养有大情怀的"法律人"。法治不仅包括一系列的法律条文，还包括法治思维、法治理念、法治精神等蕴含的道德因素内容。公平、正义、自由、秩序等是法的价值追求，也是"法的道德性"的充分展现，而法学专业教育是为实现全面依法治国培养德法兼修的优秀法治人才的关键一环。因此，法学专业思政就是需要在法学专业的培养方案、培养计划、课程内容、教师培训制度、评价机制以及教材的选择等方面融入思政元素，注重显性与隐性课程同向而行，形成系统的法学专业思政体系，保证"法学+思政"顺利开展且"润物细无声"。除此之外，法学专业的学生毕业后担任法官、检察官、律师等的人不在少数，因此在教学过程中需要完善实践教学融入思政元素的方法。除了课堂上的案例教学外，让学生亲自参与案例实践更能使其深刻领悟法律治理背后的道德考量，将公平正义等思政元素内化于心。

二、高校法学专业思政建设过程中存在的问题

(一) 法学专业建设理念存在滞后性

近年来，随着互联网技术的高速发展，新产业、新技术、新模式进入人们的视野，大数据、算法、人工智能等融入人们的生活，原有理论的滞后性导致一些问题难以找到契合的处理方法。新型法律关系的产生，法律规定滞后的问题凸显，引发学生关注。现有法律问题没有契合的法律规范，会导致学生对法律的公平性和正义性理解的缺失，不利于公平正义等价值观念的融入，不利于法学专业思政建设的开展。学生获取信息的渠道日益增多，法学专业学生对社会发生的法律事件关注度较高，而网络上各种信息纷乱复杂，需要有准确的判断力和正确的价值观念，否则容易被错误言论所误导。法学专业思政作为一种教学管理模式，需要不断创新教学方法，进一步挖掘法学

专业知识所蕴含的思政因素，不仅要营造专业思政实施的环境，激发学生的兴趣，构建启发式、引导式的模式，还要进一步提高教学的亲和力，有效引导学生自觉地树立正确的"德育"观念，提高辨别网络信息真假的能力，正确表达自身的意见和看法。

在教学内容上，存在错误理解"高效"和"高速"之间区别的问题，高效是指在保证质量的同时提高效率，即除保证法学专业知识和思政知识传授能够在规定计划内完成外，还要保证学生能够对法学知识和思政知识"内化"。实际中存在误将"高速"理解为"高效"的现象，在专业思政建设过程中，在规定的计划时间内完成法律知识和思政知识的讲解，但"德育"效果不显著，应在高效学习知识的基础上，促进学生品性的提升。

在推进法学专业思政建设过程中，部分高校的实施方案提出要坚持显性课程与隐性课程相统一。但也存在理解的误区，将专业思政"特质化"，认为多开几门思政课程，多开设一些有关思想政治教育的课程，或者多开几场讲座，多组织一些活动就是专业思政的全部内容，这些只是专业思政建设过程中的部分模式和形式，对推进课程思政的建设有一定的助力，但是这些仅是显性课程作用的发挥，忽视了在日常专业课教学过程中隐性课程的影响。将专业思政"同化"，从具体专业领域转向思想政治领域，忽视了专业课本身应承担的专业技能培养任务，没有将专业思政建设建立在专业课的基础之上。此外，对于法学专业思政建设仅从课程内容以及系列讲座入手，忽视了论文写作、专业实习等教育过程中思政元素的融入。例如，部分高校的专业思政实施方案中着力点为打造示范课程，注重对课程内容进行思政元素的融入，缺乏对论文写作、法学专业实习等专业教育过程中思政元素融入的内容；部分高校则缺乏除课程内容外的第二课堂、课外实践过程中思政元素融入的内容。

(二) 专业思政建设保障体系不完善

法学课程思政建设向专业思政建设的转变是立德树人任务的进一步深化，但在课程思政向专业思政升华的过程中保障体系不完善。在进行专业思政建设时，部分高校设计了整体上的规划、方案和指导文件，但缺乏十分具体的专业思政实施方案。缺乏科学合理的制度保障和路线设计，导致专业思政建设出现"两张皮"的现象。受专业领域限制，专业课教师思政工作的经验有限，存在不知如何在专业课程中融入思政元素，不知如何挖掘思政内涵的现象，容易把专业课变成"专业课+思想政治课"。专业思政建设目标模糊，就会导致专业育人效果不佳。对于专业知识的讲解，教师尚能够精准定位，但对于部分思政元素的融入，就会拿捏不准。有的高校在法学专业思政实施方案中未涉及教师培训内容，而部分提出加强对教师的岗前培训以及专门的专业思政建设培训的学校，针对的仅是要在专业课程中融入思政因素，介绍的是具体某一门课程的部分章节如何融入思政元素，缺乏对如何融入思政元素方法的传授。此外，部分高校的专业思政建设相关培训，均未提到教师如何掌握学生对思政教育的内化程度，仅提供在专业课基础上如何寻找思政元素的方法，这有违专业思政的建设理念。专业思政建设更重要的是让学生培育正确的价值观念，对法学专业而言仅教授法学知识，即使在法学知识中融入了思政教育，但若不能掌握学生的吸收程度，不能确定学生是否内化于心，也难以达到培育"德法兼修"法治人才的目的。

专业思政不是将专业课讲成思想政治理论课，思想政治课教师和专业课教师都有教书育人的职责，都有完成立德树人任务的使命，都需要引导学生培育正确的世界观、人生观和价值观。但是不同专业的教师分工不同，理应各自在熟悉的领域"守好一段渠，种好责任田"，从不同的角度入手，共同完成对人才培养的思想政治教育工作。若在专业课中不加考虑地加入不相适应的思政元素，一方面会导致学生专业技能掌握程度不高，另一方面思想政治教育也达不到预期效果。实践中，部分高校成立由马克思主义学院专家组成的"课程思政辅导团"的方式，思政课教师对其他学院的专业课教师进行专业思政培训，以此在师资上保障课程思政建设。对此师资培训保障机制的做法，本文认为有失妥当。此种方式在一定程度上有利于思政元素的挖掘，也利于其他学院教师思政教学方式的改善和提高，但是需要反思的是：思政课与专业课有着本质的区别，二者分属不同的研究领域，只有专业课教师才更清楚哪些知识点的背后蕴含着思政因素，能寻找到更加契合的融入点。

此外，在专业思政建设过程中，还存在法学专业教材选用机制缺失的问题。教材是法学专业知识传输的重要载体，直接关系到党和国家教育方针的落实以及法学专业思政的推进，选择的教材要充分体现中国特色社会主义法治思想的内涵，充分展现中国特色社会主义法治理论的最新发展成果，增强学生对新时代法治思想的政治认同、思想认同和情感认同。部分学校课程思政实施方案中对教材有明确的规定，要求推进教材改革，选择专业知识与思政教育有机融合的优秀教材。但部分院校未将教材改革列为专业思政建设内容，或者对教材的审核和使用没有具体的监督、审核方法，例如有的法学教材注重西方理论，所选教材对现阶段我国的法治理论和法治精神的研究不够深入；部分学校缺乏鉴别批评和筛选机制，不能确保"马工程"① 教材在法学专业学科中的全覆盖使用，不利于法学专业思政建设的发展。

（三）缺乏系统的建设评价体系

完善的教育评价体系是掌握法学专业思政建设成效的重要依据。然而目前许多学校的教学评价体系中有关专业思政和课程思政的评价体系尚不完善，法学专业思政的实施效果需要进一步探索。目前的法学教育评价体系针对的多是对专业课内容完成程度和接受程度的评价，缺乏对思政元素评价的内容；缺乏同行专家对教师专业思政开展情况的评价，包括是否将思政元素与法学知识进行了完美融合以及自身的听课感受等。部分学校在对学生的考核和评价体制中，对专业思政教育成果的考查存在不完善之处；部分学校的专业思政建设中，评价机制应达到的激励和促进作用尚未彰显。此外，若狭义的理解法学专业思政评价体系仅是对专业知识和思政知识的记忆程度的考核，很容易陷入思政水平高低"唯分数论"的误区，学生将仅注重对法条及有关理论的记忆，忽视对背后法治精神以及涉及的道德因素的考量，教师不能真正掌握学生思想道德水平、价值理念的变化，不利于培养"德法兼修"的法治人才。

三、推进法学专业思政建设的完善

（一）增强法学专业思政建设的时代性

推进法学专业思政建设，首先要增加专业育人的时代性和时效性，利用

---

① 马工程是马克思主义理论研究和建设工程的简称。

现代信息技术手段，推动"线上+线下""课内+课外"的专业思政教育模式。部分学校利用"慕课""雨课堂"等网络平台，利用线上和课外的时间讲授专业知识的同时注重对学生思维的引领，将思政教育精准融入法学专业课中。将理论与实践相结合，同先进法律人、榜样人物、企业家等同上一堂思政课，从实际出发，了解真实案例背后的故事，以此将专业课教育与思政教育融为一体。对原有的以课堂教师主讲知识为主的模式进行改变，发挥学生在课堂上的作用，鼓励学生在课堂上多发表自己对司法案件的看法和见解，激发学生的学习积极性，有利于促进学生对法学专业知识和思政知识的吸收。

除此之外，还需要根据各学科的专业特点，开展不同的授课方法。法学专业除了运用案例教学、开展模拟法庭等活动外，也要充分抓住专业实习这一环节，让学生在实际的法律案件中感受法律的正义，以及实践中法治与德治相结合的推进，学习司法体制改革的新内容，与时俱进，培养正确的价值理念。

部分学校专业思政的推进过程中，显性课程与隐性课程相统一的建设尚有不足，对隐性课程的思政教育有了一定的重视，但却未能发挥出隐性课程的效能。因此，在之后的专业思政建设过程中，要推进显性课程与隐性课程统筹发展，杜绝仅以多开几门课或者多组织一些活动的方式推动专业思政建设。要让马克思主义以及社会主义核心价值观进入学生脑中并生根发芽，提升学生的思想道德素养。开设专门的特色课、开展特色法学活动确实对专业思政建设有一定的帮助，是法学专业思政推进的一种方式，但是更关键的是需要在法学知识中挖掘和自然地融入思政元素，以达到立德树人的教育效果。

此外，法学专业任课教师在讲授专业知识或法条时，可以结合具体实际案例展开，讲述案例背后的道德支撑。建设中国特色社会主义法治体系要求坚持依法治国和以德治国相结合，法治进程中德治也在发挥着不可或缺的作用。在讲述民法课程时，由于《中华人民共和国民法典》总则编的基本原则部分就蕴含着多种思政元素，因此可以采取结合案例的方式进行讲述，让学生通过具体真实案例体会背后所隐含的平等、公正等价值理念。例如，著名的"泸州二奶遗赠案"，裁判理由中的违背公序良俗，就是道德在法治中的体现。公序良俗是民法的一项基本原则，要求遵守公共秩序和善良风俗，善良风俗就涉及思政教育方面，可见在授课时可加入具体案例，提高课程生动性的同时引导学生树立正确的价值观，陶冶高尚情操。

除了在日常的法学课程、第二课堂活动、法学专业系列讲座内增加思政元素外，还要注重法学生的论文写作内容以及教师指导过程中的思政教育。论文是学生学习生涯中必不可少的一部分，因此论文的写作也是检验学生专业知识以及价值观念的重点，在学生的论文中更能感受到学生的想法和价值选择。而法学专业实习是法学生在校期间了解法律有关行业的重要渠道，是将理论和实际相联系的主要手段，且实践中的改革较理论创新更快，应重视学生在法院、检察院、律所等有关单位实习过程中的思政教育，使其能从真实案例中切实感受到法治与德治的结合，培养新时代"德法兼修"的法治人才。

（二）加强专业思政建设的保障机制

专业思政建设要坚持党的领导，坚持正确的政治方向和舆论导向，以党的理论方针为指导，加强社会主义核心价值观的教育，培育学生正确的理想信念。学校各部门要协同合作，形成监督体系，构建完备的课程设计和实施方案。建立有效的教师培训制度，专业思政建设成功的关键在于教师。进一步提高教师的思政教育水平，就需要有良好的、配套的培训制度。在培训内容上，要注重对教师思想政治知识和内涵的教育，增加教师的思政知识储备，加强对教师职业素养和师德师风的考核，达到专业课教授过程中能够精准融入思政元素的效果，使教师在教学过程中做到"经师"和"人师"的统一，即教授学生专业知识的同时要言传身教、以身作则，培养学生的家国情怀，高尚情操；要对教师如何做好专业思政建设进行培训，聘请专家为教师传授技巧，真正实现专业思政教学的"润物细无声"；加强教师判断学生对法学专业思政内容掌握程度以及价值观念变化方法的培训。加强教师队伍的团队建设，形成"老中青，传帮带"的良好氛围，组织集体讨论和研究，就教授课程、考试考核、教学管理达成一致意见，共同挖掘专业学科所蕴含的思政内容；在充分了解和学习专业发展历史以及知识变化历程的基础上，将思政元素像专业知识般整合起来，作为专业课教学中的亮点，进而将思政元素融入专业课程的优势发挥到最大化。

法学生作为法学专业思政教育的对象，教师要调动他们的参与积极性，创新讲课模式，激发他们的学习热情。学生只有亲身感受到知识的魅力以及道德的滋养，才能够进一步提升自己的理想信念，真正成为合格的新时代的建设者。采取讲授和交流的思想政治教育模式，一改以往只由教师讲授的情况，以沟通、对话和分析为主要教学模式，给学生充分的机会表达对实际法律案件的看法，帮助学生自我学习和自我提升。在教材的选择上，注意甄别和审查，锁定解决培养什么人、怎样培养人、为谁培养人这一问题的主要抓手，从学生摄取知识的源头进行监督，保障法学专业思政建设的顺利进行。

（三）构建完善的专业思政建设评价体系

法学课程评价体系最重要的就是两个部分：一部分是对整个专业课程建设和教学体系、计划以及完成程度的评价；另一部分是对学生所学法律知识的记忆程度以及对知识的获得和"内化"程度的考核。专业思政建设的效果评价需要对目前的现有评价体系进行改进，将对思想政治教育的考核纳入其中。在课程建设和教学体系评价方面，要改为对"显性课程"和"隐性课程"系统化课程体系及专业课与思政教育同向而行的实际情况进行评价，对课程是否融入了思政元素，融入思政元素的知识点是否恰当，是否存在"两张皮"现象进行综合的评价，由原来的仅注重量性考查向注重"质"和"量"的考查转变。而对于学生的评价考核来说，不仅要考查学生对法学专业课和思政教育的知识点的记忆程度，还需要对其内化于心的程度进行考察，以便更好地掌握学生价值观念的变化，为培养"德法兼修"的法治人才助力。

四、结语

法学专业思政是将思想政治教育与法律人才培养教育互相融合的新型教学理念。推进法学专业思政建设需要坚持立德树人的根本目标，完善协同育人机制，保证法学专业课程和思政教育同向而行，认清专业思政与课程思政以及思政课程之间的误区，提高学生参与学习的积极性，提升教师挖掘专业课中所蕴含的思政元素的能力，真正做到"人师"和"经师"的统一，完善学生的培养计划和方案，建立完备的评价制度。学校为专业思政建设提供各方面的保障，最终实现全方位、全过程育人，推动学生健康、全面发展，培养合格的复合型法治人才和"德法兼修""德才兼备"的合格建设者。

参考文献

[1] 王燕. 高校思政课程与"课程思政"的关系探析 [J]. 宁波教育学院学报, 2020 (4).

[2] 陆道坤. 课程思政推行中若干核心问题及解决思路：基于专业课程思政的探讨 [J]. 思想理论教育, 2018 (3).

[3] 高德毅, 宗爱东. 从思政课程到课程思政：从战略高度构建高校思想政治教育课程体系 [J]. 中国高等教育, 2017 (1).

[4] 何玉海. 关于"课程思政"的本质内涵与实现路径的探索 [J]. 思想理论教育导刊, 2019 (10).

[5] 谭泽媛. 课程思政的内涵探析与机制构建 [J]. 教育与职业, 2020 (22).

[6] 张旭, 李合亮. 廓清与重塑：回归课程思政的本质意蕴 [J]. 思想教育研究, 2021 (5).

[7] 梁平. 德法兼修：新时代卓越法治人才培养的实践进路探索 [J]. 河北法学, 2021 (3).

[8] 赵传兵, 丁梧秀. 高校专业课程思政化的认识误区与实践策略 [J]. 高教学刊, 2022 (10).

[9] 南开大学. 南开大学课程思政建设实施方案 [EB/OL]. [2022-06-27]. http://jwc.nankai.edu.cn/2021/0403/c23848a349122/page.htm.

[10] 河南大学法学院知识产权学院. 法学院课程思政建设实施方案（试行）[EB/OL]. [2022-07-26]. https://fxy.henu.edu.cn/info/1226/6769.htm.

[11] 闽南师范大学. 闽南师范大学"课程思政"工作实施方案 [EB/OL]. [2022-07-26]. https://jwc.mnnu.edu.cn/info/1042/2466.htm.

[12] 谭泽媛. 课程思政的内涵探析与机制构建 [J]. 教育与职业, 2020 (22).

[13] 朱应平. 强化高校法学专业课程的思政教育 [EB/OL]. [2022-07-25]. http://www.ahnews.com.cn/pinglun/pc/con/2019-12/31/564_156053.html.

[14] 中央司法警官学院. 关于印发《中央司法警官学院课程思政建设实施方案》的通知 [EB/OL]. [2022-08-26]. https：//jwc. cicp. edu. cn/kcjs/5722. jhtml.

[15] 鄢显俊. 论高校"课程思政"的"思政元素"、实践误区及教育评估 [J]. 思想教育研究，2020（2）.

[16] 中华人民共和国教育部. 成立专家辅导团队 推动"课程思政"教改 江苏科大：专业课加入"思政味儿" [EB/OL]. [2022-08-26]. http：//www. moe. gov. cn/jyb_ xwfb/moe_ 2082/zl_ 2018n/2018_ zl46/201808/t20180807_ 344530. html.

[17] 上海第二工业大学. 上海第二工业大学关于进一步深入推进课程思政建设的实施方案 [EB/OL]. [2022-08-27]. http：//kcsz. sspu. edu. cn/zdwj/76888. htm.

[18] 淮南师范学院. 淮南师范学院课程思政建设实施方案 [EB/OL]. [2022-08-06]. http：//xxgk. hnnu. edu. cn/2021/0312/c2995a86421/page. htm.

[19] 西南政法大学. 西南政法大学推进课程思政建设的实施方案 [EB/OL]. [2022-08-10]. https：//jwc. swupl. edu. cn/kcszjszq/gzzdwj/301188. htm.

[20] 厦门大学法学院. 关于公布 2020 年厦门大学法学院"课程思政"建设计划立项名单的通知 [EB/OL]. [2022-08-10]. https：//law. xmu. edu. cn/ info/1204/31193. htm.

[21] 福建师范大学. 教务处关于进一步推进课程思政建设工作的通知 [EB/OL]. [2022-08-12]. https：//jwc. fjnu. edu. cn/24/04/c9107a271364/page. htm.

[22] 马怀德. 法学类专业课程思政建设探索与实践 [J]. 中国高等教育，2022（6）.

[23] 中华人民共和国教育部. 北京航空航天大学推进课程思政与思政课程同向同行：专业课讲出思政味 思政课讲出专业情 [EB/OL]. [2022-08-16]. http：//www. moe. gov. cn/jyb_ xwfb/moe_ 2082/2021/2021_ zl20/202103/t20210326_ 522691. html.

专业思政建设评价体系的构建研究
——以统计学专业为例

王 琳 裴艳波[①]

【摘 要】立德树人是高等学校教育教学的根本目标。专业思政建设评价体系能够正确引导专业思政建设的实施,客观评价专业思政建设的成效,有力促进专业思政建设与传统专业建设的有机融合,为高校实现立德树人的根本目标提供保障。本文以统计学专业为例,利用德尔菲专家调查法构建专业思政建设评价体系,并利用层次分析法确定各指标的重要性权重,为专业思政建设的量化评价提供依据。本文构建的专业思政建设评价体系包括10个一级指标(党的核心地位、人才培养目标、人才培养方案、师资队伍、课程建设、教学活动、实习与竞赛、人才培养质量、教学研究、条件保障)、29个二级指标和88个内涵观测点。

【关键词】立德树人;专业思政建设;评价体系;德尔菲专家调查法;层次分析法

在2016年全国高校思想政治工作会议上,习近平总书记指出,要"使各类课程与思想政治理论课同向同行,形成协同效应"[②]。各大高校积极开展"课程思政"建设,涌现出大量优秀的课程思政建设成果。在2018年北京大学师生座谈会上,习近平总书记强调,"人才培养体系涉及学科体系、教学体系、教材体系、管理体系等,而贯通其中的是思想政治工作体系"[③],课程思

[①] 作者简介:王琳,首都经济贸易大学统计学院副教授;裴艳波,首都经济贸易大学统计学院副院长,教授。
[②] 把思想政治工作贯穿教育教学全过程[N].人民日报,2016-12-09(10).
[③] 习近平.在北京大学师生座谈会上的讲话[N].人民日报,2018-05-03(2).

政开始向专业思政延伸①。在2018年新时代全国高等学校本科教育工作会议上，时任教育部部长陈宝生正式提出"专业思政"的概念。

"专业思政建设为深化课程思政建设搭建了共同的思政资源平台"②，"把课程思政所开启的将思想政治工作体系贯通人才培养体系的科学实践进一步推向深化"③，最终实现立德树人的总目标。目前我国专业思政建设仍处于起步阶段，专业思政建设评价体系尚不完善，构建科学客观的专业思政建设评价体系有利于推进专业思政建设的进一步发展，是高校立德树人工作的重要组成部分。

一、专业思政建设评价体系的内涵

（一）专业思政的内涵

"专业思政是根据学校人才培养的总目标，在专业的人才培养目标中，要体现出本专业对人才的核心素养要求；在专业的人才培养方案中，要有反映本专业核心素养要求的育人目标和实现路径的设计与表述；在专业的人才培养全过程及各环节，要有机融入本专业所蕴含的思想政治教育元素和所承载的思想政治教育功能，实现专业育人和育才的统一"④，"是从课程的视角转向专业的视角，在专业课程体系的框架下开展各门课程的课程思政建设，旨在实现教学队伍联合、教学内容整合、教学目标融合、教学资源聚合"⑤。与课程思政相比，专业思政具有更高更广的视角和更系统更全面的体系结构。专业思政为专业建设提供价值引领，力求使学生不仅掌握专业知识和专业技能，更要具备正确的政治方向和坚定的政治立场，正确的世界观、价值观、

---

① 楚国清，王勇．"课程思政"到"专业思政"的四重逻辑［J］．北京联合大学学报（人文社会科学版），2022，20（1）：18-23，40．

② 李春旺，范宝祥，田沛哲．"专业思政"的内涵、体系构建与实践［J］．北京联合大学学报，2019，33（4）：1-6．

③ 韩宪洲．深化"课程思政"建设需要着力把握的几个关键问题［J］．北京联合大学学报（人文社会科学版），2019，17（2）：1-6，15．

④ 韩宪洲．深化"课程思政"建设需要着力把握的几个关键问题［J］．北京联合大学学报（人文社会科学版），2019，17（2）：1-6，15．

⑤ 楚国清，王勇．"课程思政"到"专业思政"的四重逻辑［J］．北京联合大学学报（人文社会科学版），2022，20（1）：18-23，40．

人生观，完善的人格品质、高尚的职业道德以及良好的职业素养，实现育人与育才有机结合，达到立德树人的培养目标。

(二) 专业思政建设评价体系的内涵

专业思政建设评价是对专业思政建设活动及其成效进行判断和评定的过程，是依据一定的规则和标准，运用科学合理的方法，客观衡量专业思政建设活动及其成效是否达到相应标准的过程。专业思政建设评价体系是将专业思政建设评价的各个方面有机结合起来构成的一个有特定功能的统一整体。

专业思政建设评价体系是专业建设评价体系的一个有机组成部分，反映专业建设评价中对思政目标和思政要素进行评价的客观要求。专业思政建设评价体系中的评价指标设置要具有科学性和客观性：指标选取要具有科学依据，满足客观评价专业思政建设活动及其成效的内在要求；同时，评价体系指标设置要具有全面性和系统性：评价指标全面覆盖专业思政建设评价的各个方面，按照合理的组织结构构成一个系统性的有机整体。

二、构建专业思政建设评价体系的意义

(一) 正确引导专业思政建设的实施

专业思政建设评价体系是一种价值引导，科学全面的专业思政建设评价体系为专业思政建设的开展提供指导规范，为各主体进行专业思政建设提供努力的方向和前进的目标，使专业思政建设在实施过程中有理可循，有据可依；同时各主体也可以按照评价体系中的各项指标对自己的工作进行动态监测和实时自评，及时发现并解决专业思政建设过程中存在的问题，始终保持正确的前进方向，从而促进专业思政建设健康有序地进行。

(二) 客观评价专业思政建设的成效

随着专业思政建设的不断推进，各单位的专业思政建设都取得了一定的成绩，也遇到了一定的问题，对专业思政建设成效进行评价显得尤为重要。客观评价专业思政建设成效有利于深入总结并推广专业思政建设中成功的经验，及时发现并解决专业思政建设中出现的问题，促进专业思政建设自我完善，确保专业思政建设向着正确的方向不断前行。构建科学合理的专业思政建设评价体系可以为评价专业思政建设成效提供科学权威的参照标准和依据，

有效避免评价主体的主观性和评价标准的多样性给评价结果带来的误差，是客观评价专业思政建设成效的现实需要。

(三) 有力促进专业思政建设与传统专业建设的融合

专业思政建设目前尚处于起步阶段，各个方面仍有待完善，如何将专业思政建设与传统专业建设有机融合在一起形成一套完善的人才培养体系，仍是目前的一个重要研究课题。构建专业思政建设评价体系有利于客观、科学、及时地对专业思政建设与传统专业建设的融合程度进行评判，并根据评判结果动态调整专业思政建设方案和专业建设方案，有效防止专业思政建设与传统专业建设出现"两张皮"现象，促进专业思政与传统专业建设完美融合，实现育人与育才你中有我，我中有你，同向同行，协同共进。

三、专业思政建设评价指标体系的构建方法

(一) 利用文献调查法初步拟定评价指标体系

通过认真研读中华人民共和国教育部印发的《高等学校课程思政建设指导纲要》，查阅国内外关于专业思政建设评价体系、课程思政建设评价体系、专业建设评价体系、专业思政建设、课程思政建设等方面的大量相关文献，结合统计学的专业特点和统计职业道德要求，归纳梳理形成初步的专业思政建设评价指标体系。

(二) 利用专家调查法优化评价指标体系

初步拟定的评价指标体系在体系结构、条目设置、语言表述等方面都难免存在一定的问题。为了发现初步拟定的评价指标体系中存在的不合理之处，并形成具体的修改方案，通过修改最终得到高质量的评价指标体系，本文采用德尔菲专家调查法征询专家意见。

选取10位专家进行调查，其中既有统计学专业的专职教学科研人员，也有从事学生工作或思想政治教育工作的专职人员。调查内容主要包括专家打分和修改意见两部分。专家打分是利用五点李克特量表对指标体系中的条目重要性进行打分，"1"代表"很不重要"，"2"代表"不太重要"，"3"代表"一般"，"4"代表"比较重要"，"5"代表"很重要"。修改意见主要包括指标体系结构的调整、需要增删的指标条目、指标语言表述的准确性三个

方面。本研究共进行3轮专家调查，每轮调查结束后，综合各专家的反馈意见对指标体系进行修改，并向所有专家匿名反馈，经过3轮专家调查后，专家意见趋于一致。

（三）利用层次分析法确定指标重要性权重

经过专家调查后，得到了优化的专业思政建设评价指标体系。为了进一步得到各指标的重要性权重，以便在实际应用中进行量化评价，本文采用层次分析法进行分析，以专业思政建设评价为目标层，以评价指标体系中各层评价指标为指标层，具体步骤如下。

第一步，建立判断矩阵。在利用专家调查法优化评价指标体系的过程中，选取了10位专家进行调查，这里邀请其中的5位专家进行座谈讨论，按照斯塔相对重要性等级表（见表1）对同一层次的各个指标的相对重要性进行两两比较，建立正互反判断矩阵。

第二步，进行层次单排序及一致性检验。首先，进行层次单排序。对专家给出的每一个判断矩阵逐一进行计算，将判断矩阵的最大特征值 λ 对应的特征向量进行归一化，作为下层指标对上层相应指标的相对重要性排序的权值，即为层次单排序。其次，进行层次单排序的一致性检验。计算一致性指标 $CI = \dfrac{\lambda - n}{n - 1}$，其中 n 为判断矩阵的阶数。利用一致性指标 CI 和随机一致性指标 RI（见表2）计算一致性比率 $CR\left(\dfrac{CI}{RI}\right)$。当 $CR < 0.1$ 时，即认为通过一致性检验；否则，对判断矩阵进行调整，重新进行层次单排序及一致性检验。

表1　斯塔相对重要性等级表

标度	含义
1	两个因素相比，具有同样重要性
3	两个因素相比，一个因素比另一个因素稍微重要
5	两个因素相比，一个因素比另一个因素明显重要
7	两个因素相比，一个因素比另一个因素强烈重要

续表

标度	含义
9	两个因素相比，一个因素比另一个因素极端重要
2、4、6、8	上述两相邻判断的中值
倒数	若因素 i 相比因素 j 的重要性为 m，则因素 j 相比因素 i 的重要性为 $1/m$

表2 随机一致性指标 RI 值

n	3	4	5	6	7	8	9	10	11
RI	0.58	0.9	1.12	1.24	1.32	1.41	1.45	1.49	1.51

第三步，进行层次总排序及一致性检验。首先，进行层次总排序。从高到低依次计算每一层所有指标对于目标层的相对重要性权值，即为层次总排序。其次，进行层次总排序的一致性检验。设某层指标对上一层各指标的层次单排序一致性指标为 $CI_i(i=1,2,\cdots,m)$，对应的随机一致性指标为 $RI_i(i=1,2,\cdots,m)$，上一层各指标的层次总排序为 $w_i(i=1,2,\cdots,m)$，则该层层次总排序的一致性比率 $CR = \dfrac{w_1 CI_1 + w_2 CI_2 + \cdots + w_m CI_m}{w_1 RI_1 + w_2 RI_2 + \cdots + w_m RI_m}$。当 $CR<0.1$ 时，认为通过一致性检验，将各指标相对于目标层的相对重要性权值作为该指标在评价体系中最终的重要性权重；否则，调整判断矩阵，重新进行第二步和第三步的计算。

四、结果分析

通过文献调研，利用德尔菲专家调查法和层次分析法，最终得到的评价指标体系包括10个一级指标（党的核心地位、人才培养目标、人才培养方案、师资队伍、课程建设、教学活动、实习与竞赛、人才培养质量、教学研究、条件保障），29个二级指标，88个内涵观测点，各级指标及其权重见表3。需要强调的是，表3只是专业建设评价体系中涉及思政的部分，不是完整的专业建设评价体系。

表 3 统计学专业思政建设评价指标体系

指标	权重
1. 党的核心地位	**0.242 8**
1.1 党的领导	0.121 4
1.1.1 坚持党的政治领导	0.052 0
1.1.2 坚持党的思想领导	0.052 0
1.1.3 坚持党的组织领导	0.017 4
1.2 党的职权	0.121 4
1.2.1 党对专业思政建设方向的主导权	0.052 0
1.2.2 党对专业思政建设过程的监督权	0.052 0
1.2.3 党对专业思政建设成果的审查权	0.017 4
2. 人才培养目标	**0.194 0**
2.1 思想政治目标	0.116 4
2.1.1 具有正确的政治方向和坚定的政治立场	0.064 8
2.1.2 坚定为共产主义事业奋斗终生的理想信念	0.037 3
2.1.3 铸就为国奉献的家国情怀	0.014 3
2.2 职业素养目标	0.038 8
2.2.1 具有高尚的职业道德	0.019 4
2.2.2 提高专业认同感	0.009 7
2.2.3 提高职业忠诚度	0.009 7
2.3 综合素养目标	0.038 8
2.3.1 树立正确的世界观、人生观、价值观	0.018 9
2.3.2 塑造完善的人格品质	0.011 8
2.3.3 传承中华民族的优良传统	0.005 8
2.3.4 培养终身学习能力、团队合作能力等综合能力	0.002 3
3. 人才培养方案	**0.176 9**
3.1 人才培养需求	0.117 9
3.1.1 体现价值引领的需求	0.074 7

续表

指标	权重
3.1.2 体现统计职业道德教育的需求	0.030 7
3.1.3 体现提升综合素养的需求	0.012 5
3.2 人才培养模式	0.059 0
3.2.1 理论学习与软件实操相结合，提高动手能力和解决问题的能力	0.013 7
3.2.2 学校学习与企业实践相结合，提升专业认同感	0.006 1
3.2.3 专业学习与社会服务相结合，增强社会责任感	0.039 2
4. 师资队伍	**0.042 0**
4.1 师资队伍构成	0.014 0
4.1.1 具有先进专业思政理念的专业带头人	0.006 5
4.1.2 具有较高思政素养的骨干教师	0.003 9
4.1.3 具有一定思政素养的专业教师	0.002 3
4.1.4 有思政课教师或辅导员参与	0.001 3
4.2 教师思政素养	0.028 0
4.2.1 政治方向正确，政治立场坚定	0.010 8
4.2.2 政治理论基础扎实	0.006 3
4.2.3 认真学习并切实贯彻党的最新指示精神	0.002 3
4.2.4 深刻认识专业思政建设的重要性	0.006 3
4.2.5 善于挖掘教育教学过程中的思政点，将思政教育与专业教育有机结合	0.002 3
5. 课程建设	**0.053 7**
5.1 课程教材	0.014 1
5.1.1 教材中的主要观点符合新时代意识形态要求，价值取向正确	0.009 4
5.1.2 教材中有机融入课程思政元素	0.004 7
5.2 课程体系	0.007 6
5.2.1 各门课程的思政目标相辅相成	0.003 8
5.2.2 各门课程的思政元素不重不漏	0.003 8
5.3 思政案例库	0.024 4

续表

指标	权重
5.3.1 具有一定的体量，覆盖面广	0.002 9
5.3.2 具有较高的质量，思政元素自然贴切	0.002 9
5.3.3 结构合理，内容系统	0.001 5
5.3.4 更新及时，紧扣当前思政主题	0.006 1
5.3.5 使用方便，操作简单	0.011 0
5.4 金课与慕课	0.007 6
5.4.1 融入思政元素的金课/慕课数量	0.003 8
5.4.2 融入思政元素的金课/慕课质量	0.003 8
6. 教学活动	**0.132 5**
6.1 教学内容	0.046 5
6.1.1 紧跟时代潮流，反映当前思政主题	0.013 3
6.1.2 注重人文熏陶，提高专业忠诚度	0.006 6
6.1.3 思政内容与专业内容比例合理	0.013 3
6.1.4 思政内容与专业内容有机融合	0.013 3
6.2 教学方法	0.014 5
6.2.1 教学方法灵活多样，激发学生的学习兴趣	0.005 8
6.2.2 思政内容形式多样，强化学生的学习感受	0.005 8
6.2.3 突出学生的主体地位，培养学生自主学习的能力和终身学习的意识	0.002 9
6.3 教学考核	0.025 0
6.3.1 专业考核和思政考核相结合	0.005 0
6.3.2 过程考核与结果考核相结合	0.010 0
6.3.3 试题设计中充分融入思政元素	0.010 0
6.4 教学评价	0.046 5
6.4.1 将思政教育评价纳入教学评价体系	0.018 6
6.4.2 思政教育评价比重合理	0.018 6
6.4.3 思政教育评价指标客观、科学、具体	0.009 3

续表

指标	权重
7. 实习与竞赛	**0.020 1**
7.1 实习实践	0.006 7
7.1.1 内容中充分融入思政元素	0.001 7
7.1.2 过程中贯穿思政育人目标	0.003 3
7.1.3 考核中合理设置思政考核比重	0.001 7
7.2 学科竞赛	0.013 4
7.2.1 试题设计中充分融入思政元素	0.006 7
7.2.2 成绩评定中合理设置思政要素比重	0.006 7
8. 人才培养质量	**0.095 2**
8.1 毕业生质量	0.046 4
8.1.1 毕业生具有较高的政治觉悟	0.019 1
8.1.2 毕业生具有正确的世界观、人生观、价值观	0.008 3
8.1.3 毕业生具备良好的职业道德和职业操守	0.008 3
8.1.4 毕业生具备完善的人格	0.004 9
8.1.5 毕业生具备较高的综合能力	0.002 9
8.1.6 毕业生具有较高的职业素养	0.002 9
8.2 就业质量	0.029 0
8.2.1 选择就业单位时从国家和社会的需要出发	0.007 2
8.2.2 用人单位对毕业生的思政素质评价较高	0.021 8
8.3 社会服务	0.014 2
8.3.1 社会服务参与度高	0.009 5
8.3.2 社会服务完成度高	0.004 7
8.4 学生获奖	0.005 6
8.4.1 融入思政元素的竞赛获奖率	0.003 7
8.4.2 融入思政元素的论文获奖率	0.001 9
9. 教学研究	**0.027 6**

续表

指标	权重
9.1 教研团队	0.007 5
9.1.1 专业思政教研团队的数量达标	0.002 1
9.1.2 专业思政教研团队的规模适中	0.001 1
9.1.3 定期组织专业思政教研活动,切实开展专业思政研究	0.004 3
9.2 教研成果	0.016 8
9.2.1 专业思政教研项目数量多	0.006 7
9.2.2 专业思政教研项目级别高	0.001 7
9.2.3 专业思政教研论文数量多	0.006 7
9.2.4 专业思政教研论文质量高	0.001 7
9.3 激励机制	0.003 3
9.3.1 将专业思政教研成果纳入职称评定和考核标准中	0.001 9
9.3.2 对专业思政教研中表现突出的个人给予表彰	0.000 5
9.3.3 对专业思政教研成果给予经济奖励	0.000 9
10. 条件保障	**0.015 2**
10.1 资源保障	0.009 6
10.1.1 购买专业思政建设所需的图书资料	0.004 8
10.1.2 购买专业思政建设所需的网络资源	0.004 8
10.2 时间保障	0.004 0
10.2.1 保障专业思政学习研讨时间	0.001 0
10.2.2 保障专业思政资源开发时间	0.003 0
10.3 经费保障	0.001 6
10.3.1 专业建设经费中设置专业思政建设专项经费	0.000 8
10.3.2 专业建设经费中用于专业思政建设的经费比例合理	0.000 8

坚持党在专业思政建设中的核心地位是专业思政建设成功的根本保证。党的核心地位体现在党的领导和党的职权两个方面。只有坚持党对专业思政建设政治、思想和组织上全过程全方位的领导,才能确保专业思政建设的政

治方向正确,全面贯彻党的教育方针,培养出德智体美劳全面发展的社会主义建设者和接班人。党的职权包括党对专业思政建设方向的主导权、过程的监督权、成果的审查权。切实落实党的职权,才能将党的领导落到实处,抓在细处。

人才培养目标是专业建设的灵魂。思想政治目标在人才培养目标中占据最重要的地位,为国育人、为党育才、培养能够担当民族复兴大任的时代新人是高校教育的根本使命。职业素养目标也是人才培养目标的一个重要方面,专业人才培养要充分体现统计职业道德规范的要求:"忠诚统计,乐于奉献;实事求是,不出假数;依法统计,严守秘密;公正透明,服务社会"[1],提升学生的专业认同感和职业忠诚度。统计学专业旨在为国家和社会培养合格的统计人才,具备统计职业道德、热爱统计事业是对统计人才最基本的要求。

人才培养方案是"高等学校根据各层次各专业的培养目标与培养对象特点制定的实施培养的具体计划和方案"[2],"是高校育人的纲领性文件"[3],在专业建设中起着上承人才培养目标等宏观层面指标,下接课程建设和教学活动等微观层面指标的关键性作用。该一级指标下设人才培养需求和人才培养模式2个二级指标。在人才培养需求方面,人才培养方案需要体现价值引领的需求、统计职业道德教育的需求、提升综合素养的需求;在人才培养模式方面,人才培养方案要注重理论学习与软件实操相结合、学校学习与企业实践相结合、专业学习与社会服务相结合,培养学生的动手能力和解决问题的能力,增强专业认同感和社会责任感。

师资队伍建设为专业思政建设提供强大的人力支持。教师是教学活动的实施者和主导者。"师者,传道授业解惑也。"教师在教学活动中不仅仅是简单的传授知识,更重要的是传授为人处世的道理,对学生进行思想政治教育和人生教育,因此,教师队伍的思政建设显得尤为重要。该一级指标下设师资队伍构成和教师政治素养2个二级指标。从师资队伍构成来看,一方面,

---

[1] 中华人民共和国国家统计局. 统计职业道德规范 [M]. 北京:中国统计出版社,2002.
[2] 朱九思. 高等教育词典 [M]. 武汉:湖北教育出版社,2003.
[3] 王泳涛,杨曦. 高校修订人才培养方案的现状透视与提升路径 [J]. 教育理论与实践,2021, 41(27):3-6.

师资队伍中需要包括具有先进专业思政理念的专业带头人，起到领头羊的作用；包括具有较高思政素养的骨干教师，起到中流砥柱的作用；包括大量具有一定思政素养的专业教师，起到地基堡垒的作用。另一方面，专业思政建设需要有思政课教师或辅导员的参与，从思政专业理论的角度为专业思政建设提供保障。从教师思政素养来看，最重要的是教师的政治方向和政治立场。教师具有正确的政治方向和坚定的政治立场，在教学过程中才能时刻保持正确的前进方向，更好地完成立德树人的根本任务。

课程建设直接影响着大学生的课程学习情况，课程学习是大学生在校期间的主要任务，也是大学生获取知识和接受思政教育最重要的渠道之一。该一级指标下设课程教材、课程体系、思政案例库、金课与慕课4个二级指标，其中课程教材和思政案例库的权重较高。在课程教材方面，教材是学生学习过程中重要的参考读物，教材中的任何一个细节都会对学生产生深远的影响，因此，无论是选用现有教材，还是教师自编教材，教材中的主要观点都必须符合新时代意识形态的要求，确保价值取向正确；同时，为了满足思政教育的要求，教材中需要有机融入思政元素，力戒生搬硬套，避免出现知识内容与思政内容"两张皮"的现象，力求做到二者的完美融合。在思政案例库方面，案例教学方法是统计学重要的教学方法之一，案例库可以为案例教学提供丰富的典型案例，对统计学教学具有重要的作用。第一，思政案例库要具有一定的体量，覆盖统计学科主要的分支方向；第二，思政案例要具有较高的质量，思政元素自然贴切，不生搬硬套；第三，思政案例库结构要合理，内容要系统，要对众多的思政案例进行合理分类，并按一定的组织结构进行整合，形成一个完善的思政案例系统；第四，思政案例库要及时更新，根据当前思政主题和案例使用过程中的反馈及时进行更新和完善；第五，思政案例库使用要方便，操作要简单，开放性要强，切实提高思政资源的利用率。

教学活动是大学教育最基本最核心的活动，是立德树人、传授知识、引领思想最主要的手段。该指标下设教学内容、教学方法、教学考核、教学评价4个二级指标，其中教学内容和教学评价的权重最高。在教学内容方面，专业思政建设要求在教学内容中融入思政元素，紧跟时代潮流，反映时代的思政主题。同时，通过对统计学科名人轶事的介绍，对学生进行统计文化的熏陶，增强学生对统计学专业的热爱，提高学生的专业忠诚度。此外，要注意合理设置思政内容与专业内容的比例，做到二者不偏不废，既能深入完整的传授专业知识，又能引领学生的思想。最后，要注意思政内容与专业内容的有机融合，在传授知识的同时自然而然地进行思政教育，做到润物细无声。在教学评价方面，要建立客观、科学、具体的思政教育评价指标体系，并将思政教育评价以合理的比重纳入教学评价中，提高教师对思政教育的重视程度，鼓励先进、弥补漏洞，促进思政教育良性发展。

实习与竞赛是课堂教学活动的重要补充。该指标下设实习实践和学科竞赛2个二级指标。在实习实践方面，内容、过程、考核中都需要充分考虑思政目标。第一，学生实习实践的内容部分由教师指定，部分由学生自主选择。教师在设计实习实践内容时要充分融入思政元素，同时注意引导自主选择实习实践内容的学生在选择的过程中兼顾思政目标。第二，思政育人目标要贯穿实习实践的全过程，不能虎头蛇尾。第三，考核标准具有一定的导向作用，实习实践考核中要合理设置思政考核比重，间接引导学生注重实习实践中的思政目标。在学科竞赛方面，第一，教师在学科竞赛试题设计中要有机融入思政元素，比如在选取试题素材时充分关注关系民族复兴和社会发展的热点问题。第二，在成绩评定标准中合理设置思政要素比重，引导学生在完成竞赛的过程中时刻关注自身的思想政治方向和价值取向。

人才培养质量是衡量高校教育教学活动成效的重要指标之一。该指标下设毕业生质量、就业质量、社会服务、学生获奖4个二级指标，其中毕业生质量和就业质量的权重较高。毕业生质量是衡量人才培养质量最重要的指标，学校教育最终的目的就是为国家和社会培养合格的毕业生。从专业思政建设角度来看，毕业生质量要从毕业生的政治觉悟、世界观、人生观、价值观、职业道德和职业操守、人格特征、综合能力和职业素养等方面综合考量。就业质量是衡量人才培养质量的重要指标之一。一方面，毕业生对就业单位的选择能够在一定程度上反映出毕业生的思想政治素质以及世界观、人生观、价值观，合格的专业思政建设培养的毕业生在选择就业单位时会更多关注对国家和社会的贡献以及职业发展空间等，而较少考虑个人的安逸和享乐。另一方面，用人单位对毕业生思政素质的评价对衡量人才培养质量十分重要，优秀的毕业生更容易得到用人单位的认可。用人单位与大学是两个不同的主体，不存在上下级隶属关系或直接利益关系，因此用人单位对毕业生的评价更为客观真实。

教学研究的开展能够使教师时刻把握教育教学理论前沿，提高教师的教育理论水平，进而促进先进教育理念在教学实践中的应用，提升教师的教学水平。该一级指标下设教研团队、教研成果、激励机制3个二级指标。教研团队建设有助于改变个人单打独斗的研究状态，通过教研团队的活动，团队成员更容易碰撞出思维的火花，达到"1+1>2"的效果。专业思政教研成果主要包括项目和论文两个方面，拥有一定数量的高质量的项目和论文是衡量教研成果的重要标准。适当的激励机制能够充分激发教师的主观能动性，提高教师的积极性，促进教学研究的顺利开展。

条件保障包括资源、时间、经费三个方面。进行专业思政建设，需要查阅大量的文献资料，学习先进的专业思政建设理念，借鉴现有的专业思政案例，因此有必要购买相关的图书资料和网络资源，防止出现闭门造车的现象。进行专业思政建设，需要大量时间进行学习研讨和资源开发，需要学院在安排工作时为教师专业思政建设活动预留充分的时间。另外，进行专业思政建设研讨和交流都需要一定的经费支持，在专业建设经费中设置一定比例的专业思政建设专项经费对保障专业思政建设顺利进行也有一定的作用。

五、总结与展望

本研究以统计学专业为例，利用德尔菲专家调查法构建专业思政建设评价指标体系，并利用层次分析法确定各指标权重，为客观科学地评价统计学专业思政建设提供了量化依据。未来的研究可以从以下两个方面考虑：一方面，根据实际应用的反馈不断对指标体系进行修改完善，并根据时代发展的需要，不断更新指标体系，以适应新时代的要求；另一方面，该指标体系是以统计学专业为例构建的，由于各专业特点不同，针对其他专业，指标体系可能会有所差别，因此需要根据专业的特点对指标体系进行调整或按本文方法重新进行构建。

参考文献

[1] 把思想政治工作贯穿教育教学全过程[N]. 人民日报, 2016-12-09 (10).

[2] 习近平. 在北京大学师生座谈会上的讲话[N]. 人民日报, 2018-05-03 (2).

[3] 楚国清, 王勇. "课程思政"到"专业思政"的四重逻辑[J]. 北京联合大学学报（人文社会科学版）, 2022, 20 (1): 18-23, 40.

[4] 陈宝生. 在新时代全国高等学校本科教育工作会议上的讲话[J]. 中国高等教育, 2018 (Z3).

[5] 李春旺, 范宝祥, 田沛哲. "专业思政"的内涵、体系构建与实践[J]. 北京联合大学学报, 2019, 33 (4): 1-6.

[6] 韩宪洲. 深化"课程思政"建设需要着力把握的几个关键问题[J]. 北京联合大学学报（人文社会科学版）, 2019, 17 (2): 1-6, 15.

[7] 许耀元. 高校课程思政教学评价体系构建[J]. 智库时代, 2020, 223 (3): 209-211.

[8] 刘培蕾. 多元视角下课程思政评价体系构建的困境与出路[J]. 豫章师范学院学报, 2021, 179 (6): 12-16.

[9] 中华人民共和国教育部. 教育部关于印发《高等学校课程思政建设指导纲要》的通知[EB/OL]. [2020-06-01]. http://www.moe.gov.cn/srcsite/A08/s7056/202006/t20200603_462437.html.

[10] 马孟伟, 王茜, 金莉, 等. 护理本科专业课课程思政教学评价指标体系的构建[J]. 护理学杂志, 2022, 37 (1): 6-10.

[11] 杨学平, 胡恒杰, 王鹤钦, 等. 基于层次分析法电子信息专业建设评价体系构建研究[J]. 电子元器件与信息技术, 2022, 55 (1): 62-65.

[12] 李锋清. 基于CIPP的医学院校思政课实践教学评价体系的思考[J]. 南京中医药大学学报（社会科学版）, 2022, 23 (1): 59-63.

[13] 马连福, 吕天虹. 现代市场调查与预测[M]. 北京：首都经济贸易大学

出版社，2005.

[14] 风笑天. 社会调查中的问卷设计［M］. 天津：天津人民出版社，2002.

[15] SAATY T L. The analytic hierarchy process［M］. New York：McGraw Hill Inc，1980.

[16] 中华人民共和国国家统计局. 统计职业道德规范［M］. 北京：中国统计出版社，2002.

[17] 朱九思. 高等教育词典［M］. 武汉：湖北教育出版社，2003.

[18] 王泳涛，杨曦. 高校修订人才培养方案的现状透视与提升路径［J］. 教育理论与实践，2021，41（27）：3-6.

专业思政与课程思政一体化设计和协同育人路径研究
——以土地资源管理专业为例[1]

徐 虹[2]

【摘 要】 专业思政和课程思政是把思想政治工作贯通人才培养全过程的有效手段。专业思政与课程思政一体化设计、耦合育人有利于整体提升协同育人效果，同时也是新时代高等教育的新要求。本文在厘清学科思政、专业思政和课程思政关系的基础上，以土地资源管理专业为例，从专业思政的设计出发，借鉴系统开发的分析方法，首先，自上而下，以学科思政为指导依据，结合新文科背景和时代、行业特点，以及高等教育思政要求，梳理专业思政目标的基本框架。其次，自下而上，以各课程思政主旨为依据，反向推导专业思政各项目标的重要性，达成了专业思政和课程思政的一体化设计。通过第一、二、三课堂的建设、教材与师资队伍的建设，设计了较为完善的专业思政和课程思政的协同育人路径。

【关键词】 专业思政；课程思政；协同育人

2016 年 12 月，习近平总书记在全国高校思想政治工作会议上的讲话中指出：高校思想政治工作关系高校培养什么样的人、如何培养人以及为谁培养人这个根本问题。要坚持把立德树人作为中心环节，把思想政治工作贯穿教

---

[1] 基金项目：首都经济贸易大学高等教育研究项目"专业思政与课程思政一体化设计和协同育人路径研究"。

[2] 作者简介：徐虹，首都经济贸易大学城市经济与公共管理学院院长助理，副教授，土地资源管理系主任。

育教学全过程，实现全程育人、全方位育人，努力开创我国高等教育事业发展新局面。2018年，在新时代全国高等学校本科教育工作会议上，教育部部长陈宝生指出："加强课程思政、专业思政十分重要，要提升到中国特色高等教育制度层面来认识。"可见，专业思政和课程思政是把思想政治工作贯通人才培养全过程的有效手段。专业思政与课程思政一体化设计、耦合育人有利于整体提升协同育人效果，也是新时代高等教育的新要求。

一、相关文献研究综述

2012年，党的十八大报告中明确提出"把立德树人作为教育的根本任务"，"课程思政"的理论萌芽虽破土而出，但直到2016年在全国高校思想政治工作会议上提出"所有课堂都有育人功能，不能把思想政治工作只当作思想政治理论课的事，其他各门课要守好一段渠、种好责任田"之后，各高校才大规模把推动思政课程与课程思政协同前行、构筑育人大格局作为推进的重点。

从中国知网对期刊关键词的搜索来看（见表1），2017年开始有文章以课程思政为关键词，随后相关文章逐渐增多，2021年已增至8 187篇。而专业思政虽然在2018年有学者开始关注，但2021年也仅有33篇相关文章。学科思政发文量更少，2019年开始有学者关注，截至2021年仅有7篇文章以此为关键词。可见，目前课程思政研究已呈现百花齐放之态，而专业思政、学科思政的相关研究较少。

表1 中国知网期刊论文关键词检索发文量

关键词	2017年	2018年	2019年	2020年	2021年
课程思政	28	277	1 558	4 535	8 187
专业思政	0	3	8	31	33
学科思政	0	0	1	2	4

关于专业思政、专业思政与课程思政的研究主要集中在以下三个方面。

（一）课程思政、专业思政乃至学科思政的关系研究

韩宪洲（2019）在接受《北京教育（高教）》期刊采访中提到，"专业思政"与"课程思政"在育人上是一体的，"专业思政"是对专业的人才培养功能的新认识，在深化"课程思政"建设过程中，要适时启动"专业思政"建设。李彦冰（2019）认为"专业思政"是"课程思政"的拓展和深化。李春旺（2019）认为"专业思政"建设为深化"课程思政"建设搭建了共同的思政资源平台，使专业课程开展"课程思政"可以利用的思政元素和功能更加丰富。张峰（2021）认为"专业思政"是"课程思政"的创新组织形式，"学科思政"是"专业思政"的依据。

（二）专业思政和课程思政协同育人研究

闫长斌（2020）、李胜（2021）提出了专业思政与课程思政耦合育人的途径，包括课程思政评价、第二课堂建设、课程与教材建设、师资队伍建设等方面。陈海雯（2021）、瞿一（2021）、陈海燕（2021）对课程思政与专业思政建设的一体化进行了初步探索，提出了整体、目的、要素、知识、能力、价值、内容、技术、思维等协同建设路径。虽然各学者观点不同，但对课程思政和专业思政的一体化设计和建设都提出了新的思路。

（三）专业思政建设的实践研究

大部分学者主要依托某一专业领域，探索其专业思政的建设内容。例如，李彦冰（2018）探讨了新闻传播教育开展专业思政的实施路径。朱强等（2019）探讨了财务管理专业开展课程思政的实践路径。付丽丽（2019）结合校企"双元"育人模式探索旅游管理专业开展课程思政的实施办法。林妍梅（2021）基于OBE理念对金融学专业思政进行了探索。

综上所述，学者虽对专业思政和课程思政做了较多探索，但有待形成更成熟和可广泛推广的模式。本文在进一步厘清学科思政、专业思政和课程思政关系的基础上，以专业思政的设计为出发点，借鉴系统开发的分析方法，自上而下设计，自下而上拼接，以土地资源管理专业为例，形成专业思政目标及框架体系，以及专业思政和课程思政的协同育人路径。

二、课程思政、专业思政和学科思政的关系

课程、专业和学科是构成高等院校的三个基本要素，联系紧密。一门学科可以支撑一个或多个专业，一个专业可以横跨一个或多个学科，而专业或学科知识需通过课程来体现。其中对于思政来说，区别和联系如图1所示。

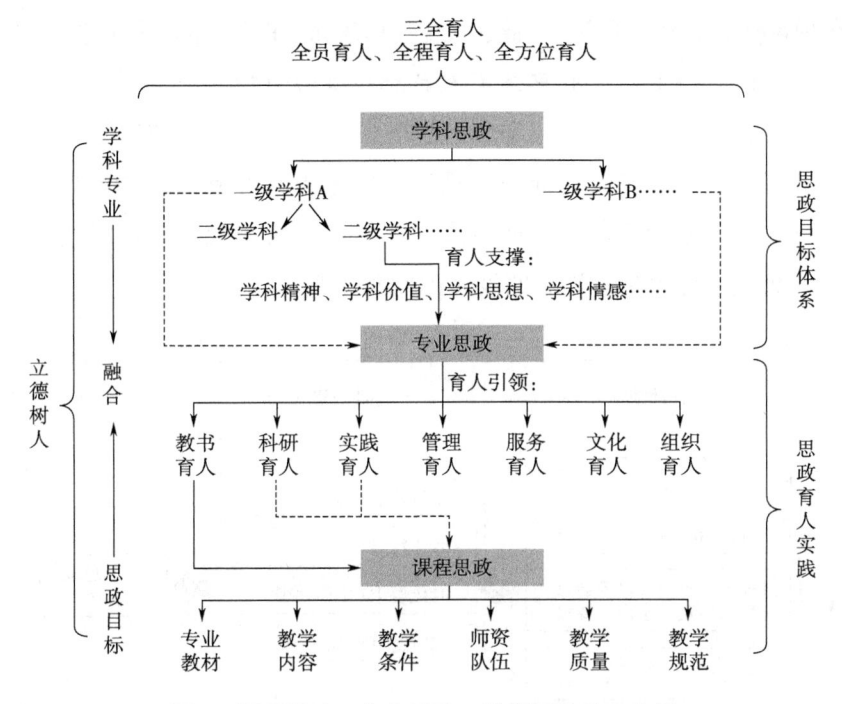

图 1　课程思政、专业思政、学科思政关系分析

首先，从联系来看，课程思政、专业思政、学科思政都是落实立德树人的战略举措，并且都强调教育的融合性，即将专业教育和思想政治教育紧密融合。总体上，学科思政是专业思政的重要依据，而课程思政实际上是专业思政的重要落脚点。

其次，从区别上看，陈小虎等（2013）提出院校课程体系设计要"以专业为导向，以学科为支撑"的基本观点。基于此，张锋等（2021）提出，学科思政可以侧重育人支撑，专业思政侧重育人引领，课程思政侧重育人实践。而且，课程思政的重点工作在于挖掘思政元素，学科思政和专业思政的重点工作在于设定思政目标和育人体系。

三、专业思政与课程思政一体化设计路径

借鉴系统开发的分析方法，首先，自上而下地以学科思政为指导依据，结合新文科背景和时代、行业特点，以及高等教育思政要求等，梳理专业思政目标的基本框架。其次，自下而上，以各课程思政主旨为依据，反向推导专业

思政各项目标的重要性排序，以此达成专业思政和课程思政的一体化设计。

（一）自上而下：专业思政育人目标框架设计路径

根据课程思政、专业思政和学科思政的关系，以及高校思政建设的相关指导思想，专业思政育人目标框架设计应既考虑共性支撑因素的要求，也要考虑特性支撑因素的要求，以期达成立德树人、培养德才兼备时代新人的目标。专业思政目标框架建设思路及考虑因素见表2。

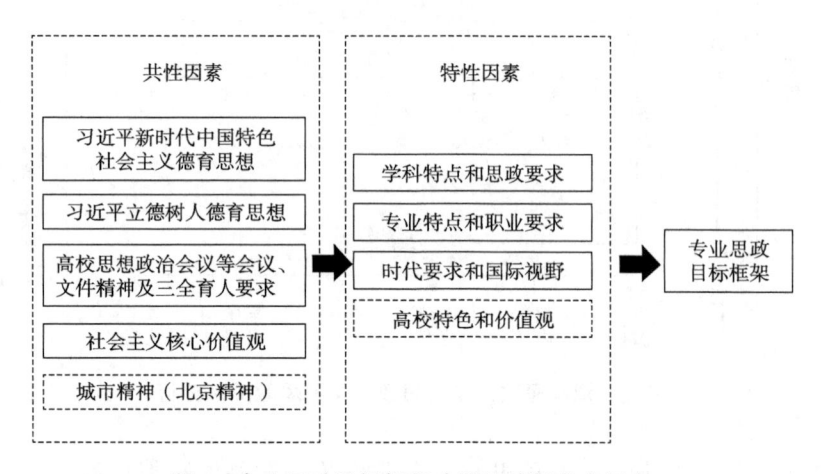

```
共性因素                        特性因素
┌─────────────────────┐    ┌─────────────────────┐
│ 习近平新时代中国特色 │    │ 学科特点和思政要求  │
│ 社会主义德育思想    │    ├─────────────────────┤       ┌──────────┐
├─────────────────────┤ →  │ 专业特点和职业要求  │   →   │ 专业思政 │
│ 习近平立德树人德育思想│    ├─────────────────────┤       │ 目标框架 │
├─────────────────────┤    │ 时代要求和国际视野  │       └──────────┘
│ 高校思想政治会议等会议│    ├─────────────────────┤
│ 文件精神及三全育人要求│    │ 高校特色和价值观    │
├─────────────────────┤    └─────────────────────┘
│ 社会主义核心价值观  │
├─────────────────────┤
│ 城市精神（北京精神）│
└─────────────────────┘
```

图2　专业思政目标框架建设思路及考虑因素

各因素中，城市精神、高校特色和价值观为可考虑因素，其余为应考虑因素；时代要求和国际视野虽在共性因素中有部分体现，但作为特性因素的构成部分，应结合学科专业特点考量。

以土地资源管理专业思政设计的特性影响因素为例，首先，该专业属于公共管理学科，培育具有"实现公共福祉和公共利益"意识的专业人才是该学科设置的首要目标。公共管理类学科学生毕业后主要集中在政府部门或者国有企事业单位，因此学生公共精神培育就显得尤为必要。其次，从专业特点和职业要求来看，以土地自然经济综合体为研究对象的土地管理类专业，具有自然科学和社会科学的交叉科学性质。土地资源管理类专业与地理、环境息息相关，一般其德育价值包括国情和爱国主义教育、可持续发展教育和法制教育等。再次，从时代要求和国际视野看，土地资源管理相关专业非常注重研究方法和工具，故应注重科学精神、探索和创新精神。最后，从高校特色和价值观看，由于我校土地资源管理专业起源于1992年在全国最早设立的房地产经营管理专业，同时传承财经类高校的学科优势，故专业思政也应考虑经济学学科和房地产行业的特点，将"经世济民"的家国情怀、民生与房地产行业的社会责任、建筑设计与建筑工程的工匠精神等融入专业思政。

(二) 自下而上：专业思政育人目标体系设计路径

以课程特点为基础，分析专业思政育人目标体系为自下而上的搭建方式，其与自上而下的方式对接考虑，则可以较为科学地形成专业思政目标框架和体系。如图3所示，从课程设置来看，一般课程有不同层次，例如，公共基础课、学科基础课、专业课、专业选修课、公共选修课等，其作用不同，对应的思政着眼点也有所不同；同时也可以有不同的分类，例如，理论课程、实操课程、技术课程、案例课程等，不同课程教学方法不同，思政角度也有所不同；此外课程还可以分为不同板块，例如，我校土地资源管理专业课程可以分为土地利用管理和房地产经济管理两大方向，土地利用管理类课程又可以分为土地管理类、土地生态类、土地技术类、土地经济及评价类等，不同板块课程有不同的属性和特征，对应的思政介入点又有所不同。

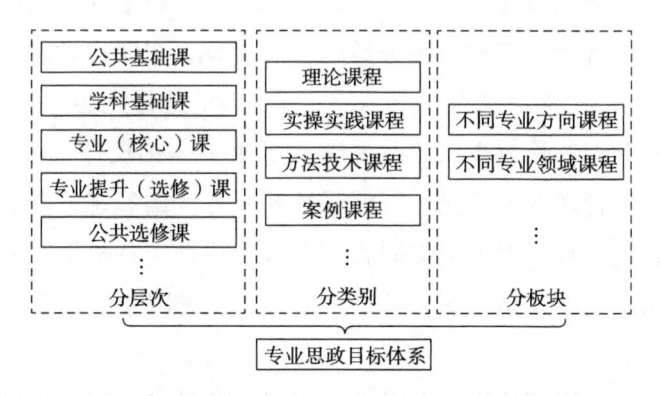

图3 基于课程特点的专业思政目标体系建设思路

以我校土地资源管理专业课程为例，分类别和板块分析专业课程特征，可以给予专业思政建设一定启示。

1. 土地利用管理类课程的特点与思政启示。首先，该类课程包括大量土地公共管理、公共政策类课程。我国的土地管理制度较为特殊，为土地公有制，且土地革命是新中国建立和经济发展的重要推动力之一，我国目前的土地制度安排也造就了"中国增长"奇迹，因此，建立土地管理领域的制度自信是首要关键点。其次，土地资源是生态文明建设的空间载体和基础性资源，因此，坚持人与自然和谐共生，立足习近平生态文明建设思想，明确绿水青山就是金山银山，深入理解人地关系，形成可持续发展理念，关心自然、生态、经济与社会的可持续发展就成了专业思政的重要组成部分。最后，土地科技课程是土地利用管理类课程的核心和重要组成部分，通过这类课程可以增强学生的保密意识，维护国家信息安全，增强国家版图意识，倡导规范使用地图等。

2. 房地产经济管理类课程特点及思政启示。首先，房地产经济管理类课程的构成主要呈现沿着房地产开发经营与管理主线分布和展开的特点。在课程思政的建设过程中，应充分考虑在房地产开发经营各环节融入思政内容。其次，该类课程既包括企业市场决策主线，也包括政府市场干预主线。因此，课程思政建设一方面要以房地产开发企业的社会责任为主导，另一方面也要使学生认识到政府干预房地产市场的原因和重要性，认可改革开放后我国政府推动房地产市场领域的建设成就。最后，房地产经济管理类课程理论与实践结合紧密，包含大量案例、实务类内容和课程，在课程思政建设中，应尽量以实例为导向，以实际做法为切入点，融入课程思政内容。

（三）土地资源管理专业思政与课程思政一体化设计

以土地资源管理专业为例，按照系统开发方法的思想，自上而下根据影响因素进行搭建，自下而上根据课程特点进行拼贴，并根据对专业任课教师调研所得的结论，本文从国家—社会—学生—公民四个层面建立专业思政目标框架和体系。

首先，从国家层面分析，中国人的家国情怀已经成为中华民族生生不息的文化基因。无论是习近平新时代中国特色社会主义德育思想、习近平立德树人德育思想，还是社会主义核心价值观、北京精神，都将爱国、中国梦、共产主义远大理想等纳入其中，并置于首要、关键位置。同时，这种家国理论一般以经世济民为目标，"经世济民"也是我校的校训。从土地资源管理专业课程体系来看，国家版图、国家法制、道路和制度自信、理想信念教育更是其中的重要思政内容。

其次，从社会层面分析，知行合一不仅是我校校徽骆驼精神的含义之一，也与学科专业的特性息息相关。衣食住行是人类最基本的需求，人类的生活与土地和地产关联度大，故能够做到知行合一、履行社会责任、为人民群众美好生活努力是每个土地资源管理人应该追求的德育目标。

再次，从学生层面分析，"博学慎思，明辨笃行"出自《礼记·中庸》十九章："博学之，审问之，慎思之，明辨之，笃行之。"从学科特点来看，公共管理是多学科交叉的一个领域，作为公管人，更需要通过博学和慎思来增加知识的宽度、厚度。博学、慎思亦是我校教学楼的名称及对莘莘学子的期望。

最后，从公民层面分析，"情理兼修"是习近平总书记对广大青年成长成才提出的新要求。《礼记·大学》曾写道，"古之欲明明德于天下者，先治其国；欲治其国者，先齐其家；欲齐其家者，先修其身"；"华夏之礼仪，修德方砥行"。可见，千里之行始于足下，修身养性方为初始。

在各层面的专业思政目标下，本文根据土地资源管理专业师资的专业思政和课程思政调查问卷，按照词云频次将四大核心专业思政维度分为了12个核心素养，如表2所示。

表2 土地资源管理专业思政目标框架体系

核心素养	释义
国家层面：经世济民，心有家国情怀	
国家观念	树立正确的世界观、人生观、价值观，树立国家版图意识、国家安全意识，爱党爱国，自觉维护国家最高利益和民族团结大局，将个人价值同国家前途命运紧密相连
国家认同	加强法制教育，理解和认同中国特色社会主义经济制度、土地制度、住房政策等，树立民族自豪感和中国特色社会主义道路自信、理论自信、制度自信、文化自信
理想信念	坚持不忘初心，坚持马克思主义的指导地位，具备"立大志、明大德、成大才、担大任"的意识，牢固树立为实现中华民族伟大复兴的中国梦而不懈奋斗的人生理想
社会层面：知行合一，履行社会责任	
科学发展	立足习近平生态文明建设思想，坚持绿色协调的专业理念。理解人地关系，崇尚人与自然和谐共生，形成科学发展观，关心自然、生态、经济与社会的可持续发展

续表

核心素养	释义
职业道德	爱岗敬业、诚实守信、秉公任职、乐于奉献、遵守职业规范、具备职业精神；有责任、有担当
工匠精神	理解专业与民生保障的紧密关联，崇尚和传承执着专注、精益求精、一丝不苟、追求卓越的学习、工作态度和工匠精神
学生层面：博学慎思，永葆求知精神	
勤学善思	热爱学习，勤于思考，掌握学科专业学习方法和策略，善于把握土地资源管理领域知识与经济学等其他人文社科和自然科学领域建立的内在联系，注重理论知识的形成过程及其迁移运用，形成终身学习观念
科学精神	认识土地资源管理的科学体系，具备敢于坚持科学思想的勇气和不断探求真理的意识，包括客观、严谨和理性精神；求实、求真和实证精神；怀疑、批判和探索精神等
开放创新	敢于质疑、勇于批判，力求超越，善于思考和发现问题，在理论、实践和土地科技方面能够提出新问题、新设想、新方法，成为具有开放心态、全球视野、紧跟世界格局的时代新人、创新型人才
公民层面：情理兼修，内化个人素养	
健全人格	能够理性思考问题，理性解决问题，正确认识和评价自我，形成客观稳定的自我意识。自我接纳、尊重他人，积极乐观
公共精神	认可和追求民主、平等、正义、公共利益、责任感和大局观，有独立的人格精神、社会公德意识、自制自律的行为规范、善待生命和社会的慈悲胸怀
厚德包容	大地为师，学习有容乃大、厚德载物；重视德行，发扬个人美德、家庭美德；胸怀宽广，崇尚和谐友善、包容有恒

四、专业思政与课程思政协同育人建设路径

"三全育人"是专业思政和课程思政协同育人的主要指导理论和思想。习近平总书记在全国高校思想政治工作会议上指出，要坚持把立德树人作为中心环节，把思想政治工作贯穿教育教学全过程，实现全程育人、全方位育人，努力开创我国高等教育事业发展新局面。

我校土地资源管理专业采用大类招生大类培养的模式，一般科系在第四学期开始介入，直至大学四年培养完成。如果以科系为主导，以"三全育人"理念为指导，其专业思政和课程思政协同育人路径可构建如图4所示。

（一）全主体参与，发挥不同层次作用

在全员育人过程中，各主体职责有一定区别，但都是以专业思政目标为中心进行建设和推进的。党支部主要发挥战斗堡垒和引领作用，引领课程思

```
┌─────────────────┐ ┌─────────────────┐ ┌─────────────────┐
│ 教育主体协同    │ │ 教育过程协同    │ │ 教育资源协同    │
│ 全员育人        │ │ 全过程育人      │ │ 全方位育人      │
│ ┌─────────────┐ │ │ ┌─────────────┐ │ │ ┌─────────────┐ │
│ │ 党支部      │ │ │ │大一年级:专业认同│ │ │ 第一课堂    │ │
│ ├─────────────┤ │ │ ├─────────────┤ │ │ ├─────────────┤ │
│ │ 科系组织    │ │ │ │大二年级:学科思政│ │ │ 第二课堂    │ │
│ ├─────────────┤ │ │ ├─────────────┤ │ │ ├─────────────┤ │
│ │ 专业教师    │ │ │ │大三年级:专业思政│ │ │ 第三课堂    │ │
│ ├─────────────┤ │ │ ├─────────────┤ │ └─────────────────┘
│ │ 班主任      │ │ │ │大四年级:职业精神│ │
│ └─────────────┘ │ │ └─────────────┘ │
└─────────────────┘ └─────────────────┘
```

图 4　专业思政与课程思政协同育人路径

政和专业思政的探索，助力"教育者先受教育"；科系组织发挥统领和组织作用，进一步挖掘思政目标，融入培养方案，助力专业思政目标的实践与实现；专业课教师在提升德育水平的同时，守好课堂一寸田，潜移默化地将思政和育人思想融入专业课堂，言传身教，助力育人目标实现。目前我校一般由科系专业课老师兼任本专业班主任，故在专业教育的同时更应注重德育层面的引导。

（二）遵循学生成长规律，将育人工作贯穿大学生从入学到毕业的各个阶段

贯穿始终，纵横衔接，建立教育过程协同机制，实现时时用力、久久为功的全过程育人，构建分阶段有重点、逐年级提升的全过程思政教育体系。大学一年级，以专业认同和专业热爱为专业思政教育介入初始；大学二年级，以学科精神和学科思政作为专业思政教育的基础；大学三年级，专业课程大量介入，专业思政教育应为高峰期；大学四年级，专业思政的核心应更注重社会责任和职业精神两方面。

（三）打造"三个课堂"，发挥育人的不同作用

"第一课堂"指课堂教学，应针对不同专业课的特点和教学要求合理分配思政育人元素，促进思政育人的合理推进。我校土地资源管理专业核心课课程思政与专业思政目标对照如表 3 所示。"第二课堂"仍是指校内学习场所，是除"第一课堂"之外的所有校内资源，"第三课堂"是指校门外的社会实践学习锻炼场所。土地资源管理专业各项育人活动与思政教育相结合，形成了三大育人品牌体系，包括"谈土论房"学术育人品牌、"治土理房"实践育人品牌、"青橙 Land"活动育人品牌。各育人品牌活动与专业思政紧密融

合，培养德才兼备的时代新人。

表3 土地资源管理专业思政与专业核心课课程思政要求对照表

思政层面	国家层面			社会层面			学生层面			公民层面		
思政目标	经世济民，心有家国情怀			知行合一，履行社会责任			博学慎思，永葆求知精神			情理兼修，内化个人素养		
思政要点	国家观念	国家认同	理想信念	科学发展	职业道德	工匠精神	勤学慎思	科学精神	开放创新	健全人格	公共精神	厚德包容
土地经济学	○	●	●	●			●	○	○	○	●	●
土地资源学	○	●	●	●		○	○				○	●
房地产经济学（双语）		●	●	●	○		●	○			○	●
国土空间规划	●	●	●	●		○	●	●	●	●	●	●
土地管理学	●	●	●	●	●	●	●	●	●	●	●	●
地籍测量与管理	○	●	●	●	●		●	●	●	●	●	○
房地产开发经营		○	●	●	●	●	●	●	●	●	●	○

注：● 为思政重要介入点，○为思政次要介入点。

五、结论

本文探索了课程思政、专业思政和学科思政之间的关联，按照系统开发的思想，以土地资源管理专业为例，自上而下设计，自下而上拼接，形成了专业思政目标及框架体系，并且根据"三全育人"理念，形成了专业思政和课程思政协同育人路径，如表4所示。通过全员、全过程、全方位育人，形成了完整的专业育人体系，目标层层递进。

表4 土地资源管理专业思政与课程思政协同育人路径

专业思政目标体系	国家层面	经世济民，心有家国情怀
	社会层面	知行合一，履行社会责任
	学生层面	博学慎思，永葆求知精神
	公民层面	情理兼修，内化个人素养

续表

思政引领	教师党支部、科系组织					
引领方式	研讨、培养方案修订、课程思政案例库建设、课程思政展示、教材建设等					
育人过程	育人主体	课程分类	育人课程	育人环节		思政重点
第一学期 (大类培养，未分专业)	·班主任 ·系主任 ·学院领导 ·任课教师	学科基础课	·政治学 ·法理学 ·经济学原理 ·管理学	·新生教育 ·班会 ·专业认知		·专业认同 ·专业热爱
第二学期 (大类培养，未分专业)	·班主任 ·系主任 ·任课教师	学科基础课	·公共经济学 ·公共管理类专业导论	·班会 ·暑期社会实践		·专业认同 ·专业热爱 ·学科精神
第三学期 (大类培养，已分专业)	·班主任 ·任课教师 ·专业教师 ·外请专家	学科基础课	·社会学 ·统计学 ·公共管理学 ·公共政策学 ·城市管理学	·大学生创新项目 ·治土理房：学科竞赛-策划、开发、物业 ·谈土论房：专家讲座-土地、房地产 ·青橙Land：迎新活动 ·寒假社会实践		·学科精神 ·专业认同 ·专业精神 ·专业热爱
第四学期 (分专业培养)	·专业教师 ·班主任 ·实习基地 ·外请专家	专业核心课	·土地经济学 ·土地管理学 ·土地资源学 ·房地产开发经营	·大学生创新项目 ·治土理房：学科竞赛-规划、估价 ·谈土论房：专家讲座-土地、房地产 ·治土理房：职场案例课-开发 ·治土理房：认知实习-集中实习基地 ·暑期社会实践		·专业认同 ·专业精神 ·专业热爱
第五学期 (分专业培养)	·专业教师 ·班主任 ·外请专家	专业核心课	·房地产经济学 ·国土空间规划	·大学生创新项目 ·治土理房：学科竞赛-策划、开发、物业 ·谈土论房：专家讲座-土地、房地产 ·谈土论房：读书会-土地、房地产 ·治土理房：职场案例课-估价 ·寒假社会实践		·专业认同 ·专业精神 ·专业热爱
^	^	专业提升课	·房地产估价理论与方法 ·城市生态学 ·遥感与GIS应用 ·土地评价学 ·房地产建筑概论 ·房地产金融 ·房地产市场理论与实务	^		^

179

续表

第六学期 （分专业培养）	·专业教师 ·班主任 ·实习基地 ·外请专家	专业核心课	·地籍测量与管理	·大学生创新项目 ·治土理房：学科竞赛-规划、估价 ·谈土论房：专家讲座-土地、房地产 ·治土理房：职场案例课-策划 ·治土理房：专业实习-集中实习基地 ·青橙 Land：专业实践活动 ·暑期社会实践	·专业认同 ·专业精神 ·专业热爱
		专业提升课	·土地法学 ·城市经济学 ·房地产预决算 ·房地产策划与案例 ·房地产项目投资分析 ·资源与环境经济学 ·国土空间生态修复理论与实践		
第七学期 （分专业培养）	·专业教师 ·班主任 ·外请专家	专业核心课	·土地信息系统	·大学生创新项目 ·治土理房：学科竞赛-策划、开发、物业 ·谈土论房：专家讲座-土地、房地产 ·谈土论房：读书会-土地、房地产 ·青橙 Land：朋辈引领活动 ·寒假社会实践	·专业精神 ·专业热爱 ·职业精神
		专业提升课	·景观生态学 ·土地利用工程 ·国外不动产理论与方法 ·商业地产运营管理 ·房地产估价案例 ·物业管理理论与实务		
第八学期 （分专业培养）	·指导教师 ·班主任 ·实习单位 ·学院领导			·毕业论文 ·毕业实习 ·毕业答辩 ·青橙 Land：毕业欢聚 ·毕业典礼	·专业精神 ·专业热爱 ·职业精神

参考文献

[1] 王伟宾，闫岩. 课程思政、专业思政与学科思政的基本关系及融合建设路径

研究［J］．黑龙江教育，2022（2）：14-15．

[2] 张峰，王琦，张玲娜，等．"课程思政""专业思政""学科思政"的逻辑关系研究：基于中国知网数据的发现［J］．北京联合大学学报，2021（4）：14-15，27-32．

[3] 刘琦，刘书来，郑增建．OBE 理念下从课程思政到专业思政路径探索［J］．浙江工业大学学报，2020（9）：318-323．

[4] 李权国，张弢，文力，等．高校地理科学专业"课程思政"与德育价值研究［J］．中国地质教育．2020（1）：54-56．

[5] 张华春，季璟．习近平新时代中国特色社会主义德育思想的形成渊源、主要内涵及价值意蕴［J］．池州学院学报．2020（2）：15-18．

[6] 董秀娜，李洪波．高校"三全育人"协同机制构建研究［J］．思想教育研究．2020（8）：148-152．

法学专业课程思政、专业思政一体化建设的实现路径研究[①]

兰燕卓[②]

【摘　要】 课程思政和专业思政应当同向而行、一体化建设。课程思政和专业思政一体化建设具有内在的逻辑自洽性，同时具备现实的可行性和可复制性。课程思政应当以专业思政为价值引领，专业思政应当以课程思政为重要抓手，二者共同构成了立德树人的重要内容。在法学专业人才培养方面，应当围绕复合型、应用型、创新型法治人才培养目标，有针对性地设计课程思政和专业思政一体化建设方案。

【关键词】 课程思政；专业思政；法学教育

党的十八大以来，习近平总书记先后主持召开全国高校思想政治工作会议、全国教育大会、学校思想政治理论课教师座谈会等重要会议，作出一系列重要指示，强调要加强高校思想政治教育，这些重要讲话为推进高校课程思政建设工作指明了前进方向、提供了根本遵循。基于此，2020年5月，教育部印发了《高等学校课程思政建设指导纲要》，纲要指出："培养什么人、怎样培养人、为谁培养人是教育的根本问题，立德树人成效是检验高校一切工作的根本标准。落实立德树人根本任务，必须将价值塑造、知识传授和能力培养三者融为一体、不可割裂。"这为高校课程思政建设与专业思政建设提供了强有力的理论指引，有利于高校形成课程思政建设与专业思政建设的全

[①] 基金项目：北京高校青年教师创新教研工作室的阶段性成果；文章受北京市教育工会项目支持。
[②] 作者简介：兰燕卓，首都经济贸易大学法学院副教授。

员全程全方位育人大格局。

一、课程思政与专业思政一体化建设的内在逻辑

首都经济贸易大学党委书记韩宪洲指出，要"解决好专业教育和思政教育'两张皮'问题，解决好各类课程和思政课相互配合的问题，解决好推动其他教职员工和思政课教师相辅相成的问题，推动思想政治工作贯通人才培养体系，发挥融入式、嵌入式、渗入式的立德树人协同效应，全面提高人才培养能力和质量"[①]。这为高校课程思政建设提出了一个更为深刻的问题，即如何将课程思政与专业教育深入有机结合，以课程思政建设促专业思政建设，积极提高高校立德树人成效。

第一，课程思政与专业思政一体化建设，是思政建设的必然要求。《高等学校课程思政建设指导纲要》指出，专业课程要根据不同学科专业的特色和优势，深入研究不同专业的育人目标，深度挖掘提炼专业知识体系中所蕴含的思想价值和精神内涵，科学合理地拓展专业课程的广度、深度和温度，从课程所涉专业、行业、国家、国际、文化、历史等角度，增加课程的知识性、人文性，提升引领性、时代性和开放性。这就意味着课程思政的开展应当以专业的育人目标为前提，全方位、体系化地实现课程思政与专业思政一体化建设。

第二，课程思政与专业思政一体化建设，是思政建设的有效途径。课程思政与专业思政一体化建设，可以更好地实现知识传授与价值引领相统一，在加强顶层建设的同时，夯实课程思政的实施基础。课程思政与专业思政一体化建设，需要处理好"上""下""左""右"的关系（见图1）。"上"是指专业思政建设，即根据本科人才培养方案所制定的具体目标，围绕专业育人目标构建专业思政建设的实施方案。"下"是指从教材、课程内容等方面进行课程思政建设。"左"是指不局限于某个课程、某个学科，而是以法学专业的视野进行思政建设。"右"是指法学专业思政建设还应集中学校其他优势学科、结合学校特色进行综合性人才培养。这样的贯通设计，才能打破学科之

[①] 韩宪洲. 全面推进课程思政建设的逻辑进路探析[J]. 中国高等教育，2021（6）.

间、专业之间的壁垒，实现课程思政与专业思政一体化同向而行、共同建设。

```
                    专业思政建设
                         ↑
                         │
    法学专业培养 ← ┌─────────────┐ → 与其他学科共建
                  │  专业育人目标  │
                  └─────────────┘
                         │
                         ↓
                    课程思政建设
```

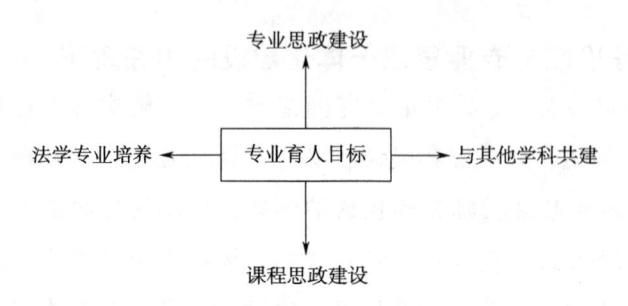

图 1　专业思政和课程思政一体化建设的内在逻辑

第三，课程思政与专业思政一体化建设，是思政建设的重要保证。教育部发布《法学类专业教学质量国家标准（2021 版）》，要求法学专业核心课程采取"1+10+X"分类设置模式。"1"指"习近平法治思想概论"课程。"10"指法学专业学生必须完成的 10 门专业必修课程，包括：法理学、宪法学、中国法律史、刑法、民法、刑事诉讼法、民事诉讼法、行政法与行政诉讼法、国际法和法律职业伦理。"X"指各高校根据办学特色开设的其他专业必修课程，包括：经济法、知识产权法、商法、国际私法、国际经济法、环境资源法、劳动与社会保障法、证据法、财税法。"X"选择设置门数原则上不少于 5 门。因此，课程思政建设必须以专业思政建设为价值引领，专业思政建设必须以课程思政建设为重要抓手，二者合力实现育人目标。

二、法学专业课程思政与专业思政一体化建设的实现路径

党的十九届六中全会强调，"发展全过程人民民主，保证人民当家作主，坚持全面依法治国，坚持社会主义核心价值体系"。2021 年，中共中央印发《法治中国建设规划（2020—2025 年）》，指出建设法治中国，必须加强政治、组织、队伍、人才、科技、信息等保障，为全面依法治国提供重要支撑。其中，在加强队伍和人才保障方面，牢牢把握忠于党、忠于国家、忠于人民、忠于法律的总要求，大力提高法治工作队伍思想政治素质、业务工作能力、职业道德水准，努力建设一支德才兼备的高素质法治工作队伍。法学专业本科人才培养方案指出，法学专业的培养特色在于培养复合型、应用型、创新

型法治人才。

（一）以综合性促进专业思政的广度，培养复合型法治人才

复合型法治人才要求"提高学生运用法学与其他学科知识方法解决实际法律问题的能力"。结合学校财经类专业背景和优势，应着力培养兼具法律和财经知识背景、思维方法的人才，为首都的法治建设服务。就行政法专业而言，可以从以下几个方向展开专业思政工作。

第一，行政法与其他学科同向而行，共同开展专业思政。不但在专业知识方面联合培育，更在思政培育方面把专业的"各守一段渠"打通为"共建一道渠"，将不同专业方面的人才培养整合为知识的综合培养、思政的综合培养。例如，行政法专业中有与《中华人民共和国公务员法》相关的内容，公务员为人民服务的思想、克己奉公的态度等思政内容不但适用于法学专业的教学，也适用于其他学院的教学活动。

第二，打破部门法教学的屏障，全面开展专业思政。在传统教学中，各个部门法教师在各自的领域内展开教学，而复合型法律人才培育的应有之意还应当包括贯通不同的部门法知识，在知识讲授中将行政法与法学其他学科关联起来。比如，行政法的基本原则包括诚实守信，而诚信作为社会主义核心价值观，同样适用于民法的教学活动。

第三，培育涉外型法治人才，深入开展专业思政。党的十八届四中全会要求，"建设通晓国际法律规则、善于处理涉外法律事务的涉外法治人才队伍"。在教学过程中，大力培育具有家国情怀、社会责任的高素质法治人才，一方面要求理解和运用法学基本知识；另一方面要求提高外语水平、加强国际关系、增加国际经济与贸易等方面的知识。同时，注重培育学生的使命感和责任感，运用法律手段维护我国主权、安全、发展利益。

（二）以实践性激发专业思政的内在因子，培养应用型法治人才

法学教育的首要问题是，"培养什么样的人"。在新文科背景下，法学教育应当启用新方法、新视角，更为关注和回应现实需求。应用型法学人才，要求跨越教材和实务的鸿沟，让课堂与就业接壤。除了目前较为成熟的法律诊所、模拟法庭，专业课教师应深入探索在传统的课堂教学中进行实践性内容的展开，并以此为切入点激发专业思政的活力。在行政法的专业思政培育

中，应当注意以下几个方面。

第一，加大案例教学中专业思政的比重。培育应用型法治人才的重要渠道是重视案例教学，那么，如何在案例教学中展开思政培育就成了一个重要的研究课题。在以往的教学中，往往将案例作为基础法理和重点法条的佐证和阐述，而强化案例导向要求将实务中原汁原味的案例素材加以研讨，而非仅仅关注高度抽象之后的法律关系。在法学专业思政建设中，在教学案例的选取方面也需要注重思政特点。例如，在行政许可的教学章节中，选取最高人民法院第88号指导案例——张道文、陶仁诉四川省简阳市人民政府侵犯客运人力三轮车经营权案，该案例思政元素在于对公共利益的维护和对群众利益的保护。

第二，引导学生关注现实问题，培养家国情怀。应用型法治人才培养要求"将中国法治实践的最新经验和生动案例、中国特色社会主义法治理论研究的最新成果引入课堂、写进教材，及时转化为教学资源"。教师应当引导学生深入社会实践、关注现实问题，培养学生敢于担当的精神。在法学专业思政建设中，在课程讲授的同时，应当注重结合实务中的问题，挖掘行政法价值和精神，引导学生主动思考和感悟思政内涵。例如，在行政处罚的教学章节中，对比热点问题2021年《行政处罚法》的最新修订，结合其新增的内容，如要求电子监控的设置需要"双审核一公开"，引导学生思考为什么法律中新增加这样的条款？进而得出建设法治政府的核心主旨。

第三，通过"走出去"和"请进来"，促进专业思政的实效。"走出去"是指学生通过实习等实践活动参与法治实践活动，"请进来"是指邀请法院、检察院的同志进课堂，二者有机结合，共同在专业思政上发力。通过实践活动，可以使学生将为法治中国做贡献的思想内化于心、外化于行，进一步激发学生投身法治中国建设伟大事业的热情。并且，通过对法律人职业道德的学习，可以促进德法兼修的法治人才培养目标的实现。

（三）以高阶性提升专业思政的高度，培养创新型法治人才

2020年教育部印发的《高等学校课程思政建设指导纲要》指出，科学合理地拓展专业课程的广度、深度和温度，从课程所涉专业、行业、国家、国际、文化、历史等角度，增加课程的知识性、人文性，提升引领性、时代性

和开放性。在行政法的专业思政培育中,应当注意以下几个方面。

第一,提升科研创新能力,发挥专业思政的引领性,通过大学生创新创业项目,在选题申报、写作指导、成果产出方面引导学生申报与思政有关的课题。例如,在行政法专业方面,可以选取"疫情防控背景下比例原则的适用",结合当下的现实和教学内容,启发学生思考如何建设法治政府、推进依法行政。在学生进行科研创新的过程中,加大专业思政的内容和力度,培育学生正确的人生观和价值观。

第二,鼓励学生投入社会实践,加强专业思政的效果,让学生在感悟法治进步中坚定理想信念,在了解群众疾苦中磨炼坚强意志,在奉献社会中增长智慧才干。社会实践的形式应当进一步丰富,鼓励学生开展法律援助、法律宣传、志愿服务等活动。同时,应当建设校外法学实践教学基地,与法院、检察院、律所、公司等进行较为长期、稳定的合作,使得学生有较为顺畅的途径进行专业实习,同时学以致用,在实践中发现问题、解决问题。通过"第一课堂""第二课堂"有机联动,使得学生进一步加强法律人的责任感。

第三,将法学与新兴学科深度融合,提升专业思政的维度。当下,大数据、人工智能、区块链等新技术不断出现和发展,应当指导学生关注和迎接新的挑战和机遇。将法学与其他新兴学科深度融合,体现了法学专业的创新性,以及人才培养方面的创新性。这也符合新文科的导向,以建设法治国家的需求为导向,紧跟国家战略,适应新时代对人才的多样化要求。面临日益综合化、复杂化的社会问题,法学专业教育需要主动与其他文科专业、理工专业等交叉融合,积极将中国特色社会主义建设的最新理论成果和实践经验引入课堂,提升本科教学质量。

三、法学专业课程思政与专业思政一体化建设的具体方案

(一)坚持"学生为主体"的专业思政

习近平总书记在全国高校思想政治工作会议上指出:思想政治工作从根本上说是做人的工作,必须围绕学生、关照学生、服务学生,不断提高学生的思想水平、政治觉悟、道德品质、文化素养,让学生成为德才兼备、全面发展的人才。因此,专业思政建设必须坚持以学生为主体。

第一，以学生为主体的专业思政建设，需要加强教师队伍建设，让"教育者先受教育"。教师需要政治素质过硬、业务能力优秀，育人水平高超，同时加强师风师德建设。只有提高教师对思政内容的理解和讲授水平，才能充分实现专业思政的成效。

第二，以学生为主体的专业思政建设，要求科学合理设置专业思政的目标和方案。教师在实现价值引领的过程中，应当根据学生反馈的实际情况动态调整专业思政方案。

第三，以学生为主体的专业思政建设，需要创新专业思政的教学模式。在已有的较为成熟的课程思政的基础上，应当深入思考专业思政与课程思政的关系，并采取较为创新的模式提高学生的学习兴趣和学习热情。

（二）大力发展"互联网+专业思政"

2018年，教育部、中央政法委员会在《关于坚持德法兼修实施卓越法治人才教育培养计划2.0的意见》中指出：适应教育信息化与法治建设信息化的新形势，推动法学专业教育与现代信息技术的深度融合，打破校园与法治实务部门间的时空屏障，将社会资源引进高校，转化为优质教育教学资源，建立覆盖线上线下、课前课中课后、教学辅学的多维度智慧学习环境。

这一指引是基于目前网络时代的背景和学生学情分析而作出的。目前的学生都是"00后"，接受新鲜事物和信息的能力强、速度快，法学教育为了在专业教育和品德培养方面达到效果最优，需要利用好各种前沿的教学工具及教学理念。第一，充分利用慕课、学习通等网络资源，将一些限于课堂时长而不能进一步展开的内容在这些平台予以展现。例如，法官中涌现的典型人物、感人事迹，可以作为课下必读内容，要求学生完成阅读或观看相关视频，并鼓励学生写出自己的感受和收获。第二，将法庭庭审等实务信息化资源通过直播等方式实时接入法学院校，可以将庭审以直播方式呈现给学生，将"静态化"的课堂变成"动态化"的训练。第三，加强校际优质在线课程资源共建共享，形成良好的规模效应和示范效应。

（三）建立健全专业思政的质量评价体系

专业思政建设需要科学、完备的质量评价体系，这既是对已有成果的总结，也是下一个教学环节的起点。该体系应当具备以下元素：第一，事前，对于专业思政的目标、元素、实施手段的评价。该评价主要由学校组织，主要是对授课教师的文本进行评估。该评估应当衡量专业思政方案的精准性和可实施性。精准性是指该专业思政是针对该专业的学生量身打造的，且符合现阶段学情，能体现该专业的特点；可实施性指的是在目前的深耕细作阶段，不局限于思政元素的挖掘，更应当关注专业思政方案如何落地实施。第二，事中，对专业思政的实施过程进行检测和评价。由学校督导、学院领导、专家听课等方式，对课堂教学活动进行监督。该评估应当注重专业思政的手段与方法，即是否充分结合本专业的思政元素，以润物细无声的方式巧妙地将其融入课堂教学。同时，该阶段的评价也可以由师生完成，包括师生互评、生生互评。评估方法包括调查问卷、平时作业等，注重教师教学方法与效果的评估，以及学生对思政内容的接受和理解程度。第三，事后，对专业思政的实施效果进行全面评估。该评估由用人单位和社会完成，结合专业人才培养目标，对学生的品德、素质等方面进行全面评价。

参考文献

[1] 韩宪洲. 全面推进课程思政建设的逻辑进路探析 [J]. 中国高等教育，2021（6）.

[2] 韩宪洲. 课程思政的发展历程、基本现状与实践反思 [J]. 中国高等教育，2021（23）.

投资学专业思政建设模式探讨[①]

李 新[②]

【摘 要】课程思政、专业思政建设的实践与探索已逐步深入高校课堂,且已取得一定的成果。随着我国经济增长方式的转变和金融市场的逐渐成熟,投资在社会发展中占据越来越重要的地位。基于此,本文探讨投资学专业思政建设模式,以实现专业内容与思政元素的有机融合,包括投资学专业思政培养目标、投资学专业思政元素挖掘、思政元素融入专业课堂方式、专业思政体系建设以及专业思政建设的成效与建议。本文的探索研究对于高校课程思政、专业思政建设的推进具有一定的理论与实践意义。

【关键词】投资学;课程思政;专业思政;投资观;金融素养

一、投资学专业思政建设的重要性

（一）课程思政建设的重要性

党的十八大以来,党中央提出并大力推进党的政治建设。2016 年,在全国高校思想政治工作会议上,习近平总书记发表重要讲话,强调了高校思想政治工作的重要性:"我国高等教育肩负着培养德智体美全面发展的社会主义事业建设者和接班人的重大任务,必须坚持正确的政治方向。"在此新形势下,教育部等八部门在《关于加快构建高校思想政治工作体系的意见》中提出,高校思政教育体系建设的根本任务是"建立立德树人体制机制,把立德树人融入思想道德、文化知识、社会实践教育等环节",全面推进课程思政建设则是落实立德树人根本任务的战略举措。

[①] 基金项目:本文系首都经济贸易大学 2021 校级教改项目（2021 促进高校内涵发展项目）、2022 校级教改项目（研究生示范课程建设项目）的成果。

[②] 作者简介:李新,首都经济贸易大学金融学院教授暨证券期货研究所所长,博士生导师。

教育强则少年强，少年强则国强，高校教育的最终目标是向社会输送人才，课程思政建设要求的提出，将"专业"的一维培养目标扩展为"专业—能力—思想"三维目标，培养符合当代社会发展的全面人才。由此可见，课程思政、专业思政建设的推进与研究不仅符合国家发展对新型人才的要求，更符合党中央、教育部的战略要求，对于实现中国梦、实现中华民族伟大复兴至关重要。

(二) 投资学专业的重要性

现代经济由金融经济和实体经济构成，二者相互作用、相互影响。金融经济通过金融资本对实体经济的渗透日益加深，形成现代金融和经济的核心竞争力，即"金融定价权"，而投资正是金融定价权的基础所在。在当前经济全球化的时代，甚至可以说，"科学技术是第一生产力，金融定价权是第一控制力，投资是第一基础力"。投资是一国经济增长、金融市场良性发展的基础与根本，应从国家战略高度充分重视金融投资的重要性，带动高校投资学专业的深入发展，培养符合新时代要求的投资学专业人才。

投资学是一门交叉性与应用型很强的专业，融经济学、金融学、管理学、统计学、保险与风险管理等多门学科于一身，是金融专业的核心课程之一，注重从理论知识到实践操作的良性转化。投资专业课程既包含实业投资，也包含金融投资，既涉及实体经济，也涉及虚拟经济。投资学专业的深入发展，对高校学科建设与融合、学生专业能力培养有着重要意义。

(三) 专业思政建设的重要性

课程思政与专业思政建设的侧重点略有不同，课程思政建设是实现课程育人的基础和落脚点，其以课程特点为基础，深入挖掘课程和教学方式中蕴含的思想政治教育元素，完善课程思政建设的工作体系、教学体系和内容体系，将思想政治教育工作贯穿课程讲授的各个方面。专业思政建设的重点则在于专业建设，更强调"整体设计和一体化推进"，根据专业人才培养目标，科学合理地设计思想政治教育内容。课程思政与专业思政联系紧密，互为支撑。

目前，在全国高校中已逐步深入探究课程思政建设，部分高校取得了可观的研究成果，课程思政建设也由个别地区高校个案探索扩展成为全国范围、所有高校的共同实践，基本形成了"课程门门有思政、教师人人讲育人"的总体格局。故此，以专业特点为主线，将专业教师与思政教师、专业课程群下所有课程、全国高校串联起来，实现师生间、专业课程间乃至高校间的协同效应，共同助力完成专业思政建设是大势所趋。

二、投资学专业思政建设下的人才培养目标

传统课程教学，以教师单方面输出为主，以完成专业课程讲授为主要目的，教学目标也维持在一维的专业培养上，课程思政与专业思政建设则要求高校将人才培养目标扩展到"专业—能力—思想"的三维层面上（见图1）。

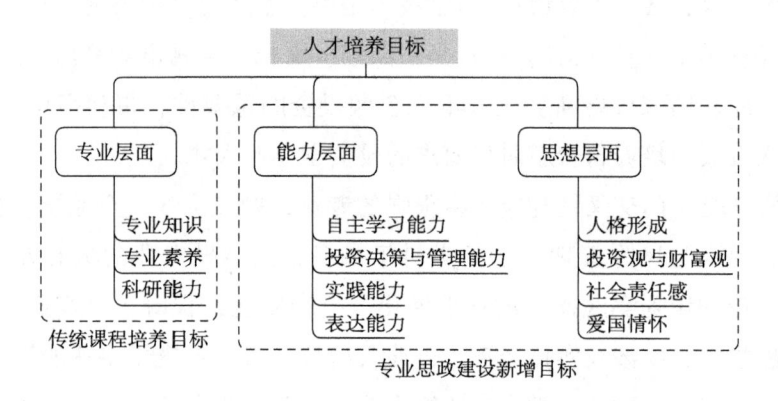

图1 投资学专业思政建设下的人才培养目标

从专业层面来说，投资学专业致力于培养新时代"求实创新的投资人才"，掌握投资学的基础知识和专业基础理论，熟悉经济学、金融学、计算机科学等学科的原理与方法，具有较强的专业素养与科研能力，能够解决复杂的金融投资问题，了解我国金融市场的运行规律与市场现状，掌握国家投资相关的政策方针与法律法规，满足社会对投资学人才的需要，助推国家金融经济发展。

从能力培养层面来说，通过投资专业课程的学习，除了要求学生掌握专业知识，还要求培养学生学习、生活、工作等方面的能力，具体包括：第一，自主学习和判断能力，学生能够做到从课本理论认识到实际市场分析延伸，

判断市场风险；第二，投资决策和管理能力，投资学专业要求学生能够将所学专业知识运用到实际市场投资中，能够做到对国内外经济环境的准确分析与预测；第三，实践能力，学生能够从事与处理相关投资业务；第四，语言表达能力，学生能够准确描述自己所理解的事物。

从思想教育目标来说，高校学生未来步入社会后，是社会发展的重要依托，承载着国家发展、民族复兴的希望，而个人的良好品质与正确价值观是实现社会正向发展的重要基础。因此，投资学课程思政建设的教育目标，要以"社会主义核心价值观"为指导，帮助学生形成良好的人生观、价值观与世界观，形成正确的投资观与财富观；帮助学生养成符合"敬业"要求的职业道德感，建立"公平—公正—公开"的三公市场的社会责任感；深化学生的民族自豪感与爱国情怀。

三、投资学专业思政元素挖掘

思政元素的挖掘是全面推进课程思政与专业思政建设的重点与难点，是实现课堂专业讲授与思想政治教育有机融合的基础，是避免专业教育与思政教育"两张皮"现象的关键。

以习近平新时代中国特色社会主义思想为指导，以立德树人为根本，以理想信念教育为核心，以培育和践行社会主义核心价值观为主线，以建立完善全员、全程、全方位的"三全"育人机制为关键，结合投资学课程特点和投资专业人才培养要求，全面挖掘投资学课程显性与隐性思政元素。本文将对投资学专业思政元素的挖掘划分为个人、行业、国家三个层面，以期达到全方面、多层次、由浅入深的培养层次（见图2）。

从个人层面来说，应当做到如下几点：第一，培养学生风险意识与金融专业素养，树立良好的投资价值观、风险收益均衡意识。投资学课程以培养掌握金融投资、产业投资、实物投资等多方面知识的复合型人才为主要目标。良好的投资价值观、风险收益均衡意识可在专业知识、案例分析等多方面有所涉及，有助于学生未来的职业发展，也是投资学专业人才必备的思想意识。第二，培养学生正确的财富观与投资价值观，投资学专业的中心思想在于使学生能够客观、理性地作出投资决策，以效用最大化为投资目标，合理分配

```
                              ┌── 风险意识与专业素养
                              ├── 财富观与投资价值观
                  ┌── 个人层面 ┤
                  │           ├── 人生观、世界观、价值观
                  │           └── 知行合一
                  │
                  │           ┌── 职业道德感
                  │           ├── 社会责任感
  投资学专业思政元素 ┼── 行业层面 ┤
                  │           ├── 法制建设
                  │           └── 可持续发展观
                  │
                  │           ┌── 家国情怀
                  └── 国家层面 ┼── 共同富裕
                              └── 国际视野
```

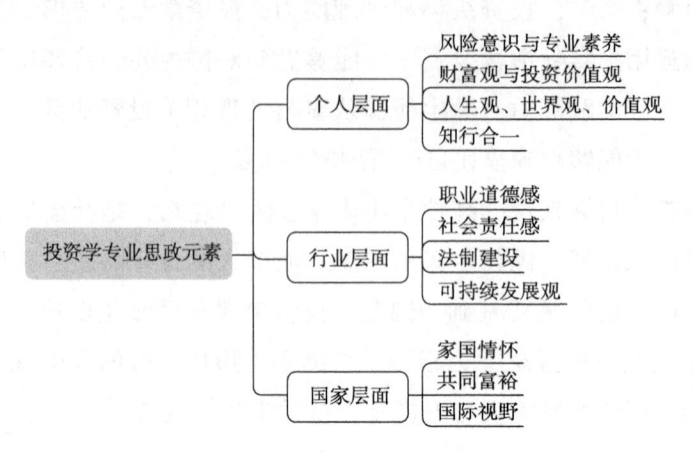

图 2　投资学专业思政元素挖掘

资产，而并非一味地追求收益。第三，塑造学生良好的人生观、世界观、价值观，养成良好的人格品质。树人先树德，一个心怀正直理念，具有崇高的个人道德、思想品德、社会公德的人，才能真正地做到服务社会。第四，理论联系实际，通过投资案例分享、实操演练，提升学生理论联系实际的能力，使学生做到知行合一。

　　从行业层面来说，应当做到如下几点：第一，引导学生形成高尚的职业道德，金融是现代国民经济的核心，金融行业从业人员处于国民经济核心部门，服务于政府部门、金融机构、证券机构等，高尚的职业道德对于个人发展、社会公平、国家经济建设都有重要意义；第二，培养学生社会责任感，以维护金融行业和谐有序发展，构建、维护社会环境的公平、公正、公开为己任；第三，自觉维护行业法治建设，维护法律尊严，遵守法律法规、社会规章制度、行业行为准则等，无规矩不成方圆，金融从业人员所面临的金钱诱惑是巨大的，违法、违规操作可能对客户、金融行业乃至金融市场造成不可估量的损失，因此需要将法律底线、规则意识深植学生心中；第四，形成高质量、可持续发展理念，坚定不移地贯彻创新、协调、绿色、开放、共享的新发展理念，促进金融投资行业的良性发展。

　　从国家层面来说，应当做到如下几点：第一，培养学生的家国情怀，深入贯彻爱国主义教育，通过课堂讲授，帮助学生深入了解中国金融市场的发

展历程、现状及对未来的展望，认识中国经济体制，坚定中国特色社会主义道路自信、理论自信、制度自信和文化自信，充满民族自豪感，以实现中华民族伟大复兴为己任；第二，牢记共同富裕目标，金融学对促进经济高质量发展、夯实共同富裕的物质基础有重要作用，当前普惠金融的发展也是对共同富裕目标的响应，可增强大众的金融可得性，实现金融服务于所有人民的目的，"共同富裕"的目标应深植于投资学、金融学专业学生的心中，这也是国家金融发展的战略要求；第三，培养学生广阔的国际视野，当前经济发展注定需要开放经济、加强国际联系，在课堂讲授中，帮助学生了解国际经济运行与发展形势，使其不仅关注本国金融市场发展，更应将眼光投向国际市场，培养和谐发展、相互依存的全球发展观与命运共同体意识，促进我国经济进一步开放和国际金融市场进一步发展。

四、投资学专业思政元素融入方式

为避免造成专业教育与思想政治教育"两张皮"现象，要求创新教学方式，将思政元素有机地融入专业课堂的各个方面，提升师生的课堂参与度，避免采用说教方式，但这容易导致学生对思想政治教育产生轻视、抵触心理，反而影响课堂进程。因此，我们提出"四个结合"来推进思政元素在投资学专业课堂的融入。

其一，学科—教材—教学相结合。为实现"润物细无声"的育人成效，首先从专业任课教师来看，应重视专业思政建设，将思政元素全方面融入教学体系中。从投资学专业学科特点出发，全方面挖掘思政元素，将其融入专业教材中，对教材、教案进行重新编写与梳理，将思政元素融入其中，如案例分析、课后习题，最后付诸课堂教学实践，通过教师讲授、课堂讨论等诸多方式实现专业思政教学。

其二，理论与实践相结合。将投资学专业知识落实到实践中，不仅要帮助学生深入理解课堂讲授的内容，更要在实践过程中体会其中的思政元素，对学生的实践能力、交流能力、创新能力等多个方面都有提升作用。理论与实践相结合体现在课堂内与课堂外两个方面。课堂内结合为：通过案例分析、例题与习题讲解、课堂分析讨论、小组交流等多种方式，培养学生的分析、交流能力。课堂外结合为：以学生参与投资实操为主要依托，开展投资专业竞赛、实训基地建设、投资公司实习等多种活动，使学生形成良好的投资价值观、财富观，增强其创新实践能力。

其三，国际视野与本土操作相结合。国外投资学专业发展的时间较长，有诸多优秀的教材、案例等作为参考，但国内外金融市场的发展状况多有不同，本国投资学专业的建设需要在广泛吸收国际上投资课程的优点的同时，探究更符合中国国情的教学内容。力争在教研过程中做到案例本土化、数据本土化、经验本土化与模式本土化，所有授课内容都立足于中国金融市场，增强学生的民族自豪感与国家认同感，培养学生的爱国情怀。与此同时，探寻合适的国际案例，分析国际金融市场，帮助学生深入了解国际市场发展形势。

其四，线上与线下相结合。随着互联网社交平台的发展，学生被各类网络信息包围，当代年轻人的生活、学习、娱乐都离不开手机，这也正是思想政治教育，甚至专业知识教育所面临的主要挑战。因此，在传统的线下授课与实践的基础上，需要增加线上渠道，一方面推进网络课堂的建设（如慕课、学习通等手段的使用），为学生提供预习、复习、自习的线上渠道；另一方面，建设投资学专业相关的公众号、视频号等，并将其接入学生日常使用的多个软件中，鼓励学生、教师创造并发布与专业相关的、导向积极的内容，这样不仅有助于学风校风的发扬与培养，更能向学生乃至社会传播良好的价值观。

五、投资学专业思政体系建设

关于教师队伍建设。建立"专业负责人—课程负责人—教师"的专业思政教学队伍，加强思政教师与专业教师间的沟通交流，以思想政治教育教师、党务工作者对政治元素的敏锐性与深刻认识，帮助专业教师挖掘课堂思政元素，指明专业思政建设的方向，向专业教师传递正向的价值观与思政元素内涵。通过建立专业思政教学队伍，专业负责人把握整体方向与课程群建设框架，课程负责人掌握专业课程的系统性与结构性，分配具体任务到教师个人，最终将理论建设成果落实到课堂实践。

(一) 关于专业课程群建设

为夯实学生的投资学专业基础，培养学生的核心素养和技能，投资学专业课程包括通识教育必修课、学科基础课、专业核心课、专业提升课，这些专业课程组成了投资学专业课程群。专业思政建设的重点就在于将专业下所有课程群串联起来，实现课程间的有效衔接、互相补充。以学科基础课为主力，以专业核心课为重点，以专业提升课为升华，将专业内容、思政元素衔接起来，实现专业课程群思政教育有效覆盖。

(二) 关于专业与地域间协同建设

课程思政与专业思政建设绝非某一专业、某一高校需要进行的教学改革，而是需要专业间、高校间乃至地域间协同推进。一方面，高校专业间协同推进课程思政、专业思政，有助于在校园内营造一种更为积极向上的生活与学习氛围，有助于思想政治教育覆盖到学生在校生活的各个方面；另一方面，加强高校间的交流，有助于推进全国各地的课程思政建设。高校间互相交流，吸取课程改革经验，有助于取得更好的改革成果和在全国范围内形成正直良好的学风，最终形成强大的社会效应。

六、投资学专业思政建设成效与建议

(一) 投资学专业思政建设成效

1. 形成专业特色教学体系。通过投资学专业思政建设，形成符合投资学课程特点、育人特点的教学体系，包括但不限于教师体系、课程体系、专业体系的建设。形成专业课程间有补充、教学内容间有衔接、投资专业有系统的良好体系，加强教师队伍间的交流，保障专业建设取得良好的育人成果。

2. 转变师生课堂观念。对于教师来说，课程思政建设要求教师重新梳理课堂内容，将思政元素融入课堂中去，转变教师传统教学观念，将"单向输出"转变为"双向交流"，将"说教"转变为"实操"，将"知识传授"转变为"课程育人"。对于学生来说，鼓励学生从一味接受转向勇于提问，将所学知识活用到实践中去，师生间互相学习，增强课堂互动性与吸引力。

3. 提升教学层次，创新教学方法。专业课程思政建设将高校专业课教学层次从传统的知识传授层面提升到能力培养及个人价值观塑造、人格品质养成层面，充分发挥高校课堂育人作用。另外，为确保课程思想政治教育取得满意的教学成果，投资学专业课程建设需要做到理论与实践相结合，而思政教育融入方式也需顺应课程建设要求，创新教学方法，将思政元素有机地融合到课程案例分析、实训实践、课程视频、专题教学等多方面，提升课堂的吸引力与学生参与的积极性。

（二）对专业思政建设的建议

1. 系统化专业课程群。投资学专业下设课程众多，将所有课程根据授课深度、授课方式、实践要求等特点，形成有结构、有联系、有系统的课程群。

2. 组织课堂实践与效果反馈，在实践中进步。专业思政建设最终要落实到课堂中，课堂思政理论建设与课堂实践同步推进，组织专家、讲师、学生对课堂感悟、授课体验、教学效果进行反馈，并根据这些意见对教学安排、课堂内容进行修改，保证专业思政教育的成效。

3. 遵循重点——一般—专业的建设路径。课程思政与专业思政建设并非一蹴而就，从专业重点课程出发，形成示范效应，并以重点课程建设成果为蓝本，推进其他课程思政建设，最终达成课程串联，完成专业思政建设。

参考文献

[1] 习近平在全国高校思想政治工作会议上强调：把思想政治工作贯穿教育教学全过程 开创我国高等教育事业发展新局面 [N]. 人民日报，2016-12-09（1）.

[2] 习近平. 思政课是落实立德树人根本任务的关键课程 [J]. 求是，2020（17）.

[3] 高等学校课程思政建设指导纲要 [EB/OL]. [2022-10-15]. http：//www.gov.cn/zhengce/zhengce ku/2020-06/06/content-5517606.html.

[4] 教育部，等. 关于加快构建高校思想政治工作体系的意见 [EB/OL]. [2022-10-15]. http：//www.gov.cn/zhengce/zhengce ku/2020-05/15/content-5511831.html.

[5] 中共中央办公厅国务院办公厅. 关于深化新时代学校思想政治理论课改革创新的若干意见 [EB/OL]. [2022-10-15]. http：//www.gov.cn/zhengce/zhengce ku/2021-01/01/content-5576046. html.

[6] 韩宪洲. 课程思政的发展历程、基本现状与实践反思 [J]. 中国高等教育，2021（23）：20-22.

[7] 韩宪洲. 以课程思政推进师德师风建设的内在逻辑与现实路径 [J]. 思想理论教育导刊，2021（7）：123-127.

[8] 高燕. 课程思政建设的关键问题与解决路径 [J]. 中国高等教育，2017（Z3）：11-14.

[9] 齐鹏飞. 全面实现思政课程与课程思政的同向同行 [J]. 中国高等教育，2020（Z2）：4-6.

[10] 张建红. 信息时代高校思想政治教育能力体系研究 [J]. 河海大学学报（哲学社会科学版），2022，24（3）：1-7，113.

[11] 冯刚. 论新时代高校思想政治工作守正创新 [J]. 上海交通大学学报（哲学社会科学版），2021，29（5）：31-40.

[12] 赵继伟. 课程思政建设的原则、目标与方法 [J]. 中南民族大学学报（人文社会科学版），2022，42（3）：175-180，188.

安全工程专业从"课程思政"到"专业思政"建设的路径探索[①]

王 佩[②]

【摘 要】 从单一课程思政建设发展到全面的专业思政建设需要进行顶层设计,解决课程思政元素分散的问题。本文分析了课程思政与专业思政的内在逻辑关系,厘清了安全工程专业思政建设存在的问题,构建了以"价值引领为内驱,评价反馈为外驱"的双驱动专业思政建设模型,给出了安全工程专业核心价值指标体系和课程思政支撑矩阵,以期对培养新时代安全工程专业人才具有一定指导意义。

【关键词】 课程思政;专业思政;人才培养;安全工程

党的十八大以来,习近平总书记有关思想政治的重要论述已经成为高校育人实践的根本指南,也形成了新时代中国特色社会主义教育理论体系。思政课一直是习近平总书记心中的一件大事,早在2005年,时任浙江省委书记的习近平同志就给大学生上了一堂深刻的"思政课"。他结合自己的人生阅历,以精辟的理论阐述和真切的人生感悟,深入浅出地给大学生讲授做人的根本道理。正如习近平总书记提到的:"课程思政要如盐化水。"2018年,习近平总书记在新时代全国高等学校本科教育工作会议上提出"以本为本",全面提高人才培养能力,将本科教育放在人才培养的核心地位。因此,各高校

[①] 基金项目:2020首都经济贸易大学党建和思想政治工作课题"安工系党支部实施'四个一'工程探索课程思政建设路径";2021年首都经济贸易大学教改课题"安全工程专业'三全育人'课程思政教学体系探索"。

[②] 作者简介:王佩,首都经济贸易大学管理工程学院讲师,安工系党支部书记。

把推进课程思政建设作为首要任务，积极探索思政的建设路径。新时代高水平培养人才体系要求"知识、价值和能力三位一体培养"，从课程思政到专业思政，建设重点从挖掘课程里的思政元素转为提炼专业的人才培养目标，解决培养什么样的人的问题。本文分析了"课程思政"与"专业思政"的内在逻辑关系，厘清了安全工程专业思政建设存在的问题，探索专业思政建设的路径，以期对培养新时代安全工程专业人才具有一定的指导意义。

一、从"思政课程"到"专业思政"的变革

从"思政课程"发展到"课程思政"响应了立德树人的时代召唤与党和国家的政策诉求，具有历史必然性。从"课程思政"发展到"专业思政"具有现实的必要性和必然性，做好了顶层设计，才能将"课程思政"系统性地全面贯彻。思想教育在中国历经百年，早在革命战争时期，中国共产党就确立了思想政治教育的重要地位。新中国成立后，高校都开设了思政教育课程。2014年，上海市在教育综合改革过程中首次提出课程思政，是高等教育领域实践探索的创新。课程思政在上海高校的有效推行引发广大高校借鉴学习。2018年6月21日新时代全国高等学校本科教育工作会议召开，这是改革开放以来第一次教育部召开会议部署高等学校本科教育工作。在此之前召开过两次全国普通高等学校教学工作会，从"教学"到"教育"，虽然仅一字之差，但体现的是育人格局的变化。会议上，教育部长陈宝生强调了课程思政和专业思政的重要性，这也是首次在公开场合提到专业思政；同年9月，教育部在《关于加快建设高水平本科教育全面提高人才培养能力的意见》中明确提出要强化课程思政和专业思政，再一次将专业思政在文件中体现。思政教育的历史沿革经历了从思政课程到课程思政再到专业思政的变革。

2016年以前，中国知网上关于思政的研究主要围绕"思政课程"。从2017年开始，围绕"课程思政"的教研论文开始出现，到2019年呈现指数级增长，2021年达到最大量。这个阶段的主要研究成果为课程思政的建设路径，课程思政的教学设计以及课程思政的评价体系。2018年，围绕"专业思政"的相关教研成果开始出现，其中北京联合大学学者对"专业思政的内涵""专业思政和课程思政的关系"这两个问题做出了较多贡献。也有相关专业探索

出了专业思政的建设路径，如南京审计大学会计学院会计学专业提出了专业思政的建设思路；河海大学的土木类专业不仅提出了土木类专业的思政育人总目标，还构建了土木类专业课程思政矩阵图以及校院两级管理重构学生评价方法，这对其他高校具有极为重要的指导意义。目前，有些学者对学科思政建设进行了初步探讨，这将是未来高校本科教育改革的重点。

二、"课程思政"与"专业思政"的逻辑关系

从"课程思政"进阶为"专业思政"是思政建设的必然结果。"课程思政"概念提出时，各高校工作重点集中于"全员建思政"和"门门有思政"，虽然取得了很大进展并涌现了一批建设成果，但是这些进展和育人效果浮于形式、案例雷同、缺乏主线，因此，仅靠课程思政实现立德树人还不够，需要系统性地进行专业思政设计，重新以课程思政为起点，从培养目标、育人环节、教学方法和教学内容全方位系统地谋划，落实立德树人根本任务。

（一）课程思政与专业思政的联系

课程思政与专业思政的育人目标一致，都将立德树人作为根本任务，以习近平总书记关于新时代高校思想政治工作的诸多重要论述为根本遵循。

课程思政与专业思政同向同行。专业课程是课程思政建设的基本载体，课程思政建设是专业思政建设的基本单元。专业思政建设为深化课程思政建设搭建了共同的思政平台，专业思政通过对课程思政元素的梳理，既能够在育人内容上防止重复，也能避免重要育人价值观念的遗漏，更利于育人元素的挖掘和使用。

（二）课程思政与专业思政的区别

课程思政与专业思政的着力点不一致。课程思政的着力点在于挖掘课程里的思政元素，专业思政的着力点在于明确培养目标。课程思政通过"教师人人讲思政"实现全员育人，通过"课程门门有思政"实现全方位育人，通过贯穿整个学习过程来实现全过程育人。但是此时的三全育人里的每一个要素都是分散的，如果将每一门课的课程思政看成"点"，那么人才培养方案就是将这些"点"串起来的"线"，专业思政则为将这些"线"织起来的"面"，实现了课程思政系统化、纵深化和立体化的发展。专业思政要将三全

育人变得更有目的性，这个目的就是明确专业要培养什么样的人。专业思政的内涵是以专业为载体发掘专业的特点和优势，通过专业核心价值体系引领和贯通教育教学全过程、全要素的融合设计，实现专业教育与思想政治教育一体化建设与发展，形成特色鲜明的专业人才培养模式。

专业思政的范围更广。专业思政要比课程思政覆盖的范围更广，除了基本课程，还可以延伸到大学生创新创业训练、科研课题、专业服务、学科发展等，可以说，专业思政是一种融入了思政教育的教学、科研、实践、服务与管理的人才培养模式。

三、安全工程专业思政建设的现状

首都经济贸易大学安全工程专业起源于1956年劳动部劳动保护学校劳动保护班，致力于开展工业安全与工业卫生技术专业人才培养工作。近些年，安全工程专业本着服务城市建设、坚持与时俱进、紧密围绕特大城市安全及其产业调整和发展需求，人才培养模式由面向传统生产企业转变为面向生产与城市安全运行。最新版的人才培养方案中除了保留了传统的生产安全课程，还新增了城市运行安全相关课程。最新修订的课程大纲在每一门课增加了思政培养目标和思政元素插入环节。但是在课程思政建设初期，高校思政建设的重点在于让高校教师能够积极参与到课程思政的建设中来，因此课程的思政元素导入略显粗糙，对于专业思政的建设还未深入研究探讨。目前，专业思政的建设存在以下问题。

（一）专业课的思政元素未协同统一

在课程思政建设阶段，每门课程的课程思政相对独立，"各自为政"。在修订教学大纲时，教师们都在相应章节体现了思政元素，但是这些元素有的是教师们回忆上课时讲授的和课程思政相关的知识，有的是教师们根据常见的家国情怀、工程伦理往课程"嵌套"的，缺乏专业思政的核心价值指标体系，导致专业课的思政元素单一、重复和凌乱，需要将这些分散的、相对独立的课程思政元素聚集起来，实现协同统一。

（二）教师缺乏传道使命感，课程思政教学未精心设计

在课程思政概念提出之初，作为工科专业教师，对于这个概念的理解是

很浅显的。大部分教师认为课程思政需要在上课开始后利用一点时间讲时事政治，因此对课程思政建设比较抵触。在国家和学校的不断解读下，教师们逐渐明白课程思政建设是己任，开始在课程中挖掘思政元素；但由于部分教师缺乏传道的使命感，未进行课程思政教学设计，在课堂上，思政元素并不能真正"入心入脑"，忽视了"怎样培养人"的问题，没有将习近平总书记"守好一段渠，种好责任田"的精神指示落实到位。这样的结果是"讲授知识的时间花掉了，而学生并没有从这堂课中收获额外的思政感受"，这与思政建设的初衷是相悖的。

（三）思政课程和专业课程同行却未同向

2016年，习近平总书记在全国高校思想政治工作会议上强调高校思政政治工作根本在于立德树人，而立德树人这一根本任务的基本要求是各类课程与思想政治理论课同向同行。目前，安全工程专业人才培养方案的思政课程是全校统一的，在进行专业人才培养方案修订过程中也仅对专业课程进行修改，而未考虑在思政课程里融入专业特色，这样的培养方案未在培养人的过程中做到同向同行，形成协同效应。如"思想道德修养与法律基础"这门课，法律基础部分可以和《安全生产法律法规》相结合，案例应用可以保持专业特色。

四、安全工程专业思政建设的路径

（一）"价值引领为内驱，评价反馈为外驱"的双驱动专业思政建设模型

构建以"价值引领为内驱，评价反馈为外驱"的双驱动专业思政建设模型，实现安全工程专业的育人功能（如图1）。在专业核心价值引领的"内驱力"下，知识传授和能力培养充分发挥育才功能，形成稳定的价值、知识和能力三位一体的人才培养模式。通过思政课、公共基础课和专业课进行知识传授，通过产教研学、与政府企业合作助学以及线上虚拟仿真实验、线下实践课程进行能力培养。知识传授和能力培养过程中包含的育人元素与核心价值指标体系一一对应，能够做到育人过程的全方位覆盖。在专业课教学中，教师应紧跟时代需求，结合所讲课程内容向学生讲解当前工业生产（或理

论发展）中的难点问题，潜移默化地在学生心中埋下以专业报国的理想种子。

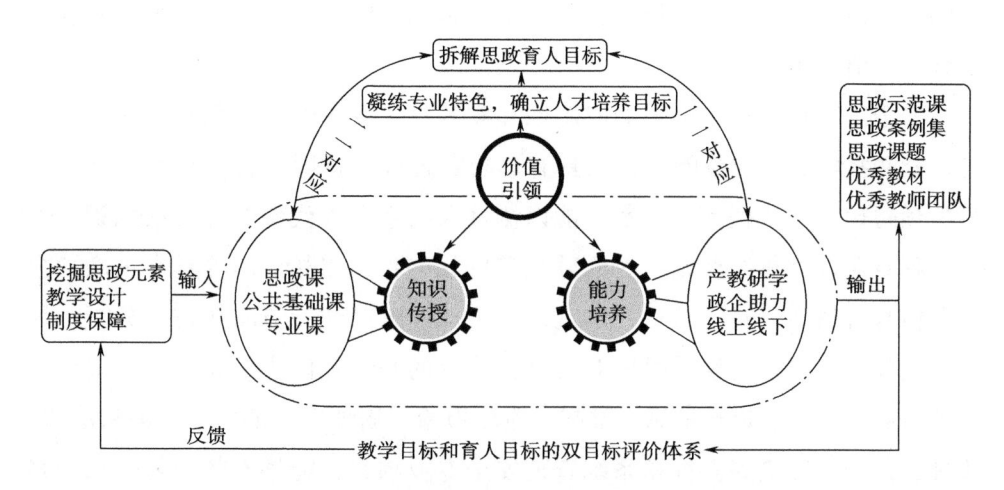

图 1　安全工程专业思政"双驱动"建设模型

强化动态评估，推进专业思政建设的持续改进，正是三位一体培养模式的"外驱力"。将传统的仅对课堂的"学评教"提升为"教学目标和育人目标双目标评价"。除了传统的包含教学手段、教学内容、PPT 等评价内容外，还应增加思维启迪、职业精神和价值引领方面的评价，形成动态的反馈机制，提升学生对专业思政的获得感。对学生而言，只有在专业课程教学中实现专业知识教学的同时树立起学生的远大理想，培养了学生高尚的道德情操，实践了"理想、德行、知识"三位一体的人才培养理念，才能培养出稳定的人才结构。根据反馈的意见，进一步深度挖掘课程里的思政元素，改进教学设计和完善保障制度，作为三位一体培养模式的输入。专业思政双驱动模型的良好运行能够输出大量的教学成果，如思政示范课、思政案例集、本科生和研究生的思政教改课题、优秀教材和优秀教学名师团队等。

（二）做好专业思政的顶层设计

1. 建立专业核心价值体系。2020 年，教育部印发的《高等学校课程思政建设指导纲要》（以下简称《纲要》）指出，"要深入挖掘提炼专业知识体系中所蕴含的思想价值和精神内涵。科学合理地扩展专业课程的广度、深度和温度,从课程所涉及专业、行业、国家、国际、文化、历史等角度,增加课程的知识性、人文性,提升引领性、时代性和开放性"。这就是专业思政顶层设计的价值引领指南。

安全工程专业具有很强的应用性和实践性,要求学生不仅具备厚实的理论基础和扎实的专业技能,还需具有"居安思危,思则有备,有备无患"的事故预防理念和"任何发展都不能以牺牲人的生命为代价"的红线意识。安全工程专业以"德高业精"为人才培养的核心价值目标,培养具有正确社会主义核心价值观,具有依法、客观、公正从业的品质,具有辨识、分析、评价系统危险、有害因素并提出对策措施建议的知识和能力,具有从事安全工程的研究、设计、运行控制、推广、检测检验、培训等的能力,能够从法律、管理、社会、环境等多视角系统管理安全专业项目,能够有效地与公众、客户、团队成员进行沟通,具备终身学习、专业发展、领导协作等方面能力,旨在培养毕业后经过5年左右的专业实践,具有红线意识,能够胜任安全工程师或安全评价师岗位的安全工程专业人才。

结合《纲要》里提到的工学专业需要注重培养工程伦理、工匠精神和家国情怀,对工程教育认证标准里的毕业培养目标进行梳理总结,提炼出家国情怀、工程伦理、人文素养、科学精神、工匠精神和创新能力6个一级指标,再结合新时代高水平人才培养需求,围绕安全工程专业培养目标,拆解出18个二级指标(见表1)。

表1 安全工程专业思政核心价值指标体系

一级指标	二级指标	基本描述
家国情怀	关注社会	关注社会上的事情
	爱国主义	具有身为国人的自豪感
	民族精神	具有民族和文化的归属感、认同感
工程伦理 (对应工程认证 毕业目标6、7、8)	职业道德	遵纪守法,明辨是非,具有使命担当
	社会责任	维护生命尊严,积极应对工程事故,预防为主
	生态和谐	绿色低碳,维护生态建设,共同创造清洁美丽的世界

续表

一级指标	二级指标	基本描述
人文素养 （对应工程认证 毕业目标 9 和 10）	身心素养	具有终身保持身体活跃所需要的能力、信心和意愿
	文化素养	具有哲学、社会历史学、文学等多方面的知识
	团队协作	具备为了团队牺牲自身利益的精神，能够有全局观
科学精神 （对应工程认证 毕业目标 5、11 和 12）	求知探索	对专业知识保持好奇心和求知欲
	坚持不懈	在学习过程中遇到困难不放弃，坚持不懈的精神
	敢于质疑	敢于对现有的理论、方法和技术提出疑问并进行验证
工匠精神 （对应工程认证 毕业目标 1、2、3、4）	吃苦耐劳	实验实践过程中能够吃苦耐劳
	精益求精	对待知识、作业和作品都能够精益求精
	求真务实	具备实践和实习中的求真、知行合一的品质
创新能力	交叉融合	具有不同专业交叉融合的意识
	创新精神	对理论和技术能够不断创新
	创造意识	在活动中具备创造意识

2. 建立专业思政支撑矩阵。确定了安全工程专业思政核心价值指标体系后，由任课教师对照专业核心价值子目标建立所授课程的映射关系，推进专业思政与课程思政的深度融合，形成安全工程专业课程与育人目标支撑矩阵，部分课程如表 2 所示。

表 2　安全工程专业课程与育人目标支撑矩阵（部分）

育人目标		家国情怀			工程伦理		人文素养			科学精神			工匠精神			创新能力	
		关注社会	爱国主义	民族精神	职业道德	社会责任	生态和谐	身心素养	文化素养	团队协作	求知探索	坚持不懈	敢于质疑	吃苦耐劳	精益求精	求真务实	交叉融合	创新精神	创造意识
学科基础课	安全科学基础与职业发展			▲	▲					▲	▲			▲				▲	

续表

育人目标		家国情怀			工程伦理			人文素养			科学精神			工匠精神			创新能力		
		关注社会	爱国主义	民族精神	职业道德	社会责任	生态和谐	身心素养	文化素养	团队协作	求知探索	坚持不懈	敢于质疑	吃苦耐劳	精益求精	求真务实	交叉融合	创新精神	创造意识
学科基础课	电工学		▲		▲	▲		▲			▲				▲	▲			
	系统安全工程及课程设计	▲	▲	▲	▲	▲				▲	▲	▲	▲		▲		▲	▲	
	工程制图	▲	▲	▲	▲	▲			▲		▲		▲	▲	▲			▲	
	机械设计基础及课程设计			▲					▲			▲			▲				
专业基础课	安全管理学				▲	▲				▲	▲				▲				
	机械安全工程	▲			▲				▲						▲				
	安全人机工程学	▲	▲		▲			▲	▲										
	安全生产法律法规	▲			▲	▲	▲	▲											
	电气安全工程		▲	▲	▲	▲	▲	▲	▲	▲	▲	▲	▲	▲	▲	▲	▲	▲	▲

续表

育人目标		家国情怀		工程伦理			人文素养			科学精神			工匠精神			创新能力		
		关注社会	爱国主义	民族精神	职业道德	社会责任	生态和谐	身心素养	文化素养	团队协作	求知探索	坚持不懈	敢于质疑	吃苦耐劳	精益求精	求真务实	交叉融合	创新精神	创造意识
专业提升课	职业卫生工程实验	▲			▲	▲				▲	▲			▲		▲	▲		
	工程师创新创业教育实践	▲	▲	▲		▲				▲		▲	▲					▲	▲
	突发事件与应急管理	▲				▲	▲		▲			▲		▲		▲			
	城市工程建设安全	▲				▲	▲		▲	▲	▲				▲	▲		▲	▲	▲
	城市灾害与减灾（双语）	▲	▲				▲		▲	▲						▲			

3. 整体设计各教学环节育人功能。专业思政建设不仅要将阵地建在知识传授的第一课堂，还要将阵地扩大到实践教学的第二课堂，将课堂育人与双创育人、实验实践育人、劳动育人有机结合，提高第一、二、三课堂的育人联动成效。安全工程专业的实践环节包括实验课程、实训课程、专业实习、北京高等学校高水平人才交叉培养计划、大学生科研创新项目、全国高校安全科学与工程大学生实践与创新作品大赛、社会实践类课程等。通过这些专

业实验实践类课程和科研项目，增强学生勇于探险的创新精神、善于解决问题的实践能力。创新创业教育课程让学生"敢闯会创"，在实践中增强创新精神、创造意识和创业能力。社会实践类课程将"读万卷书"与"行万里路"相结合，扎根中国大地了解国情民情，在实践中增长智慧才干，在艰苦奋斗中锤炼意志品质。

4. 校院两级制度保障。专业思政"双驱动"建设模型的稳定运行离不开学校和学院的制度保障。2020年教育部印发的《纲要》对于课程思政建设和不同学科如何挖掘思政元素给予了具体的指导意见，给予高校切实可行的行动指南。首都经济贸易大学一直有力地持续推进课程思政的建设，成立了课程思政研究中心。打造"七个一批"工程，即：建成一批示范课程、推出一批示范教材、形成一批示范案例、推进一批实践教学示范项目、培育一批研究成果、选树一批示范教师和教学团队、打造一批示范专业。从2020年开始，学校发布了一系列推进课程思政建设的文件，如《首都经济贸易大学课程思政和思政课程建设与改革实施意见》《中共首都经济贸易大学委员会首都经济贸易大学关于推进"三全育人"综合改革的实施意见（2020—2022）》《中共首都经济贸易大学委员会 首都经济贸易大学关于深化课程思政建设的意见》《中共首都经济贸易大学委员会关于推进教师党支部落实课程思政建设制度化的实施意见》等。同时，学校采取多部门联合推进课程思政建设。如人事处在人事考核中加入思政建设贡献，在聘任条件里将思政建设成果纳入；科研处对思政建设相关成果进行认定；教务处组织修订人才培养方案和教学大纲，加入思政培养目标和元素，发布了一系列的课程思政教改课题、课程思政案例集、课程思政教学设计大赛等。学校除了相应政策制度保障外，还经常举办提升教师课程思政建设能力的线上线下研修班，提升教师课程思政建设的意识和能力。

学院成立了课程思政建设团队，定期开展线下研讨活动，同时邀请校外专家交流分享，为教师们答疑解惑，开拓思政建设思路和激发思政建设的热情；学校还组织各专业核心课程的教师进行思政案例设计比赛，收集优秀思政案例出版成册，出台思政建设奖励规定，对于获得校级以上课程思政课题或奖项的教师匹配经费。这些支持政策都极大地推进了专业思政建设的发展。

5. 党建助力思政建设。基层党支部作为高校党组织发挥育人功能的最小工作单元，助力课程思政建设能够将立德树人更加落实到位。中国百年来取得了伟大历史成就得益于党的领导，要坚持党领导一切，就要坚持党对专业思政的领导。如果仅靠专业教师的自我觉悟和使命感，专业思政建设将会是一个口号。

学校党支部也以课程思政建设为党建工作抓手，将专业思政建设融入党建工作中，定期分享教育部和学校的思政建设指导文件，如《中共首都经济贸易大学委员会关于推进教师党支部落实课程思政建设制度化的实施意见》。定期开展思政建设研讨会和优秀思政建设案例展示，能够有力推进安全工程系思政建设。专业思政建设是全系教师的任务，通过召开"党政联席会"，教师在一起进行讨论和学习，能够有效推进专业思政建设。党支部同时发挥助力，党员教师发挥先锋模范带头作用，先示范、多思考，有力地促进专业思政建设。

五、结语

经过几年的思政建设，高校课程思政建设已经相对成熟，并且取得了一系列的教学改革成果。但是要想真正落实立德树人根本任务，课程思政还不能完全满足全方位育人的目的，因此需要进行专业思政建设。目前，专业思政建设在一批示范高校里取得了良好效果，在全国范围内起到了较好的示范辐射作用，很多高校的专业都在探索符合专业特色的专业思政建设路径。

本文分析了"课程思政"与"专业思政"的内在逻辑关系，厘清了安全工程专业思政建设存在的问题，初步探索了首都经济贸易大学安全工程专业的专业思政建设路径，提出了"价值引领为内驱，评价反馈为外驱"的双驱动专业思政建设模型，希望能够对安全工程专业思政建设形成有益启示，推动安全工程专业培养更多专业知识过硬、职业素养超凡、综合素质全面的安全工程人才。

参考文献

[1] 大思政课，总书记心中的一件大事［N］．人民日报，2022-05-22．

[2] 陈宝生．在新时代全国高等学校本科教育工作会议上的讲话［J］．中国高等教育（Z3）：4-10．

[3] 教育部．关于加快建设高水平本科教育 全面提高人才培养能力的意见（教高［2018］2号）［EB/OL］．（2018-10-08）［2019-08-20］．http：//www.moe.gov.cn/A08/s7056/201810/t20181017_351887.html．

[4] 韩宪洲．论课程思政建设中的几个基本问题：课程思政是什么、为什么、怎么干、怎么看［J］．北京教育（高教），2020（5）：48-50．

[5] 陆道坤．论课程思政的教学设计与实施［J］．思想理论教育，2020（10）：16-22．

[6] 杨晓宏，郑新，梁丽．"互联网+"背景下高校课程思政的价值意蕴与实践路径研究［J］．电化教育研究，2020，41（12）：71-78．

[7] 林泉伶．"课程思政"：新时代高校思想政治教育新途径研究［D］．南京：南京邮电大学，2019．

[8] 何玉海．关于"课程思政"的本质内涵与实现路径的探索［J］．思想理论教育导刊，2019（10）：130-134．

[9] 韩宪洲．以课程思政推动立德树人的实践创新［J］．中国高等教育，2019（23）：12-14．

[10] 罗仲尤，段丽，陈辉．高校专业课教师推进课程思政的实践逻辑［J］．思想理论教育导刊，2019（11）：138-143．

[11] 闫长斌，郭院成．推进专业思政与课程思政耦合育人：认识、策略与着力点［J］．中国大学教学，2020（10）：35-41．

[12] 蒋文明，樊自田，廖敦明．工科专业课程思政方法的探索与实践［J］．课程思政教学研究，2021，1（0）：152-159．

[13] 娄淑华，马超．新时代课程思政建设的焦点目标、难点问题及着力方向［J］．新疆师范大学学报（哲学社会科学版），2021，42（5）：96-104．

[14] 李春旺，范宝祥，田沛哲．"专业思政"的内涵、体系构建与实践［J］．北京联合大学学报，2019，33（4）：1-6．

[15] 楚国清，王勇．"课程思政"到"专业思政"的四重逻辑［J］．北京联合大学学报（人文社会科学版），2022，20（1）：18-23，40．

[16] 马凤毛，刘春丽．新时代高校党建工作与"专业思政"有机融合的必要性及发展前景［J］．大连大学学报，2020，41（5）：114-118．

[17] 教育部．教育部关于印发《高等学校课程思政建设指导纲要》的通知［EB/OL］．［2022-06-15］．http：www.moe.gov.cn/srcsite/A08/s7056/202006/t20200603_462437.html．

[18] 殷俊明，张兴亮．会计学"专业思政"建设的思考与探索［J］．财会通讯，2020（15）：163-166．

[19] 虞晓芬．专业思政与课程思政如何相辅相成［N］．中国教育报，2022-03-21（06）．

[20] 习近平在全国高校思想政治工作会议上强调把思想政治工作贯穿教育教学全过程 开创我国高等教育事业发展新局面［N］．人民日报，2016-12-09．

传播学专业课程思政、专业思政一体化建设的逻辑向度及实践进路

贺心颖 谢瑾靓[①]

【摘 要】 本文以首都经济贸易大学传播学专业为例，探究课程思政、专业思政一体化建设的逻辑向度及实践进路，明确人才培养目标，参照人才培养方案和专业职业道德准则凝练专业核心素养，扎实推进专业思政建设；围绕专业核心素养，精心进行教学设计，广泛开展课程思政教学设计与实践探索。在此基础上，经过师生的共同努力，传播学专业在推进课程思政和专业思政一体化建设方面取得了实效，为培养"兼德才，具四力"的新时代新闻传播人才贡献力量。

【关键词】 传播学专业；课程思政；专业思政；新闻传播人才培养

2004年，首都经济贸易大学开设传播学本科专业，并逐步确定了培养适应数字媒介时代要求的复合型、应用型传媒人才的专业定位。然而，在与国内开设传播学专业的高校、用人单位以及在校生的交流过程中，发现了如史安斌教授所言的问题：以西方为中心的新闻传播学科体系与中国本土实践之间出现了不少"盲点""断点"，甚至是"裂缝""断层"。面对上述问题和困境，课程思政为传播学专业建设指明了方向和出路。

2016年12月，习近平总书记在全国高校思想政治会上强调，要把立德树人作为中心环节，把思想政治教育工作贯穿教学全过程。

---

① 作者简介：贺心颖，首都经济贸易大学文化与传播学院副教授，传播学系主任；谢瑾靓，首都经济贸易大学文化与传播学院硕士研究生。

2018年6月，教育部部长陈宝生又在新时代全国高等学校本科教育工作会议上提出，"做到课程门门有思政，教师人人讲育人"。由此可见，课程思政强调将各类课程与思想政治理论课同向同行，形成协同效应，是把"立德树人"作为教育的根本任务的一种综合教育理念；同年9月，教育部印发的《关于加快建设高水平本科教育全面提高人才培养能力的意见》（即《新时代高教40条》）指出，要"强化课程思政和专业思政"，第一次明确提出"专业思政"这一概念。

2020年5月，教育部印发的《高等学校课程思政建设指导纲要》（以下简称《纲要》）是在当前形势下深入贯彻落实习近平总书记关于教育重要论述的关键举措，为高校进一步深化教育教学改革、发挥好每门课程的育人作用提供了重要指导。同年11月"新文科建设宣言"出台，更让高校肩负起构建世界水平、中国特色的文科人才培养体系的重任：明确总体目标，强化价值引领；促进专业优化；夯实课程体系；推动模式创新；打造质量文化。

2022年9月，首都经济贸易大学校党委书记韩宪洲进一步强调，"对学校来说，课程思政是新时代的新课题，从形成高水平人才培养体系、健全'三全育人'体制机制的层面不断深化推进，做好顶层设计、系统设计"。

在校党委和学院党总支的领导与支持下，学校传播学专业组织全体教师认真学习领会课程思政相关文件精神，先后于2017年和2021年两次有针对性地修订了人才培养方案，推进专业思政资源库建设。不断强化马克思主义新闻观的统领地位，强调落实了"三全育人"体制机制，推进课程思政建设。经过几年的探索与实践，该专业在推进课程思政和专业思政建设方面均取得实效。

一、传播学专业课程思政与专业思政一体化建设的逻辑向度

2020年教育部《纲要》准确地把握了课程思政的本质——立德树人。强调了课程思政遵循知识传授、价值塑造和能力培养的多元统一性原则。其中，价值塑造是高校育人工作的第一要务，要将价值塑造有机地融入知识传授和能力培养之中。此外，指出课程思政以协同育人为理念，采用显性教育与隐性教育相结合的方法。《纲要》还指出，课程思政应加强对当代大学生的世界

观、人生观、价值观教育，积极引导他们树立正确的国家观、民族观、历史观、文化观，从而培养德智体美劳全面发展的社会主义建设者和接班人。

2021年，学校党委书记韩宪洲在论述如何正确认识课程思政和专业思政的关系时指出："课程思政的重音在课程，专业思政的重音在专业，课程思政和专业思政分别是把思想政治工作贯穿教育教学全过程最基本的重要抓手和平台。"

具体而言，课程思政与专业思政相辅相成，贯穿高校教育教学全过程，构成立德树人的有机整体。课程思政是以专业教育中的课程为载体进行的思政教育，因而课程思政是专业思政的基础。专业思政则站在专业的高度，根据不同专业人才培养特点和专业核心素养要求，制订专业人才培养方案，以及每门课程的教学大纲，整体设计专业育人的实现路径，将专业核心素养体现在人才培养全过程。简言之，专业思政是课程思政的深化和系统提升。

在充分理解上述精神的基础上，根据北京市属财经院校的特点，以及学校人才培养的基本逻辑，传播学专业提出了课程思政与专业思政一体化建设的总体思路。

（一）明确人才培养目标，凝练专业核心素养

2022年，韩宪洲书记指出，要围绕专业思政的要求，即本专业对人才核心素养的要求，提出本专业开设的各门课程思政的方向、目标。

传播学本科专业人才培养的基本目标为：以立德树人为根本，面向媒体发展前沿，培养具有正确的世界观、人生观和价值观，具备深厚的人文底蕴和扎实的社会科学基础，系统掌握传播理论和技能，具备马克思主义新闻观，拥有先进的媒介经营管理理念，熟悉传媒产业的法规、政策与伦理，富有创新精神和高度社会责任感，适应数字媒介时代要求的复合型、应用型传媒人才，即培养"兼德才，具四力"（"四力"指脚力、眼力、脑力、笔力）的新时代新闻传播人才。

作为专业育人目标的具体体现，传播学专业的核心素养是该专业所有学生所必须具备的关键的、必要的共同素养。因此，本着从中国传统文化发掘核心素养、从国际化视角拓展核心素养、从现实需求提炼核心素养、在创新

实践中落实核心素养、从课程目标反思与重校核心素养的原则和方法，首都经济贸易大学传播学专业全体教师参照《传播学专业本科人才培养方案》（2021）和《中国新闻工作者职业道德准则》（2019），将传播学专业的核心素养凝练为"三种必备品格、三项关键能力"，共6项核心素养、12项基本要点，即"家国情怀、社会责任、个人修养；科学精神、学习能力、实践能力"（见表1）。

表1 传播学专业的6项核心素养、12项基本要点

核心素养		基本要点	主要表现
三种必备品格	家国情怀	理想信念	坚持"四个自信"，即"中国特色社会主义道路自信、理论自信、制度自信、文化自信" 坚持正确政治方向、舆论导向 学会自觉运用马克思主义新闻观解读社会现象，把握新闻报道的政治方向，努力成为国家和社会需要的合格人才
		国际视野	讲好中国故事，传播好中国声音，积极搭建中国与世界交流沟通的桥梁，展现真实、立体、全面的中国
	社会责任	社会关怀	自觉承担社会责任，全心全意为人民服务，发挥党和政府联系人民群众的桥梁纽带作用，兼顾传媒的社会效益与经济效益
		职业追求	自觉遵守国家法律法规，恪守新闻职业道德 落实对新闻舆论工作者的"四者"要求，成为党的政策主张的传播者、时代风云的记录者、社会进步的推动者、公平正义的守望者
	个人修养	人文素养	秉承"人文、公义、匠心、笃行"的精神，具备深厚的人文底蕴和浓厚的人文情怀
		媒介素养	全面认知媒介的历史与趋势，深入理解媒介的传播特点与规律，合理使用媒介的思维与方法
三项关键能力	科学精神	理性批判	立足当下、面向未来，理性吸收与借鉴西方传播学理论，具备独立思考能力
		求真务实	实事求是，用科学方法研究真问题、做出真学问

续表

核心素养	基本要点	主要表现
三项关键能力 / 学习能力	夯实基础	培养终身学习的意识，养成良好的学习习惯，掌握科学的学习方法，具备知识迁移能力，以适应信息爆炸的时代特点 系统掌握传播学领域的相关知识，熟悉新闻传播的基本规律 拥有先进的媒介经营管理理念，熟悉传媒产业的法规、政策与伦理
三项关键能力 / 学习能力	与时俱进	掌握媒体经营管理的先进理念，了解传媒产业的前沿动态，能够将经济学、管理学、市场营销学等领域的知识与传播学相结合 积极观察传播技术的新动态，透过现象把握新闻传播的新发展和新趋势
三项关键能力 / 实践能力	知行合一	练就过硬脚力、眼力、脑力、笔力，拜人民为师，向人民学习，深入了解社情民意，增进与群众的感情 提高专业水平，掌握融合技能，成为适应新时代的全媒型新闻传播人才
三项关键能力 / 实践能力	创新探索	突破陈规，大胆探索，培养跨学科、跨媒体的专业综合创新能力

（二）修订人才培养方案，完善课程教学大纲

人才培养目标的确定和专业核心素养的凝练，为传播学专业思政提出了总体要求和重点任务。结合北京市属财经高校的定位，以及学校传播学专业自身特点，修订专业人才培养方案。开设"中外新闻传播史""马克思主义新闻观""传播学概论"等史论课程，形成集群效应，在课程设置中体现传播学的专业思政特色。明确每门课程在传播学专业人才培养体系中的位置，找准课程与传播学核心素养的对应关系，最终实现育人的根本目的；同时，以每门课程为抓手，将其教学目标分为知识传授、能力培养和价值塑造三个层次，重构知识点与传播学专业人才核心素养的关系，将课程思政建设做实，进而推动专业思政建设。

在2021级传播学专业的人才培养方案中，共有32门专业课程组成了传播学专业的核心课程群。该课程群围绕6项核心素养，基于不同理论、不同视角、不同水平，分布于传播学专业本科四年的7个学期中，构成传播学专业人才核心素养培养的课程体系（见表2）。

表 2 传播学专业核心课程与核心素养的对应关系

核心课程体系				三种必备品格					三项关键能力				
^			家国情怀		社会责任	个人修养		科学精神		学习能力	实践能力	
类别	序号	素养	理想信念	国际视野	社会关怀	职业追求	人文素养	媒介素养	理性批判	求真务实	夯实基础	与时俱进	知行合一	创新探索
通识教育必修课	1	中国文化概论	√				√							
^	2	人际传播学	√	√	√		√	√	√	√	√		√	√
^	3	跨文化传播学	√	√	√	√	√	√	√	√	√	√	√	√
学科基础课	4	传播学概论					√		√					
^	5	马克思主义新闻观	√		√	√								
^	6	传播社会学	√	√	√	√	√	√	√	√	√		√	√
^	7	中外新闻传播史（双语）	√	√	√	√	√	√	√	√	√	√	√	√
^	8	摄影与摄像基础	√	√	√	√	√	√	√	√	√	√	√	√
^	9	音频节目赏析与制作	√	√	√	√	√	√	√	√	√	√	√	√
专业核心课	10	新闻学概论	√	√	√	√	√	√	√	√	√	√	√	√
^	11	影视传播学	√	√	√	√	√	√	√	√	√	√	√	√
^	12	新媒体传播	√	√	√	√	√	√	√	√	√	√	√	√
^	13	传播学研究方法（双语）	√	√	√	√			√	√	√	√	√	√
^	14	视听语言	√	√	√	√	√	√	√	√	√	√	√	√
^	15	媒介经营与管理	√	√	√	√	√	√	√	√	√	√	√	√
^	16	新闻编辑学	√	√	√	√	√	√	√	√	√	√	√	√
^	17	影视编导	√	√	√	√	√	√	√	√	√	√	√	√
^	18	媒介策划与运营实务	√	√	√	√	√	√	√	√	√	√	√	√
^	19	传播法	√	√		√			√		√		√	

续表

核心课程体系			三种必备品格						三项关键能力					
			家国情怀		社会责任		个人修养		科学精神		学习能力		实践能力	
类别	序号	素养	理想信念	国际视野	社会关怀	职业追求	人文素养	媒介素养	理性批判	求真务实	夯实基础	与时俱进	知行合一	创新探索
专业提升课	20	新闻采访与写作	√	√	√	√	√	√	√	√	√	√	√	√
	21	传媒经济热点问题分析					√							√
	22	专业英语（传播学）	√	√	√	√	√	√						√
	23	广播电视经营与管理	√	√	√	√	√							√
	24	传播与说服	√	√	√	√	√	√					√	
	25	数据新闻报道		√	√	√	√	√					√	
	26	新媒体产业运营	√	√	√	√	√	√					√	√
	27	社交媒体与网络分析	√	√	√	√	√	√						√
	28	西方传媒法（双语）	√	√		√			√		√		√	
	29	演讲与修辞	√	√	√	√								
	30	传播学经典文献选读（英语）	√	√	√	√	√		√	√	√			
	31	国际传播学概论（双语）	√	√	√	√	√						√	
	32	儒学经典	√	√	√	√	√		√	√			√	

需要说明的是，在32门课程中，并不是每门课程的每个知识点都对应着

不同的核心素养，而是每个知识点都包含着知识目标、能力目标和价值目标，而这三个层面则对应着 6 项传播学专业核心素养。在某种程度上，传播学专业核心课程与核心素养的对应关系，初步构建了传播学专业课程思政的效果评价体系。

（三）建立健全制度机制，打通专业思政建设路径

传播学专业建立了在教师党支部引领下的"专业负责人—课程负责人—教师"的专业思政建设三级体系。

教师党支部强化示范引领，通过"支部委员会会议"、党员教师"三带头"实践等形式，积极探索将课程思政与党支部建设融合的新途径、新方法。教育者先受教育，教师带头积极实践，挖掘各门课程中蕴含的思政元素，初步形成了"课程门门有思政，教师人人讲育人"的良好氛围。

专业负责人是专业思政建设的第一责任人，专业负责人负有组织、指导专业思政建设，调动教师开展专业思政与课程思政一体化建设的积极性等重要责任。课程负责人则是具体课程建设的负责人，在专业负责人的领导下全面负责课程建设和教学组织工作，尤其是要帮助教师，特别是青年教师，解决在专业育人中的思想困惑和技术难点。该专业的每名教师都是专业思政的实施者，通过课程教学、实习实践、学科竞赛等教育教学活动，与学生紧密联系，将思想政治工作贯穿于教育教学全过程。

二、传播学专业课程思政与专业思政一体化建设的实践进路

根据《纲要》要求，学校传播学专业从 2021 年就开始精心设计课程思政教学体系，设置课程思政总体目标，再根据不同课程的特点设计思政融入点，在教学中坚持学生中心、产出导向、持续改进，不断提升学生的课程学习体验、学习效果（见表3）。

表3 传播学专业课程思政建设的教学设计与实践（部分核心课程）

总体目标	1. 帮助学生树立马克思主义新闻观 2. 帮助学生树立唯物主义历史观 3. 帮助学生增强文化自信 4. 帮助学生掌握并恪守新闻职业道德与规范 5. 增强学生的创新精神

续表

主要课程及课程思政融入点	传播学专业教育课程	马克思主义新闻观	• 学生重点领悟习近平总书记关于新闻舆论工作的系列重要讲话精神，为将来成为媒体人做准备 • 学生学会自觉运用马克思主义新闻观解读社会现象，把握新闻报道的政治方向，从而成为国家和社会需要的合格人才 • 关注马克思主义新闻观中国际视野、问题导向、批判精神等核心范畴，并将其引入和应用在新闻传播人才培养模式中
		传播学概论	• 引导学生思考"为什么要提升传播力"的问题 • 引导学生关注传播学创立者与马克思主义的渊源，思考如何用马克思主义构建中国特色的传播学理论 • 引导学生思考在新媒体环境下，提升大众传播媒介的舆论引导力需要从受众的切身利益出发，以正面、积极的方式引导为主
		中外新闻传播史	• 帮助学生理解全球历史与现实中的"文明与野蛮"之争，破除西方中心主义和话语霸权 • 引导学生关注新闻传播与政治、经济、文化、社会诸要素之间的关系 • 帮助学生辨别不同阶级利用新闻媒体进行意识形态斗争的历史，特别关注资本主义国家利用新闻媒体进行的文化殖民活动 • 带领学生回顾资产阶级和无产阶级争取新闻自由的历史，指出无产阶级新闻自由思想与无产阶级新闻实践的历史意义
		新闻学概论	• 进一步夯实马克思主义新闻观，把握新闻传播活动的本质和规律 • 掌握新闻职业道德与规范，成为"讲好中国故事"的传媒后备人才
		媒介经营与管理	• 让学生深刻体会在我国媒介经营与管理中，党性与人民性的统一 • 让学生理解市场化改革的进步意义，珍惜今天改革开放的成绩 • 引导学生理解媒体肩负起社会责任的重要性和必要性，懂得真正的经营管理就是为社会做贡献的技巧和方法
		传播法	• 帮助学生充分认识并发挥传媒对于我国社会主义民主与法治建设的积极推动作用 • 使学生认识到传播法对于中国特色社会主义民主与法治建设，以及在自己未来职业发展中的重要性 • 让学生学会正确地处理"喉舌论"与舆论监督权的关系
		中国文化概论	• 引导学生学习中国传统优秀文化，增强民族自豪感，增强文化自信，提升文化主体意识 • 带领学生阅读中国文化经典，激发其对中国文化的兴趣，提高自身文化素质，提升精神境界 • 引导学生树立传播中国优秀文化的信心和责任，承担起"讲好中国故事"的使命

续表

主要课程及课程思政融入点	传媒专业实践课程	实地调研	• 让学生能够直观感知历史人物、历史事件，弘扬革命精神，培育对民族国家的认同感，以及对中国道路的自信 • 深入挖掘本地化的可感案例，培养学生的历史文化自信和责任担当
		"金驼"微影视节	• 凝聚全员、全过程、全方位育人的教育合力，培养学生的专业素质、道德修养和时代责任感，为培养应用型的传媒人才贡献力量 • 在学生自编、自导、自演的过程中，提高艺术创新能力，传递社会正能量
		学科竞赛	• 引导学生在贴近现实的选题中，立足国家与社会需要，培养服务社会的意识； • 锻炼学生将所学知识应用于实践，提高学生团队合作能力、自主学习能力和创新能力
效果评价	1. 学生增强了家国情怀、社会责任感和使命感 2. 学生加深了对人民性的体悟 3. 学生树立了唯物主义历史观 4. 学生加深了对新闻工作者专业素养的认识 5. 学生增强了创新精神			

具体而言，对于传播学专业教育课程，根据新闻传播学学科专业的特色和优势，深入研究传播学专业的育人目标，深度挖掘提炼专业知识体系中所蕴含的思想价值和精神内涵，科学合理拓展专业课程的广度、深度和温度，从课程所涉新闻传播专业、传媒行业，提高党的新闻舆论传播力、引导力、影响力、公信力，加强我国国际传播能力建设等角度，增加课程的知识性、人文性，提升引领性、时代性和开放性。对于传媒专业实践课程，注重学思结合、知行统一，增强学生勇于探索的创新精神，提高学生解决问题的实践能力。

根据《纲要》精神，首都经济贸易大学传播学专业坚持以专业课程为课程思政建设的基本载体，深入梳理专业课教学内容，结合不同课程特点、思维方法和价值理念，深入挖掘课程思政元素，有机融入教学全过程，力求达到润物无声的育人效果。结合传播学自身专业特点，针对文史哲类课程，提出不同的课程思政要求。在文史哲类课程教学中，帮助学生树立马克思主义新闻观、唯物主义历史观、新闻职业道德与规范。在经营管理、法学类专业课程中，帮助学生深刻理解我国的媒介经营与管理要坚持党性与人民性相统一原则，我国传媒要弘扬社会主义民主与法治精神。

（一）帮助学生树立马克思主义新闻观

2016年2月19日，习近平总书记在党的新闻舆论工作座谈会上强调，"新闻观是新闻舆论工作的灵魂。要深入开展马克思主义新闻观教育，引导广大新闻舆论工作者做党的政策主张的传播者、时代风云的记录者、社会进步的推动者、公平正义的守望者"。在习近平总书记思想的指引下，学校传播学专业提出，要面向媒体发展前沿，培养具备深厚人文底蕴和扎实社会科学基础，富有创新精神和高度社会责任感的复合型、应用型传媒人才。

从2019年3月起，学校传播学专业开设"马克思主义新闻观"课程，以适应国家社会发展的需要。通过该课程，学生们掌握马克思、恩格斯、列宁、毛泽东等马克思主义经典作家关于新闻的重要思想。理解马克思主义新闻观的基本概念和理论体系；理解和把握中国共产党关于新闻舆论的基本思想，以及新时期党和国家对新闻舆论的基本要求。重点领悟习近平总书记关于新闻舆论工作的系列重要讲话精神，为将来成为媒体人做准备；学会自觉运用马克思主义新闻观解读社会现象，把握新闻报道的政治方向，从而成为国家和社会需要的合格人才；关注马克思主义新闻观中国际视野、问题导向、批判精神等核心范畴，并将其引入和应用在新闻传播人才培养模式中。

"马克思主义新闻观"课程的教学实践有以下三个特点：一是教学内容与时俱进，教学案例不断更新。教师团队吸收了大量鲜活的案例，解决学生遇到的现实问题，让学生觉得解渴，通过教师的精彩讲述，真正让马克思主义入脑入心。二是教学形式丰富多彩，教学方法灵活多样。根据专业特点，通过组织讨论、演讲、参观访问、观看网络视频、撰写观后感等多种形式，让学生学会在掌握历史规律的同时，运用马克思主义新闻观思考问题；同时，注重问题意识的养成、探究式学习能力的培养、批判性思维的形成。三是注重社会实践，培养家国情怀。课程设计成"1+1"模式，即课堂教学和实践教学各占1个学分。通过给学生布置实践教学题目，教师指导学生社会实践，形成实践教学成果。例如采访主流媒体，考察新时代新闻工作者如何进行舆论监督；以小组为单位采访数位一线记者，考察马克思主义新闻观在具体新闻工作中的运用。针对同一社会事件，调查对比某些传统媒体和互联网媒体在素材搜集、内容生产、筛选和传播等环节中的把关标准和价值导向等。2020年，针对突发的新冠疫情，学生们运用马克思主义新闻观进行深度的调研和解析，出现了一批比较具有代表性的实践成果。

该课程的创新之处体现在以下两点：一是充分利用与经济日报社的部校共建平台，共同打造课程思政教学品牌。经济日报社多位高级编辑在课程讲座中指出：看待当下中国的问题要有历史观、大局观，时代要求新闻工作者要有人民情怀、实践观念。讲座开阔了学生视野，取得了非常好的教学效果。二是与"中国新闻传播大讲堂"活动相结合，加强马克思主义新闻观教育。2020年11月，中宣部、教育部主推的中国新闻传播大讲堂启动，主题是"来自武汉抗疫一线的报道"。在疫情攻坚时期，舆论引导工作不仅是党和政府的责任，更离不开各媒体的积极配合。大讲堂让学生从深入武汉抗疫一线的优秀记者前辈们的叙述和镜头中，更加真实、近距离地感受到了那些在武汉发生过的惊心动魄的事情；同时，与政府部门协同育人，多年来协助政府网站"北京之窗"开展北京市两会的政务直播。

同样地，其他课程也在"马克思主义新闻观"的指导下开展课程思政教学实践。其中比较具有代表性的是"传播学概论"和"媒介经营与管理"。

作为传播学专业最重要的专业基础课，"传播学概论"的首要教学目标就是使传播学专业的本科生坚持马克思主义的基本观点，正确掌握传播学基本概念、基础知识、主要原理。课程思政融入整个教学过程。例如，在介绍传播学的研究对象与基本问题时，课程思政的融入点就是习近平总书记多次强调的提高新闻舆论传播力、引导力、影响力、公信力，引导学生思考"为什么要提升传播力"的问题。又如，在讲授人类传播的过程与基本模式时，引导学生思考在新媒体环境下，提升大众传播媒介的舆论引导力需要从受众的切身利益出发，以正面、积极的方式引导为主。再如，在回顾传播学研究史和梳理主要流派时，强调马克思主义理论是传播学的重要理论来源之一，传播学的创立者与马克思主义都颇有渊源。引导学生思考如何看待这一现象，如何用马克思主义构建中国特色的传播学理论。这是传播学要面临的时代课题。

"媒介经营与管理"课程则向学生强调我国媒体在经营管理中，要把党的宣传任务纳入自己的目标系统并予以优先考虑。通过讨论，让学生深刻体会党性与人民性的统一。在分析我国媒介市场化、产业化的动因时，教师从"计划经济"与"市场经济"的区别入手，分析我国进行改革的根本原因，并指出市场化改革的进步意义，让学生珍惜今天改革开放的成绩。针对媒体的市场化、产业化与媒体社会责任，教师组织专题讨论课。引导学生理解媒体不能一味追求"利润的最大化"，而要肩负起社会责任。因为越是承担社会责任的媒体，从长远看越能获益。让学生懂得真正的经营管理就是为社会做贡献的技巧和方法。

（二）帮助学生树立唯物主义历史观

从学科史角度而言，新闻学与传播学都是舶来品。中国新闻学研究和新闻教育可以追溯到1918年10月14日北京大学新闻学研究会正式成立。20世纪80年代初，传播学开始被引入中国。因此，我国的新闻传播学专业的人才培养既要立足中国，又要放眼世界。在学习和研究过程中，一方面借鉴西方国家的先进经验，另一方面汲取他们的教训。因此，首都经济贸易大学传播学专业将中外新闻传播史列为一门重要的学科基础课。

众所周知，历史观是"人们对历史的根本观点，是对历史的理论认识，同时也是世界观的有机组成部分"。在教学设计中，教师充分挖掘新闻史课程中的思政功能，并将其与授课内容进行有机融合，实现价值目标与知识目标的统一。其课程思政目标体现在帮助学生树立马克思主义唯物史观、增强对民族国家的认同、回击历史虚无主义，以史为鉴、把握当下、走向未来。该课程以西方世界所谓的"文明等级论"为课程思政融入点，逐步帮助学生理解全球历史与现实中的"文明与野蛮"之争，破除西方中心主义和话语霸权；关注新闻传播与政治、经济、文化、社会诸要素之间的关系；辨别不同阶级利用新闻媒体进行意识形态斗争的历史，特别关注资本主义国家利用新闻媒体进行的文化殖民活动；回顾资产阶级和无产阶级争取新闻自由的历史，指出无产阶级新闻自由思想与新闻实践的历史意义。中外新闻传播史课程较为系统地回顾了近代以来无产阶级报业发展的轨迹，总结其特点，阐释了马克思、恩格斯、列宁、毛泽东等的新闻实践与新闻思想，以及马克思主义新闻观的中国化过程。

中外新闻传播史课程有意识地将思政育人融入典型案例的分析之中，如19世纪外国人在华办报的殖民文化侵略属性、新闻记者素养、中国知识分子的救亡探索与报刊活动以及无产阶级新闻实践与新闻思想。让学生认识到中国现代化道路离不开马克思主义的引导，离不开中国共产党的领导核心，倡导爱国、敬业的社会主义核心价值观。通过组织讨论、演讲和作业，让学生在主动探索中掌握历史规律，自觉运用马克思主义的唯物史观分析和解决问题。

中外新闻传播史课程的创新之处在于结合北京地区的特色和优势，教师采用"移动思政课堂"模式增强思政教育隐形渗透的深度和广度，着力加强对红色历史文化资源的挖掘和运用，带领学生走出校园，重回历史现场，树立唯物史观。例如，以课程为依托，组织学生参访北京新文化运动纪念馆、李大钊故居、京报馆等地，让学生们重温"五四精神"，了解马克思主义在中国的早期传播，激发学生的爱国热情。通过课内外的师生互动，学生关注五四新文化运动时期的重要人物，并感受他们曾经工作的环境氛围；形成对这一时期的文献档案、报刊原件等资料的感性认识；全面了解清末民初的社会思潮以及马克思主义在中国的早期传播情况。学生阅读相关史论著述，能够真正掌握并自觉运用马克思主义的唯物史观研究和分析中外新闻传播史所涉及的历史人物、历史事件和思想等，辨别、抵制并回击历史虚无主义的错误思潮。"移动思政课堂"模式活化了历史文化资源，让学生能够直观感知历史人物、历史事件，弘扬革命精神，帮助学生树立文化自信、培育对民族国家的认同感，以及对中国道路的自信。

(三) 帮助学生增强文化自信

大学生作为国家的未来与希望，身上肩负着传播中国文化的使命，是坚定文化自信的主体。《纲要》指出，课程思政建设要围绕学生理想信念，加强中华优秀传统文化教育。高校课程思政是大学生增强文化自信的教育实践平台，能够在课程中解读并传播中国优秀文化，启发学生对于我国文化的自觉思考与认同。

党的十八大以来，习近平曾在多个场合提到文化自信，传递出他的文化理念和文化观。2016年5月17日，习近平在哲学社会科学工作座谈会上强调，"我们要坚定中国特色社会主义道路自信、理论自信、制度自信，说到底是要坚定文化自信"；同年7月，在庆祝中国共产党成立95周年大会上，习近平指出，"文化自信，是更基础、更广泛、更深厚的自信"，强调"坚持不忘初心、继续前进，就要坚持中国特色社会主义道路自信、理论自信、制度自信、文化自信"。

在上述背景下，学校传播学专业为本科生开设了"中国文化概论"通识教育课，旨在系统、简明地介绍中华文化的形成与发展、中国文化的基本特征、中国传统文化的基本精神，使学生能够加深对中国传统文化的了解，增强对中华民族历史文化的鉴赏能力，从而能够更加科学地、有鉴别有比较地学习和继承中华优秀传统文化。其课程思政的目标体现在：通过中国传统优秀文化的学习，使学生增强民族自豪感，增强文化自信，提升文化主体意识；通过对中国传统文化的学习，激发学生对中国文化的兴趣。引导学生阅读中国文化经典，提高自身文化素质，提升精神境界；引导学生树立传播中国优秀文化的信心和责任，承担起"讲好中国故事"的使命。

此外，传播学专业教师们还深入挖掘本地化的可感案例，在实地调研中帮助学生增强文化自信。例如，策划和组织学生参观国家博物馆"秦汉文明展"，希望学生们体会到两个核心思想：一是建立统一的多民族国家是历史的选择；二是当代中国人要从秦汉文明中重拾中华文化自信。又如，在组织学生参观梅兰芳故居后，教师做出如下总结：其一，梅兰芳先生对多国表演艺术兼容并包，为我所用。其二，五四新文化运动期间，梅兰芳先生深受挪威戏剧家易卜生的影响，勇于革新，编演新剧宣扬妇女解放，体现社会担当。其三，抗战时期，梅先生蓄须明志，拒绝为日寇演出，尽显爱国情怀。其四，梅兰芳先生以京剧艺术为媒介，一生致力于向世界传播中华传统文化。再如，教师在组织学生实地调研故宫文创产品时，根据故宫官方公众号的推送，为同学们规划了三条调研路线，分别是"文人修习路线""皇家女性魅力线""匠人匠心线"，旨在让同学们领略中华文化的独特魅力，感受"为未来保护今天"的工匠精神。简言之，通过思政小课堂与社会大课堂的结合，构建社会实践育人的教学新模式，培养传播学子的历史文化自信和责任担当。

(四) 帮助学生掌握并恪守新闻职业道德与规范

根据《纲要》的要求，学校传播学专业把"深化职业理想和职业道德教育"作为课程思政建设的内容重点。通过多门课程的联动，从不同角度引导学生掌握并恪守新闻职业道德与规范。

例如，马克思主义新闻观课程以丰富的案例，帮助学生分析如何排除违反新闻生产规程的主客观因素，掌握新闻职业道德与规范。第一，新闻传媒和新闻工作者应敬畏新闻的基本要素和基本事实，要恪守新闻职业道德；为社会和公众生产真实、客观、公正、全面的新闻作品。第二，把提供真实、客观、公正、全面的新闻报道作为每个新闻传媒和新闻工作者的基本功，真正把每个新闻传媒机构建成专职的调查研究机构，使每名新闻工作者成为调查研究工作者。第三，新闻界构建新闻运作机制：不唯上，不唯书，只唯实，一切以客观事实是从，一切从事实出发。第四，通过舆论鼓励传媒和记者讲真话，通过制度保护传媒和记者讲真话，通过司法救济支持传媒和记者讲真话。

又如，新闻学概论课程将"掌握新闻职业道德与规范，成为'讲好中国故事'的传媒后备人才"设为课程思政教学目标之一。该课程将"新闻职业道德与规范"设为一章，重点在于让学生了解新闻职业的边界，认识职业道德的重要性和复杂性，难点在于引导学生学会处理职业角色与社会角色之间的关系，树立正确的新闻职业理念和规范。其思政目标是在讲授记者的职业角色与社会角色冲突时，帮助学生认识到救人比拍摄更重要的道理。同时结合中外媒体上的自杀报道、死亡报道，帮助学生建立正确的报道观念，渗透尊重逝者、热爱生命的意识。

再如，传播法课程通过讲授传播法领域的典型前沿案例以及组织课堂讨论，使学生能够认识到传播法对于中国特色社会主义民主与法治建设，以及在自己未来职业发展中的重要性，认识到国家依法保障公民行使言论自由权利，依法对传媒进行监管是建设社会主义法治国家的重要组成部分；培养学生自觉运用传播法基本原理分析和解决现实问题的能力，学会正确地处理"喉舌论"与舆论监督权的关系，充分发挥传媒对于我国社会主义民主与法治建设的积极推动作用。

(五) 增强学生的创新精神

2021年3月6日，习近平总书记在讲话中指出："这个'大思政课'我们要善用之。思政课不仅应该在课堂上讲，也应该在社会生活中来讲。"在总书记讲话精神的指引下，学校传播学专业教师在指导学生科研与实践方面，着重打通课堂内外、校内校外，融通线上线下，实现课程思政在时间与空间维度上的拓展。

一方面，搭建教学实践平台，产学研共同落实"三全育人"。多年来，传播学专业先后开设"媒介策划""媒介运营实务""新媒体产业运营""整合营销传播"等多门实践类课程，为学生的传媒综合实践提供理论支撑和实践指导。基于学校所倡导的"骆驼"精神，由文化与传播学院师生创建的学生专业实践"金驼"品牌，一直跟随社会与行业发展的脉搏而不断创新。从最早的"金驼月"发展到现在的"金驼"微影视节，"金驼"品牌实践活动已延续十余年。自2017年举办首届"金驼"微影视节开始，该活动就由首都经济贸易大学党委宣传部、研究生院、教务处、文化与传播学院联合举办，旨在弘扬社会主义核心价值观，展现校园正能量。微电影节结合多门本科生课程与研究生课程，将教学与实践充分融合。每年围绕某一主题，本科生着重展映环节系列实践，硕士研究生则着力于闭幕式的策划和组织。活动实现了产学研资源的整合、师生多主体的联动、综合实践的多层面运作，以及大学生专业能力的综合培育。在教师推荐下，微影视节的优秀作品参与"视友杯"中国高校电视奖的角逐，斩获多个奖项。如今，首都经济贸易大学"金驼"微影视节系列活动已经成为"三全育人"体制的落地平台之一，凝聚全员、全过程、全方位育人的教育合力，着力培养传媒学子的专业素质、道德修养和时代责任感。值得一提的是，该专业教师更是将上述教育教学理论、实践的部分研究成果凝练为《高等教育教学与传播专业人才培养》一书。鉴于教育教学活动的应用性特点，该教材不强于学理，更体现在实践运作中，不仅有着专业和思想引领的双重作用，还能够优化理论知识到实践技能的教学过程，为培养应用型的传媒人才贡献力量。

另一方面，立足国家与社会需要，传播学专业教师们指导本科生参与各类学科竞赛。学生从申报、完成校级大学生创新创业训练项目起步，逐渐积累经验。学生们陆续申报并完成北京市大学生暑期社会实践项目，参加"挑战杯"首都大学生课外学术科技作品竞赛、中国国际"互联网+"大学生创新创业大赛、全国大学生经济新闻作品大赛，取得了优异的成绩。高等院校作为社会的子系统之一，应具备服务社会的意识。上述学科竞赛的选题大多要求贴近现实，有一定的应用前景。学生组队参赛的过程，不仅是将所学知识应用于实践，而且提高了学生团队合作能力、自主学习能力和创新能力。

三、结语

课程思政与专业思政相辅相成，贯穿高校教育教学全过程，构成立德树人的有机整体。课程思政是以专业教育中的课程为载体进行的思政教育，是专业思政的基础。专业思政则站在专业的高度，制订专业人才培养方案，以及每门课程的教学大纲，整体设计专业育人的实现路径，是课程思政的深化和系统提升。学校传播学专业积极探索和把握课程思政和专业思政一体化建设的逻辑向度和实践进路，凝练专业核心素养，精心进行教学设计，广泛开展教学实践。各门课程"守好一段渠、种好责任田"，同时形成联动，取得了诸多的教育教学成果。教育是一种信仰，也是一种责任担当。

未来，该专业教师将在课程思政的道路上扎实工作，稳步提升，为培养"兼德才，具四力"的新时代新闻传播人才贡献力量。

参考文献

[1] 史安斌. 推动新闻传播学的中国化时代化大众化 [J]. 青年记者, 2016 (16): 69.

[2] 郝彬. 首都经济贸易大学党委书记韩宪洲：构建"大思政"新格局，形成育人生动实践 [EB/OL]. (2022-09-16) [2022-09-27]. https://mp.weixin.qq.com/s/KWSFq3I2L5blYmqTz_GSoQ.

[3] 韩宪洲. 课程思政的发展历程、基本现状与实践反思 [J]. 中国高等教育, 2021 (23): 20-22.

[4] 财政税务学院. 财政税务学院举办红色财税百年印迹展暨专业思政建设推进会 [EB/OL]. (2022-09-14) [2022-09-27]. https：//news. cueb. edu. cn/xydt/yx/146712. htm.

[5] 梁柱. 历史虚无主义思潮的泛起、特点及其危害 [J]. 中共福建省委党校学报，2009（4）：11.

[6] 杜尚泽. "'大思政课'我们要善用之" [N]. 人民日报，2021-03-07（01）.

法学专业思政的内涵释义及改革路径研究[①]

陈汇臻[②]

【摘 要】随着全国高校思想政治教育逐步从"课程思政"深化到"专业思政"阶段。法学专业应在完成与"课程思政"等相似概念辨析,以及专业思政必要性和可行性分析上,以法学专业课程为核心,结合其他教育载体,由复数教师协同学院、学校等教育主体将思政教育贯穿于法学专业培养全环节,以实现"树德立人,德法兼修"目标。

【关键词】专业思政;课程思政;法学专业;经济法课程

一、引言

2020年,教育部印发《高等学校课程思政建设指导纲要》,提出了"结合专业特点分类推进课程思政建设",高校课程思政探索进入了专业思政阶段。但在理论层面,仍然存在着"专业思政"与"课程思政""专业课程思政"的概念界定不清的问题。高校如何在课程思政理论和实践基础上,进一步结合学科体系、学术体系、话语体系,在专业层面完成思政元素的体系性深度融合,并更加系统地引导学生以中国视野关注中国问题,将践行习近平法治思想和社会主义核心价值观作为下一阶段高校思政教育建设的核心。

法学专业具有高度意识形态性和政治性,是思政教育必须守住的阵地。而从学科建设历史和背后的法制史角度看,我国法学专业不可避免地受到了

[①] 基金项目:首都经济贸易大学法学院课程思政教研项目。
[②] 作者简介:陈汇臻,首都经济贸易大学法学院讲师,硕士生导师。

欧洲大陆法学理论（大陆法系）和英美法学理论（普通法系）的法治理论、思想传统、分析范式和实践路径的影响。因此，如何在法学专业领域实现更加精细化、体系化的法学专业思政是法学教育的重中之重。具体而言，法学专业思政应在法学专业课程的基础上，将单数教师以"课程"单一教育载体为核心的线性思政教育模式，扩展到复数教师以不同教育载体为经，以多种思政教育主体为纬编织成的网状思政教育模式。

在法学专业思政改革路径探索中，专业核心课程是思政教育的重要载体。本文以首都经济贸易大学法学院法学专业本科经济法（总论与竞争法）课程思政为起点，通过教材选择、补充材料撰写，配合宪法学、法理学/法哲学、法律职业道德等专业基础课程和核心课程以及法律实践等教育环节，将学校、法学院由课程思政中的传统监督者和评估者转变为法学专业思政的积极教育主体，使得法学专业思政能够形成一种网络型思政教育体系，深入开展社会主义核心价值观和社会主义法治理念教育。

二、专业思政与法学专业思政

专业思政是课程思政体系建设发展到更高阶段的概括性描述和总结，是高校下一时期思政教育的核心。但在课程思政理论研究中出现"专业思政""专业课程思政""课程思政"三者概念界定不清、叙述中出现混用的情况。辨析"专业思政"的概念及其特征不但有助于在理论层面明晰其逻辑起点和分析框架，在实践层面规划高校专业思政改革的可能路径，也有助于教师等教育主体更好地完成思政体系建设的历史任务。

（一）专业思政、课程思政与专业课程思政的概念辨析

1. 课程思政。课程思政是思想政治教育的核心概念。习近平总书记在全国高校思想政治工作会议上明确指出：要用好课堂教学这个主渠道，思想政治理论课要坚持在改进中加强，提升思想政治教育亲和力和针对性，满足学生成长发展需求和期待，其他各门课都要守好一段渠、种好责任田，使各类课程与思想政治理论课同向同行，形成协同效应。习近平总书记的讲话点明了课程思政的三个主要特征：第一，课程思政以课堂为主阵地；第二，课程思政教学载体不唯一，至少是由通识教育必修课、学科基础课、专业核心课、

通识教育选修课、专业提升课、专业拓展课六部分组成；第三，课程思政应与思政课程产生协同效应。此外，课程思政还有第四个特征，即课程思政的客体不唯一，教师和学生都是课程思政教育过程中的教育对象。由于课程思政是高校思想政治教育的基础，课程思政的这四条特征均同时在专业课程思政、专业思政有所体现。

课程思政的教育主体是教师。高校课程教育，不论是教材选择、课堂教学，还是论文作业等环节，均是任课教师以专业培养目标为指导，对教学内容进行把控的单方面、线性（或带有反馈的环形）的教育模式。因此，与其相结合的课程思政自然也以单数教师为主体。教师在课程思政教育中一般需要坚守"立德树人"教育理念，充分挖掘课程中的思政元素。例如，学者在论述课程思政目的时强调要"围绕'知识传授与价值引领相结合'的课程目标，强化显性思政，细化隐性思政，构建全课程育人格局"。讨论课程思政过程中，"教师是关键，教材是基础，资源挖掘是先决条件，制度建设是根本保障"。关于专业课程思政的重点问题，学者认为包括"课程思政的设计问题、专业课教师思想政治素养和思想政治教育能力问题"。毫无疑问，这些关于课程思政的理论均将学院、学校等教育主体的参与理解为课程外部条件，将学生作为思政教育的客体，以单数任课教师作为课程思政的核心。

课程思政以单数教师为核心的事实还能从课程思政的载体角度推导出。根据教学的内容和对象不同，还可以分为通识类课程、专业基础课程和专业核心课程等。但相关课程的教育载体均为线上/线下形式的课堂教学。无论从思政立德树人教育理念、课程体系设计角度，还是实施管理机制等角度，单数教师才能成为某门具体课程的思政课程教育主体。教师之间的课程思政交流也是任课教师吸收其他教师的经验和教训过程；同时，学院和学校组织或机构多以监督者和评估者而非教育主体的身份参与到课程思政教育中。在思政教育和专业知识传授两个维度的课程反馈也直接返回任课教师这个课程教育的唯一主体。

2. 专业课程思政。专业课程思政，顾名思义，是以专业课程，而非以通识课程或思政课程为载体的课程思政教育。定义上，专业课程思政是在专业课程内将马克思主义理论、立德树人根本任务等思政元素与专业知识进行有机结合，通过专业知识内容引导学生完成思政教育。专业课程思政一般被认为是课程思政体系中"最为关键和最难解决的部分"。理论上，专业课程思政包括上述课程思政的全部特征，因为二者是被包含和包含的关系。但专业课程思政同时也具有与课程思政不同的一些特征：第一，专业课程思政的目的是扭转专业课程教学中常见的重智轻德现象，而非以思想政治的体系性教育为主要目的；第二，专业课程思政深刻反映了课程思政内容的特异化。

基于专业的思政教育特异化是专业课程思政最显著的特征。课程思政体系包含"课程、思想政治教育、课程与思想政治教育的结合原理、课程与思想政治教育结合的背景"四个方面中一般性的基础理论问题。而专业课程思政则根据具体专业课程内容和特征对四个方面中包含的思政元素的"共振"。专业课程思政的核心问题包括"课程思政的设计问题、专业课教师思想政治素养和思想政治教育能力问题、专业课程思政的评价问题、专业课程思政与思想政治理论课程的关系问题"。专业课程思政必须结合专业知识展开。从思政教育的原理角度，专业课程思政反映了相关专业及其研究对象的产生和发展历史，以及其背后的专业特征。因此，专业课程思政的"共振"，即思政/专业的结合点具有有限性。

3. 专业思政。专业思政概念的内涵和外延一直缺乏清晰的界定。首先需要勘定，专业思政与课程思政在多个层面具有一体性。课程思政是专业思政的基础，而专业课程思政是专业思政这一系统工程中的核心环节。但专业思政作为课程思政教育发展的高级阶段，也同样应具有一般性课程思政教育不同的特征。《中国教育报》总结专业思政为，"以专业为载体，根据不同专业人才培养特点和专业能力素质要求，提炼专业所要求的核心价值，将之融通到专业人才培养全过程的专业建设中"。学者也曾论述专业思政为："根据学校人才培养的总目标，在专业的人才培养目标中，要体现出本专业对人才的核心素养要求；在专业的人才培养方案中，要有反映本专业核心素养要求的育人目标和实现路径的设计与表述；在专业的人才培养全过程及各环节，包括课程体系（含实践教学）、教学规范、师资队伍、教学条件、质量保障等，要有机融入本专业所蕴含的思想政治教育元素和所承载的思想政治教育功能，实现专业育人和育才的统一"。结合以上表述和专业培养概念范畴，专业思政要贯穿专业人才培养的全过程。因此，专业思政深度融入多种类型教学载体，而不仅仅是课堂教学。例如，虽然专业课程思政可能涵盖专业实践教学，但专业思政更应该涵盖学生在专业培养过程中自主选择和完成的寒暑假实习和毕业论文写作等部分。

此外，专业思政在理论上也应该包含多种类型教育主体。专业教育包含较多维度，而不同维度的专业教育内容要求不同教育主体教授、主持和参与。例如，教材、补充材料的编写，课程大纲、考试试卷的设计，竞赛活动或毕业论文的评审等教育活动涉及复数教师。专业计划、校园生活教育、教师的专业继续教育、课程体系设计、实践课程、培养等活动教育活动涉及学院。跨学院联合培养、学科体系的建设、学校教育的设计等方面涉及学校。因此，理论上专业思政既然与专业培养深度融合，那么专业思政教育中复数教师、学院、学校也均应作为教育主体。这意味着学院、学校等主体不再是课程思政环节中的监督者和评估者，而同样是专业思政过程中思政元素的发掘者。

综上所述，在理论层面，由于课堂教育是专业培养的核心环节，因此课程思政，特别是其中专业课程思政是专业思政的基础。专业思政作为课程思政教育发展的更高形式，其教育载体更加多元且教育主体由单数教师扩展至复数教师、学院甚至学校。专业思政是一个将"立德树人"神圣使命与专业特征相结合，并展开一体化思政育人的有机整体，是将原本由教师主导推进并分散到每一门具体课程的社会主义核心价值观和马克思主义理论的课程思政在专业高度进行统一融入并再凝练的教育过程，是思政教育发展的高级阶段。

（二）法学专业思政的必要性和可行性

2017年5月3日，习近平总书记考察中国政法大学时提出法学专业应坚持立德树人、德法兼修，培养大批高素质法治人才。习近平总书记关于法学教育的重要讲话是党在新时代对高校法学教育和法学专业建设的要求。由于法学专业和法学教育的意识形态性、职业导向性和社会影响性，法学专业思政不但具有必要性，也具有较高的可行性。

1. 法学专业思政的必要性。概念上，法律是调整社会关系的一类特殊规范的总和。法学是以这类社会关系为研究对象的学科。法律的特殊性在于其集中反映特定社会和历史阶段的道德伦理和政治理念。从哲学角度，法律与道德的关系在柏拉图时期即受到关注。马克思主义法学理论认为法律是统治阶级共同利益决定的具有国家形式的共同意志的表现，而且法律以现实物质生活关系为基础。即便是凯尔森的"纯粹法学"也不得不为了保证其法学研究的"纯粹性"而试图直接将法律规范与法律事实截然分开，本质上是将"法律"的定义进行缩小。即便法学具有特殊的逻辑起点和分析框架，但从价值论角度看，法学具有鲜明的意识形态功能和社会属性功能，不可避免地反映了特定价值标准和意识形态因素。因此，我国法学专业建设必须依据马克思主义和中国特色社会主义理论。

从法制史角度看，我国现代法律体系属于大陆法系，并非本土自发形成的，而是近现代长期法律移植并对其进行本土化的结果。在中国化过程中，日本、德国、美国等国家的法律均对我国现代化法律体系的建立产生了深刻影响。但法律移植的过程中往往忽略了其法治思想深层的原初政治、历史、文化、教育土壤，因此有些法律共同体成员错把特定法系或国家的法治理论当作普世法治理念而误用。从师资队伍建设角度看，近年来高校法学院具有海外留学背景的教师数量显著增加，有志建设一流水平的法学院纷纷引入在美国、英国、德国、日本等国家长期从事法学专业学习和研究的博士和访问学者。相关教育背景容易让教师忽略了原初知识背景的特异性以及在入职后的法学专业建设过程中应融入的思政元素，以致无法保证其能教授或研究好中国问题。此外，从社会影响角度看，法学专业就业方向主要是从事政治、法律工作，大多数学生会走入律师、法务、公检法、公务员队伍，而他们的职业操守和政治思想决定了我国社会主义法治建设成败。因此，法学专业思政是马克思主义法治理论、习近平法治思想等思政元素扎根我国法学教育和研究，建立中国特色法学学科体系、专业体系、话语体系的必由之路。

2. 法学专业思政的可行性。在法学专业培养的过程中全方位、全环节展开专业思政教育具有极高的可行性。相比于诸多自然科学和社会科学学科，法学以特定社会关系为研究对象。法律作为一种同时兼顾稳定性和适用性的特殊社会关系，其体系具有典型的阶层性。这种阶层性在法律体系内保证了下位法不与上位法冲突。而在价值维度则保证了上位法所反映的社会价值与下位法的价值的一致性。同样，融入了思政元素的部门法教育自然也具有在价值观方面的一致性和阶层性。这自然适应了法学专业思政能够以"立德树人、德法兼修"为导向并从上到下贯穿于法学专业教育全环节的目标，保证了法学专业思政具有内生活力从而能独立运行和发展。

法学专业兼具职业教育和学术教育双重特征。法学专业的职业教育特征要求学校能够提供学术在职业道德方面的培养。这种职业道德培养的客观要求不但意味着法学专业应该设置专门的法律职业道德课程，还应该将法律职业共同体的价值观以生动、具体的形式贯穿于法学专业培养的全过程。而我国的法律职业道德要求与社会主义核心价值观和习近平法治理念具有高度的一致性。换言之，前者是后者在法律职业层面的进一步阐发和具现。同样，法学专业的学术教育特征要求法学专业以中国法学方法论解决中国法律问题为目标培养教师和学生。而建立中国法学方法论和解决中国法律问题毫无疑问需要法学专业思政作为指引。法学专业思政天然与新时代的法学专业学术教育高度融合。因此，法学专业思政元素能够在法学专业培养过程中，与各种类型教育载体和法学知识内容深度融合，保证了法学专业思政的教育效果。

三、法学专业思政改革路径

根据界定的专业思政概念并结合分析法学专业思政必要性和可行性时总结的法学专业特征可知，法学专业思政应坚持以学生学习和就业的终身成果以及社会责任意识为导向，依据高校课程思政的基础和经验，进一步将习近平法治理念、社会主义核心价值观等思政元素融入法学专业培养全过程。法学专业思政是以多类型教育载体为经、以多类型教育主体为纬编织成的网络状思想政治教育体系（具体如图1所示）。虽然不同专业课程与其他教育载体的具体思政元素结合点和法学专业教育环节应承担的思政教育责任不同，但任何专业课程均与法学专业教育各个环节有机结合。因此，以特定专业课程为研究起点，能梳理新时代背景下高校专业思政建设的逻辑思路。本部分以首都经济贸易大学法学专业基础课程经济法（总论与竞争法）为主要对象，结合其他法学专业课程、法律实践等专业思政载体，扩展研究法学专业思政改革的可能路径。

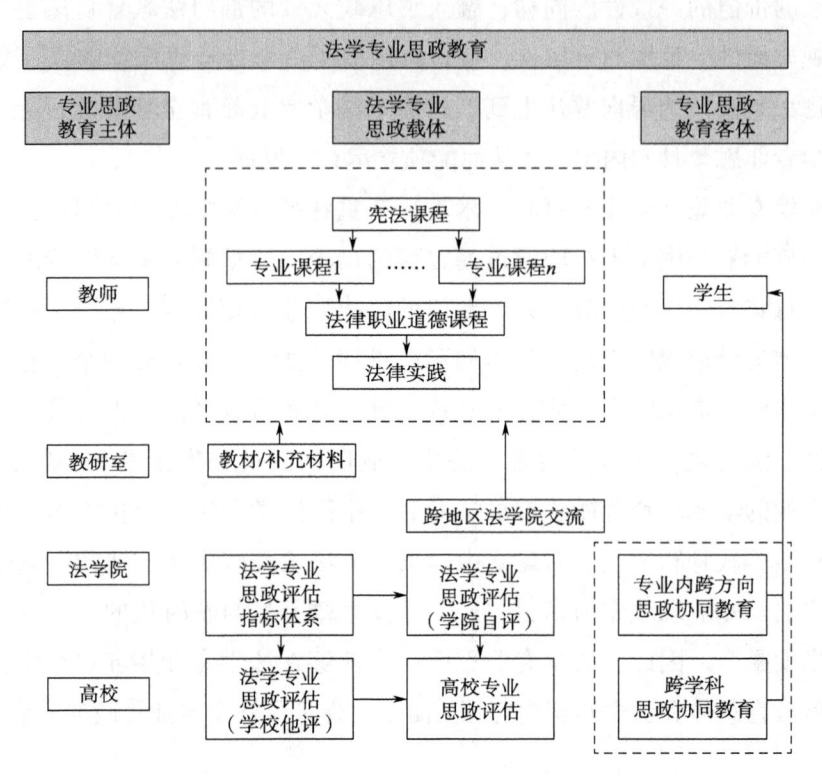

图 1 法学专业思政框架

（一）法学专业思政的建设重点

法学教育的核心载体是课堂教学，法学专业思政的核心是法学专业课程思政，而法学专业课程思政应坚持统一性与差异性相结合。理论上，法学专业基础课、核心课、实践课应具备不同的课程思政教学重点和教学方法，从而实现对法学专业思政的"因材施教"。因此，专业课程思政的重点是挖掘不同类型课程的思想政治教育资源形成路线。而经济法（总论与竞争法）课程是首都经济贸易大学法学专业基础课，以其为主要研究对象可以较为完整地探讨法学专业思政中法学专业课程思政路径。

1. 课程教学应选择"马工程"重点教材。专业课程思政中教材的选择是重中之重。教材是知识传播的载体，因此培养"立德树人、德法兼修"的法治人才离不开合适的教材。学校和法学院均应坚持：有"马工程"重点教材的课程选用马工程的教材；没有相关教材的专业课程应以"马工程"重点教材中思政教育结合特征筛选相关课程的合适教材。法学专业教材潜在的筛选重点包括：整体层面指导相关部门法学习和研究的认识论和方法论，特别是科学辩证法、唯物主义自然观历史观、马克思主义政治经济学和法学基本理论；总论部分中关于相关部门法发生论、价值论、规范论；分论部分中相关部门法的各类具体制度的基本原理和基本理论的分解路径，以及包含该原理或理论的相关案例分析路径等。学校和学院在组织复数教师对教材进行审查的过程中，同时指导教师以此为基础设计教学大纲、完成教师备课、设计教学环节、准备具体案例等。首都经济贸易大学法学院围绕张守文主编的"马工程"重点教材《经济法学（第二版）》从理论与制度两个层面系统教授经济法基础理论、宏观调控法、市场规制法，以及竞争法学总论、反不正当竞争法、反垄断法等经济法专业内容。

2. 课程教学应配合以专业思政为导向的补充材料。经济法（总论与竞争法）课程中竞争法部分是教学内容的重点，而且相比于经济法总论高度抽象的基本原理和理论方面的内容阐述，竞争法无疑是这门专业课程的思政教育部分的更生动的抓手。同时，竞争法内容与知识产权法、民商法等诸多法学方向均有交叉，与经济学、管理学等其他社会科学有联系，更是数字法学的核心部分。因此，首都经济贸易大学法学院竞争法方向和知识产权方向的教师联合编写了《新经济与中国竞争法》一书，以此作为该门课教学过程中学生补充性学习材料。

在该书中，竞争法专业知识与思政教育内容进行多维度融合。这里的思政元素融合有两个指导原则。

第一，以竞争法相关西方原理和理论"祛魅"。以笔者撰写的《新经济与反垄断法》一编为例，反垄断法起源于美国反托拉斯法，以及反垄断法中哈佛学派和芝加哥学派理论，市场力量测度的直接/间接路径、违法性认定原则等相当多的内容直接源自美国理论。而欧盟竞争法体系也经历了几十年发展，对《中华人民共和国反垄断法》行文结构、经营者集中审查框架、规制数字经济、平台经济等方法方面也有深入影响。因此，学生甚至相关法律从业者会不自觉地将西方的理论当作普世性理论进行理解和应用。这不但使得经济法总论部分思政教育效果大打折扣,也打断了法学专业思政全环节链条。这要求补充材料可以从更高层面破除其理论的普世性错误认识。例如,反垄断法部分通过跨学科研究特别是法经济学的角度阐述相关竞争法理论的前提假设以及适用范围,从而明确西方竞争法理论的局限性,使得学生在专业思政过程中能够主动从马克思主义法治理论出发与西方理论进行比较思考,坚定其对马克思主义法治理论的支持。

第二,补充材料应介绍我国在新经济背景下反垄断法理论和实践。在介绍清晰传统反垄断法理论的基础上,探讨新时代下全球普遍面对的新问题的中国答案。例如,民法、知识产权法与反垄断法标准必要专利领域有交叉,介绍许可费计算原则的部分中探讨是否可能通过反垄断法原则为标准必要专利许可费计算原则和计量提供新框架。

此外,竞争法部分与思政元素深度融合的第二个原则是基于中国社会传统阐释竞争法相关基础理论,从而实现中国特色社会主义核心价值观与竞争法专业知识的自然连接。经济法相关原则和理论与社会治理实践和观念紧密相关,因此天然具有极高意识形态性。如果不能从源头角度将中国社会结构和社会治理理论纳入经济法课程,无疑会让西方意识形态渗透到法学专业思政教育中。因此,本书在介绍现代社会治理原理时,从现代社会的演进及内涵角度,以比较视角介绍了马克思主义社会自治理论和马克斯韦伯基于新教伦理的社会自治理论并附上对这些理论在形而上的回应。此外,更进一步从中国传统经典和中国社会的社群治理传统双重角度,为经济法寻找法律移植的土壤,将其中原理"中国化"。

3. 课程教学应以新时代案例结合专业内容与思政教育。课堂教学是法学专业思政的核心环节。法学专业思政要求课堂教学坚持法学教育内容与教学形式相契合。仍以经济法(总论与竞争法)课程为例,在教学内容中加强爱国主义教育、社会主义核心价值观教育需要以新经济背景下中国案例为导向。具体办法包括师生共同参与竞争法案例教学设计环节。与常见的教师及研究生共同筛选法学专业特定方向的中国年度案例并纳入相关案例库不同,师生应共同参与竞争法案例教学搜集和设计,相关案例并不一定非要是中国司法案例,即:"讲好中国故事,不一定要讲中国的故事。"例如,在教授垄断协议部分中关于轴辐协议时，教师可以通过"美国诉苹果"案进行教学。重点是教师对案例进行全面评析。这既保证了学生可以感受到平台经济中真实轴辐协议的复杂性，又能激励学生在司法判决论述和教师评述中找寻类似问题的其他可能答案。

此外，法学专业思政还要求课堂教学要合理利用和有效创新思政课教学形式。在新冠疫情背景下，以课堂教学为载体的教育不得不进行教学模式的多元化。因此法学专业思政要求经济法（总论与竞争法）课程结合教学内容，开展和创新线上直播、录播、线上交流、共享教学、线下自主学习等教学形式。但教学模式形式多样化无法直接实现法学专业价值的引领作用，课堂教学中仍需教师积极引导法学专业思政教育。

（二）法学专业思政建设的协同载体

法学专业教育是一个包含多层次专业基础课程、核心课程和实践课程或教育在内的一整套培养体系。深度融入法学专业全环节的思政教育也必然要同步融入不同类型法学专业课程和法律实践。宪法学课程、法理学/法哲学课程、法律职业道德课程以及法律实践均是法学专业思政的重要教育载体。本文以首都经济贸易大学法学院经济法（总论与竞争法）课程为切入点，探讨其他几种类型教学载体在专业思政过程中的协同作用。

1. 宪法学课程的专业思政教育。宪法学以宪法为研究对象。由于宪法是根本大法，集中体现了相关国家在特定时间内核心价值观和法治观，因此，宪法学课程思政在法学专业课程思政体系中具有独特的地位。宪法原则调整的是社会最基本的法律关系。不同国家、地区和法系面对近似的政治、哲学命题所形成的法律原则在形而上层面具有一般性。例如，我国宪法、社会主义核心价值观和法治理论保障程序正义。宪法学课程可以《中华人民共和国反垄断法》修订前后反垄断、行政中经营者集中审查或外资国家安全审查为例讲授正当程序原则，从而实现宪法学与经济法（总论与竞争法）课程的协同作用。类似的，其他部门法也可以与宪法学课程紧密结合并与思政课程相得益彰，相辅相成。因此，相比于经济法（总论与竞争法）课程等专业基础或核心课程，可以更为直接地将社会主义法治理论融入宪法学内容。

2. 法理学/法哲学课程的专业思政教育。在法学专业课程中，法理学是法学专业基础课程，而法哲学是法学专业高级课程。两者均研究法的一般性、普遍性问题。例如，两者均从形而上的角度抽象研究法律本体论、价值论、方法论和社会论；法理学/法哲学具有极高的意识形态性，因此法理学和法哲学课程对学生树立马克思主义法治思想具有重要意义。

但相比于宪法学课程，法理学/法哲学课程的抽象性使得思政元素的融入更加困难。从法学专业思政角度看，可能路径有两条：一是"从上到下"路径，即法理学/法哲学从马克思主义理论角度出发，认识法律并运用马克思主义的立场、观点和方法观察法律现象，学习法的概念与本质，法的产生、发展与历史类型，法的价值等内容。课程思政阶段的法理学改革一般仅根据"从上到下"路径融入思政元素。二是"从下到上"路径，从部门法哲学角度出发，将法哲学中本体论、认识论等内容与部门法有机结合，从而使得法哲学能深刻回答部门法中的中国问题。

仍以经济法（总论与竞争法）课程为例，从经济法哲学角度看，可以从竞争法的直接目标和间接目标以及竞争法的功能主义解释路径等角度教授学生正义论、制度保护论以及目的论、结果论。第二条路径则进一步将我国社会主义法治理论与其他专业课程知识结合，从而能够引导学生准确把握法的实质并分清理论是非。

3. 法律职业道德课程的专业思政教育。法学专业教育兼具学术性和职业性特征。法律职业道德的形成不能单纯依托执业后的长期实践和短期培训，而应在法学专业教学计划中进行明确设计。特定职业道德是社会主义道德观的有机组成部分。从素质要求角度看，职业道德相比于一般社会道德要求更高。从长期影响角度看，学生的法律职业素养决定了我国社会主义法治体系的建设和运行效果。因此，法学职业道德培养必须深入融合思政元素，使之成为法学专业思政的另一个抓手。

法律职业道德课程首先应与思政课程形成一体化教育。本质上，法律职业道德课程的教学内容全部与专业思政直接相连，某种程度上属于另一种类型的专业化思政课程。因此，在学术培养体系中法律职业道德课程也应注重与思政课程的协同效果。前者与后者的区别在于，首先，法律职业道德课程中的马克思主义价值观等思政元素内嵌到我国法律职业道德中，完成了合格的职业道德培养，即完成了思政课程与未来职业相关部分的教育。其次，法律职业道德课程应围绕《中华人民共和国律师法》《律师职业道德和执业纪律规范》《律师执业管理办法》《法官行为规范》《检察官职业行为基本规范》《中华全国律师协会律师执业行为规范》展开，通过真实案例抽象总结出的试题型案例间接教授法律职业道德规范，从而保证法律职业道德课程在思政教育的贯彻实施。

4. 法律实践的专业思政教育。由于法学是应用型学科，具有实践性，因此法学专业培养中学生实践能力一直是重要组成部分。学生线上/线下的课堂教学不能完全满足法学专业人才培养的最低要求。以美国为例，法律博士（Juris Doctor）三年培养中，两个暑期实习决定了该生毕业后工作的单位和岗位，在校期间全部法律博士生均能选择一学期的校内法律诊所（clinic）实习或在外市的校外实习（externship）。在我国，经济法方向的专业培养理论上需要借助法律实践的机会，帮助学生建立我国法律体系、市场经济内在规律在内的第一手知识。但我国教育偏重学术的传统弱化了实践在法学专业培养中的重要作用。实践中，法学院多数由学生自主选择或由学院统一指定实习场所，缺乏对实习基地的系统反馈。法律实践培养中的专业思政的教育主体不再是学校的教师，而是实习地点的法律职业从业者以及学生本人。这意味着相关专业思政教育需要将新的教育主体纳入思政教育管理体系。法学院应对实习基地的思政培养情况设计指标体系，并进行评估和审查。完全将教育体系之外的法律职业从业者纳入课程思政教育管理体系并不现实，相关人员也缺乏完成法学专业思政培训的能力。因此，法学院应设计与学生直接沟通体系，可以要求学生定期结合工作案例从专业思政方面写作专业知识积累和职业道德培养两方面的感想，实现法律实践与专业课程思政和法律职业道德课程之间的协同效应。

（三）不同类型教育主体视角下法学专业思政

前面所述的法学专业思政改革路径仍然围绕传统课程思政范畴，但在特定环节（如编写补充材料和参与法律实践）已经涉及其他教育主体参与法学专业课程思政的情况。事实上，法学专业教育中，教师、法学院和学校均是教育主体。因此其专业思政教育也必然需要多种类型主体协力，而非仅仅依靠课堂教学中的单数教师。本部分从不同类型的教育主体角度，讨论法学专业思政的改革路径。

1. 法学院教师的专业思政培养。法学专业思政不只是法学生的专业思政，也是法学教师的专业思政。法学专业思政应要求教师能把握社会主义法治人才培养的政治方向，能发掘专业课程中原本蕴含的思想政治教育元素，并将其以润物无声的方式有机融入课程教学中，完成立德树人这一根本任务。习近平总书记2021年在清华大学考察时期盼高校教师成为"大先生"；2022年习近平总书记在人民大学考察时进一步阐述了"大先生"之"大"：要求教师"以学术造诣开启学生智慧"。对于法学专业思政，教师应旗帜鲜明地用马克思主义法学思想和中国特色社会主义法治理论教育学生，应在课堂教育内容方面保证相关法律原则体现的价值与马克思主义法治理念相统一、显性教育与隐性教育相统一。在教育方法方面坚持知识教育与价值引导相融合。同时，在法学研究中，以中国问题为导向，在研究中围绕如何建立相关部门法的中国专业体系、话语体系。例如，在竞争法研究中，应把握新经济背景下平台、大数据、算法带来的新问题。对于新问题，国内外同步启动研究，在国内新经济快速发展的大背景下，对"上层建筑"中的法律关系进行研究的法学专业可以实现局部超车。此外，以竞争法中的新经济为研究对象还可以保证教授最新相关国家战略、法律法规和政策，引导学生关注现实中问题，并以此思考终身职业，培育学生经世济民、诚信服务、德法兼修的职业素养。

2. 学院为主体的法学专业思政教育建设。在课堂思政教育体系中，学院在实践中主要根据教学过程与教学效果对教师教学进行评价，从而推动专业课程思政中教师主导与学生主动相结合。但对于法学专业思政，学院和学校不再只是监督者和评估者，而是其中具有能动性的有机组成部分。这意味着：

首先，法学院的专业思政应从学科建设高度，结合专业特色对教师的思政教学内容和教学形式提出建议。特别要贯穿于课堂授课、实验实训、作业论文等各个环节，同时为新进青年教师培养融合思政元素的科研和教学能力提供平台支撑。

其次，法学院应以"立德树人、德法兼修"为导向，详细制定教学大纲以及完善法学专业核心课程教学计划。根据分阶段育人原则，平衡专业知识学习与思政教育学习，促进其协同效应。针对此，法学院结合课程教学内容和思政元素，将建设目标与建设内容全面落实到相关课程的目标设计、教学大纲、教材编审、教案课件编写中。此外，应推进本土化法学专业科研指导，并主持跨法学方向专业思政案例库建设。以经济法（总论与竞争法）课程为例，经济法案例应与行政法、民法、知识产权法案例进行一体化建设，同时跟踪社会热点问题，将近年来中国法治建设中的有益经验和探索作为讨论的重要素材融入案例库，并组织相关专业的学生对案例库展开课堂讨论。

最后，法学专业思政应加强课程思政建设系统规划。根据法学专业特点、培养目标、毕业要求，面向需求，优化课程体系。根据法学专业特征、法学专业发展情况、法学院师资情况等因素，设计评估专业思政的系统指标体系。将指标体系上报给学校审查并作为学校专业思政工作实施情况评价模式的指标体系设计的重要参考。根据课程教学要求，构建专业知识内容与思政元素融合体系的方法论，通过公共基础课、专业课和实践课进行知识分解。而且，法学院应重点建设有导向性、代表性、引领性的课程思政示范课程，设立探索创新课程思政建设方法路径的教育教学改革与研究实践项目，选树课程思政教学名师和教学团队。将课程思政深度融入一流专业、课程以及教材建设等各项工作中，不断完善课程思政工作体系、教学体系、内容体系和评价体系，全面形成"课课有特色、人人重育人"的良好局面；同时，以虚拟教研室等为平台枢纽，促进跨区域法学院之间专业思政建设柔性化、开放式的教研交流活动，交流解决法学专业思政中共性问题的经验与实践。

3. 学校为主体的法学专业思政教育建设。学校作为比学院更高一级的教育管理机构，应统筹解决法学院在法学专业思政过程中无法解决的问题，同时为法学专业思政提供更高层面的组织保障。

首先，学校应统一强化教师育人意识，帮助教师找准育人角度，提升其育人能力。确保法学专业思政建设落地落实、见功见效。把法学院教师参与专业思政改革情况和课程思政效果作为教师考核评价、岗位聘用、评优奖励、人才选拔的重要依据。

其次，应建立健全多维度的法学专业思政建设成效考核评价体系和监督检查机制，在学校层面展开专业评估，并在评价工作中落细落实。然后根据学院反馈的各自专业思政指标体系，整体研究制定本校层面的专业思政评价标准，从而完善学校对法学专业思政教学重点和教学能力要求。

再次，结合专业课程设置与开设情况，确定专业思政经验的推广范围。由学校评选典型学院、代表性课程、优秀课程思政教学教师，并向其他学院分享相关经验。如果各教学单位无法被纳入典型学院，或法学院等无任何课程能被纳入上述代表性课程，学校应成立专门的工作小组，领导和组织下一级学院的专业思政教育和建设工作，形成互相协同的工作机制。该工作小组重点有二：其一是研究专业思政中出现的共性问题，提出解决措施，确保专业思政落到实处；其二是设计调查问卷，内容应涉及课程思政的认知、实施情况、实施效果以及有效的实施手段与方法，组织项目组成员进行讨论完善后对从事法学专业的专家进行问卷调研，采集业界对于课程思政建设的建议，根据调研反馈的结果调整教学内容，从而指导法学院或其他学院完成专业思政的进一步改善。

最后，学校应在专业思政背景下进一步展开跨学科教育体系建设。专业思政中树立中国理论自信离不开其他学科知识的支持。以经济法（总论与竞争法）课程为例，加强经济法中马克思主义法治理论思政教育的效果应协同马克思主义哲学、经济学、管理学专业。例如，讲授竞争法过程中，关于市场力量测度的直接路径（以勒纳公式及其变形）和间接路径（市场界定/市场份额范式）在引入经济学认识论学习后能帮助学生理解相关法学理论的局限性；在引入经济学方法论后能帮助学生探讨新经济背景下平台市场力量测度的新的可能路径，帮助不同专业的学生和教师为共同构建出中国特色哲学社会科学学科体系、学术体系、话语体系添砖加瓦。

综上所述，结合经济法（总论与竞争法）课程，法学专业思政可能的改革具体路径包括：第一，加强法学专业思政教育载体建设，发挥经济法（总论与竞争法）课程与宪法学、法理学/法哲学、法律职业道德、法律实践五个培养环节的协同效应，并在教学中以中国问题为导向。第二，扩大专业思政主体范围，由单数教师的单主体结构扩展到包括"复数教师—学院—学校"三主体结构。重点是发挥法学专业思政中教育主体、教育载体的协同作用。

四、结论

在新时代高水平人才培养体系构建背景下，以习近平新时代中国特色社会主义思想为指导展开专业思政建设正当时。为确保思政教育落到实处并取得成效，现阶段专业思政理论研究应回答两个关键问题：其一是如何厘清"专业思政"与"课程思政""专业课程思政"的区别；其二是如何设计深度融合专业思政和专业知识的思政教育改革路径。

因此，本文首先辨析"课程思政""专业课程思政""专业思政"三个概念，认为专业思政是课程思政发展的高级阶段，应以不同类型的教育载体为经、不同类型教育主体为纬，形成网络状专业思政教育体系；其次，论证出了法学专业思政具有紧迫必要性和极高可行性；最后，结合经济法（总论与竞争法）课程实践，并以马克思主义为指导，探讨法学专业思政如何在教材选择、补充材料编写和其他类型教育载体的协同作用下，配合复数教师、法学院、学校等教育主体完成法学专业思政建设。发挥专业思政的信念塑造和价值引领的作用，为国家法治建设事业培养"德法兼修"的高素质法治人才。

参考文献

[1] 高德毅，宗爱东. 从思政课程到课程思政：从战略高度构建高校思想政治教育课程体系[J]. 中国高等教育，2017（1）：43-46.

[2] 朱强，谢丽萍，朱阳生. 财务管理专业"课程思政"的理论认识与实践路径[J]. 学校党建与思想教育，2019（6）：67-70.

[3] 邱伟光. 课程思政的价值意蕴与生成路径[J]. 思想理论教育，2017（7）：10-14.

[4] 陆道坤. 课程思政推行中若干核心问题及解决思路：基于专业课程思政的探讨[J]. 思想理论教育，2018（3）：64-69.

[5] 韩宪洲. 深化"课程思政"建设需要着力把握的几个关键问题[J]. 北京联合大学学报（人文社会科学版），2019，17（2）：1-6，15.

[6] 虞晓芬. 专业思政与课程思政如何相辅相成[N]. 中国教育报，2022-

03-21（06）.

[7] 张世明，王济东．经济法哲学贯通论［M］．北京：中国政法大学出版社，2020：204-244，407-531．

[8] 陈楚庭．法学专业"课程思政"教学改革探析［J］．学校党建与思想教育，2020（16）：51-53．

从课程思政迈向专业思政的路径探索

——以法学专业为例[①]

孙天承[②]

【摘 要】专业思政源于课程思政却高于课程思政,二者皆是"三全育人"的题中之义,育人方向高度一致,但专业思政是一种更科学、更直接也更贴近学生生活实践的思政教育模式,堪称饱满而立体的"大思政教育"。当前,法学专业的思政建设面临"思政教育与法学专业课程融合不易""专业思政教学平台组建不易""专业思政教学的激励机制严重缺失"等难题,我们必须明确专业思政育人总目标,看准问题、直面困难,以问题为导向,精准施策,奋力找到化解三个突出问题的方案对策。

【关键词】课程思政;专业思政;教学改革;法学教育

2020年,教育部印发的《高等学校课程思政建设指导纲要》(下称《指导纲要》)提出,"强化课程思政和专业思政,形成专业课教学与思想政治理论课教学紧密结合、同向同行的育人格局"。应当说,这是教育行政部门首次以较为正式的规范性文件形式提出"专业思政"的概念。事实上,早在《指导纲要》出台之前的几年内,专业思政的前期实践就已经在全国各大院校如火如荼地展开了,前期实践的形式主要是课程思政。2016年以来,在习近平总书记围绕"新时代高校立德树人"提出的系列新思想、新论断的指引下,课程思政及相关教学改革进展非常迅速:不仅涌现了大量"将思政元素与专业课程有机融合"的创新型教研成果,而且锻炼出一批善于"育才培德、德

---

① 基金项目:2020年度法学院院级课程思政项目"劳动与社会保障法"。
② 作者简介:孙天承,首都经济贸易大学法学院讲师。

艺兼修"的教师队伍。课程思政的顺利推进及其取得的斐然业绩为专业思政的建设筑牢了根基。然而，课程思政改革的成功并不等于专业思政的实现。相较前者，后者是更加复杂繁难、更加系统化的教学工程。从结构上看，课程思政仅仅是专业思政的一个重要的前置环节，课程思政只是新时代高校思想政治教育的起点，而专业思政乃至于学科思政才是归宿；从意义或者价值上讲，专业思政对于达成"三全育人"的人才培养目标较课程思政要更为关键和直接。因此，我们有必要认真探讨专业思政的内在逻辑和实践对策，特别是沿着现行课程思政的改革方向暨成果，结合现实中已然或可能面临的困难，展望、探索专业思政的实施进路。

一、"课程"到"专业"：思政教育载体的转变

单从字面上理解，由课程思政到专业思政的转变实质上是：思政元素所融入的对象或载体发生了变化，即由原来的融入课程教学，发展、进阶成融入专业教学。那么这里首要问题就是要厘清课程教学与专业教学的区别。课程教学是特定教师将某个专业或专业方向内一个相对独立的子领域中的知识、经验、技术，传授于一定范围学生群体的教学活动。这种教学活动，通常具有以下特点：其一，教学内容较为固定、狭窄，以笔者任教的劳动与社会保障法课程为例，这是一门隶属法学专业经济法学方向的专业必修课，授课内容仅涵盖劳动法律关系的主体、客体及权益，重点培养学生界定、厘清劳动关系，运用劳动和社会保障法制维护劳动者权益、整合劳资关系的实践技能，因此与整个法学专业的课程内容相比，这门课的知识范围和话题口径非常之狭窄。其二，教学手段相对单一，任何一门课程的教学手段、方法都会受教学之时空条件的限制，而无法变得丰富，尽管在课程思政教学的探索期，不少中青年教师巧用数字信息技术开拓出"互动式教学""沉浸式学习""生态化课堂"等新颖教学方法，但这些新方法并不能改变课程教学是"依托传统课堂施教"的本质，课程教学的手段必然受到传统课堂人（个别教师）、地（指定教学场所）、时（固定课时）的限制。其三，参与群体的小规模化、小范围化，普通高校的专业课程不同于远程教育和职业培训课程，通常采取的是专任教师主导下的"小班教学"模式，该模式下，授课内容的体系架构、

重点难点、知识嵌入和价值判断基本取决于任课教师的教案设计，更多体现的是教师的学术个性，因此，相同专业的不同课程，甚至相同专业的相同课程，在课程教学内容设计上往往因任课教师不同而难以统一；与此同时，学生群体也被以行政班或教学班为单位"化整为零"地分配到各个任课教师所建设的课堂中，从而跟随不同的教师学到不一样的知识和技能。其四，客观上以知识、技术传授为主，道德、理念引领为辅，诚然，多数教师在课程思政指引下，绞尽脑汁地将思政元素结合到知识架构中，试图让学生们"润物无声"地吸取授课内容中的思政元素，但绝大多数教师都无法改变"课时有限"的客观现实。所谓"课时有限"是相对于所教授知识数量而言的，有限的上课时间用于传授丰富庞杂的专业知识尚显不足，更遑论还要在这原本就不宽裕的课时中嵌入"思政元素"的教与学环节，课堂时间就会显得更加仓促而宝贵。这种客观存在的"授课时间有限性与授课内容多元性"之间的矛盾，致使课程教学的德育、智育效果难以在整个学期内或学年内保持平衡，一些教师往往在学期初将二者平衡得不错，但一到期中、期末，便会因"赶进度"自觉或不自觉地忽略德育目标暨思政元素的引入了。

专业教学在内涵上比课程教学更为纵深、广阔。"专业"范围可大可小，广义上的"专业"是与"学科"对应的教学门类。《指导纲要》基于学科与专业的对应关系，将13个学科门类划分成8个大类，即文学、历史学、哲学类专业课程；经济学、管理学、法学类专业课程；教育学类专业课程；理学、工学类专业课程；农学类专业课程；医学类专业课程；艺术学类专业课程；高职专业分类和课程。这表明，广义上的专业教学范围可以拓展到一级学科所覆盖的知识、技术、价值、理念、修养，乃至可以涉及关联性较强的一级学科间的某些交叉、重叠部分。当然，这种广义的专业教学在实践中尚未普遍实施，实践中常见的专业教学主要匹配的是一级学科下的二级学科，并在二级学科之学科建设和科学研究的指导下有序开展，因此可以称之为狭义的专业教学。以法学一级学科为例，法学学科专业教学主要对应的是法律专业教学、社会学专业教学、公安侦查学专业教学等。本文所指的专业教学系实践中普遍存在的狭义的专业教学。

专业教学的广阔性和纵深性体现在以下几方面：

一是教学内容宽泛而有深度。如果说课程教学是一门课程的诠释和演绎，那么专业教学能够带给学生的则是"课程群"，例如法律专业有14门核心课程，14门专业核心课又能衍生出上百种必修和选修课程；而专业教学的纵深感和立体性也十分显见，既包括课堂教学，即"第一课堂"，又有若干种课外教学（如暑期实践、认知实习、实验教学、专业实习、学科竞赛、科创项目、职场模拟以及毕业设计与毕业实习），这些课外教学形式构成了专业教学"第二""第三""第四"课堂。所以说，专业教学贯穿着学生职业能力形塑、职业修养培育之始终，也伴随着学生们求学生活的大部分时间，对学生德智体美劳的全面发展有深远意义。

二是教学过程不受时空限制，可以在各种场合与时间段通过多元化的教学手段开展。正因为时空上的"灵活性"，专业教学可资利用的方法资源十分丰沛。例如在课外教学中，校内导师和校外导师可以相互配合，将学生置于和专业对口的职场环境，在真实的职业场景中现身说法或言传身教，向学生传授职业技能、职场伦理、职业精神和社会责任，这种场景式教学对于学生掌握知识、技术，树立理想信念，确立职业操守，坚定职业使命而言，意义要远远大过课程教学。

三是参与主体可覆盖院系的全体师生。如果说课程教学是以行政班或教学班为单位推进的"小班式"教学的话，那么专业教学完全可以做成以院系为单位的"大课堂"教学，只要二级学院组织有力、目标清晰，完全可以将全院师生组织动员起来共建、共享专业教学平台。以笔者所在的法学院为例，首先在教师层面，各专业方向、各职能口的教师可在学院党委整合下组建法学专业教学平台，该平台可容纳所有课程任课教师参与其中，围绕法学专业的人才培养特点、社会和政策需求共同议定"学院人才培养方案"，在方案中明确整个法学专业课堂、课外教学的培养目标、教学设计、教师分工、核心价值、理念塑造等，从而使每个分散化、原子化、个性化的课程教学以及每个教学环节在统一的"培养方案"的指引下，一致遵循某些共性的教学规律，一致顺应源自社会和国家对法律人才的现实需求。其次，在学生层面，不同班级、年级的学生可轻易突破班差、级差的限制，基于课外教学活动，有目的、有方向、能动地抱团组合，接受来自不同专业方向的校内外导师的深度指导，全方位吸收全院师资队伍所提供的专业知识和价值理念，将共性化的专业伦理、专业知识以及彰显不同教师个性的个人经验、学研方法，吸收、转化为自身的专业技能和素质、修养。

四是专业教学不受时间限制，可以根据不同的时间和地点开展，教师能从容地找到智育和德育之间的平衡点。笔者曾连续三年担任"大学生科创项目"的指导教师，"大学生科创项目"兼有学科竞赛和课题研究的双重属性，是本科阶段专业教学的重要组成部分，三次"大学生科创项目"的指导经历使笔者切身体会到，学生可以在第二课堂学到远比第一课堂多得多的东西。以2020至2021学年的"大学生科创项目"为例，该项目的主题是"强人工智能时代劳动者和用人单位的责任担当"。该主题固然关联着劳动者义务、用人单位职责等劳动法学知识，但隐含了更多的道德、伦理，特别是人性关怀层面的议题。笔者引导五名学生聚焦"人工智能对用工方式的改变""用人单位如何协调经济性裁员与引进人工智能科技产品的矛盾关系""劳动者自身如何应对人工智能取代部分工种员工之挑战""用人单位如何帮助劳动者应对人工智能挑战""如何履行社会责任协助劳动者提高竞争力、占据有利的生产位序"这五个具体问题，借由五个问题的探索，笔者向学生重点引入了新时代"劳资伦理""劳模精神""工匠精神""社会责任"等道德信条。因此，整个大科创的教学过程不仅充满智育和德育的双重元素，而且两者之于教学的比重，完全能在实际操作中得以平衡。

从课程教学与专业教学的鲜明差异看，高等院校把"习近平新时代中国特色社会主义思想""社会主义核心价值观""中华优秀传统文化""宪法法治""职业理想和职业道德"等思政元素融入专业教学比将它们仅仅融入课程教学，更能有力地推动高校思想政治教育深入师生群体，化为高校教学、办学体系不可或缺的内在因子。如果将专业思政的功能、优势作进一步地总结提炼，可以得出下面几点认识：

第一，专业思政是课程思政的拓展化和进阶化，专业思政有更为宏观和完整的思政目标，借此能把课程思政已经推行的思想政治工作体系贯通人才培养体系并进行拓展和深挖，避免课程教学在思政引入上的浅尝辄止和片面零散。

第二，专业思政是课程思政的综合化和体系化，课程教学是专业教学的核心构成和主要阵地，虽然地位重要，但课程思政仍然只是专业思政"这片平面上的点"，课程思政尚可"各自为政"，具有相对的独立性和自主性，但专业思政需要聚焦，突显其与其他专业有别的核心价值体系，体现规划性和引领性。

第三，专业思政是课程思政的平台化和显性化。专业思政的落地需要举院系之力搭设平台以供支持，该平台宜以专业为单元进行一体化建设、运转，拟将相近或相通内容的课程思政资源聚揽到一处，更便于思政元素的挖掘、利用和积累。

第四，专业思政可能开启一种"课程群育人"的教育模式，其在思政教育方面，拥有比课程思政更多的"抓手"和"着力点"，也能够激发、荟萃更多的师资力量和教学投入，整体实效性强。从对教师的要求上说，不单涵盖课程思政所要求的教师"把教书和育人结合起来"，既做"经师"又为"人师"，"传道""授业"并行不悖，以及争做"四有好老师""四个引路人""四个相统一"等，还包括要求专业教师之间，专业教师与辅导员、班主任、本科生导师之间在育人方面形成"1+1>2"的协同效应。从教学目标上看，用专业思政途径对本专业人才核心素养的厚植，实现了知识体系与价值理念的同一，智育、德育、劳育、美育的统一。从教学内容上看，专业思政可以引领专业课程群，聚焦到专业总育人特征上，形成基于专业特色的爱国主义、创新精神、职业伦理等思政性育人主题。从教学方法看，一个专业课程群麾下的必修课、选修课、实践课的思政教育方法和操作路径自然是灵活多变、不拘一格的，很多在课程思政建设时畅想的新颖手段，如若受制时限不能在课堂上充分展开，也一定能在专业思政的广阔体系中找到"用武之地"。

总之，专业思政源于课程思政却高于课程思政，二者同属于"三全育人"的题中之义，育人方向高度一致，但前者是一种更高明、更直接也更贴近学生生活实践的思政教育模式，堪称饱满而立体的"大思政教育"。

二、推进专业思政建设的难点与挑战

专业思政各项优势明显,推进专业思政建设的意义不言而喻。但,知易行难,这项工作要想完全落实到位,必须克服一些实际困难。笔者所在的法学专业的思政建设就面临着不少困难。

首先,思政教育与法学专业课程融合不易。法学是一门拥有自身话语体系、技术要素和研究方法的实践性学科。从表面上看,法学与思政似乎有着天然的亲密联系,例如法律源自于正义的社会共识,而社会共识让人们很自然地联想到党和国家的政策方针、社会主义核心价值观等思政元素,由此,不少师生朋友就把法律及其基本概念与当下流行的政治概念、核心价值观等作简单而机械地衔接,从而拼接成所谓法学专业课程思政成果。这种成果虽看似"又红又专",但实质上是将法学既有的概念体系和技术要素湮没到了政治语境中,将法学课活脱脱地上成了政治课,虽然乍一看,还是在讲法学教材中的内容,但涉及的概念解释和运用完全背离了法律的理论逻辑,于是,学生越学越糊涂,没有真正搞懂法条中的概念,甚至完全曲解了某些被刻意渲染了"政治色彩"的法学概念。举个简单的例子,在反不正当竞争法中,经营者要恪守诚信竞争原则,诚信竞争中的诚信与社会主义核心价值观中的诚信显然不是一个意思,后者是一种通行的道德规范,要求人们实事求是、不讲假话、不欺骗他人、诚恳待人、言出必行等。然而前者则必须考虑"市场竞争"这个特殊的前置条件,假设不考虑这个前置条件,我们解读出来的"诚信竞争"就是有竞争关系的经营者之间坦诚相待、互不欺骗,这显然不符合现代市场经济的竞争实情。试想,如果一位经营者把他掌握的各种信息以及他自身的情况都如实分享给竞争者,不加任何隐瞒,那么这种"实诚人""老好人"必然会遭到市场的淘汰,法律当然不会要求经营者如此行事。"诚信竞争"原则的正确解读应该是,忠诚于市场竞争规律,即拒绝采用不正当手段排挤、限制、阻碍他人参与竞争,以及不采用非正当手段剥夺他人合法拥有的竞争力或阻挠他人获取竞争力的行为。这个例子说明,不能在引入思政元素后,用思政中的概念替换法学概念,将专业思政颠倒成"思政专业"。可做到这一点并不容易,它需要教师在将思政因子融入课堂之前,对专业概念和思政概念做充分地厘清。诚然,有些概念在两个范畴中的含义是相同或近似的，不需要分别解读，但多数概念在思政语境和专业语境中大相径庭，需要分开诠释。这就对教师的备课提出了极高的要求，教师上课之前必须自己搞懂搞透这些基本概念，绝对不能图省事，把专业思政与思政专业混为一谈。

其次，专业思政教学平台组建不易。

第一个难题就是如何把来自不同专业方向的任课教师聚集到平台，并形成协同效应。在法学专业，不同专业方向的教师对思政元素的掌握程度、驾驭水平差别很大。例如法理学专业、宪法行政法方向的教师经常接触党政政策文件及红色文化作品，对于最前沿的思政元素了解得比较全面，运用起来也驾轻就熟，而民商法、经济法方向的教师总体比较关注司法案例和法律技术，对思政元素的掌握不够系统，因此不同专业方向的教师需要协同备课、取长补短才能把专业和思政的相关内容，糅合成既政治正确又不违反科学的有机体。但现实是，不同专业方向教师常常因为各自的到校时间不一，研究兴趣互斥，加之教师们潜心学术、独立治学，多少有些"社恐"，一学年中能够组织起来的教学交流寥寥无几，像协同备课，共同研习思政元素嵌入专业教学这类深度的交流探讨活动，更是鲜见，所以搭建专业思政教学平台，并持续运行的设想在目前还不太容易兑现。

第二个难题是如何把校外导师整合到专业思政平台，与校内思政教学团队形成协同效应。校外导师是课外教学、第二课堂的主导者之一，对专业思政建设有着至关重要的价值。法学专业的校外导师通常不是专任教师，以法官、检察官、律师和企业法律顾问为主，这些法律职业者虽长年受聘于法学院，但与学院的联系松散、沟通不足，对学院拟订的专业人才培养方案暨专业思政目标不甚了解，乃至一无所知。鉴于这种信息不对称，当校外导师辅导学生法律技能学习时，大概率不会专门结合思政主题刻意强化学生的专业使命、理想信念、道德修养、社会责任以及职业伦理心，甚至还会反其道行之，把职场上的功利思想、投机诀窍以及法律实务中的阴暗面灌输给学生，收到与专业思政目标截然相反的教学效果。

第三个难题是如何让学生积极主动、心甘情愿地加入专业思政教学平台，为教师们提供教学的"试验田"。学生群体终究是专业思政滋润和栽培的"苗子",如果学生不能大量参与思政教学活动,那么专业思政建设无异于缘木求鱼。当前,学生参与最多的专业思政活动当然是课程思政,因为要上课、拿学分,学生们只能被动地接受思政元素的"洗礼"。但专业思政显然不能满足于课程思政的单一形式,第二课堂、第三课堂也同样是学生学习思政的重要场域。但相比于课堂,这些场域或多或少需要学生的主动加入,理想的方式是:学生怀揣兴趣和好奇,或者某种"勇敢尝试"的"冒险精神",去拥抱、去享受专业思政之化育。典型如毕业论文的选题,学生一旦选择带有思政元素、贴近思政路线的论题,则意味着可能会触碰到某些原本不太熟悉的概念、理念、伦理、道德或政策,同时写作方法也比纯粹法学论文要复杂,比如要德法兼顾、礼法交融,当学生意识到写作难度增加时,他们通常会放弃上述选题方向。如此一来,想通过毕业论文指导研习、教授思政元素的愿望就有可能完全落空,使专业思政教学体系无法发展成架构完整的"闭环"。

再次,专业思政教学的激励机制严重缺失。专业思政是系统、复杂的育人工程,需要院系的全体教师深度投身其中,在彼此分工协作基础上,各自付出巨大的努力后,才能在一个相当漫长的期限内取得肉眼可见的成效。因此,相比于从事个人学术研究,广大教师对专业思政的热情,更多地停留在口号层面,实际操作的积极性并不高涨。其实,站在个体的角度,这种情况很容易理解:其一,专业思政教学需要团队配合,协调、沟通成本很高,即便最终取得了组织认可的成绩,荣誉也不会归于个人,而应归于团队,这一定程度上背离了教师的个体利益需求;其二,专业思政教学对教师的备课、授课要求很高,这需要教师挤出更多的时间学透思政、研磨教案,苦心经营自身主导的第一、第二乃至第三课堂,这必然会大量挤占教师从事科研、社会服务、照顾家庭的时间,延宕教师在教学以外任务目标的实现;其三,教师还必须向学生讲授思政元素,鼓励学生主动接受专业思政教育,这种激发学生兴趣、带动学生加入的诱导、说服工作,也需要较大的耐心,非一日一时之功。相形之下,专业思政的管理体制能够给予教师的配套激励措施是远远不够的。目前,学校学院出台的激励措施主要还是在课程思政领域,比如教师可以申报带少量经费的课程思政教改立项,一旦获批,可以得到院校的人才培养资助;再如,40周岁以下青年教师可以报名参加课程思政教学设计比赛，如获得北京市一等奖，视为完成了一项权威 B 级科研成果，有相应的科研奖励与加分。但专业思政的激励措施尚未完善。特别是在专业思政教学形式多元化、灵活化基础上，各种成果形式如何评估、考核，如何在奖励团队的基础上兼顾个人权益，如何量化教师的工作付出（很多付出都是隐性的，难以计算工时）都是需要进一步细化、明确的。

三、课程思政向专业思政过渡的路径选择

一是选择正确的行动方向。各个院系、专业应当坚持既定的课程思政改革不动摇，固化课程思政建设的成果。我们应当清醒地认识到，课程思政是专业思政工程的起点和地基，也是相对容易操作和着手的基础工作，对于课程思政建设，应当把已经积累的教学经验、技术、教训迅速汇总，去粗取精、去芜存菁，形成阶段性探索成果，比如编写、出版体现课程思政要求的教材、讲义、教学资料等。在此基础上，规划专业思政的实施方案，强化专业思政建设的战略定位。各院系应大力强调，专业思政是课程思政的根本归宿，明确提出专业思政总要求，整体设计专业思政实施路径，根据学校人才培养总目标，结合专业人才培养特点和定位，在本专业关于人才培养的核心素养要求中，对学生在思想政治素质、专业素质方面的要求进行精准设计，明确提出专业思政工作所要达到的预期育人目标。应当看到，关于专业思政建设大方向的定位，我校已经作出了实质性地努力，2020 年，校党委和行政部门制定了《关于推进"三全育人"综合改革的实施意见（2020—2022）》《关于深化课程思政建设的意见》《关于推进试点学院课程思政建设的实施意见》《关于推进教师党支部落实课程思政建设制度化的实施意见》四个文件。其中"三全育人"就是从育人方式的视角高度凝练出专业思政的总目标、总原则，后三个文件要求进一步扎实推进课程思政，巩固已有成绩，追求新的突破，这种制度设计完全符合现阶段专业思政建设需要。

二是选择适当、有效的操作路径。选对操作路径，必须要看准问题、直面困难，以问题为导向，精准施策。换言之，我们应当奋力找到化解前述三个突出问题的方案对策。

应对"思政教育与法学专业课程融合不易融合"的问题，关键举措是加

强教师专业素质和政治素养。教师自身要清楚自己的能力与专业思政教学目标是否存在差距。如果这种差距真实存在，那么除了自身加强学习、用功备课之外，必须借助团队的力量，来迅速缩小差距。笔者认为，比较务实的做法是：由各教研室或教师党支部组建教学团队，集体备课，形成规范化的教案资料，通过教案把专业课程中涉及的法学概念、术语、规则与思政领域中的关联内容作详细、准确的比对，确保专业课是融入思政元素的专业课，而不是转向政治宣传或通识教育的思政课；如教案的规范化过程存在遗漏，那么老教师可以对新教师实施"传帮带"，协助新教师厘清本专业教学与思政教学的界限和联系，通过听课，及时纠正新教师在教学实践中可能存在的错误。

应对"专业思政教学平台组建不易"的问题，关键举措是加强平台制度建设和执行。当前，专业思政教学平台搭建依然处于制度建设阶段。该阶段，制度设计者必须集思广益、广泛借鉴、博采众长。打造平台，一方面是要成立管理机构，以便纵向协调、管控，学院领导班子、各教研室主任、校外导师代表都有资格成为管理组织的成员，该组织一经成立必须具备强大的群体整合能力，能够将不同专业背景、研究方向的校内教师，来自各种法律职业岗位的校外导师，以及学生代表聚拢到专业思政教学平台，以便常态化、制度化举办专业思政教学协同交流会议。该平台不仅要推动校内教师在专业思政教学中互通有无和取长补短，还要督促校外导师关注专业思政的育人目标与育人方式，促进思政元素融入课外教学，特别是暑期实践及模拟法庭。此外，平台管理者还应当定期召开师生座谈会，提醒学生对思政融入各类课堂建立心理预期，驱动学生学专业、悟思政的兴趣，令其明晓思政教育对于其建立理想信念，提升职业修养的重要意义。另一方面，要明确教师的分工，以形成横向的协作、配合关系。例如，要求教师应当在固定时间返校参加平台会议，向平台提交思政教学方面的心得和创意，让思政素养较高、思政意识浓厚的教师向全体教师传经送道，帮助一些对教学有困惑的教师答疑解惑，使专业思政教学集体更具有凝聚力和战斗力。

应对"专业思政教学的激励机制严重缺失"的问题，关键举措是坚持分配正义，让有成果者多得、多劳者多得、敢于尝试者多得。对于集体协作的教学成果，除了奖励集体，也要关照个人，不能忽视个人在集体中发挥的重要作用，这样既是对个人智慧和付出的肯定，也能客观上起到激励团队协作的效用。对于付出颇多，而没有形成高等级教学成果或只形成阶段性成果的师生，也应当给予奖励，这种激励措施有利于鼓舞全体师生长期投入专业思政教学，持续用点滴之力为这座系统工程添砖加瓦。对敢于尝试思政类课题或论文选题的学生及指导教师，应当给予特别鼓励，无论最终成果是否取得了优秀的等第，只要迈出创新的步伐，付出了克服困难的实际行动，就应当予以认可。至于激励形式可灵活变通、不拘一格，如取得不同等级成果，可直接给予特定层次的科研加分，作为职务晋升、晋级或评优的依据；如付出足够多的劳务，可给予劳务报酬和荣誉称号；如敢于尝试创新，可划拨创新启动经费，颁发"创新先进个人"荣誉。

参考文献

[1] 楚国清，王勇."课程思政"到"专业思政"的四重逻辑 [J]. 北京联合大学学报（人文社会科学版），2022（1）：22.

[2] 杨艳丽. 课程思政与专业思政协同育人的内在机理及实现路径 [J]. 黑龙江教师发展学院学报，2022（8）：7.

[3] 虞晓芬. 专业思政与课程思政如何相辅相成 [N]. 中国教育报，2022-03-21.

[4] 秦国荣. 以十九大精神指引新时代和谐劳动关系法治建设 [J]. 南京审计大学学报，2017（6）：12.

[5] 李春旺，范宝祥，田沛哲."专业思政"的内涵、体系构建与实践 [J]. 北京联合大学学报（社会科学版），2019（4）：（2）.

[6] 陈宝剑. 立心铸魂：加强和改进高校思想政治工作的理论探索 [M]. 北京：人民出版社，2018：13.

[7] 柯高阳. 做"经师"和"人师"的统一者 [J]. 半月谈，2022（17）：52.

[8] 楚国清."课程思政"到"专业思政"的四重逻辑 [J]. 北京联合大学学报（人文社会科学版），2022（12）：23.

[9] 孙天承,赵琳琳. 贸大法学(第5卷)[M]. 北京:对外经济贸易大学出版社,2021:(72).

[10] 刘锐. 法学专业课程思政改革探究[J]. 大庆社会科学,2022(8):153.

第三篇　课程思政教学研究

从"思政课程"到"课程思政"的三全育人体系构建研究

段莹莹

【摘 要】本文从立德树人根本任务出发,以"思政课程"到"课程思政"为突破口,对课程思政建设进行研究,以期解决长期以来思政教育与专业教学"两张皮"的现象,使高校思想政治教育不再是"孤岛"。加强课程思政建设,应通过研究分析课程思政的内涵实质,明晰其核心要素。本文依托问卷调查,充分调研学生对课程思政的需求,探讨教学的运行机制,力求推动以"思政课+课程思政"为目标的课堂教学改革,使各门课都"守好一段渠、种好责任田",实现各类课程与思想政治理论课同向同行,协同育人。基于此,本文进一步构建由"一条主线、三个层面、五个主体"组成的课程思政三全育人体系,期望对立德树人这一高等教育的根本任务形成有效推动,培养合格的社会主义建设者。

【关键词】思政课程;课程思政;三全育人

立德树人是中国特色社会主义教育事业的根本任务。立德树人,就是要"把思想价值引领贯穿教育教学全过程,实现全员育人、全程育人、全方位育人",即"三全育人"。长期以来,高校教育的思想价值引领作用主要由思政课来承担,专业课程则侧重于专业知识传授和专业技能培养,"德""能"教育分离的现象在目前的高校教育中比较普遍。目前高校思想政治理论课的主

---

① 基金项目:首都经济贸易大学教改立项重点项目"从'思政课程'到'课程思政':三全育人体系构建研究"。

② 作者简介:段莹莹,首都经济贸易大学教务处助理研究员。

阵地与大学生思想政治教育的主渠道仍有脱节现象存在，主要体现在以下几个方面：一是大学的根本属性没有得到充分体现，知识传授与价值引导脱节；二是大学生思想政治教育的实效性没有得到充分体现，思想政治课程与思想政治教育仍有脱节；三是高校"三全育人"的教育理念没有得到充分体现，专业知识教学队伍与思想政治工作教学队伍依旧有脱节现象。如何推动思政课程和课程思政协同育人、大学生思想政治教育的创新发展，需要高校不断思考和实践。

近年来，全国各地不同高校结合自身实际，开展了各种思政课程的探索与实践，基本都取得了较好的效果，但仍有很大的建设空间。首都经济贸易大学也高度重视思政课程与课程思政融合，推进有关工作，学校党委提出结合学校实际，融合推进思想政治理论课程建设，并在各学科专业课程中有效进行思想政治教育。作为财经类高校，如何在专业课教学中挖掘思政元素，找到专业课程教学与思想政治教育的契合点，全面建立课程思政的运行机制，构建"三全育人"体系，成为亟待解决的问题。

一、推动课程思政建设的重要意义

（一）课程思政是对思想政治教育发展的思考和实践

我国高等教育肩负着培养人才的重大任务，习近平总书记提出：高校要以立德树人为本，抓好思政工作，在教育教学中全面贯穿思想政治工作，从而实现全程育人、全方位育人的高等教育事业。我国目前对高等教育的需要迫切，对卓越人才的需求强烈。社会主义事业的建设者和接班人不但要具备科学知识，还要德智体美全面发展。2017年中共中央、国务院发布《关于加强和改进新形势下高校思想政治工作的意见》，强调了高校思想政治工作的重要地位，指出高校思想政治工作的加强与改进是一项重大的任务和战略工程。此后，2019年《关于深化新时代学校思想政治理论课改革创新的若干意见》指出，高校思政课是推行立德树人任务的关键，有着不可取代的作用。虽然在各级部门和高校的贯彻落实中课程思政建设有所成效，但从思政课程到课程思政认识和实践过程仍存在较多问题，如体制机制尚不完善，评价体系不够健全等。该意见还强调，从我国社会主义事业发展全局看，从民族复兴的高度看，课程思政的建设只能进不能退。课程思政要求我们要对所有非思政课程中传递的思想政治教育元素进行深入挖掘，从而让教育中的各种活动都能起到立德树人的作用，促使知识的传授和价值的引领更好地结合。因此，高校推动课程思政建设的意义十分重大。

（二）课程思政是新时代下高等教育发展的必然

立德树人是中国特色社会主义教育事业的根本任务。一直以来，引导大学生思想价值、塑造大学生价值观、培养大学生良好人格的重任主要由思政课教学承担。但单纯的思政理论灌输无法充分引起学生的共鸣，也忽视了来自不同专业学生的特点及其自身存在的不同价值需要。而其他课程往往只进行知识的传授和专业技能的培养，很少能够将思政教育融入专业课或通识课的教学之中。

课程思政的逻辑就是将思想政治工作贯穿于人才培养的各个方面，挖掘非思想政治课程在思想价值引领上的可能和价值，使各门各类课程的教育教学与思想政治课程的教育教学同向同行，协同育人，打破高校中思想政治教育"孤岛化"的困境，最大程度地呈现高等教育以立德树人为根本的思想。

（三）课程思政有助于应对国内外价值观念的不同

新时代下的政治多极化、经济全球化、信息化不断发展，世界形势复杂多变，我国正不断向着世界舞台的中央前进，与国际上的合作交流也正不断扩大与深化。例如，国外的多元文化、信仰、价值观等输入国内，对大学生多年来接受的主流教育所习得的集体观念、社会观念、人生观念等产生冲击。

国内外价值观念的斗争是持续的、长久的。推动课程思政的建设，加强思想政治教育，不仅是为了减弱意识形态斗争对我国思想政治教育的消极影响，更能使大学生在学习过程中受到思想政治教育，坚定马克思主义的立场与观点，强化自身的政治意识，加强"四个自信"，在错综复杂的意识领域斗争中明辨是非，坚定方向，不被迷惑。

（四）课程思政有利于提高教育教学效果

推动课程思政的建设，意味着高校将打破依赖思政课程对学生进行思想政治教育的固定思维，通过对专业课和通识课中蕴含的思政元素的挖掘，专业课老师能够发挥其教学过程中的德育作用，使得学生在学习过程中能够受到"润物细无声"般的价值熏陶和思想引领,提高学生对学习的重要性与价值的认识。同时,课程思政建设丰富和深化了学科的教学内容。

首都经济贸易大学作为财经类院校,专业门类众多,思想政治教育多依赖于思政课程等教育活动,而多数情况下思想政治课程为公共课,许多学生"死记硬背"通过考试后,很快就会忘记学过的内容,这使得大学生思想政治教育的有效性没有得到充分体现,课程思政教育效果不佳。推动课程思政建设,是将思政教育贴近学生生活的内容和所学的专业知识,让思政教育真正影响到学生的思想价值观。

因此,课程思政建设促使高校对自身的师资、教材等资源进行挖掘、整合与提升,专业教师要加强自身思想政治素质、专业水平和教学能力,各门课程能够"守好一段渠、种好责任田";同时,课程思政促使教师在教学方法上创新,有意识地在案例、视频教学以及翻转课堂等教学方式中融入情怀和人文等元素,使得传授的知识更有温度,学生对理论掌握更加扎实。在教学内容上,课程思政不是要把专业课变成以思想政治教育为培养目标,取代专业知识和技能的学习,而是强调在专业知识教学内容中有机融合思想价值,使专业教学内容与思想政治教育相匹配。结合学生实际来讲授专业课,不仅能提高学生课上听讲的积极性,也有助于提高学生对课程内涵的理解。此外,课程思政能够潜移默化地使学生坚定信念,引导其强化自身学习动力,从而形成良性刺激循环,提高学生课堂教学的效果。

二、课程思政的实质及内涵

课程思政本身并不是一门单独的课程,也不要求在专业课上讲思政课的内容。总体来说,课程思政的实质是高校将思想政治教育潜移默化地融入教学的各个环节和各个方面,在课程教学中加强思想政治教育作用,对专业课程教育体系中的思想政治教育要素进行改革和探索,使学生具备正确的价值观、完备的知识体系以及高尚的道德情操,从而形成一种新的课程观与教育观;在保持原有教育课程和活动的情况下,使思政教育融入课程教学,实现"立德树人"和"润物细无声"的育人目标。基于此,课程思政的内涵可以从以下几方面进行分析。

(一) 课程思政的育人目标是立德树人

课程思政是从立德树人的教育根本任务出发的。我国优秀文化传统十分重视对道德品质的教育，讲究育人先育德，只有真正做到思想政治教育、课业和人才培养的有机融合，才能回答"培养什么样的人""如何培养人"的问题。无论是将思想政治教育融入专业课还是传统的思想政治理论教育课，立德树人都是课程教学的根本要义。课程思政是对学生进行社会主义核心价值观教育，关注学生的思想健康和成长，能使大学生及时树立正确的世界观、人生观和价值观。

(二) 课程思政的育人方向是多元统一

习近平总书记指出并强调，我国的教育任务以培养社会主义建设者和接班人为根本。而课程思想政治教育又正好是以坚决拥护党的领导和社会主义制度为基础的教育。课程思政在育人方向上，将不同的课程和思政教育进行联系与统一，挖掘各课程内涵中的思政教育元素，使学生在价值理念上、知识理论上、政治立场上、情感上认同我们的社会意识形态，养成良好的道德品质和行为规范。从教学和个人生活的角度出发，课程思政对学生的教育意义不仅体现在学习方面，还可以帮助学生在生活与社会实践中解决问题，解答疑惑。

(三) 课程思政的育人模式是显隐结合

高等教育的育人模式是一个综合的过程，是回答"培养什么样的人""如何培养人""为谁培养人"这几个问题的具体表现。育人模式包含育人体系、教材、学科特色、管理制度等方面。课程思政是对现在教育模式中隐藏的思想政治教育内容进行探索、发现和运用，贯穿学生的整个培养过程。注重课程建设和教学活动，改变原有的以传授知识为主要目的的课程教学导向，使思想政治教育融入教育教学的各个要素中，填补了学生专业课程教学在思政育人环节上的空白，打通了学校进行思想政治教育的"最后一公里"，使全面协同育人落实到细微之处。

(四) 课程思政的育人主体是全体教师

教师是人类灵魂的工程师，肩负着传道授业解惑的神圣使命，教师也是全面推进课程思政建设的关键。教师作为课程教学的第一责任人，是课程思政建设的直接主体。他们的言传身教是课程思政建设最有效的途径，也是课程思政建设成败的关键。健康和谐的师生关系是教育教学活动顺利开展的关键。教师在日常教学活动中所表现出来的生活态度、价值追求、精神境界、师德师风等都会潜移默化地影响学生。教师应该遵守道德规范，追求文明、健康的生活方式，有意识地把教学与修养结合起来，不仅要知德更要注重行德，不仅要做"经师"更要做"人师"。这也是全面推进课程思政建设的基本要求和意义所在。

三、学生对课程思政需求的实证研究

本文基于对课程思政重要意义的深入理解和对课程思政推进工作的内涵进行分析，对首都经济贸易大学在校学生进行问卷调查，进一步探讨学生对课程思政的需求。本次调查共计发放调查问卷2 375份，回收问卷2 273份，回收率达95.7%，其中有效问卷2 254份，有效率达99.16%。

（一）思想政治教育方式

针对"你平时接触的思想政治教育方式有哪些？"这一问题，收到的问卷答案"视频教学等多媒体形式"略超过"课堂讲授等传统教育"跃居第一，二者均占70%以上，而"参观爱国主义教育基地"和"自主学习相关知识"占比较小，在40%左右（详见图1）。

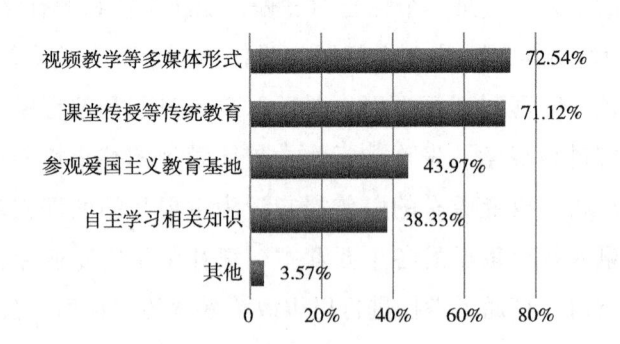

思想政治教育方式	占比
视频教学等多媒体形式	72.54%
课堂传授等传统教育	71.12%
参观爱国主义教育基地	43.97%
自主学习相关知识	38.33%
其他	3.57%

图1 思想政治教育方式

随着经济的发展和科技的进步，数字多媒体技术越来越多地应用到学校的教学中，教师在讲解思想政治内容时，相比于之前只能通过口头、书本等方式进行讲解，现在更多地选择通过视频、音频等多媒体形式来进行思政教育，因此"视频教学等多媒体形式"跃居第一。自主参观学习相关思政教育的较少。

(二) 对思政内容的认识

针对"你觉得专业课教学中可以融入思政元素吗？"这一问题，65.13%的学生选择"可以"，其余学生选择"视情况而定""不可以"。对于"你对专业课老师在课上讲授思政内容感兴趣吗？"这一问题，感兴趣和不感兴趣的学生各占一半。这说明学生对思政元素融入课程的接受程度较高，但感兴趣程度仍有提升空间（详见图2和图3）。

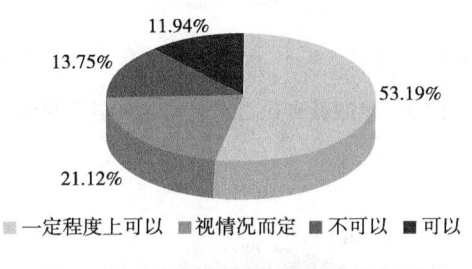

图2　专业课是否可以融入思政元素

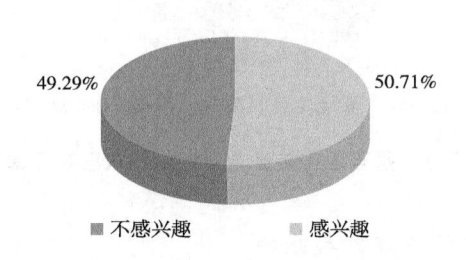

一定程度上可以 21.12%；视情况而定 13.75%；不可以 11.94%；可以 53.19%

图3　是否对思政内容感兴趣

不感兴趣 49.29%；感兴趣 50.71%

(三) 对思政教育的接受程度

针对"在专业教学中融入思政教育，可以有效培育我的人生观、价值观、爱国主义、公民意识、职业责任感并提高我的学习兴趣？"这一问题，有超过半数的学生认为可以有效培养学生的人生观、价值观、爱国主义、公民意识、职业责任感并提高学生的学习兴趣，而剩余学生则表示"一般"、"不同意"

或"非常不同意"。对于"如果内容和教学方式合适，我乐于接受加入思政知识学习的专业课教育?"这一问题，有61.04%的学生乐于接受在专业课加入思政元素，其余则表示"一般"、"不同意"或"非常不同意"，详见图4、图5。这表明绝大部分学生认可思政教育培养三观的正向作用，并对专业课程中融入思政教育的接受程度较高。

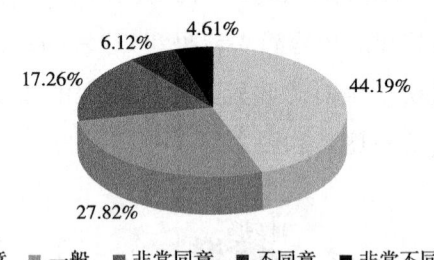

图4 思政教育是否有效培育的健康思想

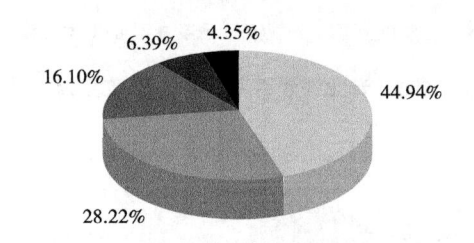

图5 是否乐于接受专业课中加入思政元素

（四）课程思政教育方式与频率

针对"教师在通识课和专业课上讲授有关中国的话题、素材（思政教育）的频率?"这一问题，61.36%的学生认为老师偶尔在通识课和专业课上进行思政教育，20.45%的学生认为老师经常在通识课和专业课上进行思政教育，14.6%的学生认为老师很少在通识课和专业课上进行思政教育，3.59%的学生认为老师从不在通识课和专业课上进行思政教育。针对"你希望课程思政可以通过哪些形式展开?"这一问题，超过半数的学生希望通过"线上微信等渠道推送"展开课程思政的教育，其次是"线上线下多形式结合""听取相关领域的专题讲座""案例探讨"等,详见图6、图7。分析可知,老师在专业课及通识课中思政教育的讲授频率仍需提升,展开形式仍以线上为主,线下讲授也需更多开展。

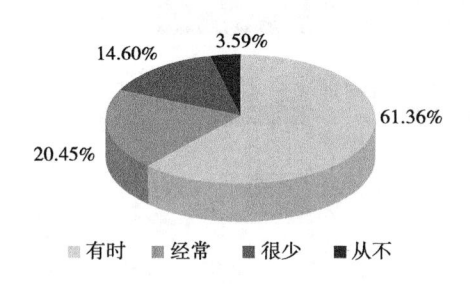

图 6　课程思政讲授频率

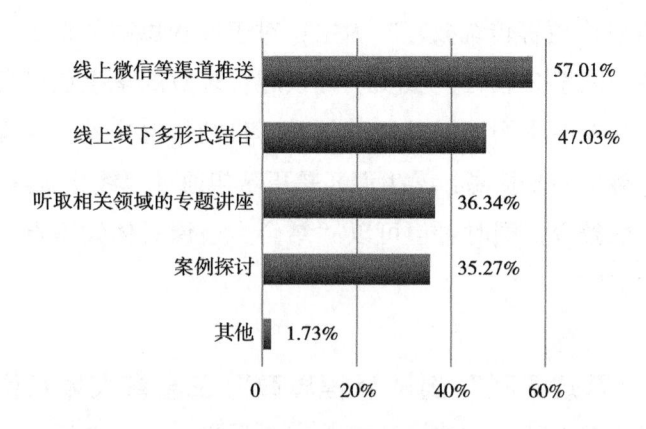

有时 61.36%　经常 20.45%　很少 14.60%　从不 3.59%

图 7　课程思政的展开形式

- 线上微信等渠道推送　57.01%
- 线上线下多形式结合　47.03%
- 听取相关领域的专题讲座　36.34%
- 案例探讨　35.27%
- 其他　1.73%

对于"你觉得老师在专业课程中采用哪种方式讲授思政内容比较好？"这一问题,73.03%的学生认为"结合专业课具体知识点或案例穿插性地讲授思政内容"比较好,34.56%的学生认为"课堂结束前,结合知识点总结性地讲授一些思政内容"较好,22.01%认为"课程开始前先讲思政内容再讲专业课知识"效果较好,而14.2%的学生认为无所谓,详见图8。由此可知,将思政教育有效地穿插在专业课教学中是应该重点关注的方向,也是最容易被学生接受的讲授形式。

综合这几项调查结果可知,课程思政的教育方式以"视频教学等多媒体

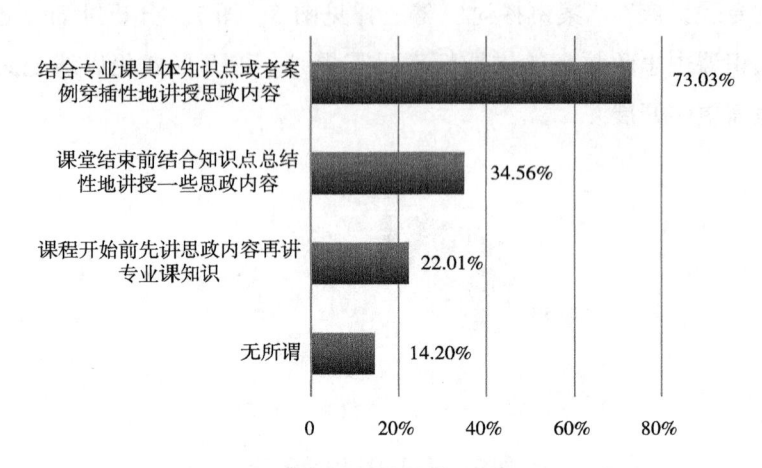

图 8 课程思政内容的讲授形式

- 结合专业课具体知识点或者案例穿插性地讲授思政内容：73.03%
- 课堂结束前结合知识点总结性地讲授一些思政内容：34.56%
- 课程开始前先讲思政内容再讲专业课知识：22.01%
- 无所谓：14.20%

形式"和"课堂讲授等传统教育"为主；对于课程思政的认识，超半数学生认可专业课中加入思政教育，激发学习兴趣；多数的学生认可思政教育的作用并且乐于接受在课堂中穿插的思政教育；目前情况来看，课程中进行思政教育的频率有待进一步提高，学生们还是更希望通过"线上微信等渠道推送"展开课程思政的教育，同时希望可以"结合专业课具体知识点或案例穿插性地讲授思政内容"。

四、从"思政课程"到"课程思政"三全育人体系构建研究

全面推进高校课程思政建设，是落实习近平总书记关于教育的重要论述的重要举措，是落实立德树人根本任务的必然要求，也是全面提高人才培养质量的重要任务。近年来，高校一直聚焦立德树人根本任务，构建"三全育人"体系，注重引导教师深入挖掘各类课程和教学方式中蕴含的思想政治教育资源，寓价值观引导于知识传授和能力培养之中，推动课程思政与思政课程同向同行，取得了一定成效。通过问卷调查和分析，发现高校师生对课程思政体系构建的意识和观念还有进一步的提升空间，课程思政体系资源需要更好地挖掘和利用，学科间的课程思政体系建设还需要融合与创新等。基于此，本文建议构建由"一条主线、三个层面、五个主体"组成的课程思政三全育人体系。

（一）"三全育人"体系构建的一条主线

"三全育人"体系的主线为：坚持以习近平新时代中国特色社会主义思想为指导，深入学习习近平总书记关于教育的重要论述，围绕立德树人这一根本任务和中心环节，深入贯彻教育部《高等学校课程思政建设指导纲要》，结合学校实际，深化课程思政建设。

（二）"三全育人"体系构建的三个层面

从三个层面落实课程思政建设：一是要把握总体思路。坚持从中国特色高等教育制度层面认识课程思政，以"三全育人"体制机制建设为引领，完善育人制度体系，增强育人制度协同。同时，不断明晰工作思路，形成有力举措；制定出台相关文件，不断深化"课程门门有思政，老师人人讲育人"格局。二是要确立总体目标：打造校级层面课程思政建设"七个一批"工程。这具体包括：建成一批示范课程、推出一批示范教材、形成一批示范案例、推进一批实践教学示范项目、培育一批研究成果、选树一批示范教师和教学团队、打造一批示范专业。落到实际，要完善课程思政内容体系，坚持落地发展，按照总体目标不断完善具体实施方法。三是要坚持主要原则。坚持课程思政与专业思政一体化设计、一体化实施原则，充分发挥教师党支部战斗堡垒作用，着力结合专业特点，分类推进课程思政建设，固化和拓展课程思政建设成效，推动破解教师党支部建设和师德师风建设方面难题。

（三）"三全育人"体系构建的五方主体

课程思政建设要把握各级党组织，校、院、系、行政部门，群团服务部门，全校教职工，各类社会力量这五方主体。各方主体要把落实立德树人根本任务明确纳入部门职责和人员岗位职责，自觉坚持以学生为中心，坚持立德树人。首先是各级党组织。各级党组织要做好课程思政总体方案的制订、设计，安排全校教师进行理论学习，择时间进行实践探索，对完成较好的部分进行成果固化。其次是各校、院、系、行政部门。组织专业教师加强相关学习、培训，引导教师立足专业开展课程思政建设，充分体现课程思政建设的专业规范性和教师开展课程思政的相对自主性，潜移默化中达到思政教育的目的。同时组织专业教师编写、出版体现专业思政、课程思政要求的教材、讲义、教学资料，固化专业思政和课程思政建设成果，做到思想同行、特色开展、成果固化。最后就是群团服务部门、全校教职工以及各类社会力量。坚持育人和育才相统一的人才培养辩证法，立足专业开展课程思政建设，做好课程思政的各项保障，更好地担起学生健康成长指导者和引路人的责任。

课程思政是高校育人的一项系统工程，任重而道远。在课程思政建设中，高校应努力做到立足自身办学特色，结合人才培养的工作实际，使各类课程都发挥好育人功能，让课程思政理念深入人心。未来课程思政建设在理论上仍需进一步探索论证，在实践中还需要进一步落实和完善，各方需共同努力推进高校"课程思政"的全面建设与发展，开设有"思政味"的专业课，帮助学生树立正确的世界观、人生观、价值观，构建"三全育人"体系。

参考文献

[1] 欧阳华生，陈欢，韩峰. 高校实践类课程思政体系构建与实现路径研究[J]. 中国高等教育，2022（8）：43-45.

[2] 韩宪洲. 深化"课程思政"建设需要着力把握的几个关键问题[J]. 北京联合大学学报（人文社会科学版），2019，17（2）：1-6.

[3] 付思，章洁倩. 大学生视角下高校"课程思政"现状及思考[J]. 教育教学论坛，2020（42）：51-52.

[4] 王玲芝，杨须栋. 浅谈高校"课程思政"建设的意义[J]. 科技风，2019（34）：75-76.

[5] 刘鹤，石瑛，金祥雷. 课程思政建设的理性内涵与实施路径[J]. 中国大学教学，2019（3）：59-62.

[6] 周立斌，王希艳，曹佳琪. 高校"课程思政"建设规律、原则与要点探索[J]. 高教学刊，2020（25）：179-182.

[7] 赵鹤玲. 新时代高校"课程思政"建设的现状及对策分析[J]. 湖北师范大学学报（哲学社会科学版），2020，40（1）：108-110.

[8] 蒋占峰，刘宁. 高校课程思政建设的多维审视[J]. 现代教育管理，

2022（9）：111-118.

[9] 肖会舜. 建设合乎思政规律的"课程思政"[J]. 思想政治课教学，2022
（5）：11-14.

基于OBE教育理念的公共管理类课程思政评价体系构建[1]

王蕾 张瑾[2]

【摘 要】 公共管理类课程鲜明的政治性和社会性特点使其与课程思政教学的结合十分紧密,在公共管理课程教学建设中融入思政教育是课程思政建设的重要路径之一。当前针对公共管理类课程思政建设的研究中,就如何衡量与评价课程思政教学成果这一问题目前尚无可参考的框架体系。本文基于成果导向的OBE教育理念,以公共管理类课程特点与思政元素为基础,将多元评价主体和多阶段评价有机结合,搭建出"3×3"的评价框架,尝试构建出一套可参考的公共管理类课程思政评价体系,同时提出关于公共管理类课程思政建设的相关建议,旨在为课程思政建设和公共管理学科建设建言献策。

【关键词】 公共管理;OBE教育理念;课程思政

一、绪论

课程思政建设一直以来都是我国高校思想政治工作的重中之重,是"大思政课"建设全面推进的主要着力点。2021年12月全国高校思想政治工作会议上,习近平总书记强调:"要坚持把立德树人作为中心环节,把思想政治工作贯穿教育教学全过程,实现全程育人、全方位育人。"目前全国高校广泛开展课程思政建设,如何在教育全过程中找准课程思政的定位,建立健全相关

---

[1] 基金项目:2022年度首都经济贸易大学校级教学改革课程思政类项目"公共管理专业课程思政评价体系构建与优化研究"(202227)。

[2] 作者简介:王蕾,首都经济贸易大学城市经济与公共管理学院副教授;张瑾,首都经济贸易大学在读硕士研究生。

思政评价体系，并对课程思政建设的成果及效果进行评估是一项重要任务。对课程思政教育进行成果评价不同于对专业知识技能的评价，其评价对象、评价内容、评价范围灵活多变，不适用专业知识考核所采取的一般量化考核方法。针对不同年龄段和不同专业的学生，其考核与评价的标准也存在一定差异，因此对高校学生进行课程思政教育成果评价的研究势在必行。

公共管理类课程在高校教育课程体系中一直扮演重要角色，其中诸多课程对于高校学生基础性思想品德教育具有重要作用，例如管理学、政治学、社会学等相关学科课程，能够培养学生融入社会环境、感知国家大事、跟随社会热点的能力。公共管理类课程与课程思政的融合非常紧密，从其学科发展和学科特性来看，公共管理学科主要研究公共部门和社会公共事务，公共管理专业理论为治国理政之必要工具，绝大多数公共管理专业的学生在毕业之后将从事公共事业管理工作或在企业中从事相关管理工作，因此在教学中必须加强对学生思想政治素养的教育，将思政教育放在公共管理教学的中心地位。

当前，对于公共管理课程思政建设的研究尚处在初步探索阶段，课程思政建设任重而道远，其中思政评价和反馈环节在课程思政建设中起着承前启后、贯穿全程的作用。随着教育实践及教育理论的不断发展，进行课程评价的目的不再只是证明一项课程是否成功，而是在课程建设和教学过程中找出问题所在，促进课程改革与发展，以期能够更好地提升学生的综合素质能力。公共管理类课程思政评价体系是目前的研究缺口，本文将在分析 OBE 教育理念的基础上将公共管理思政元素与课程评价有机结合，试图构建一套适用于公共管理类课程的思政评价体系。

首先，为了了解当前我国公共管理类课程思政评价建设的研究现状，本文以中国知网数据库为基础检索时间范围在 2010—2022 年出版的课程思政建设相关学术期刊文献（剔除学位论文、会议、报纸、图书等非学术期刊类论文）。通过文献计量分析发现，我国学者在对课程思政建设方面的研究主要从 2017 年逐渐兴起，2020 年之后发文量越来越多，呈现出明显的增长趋势，2019—2021 年发文量均超过前一年的两倍（见图 1）。

根据主题和题名检索，"课程思政"相关发文量共有 2 206 篇，进一步检

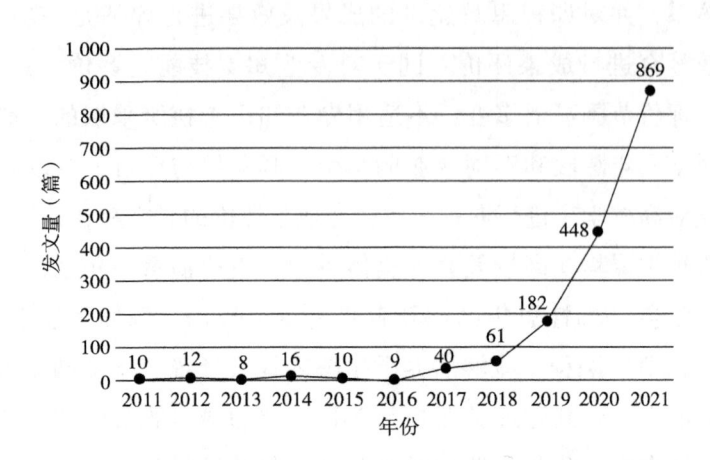

图1　2010—2022年课程思政建设相关学术期刊文献数量

索"课程思政评价"相关文献，共有671篇，占"课程思政"相关文献约三分之一。当前我国学者在研究中仍需要加深并拓展关于课程思政评价的主题，不应限于对课程思政的整体建设和宏观框架研究。进一步检索"公共管理课程思政"或"行政管理课程思政"，均未检索到已有文献，在课程思政的相关研究中未有学者针对公共管理相关学科或专业进行针对性研究。在课程思政建设全过程中，课程思政的评价是检验教学内容和教学过程的主要途径，通过对学生学习成果的评价和检验，教学团队和教师能够对相关课程教学设计及时进行改进和优化。目前，各高校学者多以某一课程为样本进行实践研究，仍未有较权威且适用范围广的范式可供参考。探求其中原因：一是因为课程思政教学是贯穿课程的全程隐性教学，不能参考专业课程的考核办法进行评价；二是因为课程思政涉及多种因素，面向多个教学个体，对其教学成果进行评价将受到各方面因素的影响和干扰，实施难度较大。基于以上文献计量分析，本文认为有必要对公共管理专业课程思政建设的评价体系相关内容进行针对性研究。

二、OBE教育理念与公共管理类课程思政评价的适用性分析

OBE全称为Outcome Based Education，中文译作"成果导向教育"，是一种以成果为目标导向，以学生为本，采用逆向思维的方式进行的课程体系的

建设理念。20世纪80年代正值新工业革命时期，美国学者意识到当时的高等工程教育和新工业革命发展之间存在差距，公众对于教育投资者回报产生怀疑，人们更加关注教育的实用性和教育成果的重要性，于是OBE理念被提出且被美国工程教育认证协会所接受并持续应用在之后的工程教育认证标准中。OBE教育理念经过不断应用和发展，主要用于对受教育者的学习成果以及能力的观察和测量，在加拿大、澳大利亚、英国等多个国家流行起来。

  OBE教育理念与传统教育理念相比更注重教学成果与产出，并以此为目标导向逆向思考教育模式的转变，更加关注学生在接受教育后应该取得的成果是什么，之后以实现该成果为目标，设计相对应的课程内容和教学计划。1949年，美国著名课程和评价专家、心理学家泰勒在其著作《课程与教学的基本原理》中提出一种课程评估模式——泰勒模式。他认为，学校在课程编制活动中要回答四个问题："学校应该达到哪些教育目标？要为学生提供怎样的教育经验才能达到这些目标？如何有效地组织这些教育经验？我们如何才能确定这些目标正在得以实现？"泰勒模式大致可以概括为：确定教学目标、选择教学经验、组织教学经验、评价教学结果。OBE教育理念在泰勒模式的基础上更加强调"目标"这一环节，并且将教学目标和教学成果作为导向，先确定在教学结束之后学生能够得到何种个人能力和水平的提升，再依据所想要得到的结果反向进行课程设计。这种教育理念的运用与传统教育相比更加注重教育对学生的培养，关注学生的长期发展。根据OBE教育理念，课程的设置不仅要接受不同学者的指导，还要考虑到校外因素，如用人单位、社会团体、行业组织等，它们对学生有不同于学校角度的要求和准绳，他们是学生受教育成果的利益相关者，因此学校的课程建设不应只停留在学科专家指导上，也应从利益相关者的角度进行思考，充分吸收它们的教学建议和意见。

  近年来，课程评价逐渐从课程导向转变为以学生个人发展为导向，更加注重学生对知识和技能的应用，将评价主体从课程转向学生个人，即发展性评价。由于课程思政教学具有隐性教学的特点，其教学效果的评价受到教学内容和方式的影响，相较于知识技能教学以考试成绩衡量教学成果的评价方法，发展性评价更加偏重对学生思想文化、个人素质、品德品行等方面的考察。公共管理类课程教学涉及社会学、政治学、管理学、经济学、哲学等多个学科，目的是研究政府和非政府公共机构如何更加有效地利用各种资源对社会公共事务进行管理，针对公共管理类学生的培养，需要更加强调其思想认识和政治意识，保证学生思想、政治、作风的纯洁性，为国家和社会输送专业优秀的后备人才，使其能够在学成之后积极投身于社会主义事业建设。基于此，公共管理课程思政评价关注学生个人专业素养是否通过课程教学得到提升，是否能够通过专业课程的学习得到自身思想道德水平和政治意识的升华。这一点与 OBE 教育理念中的成果导向概念相契合，即在量化考核的基础上将目光更多集中于质性评价，以灵活多变的方式衡量教学成果并进行课程教学改进。

三、公共管理类课程思政评价体系构建

将思政元素融入公共管理类课程是一项复杂而有较大难度的工作。思政教育要紧跟时代进步和社会发展做出调整和更新，因此在进行公共管理课程思政建设的过程中需要持续关注其教学成果评价，通过评价反馈能够最直接有效地检测并找出教学过程中出现的问题，促进课程教学不断改进和提高，以适应不断变化的教学环境和社会环境。公共管理类课程思政评价主要有两大难点：一是评价方法的设计，二是评价指标的选择。评价标准主要参考《公共管理类教学质量国家标准》中对公共管理类专业人才培养的要求，培养对象要做到热爱祖国，拥护中国共产党的领导，掌握中国特色社会主义理论体系，牢固树立正确的世界观、人生观、价值观，既有高度的法治意识、公共精神、社会责任感和积极的人生态度，具备良好的专业素质、良好的人文素养和科学素养、健康的体魄和良好的心理。基于以成果为导向的 OBE 教育理念，教师需重点关注学生在教学过程中的成长与收获，本文在评价方法上选择多元层级评价的方法，将评价主体进行分类，在公共管理类课程教学过程中分不同阶段逐层进行评价，以 "N×N" 的框架构建出较为完整的课程思政评价体系；在指标选择上，结合量化考核与质性考核要素，对专业课程中融合思政教育的教学效果进行综合考察。

（一）根据教学过程分阶段

公共管理类课程思政教学大致上可以分为教学前、教学中、教学后三个

阶段。基于 OBE 教育理念成果导向的思想，课程思政评价的重点在教学后这一阶段，但不能因此忽略教学前期和中期的重要性。第一阶段在正式开始教学之前，主要关注院校对公共管理学科建设以及课程思政教育的重视程度、为课程配备的师资力量、提供的教学资源、院校整体思政教学氛围等。此外，教师在进行公共管理类课程准备时，其教学目标的设定、课程内容的预设等，都是应该被纳入评价范围的因素。第二阶段是教学进行期间，公共管理类课程思政教学的过程中学生们对教师和相关公共管理课程的接纳程度和喜爱程度、课堂活跃度、学习任务的完成度等都会影响到最终思政教育的成果。第三阶段是教学结束后的阶段，教师在进行公共管理专业内容授课的同时对学生进行思政教育的成果主要在这一阶段的评价中体现。课程思政对学生掌握公共管理知识以及思想道德水平和政治意识的提升是否起到了正向作用，学生们对课程教学的反馈、课程内容的掌握、教师授课的评价也是课程思政评价所需参考的重要因素。

（二）根据涉及对象分主体

在进行课程思政教学过程中，不同主体在个人感受、参与度、获得感等方面均有不同，大致可以将参与主体分为院校、教师、学生三类。不同参与主体在教育活动中所扮演的角色不同，院校是教育资源的提供者和保障者，为教师和学生提供教育活动中所需的各种材料和场所。同时它也是教育成果的受益者，良好的教学成果和成绩能够为院校带来较好的口碑，吸引更多优质人才和资源加入，从而形成良性循环，扩大院校知名度和社会认可度。教师是知识的传授者，其个人素养、教学能力、专业能力都会影响到课程教学的效果。教师同时也是教学活动中的反馈者，他们对学生学习状态的观察和问题的洞察可以为其对课程思政的教学成果评价提供参考。学生是课程思政教学中最重要的主体，是受教育者和知识的接收者，从学生的角度对思政教学进行评价能够更加直观地体现教学成果。公共管理专业课程中所融合的思政元素是否对学生产生积极影响，会在学生的自我审视和反思中得到更内在化的反馈，能够通过课堂问答、课后作业、小组活动、社会实践等多种方式体现。公共管理类课程中的专业教学成果更多地体现在学生对于公共政策或社会事件的解读、对社会热点的敏感度、对相关政策理论的应用和理解等，而思政教学成果更多地体现在学生对中国特色社会主义思想的理解、对投身于公共事业和国家建设的决心以及对我国时政要闻和社会公共事件的关注等。

（三）根据阶段主体分指标

根据以上论述，本文将公共管理课程思政评价大致分为三个阶段和三个主体，三个阶段分别是进行教学前、教学中、教学后，三个主体分别是院校、教师、学生，以此作为基础得到"3×3"框架所构成的公共管理类课程思政评价指标体系，其中每一项指标的选择都是依据相应评价主体在不同评价阶段的行为特征结合量化考核和质性考察的方法所设立的。公共管理类课程思政评价指标内容，如表1所示。

表1 公共管理类课程思政评价指标

评价主体	评价阶段	评价指标	指标观测内容
院校	教学前	环境建设	校园内思政建设是否完善（宣传栏、标语等）
		政策支持	对公共管理课程政策支持力度是否充分（经费支持与投入）
		资源储备	公共管理与思政教学资源储备是否充分（师资力量、课题研究立项等）
	教学中	项目支持	是否充分支持思政实践项目线下开展
		教学平台	能否为公共管理思政教学提供前沿学习平台和资源
	教学后	教师考评	是否将课程思政纳入教师考评体系
		团队交流	有无定期组织公共管理思政教学团队开展经验交流
教师	教学前	个人素养	职业素养、专业能力、思想政治觉悟是否达到一定高度
		学科素养	是否对公共管理专业有系统性学科认识和科研精神
	教学中	思政意识	能否将公共管理课程中知识要点与思政元素有机结合
		沟通能力	是否能够与学生之间形成良性互动
		案例引用	教学过程中能否充分利用案例和时政热点引发学生思考
		教学监控	能否及时跟进学生学习进度、关注学生课程任务完成度
	教学后	考核设计	结课考核标准设计是否体现思政元素
		成绩分析	能否通过学生综合表现分析出教学过程中的问题

续表

评价主体	评价阶段	评价指标	指标观测内容
学生	教学前	思想基础	有无良好的思想基础和政治意识
		学习兴趣	对公共管理类课程是否有充分的学习兴趣
	教学中	学习态度	能否在课堂上积极配合老师，表达自我想法
		课堂作业	能否积极主动完成课堂任务和课后作业
		思政思维	进行公共管理专业知识学习时有无引例举证的思维意识
		科研态度	是否具备严谨科学的科研态度和正确的伦理认知
	教学后	课程认知	对所学课程在公共事务管理中的应用是否完全理解
		理论运用	能否运用所学理论分析相关公共管理案例或解读政策
		思想水平	课程学习后个人政治素养和道德水平是否得到提升
		专业认知	对于公共管理学科是否有更加深入的认知和探索欲
		生涯规划	个人的职业生涯规划是否受到课程中思政教学的影响

1. 院校方面。院校是为师生们进行课程思政教学活动提供平台和资源的主体，因此需要关注其在课程思政建设方面是否有足够的政策支持和优秀的师资力量。公共管理类课程是高校学生基础教育的重要部分，需要考察院校方是否为课程思政教学提供充分的资源保障，例如学习资源、图书资源、经费支持以及外出交流学习的途径。学校整体的校园氛围对于课程思政教学能够起到环境烘托作用，有必要对校园内整体环境和相关基础设施的建设做出评价。课程教学后，院校作为教学活动的监督者之一，尤其是公共管理院系的领导团队和教学团队，必须定期对公共管理类全部课程的教学情况进行汇总和分析，在公共管理学科课程的建设和课程体系设置上不断改进，为教师设立相应的思政考评体系，定期组织公共管理学科课程的思政讲座或经验交流会议。

2. 教师方面。教师是授课的主体，在公共管理类课程思政教学中扮演最重要的角色，任何课程教学的进展都由教师来推进。教师个人的综合素质和思想觉悟决定其在课程教学中是否能够更好地实现教学目标，一名优秀的公共管理教师不仅要满足学识、德行、思想等方面的要求，也要拥有良好的心理素养和善于沟通交流的能力。公共管理类课程的教师需要对公共管理学科具有系统、正确的认知，具备完备的知识体系，能够紧跟时政热点和学科前沿问题，具有严谨专业的科研精神。在教学过程中，教师是否能够将专业知识最大程度地传授给学生，取决于多种因素，包括课程进度安排是否合理、语言表达是否易懂、课堂互动是否充分等，而思政教学的部分更依赖于教师与学生之间的互动和沟通，取决于教师在知识讲解中是否能够将其中的思政元素充分挖掘，将公共管理课程中相关理论知识与思政元素有机结合，并且充分利用实际案例和真实事件，带领学生形成结合思政思想进行专业知识学习的良性思维。例如在公共管理学课程中，针对"公共组织"这一章节内容的讲解可以将社会主义核心价值观与公共组织设立目标相结合；在公共政策学课程中，在"政策执行"和"政策评估"教学中通过一些实际政策如房价限购政策、"双减"政策等引发学生分析公共政策的兴趣；在"政治学"课程中，将历史事件与政治并行讲解，引导学生正确解读时政大事。同时，教师在授课过程中也需要对学生的学习情况进行监控，关注其听课状态和学习的积极性。此外，教师是否将思政元素融入课程考核中，也是体现其思政教学成果的方式之一，是对公共管理类专业教学和思政教学效果同时进行考察的最直观的方式。

3. 学生方面。高校学生在进入大学校园之前都接受过最基础的思想政治教育，尤其是选择进修公共管理相关专业的学生，但每个人的思政基础参差不齐，具备更加良好的思想政治基础的学生可能更容易在课程思政教育中取得较好的学习成果。对公共管理类课程是否有一定程度的学习兴趣也会影响到学生对于课程的参与度，进而影响教学成果。在公共管理类课程教学中，学生们对于公共管理知识的学习态度是否积极、课后的教学任务完成是否及时、相关课程实践活动是否投入、课题讨论是否能够引用时政热点和政策案例等都是能够直观体现教学成果的指标。从学生角度，主要通过以下几方面评价课程思政效果：通过公共管理专业知识的传授和思政元素的渗透，学生是否能够在独立思考时形成一套"公共管理+思政"的思维范式，在保证思想方向和伦理正确性的前提下是否能够活学活用引用案例发散思维。课程结束后，学生通过自我反思是否能够意识到其对公共管理学科整体认识有无进展，遇到真实社会事件和公共政策是否能够以专业的角度进行思考与分析,通过课程学习是否引发了对公共管理学科的求知欲、是否对自己将来的职业生涯规划产生影响等。除此之外,学生们对于社会实践或者参加相关竞赛如主题征文、演讲等活动的积极性、参与度和完成度也能够从侧面反映出课程思政教学的效果是否显著。

四、公共管理类课程思政建设的建议

(一) 加强高校思政建设投入力度

全国各大高校作为课程思政建设的主要平台,肩负着将课程思政的教学成果由校园扩大至社会范围的重要任务,其对于公共管理类课程思政建设的经费支持、资源保障、扶持力度等是课程思政建设能够在校园内顺利开展的基础和前提。院校可以将课程思政工作纳入对教职工的日常培训与考核体系中,号召教师们周期性学习相关思政要点并开展课程思政研讨会,打造高质量高水平的公共管理专业教师队伍。在课题研究方面,院校应积极与公共部门或相关非营利社会组织进行交流与合作,开展相关课题研究或思政教学竞赛等活动。同时完善校园内基础设施建设和美化工作,例如设置思政热点相关宣传栏或宣传标语、在食堂等场所播放时政新闻等,营造校园内积极向上的思政学习氛围。

(二) 培养专业思政相结合思想范式

针对公共管理学科,其教学对于教师和学生思想政治水平有较严格的要求,因此必须构建发展型课程思政体系,将思想要素融入公共管理学科的每一门课程中。基于OBE教育理念的课程建设强调课程体系要具备自我调节和更新的能力,即课程体系要有可持续发展性。因为思政内容具有社会性和时代性特点,公共管理类课程体系的更新和完善更加重要。由于公共管理类课程所研究的问题与公共事务和社会热点息息相关,各类课程实践和案例讨论都围绕相关公共政策或相关法律法规开展,因此教师在进行教学过程中必须注重专业知识与思政要素的结合,促使学生在进行专业课程学习时将思维发散到思政要素上,培养学生的思维发散能力和思想政治意识,引导其主动思考政策法规或社会事务,逐渐形成将专业知识与社会实践、实际案例分析相

结合的思想范式。

（三）深度挖掘课程思政要点

课程思政教育在高校教育中不同于义务教育阶段基础性思想政治课的教学，其受教育群体均为具有成熟思想和独立思考能力的成年人，对于高校学生的课程思政教育必须更加有深度、有高度，尤其是对于公共管理专业的学生。在进行专业课程教学的同时将思政要素融入课堂中，这就要求授课教师必须充分掌握公共管理知识，并且能够在进行授课之前提取出课程中每一章节甚至每个知识点或理论的思政要素，设计将公共管理专业知识和理论与思政要素结合的路径和教学方法。这不但要求教师拥有极强的专业能力和教学能力，更要求教师自身必须有足够高的思想觉悟和政治底蕴。公共管理类课程教学对思想政治的敏感度相较于理工类专业更加严格，公共管理专业的教师必须具备能够深层次分析和挖掘课程中的思政要点的能力，在课程准备和课程体系改善中根据时政变化为相应的课程内容匹配合适的案例讲解，在教学过程中循序渐进引导学生形成"公共管理"思维，将理论知识运用到实际需要中。

（四）注重课程目标与培育目标相结合

OBE 教育理念中课程模式的设计遵循"自顶向下，反向设计"的原则，将其应用在公共管理类课程思政建设上的第一步就是要明确培养目标："通过教学我们要培养出什么样的学生""课程教学结束后学生的个人综合素质是否提高""学生走出校园步入社会之后的工作与生活是否受益于校内课程教学"等；明确培养目标之后需要进一步明确课程教学的目标，例如学生在授课过程中是否学习到公共管理专业知识、进行案例分析和政策分析时有何进步、对于时政热点和社会事件的关注度和敏感度是否提高等。培育目标相较课程目标更加长远，它是教师和院校对于人才培养最终的期望，而课程目标更加微观、直观，能够反映学生对公共管理知识的掌握情况。课程思政贯穿于公共管理类课程教学的全过程，因此教师一定要明确课程目标与培养目标之间的关系，在授课过程中让学生了解自己能够从课程中得到什么；将课程目标与培育目标有机结合，帮助学生构建基础性公共管理知识体系以及培养其将思政元素与公共管理专业知识相结合的思维方式。

(五) 完善课程监控与课程评价体系

在公共管理类课程教学活动过程中，课程监控是一项能够保证教学成果的有效措施，监控必须覆盖到教学活动的全过程。教学活动的每个环节都需要相对应的审核机制，以便在课程结束之后通过学生的成绩和问题反馈进行课程设计的改进和完善。公共管理院系应当充分扮演好监督者的角色，在课程教学活动中积极调动教务处和检查组，让其对教学情况进行记录和检查，以确保学习资源的充分利用和课程教学的有效进行。在课程评价体系建设方面，更多元化、多维度对教学活动进行考评，不仅限于院校和教师主体，更要关注学生通过教学活动所获得的收获和个人能力的提高以及思想水平的提升，让学生作为建议者参与到课程教学改进和完善的工作中。学校应积极利用信息平台和大数据平台，将课程评价普及到师生日常教学活动中，完善评价体系建设。

五、结语

思政建设关系到人才培养的国之大计，我国高校公共管理类课程思政建设是整体思政建设中的一块重要奠基石，需要院校、教师、学生以及社会各界共同支持。当前全民"大思政课"建设中，高校课程思政建设任重道远，不少高校已经在积极采取措施改进自身的思政建设并取得了一些成效，但总体看来，如今高校思政课程建设仍然处在初步探索阶段，并未有完整的可参考体系。公共管理类课程中的一些基础性课程在高校教育中属于非常重要的普及性课程，每个高校学生都应学习并掌握，因此公共管理类课程的思政建设和评价体系构建具有一定的紧迫性。本文以成果为导向的 OBE 教育理念为基础，结合公共管理课程特点细分课程教学中的多元主体和不同阶段，构建出"3×3"的评价框架，针对不同主体进一步选取合适的评价指标，由此构建出公共管理类课程思政评价体系，为公共管理类专业课程思政评价建设提供参考，但在进行实践研究时仍然需要根据实际情况做出调整。此前 OBE 教育理念的应用大多集中于某一项课程体系改革，本文创新地将 OBE 教育理念与公共管理类课程思政评价相结合应用，为今后 OBE 教育理念的应用和公共管理类课程建设研究提供了新思路。

参考文献

[1] 章玳. 基于OBE理念的开放教育课程监控与评价研究 [J]. 成人教育, 2018, 38 (10): 17-22.

[2] 海莺. 基于OBE模式的地方工科院校课程改革探析 [J]. 当代教育理论与实践, 2015, 7 (4): 37-39.

[3] 叶瑜敏. "公共管理学"课程思政教学探索 [J]. 中国电力教育, 2021 (S1): 182-184.

[4] 高德毅, 宗爱东. 从思政课程到课程思政: 从战略高度构建高校思想政治教育课程体系 [J]. 中国高等教育, 2017 (1): 43-46.

[5] 李国娟. 课程思政建设必须牢牢把握五个关键环节 [J]. 中国高等教育, 2017 (Z3): 28-29.

[6] 胡洪羽. 泰勒原理下教育学公共课课程思政的四重维度 [J]. 黑龙江高教研究, 2022, 40 (7): 7-11.

[7] 张红春, 邱艳萍. 价值观培育: 课程思政的目标向度与SKTP框架构建: 以公共管理学课程为例 [J]. 高教学刊, 2022, 8 (9): 178-181.

[8] 高新宇, 王菁娴. "课程思政"融入公共管理类研究生培养过程研究: 以某财经类高校为例 [J]. 河北工程大学学报（社会科学版）, 2021, 38 (2): 121-125.

[9] 邱伟光. 课程思政的价值意蕴与生成路径 [J]. 思想理论教育, 2017 (7): 10-14.

[10] 方堃, 房世杰, 曲万发. 新时代高校公共管理专业课程思政的构想 [J]. 科教导刊, 2021 (3): 37-38.

[11] 吴石金, 邱乐泉. 成果导向教育理念下的课程教学评价体系探析 [J]. 发酵科技通讯, 2019, 48 (2): 120-123.

[12] 李陈, 曲大维, 孟卫军. 案例教学法在专业课"课程思政"中的应用 [J]. 宁波教育学院学报, 2019, 21 (4): 1-4.

论课程思政背景下"师道尊严"的重建及其对大学教师队伍建设的推动

王 玥 律媛媛[①]

【摘 要】匡扶新时代背景下的高校"师道尊严",是"专业思政"和"课程思政"取得成功的重中之重。本文将首先从传统中国对"师道尊严"的定义、体现及对社会的影响分析"师道尊严"的历史由来和历史作用;其次,将从多方面和多角度分析当代中国大学中"师道尊严"受到的冲击与影响;最后,将讨论中国大学"师道尊严"应当如何传承及"师道尊严"对大学教师队伍建设的重要性。

【关键词】课程思政;师道尊严;教师队伍建设

广大高校教师的最重要、最紧迫的任务是教育和引导青年,培育和践行社会主义核心价值观。高校课程思政的根本是帮助学生确立正确的道德认知、加强道德修养、进行道德实践、锤炼道德品质,帮助学生将核心价值观的要求转变为他们日常的行为准则,成为学生自觉奉行的价值尺度,从而达到把社会主义核心价值观的要求内化为广大青年自己的精神追求,并进一步外化为自觉的言行准则,指导他们未来的学习、工作和生活。只有这样,社会主义核心价值观的种子才能在中国大地上生根发芽、散叶开花。因此,高校教师自身的道德品质修养和为人师表的模范带头作用至关重要。如果广大高校教师都能够得到青年学生充分的认可、信任、尊敬和尊重,那么,在指导和

---

① 作者简介:王玥,首都经济贸易大学华侨学院工商管理系讲师;律媛媛,首都经济贸易大学华侨学院工商管理系副教授。

规范学生道德认知和日常行为准则、在日常教学中贯穿思政教育时才能够有所成效。本文通过日常教学中的观察和与学生的交流，开展问卷调查，并参考其他相关研究，讨论关于"师道尊严"在当今互联网时代背景下所发生的转变和面临的问题，以及其对当代大学教师队伍建设的巨大作用。

一、传统中国"师道尊严"的定义、体现与对社会的影响

要理解中国传统意义上的"师道尊严"，就要先从"道"说起。老子提出了"道"的概念，认为"道"就是规律，是宇宙的起源、万物的根本。《道德经》第一句就对"道"这个概念进行了论述："道可道，非常道；名可名，非常名。"在老子的时代，虽然他能感知到"道"的存在，但是却说不清道不明。孔子将"道"看成是一种人生高远的理想，认为人有弘"道"的责任和使命，而悟"道"、践"道"的价值甚至在生命之上。这里的"道"是一种个人伦理概念。《论语》中记载了大量孔子对于"人之道""君子之道"，甚至"天子之道""国之道"等的认识，将"道"从伦理范围扩展到政治范围，成为最高的政治原则。孔子区分了国家的"有道"与"无道"，孟子后来又进一步将这种思想阐述为"得道多助，失道寡助"，奉劝统治者要直道而行。孔子和孟子有关"道"的论述，在《中庸》中被系统化和理论化了。《中庸》里说"天命之谓性，率性之谓道，修道之谓教"，意思是说人生而有之的东西就是人性，如仁义礼智信；按照这种天命之性来做人就是符合道义要求的行为与人生；但是由于人的禀赋不同，在保有人性或天道上面有所差异，所以需要后天持续不断的反思才能够实现人性的要求，走上正道。教育的责任和使命就是引导和帮助人们去"修道"。

"道"在不同社会和生活领域中的具体表现和要求，则被描述为各种具体的"道"，例如为官之道称为"官道"，经商之道称为"商道"，学问之道称为"业道"。由此可见，"师道"是"道"的精神在教育领域内的具体体现，"道"是"师"的规范与标准。"师道"即为师之道，指为师者在履行自己职责时应当秉持的根本价值原则和应当追求的根本价值使命。

现在学界公认"师道尊严"出自《礼记·学记》。《礼记·学记》里面说道，"凡学之道，严师为难。师严然后道尊，道尊然后民知敬学。是故君之所

以不臣于其臣者二：当其为尸，则弗臣也；当其为师，则弗臣也。大学之礼，虽诏于天子无北面，所以尊师也"。这里的"学"应当理解为"教育"，"严"理解为"尊重"，"道尊"理解为"教育地位尊贵"。因此，"凡学之道，严师为难。师严然后道尊，道尊然后民知敬学"可以解释为：发展教育事业，最重要的是尊重老师；老师地位尊贵了，教育的地位才能尊贵，教育地位提高了，民众才能重视学校教育。"严师"本身不是目的，不是将教师地位抬高到无以复加的地步，而是为了"道尊"，是为了"民之敬学"。更进一步说，是为了国家统治，是为了转变民心，形成良好的风俗。由此可见，从《学记》的理论出发，"师道尊严"的意义绝不是表面的等级关系，它是国家治理非常重要的一个方面，具有高度的政治性。

韩愈在《师说》里这样论述"师"与"道"的关系："古之学者必有师。师者，所以传道授业解惑也。"他认为教师的责任和使命是传授道理、教授学业、解释疑问。韩愈将"传道"放在了第一位，认为其是教师的首要职责和教学的核心目的。"授业""解惑"作为次级教学的目的，都是为"传道"服务的。"爱其子，择师而教之……彼童子之师，授之书而习其句读者，非吾所谓传其道解其惑者也。"这句话进一步阐明了韩愈的观点："师"与"道"不可分，教师应该传道解惑，而不是简单教授断句一类的基本知识。这里，"师道尊严"除了尊师重教的意思之外，又多了一层意思，就是关注教师的根本价值信念（"师道"）和职业价值使命（"传道"）。

二、当代中国大学"师道尊严"受到的冲击与影响

（一）社会家庭对传统"师道尊严"的冲击与影响

邓小平同志提出改革开放政策后的 40 年间，中国特色社会主义市场经济体系逐渐建立，经济水平在不断的发展和创新中持续提高。人民生活水平得到极大改善的同时，教师行业也迎来了许多重大的积极变化。为更好地发展经济和进行科技兴国、科技创新，国家不断强调教育和人才的重要性，强调教育和教师的重要性。对于全国范围内的不同地区的大、中、小学都给予不同的政策支持，教师的待遇与社会地位都有所提高。针对欠发达地区的师资薄弱问题，国家积极弘扬和奖励愿意留在当地任教、发展的教师，树立了很

多先进的典型。同时我们也注意到，局部地区过于强调经济发展，对经济实力的提高优先于精神层面的提高。一些学校摒弃了教育为本的初心使命，单纯地以追求商业利益运行的教育模式导致部分教师不看学术看绩效，不搞研究搞"外快"。另外，受教育程度与实际收入不存在完全线性关系的客观规律，导致部分人认为学校教育与社会实际脱节，"读书无用论"的想法使青年学生对知识的渴望不足，对教师的尊重程度也有所降低。

党的十八大以来，国家进一步重视和强调科技进步和创新对国家发展的支撑作用。从"科学技术是第一生产力"到"经济建设必须依靠科学技术、科学技术工作必须面向经济建设"的"两个必须"，从党的十八大做出实施创新驱动发展战略的重大部署，到党的十九大提出"创新是引领发展的第一动力，是建设现代化经济体系的战略支撑"，党中央的决策部署不仅体现了创新在国家发展战略中的地位不断提升，也揭示了教育对于国家发展和稳定的重要作用。

中国新生代的"00后"大学生，父母多为"70后"、少部分是"80后"，这些"70后""80后"父母的教育理念与以往传统家庭形成了鲜明的对比。相当一部分的当代中国大学生的父母与子女相处不再有传统的等级感，父母与孩子平日相处和交流更加平等，家庭氛围民主开放。图1展示了接受调查的学生的年龄。许多"70后""80后"父母在较为严苛、等级感分明的家庭中长大，成年后则不愿意再成为同样严苛的父母，而是与孩子成为朋友，平等商议家庭事务等。这也造成了"00后"的大部分学生面对和父母同龄甚至比父母更年轻的大学教师时，也无法产生足够的敬畏之情（见图2）。

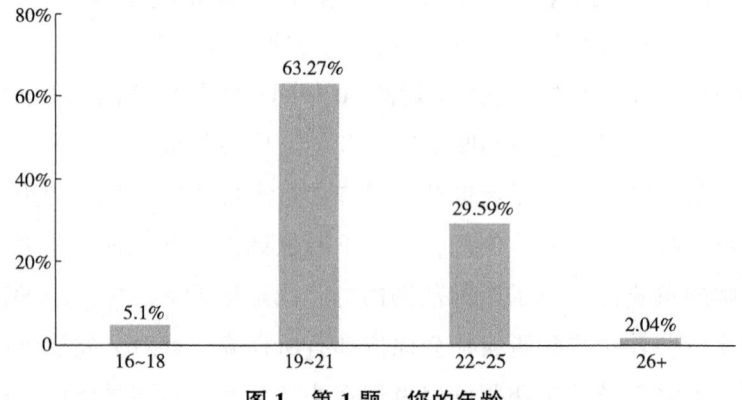

图1 第1题：您的年龄

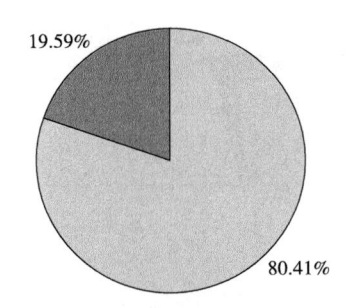

○ 等级感不明显，父母亲很尊重我的意愿选择
● 等级感较明显，人生大事必须由父母长辈做主，我的话语权体现在其他小事中

图 2　第 14 题：您的家庭氛围

（二）互联网对传统"师道尊严"的影响

随着科技的进步和网络发展的日新月异，学校不再是学生获取知识和教学资源的唯一途径，教师的权威感下降与丧失知识垄断地位息息相关。当代中国大学生可以足不出户就同全国各地，甚至世界各国的青年共享各类教育网站和资源。各类网上公开课资源、开放的图书馆资料、免费或付费的知识网站等都成为大学课堂和教师的可替代品（见图 3）。在此背景下，如果教师本身的教学能力不足，教学手段和形式不够新颖有趣，不能够抓住学生的兴趣点，引起学生的重视，那么只会出现"抬头率"非常低的现象。课程的思政要素、社会主义核心价值观的传递只有在大部分学生认真听讲并且感兴趣的基础上才能够完成。笔者收集的问卷结果显示，将近 80% 的学生认为互联网学习资源，如慕课、网上公开课等，对于大学教师树立权威存在一定影响，但是课堂讲授依然更加重要。这就说明大部分的大学生依旧以大学课堂为主，网上学习资源为辅，教师只要能够做到自己的课堂讲授内容比网上资源更加丰富，课堂更加生动、有趣、新颖，就足以赢得课堂"抬头率"。教师要避免的就是课堂内容乏味，案例陈旧，勾不起学生的兴致，或教师由于自身的学术水平有限，不思进取，或不认真备课，导致学生宁可去网上观看类似的学习资源而不愿意认真听讲。如此，教师课堂中所讲授的内容即使涵盖了重要的思政要素，也没有学生能够真正听得进去。

此外，互联网发展带来丰富的社交网络手段，便利了人们的生活，满足

4.08%
16.33%
79.59%

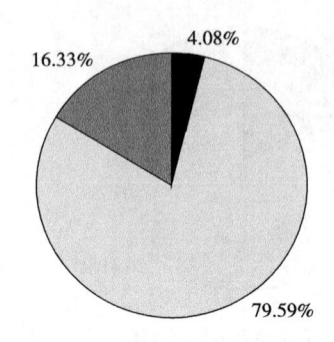

● 有很大影响，自学比课堂讲授重要　○ 有一些影响，课堂讲授仍然更加重要
● 没有影响，不太会看网上资源

图 3　第 7 题：您认为互联网学习资源，如慕课、网上公开课等，
对于大学教师树立权威是否有影响

了各种沟通的即时需求。高校教师与学生通过社交网络进行联络和沟通是不同于以往传统师生关系的一个重要转变。社交网络中的师生关系是广大高校教师需要格外注意的。微信、QQ 等聊天软件的普及大大拉近了师生之间的距离，但也有可能会使教师丧失应该保有的威严感和神秘感。笔者之一在美国求学近十载，不论是本科还是研究生阶段，大学教授的私人电话往往都是保密的，公布给学生的只有办公邮箱和办公电话，并且除了可预约时间，办公室电话也是大概率打不通的。因此学生要想课下与老师进行交流，必须发送电子邮件，以书面形式与老师沟通。虽然这种方式在便捷的社交网络工具面前显得陈旧过时，但在一定程度上让学生对教授和课堂保持尊重，如若学生想要抓住机会提问或与教授沟通交流，课堂表现就必须良好；而发给教授的电子邮件是书面的，所以语句也必定是经过斟酌的（见图 4）。笔者观察发现，近年来许多中国大学生可以在网络上通过社交媒体和大学教师进行交流，一方面拉近了彼此之间的距离，沟通交流更加方便；另一方面也影响到了教师的权威感和神秘感，学生觉得大学教师就和生活中其他人一样，这无助于让学生对大学的课堂和教师产生敬畏感。一些年轻教师为了得到学生考核的好评，特意主动与学生拉近关系，甚至"称兄道弟"，这也会严重影响大学教师整体的形象和权威感。2019 年新冠疫情暴发以来，广大高校为确保学生可

以得到应有的教育而积极开展网络教学。笔者注意到有许多老教师因为不熟悉线上授课软件和教学手段，经历了许多挫折甚至受到了学生的嘲讽和冷眼。基于线上授课和网络教学的特殊性，传统课堂的师生关系也在此期间发生了许多变化。

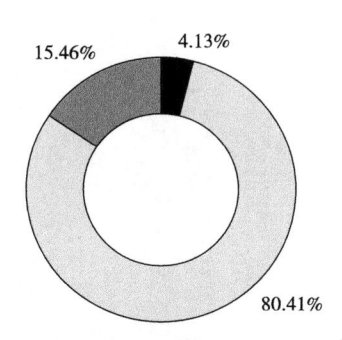

●严肃的导师与学生的关系，除学术外不交流其他
○亦师亦友，上课时严肃，课外可以轻松如朋友般交流
●课上课下都能像朋友一样沟通交流

图 4　第 15 题：您理想中的与大学教师的关系

一些采取录播课程的教师也许整学期都不会和学生一对一交流，而直播课程中学生也往往不愿意打开摄像头露出"真容"。网课期间的师生就像是"最熟悉的陌生人"。长期在家独立学习的学生往往容易倦怠和分心，线上课堂讲授的专业知识内容和思政理念也往往无法深入学生心中。这在一定程度上影响了教师权威的树立，进而降低了学生主动与教师交流的意愿（见图5）。调查结果显示，约有85%的学生认为网上授课对教师权威有影响，其中有16.33%的学生认为有很大影响（见图6）。由此可见，虽然绝大多数学生都认为各种具有聊天功能的软件可以促进师生之间的交流，但是由于网上授课影响了教师权威的树立，学生仍然不会积极地和教师进行沟通。丧失权威感某种程度上是不利于大学教师"传道授业解惑"的（见图7）。

由问卷结果可以看出，大部分学生希望教师在课堂上能够保持严肃认真的态度，而课下可以与学生平等的交流和沟通。笔者认为，大学教师必须认真把握和处理好与学生私下交流的量和度。在学生眼里，老师"吐辞为经、举足为法",一言一行都能够带给学生极大的影响。如果老师课下和学生交流时过于放松、过于平易近人、不修边幅,到课堂上严肃起来学生很容易产生割裂感。大学教师课下与学生的交流应当是严肃的课堂的延伸,而不应是割裂的。

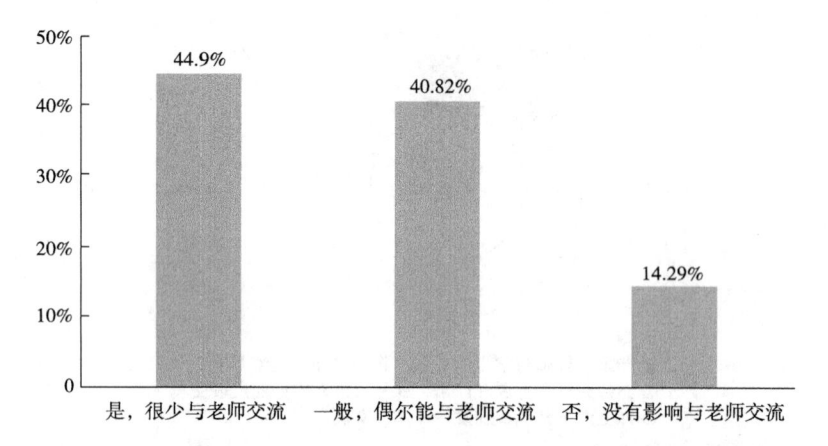

图 5 第 9 题:您认为线上课程对于师生之间的交流是否起到了阻碍作用

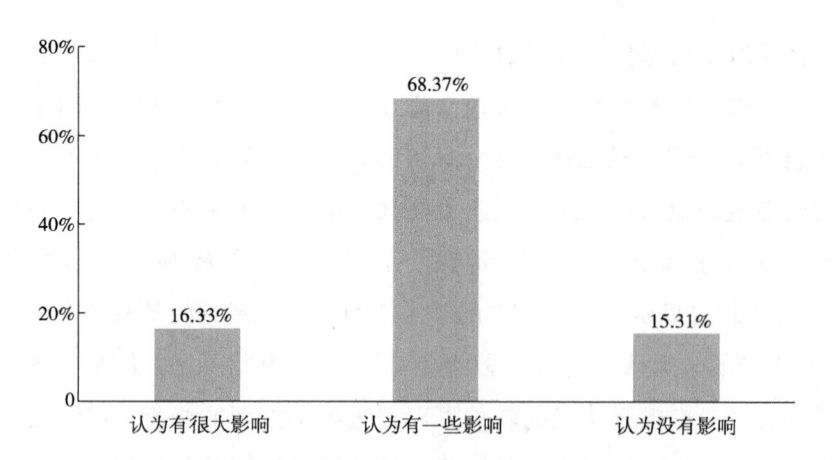

图 6 第 8 题:您认为疫情防控期间网上授课形式是否对教师体现和树立权威有影响

(三)通过课程思政建设重塑"师道尊严"

做"大先生"是习近平总书记 2016 年 12 月 7 日在全国高校思想政治工作会议的讲话中对教师提出的新要求。做"大先生",就要做到习近平总书记

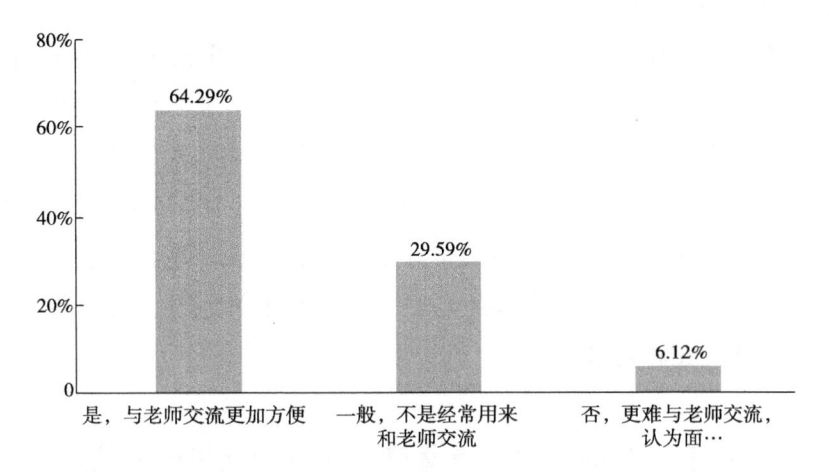

图 7　第 10 题：您认为微信、QQ、学习通等社交软件/学习软件的聊天功能是否可以促进师生交流

要求的"四个相统一"：即坚持教书和育人相统一，坚持言传和身教相统一，坚持潜心问道和关注社会相统一，坚持学术自由和学术规范相统一。由此可见，高校教师的教书任务是先于育人责任的，只有先在课堂上教好书才能更好地育人。2022 年 4 月，习近平总书记在中国人民大学考察调研并发表重要讲话，高度评价了人民大学的红色传统和办学成就，对中国的其他高等院校和高校教育提出了重大指示和殷切希望。高校教育的对象是新时代中国的广大青年，党的十八大以来，以习近平同志为核心的党中央高度重视青年、关怀青年、信任青年，对青年一代寄予殷切期望。习近平总书记始终立足于"确保党的事业薪火相传，确保中华民族永续发展"的深远考虑，指导青年成长发展成为堪当民族复兴大任的时代新人。近年来，高校开展的"专业思政"和"课程思政"建设对于督促和帮助大学教师全面夯实教学基本功、提升教育教学能力和水平具有强大的推动作用。广大高校教师应该把握"专业思政"和"课程思政"的核心思想，结合自身实际情况，潜心研究，在此期间努力提升自己的专业教学素养及相关技能，努力成为符合时代要求和学生需求的好老师、"大先生"。学校和学院应该根据教师的研究和反馈，用大局观和发展观帮助全体教师把控思政方向，让各门课程、各个院系之间的思政设计相

辅相成、有机融合。

言传和身教的统一要求广大教师在课下、在日常生活中，也必须做到课堂上宣讲的道德标准、价值观等，言行要与自己强调的思政要素相一致和统一。"专业思政"和"课程思政"的全面规划和建设要求大学教师的整体思政设计不能仅仅局限于课堂教学，而应该全面覆盖学生课后和生活中的价值观导向及树立。大学教师可以通过布置相关课后作业、课下辅导、课后与学生交流等形式实现课堂思政内容的延展，时刻关注学生的思想动态，及时了解当代年轻人的精神需求等。

三、课程思政背景下"师道尊严"对教师队伍建设的重要性

2022年4月25日，中共中央总书记、国家主席、中央军委主席习近平到访中国人民大学考察调研。习近平提出，对教师来说，想把学生培养成什么样的人，自己首先就应该成为什么样的人。培养社会主义建设者和接班人，迫切需要教师既精通专业知识、做好"经师"，又涵养德行、成为"人师"，努力做精于"传道授业解惑"的"经师"和"人师"的统一者。教育是一项"仁而爱人"的事业，有爱才有责任。广大教师要严爱相济、润己泽人，以人格魅力呵护学生心灵，以学术造诣开启学生智慧，把自己的温暖和情感倾注到每一个学生身上，让每一个学生都健康成长，让每一个孩子都有人生出彩的机会。教师应该有言为士则、行为世范的自觉，不断提高自身道德修养，以模范行为影响和带动学生，做学生为学、为事、为人的"大先生"，成为被社会尊重的楷模，成为世人效法的榜样。

习近平总书记对广大教师的寄语反映了当下推动高校建设和发展过程中重振"师道尊严"的重要性。如果高校教师因其本身的专业背景、学识、高尚的师德、过硬的教学能力而赢得学生的普遍认可和尊重，那么由这些教师所代表和传播的思政观点和理念才能够深入学生的内心，发挥出指导学生世界观、人生观、价值观以及规范学生行为模式的重大作用。习近平总书记强调，思想政治理论课能否在立德树人中发挥应有作用，关键看重视不重视、适应不适应、做得好不好。思政课的本质是讲道理，要注重方式方法，把道理讲深、讲透、讲活，教师要用心教，学生要用心悟，达到沟通心灵、启智

润心、激扬斗志的目标。青少年思想政治教育是一个接续的过程，要针对青少年成长的不同阶段，有针对性地开展思想政治教育。如果学生无法从内心深处真正尊重老师、认可老师，那么可想而知老师讲的道理，学生也是无法听进内心深处的。在这种情况下，即使老师认真将专业理论课程和思政要素相结合讲述给了学生，学生也难以用心领悟并进一步受到影响（见图8）。

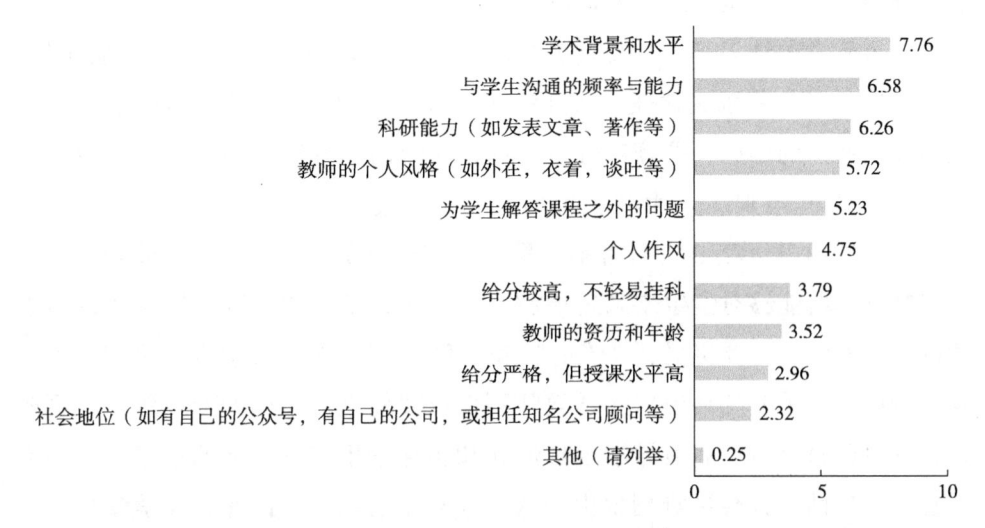

特质	分值
学术背景和水平	7.76
与学生沟通的频率与能力	6.58
科研能力（如发表文章、著作等）	6.26
教师的个人风格（如外在，衣着，谈吐等）	5.72
为学生解答课程之外的问题	5.23
个人作风	4.75
给分较高，不轻易挂科	3.79
教师的资历和年龄	3.52
给分严格，但授课水平高	2.96
社会地位（如有自己的公众号，有自己的公司，或担任知名公司顾问等）	2.32
其他（请列举）	0.25

图8　第5题：您在校期间认为最能够让您尊敬大学教师的特质是，请排序

由问卷调查结果可知，当代大学生对于大学教师的尊敬程度很大程度上取决于教师自身的专业学术背景和水平。这也是为什么在现实中常常可以发现有些不钻研学术、不认真备课，甚至回答不上学生问题的老师的课堂，"抬头率"极低，学生不是在玩手机、电脑，就是在做别的科目的作业等，完全不尊重正在讲课的老师。而这一部分的老师由于高校绩效考核中对"学生评价老师"的看重，往往选择打分宽松的课程，从而造成"水课"的出现和形成，导致学生没有真正学习到很多知识，也没有受到老师在思想方面的指导和指引，期末只求能"混"到一个不错的分数，浪费了时间和大好的青春。

另外，当代学生注重的另一方面是老师与学生的沟通频率与能力。"严爱相济，润己泽人"，应当是高校教师在课堂上、学术上对学生严格要求，制定好行为准则和评分要求就要一视同仁地严格执行；而在课下和生活中，应当平易近人地与学生进行交流和相处。笔者发现，在教学中适当地引用社会上热门的案例和信息，用一些网络流行语与学生交流，学生会表现出极大的兴趣，用更加积极的态度参与课堂互动。大部分学生希望教师在课堂和学术上能够有严谨的态度，而在生活中也能和他们成为朋友。这样，教师可以在与学生拉近心灵距离后，更加准确、便捷地传播思政观点，让学生更加容易接受教师想要让他们接受的思想和理念。

调查问卷的结果显示，最受学生尊重的大学教师所具有的一些特质包括：学识渊博、专业领域成就高、认真备课、课堂生动有趣、能够帮助学生解决生活和学业上的困惑、平等对待学生等。当问到"在校期间是否有至少一位老师对您的世界观、人生观、价值观等的塑造产生了重大影响"时，有43.88%的学生表示有，并且答案着重于强调的不是老师讲授的专业知识，而是老师分享的能够对学生未来发展和规划有帮助的人生经验，以及对许多事物的个人看法。由此可见，"传道"和"解惑"是塑造大学生世界观、人生观、价值观最重要的环节。大学教师不仅仅要管理好自己的专业领域，更要认识到自己身上肩负的引导学生价值观和指导学生未来发展的重任。也许不经意的一句话，就会影响到学生的认知和未来的人生。因此，大学教师一定要时刻将社会主义核心价值观和自己想要讲授、传达的思政要素深植于心，在润物细无声中传导给学生，而不是一股脑儿填鸭式的灌输。将专业知识理论和思政要素生硬地杂糅在一起，不走心地想要灌输给学生，学生是无法接受也难以听进心里去的。真正受学生尊重和敬畏的老师能让学生看到他们身上的道德榜样力量和足够强大的内心。

四、结语

互联网时代，丰富多样的线上学习资源，例如慕课、公开课，甚至自媒体视频等，都成了除高校外学生获取知识的途径。来源的多样使得这些互联网教育资源的内容极其丰富，形式新颖，更新速度很快，且获取这些知识的成本较低。互联网技术的发展，以及智能手机的普及，为学生随时随地获取这些资源提供了硬件保障。这对传统的学校教育，对大学教师树立权威，造成了一定的影响和冲击。但是，在这种情况下，绝大多数学生仍然认为教师的课堂讲授是获取知识的最佳途径，这是对目前大学教育和大学教师的一种认可。教师若想树立、保持和加强自己在学生心目中的权威形象，要从自己的专业能力出发，注重自身发展，不断精进自己的学术水平和教学水平，积极与学生进行有效沟通。而从学生的角度来看，同教师进行自觉、有效的沟通又是建立在他们对教师权威的认可上的。除了专业能力，教师的个人风格和个人作风也是影响教师权威形象的重要因素。广大教师对学生的教育培养应该不仅仅停留在基本知识层面，应该把人格和价值的塑造作为更高的培养目标，做心怀祖国、治学严谨、立德树人的"大先生"，这既是"师道尊严"的传统释义，也是其在今天对新时代大学教师队伍建设的要求。

参考文献

[1] 戴妍，陈佳薇. 教师尊严的理论蕴涵及其实践指向 [J]. 国家教育行政学院学报，2021（4）：88-95.

[2] 关于教育，这是习近平的最新思考 [EB/OL]. （2017-01-03）[2022-10-15]. https：//epaper.gmw.cn/gmrb/html/2017-01/03/nw.D110000gmrb_20170103_4-01.htm?div=.

[3] 陈宝生. 重振师道尊严 全社会尊师重教 [EB/OL]. （2018-03-03）[2022-10-15]. https：//m.huanqiu.com/article/9CaKrnK6PGh.

[4] 林丹，张佩钦. 重振"师道尊严"：回到教师本身 [J]. 现代教育管理，2020（12）：79-86.

[5] 马佩. 老子《道德经》中的辩证思想及其思维形式 [J]. 河南大学学报（社会科学版），2011（1）：72-78.

[6] 凝心铸师魂 立德育新人：以习近平同志为核心的党中央关心教师队伍建设纪实 [EB/OL]. （2019-09-09）[2022-10-15]. http：//fms.news.cn/swf/2019_qmtt/9_9_2019_qm_z/index.html.

[7] 努力做"经师""人师"相统一的"大先生" [EB/OL]. （2022-05-01）[2022-10-15]. http：//pinglun.youth.cn/wztt/202205/t20220501_

13660381.htm.

[8] 石中英. 师道尊严的历史本意与时代意义 [J]. 当代教师教育, 2017 (2): 18-23.

[9] 薛丽敏, 王宇航. 自媒体时代师道尊严的偏移与重振 [J]. 通化师范学院学报, 2021 (5): 100-104.

[10] 曾文婧, 秦玉友. 新时期师道尊严: 缘何衰落与何以重振 [J]. 教育发展研究, 2018 (18): 1-6.

[11] 赵小丽, 蔡国春. "师道尊严" 式微的时代根源与创造性转化 [J]. 江苏高教, 2020 (10): 69-76.

附录：

当代大学生在互联网时代背景下对【师道尊严】的看法转变问卷调查

第1题　您的年龄 [单选题]

选项	小计	比例（%）
16~18	5	5.1
19~21	62	63.27
22~25	29	29.59
26+	2	2.04
本题有效填写人次	98	

第2题　您的性别 [单选题]

选项	小计	比例（%）
男	30	30.61
女	68	69.39
本题有效填写人次	98	

第3题 您所就读的专业是 [单选题]

选项	小计	比例（%）
理学	2	2.04
工学	3	3.06
农学	0	0
医学	0	0
哲学	0	0
经济学	7	7.14
法学	0	0
教育学	1	1.02
文学	2	2.04
历史学	1	1.02
管理学	81	82.65
艺术学	0	0
其他（请在下面注明）	1	1.02
本题有效填写人次	98	

第4题 您所就读的专业是（如果不属于我国国内十二大分类中的，请注明）[填空题]

第5题 您在校期间认为最能够让您尊敬大学教师的特质是，请排序（先点击答案为优先排序）[排序题]

选项	平均综合得分
学术背景和水平	7.72
与学生沟通的频率与能力	6.62
科研能力（如发表文章、著作等）	6.28
教师的个人风格（如外在、衣着、谈吐等）	5.68

续表

选项	平均综合得分
为学生解答课程之外的问题	5.28
个人作风	4.73
给分较高,不轻易挂科	3.82
教师的资历和年龄	3.55
给分严格,但授课水平高	2.98
社会地位(如有自己的公众号,有自己的公司,或担任知名公司顾问等)	2.39
其他(请列举)	0.24

第6题 您在校期间认为最能够让您尊敬大学教师的特质是,请列举说明(如果没有请填【无】)[填空题]

第7题 您认为互联网学习资源,比如慕课、网上公开课等,对于大学教师树立权威是否有影响 [单选题]

选项	小计	比例(%)
有很大影响,自学比课堂讲授重要	4	4.08
有一些影响,课堂讲授仍然更加重要	78	79.59
没有影响,不太会看网上资源	16	16.33
本题有效填写人次	98	

第8题 您认为疫情防控期间网上授课形式是否对教师体现和树立权威有影响 [单选题]

选项	小计	比例(%)
认为有很大影响	16	16.33
认为有一些影响	67	68.37
认为没有影响	15	15.31
本题有效填写人次	98	

第 9 题　您认为线上课程对于师生之间的交流是否起到了阻碍作用［单选题］

选项	小计	比例（%）
是，很少与老师交流	44	44.90
一般，偶尔能与老师交流，和线下课程差不多	40	40.82
否，没有影响与老师交流	14	14.28
本题有效填写人次	98	

第 10 题　您认为微信、QQ、学习通等社交软件/学习软件的聊天功能是否可以促进师生交流［单选题］

选项	小计	比例（%）
是，与老师交流更加方便	63	64.29
一般，不是经常用来和老师交流	29	29.59
否，更难与老师交流，认为面对面交流更好	6	6.12
本题有效填写人次	98	

第 11 题　您认为微信、QQ 等社交软件的使用是否不利于教师体现和树立权威？［单选题］

选项	小计	比例（%）
是的，师生距离的拉近导致老师不再神秘	13	13.26
否，私下交流不影响老师的权威	65	66.33
不确定，暂时没有感觉	20	20.41
本题有效填写人次	98	

第 12 题　您在校期间是否有至少一位老师对您的世界观、人生观、价值观等的塑造产生了重大影响［单选题］

选项	小计	比例（%）
有	43	43.88

续表

选项	小计	比例（%）
没有	55	56.12
本题有效填写人次	98	

第13题　如果您在校期间有至少一位老师对您的世界观、人生观、价值观等的塑造产生了重大影响，请在下面列明事例和/或原因［填空题］

第14题　您的家庭氛围是［单选题］

选项	小计	比例（%）
等级感不明显，父母亲人很尊重我的意愿选择	79	80.61
等级感较明显，人生大事必须由父母长辈做主，我的话语权体现在其他小事上	19	19.39
本题有效填写人次	98	

第15题　您理想中的与大学教师的关系是［单选题］

选项	小计	比例（%）
严肃的导师与学生的关系，除学术外不交流其他	4	4.08
亦师亦友，上课时严肃，课外可以轻松如朋友般交流	79	80.61
课上课下都能像朋友一样沟通交流	15	13.26
本题有效填写人次	98	

第16题　如果您对目前就读大学的老师的权威和威信存在不满，请列举原因和/或具体实例［填空题］

关于做好课程思政 助力立德树人的思考[1]

黄春元[2]

【摘 要】推进高校课程思政建设是落实立德树人根本任务的战略举措，也是高校深化教育教学改革、全面提高人才培养质量的重要手段。课程思政是政治引领的重要过程，也是价值引领的教育活动。思政教育能够更好地发挥专业课的教学内容，而专业课也是思政教育重要的主要阵地之一，二者深入融合能够更好地发挥课程的育人作用。专业教师应该从学生认可、容易接受的视角，全方位、多维度、深挖细节地做好课程思政，助力其成人成才。

【关键词】课程思政；政治引领；价值引领；学生视角

2022年，教育部印发《高等学校课程思政建设指导纲要》（以下简称《纲要》）并开始全面推进高校课程思政建设。《纲要》指出，全面推进高校课程思政建设是深入贯彻习近平总书记关于教育的重要论述和全国教育大会精神、落实立德树人根本任务的战略举措，高校要深化教育教学改革，充分挖掘各类课程思想政治资源，发挥好每门课程的育人作用，全面提高人才培养质量。

一、课程思政内涵

（一）课程思政是政治引领的重要过程

文化、教育具有意识形态属性。作为学校老师，无论有意还是无意、自

---

[1] 基金项目：本文为首都经济贸易大学2022年研究生课程思政示范课程建设项目的阶段性成果。
[2] 作者简介：黄春元，首都经济贸易大学财政税务学院副教授，税务系主任。

觉还是不自觉，在向学生传授专业知识的同时，都在向学生输出政治倾向和价值取向。课程思政就是要帮助学生扣好人生第一粒扣子，树立正确的世界观、人生观、价值观。在当代中国，引导学生正确认识中国共产党、中国特色社会主义、中华民族伟大复兴的历史进程等，是课程思政的重要内容，也是老师作为"人师""经师"的重要职责。专业和政治不是完全分离的，专业才能的施展离不开正确的政治方向。引导学生坚持中国共产党的领导、坚定不移走中国特色社会主义道路、积极投身中华民族伟大复兴事业，就能为学生施展才华、成就事业把准方向，就能帮助学生展现个人抱负、实现人生价值。

（二）课程思政是价值引领的教育活动

古语"师者，传道授业解惑也"，将"传道"即价值引领排在了教师职责的第一位，而"授业"（即知识传授和"解惑"）即能力培养排在其后，可见价值引领一直是我国教育的核心。

教育的三个本质是知识传授、能力培养与价值引领。在课堂中，由于上课时长、教学内容、教学目标等要求，教师一般都比较重视知识传授和能力培养，对课程价值引领的目标与作用强调的并不明显，课程思政则是重申并强调课程本身的价值引领作用，就是要将无意的、不自觉的价值引领主动化为有目的、有导向的价值引领。

（三）课程思政是德智融合的综合教育理念

课程思政不是把所有的课程都当成思政课程，也不是用德育教育取代专业课教育，而是把思想政治教育寓于专业课程之中，把德育融入智育之内。课程思政的本质是提炼课程本身蕴含的思想政治教育资源，以润物细无声的隐性教育方式融入课堂之中，培养价值养成、品格塑造、培养德智体美劳全面发展的社会主义事业建设者。

二、课程思政与专业课及专业的关系

（一）专业课是思政教育的"富矿"

专业课是思政教育的主要阵地之一。专业课本身具备思政教育资源，其中包括价值观、情感与道德的教学目标，包括家国情怀、社会责任、科学精神、法律意识与理性思维等教学要求，包括传统文化的传承、世界视野的培养等内容，这些内容同时也是思政教育的主要内容，是专业课与思政教育可以高度融合的基础。

（二）思政教育丰富专业课的教学内涵，是教学"加分项"

课程思政不是将课程与思想政治教育的简单叠加或者复合，专业课本身承载着思政教育功能，具备思想政治教育资源，例如家国情怀、价值观、职业操守、科学精神、文化自信和国际视野等专业课教学要求，本身也属于思想政治教育范围。因此，将思想政治教育要求与专业课本身的思想政治教育内涵结合起来思考，思政教育就不会是专业课教学的"干扰项"，而是拓展教学内涵的"加分项"。思政教育融入专业课程，不仅可以完整并充分发挥课程本身的教育功能，也会拓展思政教育的边界，丰富专业课的教学内涵。

（三）思政贯穿专业，融于专业

思政教育不仅体现在专业课程当中，更是贯穿专业并融于专业当中。除了专业课堂，教育过程中的任何人员、任何时点，都是在潜移默化地进行着思政教育。例如，负责学生日常学习生活的辅导员、班主任，管理教学活动的教学秘书，负责学生工作的领导和老师等教育工作者，都在以不同的工作方式，对学生进行爱国敬业、踏实奋斗、认真负责、遵规守纪等价值引领的思想政治教育活动。

三、从学生的视角探讨如何做好课程思政助力其成长

（一）学生对课程思政的看法

为谁培养人、培养什么样的人，怎样培养人，始终是教育的根本问题。做好思政教育，必须坚持中国共产党的领导，坚持马克思主义指导地位，坚持为党和人民事业服务，落实立德树人根本任务。在思想政治教育过程中，学生是受教育者，学生对课程思政的看法是什么样的呢？学习强国《课程思政面对面》节目中对大学生的调查显示，各专业的学生期待在大学课堂上不仅能够学到知识、提高专业知识水平，更希望形成正确的价值观，为未来职业规划及人生发展奠定基础。学生对大学老师的期望是具有过硬的专业知识、能与学生用心交流、对学生循循善诱、上课形式丰富、课堂气氛活跃。由此

可见，学生不仅渴望获得知识，也非常渴望能够从课堂中明确努力的方向、得到价值引领、汲取正能量，为以后更好的人生发展奠定基础。

(二) 做好课程思政，助力学生成人成才

教育者必须先受教育。教育者只有真信、真懂、真行，才能对受教育者产生积极影响。思政教育，教育者先行。除了提高自身的思政意识外，专业教师还应该从学生认可的、容易接受的视角，全方位、多维度、深挖细节地做好课程思政，助力其成人成才。

1. 专业过硬，助推思政教育。专任教师的思政教育主要通过课堂进行，而学生更加尊重专业过硬的教师，因此，教师应该采取多种方式提高自身的专业水平和专业能力。从专业上得到学生的认可，以此为契机进一步有效地推进课堂思政。

2. 以短、新、远、近为标准，深挖课程思政元素或建立案例库。将思政元素润物细无声地融进专业课当中，于无形中开展课程思政，实现立德树人，是课程思政的目标。其中，深挖课程思政元素或者建立思政案例库，是课程思政与专业课深入融合的重要方法之一。在挖掘思政元素或者建立案例库时，以"短""新""远""近"为标准，能更好地提高课程思政效果。"短"是指思政元素的植入时间不宜太长，是有意为之的"无心插花"；"新"是指新近发生的事件，这样能更快更好地吸引学生的注意力；"远"是指要注意从我国丰富的传统文化中选取精华，展示文化自信；"近"是指身边的人与事，或者是与专业、课程相关度比较高的案例，这样不仅能吸引学生的注意力，也体现了专业与思政紧密融合的关键点。例如，《论语》颜渊第十二篇有这样一段：哀公问于有若曰："年饥，用不足，如之何？"有若对曰："盍彻乎！"曰："二，吾犹不足，如之何其彻也？"对曰："百姓足，君孰与不足！百姓不足，君孰与足！"这段话讲的是：鲁哀公向孔子的弟子有若问："遇到荒年，国家用度不充足，怎么办？"有若回答说："为什么不只抽十分之一的田税呢！"哀公说："抽十分之二，我尚且不充足，怎么能只抽十分之一的田税呢？"有若回答说："百姓用度充足，国君怎么能不充足呢！百姓的用度不足，国君怎么能充足呢！"这段话很好地说明，税收可以增加国家收入，但不是税率越高越好，这段话对于讲税收概念就是很好的材料，对于讲落实以人民为中心思想、推进共同富裕，改善营商环境、保证市场主体活力，减税降费，放水养鱼等，都是很好的素材，当然也能很好地展示中华文化的博大精深，有利于增强文化自信。

3. 打造思政小课堂，全方位提高思政与专业课的融入度。利用课前、课中和课后时间，通过"课首语""闲言碎语""小补充"等多种方式，全方位提高课程思政的融入度，提高课程思政效果。根据专业课的思政目标，将挖掘出的课程思政元素进行合理设计，分别植入学生课前、课中和课后学习中。在课前，将与教学内容切合比较紧密的思政元素通过"课首语"的方式植入课堂；在课中，通过"闲言碎语"的方式，将讲授的教学内容所体现的价值观、爱国情怀、爱岗敬业等思政元素植入课堂；在课后，将思政元素作为小补充融入课后的案例分析、课后习题扩展等内容中。

4. 重视课堂以外的日常工作中对学生的指导与帮助，将思政融于学生成长的各个方面。除了专业教师，其他教育者也是思政教育的实施者，其推进思政教育的能力不容忽视。学生除了在课堂上接受专业教育外，与其他教育者发生交集的时间和机会也非常多。例如，日常学习生活中，学生会经常与辅导员打交道；遇到教辅问题，还会向教学秘书、教务处的老师们咨询；参加学院或者学校组织的活动，与负责学生工作的行政老师接触；等等。在这个过程中，其他教育者的耐心解答、认真负责、关心与指导，无不体现思政教育的点滴，也将会对学生成长产生深远影响。因此，在推进课程思政的同时，我们也需要重视课程以外的其他教育机会，挖掘日常工作中体现思政教育的元素，将思政教育融于学生成长的方方面面。

5. 用心去做、用力去做、用情去做。思政教育要发挥作用，需要用心去做。教师要意识到教师职业的特殊性，要具有强烈的育人意识，将学生视为祖国的花朵、国家的未来去培养，利用自己的课堂，包括利用课前和课后与学生交流的机会教育和影响学生，给学生传递正能量。

思政教育要融入专业，需要用力去做。教师们需要深入挖掘课程思政元素，总结行政工作中的思政元素，并进行系统提升与设计，形成体系。

思政教育并非一朝一夕，需要用情去做。教师们需要从学生的视角，以学生容易接受的方式和形式去系统设立课程思政目标、植入课程思政元素，提升课程思政效果。

参考文献

[1] 罗云,倪非凡.课程思政:内涵、属性与实施路径[J].高等教育评论,2021,9(1):49-58.

[2] 李蕉,方霁.课程思政中的"思政":内核、路径与意蕴[J].思想教育研究,2021,329(11):108-113.

[3] 杨秀萍.课程思政与思政课程协同育人:前提、途径与机制[J].黑龙江高教研究,2021,39(12):87-91.

[4] 高君.高校课程思政与思政课程的协同效应[J].天津师范大学学报(社会科学版),2022,281(2):122-128.

[5] 洪早清,袁声莉.基于课程思政建设的高校课程改革取向与教学质量提升[J].高校教育管理,2022,16(1):38-46.

互联网时代高校教师课程思政教育面临的挑战与应对

孙 萌[1]

【摘 要】 教育活动不能忽视时代背景，互联网改变信息产生、传递以及获取的方式，由此引发教学活动的一系列变化：教师对学生价值观的形成影响力降低，学生产生兴趣与认同的阈值升高，教师进行思想政治教育的积极性减弱，这些都会影响课程思政工作的顺利开展。应对这些挑战需要教师寻找路径重塑自身权威、改变教学内容与形式、提升思想政治觉悟以顺利完成育人任务。

【关键词】 互联网时代；课程思政；思政育人

思想政治教育是指社会或社会群体用一定的思想观念、政治观点、道德规范，对其成员施加有目的、有计划、有组织的影响，使他们形成符合一定社会或一定阶级所需要的思想品德的社会实践活动（张耀灿、陈万柏，2007）。过去很长一段时间，高校思政教育与专业教学相互割裂，直到课程思政这一新的理念的提出。习近平总书记在全国高校思想政治工作会议上强调：要用好课堂教学这个主渠道，思想政治理论课要坚持在改进中加强，提升思想政治教育亲和力和针对性，满足学生成长发展需求和期待，其他各门课都要守好一段渠、种好责任田，使各类课程与思想政治理论课同向同行，形成协同效应。教育部于 2020 年 5 月 28 日印发的《高等学校课程思政建设指导纲要》明确要求："要深入梳理专业课教学内容，结合不同课程特点、思维方

---

[1] 作者简介：孙萌，首都经济贸易大学财政税务学院讲师。

法和价值理念,深入挖掘课程思政元素,有机融入课程教学,达到润物无声的育人效果。"当前,各个高校已围绕课程思政进行了大量的研究与探索。

课程思政是将思想政治教育融入全部课程,强调所有课程都要发挥立德树人作用,所有教师都要承担铸魂育人职责,在这种理念下思想政治教育不再孤立的存在于某几门课程,而是全方位的贯穿于学生的整个学习生涯。这种理念具有科学性与合理性,人的成长是整体环境中多重因素共同作用下的结果,想要让学生认同主流意识形态,就需要让其彻底浸润于这样的成长环境,仅靠单独的思想政治课不足以达到育人目的。课程思政的提出打破了学校内部思想政治教育与专业教育割裂的局面,使学校成为一块完整的价值塑造与意识形态的阵地,但若想守好这块阵地,用好这块阵地,就不能仅将目光局限于学校内部。学生具有多重身份,既是学校的成员,也是家庭的成员,更是社会的成员,学校仅是学生成长环境的一部分,教师不能忽视社会环境与时代背景的变迁,新的社会环境与时代特征为年轻人赋予新的特征,也对教师实现育人目的提出新的挑战。

互联网的出现已成为当前的一个重要时代背景,它深刻地改变着信息产生、传递以及获取的方式,思想政治教育工作也不可避免地随之发生变化。这一方面是因为互联网使得学生可以多渠道获得信息,教师在学习过程中的不可替代性下降,课堂上师生的相对地位发生变化,教师需要适应新的课堂环境;另一方面互联网普及前学生的知识来源主要有学校、家庭、传统媒体。传统媒体渠道单一,信息经过过滤与筛选,递送到学生面前时,其信息之上加载的价值观与整体社会需要引导的方向并行不悖,与学校对学生的思想政治教育起到协同加强的作用。互联网普及后,网民从被动的信息接收者变为信息的创造者与传播者,信息源与信息渠道的增加使得学生接触到的信息在数量上呈现爆炸式上涨趋势,在内容上呈现更多非理性特征,其上附加的价值观也更加多元化、复杂化。过去教师思想政治教育的关键在于"立",如今还要加上"破",教师的育人工作不仅要建立正确的价值观,还要与大量形形色色的错误价值观作斗争。

应对互联网对于思想政治教育的影响首先应聚焦于教师,教师是教书育人实施的主体,也是课堂教学的第一责任人,教师能力提升是化解教学活动中所有挑战的有力抓手。

一、互联网对教师课程思政教育提出的挑战

（一）互联网降低教师在学生价值观形成中的影响力

课程思政是通过将主流价值与意识形态附加于课程内容上递送到学生端，潜移默化中完成对其价值观的形塑，课程内容是思政教育的重要载体，学生对于课程内容的接受程度影响着他们对于加载其上的意识形态的吸收与接纳。互联网使学生能够通过多种渠道获取信息和技能，削弱教师的信息优势，降低教师在信息领域的权威性，学生不再全盘接受来自教师的观点与认知，转而采用审视的眼光观察教师与教学内容，对教师传递的信息有选择性地加以采纳，加载于课堂内容上的意识形态也一同进入被审视与选择的范畴。

教师与互联网成为互相角力的信息源，当两者存在冲突与矛盾时，如果教师无法在课程内容上获得学生的认同，来自教师的其他意识形态输出也会一并被否认。总体来说，互联网对于教师信息权威的削弱一并削弱了教师对于学生价值观形成的影响能力。

（二）互联网推高了学生产生兴趣与认同的阈值

对于激发学生的兴趣、获得学生认同，互联网从内容和形式两个角度与教师形成了有力竞争。在内容上，互联网上的信息源在内容选择上自由度明显高于教师，大量自媒体生产、传播信息与观点的首要目的就在于引起关注，其内容并不忌惮走向偏激、猎奇、低俗，并深耕每一细分领域，不同受众都可以在互联网上找到与自己观念相符的信息源。而教师的目的在于引导学生建立主流价值观，认同主流意识形态，内容相对中正平和，也不会迎合学生的固有观念。学生正处于求新求异动机较强的年龄段，在互联网接触大量刺激性的观点后，教师传递的相对温和理性的观点较难对其产生触动。

从形式上，互联网有大量的信息生产者，掌握着各类多媒体技术，能够以多种形式传递信息，文字、声音、图像的综合应用使得受众能够对其表达的观点迅速产生感性认识与直观体验，进而激发共鸣与认同。而教师多使用文本型的信息传递形式，这些文本常常专业性较强，需要投入大量精力去分析和理解，信息获取成本较高，因而在学生获取信息的众多来源中教师居于

319

次要地位，教师在学生人格塑造、观念形成中的话语权大大降低了。

总体来说，对于长期处于互联网包围的学生来说，网络上刺激性的观点应接不暇，新颖的表达形式层出不穷，他们产生兴趣与认同的阈值被不断抬升，这加大了教师进行思想政治教育的难度。

（三）互联网降低教师进行思想政治教育的积极性

互联网对于教师信息权威的削弱以及互联网在传播信息中的强竞争力一定程度上打击了教师在课堂教学的自信心。教师在教学的过程中不仅需要传授知识，还需要争取学生的信任、尊重、关注与认可，而思想政治教育的难度较高，需要教师更精心地选择内容，更生动地组织语言，更有感染力地讲述、表达，才能触及学生的灵魂，否则就会沦为枯燥无味的说教，引起学生反感。互联网对教师课堂地位的威胁以及思想政治教育的实施困境使得部分教师产生畏难情绪，在落实思想政治教育上采取较为回避的态度。

互联网出现前，教师在课堂上权威性较强，学生对教学内容包容度更高，因此大部分教师愿意尝试各类对学生有益的教学内容，包括思想政治教育，即使学生反馈可能不佳。互联网出现后，学生能够多渠道获取信息，教师在课堂的权威下降，学生对于教学内容包容度减弱，无法引起学生兴趣的课堂会迅速失去学生的关注，教学活动也难以有效进行，因此教师对于进行难度较高的思想政治教育积极性不足。

教师思想政治教育积极性不足具体有两种表现：一种直接从数量上减少思想政治教育在整体教学内容中的占比，将教育活动简化为专业知识与技能的机械说明，忽略了教育立德树人的根本目的。另一种仍然进行思想政治教育，但弱化了思想政治教育的阶级性、政治性、意识形态性，使得思想政治教育政治价值观再生产的目的不能有效实现。思想政治教育具有个体价值引导与主流意识形态建设的双重任务，其中个体价值引导的目的在于培养道德情操高尚、品德素质优良的人，而主流意识形态建设的目的在于宣传主流意识形态的合理性和执政党的合法性（刘基、汪玉峰，2011）。对于学生来说，个体价值的内容与个人生活体验连接更为紧密，接受度更强，而意识形态方面的内容则较为抽象难懂，接受度较低，部分教师虽然没有彻底回避思想政治教育，但也存在避重就轻、弱化意识形态建设的倾向。

二、应对互联网挑战的方式

（一）重塑教师权威性，增强教师对学生价值观形成的影响力

增强教师对学生价值观形成的影响力关键在于重塑教师在课堂上的权威性，这种权威性来源于教师能够提供课堂以外无法获得的信息、技能与经验。互联网能够以低成本为所有网民提供各类信息，教师无法像过去仅依靠对信息的占有就获得学生的信任与尊重，但这不代表教师权威的下降是不可逆的。互联网的劣势也是明显的，它提供的信息往往不成体系、良莠不齐、针对性不强，并且对于信息受众提出的疑问和不足无法迅速反馈和调整，教师如果能够提供有别于互联网的教学内容与学习体验，那么即便在互联网时代也可以成为不可替代的信息源，从而获得学生的信任与尊重，重塑教师在课堂的权威性。

具体来说可以从以下几个方面入手：第一，增强知识的系统性。针对互联网信息的碎片化特征，教师应反其道而行，重视建立系统的知识体系，展示清晰的知识脉络，让学生不仅掌握知识点本身，对于知识背后的学术发展历程以及思考问题的方式也能有所感悟。第二，提供个人关于相关问题的深入思考。教师自身独特的经验与体会是赋予教学内容生命力的重要方式，也是启发学生继续深入思考的有效推动力，教师如果出于某些顾虑不愿在课堂上进行自己观点的表达，课堂就仅仅是教科书的简单重复，就会失去它的吸引力。当然观点的表达需要教师自身长期的积淀、广泛的阅读、深入的思索，教师在课堂上不可畏言，更不可妄言。第三，针对学生的学习水平有针对性地开展教学活动。大学课程的特征使其不可能再像初高中课程那样难度呈阶梯式上升。大学期间许多课程开课时学生尚缺乏相关知识基础，不同专业来源的学生缺失的模块还不尽相同。这种缺失会影响学生后续的学习效果，教师应在这方面起到桥梁的作用，针对不同专业来源的学生补充后续学习过程中需要的知识模块，并对学生在学习过程中反映的问题及时反馈与指导。

这几个方面的工作能够使教师在互联网时代仍保持自身的不可替代性，学生在学习过程中能够切身感受到教师存在的重要意义，进而对教师产生信任与尊重，对教师传递的价值观也更容易接受，这是在课程中开展思想政治教育的必要前提。

（二）改善教学内容与形式，提升课堂教学的亲和力与感染力

教师应充分认识到互联网对教学工作产生的巨大影响，并对这种影响采取积极的策略。在内容的组织上，一方面要紧跟时代步伐，互联网时代信息更新迅速，迟滞的信息会迅速失去价值，课堂内容如过于陈旧就会失去现实参考意义；另一方面要立足经典，不能完全被时代的浪潮裹挟而失去方向感，要利用和发展前人留下的智慧结晶讨论分析当前的热点与焦点。只有这样才能在内容上与互联网上形形色色的信息源竞争，让附加于教学内容上的思想政治教育顺利进行。

在观念传递的方式上，教师应意识到思想政治教育不仅仅是宣扬正确价值观的过程，也是与不良价值观做斗争的过程。教师应预先了解当前社会的声音，这些声音很有可能已经在学生的思想中产生了一定影响。教师提出自身观点时，一定要充分讨论现存的不同论调，对于其中有益的部分要加以肯定，并明确其合理性所在，对于其中有害的部分，需要缜密的分析和思考，扎实有力地说明为什么这些观点是偏颇有误的。只有这样，才能让学生感到思想政治教育不是教师机械地、死板地将一成不变的观念强加于学生，而是在充分深入的思考后找到正确的、合理的观点并将其与学生分享。

在教学形式上，教师应意识到当代大学生长期处于互联网的信息环境，习惯于被动地接受片段式的、直接易懂的信息，对于严肃文本的接受度低，耐受性差，阅读能力没有充分形成。教师在课程中进行思想政治教育时，如果忽略这种特征，起步阶段使用信息密度较大的文字素材，可能会使学生在了解内容前因形式而产生抵触心理。教师应在前期提供一些直观的、感性的材料建立学生初步的兴趣，当学生形成一定理解之后再提供更为专业的学习素材。

（三）明确课程思政的重要性，教师应毫不动摇保质保量完成思政教育

教师应首先提升自身的思想政治觉悟，充分认识教师的工作不仅是传授专业知识与技能，更是思想上的武装。此外，教师应正视思想政治的完整内涵，保证对学生品德培养与主流意识形态宣传双重任务齐头并进，确保下一代青年既成为拥有高尚道德情操的人，又成为认同我们的道路、理论、制度、文化的合格接班人。教师要时刻牢记任何边缘化思想政治教育、掏空思想政

治教育内核的行动都是错误的，即使互联网时代教师时刻感受到来自其他信息渠道的竞争与威胁，也不可为了迎合学生放弃其在思想政治教育阵地的使命。

思想政治教育本应是生动的，因为其内容根植于我们国家的历史、文化之中，是我们国家与民族几千年思考与探索的结晶，是每一个中国人的精神内核，即使没有专门的思想政治教育，我们的灵魂仍然被这片土地形塑，共享着对善恶的判断、对家国的情怀、对理想社会的想象与追求，思想政治教育无非是将这些本就存在于我们精神中的东西加以明确和强化，去除其中的杂质与噪声，使其更加明净而坚韧。现实中思想政治教育有时被学生认为是空洞的说教，一个重要原因是过去的思想政治教育往往采用比较宏大的叙事方式，理论性强，概括性高，学生生活经验较少，无法将思想政治教育内容与个人体验相联系，思想政治教育对他们来说经常意味着枯燥的文本或虚浮的口号。面对这样的境况，教师不能因为学生对传统的思想政治教育接受度低而采取回避的态度，应对症下药改进教学方式，将能够产生感性认识的事件与案例以恰当的方式呈现到学生面前，将简单字句还原成可知可感的人与事，让学生能够明白我们的国家从何处来，往何处去，感悟前人如何在浩荡的历史长河中上下求索选择了今天的道路，而他们身上又承担着怎样的历史使命。

参考文献

[1] 陈万柏，张耀灿. 思想政治教育学原理 [M]. 2版. 北京：高等教育出版社，2007.

[2] 刘基，汪玉峰. "人性"还是"党性"：分层视域下对思想政治教育本质的追问 [J]. 理论与改革，2011（6）：4.

课程思政建设背景下研究生网络课程质量评估研究[①]

陈汉明[②]

【摘　要】 研究生课程的教学质量，关系着高校人才培养的目标和成果，对于教师的教学、学生的学习与理解以及学校或学院的政策制定具有重要意义。研究生课程质量评估是对高校课程质量的判断与评价。大部分高校使用传统教学评价指标，沿用本科课程的评价体系，存在评价主体单一、评价指标不科学等问题；更重要的是，在新冠疫情常态化的情况下，网上远程授课成了研究生课程的主要形式，未来线上线下混合教育也可能成为新的趋势，并成为高校人才培养的重要途径之一。因此建立完善的研究生网络课程质量评估体系对于提高课程教学成果、落实教育部要求以及推进高校研究生教育工作至关重要。本文在传统课程质量评估体系的基础上结合线上课程的特点，创新性地引入课程思政建设的要求，构建出全面科学的研究生线上课程质量评价指标体系。

【关键词】 网络课程；评价体系；思政建设

一、引言

当前我国正处在由研究生教育大国向研究生教育强国奋进的关键节点，研究生教育是培养高层次创新人才的主要途径，是推进人才强国战略工程实现的重要环节，是应对全球人才竞争的基础布局，对于我国实施创新驱动发

---

① 基金项目：2022年首都经济贸易大学研究生院校内专项"研究生教改——疫情背景下的研究生网络课程质量评估研究"。

② 作者简介：陈汉明，首都经济贸易大学财政税务学院副教授。

展战略和建设创新型国家都起着非常重要的作用。近年来，随着我国研究生招生规模的扩展，人才培养质量成为社会关注的焦点，而研究生课程质量和体系建设是决定研究生培养质量的重要因素，重视研究生课程建设是提升研究生教育质量的关键举措。提升教育质量不仅要传递专业知识，更重要的是价值观的引导，尤其是近年来课程思政逐渐成为教育教学改革的前沿问题。党的十八大首次将"立德树人"写入大会报告，并将其明确为新时代教育的根本任务。建设高水平人才培养体系，要将思想政治工作贯通其中，做到课程承载思政，思政寓于课程，那么最终到底如何衡量研究生课程建设的效果呢？我们需要构建一个科学合理的研究生课程质量评估体系对课程质量进行监管与评价，它是提高研究生教育质量必不可少的一环，可以督促研究生课程随着时代进步和人才培养的要求进一步改进，符合当今研究生人才培养计划。

二、构建网络课程质量评估体系的必要性

2020年新年伊始，新冠疫情突如其来并迅猛发展，受疫情的影响，在教育部的指示下，全国各大高校部署和开展研究生课程在线教学，借助于直播技术开展教学工作。有些学者发现在这样的情况下，传统的线下课程评价体系已不足以对课程质量进行科学的评估，且随着疫情常态化，线上教学并不会昙花一现，它的发展需要可持续性，而良性的教学评价恰好能够保障线上教学的有序进行，能够促进线上教学质量的不断提升，保证线上教学稳定地、持续地向前发展，因此对线上课程质量的评估及对教学过程的改进对于研究生课程建设有非常重要的作用，对网课质量及时有效的评价能够帮助高校发现其当下存在的问题和漏洞，提升课程质量。因此本文依据传统课程评价体系结合线上课程的特色，根据相关理论、调查结果等尝试改进和完善传统课程质量评估体系，这对于丰富评价指标、构建全面科学的线上课程质量评价指标体系，促进教学目标的实现，并进一步提高研究生培养效果具有积极意义，助力于让学生学有收获，学有所成，为国家培养和输送各方面的人才。

三、当前研究生课程及其评估体系现状

（一）课程现状

研究生课程为研究生提供了需要掌握的知识，也是形成研究生知识结构和能力的框架标准。课程学习具有基础性作用，研究生课程建设的内在逻辑是坚持教育性与研究性相结合，这不仅符合教育规律，也是政府和经济社会需求的反映。目前，我国高校研究生课程体系还在不断改革和探索之中，研究生培养方式为以课题研究为主的导师制，其中研究生课程体系为后续的课题研究及科研能力提升奠定了知识基础。综合分析当前研究生课程体系现状如下。

1. 课程设置缺乏层次性，本硕课程难度区分度低。目前，在研究生培养中各个学校设置了大量的专题类课程，但是其教学效果并不尽如人意，很多的专题类课程流于形式。在课程内容上，与本科相差无几，有的课程和本科完全相同，区分度低，没有意义，很难体现课程内容的递进性和层次性，并且"满堂灌""填鸭式"的教学屡见不鲜。教师在课堂上采取漫谈式的教学方式，只是在本科知识的基础上进行简单重复，对重难点问题简单了解，课程深度和难度远远不够。

2. 教学内容更新速度慢，与实际脱节严重。一些研究生课程的授课内容一直沿用多年，内容与当前实际情况脱节且缺乏实践，一方面造成应届研究生毕业后不能满足企业当前的实际需求，需要企业二次培养；另一方面课程知识的学习并不直接有益于今后工作，导致学生缺乏学习动机。而且绝大部分授课内容是较成熟的理论知识，缺乏探索型的学科前沿知识。学科前沿知识对于开阔研究生研究视野、激发研究思路以及培养探索型思维至关重要，该类知识的缺失严重影响研究生创新能力的培养。

3. 课程授课方式单调，学生参与性不强。当前越来越多的授课形式被教育界所探讨和采用，但在实际授课过程中，仍以讲授为主。这种"灌输式"的授课方式以及教师的权威思想，使得学生一直被动接受知识，在学习过程中不敢或"没机会"去挑战知识权威，久而久之，学生会思想怠惰，缺乏对知识的批判与探索精神。此外，研究生课程任课教师大多承担了繁重的科研任务或行政职务，而对课程教学时间和精力投入不够。因网课时间灵活，随

意调课、缺课现象并不少见，干扰、影响了研究生课程教学。

4. 专业课程与思政联系不紧密，将"课程思政"局限于"课堂思政"。"课程思政"是以思政教育为价值导向，以课程为形式，贯穿于课程教育的各个环节。"课程思政"的实施应该贯穿于教学和实践的各个环节，而现阶段，"课程思政"大多局限于必修课及选修课模块的课堂教学中。思政元素的融入要求专业知识与思政知识相融通，而高层次知识的专业性、学科知识的系统性、创新知识的前沿性决定了研究生课程思政建设具有壁垒效应，许多教师在具体的教学中难以将专业课与思政进行紧密联系或者只是局限在课堂上，很难满足研究生思想政治教育的现实需要，影响教育质量的提高。

(二) 评估体系现状

课程评估体系是教学环节中不可或缺的一部分，是对教学效果和教学质量检验的重要环节。高校课程评估体系的建立和健全能够检测学生的学习成果和学习情况，促进学生学习发展，也能够检测教师的教学水平，提高教师的教学质量。评估是否具有科学性和合理性是影响教学质量高低的关键因素。科学合理的高校课程评估体系能够促进教学质量的提高和改进，促进高校人才培养的高质量发展。当前传统的评估体系还存在一些问题。

1. 评估制度不健全，评价主体之间互动和交流受限。一般情况下，课程评价时间多为期中或者期末，容易产生评价信息反馈不及时、评价滞后等问题。一方面，从开学至期末为期半年，时间周期较长，一些学生对课程评价信息的记忆不深刻，容易遗忘一些评价内容，不利于教师获得全面且准确的评价信息；另一方面，在实际教学过程中，由于学生对于教师教学效果的评价反馈不及时，教师不能够及时了解学生的学习状况，因此不能及时调整教学内容和教学进展。目前首都经济贸易大学研究生课程质量评估主导者为管理部门，管理部门收集不同评价主体反馈的评价数据多数作为教师考核的依据，收集到的评价数据如不能及时有效地反馈至教学实施者，不利于教师在教学过程中及时调整教学内容、改善教学方法，难以帮助教师提高教学质量。

2. 评估体系不科学，评估主体较为单一。现阶段的高校课程评估体系中涉及的评价主体比较单一。一方面，部分高校评估体系只关注对教师的课程教学考核，忽视了学生、同行教师以及院校管理部门也是参与教学的主体；

另一方面，在对学生进行学习效果评价的过程中，忽视了专业学者等的重要性，往往会导致评价结果的不全面、不科学，也不利于教学质量的改进，甚至会打击学生学习的积极性和教师教学的主动性。除此之外，指标体系的建立不仅需要考虑其广泛性，而且需要考虑其适应能力。传统评价体系和指标没有考虑线上授课的特点，无法针对性地评估网络课程质量。此外，在现有的评估指标中还存在各评估指标的分配权重不够合理的问题，没有真正体现指标的价值，这样既无法合理正确地评价课程质量，又无法推进课程建设的改革。

3. 评估结果缺乏客观性。在实际评价中，自评时可能会出现任课教师对自己的课程评价过高的情况，这样的课程评价缺乏客观性。提高课程评价的客观性是推进课程建设改革的关键。教师的课程评价主要根据授课学生的成绩进行评估，而学生的成绩包括平时成绩、作业成绩和考核成绩等部分，表面上最终成绩综合了课程和学生表现的各个方面，但其中也存在主观性，不能真正衡量学生对课程的掌握程度，甚至有些教师给出的平时成绩是为了提高最后的综合成绩，没有真实、客观地体现学生在课程学习过程中学习能力的提高，以及对知识点的掌握程度。

4. 评估指标体系覆盖内容不全面，没有将思政纳入体系之中。"课程思政"是新时代高校落实"立德树人"根本任务的重要途径之一。专业课教师充分挖掘专业课程所蕴含的思想政治教育元素，充分发挥专业课程的思政育人优势，构建贯通学科体系、教学体系、教材体系、管理体系的高校思想政治工作体系，形成全方位育人的大思政教育格局。但是当前情况下，无论是课堂上还是课程评估体系中思政元素都没有得到充分的体现，传统的课程评估体系大多还是对教师专业知识方面进行评估，没有融入思政方面的内容。

四、国内外研究现状

（一）关于课程质量

我国研究生教育主管部门尤为重视课程质量，先后出台了相关政策文件。2013年发布的《教育部国家发展改革委财政部关于深化研究生教育改革的意见》和2014年发布的《教育部关于改进和加强研究生课程建设的意见》明确指出要建立规范、严格的课程审查机制，完善课程教学评价监督体系。研究生课程质量评估可分为学校内部质量评价和外部质量评估两种类型。目前国内对课程质量的评估大多还是根据传统线下课程质量评估体系评估课程，对已有评估体系进行创新，使得评估体系更加客观、全面。

王春珊（2012）在一篇论文中提出，教师课程质量评价是以教师及其教学活动为评价客体，以学生、同行、教学行政管理人员为评价主体的一种综合性的评价活动。宋珂慧（2014）认为，影响课程质量的因素主要是课程理念、课程资源、课程管理。美国高等教育政策研究所在《在线教育质量：远程互联网教育成功应用标准》中提出了24条保障在线教育质量的标准，其中"评价与评估"是非常重要的一条。美国研究生院理事会认为对研究生课程学习质量评估的常用方法有：第一，传统评价法，包括测验、考试、论文等；第二，技能表现评价，用网络工具如维基、博客、班级论坛来实施；第三，电子档案袋评价，让学生将自己的目标、任务与评价结合来记录学习期间的成长。

（二）关于课程质量评价体系的研究

李映洲（1990年）等研究认为，评估课程主要有两个方面："首先，课程评估应符合高等教育的基本规律，评估对象和范围的确定，评估指标的设计应在科学的高等教育原则指导下进行；其次，课程评估应以高等教育机构的教学原则为基础。"在课程评估目的上，熊筱红（2002年）研究提出："课程评估是促进课程建设的重要手段和环节，是学校教学工作的基础，也是提升教学质量的有力措施。开展课程评估，可以让高校重视课程建设，同时对课程建设提出明确的要求，达到以评促建，以评促改，评建结合，重在建设的目的。"谭潇（2010年）研究认为："评估体系要具备社会性和时效性原则，评估体系的构建要反映当前政府教育政策、经济社会地位特征和社会需求。"

国外大学课程质量评价指标体系众多，没有统一标准，因评价角度不同而形成不同的评价指标体系，如华盛顿大学的教学评价系统（Instructional Assessment System，IAS）。美国高校课程质量评价指标体系不仅包括对教师授课的客观评价，也包括对课程设置与相应配置内容的评价。马什（Marsh，

1987）提出教学质量评价九个维度：学习价值感、教学热情、组织清晰性、群体互动、人际和谐、知识宽度、考试评分、作业阅读材料、功课量维度等，涵盖32项评价指标。马什和邓肯（Marsh and Dunkin，1992）提出了教学技能、师生关系、结构、组织、作业量等五个评价维度。美国著名的课程论专家施瓦布（Schwab，1995）提出了四个课程要素作为课程评价的对象，即教师、学习者、教材以及环境。科利奇（Kolitch，1999）提出课程组织、行为管理、学生成绩评定和师生关系四个评价维度。马什（Marsh，1981）的教师教学质量评价问卷（Student's Evaluation of Educational Quality，SEEQ）是最具代表性、应用范围最广的，它包括学习价值感、教学态度、教学互动、知识宽度、考试成绩、教学难度等九大维度32项指标。

五、构建研究生网络课程质量评价体系的探索

对于研究生网络课程质量的评价应该从多个维度考虑，基于此，本文提出构建研究生网络课程质量评价体系应从以下几个方面着手。

（一）教师

对课程整体教学质量进行评价，传统的教师考核指标则变得不适用，但在整体课程中，教师仍扮演着重要角色，教师的教育观念、教学行为、课堂组织等都对课程质量产生重大影响。授课教师对于课程质量的影响体现在多方面。作为被评价的对象，教师也应该作为课程质量评估的参与者，通过自我评价及时了解教学效果及不足，从而改善教学方式，提高教学质量。网络授课对教师的要求不同于传统授课形式，因此在评估研究生网络评估课程教学质量时，对于授课教师的评价也应该是多维度的。

首先是教学态度。线上授课要求任课教师更加重视课前的准备工作，例如选择适当的线上授课平台，准备充分的电子讲义并在课前及时分享给学生；同时，课件的制作要符合教学内容。线上授课还需要注重的一点就是考勤，教师应当对学生的出勤进行详细合理的记录，保证和传统授课一样的课堂秩序。对于研究生课程来说，对任课教师的专业知识和教学水平有着更高的要求，需要满足理论知识储备深厚和知识覆盖面广等条件。因此在课程开始前，授课教师应当做好各项准备工作，参阅教材和理论专著等，具有积极的教学

态度，合理安排课程进度，设计课程教案，更好地向学生传授专业知识，传达专业理念。现如今高校课堂的课后作业布置及批改已经越来越趋近于线上线下相结合，学生通常是通过线上的方式提交课后及期末作业，网络课程也是如此，但要注意的是，任课教师应当合理布置作业并认真批改，重视课后的辅导答疑，引导学生积极讨论。

其次是教学能力。对于教师来说，专业知识是教学的基础，是保证课程质量的根本条件，教师应当具有雄厚的知识储备以及自主学习的积极性，在驾驭教材、把握教学重难点的基础上，从实际出发，整合教学内容，积极创新。在线上教学过程中，教师应当起到控制和引导作用，充分发挥学生能动性。线上授课存在较多不确定性因素，因此需要教师具有较强的课堂控制能力，严格进行课堂管理并充分调动学生的学习积极性，合理利用各种教学方式，如小组讨论、任务驱动、案例分析等，根据学生特点采取教育方式，通过启发式、参与式教学与学生进行互动，鼓励学生勤于思考、积极交流，注意个体差异，因材施教。线上授课更需要的是相互交流而不是单方面表达，活跃的课堂气氛更能激发学生的兴趣，培养学生发现、分析和解决问题的能力，保证课程教学质量，全面提高研究生的科创能力。

最后是教学平台。这也是线上授课与线下授课最大的不同之处。互联网的优势是能够将信息化教学手段和大数据平台应用到实际教学当中，提高教学的效率和质量。线上授课首先需要选择合适的授课平台，目前较为主流的直播授课平台有腾讯会议、腾讯课堂、QQ等，点播授课平台有MOOC慕课、雨课堂等，批改作业及考试平台有学习通、坚果云等。多种多样的平台几乎提供实现课程所需要的所有程序，如发布课程资料，布置课程任务等。作为网络课程的第一步，教学平台的选择及运用是否恰当合理，对课程质量也会产生重大影响。选择教学平台或软件，要注重平台的功能多样性、实用性以及可操作性，尽可能选择能够满足课堂需求的平台，选择画面流畅、声音清晰、功能多样的教学平台。教学方式的转变，对于授课教师来说也是一项新的挑战。面对一种全新的教学方式，授课教师在课程开始前就要熟练使用课程所选用的教学平台的各项功能，并及时将学习资料、课程信息及平台使用方法分享给同学，并将上课、交流、作业、考试各个环节尽可能布置在同一平台，保证课程教学的便捷性。

除此之外，网络授课与传统授课一样，传授知识的同时还要对学生进行一定程度的思政教育，尤其对于研究生课程来说，只有同时注重专业知识与思想政治教育，才能满足学校树德育人、国家培养高质量人才的要求。研究生期间正是同学树立、巩固正确思想观念的重要时期，而网络上各种信息鱼龙混杂，且传播速度快、范围广，研究生网络课程的思政教育显得尤为重要。为全面落实深化课程思政建设，总结课程思政教育教学改革成果，在人才培养计划当中的思想政治课程基础上，高校还应将思想品德教育纳入研究生课程教学建设和改革的各种指标体系中，从教学计划、课程设置到教学过程，再到教育评价的各个方面，都要体现课程的思政理念，将思政教育作为影响课程教学质量的重要因素，并在编制研究生网络课程评价指标体系时将其作为重要的监测指标。将思政教育融入课程评价指标体系建设标准，要从多方面、多角度考虑该课程思政教育建设落实程度及成效，从教学资源到教学方法，从课程设计到授课内容，优化每一环节教学质量评价指标，以思政教育为映射点。在现如今疫情趋于常态化，高校课程向混合式教学发展的大环境下，思政教育作为一种新的教育范式已经得到各高校的高度重视，但不能只停留在理论和宣传阶段，而是要真正渗透到课堂中去，全面推进课程思政教育改革，完善相关制度，建设科学的评价体系，对具体课程的思政教育建设及时做出有效反馈，总结经验并在此基础上进行改善，切实提升教学质量。

（二）同行专家

从同行专家层面考虑评估该网络课程的质量也是极具必要性的。当下研究生课程，不仅要讲授专业的理论知识，还要结合实践应用知识，锻炼学生的实践能力，培养具有扎实理论基础、满足特定行业需要的应用型高层次人才，响应国家教育专业人才的号召。同行专家不仅是理论知识界的佼佼者，还具有丰富的实践经验和较高的人才培养能力，可以从课程设置和教学质量两个角度给出较为中肯和专业的评估。在课程思政育人理念下，规范教材使用是课程思政育人体系建设的内容之一，按照国家有关规定，有关专业课程统一选用"马工程"重点教材，其他课程要严把思想关和学术关，并结合学校特点和教学实际，优先选用各级各类规划教材和优秀教材以及具有区域特色的校本教材，使教材真正成为高校育人的重要载体。

在授课内容与方式上，通过深入教学第一线进行听课等形式，可对授课内容是否专业、实用以及授课方式是否合理，对学生接收专业理论知识与实践操作的学习是否具有促进作用等有关方面进行评价，同行专家可以起到咨询参谋的作用，对研究生网络课程教学质量和教学管理水平进行诊断。

(三) 学生

学生作为课程的主体，在疫情背景下网络课程质量评估体系的构建中占据十分重要的位置。课程的授课对象即为学生，学生具有很大的话语权，因此，从学生角度来考虑评价指标具有合理性。学生评教是对教师在教育教学过程中存在问题的诊断过程，本文从学生的成绩与能力来考虑，这两类指标也是最直观最能表现教师教学质量的指标。在成绩方面分别选取平时成绩与期末成绩，平时成绩可以体现出学生平时作业与课堂展示情况，体现出学生的学习积极性，并能较为及时地检验学生平时的学习成果，间接反映教师的教学效果。

学生能力方面，线上课程极其考验学生的自主学习能力，而能否激起学生对该门课程的自主学习兴趣主要看老师的教学方式、教学内容。对于研究生们来说，通过课程的学习与老师的指导，可以提高自己的创新实践能力，因此教师教学的启蒙对评价学生该方面能力的培养具有重要作用。

另外，考虑到疫情背景下线上课程的特殊性，本文将小组合作课题完成程度及质量指标创新性地引入网络课程质量评估体系，利用学生间的小组合作课题相关内容来反映课程质量。与线下不同，线上授课的同时学生们的作业及学生合作完成的课题都需要线上来完成，这加大了沟通的难度，在讨论研究的时间、地点方面效率会有所下降，进而也对最后的完成成果产生不利影响，这应成为网络课程评估需要重视的一部分内容。当然，传统评估课程中学生对教师课前准备、课堂表现、课后交流、教学效果的教学全过程也会评教打分，有助于教师了解自己的教学水平、教学态度和教学效果。本文只选取了具有代表性的、直观的线上课程评估指标。这些尝试的最终目的是提高教师的教学水平和教学质量，促进教师和研究生教学管理部门不断完善研究生课程建设方案，不断更新教学观念，优化教学过程，增强教学效果，提高教学质量。

（四）教学管理者

教学管理者主要对研究生课程管理规范、教学运行秩序情况进行综合检查，是教学运行规范的保障。在课程管理规范中可对教学过程中的各类文件和资料（如相关课程管理文件、教学过程中的工作量及完成情况记录文件、相关的教研活动记录）入手，评判该课程质量高低。从教师所用教材资料及相关文件也可以看出课程思政建设的融入情况及贯穿效果，专业课程同思想政治理论课程一样，也蕴含着一定的思想政治内涵。教学管理者下达的文件和对课程的宏观管理也能体现出思政思想。对此，学校也要做好顶层设计，通过入职教育、学习培训、专题研讨等方式，加强全体教师的思想政治教育，引导专业课教师快速转变传统教学观念，树立"课程思政"育人新理念，全面推动课程思政建设。充分发挥学校育人的主阵地作用，引导教师利用课堂教学和实践教学教育主渠道，把知识传授、能力培养和价值引领有机融入专业课教学过程之中。

在教学运行秩序下又列出两个三级指标。首先，关于教师分工，不仅在课程设置上要下功夫，也要对教师分工做出详细的安排。在课程思政建设的倡导下，将课程讲授与思想指导在一节课中同时展现，如初期可为专业课程配备专业的思政教师旁听，对课程思政内容如何与专业知识融会贯通提出建议，促进"课程思政"教学改革，完善网络课程评估体系。其次，对教学活动全过程进行跟踪和考核。教学管理者对课程的考核是促进网络课程质量提高的一大举措，故其实施的力度与规范也可成为评估体系中的一个指标。而对于课程思政建设，也可以作为对教师考核的重要指标，如提高其在各项工作评价中的权重来激发广大教师对"课程思政"教学改革的关注与重视，从侧面鼓励并促进教师贯彻党的教育方针，既当"经师"更做"人师"，实现教书与育人的有机结合，将正确的世界观、人生观与价值观渗透到了教学活动全过程。

本文根据国家有关课程建设和教材管理工作要求，同时结合本校课程思政建设工作实践，编制了研究生网络课程质量的评价体系，仅供各高校参考，各高校可根据自己的教学工作实际进一步完善，以有效推动本校研究生教育工作顺利开展（见表1）。

表 1　研究生网络课程质量评价体系

一级指标	二级指标	三级指标
教师层面	教学态度	课前备课认真，有教案（讲义）；电子版文件及时分享给学生
		课堂上能对学生出勤情况认真记载；课件制作符合教学内容
		课后作业布置适量，批改认真，重视辅导答疑，解答清楚等
	教学能力	严格课堂管理，课堂控制能力强
		能合理利用各种教学手段进行教学
		与学生的互动次数、效果
		善于启发、激发学生的学习兴趣和自学能力
	教学平台	平台功能多样性（教学资料；签到；语音、文字交流；提交作业；课后互动，课程回放等）
		便捷性（上课、交作业等是否都在同一个平台）
	思政教育	教学资源（大纲、讲义等）充分体现立德树人理念，政治立场和价值导向正确，具有较强的思想性、科学性和适用性
		课程教学融入思政元素，注重产出导向，有创新点，有机整合教学内容，积极弘扬社会主义核心价值观，关注学生获得感和认同感
		建立体现价值引领与知识传授相结合的课程考核标准，既考核学生所学的知识，也考核学生掌握的技能及思想态度
同行专家层面	课程设置	教材选取的合理性、实用性
		考核方式的合理性
	教学质量	授课内容具有专业性、结合实务、符合行业现状
		授课方式合理
学生层面	成绩	平时作业成绩
		期末论文或考试成绩
	能力	自主学习能力
		创新实践能力
		小组合作课题完成程度及质量

续表

一级指标	二级指标	三级指标
教学管理者层面	课程管理规范	教学过程中各类文件和资料,如相关课程管理文件、教学过程中的工作量及完成情况记录文件、相关的教研活动记录
		课程表、时间安排的合理性
		人才培养方案对课程教学与思政课协同育人有明确要求,形成协同效应
	教学运行秩序	教师分工合理,有思政课专职教师参与,整体结构合理、人员稳定
		对教学活动全过程的跟踪和考核
	教学团队	具有很强的专业素养、职业道德和政治素养,爱岗敬业,秉持立德树人理念,言传身教,教学效果良好
		课程负责人或主讲教师参加过相关课程思政培训,教学理念先进,教学水平较高

六、结语

研究生网络课程质量评价体系能够全面真实地反映课程教学行为,为教学质量的提升提供更有指导性的建议,促进教师改进教学方法、提高教学水平,不断更新教学理念,将立德树人置于教育理念的首位,进一步提升高校研究生课程教学质量、促进研究生人才培养目标达成。目前我国网络课程教学实践经验有限,科学的课程评价体系的建立将是一个漫长的探索过程。随着网络课程教学工作的不断发展,课程教学质量评价也将不断走向规范化和体系化。

参考文献

[1] 郑震,朱金霞.高校研究生课程混合式教学质量评价体系的构建探索[J].江苏科技信息,2020,37(34):54-56.

[2] 刘志华,李丹丹,张艳玲.高校"课程思政"建设任务与评价体系构建

研究［J］．现代农村科技，2022（9）：87-88．

［3］骆清．高职院校"课程思政"运行机制与建设标准的实践探索［J］．教育科学论坛，2020（6）：28-32．

［4］李翠凤．网络课程的教学质量评价指标探讨［J］．福建电脑，2020，36（7）：89-90．

［5］刘春玲，马薇．线上线下混合式教学改革探索［J］．科技与创新，2022（16）：4-6，9．

［6］赵忠．研究生教学质量评价体系探析［J］．中国电力教育，2011（20）：39-40．

［7］肖前华，张其敏，赵宝生，等．专业学位研究生课程质量评估指标体系研究［J］．教育教学论坛，2021（33）：53-56．

［8］马辉．高校思想政治理论课教学评价指标体系构建研究［D］．哈尔滨：哈尔滨工程大学，2019．

高校成本管理会计课程思政的探索与实践

赵懿清　许江波　卿小权[①]

【摘　要】"大智移云物"技术的发展，促进成本管理会计知识在财会类人才培养能力框架中的地位日益提升。本文遵从专业思政框架、遵循高校学生的认知规律、以社会主义核心价值观为统领，将强化"教育者先受教育"作为根本保障，对成本管理会计学课程进行全方位的设计，从教学目标设定、教学方案设计、教学方法的优化和教学模式改革等方面详细阐述了具体的构建过程，并对实施过程中的重要问题进行了探讨。

【关键词】会计课程；成本管理会计学；课程思政

一、引言

2016年习近平总书记在全国高校思想政治工作会议上指出：要坚持把立德树人作为中心环节，把思想政治工作贯穿教育教学全过程，实现全程育人、全方位育人，努力开创我国高等教育事业发展新局面。2020年5月，教育部制定的《高等学校课程思政建设指导纲要》规定，全面推进课程思政建设是落实立德树人根本任务的战略举措。2020年6月8日，教育部召开全面推进高等学校课程思政建设工作视频会议。自2016年开始，全国高校都开展了生动而深入的课程思政建设。从加强课程思政建设入手，围绕立德树人根本任务，把思想政治工作贯穿教育教学全过程，把思想政治工作体系贯通学科体

[①] 作者简介：赵懿清，首都经济贸易大学会计学院副院长，副教授、硕士生导师；许江波，首都经济贸易大学会计学院党委书记，教授、博士生导师；卿小权，首都经济贸易大学会计学院副教授、硕士生导师、教研室主任。

系、教学体系、教材体系和管理体系等，形成高水平人才培养体系（韩宪洲，2020）。

"大智移云物"等信息技术的发展对未来的财会类人才的素质要求和职业发展提出了新的要求和挑战。财务共享中心和财务机器人（RPA）的普及，使得"会计是否会被替代"这个话题备受关注。实际上，财会人才不会被替代，而是在知识和能力方面发生着迭代和转型。越来越多的财会人才将从重复化、程序化的会计核算中解放出来，更多地从事管理会计工作，解决非结构化的决策问题，充分利用财务数据，更广泛更深入地参与到企业的经营与管理中。因此，在财会人才基本素质能力框架中，成本管理会计学课程的重要程度将日益增加，该课程的课程思政建设至关重要。

二、成本管理会计学课程思政框架设计的原则

（一）在专业思政框架下设计成本管理会计课程思政

专业思政体现的是本专业对所培养人才核心素养的要求，课程是达成这一要求的主要手段，所以课程思政建设是实施专业思政的主要内容。从人才培养的角度看，专业思政是中观层面，课程思政是其下的微观层面，两者都是专业内涵建设的重要范畴（韩宪洲，2021）。在专业思政框架下设计课程思政，是符合人才培养和专业建设目标的基本遵循。成本管理会计学要根据财会类专业的专业育人目标和实现路径，来科学设计课程思政的教学目标、教学内容和教学方法，构建科学合理的课程思政教学体系，支撑专业思政的人才培养目标。

（二）遵循认知规律开展成本管理会计课程思政教学改革

在思想政治教育认知过程中，包含着四个相互联系和衔接的心理过程，即感知过程、注意过程、同化过程和顺应过程（杨芷英，2022）。成本管理会计学的课程思政建设要以高校学生的认知特点和认知规律为基础设计与专业知识紧密联结的思政元素，并且注重把控课堂实践中同化与复现的环节，要将思政内容内化为心智和良知，外化于行动指南和准则。

（三）以社会主义核心价值观为统领凝练课程思政元素

《关于深化新时代学校思想政治理论课改革创新的若干意见》强调"把社

会主义核心价值观贯穿国民教育全过程"。社会主义核心价值观是社会主义核心价值体系的内核，体现社会主义核心价值体系的根本性质和基本特征。成本管理会计学自身就是教授"富强"之道的课程，而且蕴含着"敬业""诚信"等天然的思政元素。因此，成本管理会计学要在遵循课程的学理属性、知识特征、教育功能和授课目的基础上，将社会主义核心价值观作为课程思政的统领。

（四）强化教育者先受教育，保证课程思政的效果和持续性

专业教师是高校思政教育工作开展的重要环节，是学生的引领者，担任着知识传授与灵魂塑造的双重责任。成本管理会计教学团队通过参加培训、集体备课、集中观摩等方式，提升课程教学水平，打造课程思政亮点。并通过"课程思政"案例的示范与推广，形成辐射效应，打造"课程门门有思政，教师人人讲育人"的文化氛围。

三、成本管理会计学课程思政框架的具体构建

（一）教学目标的设定：充分体现专业思政的育人要求

在专业思政框架下深化课程思政建设，通过满足学生对知识的渴求加强价值观教育，提升价值观教育的效果（韩宪洲，2022）。专业思政的核心素养是在提升会计职业道德教育的同时，有机地融合了社会主义核心价值观。会计职业道德基本原则有六条：诚信、客观公正、独立性、专业胜任能力和勤勉尽责、保密、良好的职业行为。对会计执业者而言，不偏不倚地反映经济事实，客观公正地记录资金走向，摒弃私利，保持职业操守，坚持接受继续教育，全方位提高理论与实践技能。成本管理会计学课程思政建设的方向与重点是有机地融入社会主义核心价值观：

1. 以"诚信"为着力点塑造的基本素养。提供对内部决策有用的信息是成本管理会计的基本职能，通过规则讲解与案例解读引导和教育学生坚持诚实守信、客观公正、廉洁自律等基本道德准则。

2. 以"富强"为核心内涵。成本管理会计致力于企业价值创造，是教授"富强"之道的课程。

3. 对"敬业"的天然回应。通过对成本管理会计课程中各种决策工具的

讲解，学生扎实掌握专业知识就是对"专业胜任能力和勤勉尽责"的会计职业道德的最朴素的遵守。

4. 以"民主"与"法治"为基本准则。在管理决策内容中，引导和教育学生加深对"民主促进决策""法治确保可持续发展"等决策准则的认识。

5. 保持良好的职业行为，恪守职业道德，促进价值创造，维护经济社会环境的公允和透明，是对"友善""文明""爱国""和谐"的最好的呼应。

6. 成本管理会计学课程着眼于企业经营，而企业价值创造与个人价值实现有着相似的规则遵循，故在原理讲解时可突出"成本效益意识""风险意识""未雨绸缪"等做人做事的道理，强调"个人成长与集体、国家的发展紧密结合"，据此培养学生的家国情怀。

7. 在协助和参与价值创造过程中，会计人员具有独立的专业职责，要求严格履行职业道德，在相关会计教育中要坚守价值创造的合理、合法、合情。

由此，设定的成本管理会计学课程教学目标如表1所示。

表1　成本管理会计学课程教学目标设定

专业教学目标	思政教学目标
在知识方面，要求学生了解成本管理会计学的学科特征，理解成本管理会计的基本职能及主要内容模块，掌握该课程中所涉及的原理、工具及方法	通过系统梳理本课程的思政元素，提升教师的理论认知和思政教育水平，实现专业知识讲授与思政教育相辅相成，以润物细无声的方式达到思政教学效果
在能力方面，通过知识测验与案例分析，要求学生不仅掌握成本核算方法，而且能熟练运用多种管理工具，并将其用于企业成本预测和利润规划、经营决策、预算编制、成本控制与责任考核，以具备企事业单位管理会计岗位所需的专业技能	通过课堂实例讲解、分组案例讨论与跨专业综合实训等环节，将学生带入现实企业的经营管理情境当中，一方面提升学生的团队协作能力，另一方面培养其责任担当意识、诚信守法品质与爱岗敬业精神
在思想方面，通过回顾本学科前沿成果、开展案例讨论与总结等手段，培养学生的创新意识与批判性思维，提高学生的自主学习能力与判断能力	将时政素材合理融入专业知识教学当中，通过中外对比，增强学生的爱国主义精神和对社会主义核心价值观的认同，帮助其树立崇高的理想和远大奋斗目标，并且将个人理想的实现与中华民族伟大复兴紧密结合

（二）教学方案的设计：积极做好思政元素的分布设计

在成本管理会计学课程中的思政元素的设计如表2所示，对应着核心知识体系罗列出最重要的思政元素、思政成效和价值引领。

表 2　知识体系与课程思政元素提炼

知识体系	思政元素	思政成效	价值引领
总论	以成本管理制度改革的典范"邯钢经验"为例讲解成本管理会计在中国取得的发展，讲解我国管理会计发展体系和取得的巨大成效	增强学生中国特色社会主义道路自信、理论自信、制度自信、文化自信的理想信念，培养学生富强、敬业的社会主义核心价值观	政治价值、规则价值、经济价值
生产经营费用的归集和分配	真实、准确地归集和分配生产经营费用对于产品的成本核算与管理、提高企业的生产效率具有重要的意义	引导学生从马克思的商品价值论出发提升成本效益意识，体会成本会计信息的可靠性与相关性的重要性，塑造学生的诚信与严谨素养	政治价值、道德价值、生命价值、规则价值
产品成本计算的主要方法	企业可以根据生产特点和管理要求，选择适合的产品成本计算方法，或者将基本的成本计算方法进行组合实施，进行管理创新	引导学生思考科学的成本核算和管理观，理解"适合才是最好的"，培养管理创新意识	经济价值、劳动价值、规则价值、生命价值、创新价值
作业成本法	作业成本法不仅能提高成本分配的精准度，更重要的是激励管理者消除非增值作业，降低生产成本	通过理论联系实践，使学生更好地理解"通过降低物耗与能耗可实现企业降本增效"的逻辑，形成高质量发展和可持续发展理念	道德价值、经济价值、劳动价值、科学价值、环境价值
成本性态分析与变动成本法	成本性态分析是理解成本发生规律和优化成本结构的基础，不同的成本核算模式对企业经营成果产生较大影响	引导学生理解成本的科学分类是提高成本信息决策价值和优化企业管理的基础，引导学生树立风险意识和诚信意识	道德价值、经济价值、劳动价值、科学价值
本量利分析及利润规划	企业要有效利用成本、销售量和利润之间存在的内在联系，进行利润和成本规划，实现企业价值最大化	引导学生树立规划意识、成本效益意识，理解临界点的确定对管理决策的重要性	经济价值、科学价值、规则价值
经营决策	经营决策需要进行价值分析，在备选方案之间进行对比和选择	引导学生正确处理个人利益与集体利益的关系，强化家国情怀；培养学生在经营决策中的全球化视野，强化成本效益观念	政治价值、经济价值、规则价值

续表

知识体系	思政元素	思政成效	价值引领
全面预算管理	实行预算管理可以有效提高企业对未来进行预测和把握的能力，是企业管理控制系统的重要组成部分	培养学生"预则立、不预则废"的预算意识，强化学生的预算管理理念和预算规矩意识	政治价值、道德价值、规则价值、经济价值、科学价值
标准成本系统	标准成本系统旨在通过算管结合、责任分析而提高生产效率。通过成本差异计算与归因分析，可进一步引导其做强、做优、做大	引导学生深化标准意识、责任意识和担当意识	道德价值、经济价值、规则价值
责任会计	通过阐述经济增加值、平衡计分卡等业绩评价方法原理，使学生加深对管理工具的理解，并认识到其对国家战略实施的重大意义	引导学生思考业绩评价对经营和管理的导向与激励作用，强化客观、公正、公开意识和担当意识	政治价值、道德价值、经济价值、劳动价值、生命价值

（三）教学方法的优化：恰当运用课程思政的导入方式

为了使课程思政能够更加润物无声，入脑入心，制定了情景导入式、案例引入式、思辨激发式和焦点渗透式的导入方式。

1. 情景导入式。情景导入式就是构造某种决策场景，为学生提供多个决策方案，学生可以应用专业知识进行自主探索，解决专业问题的同时，探索课程思政的价值内涵。情景导入式的例子如表 3 所示。情景导入式最大的好处就是让学生身临其境，激发学生自主思考，通过自我探索形成思维定式，从而将思政元素深植于大脑，在未来遇到相似问题时可以快速想到解决方案，形成外化于行的效果。

表 3 成本管理会计学课程思政的情景导入式举例

知识	情景	价值引领
管理会计职业道德	让学生置身编制管理会计报告的场景中，制造不同的道德冲突事件，让学生自主做出抉择，并且剖析道德冲突的根源，引导学生依据职业道德做出正确的职业行为	政治价值、道德价值、经济价值、劳动价值、生命价值

续表

知识	情景	价值引领
边际贡献 固定成本	在"全民创新、万众创业"的时代,将学生置身于创业者角色,让其判断企业出现亏损时,在亏损到什么程度应当放弃创业。引导学生对短期盈利与长远发展关系的深度思考	道德价值、经济价值、劳动价值、科学价值
相关成本 相关决策	将学生置身于中美贸易战背景下的微电子企业。在解决零部件需求时,是采用外购还是自主研发的决策。理解"国产芯片"的自立自强以及我国在其他重要技术领域的自主研发的重要意义	政治价值、经济价值、生命价值
预算管理	将学生置身于企业预算编制的申请和审核环节中,作为部门经理如何为本部门争取资源,并换位思考企业如何通过预算审核实现资源的合理配置。引发对个体与集体的关系的思考,树立集体主义、爱国主义精神	政治价值、道德价值、规则价值、经济价值、科学价值

2. 案例引入式。案例教学几乎是在所有课程中都会使用到的方法。在课程思政的引入环节,将真实案例进行典型化处理,让学生可以身临其境地了解企业实际,让学生潜移默化地养成"理论指导实践""实践检验理论"的良好习惯和行为模式。案例引入式的例子如表 4 所示。

表 4　成本管理会计学课程思政的案例引入式举例

知识	情景	价值引领
生产经营成本的归集	利用中国—汽汽车生产制造的生产经营成本与费用的案例培育科学精神、探索创新精神	政治价值、道德价值、经济价值、劳动价值、生命价值
分批成本法 分步成本法	通过对青岛啤酒的生产经营流程的分析,让学生体会科学和准确核算成本的必要性	道德价值、经济价值、劳动价值、科学价值
标准成本法	了解国家电网有限公司实施标准作业成本法的案例,认识作业成本法如何帮助企业提高成本管理精准度,促进企业实现高质量发展	政治价值、经济价值、生命价值
目标成本法	运用宜家家居低价竞争案例,培养学生的市场化思维和供应链管理理念,强化合作意识与成本控制意识	政治价值、道德价值、规则价值、经济价值、科学价值

续表

知识	情景	价值引领
预算控制	以《红楼梦》中的贾府为例，阐述预算对于企业发展的重要性，并分析预算控制和考核缺失对预算执行效果的影响	政治价值、道德价值、规则价值、经济价值、科学价值
绩效考核	了解国资委对中央企业实施的年度业绩考核和任期考核制度。理解国资委如何通过实施经济增加值考核，鼓励央企研发投资、聚焦主业，防止管理者短视行为，明确业绩考核对企业经营管理的"指挥棒"作用，以及对科技强国战略的落实作用	政治价值、道德价值、规则价值、经济价值、科学价值

3. 思辨激发式。思辨是一种抽象思维能力，主要指思考与辨析。思考是分析、推理、判断等思维活动；辨析是对事物的情况、类别、事理等的辨别分析。通过一系列的问题引导学生对抽象的专业知识和原理进行思考和辨析，在深入理解专业知识的基础上，逐步升华到价值导向层面。思辨激发式的例子如表5所示。

表5 成本管理会计学课程思政的思辨激发式举例

知识	情景	价值引领
作业成本法	让学生思考作业成本法如何通过识别成本动因、作业动因，以便于更精准、合理地分配成本，降低非增值作业成本，提高成本管理效率	政治价值、道德价值、经济价值、劳动价值、生命价值
变动成本法 完全成本法	让学生从变动成本法和完全成本法中，自行辨析利润调节的规律，升华到对财务舞弊和会计诚信的深入理解	道德价值、经济价值、劳动价值、科学价值
标准成本法	让学生思考责任会计真正的价值与意义，鼓励学生树立责任意识，勇于担当	政治价值、经济价值、生命价值
经济增加值	让学生辨析经济增加值与会计利润指标的计算原理的差异，深入思考新时代下高质量发展的内涵	政治价值、道德价值、规则价值、经济价值、科学价值

4. 焦点渗透式。神经科学家约瑟夫·勒杜研究发现：当我们没有意识到影响正在发生的时候，我们的情感更容易受到影响。课程思政需要触发一种有意义的情感反应，更能够让学生"内化于心"。可以结合社会某些焦点问

345

题，找出学生情感最敏锐、最注重、最在乎的环节，与思政点进行对接，组织学生进行讨论，摆脱枯燥说教的羁绊，把课堂变得更加有温度，从而更有效地触动情感反应。焦点渗透式的例子如表 6 所示。

表6 成本管理会计学课程思政的焦点渗透式举例

知识	情景	价值引领
管理会计产生与发展	通过讲解管理会计实践在中国的发展历程，增强学生的爱国主义精神和对社会主义核心价值观的认同，帮助其树立崇高的理想和远大奋斗目标，并且将个人理想的实现与中华民伟大复兴紧密结合	政治价值、经济价值、生命价值
废料损失停工损失	从当前年轻人的"躺平""划水"等的价值取向引入，讲解废品损失、停工损失的知识，引导同学们思考责任意识、奋斗精神对国家、社会和个人的重要意义	道德价值、经济价值、劳动价值、科学价值
固定成本经营杠杆	与学生讨论他们关注的大数据与智能化战略，以及财务机器人（RPA）的发展，引导学生对成本结构、经营杠杆与经营风险关系的思考，树立职业目标和风险意识，明确突破式创新与不可替代的技术对社会稳定的重要作用	政治价值、道德价值、经济价值、劳动价值、生命价值
标准成本制定	通过探讨产品质量的热门事件，引出质量成本的讲解，让学生理解精益求精的工匠精神，树立自强不息的人生观、价值观	政治价值、道德价值、规则价值、经济价值、科学价值

（四）教学模式的改革：高度融合实践育人的思政元素

社会实践能够把理论学习研究主动服务于改造世界的实践，让学生进入真情境、解决真问题、创造真成果。为巩固成本管理会计学的学习效果，教学中设计了相应的实践环节。

首先，借助虚拟仿真企业决策沙盘模拟，将社会主义核心价值观和"创新引领发展"等元素有机融入实训。例如，制定战略和编制预算需要全员参与讨论，体现了民主决策精神；延迟交货需要赔偿客户损失，彰显法治和契约精神；增加研发投入可以提高产品性能和销售单价，从而留住老客户和吸引新客户，增加股东财富和企业价值。

通过移动课堂带领学生深入企业实践一线，通过专业实践情景模拟现实企业环境下的实践内容，深入挖掘课程思政元素，提升课程思政教育的感染力和针对性。通过深入企业调研、案例指导等方式培养"知行合一"的成本管理会计学课程思政教学团队，形成可应用的成本管理会计学课程思政教育教学特色经验。

四、成本管理会计实施课程思政应注意的问题

在成本管理会计学课程的具体实施环节还有一些需要注意的问题。

第一，课程思政要润物无声，精细的设计必不可少。通过对课堂实施过程的观察，很多课程思政的固化过程是非常显性的，但真正的课程思政一定是隐性的、具有吸引力的，是高度融合和一致的。只有在充分的准备和设计的前提下，才能使课程思政在具体的实施环节仍然保持灵动。所以，在备课阶段要提前梳理所有知识点，预估每个知识点的讲授方式与时长，将专注力可持续时长与联结点做好通盘设计。经过测试，每 45 分钟出现的思政点以 1~2 个为好，应当控制思政点出现的频率。过多会分散学生对核心知识的专注力，过少达不到认知的强化与联结的布局。一定要用好导入方式，将核心知识点与思政元素充分融合，有机地引导学生的思维和价值观，进一步加深学生对知识的领悟。

第二，教师团队一定要注重自我提升与自我学习，更好地担当育人责任。通过制度保障督促和鼓励教师和教学团队不断提升育人能力。例如组建"课堂思政"研究委员会，积极研究会计专业课堂思政建设的契合点，指导学院不同课堂的思政建设，促进会计课程思政的深化。建立学院层面的教育教学成果的奖励制度，对"课程思政"的教育教学成果进行奖励，激发教师投入"课程思政"建设，培育更多有标志性的"课堂思政"成果。在教学团队内部，要通过集体备课、交流会、教学观摩等多种工作，凝聚共识，共同打造生动而鲜活的课堂思政。每位教师也要时刻将"立德树人"作为教育的根本任务，注重政治学习，注重师德师风，提高思想觉悟和理论水平，真正做到"守好一段渠，种好责任田"。

第三，行动是检验真理的唯一标准，要在实践中检验课程思政的成果。目前课程思政的成果和长效的评价备受关注。一般认为，课程思政的效果难以检验，不像专业知识点可以通过评估手段来评估。而真正的课程思政不能通过考试、评估等手段予以衡量，应当在社会中、实践中检验课程思政的成

果。所以，不必太纠结于课程思政的考核与评价，做好课程设计，把握好每一个育人的重要环节，才是确保"外化于行"的最重要的因素，并以此推动育人成效进入全社会的良性循环。

参考文献

［1］韩宪洲．全面推进课程思政建设的逻辑进路探析［J］．中国高等教育，2021（6）：3．

［2］韩宪洲．善用"大思政课"健全立德树人落实机制［J］．中国高等教育，2022（3）：1．

［3］马铭梅．如何在财经法规与会计职业道德教学中实现德育目标［J］．教育研究，2021，3（12）：192-193．

［4］欧阳华生，陈欢，韩峰．高校实践类课程思政体系构建与实现路径研究［J］．中国高等教育，2022（8）：3．

［5］田宁，马晓琼．基于混合式教学视域的"基础会计"课程思政教学设计与探讨［J］．教育研究，2021，4（9）：80-83．

［6］薛丽达，张菊香，董必荣，等．会计学"课程思政"教学改革研究：基于管理会计指引体系的思考［J］．财会通讯，2021（24）：4．

［7］张军，龙月娥，晓芳，等．提升地方高校会计学专业人才培养质量［J］．中国高等教育，2020（18）：59-60．

新工科背景下数据科学与大数据技术专业课程思政的困境与路径[①]

刘妍心 刘经纬 范 娘 陈振松[②]

【摘 要】 为提升新工科背景下的人才培养，深化"三全育人"改革体制，基于专业思政框架进一步推进高质量课程思政是当前的发展重点。作为应用驱动型专业，数据科学与大数据技术专业为推动我国科技创新输送了大量人才，为提高我国科技治理能力提供了有力支撑。人才的培养离不开专业技能和思想政治的教育，如何在专业课程中推进思政育人工作是目前亟须解决的关键问题。本文以"Python大数据挖掘与可视化"这一专业核心课程为例，从思政元素的挖掘性、渗透性、创新性及其在教育主体间的协同性等方面详细阐述当前数据科学与大数据技术专业课程思政主要困境。基于我国"以人为本、立德树人"的发展战略优化了教学目标，设计了以"双碳"为背景、首都经济贸易大学特色优势为主导的专业教学案例库，从评价机制、教学队伍等角度创新性地提出了"元素—主体"专业思政教学实施路径，对新工科背景下专业教学与思政育人的深度融合与协同发展具有重要意义。

【关键词】 新工科；专业思政框架；课程思政体系；三全育人

一、引言

随着"三全育人"格局的全面构建，从2016年习近平总书记在全国高校

[①] 基金项目：北京市教育委员会科研计划项目（SM202110038009）。
[②] 作者简介：刘妍心，首都经济贸易大学管理与工程学院讲师；刘经纬，首都经济贸易大学管理与工程学院副教授，数据科学与大数据技术专业教师党支部书记；范娘，首都经济贸易大学管理与工程学院副教授，数据科学与大数据技术专业系主任；陈振松，首都经济贸易大学管理与工程学院副教授。

思想政治工作会议中指出的"课程思政",到2020年教育部在《高等学校课程思政建设指导纲要》中强调的"所有学科专业全面推进思政建设",课程思政乃至专业思政被高校纳入重点工作不断推进。"构建'大思政'新格局,形成育人生动实践"是首都经济贸易大学党委书记韩宪洲不断强调的。上至中央,下至高校,如何在构建专业思政框架的过程中进一步加强相关课程思政教育显得愈发重要。

近年来,在"中国制造2025"等国家一系列重大战略的推动下,以大数据、云计算等新一代信息技术为特征的"新工科"被广泛关注。在此背景下,为积极应对新一轮的产业变革,数据科学与大数据技术专业应运而生。数据科学与大数据技术专业是2016年教育部为落实国家《促进大数据发展行动纲要》而批准设立的新工科专业,目前已有600余所高校开设了该专业,首都经济贸易大学就位列其中。作为一门新兴专业,它以信息数字化管理技术为抓手,强调知识理论与实际应用的有机结合,是目前信息服务产业发展高精尖技术技能人才供给的重要渠道。纵观它在各大高校中的培养理念,聚焦前沿和交叉融通是其两大优势与特色。首先,数据科学与大数据技术专业强调信息管理类知识与理论的发展前沿,善于追踪并紧跟与数据科学有关的前沿发展方向与发展趋势;其次,数据科学与大数据技术专业从计算机科学、管理科学、经济学及统计学等维度交叉融合了多元知识体系,结合人工智能、深度学习等数据挖掘技术加强学生对数据的思维敏感性以及对现实问题的综合解决能力。为了推进高素质应用型人才的培养,本专业的基础核心课程之一是"Python大数据挖掘与可视化"。

作为一门应用导向型课程,"Python大数据挖掘与可视化"在提升专业应用技能以及塑造学生思想道德品质方面起到了重要作用。在专业应用技能方面,通过设计模型并分析多源多维度数据,培养学生在面对复杂数据时的逻辑思维能力及创新应用技术。在思想道德品质方面,通过对数据挖掘结果的可视化呈现,培养学生做事严谨且注重细节的卓越意识。虽然"Python大数据挖掘与可视化"课程从深度和广度上都深刻表征了数据科学与大数据技术专业的系统性及先进性,但当前的课程设计更加侧重于专业领域中对数据的分析与问题的解决,忽视了对学生思想意识形态的教育与培养。因此,亟需从思政角度剖析本课程当前存在的不足以及其在数据科学与大数据技术专业中有待解决的问题，从而实现专业知识与思政素养的双向互动，全面落实"立德树人"的教育理念。

本文基于"三全育人"核心要求，针对高校数据科学与大数据技术专业思政教育中目前可能存在的问题，结合学科专业并将数据处理及分析等技术作为着力点，以"Python大数据挖掘与可视化"课程为例，深入分析当前课程思政难以开展的几大现实困境，进而提出有针对性的实施路径，将社会主义核心价值观融入特色课程及相关学科，从而推动新工科背景下专业思政教育的高水平高质量一体化发展。

二、基于"数据挖掘"课程的大数据相关专业思政研究综述

（一）"数据挖掘"相关课程思政

与思政课程不同，专业课程更强调专业自身的差异性与独特性。目前与"数据挖掘"相关的课程思政研究主要集中在数据处理、师资建设和案例设置几个方面。罗来鹏（2022）从数据以及数据处理角度探索该课程在授课过程中如何引入思政元素。王倩等（2022）从师资队伍建设、课程思政实施、效果评价机制等方面开展"数据挖掘与知识发现"课程思政建设的探索与实践。曹楠源等（2022）在课程设计中通过设置一些以社会实际问题为主题的案例，在提高学生学习兴趣的同时引导学生树立正确的价值观。童蔚苹等（2021）从立德树人的角度确定课程专业知识点和思想政治教育的契合点。

（二）大数据相关专业思政

随着信息化技术的不断推进，与大数据相关的专业及其思政教育被广泛关注。高校工作者尝试以学生为主要关注对象，将大数据专业的相关技术应用在学生的学习与自身发展过程中。张琼等（2022）针对认知困境、数据信息困境、技术运用困境等实践困境，通过大数据技术构建覆盖全员、全过程、全方位的智能型应用平台，推动高校培养高素质人才的精准思政。刘洋（2021）结合大数据技术融合"群体画像"与"个体肖像"，根据即时数据与稳态信息全面把握教学主体的接受程度，时刻掌握学生的学习情况。张策等（2020）通过打造具有大数据知识背景的高素质思政人才队伍和思政大数据平

台，进一步实现大数据思想运用于网络思政教育的高效发展。陶好飞等（2019）研究了大数据与思想政治教育的融合机制，从差异性分析与精准培养、动态性分析与行为把握等角度提出了融合创新的实现路径。

三、数据科学与大数据技术专业课程思政体系建设的现实困境

"Python大数据挖掘与可视化"课程作为一门现实性、应用性极强的课程，致力于讲授先进的数据处理技术及结果表征方式，是数据科学与大数据技术专业的核心所在。结合"Python大数据挖掘与可视化"课程，重点梳理了当前数据科学与大数据技术专业思政体系构建过程中的难点。

（一）课程思政元素的挖掘程度较低

思政教育是当前教书育人环节中必不可少的一项内容，但在"Python大数据挖掘与可视化"这类专业课程中的出现度并不高。思政元素零散独立，与专业知识难以同频共振等现象的存在，使得学生难以从课程学习中获取较多的思想政治感悟。造成这一现象的原因主要有以下两点：第一，授课教师对思政元素的忽视。由于"Python大数据挖掘与可视化"这门课程大多由计算机功底扎实、思维能力敏锐、强调现实问题导向的教师进行讲授，他们普遍更加关注信息化技术的发展前沿以及其在智能时代的应用与理解。培养学生专业技能的目标过于强烈使得思政元素的存在更显微弱，这也就造成了一学期授课结束也没能让学生了解并学习相关的思想政治内容。第二，授课教师对思政元素的理解有待深化。智能时代下有关数据挖掘的知识与技术具有极快的更新迭代速度，授课教师常常需要花费大量时间与精力去学习并掌握最新的专业知识，从而保证讲授内容的时效性及准确性。此外，由于专业思政体系的构建尚未成熟，相关思政内容难以传达和落实到教师层面。时间精力的约束和顶层设计的不足等原因使得授课教师对思政元素的理解不够深刻，难以挖掘到与"Python大数据挖掘与可视化"有关的思政元素并在课程中加以运用，这也是当前该课程思政内容较少的主要问题。

（二）思政元素在专业中的渗透性较弱

由于思政元素在"Python大数据挖掘与可视化"课程中的体现较弱，进一步造成了其在数据科学与大数据技术专业中的渗透性不高，存在感不强。

产生这一现象的主要原因有以下两个方面：第一，相关思政元素与课程章节的知识点对应关系薄弱。不同于文科类课程，管工类课程本就更偏于应用导向型，"Python大数据挖掘与可视化"更是一门专业性极强的课程。现阶段章节知识点侧重于对机器学习及深度学习的算法模型及其在人工智能相关领域的讲授，技术化的课程内容难以与现实中的思想政治理念相结合，尽管授课教师尝试性地对思政元素进行讲解，但却显得十分生硬，"两张皮"的困境使得学生学习过程中难以获得认同感。第二，思政教育与大数据专业融合深度不够。专业思政建设框架强调的是立足于专业特色，发散性地结合思想政治理念，将思政教育自然贯穿到专业思政建设中。对于数据科学与大数据技术专业而言，尤其是首都经济贸易大学这一经贸类院校中的数据科学与大数据技术专业，亟需结合学校及院系发展特色。针对思政元素在本专业渗透性弱的困境，有必要在学校发展的大背景下加强思政元素在专业中的融合，即以国际贸易和国家经济社会发展为依托，从先进科学技术的角度将相关思政理念融入进去，从而形成具有经贸特色的大数据专业思政框架体系。

（三）思政元素及其教学方式的创新性有待提高

除了思政元素的挖掘与融合，元素的新颖程度以及表达方式的创新性同样决定了专业课程思政的吸睛程度以及学生的接受范围，但目前而言，这两者均有待进一步提升。从思政元素的新颖程度来看，目前"Python大数据挖掘与可视化"课程及其在数据科学与大数据技术专业的思政内容较为老旧，很多内容都沿用的多年前的案例。例如，用我国为核导弹研究做出突出贡献的"两弹元勋"来增强民族自豪感，用百度创始人李彦宏、腾讯创始人马化腾等杰出企业家来凸显人才培养的重要性，用自主研发的神威·太湖之光超级计算机来揭示创新精神和勇于开拓的韧性精神等。这些思政案例虽然经典且具有代表性，但在信息爆炸的时代仍需通过一些时效性强的思政内容来增加学生的共鸣与参与感。从思政内容的教学方式来看，授课教师大多采用以"说教为主"的教育方法，讲授过程较为生硬，强行植入的痕迹较为明显。单一的教学方式使得学生体验感较差，部分学生甚至产生抵触和畏惧心理，这让思政教育的目标难以实现。由此可见，从哪些贴合生活的角度更新并扩充与专业相关的思政内容，以及增加怎样的教学方式可以更有效地表达思政内容并将其自然地融入专业课程中，是当前各位高校教育工作者提升思政内容品质的重难点所在。

(四) 思政教育主体间的协同性有待增强

随着专业课程思政的广泛开展与深化，学生、教师、学院乃至高校管理者等不同层级主体合力育人的格局正在逐步形成，但目前仍存在较大的协同教育问题。一方面，同专业授课教师之间的协同性有待提升。由于专业思政框架的构建仍处于初级阶段，教师之间缺少一个可及时沟通、便捷交互的平台与机制，因此尽管各授课教师致力于提升课程思政水平，但由于力量单薄且较为分散，课程思政短时间内难以取得实质性的变革。另一方面，协同性缺失主要存在于授课教师与学生之间。尽管教师有责任成为学生的"引路人"和"筑梦者"，但当前专业课程教育体系的设计令授课教师更加关注课程讲解的完成度、难易度以及对学术动态的紧密追踪。对于数据科学与大数据技术专业的"Python大数据挖掘与可视化"课程，授课教师更容易花费大量时间并长期关注的可能是算法模型的逻辑梳理以及对应代码的讲解分析，也因此忽略了学生群体的困惑以及学生个体的差异性。与学生及时沟通的缺乏使得授课教师难以获得各位同学思想状态、心理需求以及发展趋势等方面的瞬时反馈，对存在问题了解不够到位，进而使得思政元素的融入角度和内容较难引发学生的兴趣与共鸣，最终造成思政效果在"Python大数据挖掘与可视化"等专业课程中大打折扣。

四、发挥高校特色优势的数据科学与大数据技术专业课程思政目标优化及案例库设计

随着科技创新的飞速发展，中国早已成为具有重要国际影响力的科技大国，且正向着科技强国的目标前进。数据科学与大数据技术专业凭借先进技术等专业优势为国家输送了大批优质人才，推动着目标的加速实现。正是在这国家战略需求的背景下，"Python大数据挖掘与可视化"课程形成了如下的人才培养目标：基于"立德树人"的整体目标，发挥高校特色优势，以技术创新为导向，融合国际前沿技术和我国红色思政教育理念，培养具有实践创新能力，且拥有国家意识的专业人才。

针对课程目标和当前课程思政的难点，结合首都经济贸易大学特色优势，立足数据科学与大数据技术专业特色，以人工智能等前沿技术为起点，基于课程知识传授和能力培养的教学目标，系统性设计了"Python 大数据挖掘与可视化"专业课程思政的教学案例库，如表 1 所示。

表 1 "Python 大数据挖掘与可视化"专业课程思政案例库

教学单元	教学内容	思政目标	思政元素	思政融入方法
Python 数据挖掘概述	了解 Python 的发展历程；掌握数据挖掘的概念及流程	培养爱国主义精神和文化认同	增强爱国情怀；增强民族自信心	故事引入，结合历史强调不懈奋斗
大数据分析与应用	医疗大数据分析；零售业大数据分析	了解我国为全球新冠疫情防护做出的巨大贡献；了解智能制造业的发展与变革	激发学生爱国情怀；增强学生民族自豪感	问题链教学
使用第三方库实现信息抓取与整合	讲解并实操如何使用第三方库抓取新能源汽车的贸易数据	培养学生的职业素养；强化"低碳经济"理念	数据信息获取的正确途径；理解"绿色消费"理念，推动我国可持续发展	知识点融入案例融入
国际贸易网站数据爬取	讲解并实操如何爬取 Un comtrade 网站中的全球新能源汽车贸易数据	培养学生法治意识；培养家国情怀	尊重数据来源，恪守职业道德；明确我国当前的贸易格局	知识点融入案例融入
全球新能源汽车贸易格局现状分析	分析各国新能源汽车贸易演变趋势；处理缺失值与异常值	小组合作完成；培养学生团队协作能力及责任心	明确社会主义核心价值观；理解大国工匠精神	案例融入问题链教学
全球新能源汽车贸易格局趋势预测	了解贸易量预测的模型方法；以最大熵模型为例，掌握贸易预测的步骤与流程	小组合作完成；培养学生团队协作能力及责任心	明确社会主义核心价值观；理解大国工匠精神	案例融入问题链教学

续表

教学单元	教学内容	思政目标	思政元素	思政融入方法
全球新能源汽车贸易格局可视化分析	新能源汽车行业大数据可视化呈现	引领学生了解"双碳"背景下的世情与国情；增强民族认同感与自豪感	理解大国情怀；激发学生爱国情操	案例融入问题链教学

案例的设计以"三全育人"为根本要求，以"Python大数据挖掘与可视化"课程的主要授课内容为载体，以数据科学与大数据技术专业为依托，基于首都经济贸易大学的发展特色，以"双碳"背景下的新能源汽车国际贸易为典型实例进行思政教学。从"Python数据挖掘概述"到"全球新能源汽车贸易格局趋势预测及可视化呈现"，课程内容由浅入深、层层推进，结合机器学习等人工智能核心技术，通过问题链以及相关案例进行教学，旨在从国际格局、发展变迁、多元认知和国家意识等角度培养学生的全球视野和本土立场，基于知识和能力培养学生的意识形态，从而帮助学生激发民族自豪、文化自信、爱国情操以及大国情怀等。

五、基于"元素—主体"的数据科学与大数据技术专业课程思政实施路径

针对当前数据科学与大数据技术专业中课程思政教学面临的几大困境，以"Python大数据挖掘与可视化"为例，从思政元素和创新主体相结合的角度制定具体实施路径，为专业思政建设提供一个系统性大框架。

（一）加强与专业课程关联紧密的思政元素的挖掘与深化

"Python大数据挖掘与可视化"为当前推动信息数字化时代发展提供了不可或缺的专业技术，具有极大的应用和发展空间。作为一门应用型课程，思政育人的重点应当是在专业知识以及专业技能的学习实践过程中融入"红色文化"，帮助学生塑造正确的价值观、培养高尚的爱国情操等。因此，在挖掘"Python大数据挖掘与可视化"课程的思政元素、凝练思政主体时，除了要以杰出贡献者为例讲好榜样故事，还应以"身边人""身边事"为抓手，如盐

入水般地将个人的奋斗与学科专业的进步相结合,讲好"红色故事",传承"红色血脉"。此外,授课教师还可以把思政理念融入课程中的实操实训,例如结合首都经济贸易大学的特色优势,通过国际贸易等相关教学案例的讲解将思政元素"渗透"进专业课程中。此外,还可以基于教学方式进一步推进思政元素的凝练和深化。例如,构建问题链进行问题导向型教学,"翻转课堂"式的思维有助于强化学生自主能动性,提高学生的学习积极性,从而促进专业课程思政教学中的理念创新与资源开发。还可以借助超星、慕课等线上软件辅助教学,推动学生对数据挖掘技术的应用以及思政理念的入脑入心。

(二) 提升专业目标建设下课程思政的多主体协同创新

为了打破当前思政育人创新受限以及学生、教师、高校院系管理者等不同层次主体间协同效率较低的格局,有必要从以下两个方面进行优化:第一,构建思政大数据资源库及协同平台。2020年教育部就在《高等学校课程思政建设指导纲要》中强调,"支持搭建课程思政建设交流平台"。因此,为统筹管理各类思政元素以及思政育人过程中产生的结构化与非结构化数据,可以利用数据科学与大数据技术专业的先进数字化技术,以"Python大数据挖掘与可视化"课程为试点搭建相关思政资源库及协同创新发展平台。通过思政资源库,教师可以不断提升思政育人水平,完善自身职业发展。通过协同创新发展平台,教师可以自主参加相关培训讲座,或者组建团队开展交流学习等来深化大数据专业课程与思政教育间的联系,从而形成极具专业特色的个性化教学体系。第二,加强与思政课程教师以及同专业同领域教师的沟通交流。与思政课程教师的沟通有助于学习其在思政目标设计、内容选择以及教学方式中的宝贵经验,从而挖掘"Python大数据挖掘与可视化"专业课程自身的潜在思政元素,提高课程思政质量,提升专业课程教师的思政意识与思政能力,增强思政育人的积极性与创造性。与同专业同领域教师的沟通有助于从专业化角度探讨思政内容安排的普适性及授课过程中的差异性,避免思政内容的乏味与重复,从多个角度共同促进学生从认知到情感再到行为的全面发展。

(三) 健全理论引领、创新先行的专业思政评价机制

良好的专业思政建设机制关乎整个学院乃至高校的育人全局,作为以技

术和应用为导向的数据科学与大数据技术专业，有必要以"Python大数据挖掘与可视化"课程为基础，制定一套专业思政评价管理机制。评价机制的构建十分重要，其中既需要包括对学生的评价，又需要包括对教师的评价。对于学生而言，可以针对实践教学环节，从运用Python进行数据挖掘、数据分析以及数据可视化等过程中表现出的创新意识、团队精神和综合处理问题的能力等方面对学生进行思政评价。还可以通过Python技术的实操环节和课后作业等环节对学生在"Python大数据挖掘与可视化"课程相关章节的理解、回答与表现做出评价，检验专业课程中的思政效果。对于教师而言，思政育人的完成度同样需要评价。例如在讲授"使用Python技术进行网站贸易数据爬取"时所使用的案例是否具有新颖、是否巧妙地将专业知识与课程思政紧密结合在一起、是否按照教学大纲和教学计划保质保量地完成了课程思政教育等。此外，思政机制的构建还需要将授课教师评价、学生自我评价和学生间相互评价进行有机结合，从而保证管理机制的全面性和有效性。教师在授课时要做好每一堂课的教学记录，针对"Python大数据挖掘与可视化"等课程以及数据科学与大数据技术专业的特点科学地、全面地设计学生自评表和学生互评表，以此作为教师对学生评价、学生自我评价以及学生间相互评价的重要依据。

（四）打造立德树人、德才兼备的高质量专业课教师队伍

作为传道授业的主讲人，专业教师队伍的质量直接决定了课程思政的质量，更决定了专业思政的发展。因此，在数据科学与大数据技术专业思政评价机制建立的基础上，应当进一步构造集个人素养、学识能力于一体的优势互补的专业课教师队伍。首先，专业课教师需要不断优化主体责任意识。在教学过程中要有意识地关注每一章节中研究问题的引出方式以及与思政内容的结合程度，既不能因为过于专业化而与思政内容生硬结合，又不能过于强调思想政治理念而忽略了专业课程对Python等技术技能的要求。此外，授课教师还可以多鼓励和引导学生基于课程中学到的方法模型参加创新性比赛以及科研学术活动。例如，组建团队参加大学生"互联网+"创新创意大赛或全国大学生能源经济学术创意大赛等。还可以支持学生参与本专业老师的学术研究工作，进一步系统地学习相关理论知识与模型应用，了解更加前沿的知

识体系。这些方式都有助于学生在课后进一步感知如何利用自己课上所学的知识去回馈社会、报效国家，从而达到理论学习、应用实践和思政默化的相统一。其次，专业要注重教学梯队的培养。对于数据科学与大数据技术专业而言，一个高质量的教师团队既需要有经验的教师对专业课全流程进行把控，如理论知识体系的架构、教育教学的方式方法等，也需要青年教师为团队注入活力和干劲，提供更先进的专业技术以及更贴合当前热点的思政案例等，通过最大化开发教师的特长来保障和推动专业思政的高质量发展。

六、结语

在新工科建设背景下，数据科学与大数据技术专业通过前沿数字化技术对时代的更迭和相关人才的涌现起到了巨大推动作用。作为本专业的核心课程之一，"Python 大数据挖掘与可视化"更是从技术应用角度培养了学生分析大数据时的思维逻辑。为了从"三全育人"的角度实现学生素养与能力的全方位提升，有必要融入思政教育推动课程及专业的高质量发展。

当前数据科学与大数据技术专业中有关"Python 大数据挖掘与可视化"课程思政的重难点主要集中在与本领域相关的思政元素零散、思政教学方式单一以及学生教师等主体间协同性较差等方面。基于目前存在的几大问题，从专业培养目标出发，结合当前时政以及首都经济贸易大学的特色优势，重新设计教学案例，通过增加更具时效性的案例来强化"Python 大数据挖掘与可视化"课程思政的新颖性，将育人元素更自然地融入课程，以实现"立德树人"的本质。此外，还从专业思政的大框架下针对"Python 大数据挖掘与可视化"课程思政教育提出了包括构建协同创新平台、制定评价机制、打造专业教师队伍等面向"元素—主体"的实施路径，为突破传统思政教学限制、深化思政育人理念提供了解决方案，对培养学生成为具有正确世界观、人生观、价值观的社会主义事业建设者和接班人具有重要意义。

参考文献

[1] 周纯杰，何顶新，张耀，等．新工科背景下自动化专业实践课程思政的设计与实施［J］．高等工程教育研究，2022（4）：31-37．

[2] 黄泽文．"新工科"课程思政的时代蕴涵与发展路径［J］．西南大学学报（社会科学版），2021，47（3）：162-168．

[3] 曹立群，刘德阳．计算机学科教育中的课程思政建设探究：以数据科学与大数据技术专业为例［J］．电脑知识与技术，2022，18（22）：115-117．

[4] 廖健，王素格，齐姗．大学计算机"自然语言处理"课程思政元素挖掘与实践研究［J］．黑龙江高教研究，2022，40（9）：156-160．

[5] 罗来鹏．"数据挖掘"课程思政教学探索与实践［J］．电脑与信息技术，2022，30（4）：69-71，78．

[6] 王倩，何海涛，王岩．"数据挖掘与知识发现"课程思政建设的探索与实践［J］．教学研究，2022，45（3）：75-80．

[7] 曹楠源，许卫霞．"数据挖掘"课程教学探讨［J］．教育教学论坛，2022（4）：172-175．

[8] 童蔚苹，陈淑燕，杨帆，等．课程思政元素挖掘与教学实践研究：以"Python数据结构与算法"为例［J］．教育教学论坛，2021（34）：14-17．

[9] 张琼，高盛楠，李玉纯．大数据技术赋能高校精准思政的重要价值与实践进路［J］．思想教育研究，2022（6）：139-144．

[10] 刘洋．运用大数据提升高校思想政治理论课教学实效的反思［J］．思想理论教育，2021（11）：72-77．

[11] 张策，张耀元．大数据助力高校网络思想政治教育：价值、困境及其破解［J］．教育理论与实践，2020，40（33）：28-32．

[12] 陶好飞，莫勇．大数据视域下高校思想政治教育创新路径研究［J］．中国电化教育，2019（8）：44-49．

[13] 王世平,赵春燕. 立德树人理念下国际贸易理论与实务课程思政建设路径研究 [J]. 高教学刊,2022,8 (21):184-188.

[14] 邓艳君. 红色基因融入课程思政建设的三重路向 [J]. 思想教育研究,2021 (2):111-115.

[15] 张乐,张云霞. "翻转课堂"教学模式在高校思政课中的应用研究 [J]. 中国高等教育,2018 (1):36-38.

高等数学课程思政建设思路与教学策略

李 岭[①]

【摘 要】 新时代背景下高校课程思政建设，已成为高校教育改革的重点。文章从教学实际出发，结合对思政教育的理解，分析了思政教育融入高等数学课程教学的重要性，提出了高等数学课程思政建设的具体思路及相应的基本教学策略。

【关键词】 高等数学；课程思政；教学策略

一、引言

思想政治教育是马克思主义理论教育的重要途径，是建设社会主义精神文明的基础工程，也是建设中国特色社会主义的核心内容。高校作为社会主义政治思想传播的主战场，加强大学生思想政治教育，帮助当代大学生形成正确的人生观，世界观和价值观，引导学生坚持正确的政治方向，是高校教育的一个重要组成部分。一直以来，党和国家高度重视高校思想政治工作，从不同时期的中心任务出发提出具体要求，为高校思想政治工作赋予了鲜明的政治性和时代特征。

进入新时期，习近平总书记在全国高校思想政治工作座谈会、全国教育大会、学校思想政治理论课教师座谈会等一系列会议上都强调了思想政治工作的重要性。在 2016 年全国高校思想政治工作座谈会上，习近平总书记指出：要用好课堂教学这个主渠道，思想政治理论课要坚持在改进中加强，提

[①] 作者简介：李岭，首都经济贸易大学华侨学院讲师。

升思想政治教育的亲和力和针对性,满足学生成长发展需求和期待,其他各门课都要守好一段渠、种好责任田,使各类课程与思想政治理论课同向同行,形成协同效应。习近平总书记关于学校思想政治理论工作的重要论述,为我们依托课程对大学生进行思想政治教育,培养合格的社会主义建设者和接班人,办出中国特色世界一流大学指明了方向。为全面推进高校课程思政建设,2020年5月28日,教育部印发了《高等学校课程思政建设指导纲要》,明确指出全面推进课程思政建设是落实立德树人根本任务的战略举措,课程思政建设是全面提高人才培养质量的重要任务,并就如何科学设计课程思政教学体系,结合专业特点分类推进课程思政建设提出了具体指导意见。

高等数学课程是高等院校各专业普遍开设的一门重要的通识必修课程,贯穿整个大一学年。这一学年是新生大学生活的开始,更是奠定学生思想政治教育基调的一年。如何梳理教学内容,结合数学学科特点及思维方法,加强高等数学课程思政建设与管理,充分发掘和运用学科蕴含的思想政治资源,已成为高校数学课程教学中所面临的新问题。

二、高等数学课程开展思政建设的重要意义

(一) 高校课程开展思政建设的意义

大学是立德树人,培养人才的地方,是青年人学习知识,增长才干,放飞梦想的地方。大学生作为社会主义事业的建设者和接班人,肩负着民族振兴的希望,加强对大学生的思想政治教育,一直是高校教育工作的首要任务。改革开放以来,全国人民在党和政府的领导下团结奋斗,各项社会主义建设事业都取得了伟大的成就,人民生活水平显著提高。但与此同时,某些西方发达国家一直在意识形态领域进行隐形渗透,打着"民主自由"的幌子不断对我国的社会制度进行攻击和诋毁。

自新冠疫情暴发以来,世界面临百年未有之大变局,国际环境更趋复杂,中国的社会发展面临严峻的内外部挑战。这些挑战,对正处在身心生长发育关键期的大学生来讲,思想上更容易混乱和彷徨,而这也对高校思想政治教育工作提出了更高的要求。引导学生树立积极向上的人生观和价值观,已经成为当下高校刻不容缓的任务。另一方面,单纯地依靠思想政治教育课程来

完成对大学生的德育培养，已经较为吃力了。为了保证思想政治教育效率的提高，高校必须将思政教育在其他课程中进行内化，既要保证学生获得学科知识，也要培养好学生的道德情操，帮助学生进一步建立对马克思主义的信仰和对中国特色社会主义的信念，为中华民族伟大复兴之中国梦保驾护航。

（二）高等数学课程进行思政建设的优势及现状

从同思政教育进行学科融合、共同育人的角度看，高等数学课程有其独特的优势。首先，高等数学的课程覆盖高校大多数专业的学生，具有可融入思政教育的广泛学生基础；其次，高等数学课程教学时间较长，通常为第一年本科学习的整个学年，为教师推进思政教育提供了土壤；再次，对大学生而言，他们正处在学习热情高、渴求知识并且可塑性强的阶段，客观上也为在教学过程中融入思政教育提供了良好的条件；最后，高校有较为丰富的数学建模竞赛、大学生创新创业项目等各类实践平台，能有效地帮助学生扩展视野，积累经验，从而达到学以致用的目的，也有利于教师添加思政教育元素，对学生产生潜移默化的价值引领功效。

尽管目前教育主管部门和高校通过一系列相应措施加大力度推进思政教育融入高校课程的教学改革，高等数学课程思政建设仍有待加强。究其原因，主要存在以下几方面问题：从教师角度而言，高等数学教师大部分都是数学专业出身，在授课时已形成固有套路，更多侧重于提高学生的解题技巧，而缺乏课程思政的意识，对德育智育之间的关系如何平衡、知识传授与价值引领如何正确把握没有进行深度的思考；从学生角度而言，刚刚迈入大学校园的他们，学习自控能力较弱，需要教师进行充分的引导和监督；从学科角度而言，相较思政类课程，高等数学课程通常前后关联、自成体系，且课程本身难度较大。此外，"全课程育人"的理念还未能在高校课程思政建设中完全展开，数学学科和与其他学科结合共同推动思政教育的机制仍需完善。

三、高等数学课程开展思政建设的具体思路

高等数学课程以函数作为主要研究对象，以极限作为研究工具与方法，是学习现代各门学科知识的重要理论基础，也是解决实际问题的强有力工具。通过学习高等数学中的基本概念、理论以及数学思想和方法，培养学生的逻

辑推理及抽象概括能力，培养学生利用数学知识及数学软件分析解决实际问题的意识和能力，使学生能用辩证唯物主义观点分析和处理问题，掌握科学的方法论，为学生后续的学习提供必要的知识基础和数学素养保障。对高等数学课程开展思政建设，应保证结合课程自身特点与课程教学目标，不生搬硬套，不牵强附会，尽可能做到贴近实际，贴近学生。

（一）以唯物辩证法指导教师日常教学活动

马克思主义是我们立党立国的根本指导思想，也是中国大学最鲜亮的底色。其中，唯物辩证法作为马克思主义哲学思想的重要组成部分，是马克思、恩格斯科学地将辩证法和唯物主义结合为一体而创立的科学理论体系，是以人类社会和思维发展的一般规律为研究对象的哲学方法，也是帮助我们揭示各种事物复杂联系的显微镜。在高等数学课程中有很多定理定律都是对马克思主义唯物辩证思想的有力论证。

在讲解导数概念的过程中，经常用平均速率和瞬时速率之间的区别与联系作为引例，以此帮助学生理解导数作为研究运动中瞬间变化规律的方法。该知识点集中体现了动与静之间的辩证统一关系，物质世界的运动是绝对的，而物质在运动过程中又有某种暂时的静止，在一瞬间，运动和静止达到了对立统一的状态，充分体现了唯物辩证法所强调的对立统一规律。

在定积分概念的讲解中，对如何求取曲线下的面积这一问题，首先是把曲线下面积化大为小，分割成若干矩形，而当分割无限次进行时，小矩形个数也越来越多，通过对无数小矩形面积的积累之和求取极限，能得到整个曲线下面积。整个推导过程中，既涉及唯物辩证法中归纳与演绎的思维方法，也完美地展现了唯物辩证法中从量变到质变的基本规律。

数学作为揭示客观事物本质关系的科学，蕴含着丰富的唯物辩证思想。教师在进行高等数学课程教学活动中，应该在传授专业知识的同时深化学生对唯物辩证法科学真理性和现实意义的认识，教育学生运用马克思主义立场观点观察、分析问题，让学生深刻感悟马克思主义哲学思想的真理力量，掌握科学的方法论，为学生成长成才打下科学思想基础。

（二）以数学发展史激发学生爱国主义情怀

爱国主义是中华儿女最自然、最朴素的情感，也是中华民族最重要的精神财富。2019年11月,中共中央、国务院印发的《新时代爱国主义教育实施纲要》中明确强调:要充分发挥课堂教学的主渠道作用,把青少年作为爱国主义教育的重中之重,将爱国主义精神贯穿于学校教育全过程,推动爱国主义教育进课堂、进教材、进头脑,并要求高校将爱国主义教育与相关专业课程有机结合,加大爱国主义教育内容的比重。对高校数学课程而言,教师可以在教学过程当中适当穿插中国数学发展史来激发学生的爱国情怀和文化自信。

翻开灿烂悠久的中国文化史,中国古代数学研究的累累硕果令人瞩目,如杨辉三角的提出比欧洲数学界早三百余年;刘徽在"割圆术"中提出了极限的观念,与现代方法相差无几。在近代中国数学的发展史上,也出现了李善兰、华蘅芳等著名数学家,为学科进步贡献自己的力量。遗憾的是,当科技推动西方国家经历第二次工业革命时,近代中国却经历着内忧外患,科技发展极大落后于西方。在教学过程中,教师可以将近代中国数学的发展史结合中国近代百年的屈辱历史,同新中国成立后党和国家十分重视科教事业,科学技术蓬勃发展,华罗庚、丘成桐等著名数学家分别在各自领域取得了伟大成就形成鲜明对比,让学生真切感受到落后就要挨打、科学技术是第一生产力,从而教导学生抓住历史机遇,自觉承担起自身所肩负的中华民族伟大复兴的重任。

当然,以中国数学的发展史激发学生爱国主义情怀,并不是简单地将数学与爱国主义教育机械地拼接在一起,也不能过分偏重爱国主义史料而忽视学科知识的教学,在实际的教学活动中,教师还需要做到深入浅出,有机结合。

(三)以数学学科知识启迪学生正面思维

数学学科的构建是无数数学家辛勤努力的结果,也是他们聪明才智的结晶。教材中对数学概念、定理的叙述,逻辑缜密,简明有序,至今仍闪耀着智慧的光芒。教师在授课过程中,可通过挖掘和提炼,帮助学生进行相应引申,从而达到通过数学学科知识启迪学生正面思维的目的。

在讲解费马引理时,教师可以引入费马大定理证明的故事来对学生进行挫折教育。从提出到解决,费马大定理整整困扰了数学家三百多年。定理最终的证明者怀尔斯，从少年时接触费马大定理就被其所吸引，到中年时做好准备对其发起挑战，整整七年时光，怀尔斯与费马大定理进行着艰苦的搏斗。然而在最后论文审核中，因为过程中的一个漏洞，导致证明无效，怀尔斯的努力化为乌有。在巨大的质疑声中，怀尔斯没有放弃，而是总结经验重新开始，并在之前证明失败的漏洞中，获得了新的灵感，并最终完成了费马大定理的证明。回望整个过程，相信学生们感受到的不仅是怀尔斯成功的喜悦，更会被他坚韧不拔的品质所折服。正如冰心先生在诗中所写："成功的花，人们只惊羡她现时的明艳。然而当初她的芽儿，浸透了奋斗的泪泉，洒遍了牺牲的血雨。"

在讲解不定积分与原函数之间的关系时，一个被积函数的原函数有无穷多个，其差别也仅仅在于一个常数 C 的变化。只要原函数核心的主体部分不发生改变，那么不论常数 C 变化成什么数值，在求导的法则作用后得到的仍然是相同的被积函数。通过不定积分的知识点，教师可以引导学生不忘初心、牢记使命，不论外部环境有多么的纷繁多变，学生们都应该坚定信念，通过不懈的努力，达到理想的彼岸。

（四）以社会实践活动提升学科应用能力

随着学生对数学课程学习程度的加深，教师可以组织学生参加如"挑战杯"全国大学生课外学术科技作品竞赛、全国大学生数学建模竞赛等社会实践活动，通过社会实践大课堂来提升学生的学科应用能力。

首先，通过全国大学生数学建模竞赛等社会实践活动，学生可以构建数学与外部世界的桥梁，积累用数学语言表达实际问题的经验，深刻地体会"纸上得来终觉浅，觉知此事要躬行"；其次，数学建模活动应用到 MATLAB、SPSS 等数据处理和分析的软件，需要学生学习和理解算法及编程语言，学生逻辑思维能力得到了培养；最后，在通过学科知识解决实际问题的过程中，学生们需要分工协作，优势互补，团队意识得到充分发展，为学生将来走向社会、服务社会打下了良好的基础。

（五）以教师自身的人格魅力给予学生人文关怀

人格是教师魅力的核心，是教师对学生、事业以及自身的态度在其言行中的反映。人格魅力并不是一项单纯的性格或特质，而是多方面的综合呈现，它是通过长期的教育实践而形成和发展的一种独特的感染力。一名拥有出众人格魅力的教师，应该有过硬的政治素质、扎实的学术水平、高尚的品德修养和良好的行为习惯。教育家乌申斯基有一句教育箴言，"只有从教师人格的活的源泉中才能涌现出教育的力量"，由此可见，教师人格魅力的影响有多大，而这是任何教科书都难以替代的。

回到高等数学课程的教学中来，一方面数学课程内容抽象性强，知识点多，教学节奏偏快，一直是学生们眼中的"老大难"课程；另一方面，来到大学之后，学生脱离了家长和学校的监督与引导，大部分学生普遍处于一个迷茫的状态，不少人会因为第一次离开父母而感到压抑和焦虑。这两方面的情况，让教师在传授知识之外也需要通过自身的人格魅力来对学生起到示范、激励的作用。在课堂教学时，教师应成为学生的良师，以专业的学术水平和持久旺盛的热忱来做好行为示范，让学生感受到爱岗敬业精神的可贵；在课堂外同学生交流时，教师应为学生的益友，给予学生学习方法的指导、为人处事的点拨，以得体的言谈举止、良好的师德师风，将思政教育融入课堂内外，真正做到"春风化雨，润物无声"。

四、高等数学课程开展思政建设的教学策略

针对高等数学课程专业特点和开展思政建设的具体思路，可从课前、课中和考核评价三个阶段着手，实施课程教学策略。在课前准备阶段，教师应在日常教学活动外加强学习，提升自身思政素质，并根据培养方案和课程大纲及时完善课程教学目标；在课程教学阶段，教师应在随时调整并更新课程思政资料库的同时尽量尝试创新教学模式方法，避免以教师为中心的填鸭式教学方式；在考核评价阶段，教师应建立完整的考核评价体制，切实落实课程教学目标。

（一）加强教师思政素质

教师是学生成长的引领者，加强教师的思想政治素质，更是关系到培养什么人，怎样培养人，为谁培养人这个根本问题。教师思政素质的加强，关键在于提升教师育人的意识与能力，通过加强理论学习，推进师德师风建设，让教师意识到自己要育人、在育人。在日常教学活动外，高校教师要自觉学

习教育教学基本理论，重点加强习近平总书记关于教育的重要论述的研究学习，进行"四史"学习，坚定政治方向，加强理想信念，树立新的教育观，牢记为党育人、为国育才的光荣使命。此外，教师在面对学生时，要尊重学生身心发展规律，了解学生因为社会生活变化而产生的道德认知和人生观、价值观变化的需求，让教育教学真正切合学生的内在动机与需要。

（二）完善课程教学目标

教学目标是指通过教学活动将使学生发生何种变化的明确表述，可理解为在教学活动中所期待得到的学生的学习结果。在教学过程中，教师应始终坚持以教学目标为导向，并确保教学活动始终围绕实现教学目标而展开。一般来讲，课程教学目标需要根据知识和能力、过程和方法、态度和价值观三个维度进行设计，三方面相互渗透，融为一体。在高等数学课程教学过程当中，教师往往会将教学目标侧重在知识和能力方面，而忽略对学生态度和价值观的培养。完善课程教学目标，是指教师在进行教学活动时，要做到三维教学目标齐头并进，既要保证对知识的传授和能力的培养，也要重视情感、态度和价值观的正确导向，培养学生高尚的道德情操和健康的审美情趣，帮助学生形成正确的价值观和积极的人生态度。

（三）丰富课程思政资源

随着信息社会的发展和教学改革的进行，充分开拓和利用课程思政资源已经成为高校课程思政建设必不可少的环节。对从事高等数学课程教学的教师而言，一方面要充分利用好院校和网站已建成的课程思政案例库辅助教学并指导课程思政建设；另一方面，在教学过程当中，教师要有意识地根据学生培养方案及课程大纲，结合授课内容和学生情况，及时更新课程思政资料库。需要注意的是，课程思政资源可以涵盖文本、图片、视频、新闻等多种形式。只要能够帮助教师达到围绕专业理论拓展背景知识、引入思政元素的目的，都可作为优秀的思政资源收入课程思政案例库当中。丰富的课程思政资源的支持，是课程思政建设能达到理想效果的重要保障，在这个过程当中，需要教师强化思政资源意识，提高对于课程思政资源的认识水平，因地制宜地开发和利用好各类型思政资源，更好地完成课程思政建设。

（四）创新教学模式方法

创新是时代的主旋律，也是教育改革的起始点，唯有善于创新、敢于创新，才能为教育发展带来一片新天地。传统的教学模式主要以听讲、识记、理解为主要活动形态，教师侧重于专业核心知识点的讲解，对于时事政策、爱国情怀等思政元素难以系统性地进行融入。为达到高校数学课程思政建设的目的，我们要创新教学模式方法，深入挖掘思政教育与专业教学的契合点，将思政教育有机贯穿于专业教学，发挥专业教育与思政教育的协同效应，构建全过程、全方位的育人体系，用学生乐于接受的方式开展教学活动，在掌握专业知识的同时，潜移默化地接受思政教育。

在新冠疫情暴发的特殊背景下，各大高校都在积极探索创新教学模式方法，如线上线下混合式教学。教师可以充分利用互联网平台和学生碎片化学习的习惯，将事实性、概念性的理论基础知识，转化成富有吸引力且难易适度的资讯，通过文本、短视频、线上平台讨论等多种形式，推送给学生，引导学生发现问题，并激发学生学习动力，为课堂教学提供参考。在线下教学时，教师可积极尝试以学生为中心的翻转课堂等互动式教学手段，由学生对所学专业问题阐述自己观点，并提出线上学习过程当中的疑惑，教师则对知识难点部分及学生提问进行重点解析。线上线下混合式教学可以极大程度地激发学生的主观能动性，真正做到"授人以鱼，不如授人以渔"。

（五）建立考核评价体系

考核评价，是切实引导学生完成课程教学目标的手段，也是课程思政建设过程当中不可缺少的环节。建立一套完整的，可贯穿课前、课中、课后全过程的考核评价体系，既可以帮助教师更好地掌握学生情况，也能不断优化课程思政的相关内容，使其始终朝着培养社会主义合格建设者和接班人的方向优化前行。其中，课前预习阶段以学生自主学习、自主评分为主，教师通过设计评价指标体系，督促学生逐一完成预习任务，提高预习质量；课中教学阶段，教师可以根据所采取的不同教学方法，制定相应评价标准；课后巩固阶段，由教师和学生互评构成，其中教师依据学生课前自评情况、课堂表现情况、课后作业情况综合评定得出学生的平时成绩，而学生则根据教师的教学内容设计、方法和手段等进行评教，促进教师完善下一轮教学。

五、结语

在高等数学课程教学中融入思想政治教育、进行课程思政建设的教学改革，并不是要改变课程性质本身，而是希望能够将知识传授与价值引领相结合，将思想政治教育的理念和学科教学内容有机融合，帮助教师更大程度地挖掘课程的学术和人文价值，从而让学生能够充分地体会到数学学科所蕴含的思想和哲理，并帮助学生成为全面发展的人才，为新时代的社会主义建设贡献力量。

参考文献

[1] 翟博. 深刻理解习近平总书记关于教育的重要论述核心思想和精髓要义 [J]. 中国高等教育，2021（1）：20-28.

[2] 吴晶，胡浩. 习近平在全国高校思想政治工作会议上强调：把思想政治工作贯穿教育教学全过程 开创我国高等教育事业发展新局面 [J]. 中国高等教育，2016（24）：5-7.

[3] 《高等学校课程思政建设指导纲要》发布 [J]. 中国电力教育，2020（6）：6.

[4] 郑亚威，张宇航. 基于思想政治教育视角对香港青年问题的探讨与思考 [J]. 产业与科技论坛，2020，19（21）：86-88.

[5] 郭冬，闵杰，郑昊亭. "大学数学"课程思政改革的优劣势与实现路径 [J]. 教育教学论坛，2020（44）：70-72.

[6] 施剑秋. 只有唯物辩证法才能理解微积分的实质：学习马克思《数学手稿》的体会 [J]. 厦门大学学报（自然科学版），1975（1）：4-8.

[7] 李志强. 论作为道德要求与法律规范相统一的爱国主义及其教育：从《新时代爱国主义教育实施纲要》说起 [J]. 高校马克思主义理论教育研究，2021（3）：85-91.

[8] 周向宇. 中国古代数学的贡献 [J]. 数学学报（中文版），2022，65

(4)：581-598.

[9] 吴昌华．费马大定理的358年证明史［C］//．王希诚，武金瑛，谷俊峰．科学殿堂的力学之光：第五届全国力学史与方法论学术研讨会文集．大连：大连理工大学出版社，2011：112-127.

[10] 白义琴．做新时代有魅力的思政课教师［J］．山西教育（管理），2021（9）：70-71.

[11] 王翠芳．高等数学课程中的思政元素探析［J］．天津中德应用技术大学学报，2020（5）：68-71.

[12] 李明，刘龙．论微积分课堂教学的真正教学目标［J］．高师理科学刊，2014，34（6）：64.

[13] 马骄．"三全育人"背景下高校思想政治教育资源整合研究［J］．大众文艺，2022（14）：205-207.

[14] 姜赛男．混合式教学理念引导下数学专业课程思政教学模式构建［J］．成才，2022（13）：65-66.

[15] 李广玉．课程思政理念指导下的高等数学过程考核实施方案［J］．高等数学研究，2022，25（1）：124-127.

大学英语课程思政建设实践难点与解决方案

李险峰[①]

【摘 要】 立德树人是中国高等学校一切工作的根本标准，全面推进课程思政建设是人才培养的应有之义和必备内容。作为大多数非英语专业学生在本科教育阶段必修的一门公共基础课程和通识课程，大学英语应融入课程思政教学体系，在立德树人根本任务中发挥重要作用。大学英语在课程思政建设方面虽然具备一些优势，但也存在外语化和中国文化失语等不利因素和实践难点。通过广泛挖掘思政素材，将思政元素有机融入大学英语教学过程、勇于创新，编写符合中国高校实际的大学英语教材以及加强师德师风建设，全面提升授课教师的综合素质等方法，可以有效解决大学英语课程思政建设实践中的难点，保障大学英语课程思政建设高质量实施和完成。

【关键词】 课程思政；大学英语；实践难点；解决方案

2018年9月10日，习近平总书记在全国教育工作会议上指出：教育是民族振兴、社会进步的重要基石，是功在当代、利在千秋的德政工程，对提高人民综合素质、促进人的全面发展、增强中华民族创新创造活力、实现中华民族伟大复兴具有决定性意义。我国是中国共产党领导的社会主义国家，这就决定了我们的教育必须把培养社会主义建设者和接班人作为根本任务，培养一代又一代拥护中国共产党领导和我国社会主义制度、立志为中国特色社会主义奋斗终生的有用人才。这是教育工作的根本任务，也是教育现代化的

---

① 作者简介：李险峰，首都经济贸易大学华侨学院副教授。

方向目标。

《高等教育课程思政建设指导纲要》也明确提出，立德树人成效是检验高校一切工作的根本标准。落实立德树人根本任务，必须将价值塑造、知识传授和能力培养三者融为一体、不可割裂。全面推进课程思政建设，就是要寓价值观引导于知识传授和能力培养之中，帮助学生塑造正确的世界观、人生观、价值观，这是人才培养的应有之义，更是必备内容。

一、大学英语课程思政建设的理论基础

（一）课程思政的属性是隐性教育

隐性思想政治教育在古今中外的思想政治教育实践中广泛存在，历史发展积淀了不少隐性思想政治教育的智慧成果。在中国古代关于社会政治控制、道德教化的丰富言论中，可以梳理出"身教示范""以乐化民""熏陶化育"等关于隐性施教的一些理论主张，这些主张在之后的历史发展中得到不断的丰富和发展，可谓一脉相承而又与时俱进（周晓岩，2019）。

"隐性教育"这个概念发端于1968年美国教育社会学家杰克逊（Jackson）在其专著《班级生活》关于学校"潜在课程"（Hidden curriculum）的阐述中：相对有标准的课纲、教学要求和教学目标显性课程而言，隐性课程指的是学生在学习环境中（包括物质环境、社会环境和文化体系）所学到的非预期或非计划性的知识、价值观念、规范和效果。1970年美国学者奥渥勒提出"隐蔽性课程"（hidden curriculum）研究，之后又出现了"隐性德育"的概念。我国从20世纪80年代末90年代初就开始了对隐性教育的探讨和研究。

培养什么人、怎样培养人、为谁培养人是教育的根本问题。德育教育居于人才培养的首位。中国高校现在开设的马克思主义基本原理、毛泽东思想和中国特色社会主义理论体系概论、中国近现代史纲要、思想道德修养与法律基础、形势与政策五门思想政治理论课"承担着对大学生进行系统的马克思主义理论教育的任务，是全面贯彻党的教育方针、落实立德树人根本任务的主干渠道和核心课程。"

除了上述五门思想政治理论课之外，绝大多数专业课和通识教育课都是

隐性思想政治教育课程。

但是立德树人的根本任务，仅仅依靠显性的思想政治理论课教育是远远不够的。隐性思想政治教育课程，在高校思想政治教育工作中同样发挥着非常重要的作用。2016年12月，习近平总书记在全国高校思想政治工作会议上提出，"其他各门课都要守好一段渠、种好责任田，使各类课程与思想政治理论课同向同行，形成协同效应"。2017年12月，教育部提出"大力推动以课程思政为目标的课堂教学改革，梳理各门专业课所蕴含的思想政治教育元素和所承载的思想政治教育功能，融入课堂教学各环节，实现思想政治教育与知识体系教育的有机统一"。

从思政课程到课程思政是立德树人教育理念的创新，是从显性教育向隐性教育的转变，是全新的育人理念与价值培育和输出，是一种全新的课程观、一种新的思想政治工作理念（宋红波、陈尧，2022）。2019年3月18日，习近平总书记再次提出明确要求：要坚持显性教育和隐性教育相统一，挖掘其他课程和教学方式中蕴含的思想政治教育资源，实现全员全程全方位育人。

（二）课程思政是符合思想品德发展规律的内在要求

隐性教育符合教育规律中的"思想形成三维律"，即人的思想形成因素中，包括教育、环境、人自身都在起作用。人的品德的形成不仅仅来自道德认知，更重要的是来自道德情感。道德情感是道德认知的激发力量和驱动力量，还对道德行为具有调控作用。情感的重要特征之一是"情境性"。隐性思想政治教育潜在地隐含在显性教育背后，渗透在学习活动与环境氛围之中，通过间接的、内隐的、渗透的方式发生作用，使学生无意识地、不知不觉地、潜移默化地接受教育，这样的教育往往具有更好的效果和更深刻的影响（王艳秋、张耀灿，2012）。前些年，我们采用正面灌输等有意识教育多，而对无意识教育（隐性教育）重视不够，导致说教式的思政教育多，潜移默化、润物无声的思政教育少。思政教育从显性教育向隐性教育转移、从思想政治理论课向其他专业课和通识课扩展成为一种必然。

（三）大学英语的课程性质与隐性思政教育性质相互契合、兼容

大学英语兼具工具性和人文性。狭义上来讲，大学英语从教学内容上划

分，是一门外语语言课程。语言又是文化的一个重要组成部分，因此它又是一门文化课程。马克思在《德意志意识形态》中指出："语言是思想的直接现实"，"观念是不能离开语言而存在的"。语言是人类表达思想的一个工具和载体。同时，每一种语言都隐含一种独特的认识世界的方法，说明不同语言的差异对不同民族思维方式的实现具有决定性作用。语言学史上第一位理论语言学家洪堡特有一个著名的论断，"每一语言里都包含着一种独特的世界观"，"语言仿佛十分注重民族精神的外在表现，民族的语言即民族的精神；民族的精神即民族的语言"。这一论断凝练地概括了语言与思维、语言与认知现实之间的辩证关系。

大学英语的重要任务之一是进行跨文化教育。学生可以通过英语学习了解国外的社会和文化，增进对不同文化的理解，加强对中外文化异同的认识，培养跨文化交际能力。人文性的核心是以人为本，弘扬人的价值，注重人的综合素质和全面发展。社会主义核心价值观应有机融入大学英语教学内容。

习近平总书记提出"一带一路"倡议、构建人类命运共同体等理念，让中国日益走进世界舞台的中央，国家外语能力（National Foreign Language Capacity）已成为我国参与全球事务的大国重器和关键引擎。大学英语课程承载着培养大学生英语应用能力和跨文化交际能力的专业使命，要通过隐性思想政治教育实现"三全育人"的培养目标，担负的责任重大。

二、大学英语课程思政建设的内容

课程思政的本质是立德树人，核心是全面提高人才培养能力。根据《高等教育课程思政建设指导纲要》的要求，大学英语的课程思政建设内容"要紧紧围绕坚定学生理想信念，以爱党、爱国、爱社会主义、爱人民、爱集体为主线，围绕政治认同、家国情怀、文化素养、法治意识、道德修养等重点优化课程思政内容供给，系统进行中国特色社会主义和中国梦教育、社会主义核心价值观教育、法治教育、劳动教育、心理健康教育、中华优秀传统文化教育"。

大学英语课程是首都经济贸易大学一、二年级学生必修的一门课程。该课程不仅要致力于提高学生英语听说读写译的英语综合应用能力，更应利用自身的课程优势,在立德树人方面发挥重要作用。《大学英语教学指南》明确阐明,大学英语课程作为大多数非英语专业学生在本科教育阶段必修的公共基础课程和通识课程,是我国高等教育的重要组成部分;大学英语教学应融入课程思政教学体系,增加学生在社会、文化、科技等领域的知识储备,拓宽国际视野,提升综合文化素养,树立正确的世界观、人生观、价值观,使之在高等学校落实立德树人根本任务中发挥重要作用。

鉴于外语课程的特殊性,大学英语课程思政应涵盖以下五个方面的总体内容:党的创新理论认同、培育和践行社会主义核心价值观、传承中华优秀传统文化、培养宪法法治意识、职业理想和职业道德教育等。

三、大学英语课程思政建设的优势

总体而言,大学英语在课程思政建设方面有以下两大优势。

(一) 大学英语课程覆盖面最广,授课时间最长

大学英语课程涵盖高校理、工、文等绝大多数非英语专业学生,专业分布极为广泛,是高校学生学习时间最长、学分最多、修读人数最多的一门公共基础课程,拥有广阔的育人平台(吴鹏,2020)。

(二) 大学英语教学题材丰富多样

大学英语课程以培养学生的跨文化交际能力为目标,教学题材丰富多样,这有利于在大学英语课程当中开展课程思政实践,实现立德树人的目标。因此,大学英语实施课程思政建设,应该在充分尊重课程和学科特点的基础上,把课程内容与思政内容有机结合,形成完整的课程思政建设体系(陈哲臻,2020)。以笔者教授的大学英语教学内容为例,十个单元涵盖了居住环境(great places to be)、人物传记(people's lives)、交通出行(getting from a to b)、发明创造(it was all new once)、动物世界(animal world)、旅游观光(tourist attractions)、资源保护(every drop counts)等多个主题,涉及社会、教育、人文、环保、科技等诸多题材,内容丰富多彩,为课程思政建设提供了广阔的教学空间和契机。

四、大学英语课程思政建设的实践难点

与其他大学课程相比,大学英语课程在课程思政建设的实践中存在以下

的几个难点。

（一）外语化特征

大学英语的教学语言是外语，而且为了学生学到原汁原味、地地道道的英语，大学英语的教材内容基本都是选取以英语为母语的作者写的原文。中国元素和题材要通过英语这门外语讲授出来，对授课教师的母语和英语语言能力提出非常高的要求。真实、生动、准确地使用英语这一外语语言工具，传载中国的社会主义核心价值观和中华优秀传统文化等教育内涵，成为大学英语课程思政建设中的最大难点。如在介绍孔子的"仁""义""礼""智""信"和中国哲学的基本概念"道""阴""阳"时，很多教师找不到非常准确的翻译，在教学讲授中往往词不达意。像孔子认为的"吾十有五而志于学，三十而立，四十而不惑，五十而知天命，六十而耳顺，七十而从心所欲，不逾矩"，以及老子的理念"道可道，非常道"等，都需要授课教师通过非常专业、准确的翻译，才能将这些中国古代教育家、哲学家的思想精髓精准地传授给学生。

（二）中国文明和中国文化失语现象

大学英语绝大部分教学材料来源于英美作者，教学内容较多涉及国外社会制度、意识形态、宗教信仰、生活方式等层面。教学内容基本是宣传西方文明、西方文化和西方价值观。对于源语文化，即有关中国文明、中国文化、中国题材的材料非常缺乏，甚至根本没有。与之对应的中国文化的英语表达，缺乏统一、规范的标准，尚未得到应有的重视。久而久之，该课程的教学就会形成中国文明和中国文化失语的现象。有相关研究表明，"讨论外语教学文化导入有一点往往会被忽视，即大多数讨论主要是针对外族文化导入中的重要性及意义，而对本族文化的作用认识不足"（束定芳，1996）。其他研究者也发现，"高校英语教师和学生的中国文化英文表达还不具备向外输出、宣传、弘扬本民族优秀文化的良好能力"（肖龙福等，2010），而这种现象对于大学英语课程思政建设是非常不利的。

（三）学生容易被西方思想意识和价值观渗透侵蚀

在现有大学英语的课程框架之下，学生"容易被目的语语言所承载的思想意识和价值观念渗透侵蚀，对自身的世界观、人生观、价值观形成潜移默化的影响"（宋红波、陈尧，2022）。近些年来，高校一些学生出现了崇洋媚外等不良思想，有的学生不加批判地全盘接受西方的价值观，盲目追求西方的生活方式。有的学生热衷于过西方的圣诞节、感恩节、狂欢节和愚人节，但对于中国的传统节日如春节、端午节、中秋节等不感兴趣。在课程教学过程中如果出现了上述后果，大学英语设计的课程思政建设效果就会大打折扣，甚至受到严重影响。

五、解决方案

习近平总书记指出，教师是人类灵魂的工程师，是人类文明的传承者，承载着传播知识、传播思想、传播真理、塑造灵魂、塑造生命、塑造新人的时代重任。教师是高等学校课程思政教学一线的践行者和主力军。对于大学英语课程思政建设实践中，克服上述实践难点，保障课程思政高水平、高质量完成，笔者提出以下三个解决方案。

（一）广泛挖掘思政素材，将思政元素有机融入大学英语教学过程

前面我们分析过，现有的大学英语教学内容存在外语化特征和中国文化失语现象，中国题材、中国元素的课程思政内容占比非常低。教师应在课程教学内容之外，积极、广泛、充分地挖掘思政元素，合理利用课程教学的情境，将思政元素有机、巧妙地融入教学环节，发挥潜移默化的教育作用。

在大学英语中的一篇阅读文章（*Reading in a whole new way*）中，作者高度赞扬德国人古登堡在1440年发明了活字印刷术，使书籍在欧洲开始大量印刷、出版和传播，对于文艺复兴的兴起起到极大的推动作用。我在设计教案时，补充中国的毕昇早在公元1000年左右就发明了胶泥活字、木活字排版，也就是说毕昇的活字印刷术的发明比古登堡的发明早了400多年。同时，从毕昇活字印刷术这个知识点，我又向学生讲解了中国古代四大发明对人类文明进步和文化的传播起到的重要作用。有关中国古代四大发明对于世界做出的重大贡献这一思政元素的引入，帮助学生深入了解中国四大发明，提升了他们的文化自信。

另外一篇阅读文章（*White mountain, green tourism*）重点介绍法国阿尔卑斯山脚下的一个旅游小镇查默尼克斯（Chamonix）是如何发展绿色旅游业的。

我在三个点嵌入了思政元素。第一个点是这个小镇已经显露全球变暖等气候变化,如常年积雪的阿尔卑斯山的冰川开始融化。我引导学生列举他们看到、听到或查阅到的全球变暖的事例,分析由此产生的后果和危害。第二个点是文章提及法国政府有关减少碳排放的承诺。我补充了中国政府对碳排放向全世界作出的庄严承诺:在2030年之前实现二氧化碳排放量最高值(碳达峰),在2060年之前实现二氧化碳新增排放量降为零(碳中和)。将法国政府和中国政府所作承诺进行对比,学生得出结论:中国政府承诺的减排目标和力度更大,中国的大国和负责任政府的形象更加凸显,中国人的言必信、行必果的品格更加令世界印象深刻。第三个点是文章在介绍查默尼克斯(Chamonix)镇和一些酒店实施的一些绿色旅游措施时,我组织学生讨论个人、企业和政府三个层面行之有效的低碳环保做法。通过三个思政元素在教学中的巧妙融入,学生对于中国政府碳中和的国家长期发展目标有了更清晰、明确的认识,对于关注气候变化和环境保护的世界公民意识也更加增强了。

(二)勇于创新,编写符合中国高校实际的大学英语教材

复旦大学外文学院的蔡基刚认为,现有大学英语教材存在诸多问题:教材的雷同性、教材的应试性、教材的人文性、仍是基于语言的、教材语言失去真实性、教材难度放低、对自主学习理解偏差、教材越编越厚等(蔡基刚,2011)。在思政建设方面,我们也发现在使用现有大学英语教材的情况下,即使想方设法在教学中增加、补充思政元素,也很难撼动西方文明、文化和价值观的话语权,无法彻底消除教材中中国文化的失语现象。教材成为大学英语课程思政建设有效进行的一大难点。

教材是课程教学必不可少的一部分,是教学内容的主要载体,也是实现教学目标的根本保证。在大学英语教材编写中应融入课程思政的培养理念和内容,体现新时代、新要求,牢牢抓住学习贯彻习近平新时代中国特色社会主义思想这条主线,自觉融入社会主义核心价值观和中华优秀传统文化,增加有关中国传统文化、历史、经济建设等方面的内容,加强先进文化教育的弘扬传承,进而构建有中国特色的外语教材(徐晓艳,2021)。

首都经济贸易大学华侨学院基础课部大学英语授课教师勇于探索,大胆创新,放弃了中国高校广泛使用的《全新版大学英语教程》《新视野大学英

语》《综合英语教程》等教材，克服资源缺乏、教学任务繁重、时间短缺等困难，利用寒、暑假期，通力合作，编写出大学英语教材《核心英语》。教材旨在全面培养学生的核心英语语言应用能力，提升其核心文化素养与思辨能力，塑造具有高尚品质的社会主义核心人才。该教材在华侨学院2021级学生大学英语课程中已试用一年，得到师生的广泛好评和高度认可。

《核心英语》以中国、中国人、中国文化为教学主题内容，在听、说、读、写、译等五个方面全面加入中国元素和思政元素。教材将宣传马克思主义、毛泽东思想和建设中国特色社会主义理论方针和政策、传播中华优秀传统文化、弘扬社会主义核心价值观作为教学的核心内容。如选取介绍华人名人（如中国科学家袁隆平、屠呦呦）或者华裔名人（如大提琴家马友友）等英语文章作为阅读素材、听力素材或口语练习素材。在"中国声音"（Sound of China）板块，重点介绍中国历史人物、中国传统文化以及习近平新时代中国特色社会主义思想等。在明辨性思维（Critical Thinking）板块，通过应用型思维训练，挖掘和培养学生分析问题和解决问题的能力以及明辨是非的能力。

《核心英语》教材的编写和使用，使教师摒弃了以往在大学英语教学中用"打补丁"的方法引入思政元素的传统做法。教材中的思政元素都是在编写时精心设计和规划好的，因此授课教师在备课和教学实施中，只需按照教材的逻辑主线，设计好教学大纲和教案，就可以在教学中高质量地完成课程思政内容的讲授。

（三）加强师德师风建设，全面提升授课教师的综合素质

教师在教学过程中体现出来的思政教育能力，直接影响着学生对课程所蕴含的思政教育元素的接受和掌握程度。作为课程改革主体的教师自身思政素质如何直接影响学生理论知识的学习、道德行为的养成和良好人格的形成，对学生的学业和人生道路都有可能产生深远并且具体的影响（李馨，2019）。由于授课教师是大学英语课程思政建设的践行者和主力军，因此让教育者先受教育，全面提升授课教师的综合素质，是大学英语课程思政建设成功的重中之重。

2014年第30个教师节前夕，习近平总书记考察北京师范大学时发表重要

讲话，勉励广大教师做有理想信念、有道德情操、有扎实学识、有仁爱之心的"四有"好老师。大学英语课程的授课教师也应按照"四有好老师"的标准，潜心培养和提升自己的知识水准、文化底蕴以及综合素质，既成为一名合格的教学的讲授者，也成为课程思政优秀的践行者。

1. 有理想信念。理想信念是好老师的精神基石，一个有理想信念的教师，一定热爱祖国、牢固树立马克思主义和社会主义理想信念，拥护中国共产党的领导，拥有家国情怀。教师是人类灵魂的工程师。光学专家马祖光说过，要想给人一碗水，自己要有一桶水。我们可以想象：一名不具备坚定理想信念的老师，是绝对无法培养出有理想信念的学生的。

2. 有道德情操。道德情操，是好老师践行教育使命的核心品质。一个有高尚道德情操的老师，一定会正直诚信、爱岗敬业、为人师表、率先垂范，以立德树人为教育最高目标，以培育和践行社会主义核心价值观为己任，为国家培养品学兼优的建设者和接班人。德育是教师的根本职责之一。道德示范是教师教学生活的有机构成，其以身作则带来的不只是简单的道德行为模仿，更重要的是由示范和观察学习而带来的有利于高尚人格形成的心理变化。

3. 有扎实学识。教书育人是教师的使命。"师者，所以传道、授业、解惑也。"大学英语授课教师首先要具备较高英语语言综合能力，不仅能使用英语将语言课程讲好，帮助学生提高听、说、读、写、译等语言综合应用能力，还能使用英语将课程的思政内容和元素传授给学生，实现课程思政的最佳教学效果。

大学英语授课教师还要具备广博的知识，要认真学习马克思主义的理论、毛泽东思想、邓小平理论、习近平新时代中国特色社会主义思想，认真学习党和国家的路线、方针和政策，学习社会主义核心价值观内容和中华优秀传统文化等，并将这些内容有机融入课程教学之中。

教师还应具备较强的综合能力和素质。课程思政是隐性教育方式。这种隐性思想政治教育是指在思想政治教育过程中，教育者运用恰如其分的教育方法、手段、载体，通过有意识地隐藏教育目的，将意识形态、价值引领的教育性因素渗透、融入教育内容、教育目标、教育过程中，让受教育者不知不觉地接受教育者的预先安排与设计，提升高校思想政治教育的实效性，最终达到润物无声的育人效果（巩茹敏，2019）。

课程思政的隐性教育特点，要求教师具备较高的设计能力、实施能力，并在课堂教学活动的实施过程中具备较强的组织能力和管理能力。一旦缺乏某种能力或在教学的某一环节出现问题，就有可能造成课程教学和思政教学的脱节，直接影响思政教学的效果。

4. 有仁爱之心。教育是一个"仁而爱人"的事业，教师没有仁爱之心，是不可能成为一名好老师的。仁爱之心是开启学生心灵的一把钥匙，能让老师走近学生，成为学生的良师益友。

课程思政也要求教师具备仁爱之心，摒弃令学生厌烦的说教的教学方式，采用润物无声、水滴石穿等方式，潜移默化地培养学生正确的世界观、人生观和价值观，增强学生对国家、民族和党的政治认同、思想认同和情感认同，坚定中国特色社会主义的道路自信、理论自信、制度自信和文化自信。

崇高的理想信念和道德情操是对大学英语授课教师的根本要求。2014年9月9日，习近平总书记在北师大考察时强调，合格的老师首先应该是道德上的合格者，好老师首先应该是以德施教、以德立身的楷模。师者为师亦为范，学高为师，德高为范。老师是学生道德修养的镜子。教育部2019年发布的《关于加强和改进新时代师德师风建设的意见》提出，加强师德师风建设：一是必须"坚持思想铸魂，用习近平新时代中国特色社会主义思想武装教师头脑"；二是必须"坚持价值导向，引导教师带头践行社会主义核心价值观"；三是"坚持党建引领，充分发挥教师党支部和党员教师作用"。

扎实的学识是对大学英语授课教师的能力要求。教师不仅应当学识渊博、知识面广，更应具备较强的语言能力以及思政建设的设计、实施、管理、评价等综合能力。仁爱之心是对大学英语授课教师的素质要求，它不仅能充分展示教师的人格魅力，更是教师和学生拉近距离的纽带和黏结剂，也是保障思政元素有机融入教学的重要情感因素。四有好老师的四"有"有机结合、密不可分、缺一不可。

六、结语

《大学英语教学指南（2020版）》明确指出，大学英语需要在课程建设、教材编写、教学实施等各个环节充分挖掘其思想和情感资源，丰富其人文内涵，实现工具性和人文性的有机统一。大学英语教学应融入学校课程思政教学体系，使之在高等学校落实立德树人根本任务中发挥重要作用。虽然大学英语课程由于自身特点，在课程思政建设中出现过一些困难，但我们相信在高等学校教育部门和学校的大力支持下，在课程授课教师按照"四有"好老师的标准不懈努力下，大学英语课程思政建设一定会不断扎实推进并取得累累硕果。

参考文献

［1］教育部高等学校外语教学指导委员会．大学英语教学指南［M］．北京：高等教育出版社，2020．

［2］习近平．把思想政治工作贯穿教育教学全过程，开创我国高等教育事业发展新局面［N］．人民日报，2016-12-09．

［3］宋红波，陈尧．高校外语课程思政理念与实践研究［M］．武汉：武汉大学出版社，2022．

［4］王嘉，戴艳军．高校社会主义核心价值体系教育的理论与实践［M］// 王艳秋，张耀灿．社会主义核心价值体系寓于大学生思想政治教育中．北京：人民出版社，2012．

［5］陈哲臻．大学英语教学与课程思政融合研究［J］．现代商贸工业，2020（12）．

［6］束定芳．语言与文化关系以及外语基础阶段教学中的文化导入问题［J］．外语界，1996（1）．

［7］肖龙福，肖迪，李岚，等．我国高校英语教育中的"中国文化失语"现象研究［J］．外语教学理论与实践．2010（1）．

［8］徐晓艳．课程思政背景下的大学英语教材建设［J］．山东教育，2020（6）．

［9］李馨．大学英语教师以"四个自信"为核心，"四有教师"为标准实践

课程思政 [J]. 校园英语, 2019 (3).

[10] 吴鹏. 大学英语思政导学教程 [M]. 北京: 外语教学与研究出版社, 2020.

[11] 蔡基刚. 转型时期的大学英语教材编写理念问题研究 [J]. 外语研究. 2011 (5).

[12] 巩茹敏, 林铁松. 课程思政: 隐性思想政治教育的新形态 [J]. 教育与研究, 2019 (6).

论大学统计学课程思政建设之要点

朱磊磊　李京宁　黄建明[①]

【摘　要】本文重点回答了大学统计学课程思政教育应"培养什么人"与"怎样培养人"这两个问题。根据统计学课程特点，本课程培养的是具备统计学基础知识、能够运用统计学知识解决实际问题、具备社会主义核心价值观、能够承担民族伟大复兴重任的合格建设者。"怎样培养人"则需要对教学内容、方法、方式等各方面进行改革，以确保思政教育充分融入教学；"用统计讲好中国故事"是教学内容改革的关键；教学方法的多样化与混合式教学模式是课程思政教育实现的重要途径；"教师的四有品质"是统计学课程思政教育得以实现的重要依托。

【关键词】统计学；课程思政；四有好老师

一、课程思政建设指导思想分析

2020年5月，教育部印发了关于《高等学校课程思政建设指导纲要》的重要通知。通知中指出：培养什么人、怎样培养人、为谁培养人是教育的根本问题，立德树人成效是检验高校一切工作的根本标准。落实立德树人根本任务，必须将价值塑造、知识传授和能力培养三者融为一体、不可割裂。全面推进课程思政建设，就是要寓价值观引导于知识传授和能力培养之中，帮助学生塑造正确的世界观、人生观、价值观，这是人才培养的应有之义，更是必备内容。

具体课程是课程思政建设的基本载体。不同专业类型课程要深入梳理其

---

① 作者简介：朱磊磊，首都经济贸易大学华侨学院讲师；李京宁，首都经济贸易大学华侨学院信管系主任，副教授；黄建明，首都经济贸易大学华侨学院教师，副教授。

教学内容，结合不同课程的知识特点、思维模式、理论方法以及价值理念，深入挖掘课程思政元素，如盐入汤融入课程教学，达到润物无声的育人效果。统计学作为理学类课程，要在课程教学中把马克思主义立场、观点、方法的教育与科学精神的培养结合起来，提高学生正确认识问题、分析问题和解决问题的能力，同时要注重科学思维方法的训练和科学伦理的教育，培养学生探索未知、追求真理、勇攀科学高峰的责任感和使命感。

教师作为进行课程思政教育的主导者，应结合课程思政建设基本指导思想、时代特点、课程特色，以促进学生成长成才为出发点与落脚点，回答好"培养什么人"和"怎么培养人"这两个首要问题。

二、培养什么人

统计学是一门关于收集、管理、挖掘、分析和解读数据的学问，其研究对象是自然社会与人类社会的基本规律。它是数学的一个重要分支，是经济学、管理学、工程学、心理学以及理学等专业的必修课，它的应用几乎涵盖了自然科学和社会科学的所有领域。

基于统计学课程特点，对于"培养什么人"这个问题，可以从知识传授、能力培养和价值引领三方面进行回答。首先，统计学培养的是掌握了统计学基本概念、方法和原理等基础知识的人。只有具备了统计学的基础知识，才能为后续的能力培养和价值塑造奠定基础。其次，统计学培养的是具备数据驱动决策能力，通过数据分析发现问题、分析问题和解决问题的能力以及具备逻辑思维、明辨性思维、战略性思维等科学思维能力的人。只有具备了这些能力，学生才能在走向各个领域后胜任所承担的工作。最后，统计学培养的是具备社会主义核心价值观、爱党、爱国、具有民族自豪感、责任感与使命感的人。学生只有德才兼备，方能成为合格的国家建设者和接班人。

三、怎样培养人

教师把所挖掘的思想政治教育元素融入课程教学，不是一道简单的物理工序，而是一次充满挑战和艺术的"化学反应"，是一项复杂而精细的育人工作。教师必须根据学校人才培养的总目标，按照专业培养方案和课程大纲中的育人规定，重新认识和梳理课程结构、教学内容、教学教法等，对思想政治教育元素的融入进行系统化、再造性的设计和实践，体现到课程教案、课堂教学、实践教学、学生自主学习等各方面之中，实现课程知识教育和思想政治教育的有机统一。

(一)"用统计讲好中国故事"是统计学课程思政教育的关键

"中国故事"是指统计学教学内容的改变。现在教师与学生都处在一个科技日新月异的时代，随着固定端与移动端等各种数据记录设备的普及，个人数据、教育数据、医疗数据、企业数据、金融数据、政府数据和国家数据等都得以记录。统计则是一门关于数据的科学，海量的横向与纵向数据的积累为通过统计数据展示国家发展、揭示国家面临的挑战与机遇、讲述中国故事提供了丰厚的沃土。在对统计专业知识进行讲解的同时，可通过选取具有针对性、时代性与前沿性的数据集或者案例，拉近学生与时代和社会的距离，提高学生对社会的关注度，对学生的个人品质、价值观、爱党与爱国精神、民族自豪感、责任感与中华民族伟大复兴的使命感进行引导、培养与锤炼。

抽样方法与点估计是各个学科常用的研究方法，在选取这个知识点的案例时，使用教材中延续多年的例题很难达到教师对学生的培养目标，为此可采用前沿学术领域中的实际案例。

在产品市场占有率的研究中经常采用的一种统计方法是多项分布的拟合优度检验。教材案例一般都是给出几种同质商品（如电视机）的原始市场占有率，然后研究市场出现某种因素（如某种电视机的屏幕分辨率提高了）后这几种同质商品的市场占有率是否会发生改变以及发生了怎样的改变。这种传统的案例可以让学生体会知识的应用场景，提高知识的应用能力，但育人效果并不显著。教师可采用中美贸易战中的案例，比如可给出华为、苹果等主要品牌智能手机在欧洲的市场原始占有率，讨论美国对华为的制裁政策实施之后各品牌智能手机的市场占有率是否发生改变，尤其是华为智能手机的市场占有率是否发生了改变以及发生了什么样改变。从知识层面来看，此案例与教材案例并无大的不同，但通过此案例可引发学生在知识应用之外的思考，让学生深刻体会民族企业的艰难，更容易激发学生的责任感与使命感。

教师在讲解案例的过程中不宣扬、不说教，通过数据展示与分析让学生透过现象发现本质。要做好统计的课程思政教育并不难,选取合适的案例是解决育人问题之关键。

如果说统计学的基本概念、原理、流程和方法是统计学的"药",那么教学过程中所采用的数据集和案例便是"汤",要发挥统计学的隐形育人作用要做到"换汤不换药"和"汤要常换常新"。统计学作为数学的一个分支,其经典的知识几年来甚至是几十年来没有发生大的变化,所以要发挥统计学的思政教育功能,只能在"汤"上做文章。教师要紧跟时代步伐、时刻关注国家发展、处处留心国内外时事方能寻得育人效果显著的案例。但是同时也要辩证地看待"药"与"汤"的关系。思政教育要点到为止,不可占用大量课堂时间进行长篇大论。"药"一定要讲透彻讲明白,学生只有掌握了统计学的基础知识,才能理解案例的要点与用意,否则案例中的思政教育元素也无法发挥作用。

(二)"教学方式方法与评价机制的改变"是统计学课程思政教育实现的重要途径

统计学课程思政的教学方法主要有产出导向法、项目教学法、案例教学法、分层式教学法和自主探究式教学法等,结合混合式教学手段与过程性评价机制,确保思政教育充分融入教学教案设计、课堂教学、学生自主学习实践等各方面,实现课程知识教育和思想政治教育的有机统一。

产出导向法采用的是以学生为中心,以产出为导向的方法,主要用于统计学教案,包括教学目标、活动、案例和评估活动的设计。产出导向法是2015年文秋芳教授提出的针对英语语言教学的新型方法,它的核心理念是以学习为中心、学用一体和全人教育。"学习中心说"是学校教育本质的体现,即课堂教学的一切活动要服务于教学目标,要促成有效学习的发生。"学用一体说"强调的是让学生在学中用,用中学,边学边用,输入与输出相结合。"全人教育说"是学校教育的终极目标,即要培养具备自主学习和思辨等能力、具有学科素养和全面发展的人才。

产出导向法起源于语言教学,但其理论与方法具有普遍适用性,且与价值塑造、能力培养和知识传授三位一体的育人理念相契合。在统计学思政教学过程中,教学活动的展开和教学活动的最终目标以学生为中心;通过引导启发式教学法让学生理解掌握概念、方法、原理与流程，学生积极参与相关理论证明，实现知识与思维的输入与输出。通过案例式教学法和探究式教学法，让学生通过案例分析自主讲述"中国故事"，实现能力与价值的输入与输出。通过传统题目与思政题目对学生的输出效果进行评估。统计学思政教学的最终落脚点为学生在价值、能力与知识三个层面的输出。

统计学课程思政教学采用的是混合式教学手段、分层式教学法和过程性评价机制的有机结合。因为不同学生的数学基础水平、学习能力水平、智力水平以及学习目标有所不同，只采用线下教学的方式很难满足不同学生的需求，课程思政充分融入也存在困难。在混合式教学中，线上线下紧密相连，相辅相成。线上教学活动可灵活设置不同层次的教学目标，允许学生进行反复学习、查漏补缺和进行更高难度的拓展，让每个学生的学习热情与能力得到舒展，学生也会更愿意跟随教师，接受教师的引领。同时，线上教学便于教学活动数据实时记录，教学过程实时监测。过程性评价机制是对学生整个学习过程进行考核，包括学生的考勤、课堂参与程度、作业完成情况、项目完成情况以及小测试成绩等。混合式教学可将大部分教学活动以及学生参与情况记录在案，有助于夯实思政教育效果，同时便于学生评估自身学习情况，也便于教师对学生的课堂表现以及学习效果进行客观的评价与管理，更有助于教师对教学活动进行反思与改进。综上所述，混合式教学为过程性评价机制提供了必要的数据，让过程性评价得以顺利实施；过程性评价也是混合式教学效果评测的最优手段。

（三）"教师的四有品质"是统计学课程思政教育得以实现的重要依托

教师的四有品质是指有理想信念、有道德情操、有扎实学识、有仁爱之心。在课程思政教育中，"仁爱之心"和"道德情操"要先行。亲其师，信其道；只有爱的教育和教师崇高的师德师风才能让学生亲近、尊敬教师，使学生相信教师所传授的知识与道理，接受教师的价值引领。"扎实学识"与"理想信念"同样重要，只有具备扎实的学识，教师方能具备传授知识以及改革教学内容、教学方法和评价机制等的能力，才能将学生引领至时代前沿；教师只有具备了坚定的"理想信念"，才能自觉成为先进文化的传播者、党执政的坚定支持者，才会孜孜不倦的寻求育人素材，才能更好地成为学生健康成长的指导者与引路人。只有教育者先受教育成为"四有好老师",才能真正扛起教书育人的责任。

四、结语

统计学的课程思政的本质是发挥统计学的育人功能,育人的重点在于价值的引领与塑造。实现统计学的育人功能需要教师对教学内容进行改革与重构,将挖掘的育人元素有机融入教学,实现育才与育人的统一。教师需不断提升自身的思想政治素质,加强师德师风修养,不断提升育人本领,方能实现时代赋予的立德树人之大任。

参考文献

[1] 韩宪洲. 课程思政方法论探析:以北京联合大学为例 [J]. 北京联合大学学报(人文社会科学版), 2020, 18 (2): 1-6.

[2] 张娟. 浅析"产出导向法"专业英语教学驱动交际场景的设计 [J]. 商情, 2021 (15): 241.

后疫情时代大学英语课程思政建设的机遇与挑战

任菊秀[①]

【摘　要】 后疫情时代，世界格局瞬息万变，混合式教学模式、教学活动的展开，也给高等教育中大学英语"课程思政"建设提供了新的机遇与挑战。如何使大学英语课程适应网络教学，改变传统"重知识，轻育人"的现状，成为"课程思政"中亟待解决的问题。用英语讲好中国故事，立德树人，培养党和国家的接班人，建立学生的社会主义核心价值观，成为大学英语"课程思政"建设的意义所在。

【关键词】 后疫情时代；大学英语；课程思政

2020年初始，突如其来的新冠疫情在全球暴发并迅速蔓延，对全世界来说是一次严重危机和严峻考验。党中央意识到要全面发挥思想教育在高等教育中的作用。2020年5月28日发布的《高等学校课程思政建设指导纲要》指出："落实立德树人根本任务，必须将价值塑造、知识传授和能力培养三者融为一体、不可割裂。全面推进课程思政建设，就是要寓价值观引导于知识传授和能力培养之中，帮助学生塑造正确的世界观、人生观、价值观，这是人才培养的应有之义，更是必备内容。"这也是当前国家坚持科教兴国和人才强国战略决定的。作为国内高校受众最为广泛的基础通识课——大学英语，处于不同文化交融与交锋的前沿，不仅覆盖面广，还具有学时长、课时多、综合性强、跨度大、影响广泛等特点，因此高校大学英语"课程思政"建设深

[①] 作者简介：任菊秀，首都经济贸易大学外国语学院讲师。

远的战略意义自然不言而喻。由于大学生们在学习过程中不可避免地要接触到西方文化思想和意识形态，在后疫情时代，大学英语教学中如何更好地建设"课程思政"也面临着前所未有的机遇和挑战。

一、大学英语课堂"课程思政"建设新形势下的机遇与挑战

习近平总书记高度重视我国疫情情况。2020年在中央全面深化改革委员会第十二次会议上指出：抗击新冠肺炎疫情，是对国家治理体系和治理能力的一次大考。经过半年的艰苦抗战，中国共产党、中国政府和中国人民经受住了考验，并交出了一份满意的答卷。

2020年6月16日，习近平总书记在同塔吉克斯坦总统拉赫蒙通通话时，首次提到"后疫情时代"一词。同年6月23日，在以视频方式会见欧洲理事会主席米歇尔和欧盟委员会主席冯德莱恩时，习近平强调后疫情时代，疫情冲击下的世界正在深刻变化，面临更多不稳定不确定因素。同时，教育部加大力度开展高校"课程思政"。培养什么人、怎样培养人、为谁培养人是教育的根本问题，立德树人成效是检验高校一切工作的根本标准。落实立德树人根本任务，必须将价值塑造、知识传授和能力培养三者融为一体、不可割裂。全面推进课程思政建设，就是要寓价值观引导于知识传授和能力培养之中，帮助学生塑造正确的世界观、人生观、价值观，这是人才培养的应有之义，更是必备内容。这一战略举措，影响甚至决定着接班人问题，影响甚至决定着国家长治久安，影响甚至决定着民族复兴和国家崛起。

高等教育是我国培养人才的重要手段，高校作为学生与社会连接的重要桥梁，承载着教书育人、立德树人的伟大使命。大学时期也是大学生们知识储备的黄金时段，对国家未来建设的重要性不言而喻。特别是后疫情时代，高等教育中设立"课程思政"的意义和作用更加突出，它既是国家战略的目标需求，也是高校育人的重要途径。党的十九大以来，党中央、国务院对教育工作作出了一系列重大决策部署。2020年5月28日发布的《高等学校课程思政建设指导纲要》指出，要把思想政治教育贯穿人才培养体系，全面推进高校课程思政建设，发挥好每门课程的育人作用，提高高校人才培养质量。大学生作为青年一代的重要群体组成部分，也是我们国家的栋梁储备力量，

做好他们的思想政治建设，具有非常重要的社会意义和历史使命。

习近平总书记在2016年全国高校思想政治工作会议上强调，其他各门课都要守好一段渠、种好责任田，使各类课程与思想政治理论课同向同行，形成协同效应。大学"课程思政"应该与大学英语教学实践相结合。然而现阶段，思政教育与大学英语教学协同育人的格局仍然处在探索发展阶段，"两张皮"的现象依旧存在。这是大学英语教学的重点、难点所在。

大学英语课程是面向全校各专业学生的公共基础课程，几乎每所高校都会在一、二年级开设，所以具有受众面广、涉猎广泛、时间跨度大的特点。大学英语设置之初，其主要任务是培养改革开放与对外联系所需要的拥有英语交际能力的人才。因而，在传统英语教学中，高校英语教师更注重将英语作为一种语言知识传授，强调英语听说读写等技能方面的提升。时代变迁，特别是后疫情时代，给高校英语教学提出了更多要求。英语作为西方使用最为广泛的语言，也是西方文化和意识形态的载体。为预防西方意识形态渗透，提高母语文化自信，高校需将"课程思政"融入大学英语教学中，这是现代高校英语教师在教学中的时代挑战。

然而许多高校英语教师对"课程思政"的重要意义认识严重不足，部分学生不理解为何要在英语课上学习思政内容。因此，各高校应使师生正确认识"课程思政"，真正从国家大局和时代使命中把握思政课程的重心和意义，使广大师生成为"课程思政"的践行者，坚决杜绝"课程思政"在大学英语教学中流于表面的现象，杜绝"两层皮"现象的出现。

其次，大学英语"课程思政"的另一个难点在于许多教师在课堂教学中缺少正确的方式方法，无法有激情有技巧地开展"课程思政"在大学英语中的教学，这使得学生在学习时有一定的困难，这对培养社会主义可靠接班人和合格建设者是十分不利的。因此，各高校应加强教师队伍在思政教学中的交流学习，各出版社也应当快速高效地推出包含"课程思政"模块的新版大学英语教材，并通过多种形式鼓励各高校大学英语教师灵活运用相关内容知识。企业、高校、教师及学生多部位全方位多角度联合提升大学英语"课程思政"的教学质量。将大学英语教学从传统的知识传授中解放出来，加大对学生人生观、价值观、道德观的培养，实现高校教育中立德树人的根本目标。

在后疫情时代，高校英语教师应勇于面对时代和国家给予的新机遇和新考验，积极有效地推进大学英语课程思政建设。这是国家利益、社会需要以及学生思想价值观的要求所在。

二、大学英语课堂"课程思政"建设新模式下的挑战和机遇

2020年疫情之始，为防止新冠疫情的蔓延，教育部及时提出停课不停学的指导方针。传统的教学模式受到场所限制，相对应地，各高校纷纷采取了线上教学模式。同时，线上企业平台的加入，为高校教育在线教学资源整合和持续发展注入了更多可能性。各高校教学单位为保障疫情防控期间教学工作顺利开展，相应地组织提供线上教学平台的优质企业开展教师线上教学培训，包括讲座、线上指导、会议等多种形式，持续提升教师队伍线上教学能力，为线上教学提供多种多样的技术支持。经过全国各高校的应用实践，高校教育教学平台、教学形式、教学理念都发生了巨大的变化。

在高校大学英语线上教学实践活动中，大部分的大学英语教学课程整合了更多优秀高校、优秀教师的教学资源，实现了同一学校同一平行课程各教师教辅资源共享。除此之外，有些出版大学英语教材的出版社和线上教学企业积极参与，并结合思政教学需要在教材中新增了思政教学模块，使得教学资源和优质线上自主学习课件不断产生，为大学英语教学提供了更为有力的帮助。大学英语课堂"课程思政"建设新模式较之前单枪匹马教学的英语教学模式上有了更多改变，为学生更好更快更优的学习提供了更多可能性。

后疫情时代，各国大搞网络舆论战，如何防止学生在阅读外刊或者国外新闻时被敌对分子进行意识形态渗透和演变成为一个课题，大学英语课程教学遇到了从未有过的严峻挑战。与此同时，单一的线上教学中的弊端也显露出来。由于自主学习应用软件的应用，学生自主学习时间的比重加大，相应的实体场域中教师的主导性被削弱，也削弱了思政教育中主流意识形态的引领作用。虚拟场域中学生交流增加，各高校英语教师应当在"课程思政"教育中加强监督，将学生自主学习交流的学习力转化为思想政治教育的自觉主动力。特别是大学英语教学中，学习资料普遍以国外原版资料为主，很多是英美国家的总统、首相的演讲内容，普遍带有西方的思想意识形态，对这些

资料，大学英语教师要学会甄别，有选择地使用。

在网络教学的过程中，大学英语教师要突出自己的教学主导地位，不要被场域所限制，要将教学、育人两个方面同时视为自己的教学目标，教好学生学好其他国家文化语言的同时，发挥育人方面的作用，也就是在潜移默化中树立我们自己国家的政治思想，自然而然地对我国现有国情和发展进行独立、成熟的思考和总结。

大学英语"课程思政"不仅仅是一种理论体系，更是一种方法手段，要有创新性，更要适合大学英语教学特色。在网络教学中，要适应新形势、新任务、新需求，有甄别地选取以介绍中国力量、中国科技进步、展现中国强大实力为主线的资料。在听说读写方面，可以选取我国官方出品的英语素材，使学生们在学习英语的过程中坚定中国特色社会主义的道路自信、理论自信、制度自信、文化自信。

三、大学英语课堂"课程思政"建设新内容中的挑战和机遇

大学英语课程是面向各高校各专业的公共基础课程，作为通识性强、跨度广的学科，大学英语课堂延续了学生们的学习认知习惯，受到了学生们的广泛欢迎和重视。因此"课程思政"建设中对内容的设置更要精益求精。各高校大学英语"课程思政"改革最为重要的是要从内容着手，以课程设置为根本立足点，使高校大学英语课堂在承载传授语言知识和文化内容的同时，为爱国主义思想浸润和社会主义核心价值观渗透提供舞台。

后疫情时代，"课程思政"建设要符合新时代的培养要求，优化教学课程内容及方法，找准教学内容与价值引领的结合点，使课程内容全面反映人才培养中的思政内涵，全面提升课程认知和教学质量；同时，克服困难，正面回应质疑，勇于面对大学英语教学内容改革的新机遇和新挑战。

高校教学中大学英语作为语言学科，属于意识形态领域范畴，不可避免地使大学生们接触西方的文化思想、宗教信仰、意识形态及其价值观。大学英语守卫着意识形态安全的前沿防线，应对复杂多变的国际形势和意识形态斗争。因此，在大学英语"课堂思政"的内容设计中，意识形态问题的重要性要在课堂教学中凸显出来。各高校各领导要提高对大学英语这门课程中

"课程思政"相关意识形态问题的重视，强调在课堂中合理运用马克思主义理论解释中西方文化的差异问题，坚决守住高校意识形态这块阵地。

然而，在上文中也曾提及，传统大学英语教学忽略了对爱国思想和价值观的人文教育，也就是我们常说的传统高等教育中"重教学、轻育人"的特点。在传统课程内容设置上没有体现出"育人为本、德育为先"的教育方针，在大学英语教学过程中由于内容设置上往往只重视语言知识的提升，忽视母语认同，出现了与母文化的疏离感，学生文化自信元素学习较少。如何做到传授知识和立德树人相统一，如何在后疫情时代用英语讲好中国故事，增强中华民族的文化自信，成了大学英语"课程思政"中首先要解决的问题。因此在其内容设置中，各位教师应当深入挖掘大学英语课程教材的思政元素，积极主动选取中国内容。在"课程思政"中引导学生通过中西方语言文化对比，抵制对欧美文化及其价值观的盲目崇拜；帮助学生看到中华民族的优秀历史和传统美德，通过讲述中国传统民俗故事、节日习俗等，在大学英语课程中融入中华传统文化元素，加强中华优秀传统文化教育，从而加强学生们的民族自豪感、自信心。

高校作为人才的汇聚地和培养基地，始终肩负着培养社会主义建设者和接班人的重任，承担着民族复兴、新时代传承的历史使命。思政课堂必须始终坚持努力培养高校同学们爱党、爱国、爱社会主义的思想。同样，在大学英语课堂中传递社会主义核心价值观也是义不容辞的。因此，除了在课堂内容设置方面加大传统文化讲解外，还要求各位高校大学英语教师学习和使用党的会议材料和新闻材料，在引导学生掌握语言使用技巧的同时，把握时代脉络，理清思路，坚定信念，把握文化和思想领域主动权。在大学英语内容设计中，可以添加一些我国近年来取得的优秀成果，如航空航天、科学技术、抗疫医疗、经济领域等，使同学们在学习的过程中，产生强烈的爱国情怀，在了解我国优秀的国情的同时，引导大家从制度、文化层面上感受中国力量和中华民族伟大复兴的中国梦精神，继而产生情感上的共鸣和认同。

大学生英语教学面向的是全校大一大二非英语专业的学生，他们知识背景多元，学习诉求各不相同。同时，高校大学生是一支年轻的社会力量，但也正因为年轻，很多同学思想薄弱，对很多问题认识不够深刻，容易被渗透动摇，在大是大非问题上立场不够坚定。因此在大学英语"课程思政"内容设置中，不应当回避东西方文化的冲突，而应当引导学生正确理解社会制度的历史性变革，讲述中国共产党的领导力和先进性所在。通过中国特色社会主义制度集中力量办大事的一个个案例，在学生心中树立我国的制度优越性形象。

四、结语

后疫情时代，大学英语"课程思政"建设面对多维度的机遇和挑战。大学英语作为公共基础课程，肩负着培养具有国际视野以及爱国主义情怀、社会主义核心价值观，并能担当中华民族伟大复兴大任的人才的任务。教学手段和教学模式从传统的场域部分或阶段性转移到虚拟场域中，各高校、教师、线上教学平台和学生都要及时作出新调整，适应新变化。大学英语学科的特殊性也决定了学生会不可避免地经常接触到西方文化和意识形态，因此在"课程思政"教学内容设置上要严把选材关，用英语讲述并传播中国文化。在后疫情时代国际语境下加强学生爱国主义情怀和国家安全意识教育，在潜移默化中坚定学生正确的政治思想观和价值观。

参考文献

[1] 高德毅，宗爱东. 从思政课程到课程思政：从战略高度构建高校思想政治教育课程体系［J］. 中国高等教育，2017（1）.

[2] 教育部高等学校大学外语教学指导委员会. 大学英语教学指南［M］. 北京：高等教育出版社，2020.

[3] 教育部. 高等学校课程思政建设指导纲要［EB/OL］.（2020-06-06）[2021-01-20]. http：//www.gov.cn/zhengce/zhengceku/2020-06/06/content_5517606.html.

[4] 习近平主持召开学校思想政治理论课教师座谈会强调：用新时代中国特色社会主义思想铸魂育人 贯彻党的教育方针 落实立德树人根本任务［N］. 人民日报，2019-03-19.

课程思政建设中外语学习策略的
教学理念及实施路径探索[①]

孙 桐 李双燕[②]

【摘 要】外语学习策略的合理运用是科学的学习方法的体现，有助于提升学习效率，培养学生的思辨能力，是学生语言能力和思维水平持续进步的关键，也是外语课程思政建设理论和实践中不可或缺的环节。本文指出，学习策略和课程思政有"直接"和"间接"两种联系：直接联系意味着学习策略是思政精神的一部分，间接联系指学习策略是落实思政育人的方法途径。为探索课程思政格局下外语学习策略教学的实施路径，笔者全面分析了思政理念的构成、教学理念及原则、授课思路和模式及未来工作方向，将其归纳为"一颗红心，六手准备"的外语学习策略教学框架。最后，本研究通过商务英语专业辅修课程"高级英语视听说"中1个课时的教学案例设计，展示了该框架在教学实践中的运用。

【关键词】课程思政建设；外语学习策略；教学理念；实施路径；听说教学

外语学习策略指学习者在外语学习中为改善学习效率，更好地达到学习目标而有意识运用的行为、方法或技巧。语言学习策略的运用有悠久的历史，

[①] 基金项目：本研究受到北京市教育委员会科研计划项目"基于社会认知框架的大学生英语课堂测评视频听力任务设计评价研究"（SM202110038002）和首都经济贸易大学2022年度教育教学改革项目"课程思政视域下大学生英语'以听促学'教学模式实施路径探究"（02492254203124）的资助。感谢首都经济贸易大学外国语学院刘重霄教授和高建平副教授在本文构思和撰写过程中所提供的宝贵意见。

[②] 作者简介：孙桐，首都经济贸易大学外国语学院讲师；李双燕，首都经济贸易大学外国语学院讲师。

学界对其研究亦广泛而深入，因为策略不但对学习者主动参与学习、提升语言交际能力有至关重要的作用，还有助于自我管理能力的培养、意志品质的塑造及自我效能的提高。科学合理的策略运用不但是提升外语教学质量的关键，更是以立德树人为根本任务的课程思政建设"灵魂"之所在。正如《高等学校课程思政建设指导纲要》指出的，课程思政的落实要"让学生通过学习，掌握事物发展规律，通晓天下道理，丰富学识，增长见识，塑造品格"。通过学习策略能力的培养，学生可以更好地把握语言学习规律，进而将知识积累、能力培养和价值塑造三者融为一体。课程思政的根本目的是在各学科教育中彰显正确价值引领和信念塑造，增进学生的科学精神、人文情怀及社会责任感，学生只有真正领悟学习的价值和个人的责任，才会有更纯正和更强烈的学习动机探索知识，进而实现"工具理性"和"价值理性"的融合。因此，课程育人是教学的基础，立德树人是教育的最终目标，科学的学习策略既是思政精神的重要组成部分，也是达成思政目标的方法途径。本研究在阐明外语教学中学习策略和课程思政关系的基础上，通过名为"一颗红心，六手准备"（six strings to one bow）的框架，探讨学习策略教学在课程思政建设中的实施路径，并通过商务英语专业辅修课程"高级英语视听说"中一个课时的听说教学案例，展示该框架的使用方法。

一、课程思政中的外语学习策略

在"大思政"教育格局下，尽管学界已对外语教学课程思政的内涵、基本原则和总体路线进行了概述，对教材编写、教学理念等展开了深入分析，但还有诸多问题有待解决。其中，教学思政视域下的外语学习策略培养是有待探索的重要问题。在外语课程思政建设中，学习策略教学的意义是双重的，它既是语言能力和立德树人目标中不可或缺的成分，又是达到这些目标的手段和途径，应予以兼顾。

（一）"策略"和"思政"的直接联系

策略意识是人类智慧的重要体现方式，也是思政精神的中流砥柱。擅长运用策略的人被认为"有谋略"，其解决问题的方法和途径无不遵循万物发展和变化的规律。这不仅是能力的体现，也是人文素养、价值塑造的重要元素，更是科学精神的彰显。

外语学习中的策略运用被界定为语言能力的重要组成部分，其构成与思政育人目标本质上相契合。学界虽然对语言学习策略有不同的分类方法，但对其探讨的范围可归纳为三个方面：①作为头脑内部对语言信息加工的策略；②作为个人理念和思考的策略；③作为在社会环境中与他人互动的策略。与此相对应，学习策略教学中也有三个重要目标值得完善：①发扬科学探求精神，遵循语言学习认知规律，提升学生思维能力；②在策略学习中不断总结反思，在潜移默化中坚定对英语学习和教育的理想信念，塑造正确的价值观和品格；③通过与他人的学习交流和合作增长见识、塑造品格，培养学习共同体意识，激发创新活力。这三个目标既对应了外语学习中主要的三类策略——认知策略（cognitive strategies）、元认知策略（metacognitive strategies）和社交策略（social strategies）的运用，也反映了课程思政教学体系的重要精神。

（二）"策略"和"思政"的间接联系

策略的本质是解决问题的方法和途径，即对"如何做"的回答，好比通向目的地的道路或桥梁。任何形式的学习都少不了明确的目标，对于目标的达成，合理的策略运用不容忽视。只有通过学习策略的传授，才能引导学生真正将所学知识内化，从而落实教学思政的育人目标。外语学习策略若要驱动学习者思维的改变，范围上应兼容并包，形式上应巧妙搭配，操作上应随机应变。这些策略应体现整体趋向的语言观，将语言学习视为认知、社会、心理等各种"内外"因素交互影响和协同作用的成果。

外语教学中的学习策略虽然形式各异，但对于思政目标的落实是殊途同归的。认知策略是学习者头脑中对语言信息的加工处理，本质上是对思维能力的运用。外语教学中的认知策略本身就复杂多样，而思政目标的实现涉及意义构建，即高层次认知过程。故此，借鉴分类清晰、层次全面、操作性强的思维能力框架是必要的，如布卢姆教育目标分类学（修订版）。元认知策略是学习者通过对自我思维或状态的反思来改进学习的方式，是达成育人目标不容忽视的元素。元认知策略有不同分类，通常包括计划制订、选择性注意、监控、评价和调整等类别，这类策略是学习者内化思政目标的"基本工具"，反思可以助其锁定知识结构或思想上的问题，并做出改进计划和行动。社交策略是学习者通过环境或与他人互动促进学习的方法。这类策略使学习者超越个体范围，在讨论、请教、合作、辩论等方式的语言任务中学习。教师应在社会文化理论（sociocultural theory）的指导下，基于真实语境，让学生参与形式多样的互动，深入领会思政元素。无论何种策略运用，都必须经过学生的积极思考和整体性语言产出，才能落实思政目标。

（三）思政视域下外语策略教学的落实思路

教学思政中的外语学习策略教学应全面分析"策略"的本质属性。策略既是思政元素，也是实现思政目标的手段和方法。这两种联系同时存在，如图1所示。

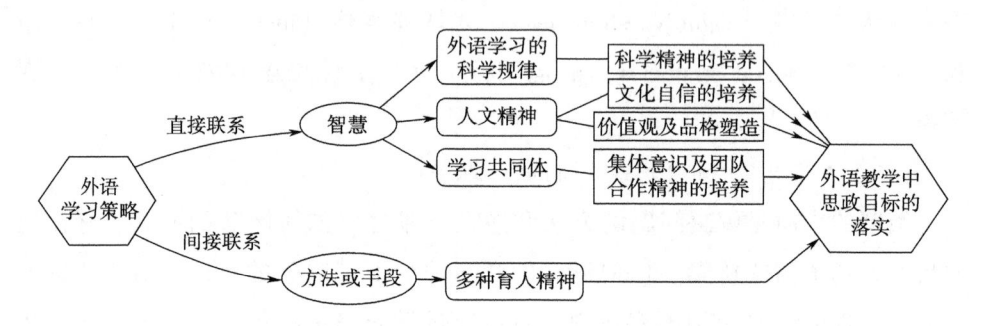

图1 教学思政导向的外语学习策略的培养思路

图1总结了外语学习策略与思政精神的关系，描绘了课程思政建设中外语学习策略教学的路径。在作为起点的"外语教学策略"和终点的"立德树人的思政目标"之间，有"直接关联"和"间接关联"两种落实思路。直接关联指学习策略是智慧的体现，能够反映外语学习的科学规律、人文精神以及学习共同体意识，都可设定为具体的育人目标。间接关联指作为手段或方法的学习策略，在教学中搭建起理论和实践的桥梁，引导学生高效地深度学习，将思政目标真正内化。两种思路殊途同归，都服务于课程思政建设立德树人的根本目标。

二、外语学习策略教学在课程思政建设中的落实方法

对于外语课程思政建设中的学习策略教学，无论采用"直接"还是"间接"

的培养路径，都要运用科学的方法在外语教育中落实育人目标。为此，首先应明确思政育人目标的本质和构成，将课程思政视域下外语策略教学的核心理念、学习环境、所需思辨能力及对应的思政精神整合为一个完整的体系。其后，应从课程建设及职业发展的视角，全方位规划教师在外语策略教学方面的准备工作，主要涵盖6个方面的问题，包括教学理念、原则、目标、思路和模式及未来工作方向。基于此，本文提出课程思政建设中外语学习策略教学的实践路径框架，名为"一颗红心，六手准备"。其中"一颗红心"代表外语策略教学中思政育人目标的内涵，"六手准备"是相应课程建设和教学设计中6个方面的具体规划。

（一）"一颗红心"：策略教学中的思政育人目标

外语学习策略教学中的思政育人目标称为"一颗红心"，为教学实践赋予了明确目的，如射击运动中的靶子。但此目标并非一个独立的概念，它涵盖了具体的思政元素、思辨能力的运用和目标实现的方式，是由多个彼此依存的层次构成的整体。

如图2所示，外语学习策略教学的思政目标从中心到边缘分为5层，正中心区间命名为10环，向外逐级递减，边缘的区间命名为6环。10环为思政目标中的核心环节，即"师生学习共同体"，是学生领悟思政精神的最终目标和最高境界，由外语策略教学中师生和生生之间的互动构成。9环是学习方式，即基于任务的体验式教学，需兼顾课堂和课后任务。8环为教学任务实施环境，对于当今信息时代教育，应兼顾线上和线下教学模式，协同促进学习策略的学习。7环是布卢姆教育目标分类学（修订版）中认知维度六个层次的思维过程，是思政目标实现的必要途径，反映了教学环境中学生的主动思考，即思辨能力的运用。6环是一系列具体的思政目标，反映了学生思考的成果，通过"策略"与"思政"直接或间接联系皆可实现。

（二）"六手准备"：思政育人理论和实践之间的桥梁

"六手准备"代表外语学习策略教学中落实思政育人目标6个层面的原则及方法，在理论和实践之间搭建了桥梁。这6个层面囊括了教学理念、教学原则、教学目标设定、教学思路、教学模式及工作方向规划等方面的全方位工作准备。其中前"五手"准备从授课的视角归纳了外语策略教学在理论和

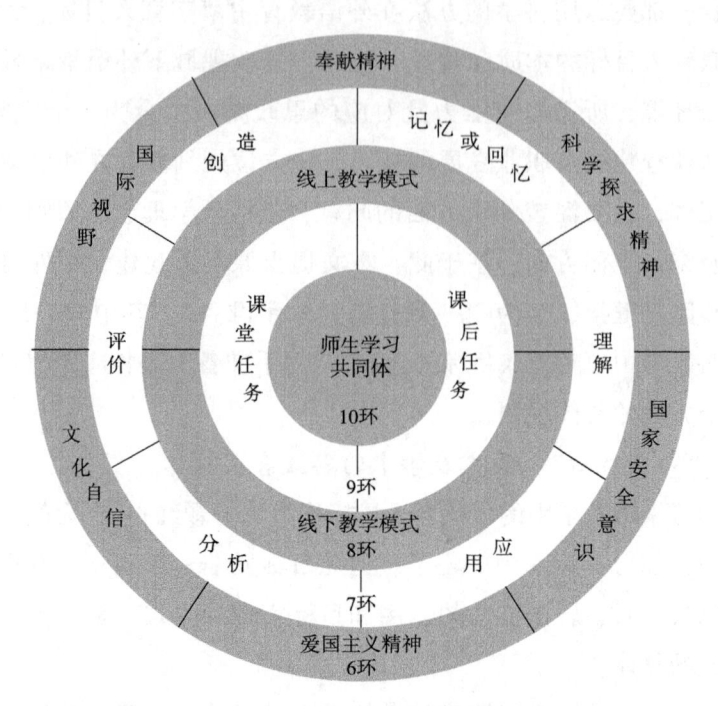

图 2 "一颗红心"——外语学习策略教学思政目标的构成

实践层面的各项准备工作，最后的"工作方向"从发展的视角总结了学习策略育人路径的未来展望。

图 3 呈现了"六手准备"的结构框架和主要内容。"第一手准备"是从整体性视角看待二语习得的"社会认知主义（socio-cognitive approach）"，是外语学习策略教学宏观上秉承的理念。外语教学中学习策略运用的成效取决于正确认识并合理利用学习规律的程度，这些规律既涉及头脑内部的认知系统，也涉及外部环境的社会文化系统，这与思政目标中丰富的科学和人文精神相契合。"第二手准备"指外语学习策略教学中遵循的原则。笔者提倡在"体验式教学（experiential learning）"和"作为学习的测评（assessment as learning）"两个原则指导下实施策略教学。体验式教学思想以意义建构为中心，基于真实的教学情境，通过精心设计的教学任务，指引学生在实践中通过亲身感知、理解和反思学习新知识。"作为学习的测评"反映了外语教学中对"形成性评价（formative assessment）"运用的认识，提倡将课堂测评作为

促学的主要手段。"第三手准备"是制定明确的教学目标,这是各种形式教学准备中的首要任务。对于课程思政视域下的外语学习策略教学,其教学目标的设定应参考三个维度:语言知识维度(dimension of language competence)、思辨能力维度(dimension of critical thinking)和育人维度(dimension of commitments)。"第四手准备"是启发式的问题导向,推荐6中特殊疑问词("6位朋友")引导学生思考有关学习策略的问题:学什么(what)、为何学(why)、如何学(how)、向谁学(who)、规划学习(when)和学习环境(where)。如何调动学生学习的主观能动性是教学思政中至关重要的问题,因此需要在教学中提出引人深思的问题,引导其认真思索语言学习和思政精神的话题。"第五手准备"是多功能的教学任务设计,本文根据学习策略教学的需要,提出了"BRIGHT模式"。"BRIGHT"是六个概念的首字合成缩写词(B = Brainstorming,R = Reinforcement,I = Identifying Problems,G = Giving Feedback,H = Horizon broadening,T = Testing),本身有"光明"和"快乐"之意,象征着启迪和领悟。"第六手准备"是未来工作方向,反映了教师对推进外语学习策略教学的全面规划,总结为四个方向,分别是教师职业素养的提升、学生策略意识的提升、英语学习共同体的构建和科研新方向的探索。

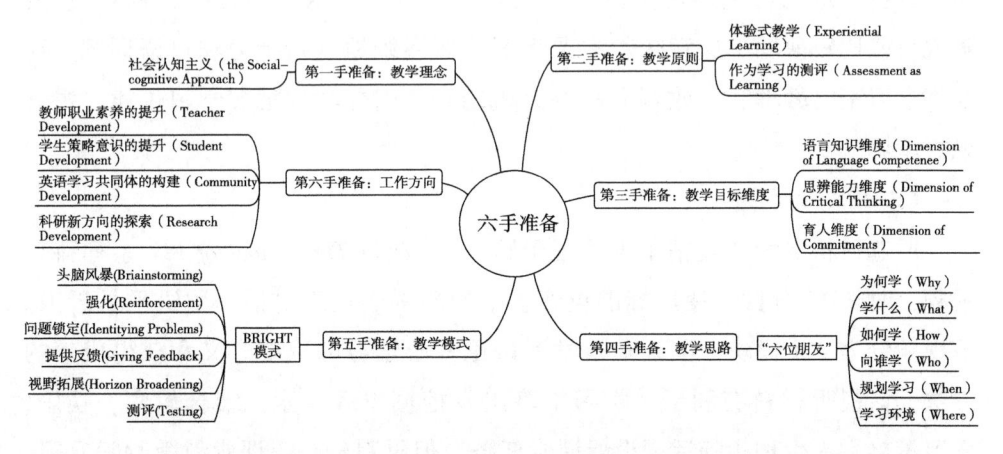

图3 "六手准备"——外语学习策略教学中思政育人目标的落实路径

三、听力元认知策略教学案例分析:"业精于勤而荒于嬉"

本研究所选案例为 1 课时的专业英语听说课,以听力元认知策略教学为重点。该案例为首都经济贸易大学专业辅修课程(2021 年培养方案)"高级英语视听说"第 1 周课程第二课时的内容,本文作者担任主讲教师。该课程每周 3 个课时,第 1 周是课程的初始,首个课时教师做个人介绍,并介绍本学期课程主要内容及学习要求;第二课时引导学生讨论本课程学习的目的,聚焦于对学习、娱乐和成功之间关系的深入探讨;在此基础上,第三课时开始针对教材中的内容初步开展听说训练。本案例旨在强化听说技能的基础上,培养学生科学运用英语学习策略的意识,启发他们探求学习和教育的目的,培养自律、勤奋、志存高远的品质。为此,本案例从一段完整的英语视听材料中截取两个片段,借鉴范德格里夫特和吴(Vandergrift and Goh)提出的"元认知教学模式(metacognitive pedagogical sequence)",展示 45 分钟的课堂教学设计及课后任务。

(一)学情分析

学生为首都经济贸易大学 2021 级商务英语专业辅修生(32 人),学习本课程时刚开始第二学年,英语水平总体上趋近大学英语四级(CET4)。学生英语学习的主观能动性较强,但视野往往局限于个人职业发展和能力提升方面;具备一定的自主学习意识,但策略能力较为欠缺;阅读能力相对较好,听说技能比较薄弱。这意味着本课程不但要系统地进行听力和口语训练,还要将学习策略教学和思政育人精神有机结合,引导学生把握学习规律,提升思想境界。

(二)听力材料

所选材料名为"业精于勤而荒于嬉",节选自 *The School of Life* 系列科普视频,时长 12 分钟,使用标准英音,语速略慢于正常讲话,用语平易近人。该视频分为 7 个模块,围绕勤奋学习讨论专心学习的重要意义和获得成功的方法。该视听材料有利于从学习策略出发挖掘思政元素,结合教育、娱乐、学习策略、人生理想等话题设置课堂任务,但材料较长,课堂教学时间有限,需对各模块分别处理。

表 1 记录了视听材料中 7 个模块的主题、时长、词数及其在教学中的处

理方式。前两个模块合起来共 3 分钟，作为一个整体在课堂的不同环节中重复播放，模块 5 单独用作拓展讨论环节的材料。其余部分不做特殊处理，课后作业中直接使用 12 分钟完整材料。

表 1　视听材料各模块特征及处理方法

顺序	模块主题	时长	词数	处理方式
模块 1	Introduction: the Significance of Learning and Education	1′20″	191 词	模块 1 和 2 作为一个整体，单独剪切并用作课堂中的主要训练材料
模块 2	The Quality of Your Learning Determines the Quality of Your Success	1′40″	226 词	
模块 3	We Attract the Things That Reflect Who We Are	2′	273 词	不作处理，作为课后作业将整个材料发给学生
模块 4	Step Forward into Growth or Backwards into Security	1′45″	229 词	
模块 5	Most People Won't Ever Experience True Success	1′48″	254 词	单独剪切并用作课堂中的拓展讨论材料
模块 6	If You Want to Live an Extraordinary Life, You Need to Give Up a Normal One	2′3″	271 词	不作处理，作为课后作业将整个材料发给学生
模块 7	Conclusion	1′23″	169 词	

（三）教学设计的"六手准备"

在做好学情分析、选好教学材料的基础上，本案例借鉴"六手准备"部分框架，对所授课程进行全面系统的规划，详细纲要见表 2。

表 2　商务英语专业辅修听说课教学设计的"六手准备"

准备事项	设计规划纲要
一、科学的教学理念	▶指导理念：社会认知主义 •社会维度：引导学生反思教育的目的、学习规律、成功方法，以及勤奋努力的品质。鼓励学生积极思考，主动内化教学思政的育人目标 •认知维度：培养学生外语学习的策略意识（以听力元认知策略为主），锻炼思辨能力，强化英语听说水平

续表

准备事项	设计规划纲要
二、合理的教学原则	▶体验式教学：通过环环相扣的教学任务（课上+课后），引导学生主动思考，通过讨论及小组合作，在问题解决中巩固语言技能，培养策略意识，内化思政目标，切忌强行灌输知识 ▶作为学习的测评：将形式多样的课堂测评融入各个课堂环节，及时提供反馈，使学生保持活跃的思维，提高学习效率；但要特别注意，测评应紧扣教学目标，难度适中，避免引起学生焦虑
三、明确的教学目标	▶本课时从三个维度设立教学目标 • 维度1：语言知识（聚焦策略知识） 　①听力理解认知策略 　②听力元认知策略（重点） 　③口语表达策略 • 维度2：思辨能力 　①回忆　②理解　③应用 　④分析　⑤评价　⑥创造 • 维度3：育人目标 　①构建学习共同体意识 　②培养奉献精神 　③启发科学探求精神 　④树立文化自信
四、启发式的问题导向	▶利用6种特殊疑问词（"6位朋友"）提问并引发思考和讨论 • 形式：由what、why、how、who、when或where引导的问题 • 目的：针对每个授课环节设计有深度的问题，从学习策略培养出发，逐步引导学生领会外语教学的育人目标
五、多功能的教学任务	▶任务编排形式：借鉴范德格里夫特和吴（Vandergrift and Goh）提出的"元认知教学模式"，根据实际情况调整改编 ▶任务功能：借鉴"BRIGHT"模式，安排具有"头脑风暴"（brainstorming）、"强化"（reinforcement）、"问题识别"（identifying problems）、"提供反馈"（giving feedback）、"视野拓展"（horizon broadening）和"测试"（testing）等六种职能的任务 ▶核心任务：学生在复述听力语篇的基础上，围绕"勤奋学习"的话题，回答具有一定深度的拓展性问题（课上） ▶编排思路：各环节任务编排围绕同一语篇，先易后难，环环相扣，先进行的任务均可为核心任务提供线索和启示，课后作业是核心任务的拓展和延伸

续表

准备事项	设计规划纲要
六、全面的工作方向	▶教师发展：重视外语学习策略教学，提升教学素养，提高自身思政觉悟 ▶学生发展：学习策略知识，提高学习效率，培养科学精神，树立正确三观 ▶学习共同体发展：师生通过互动、合作学习等形式解决问题，培养集体意识 ▶未来科研方向：思政视域下外语学习策略教学的实证研究

表2是基于"六手准备"拟定的教学设计纲要，旨在为教案设计和课前准备提供全面指导。该表是所授课程教学思路的系统性整理，在理论指导、教学目标设立、教学思路和活动设计层面都有细致规划，同时展望了外语策略教学育人工作方向。

（四）教学步骤

本案例使用视频听力材料"业精于勤而荒于嬉"，贯穿1课时（45分钟）全部教学环节。案例设计为外国语学院商务英语专业辅修课程"高级英语视听说"第1周第二课时的课堂活动设计，内容参考"六手准备"框架纲要（详见表2），以听力元认知策略教学为重点，设立了7个教学环节（见图4）。

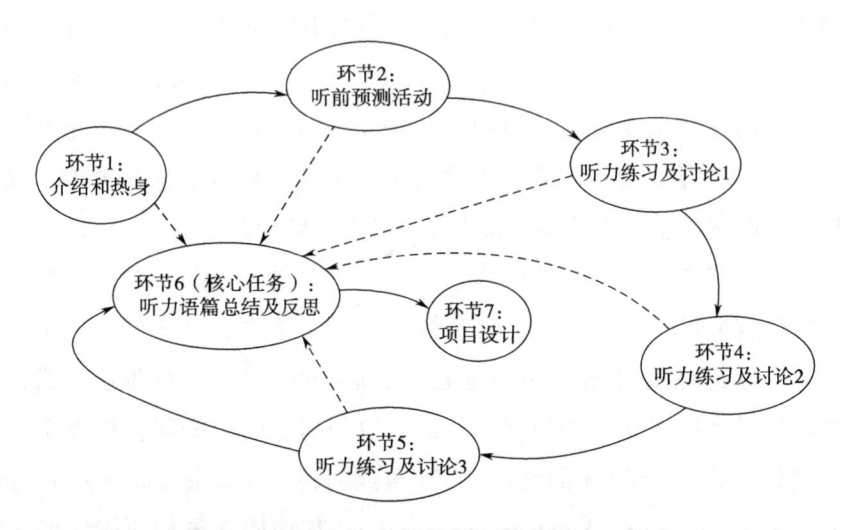

图4 商务英语专业辅修听说课案例教学步骤

图4展示了案例中各教学环节的顺序及逻辑联系，共7个教学环节。环

节6"听力语篇总结及反思"为核心任务，环节1~5可视为环节6的准备和铺垫。环节7为课后任务，是核心任务的拓展，由学生以学习小组的形式在课后完成，在后续课程中组织演说展示。

第一个环节为"介绍和热身"（约5分钟）。教师首先展示学生在学习中分心的图片，并提问："What's the problem with this student?"接着追问："What can possibly distract people when they are learning?"请学生头脑风暴，讨论并记下关键词（如：playing mobile phones, surfing the internet…）。提问和反馈后，简要介绍视听材料主题，提前告知学生要在课上最后环节（环节6）复述材料的主要观点，并表达自己的体会。

第二个环节是"听前预测活动"（约5分钟）。教师首先讲解听力材料中重要概念"mediocre/mediocrity"，然后展示一个未完成的句子："The speaker thinks that the problems in the life of the mediocre majority are _____."学生小组讨论，猜测听力材料中的正确答案，并尽可能多给可能性。讨论结束后，教师随机提问，并简短评论。

第三个环节是"听力练习及讨论1"（约6分钟），首次播放视听材料。教师向学生布置两个任务：第一，核对先前猜测的答案；第二，完成一个句子听写任务，由4~5个题项组成，题干为语篇中原句（如：Most people spend more money on entertainment and gadgets than _____. 答案：self-education）。第一个任务的答案主要对应语篇中"模块1"的内容，第二个任务答案对应"模块2"中的内容，学生只需按顺序完成，不会造成过多认知负担。视频播放完毕，教师请学生讨论答案，检查完成情况并给出反馈。

第四个环节是"听力练习及讨论2"（约7分钟），第二次播放视听材料。教师再次播放视听材料，请学生核对句子听写任务的正确答案（直接在课件中展示）。随后，请学生通过小组讨论，仔细理解每个句子的准确意义，并尝试解释说话者表达该观点的原因。其后，教师通过随机提问，检查小组讨论结果。例如，对于环节3中的例句，学生可能回答："People choose entertainment because it's fun and easy, but learning is not so."该回答虽然正确，但尚需引导，教师应针对学习的问题继续追问，最后指出若想通过学习取得成就，就无法避免离开个人舒适区，过多的娱乐使人荒废。

第五个环节是"听力练习及讨论3"（约7分钟），第三次播放视听材料。教师提出两个问题："1. Why does the quality of our learning determine the quality of our success? 2. How should we balance learning and entertainment in our daily lives?"这两个问题需要学生综合对听力语篇的理解和个人的认识作答。第三次播放听力后，教师请学生分组讨论并表达想法，基于学生回答提供反馈，通过适当引导使学生理解重视学习和合理安排时间是成功的必要条件。

第六个环节是"听力语篇总结及反思"（约15分钟），是课堂教学中的核心任务。学生利用热身、听前活动和三轮听力练习所获得的全部信息（包括听力笔记、练习题和讨论的问题），以口头形式总结语篇主要观点，回答以下问题："What should a college student do to become a truly successful English learner, reaching the top 5-10 percent?"这是有关英语学习策略的开放性问题，需要"Most People Won't Ever Experience True Success（模块5）"这段材料补充信息。因此，教师首先播放模块5，学生边观看边做笔记，然后以4~5人小组合作的形式总结语篇信息（模块1和模块2），并对问题作答。小组讨论完成后，随机选出部分小组，每组派出至少一名代表完成复述并回答问题。学生汇报过程中，教师应注意及时反馈，辅以适当引导。

第七个环节是"项目设计"，即课后作业的布置（不占上课时间）。内容为小组合作演示任务（每组约5分钟），学生以4~5人小组为单位，选读文集《如何学好英语——专家、教授谈英语学习方法》中的篇目，并以"What can we learn from truly successful English learners?"为主题，以PPT展示和演讲的形式，介绍其中一位名家的英语学习策略，总结阅读收获。学习小组演示可分散在学期不同时段进行，教师应对小组的努力予以鼓励，组织临场提问，并简要总结。

四、结语

本文梳理了学习策略和教学思政的关系，在此基础上提出了课程思政建设背景下外语学习策略的教学理念及实践路径。"策略"与"思政"之间有直接和间接两种关系：直接的关系指策略本身作为智慧，是思政育人目标的一个方面；间接的关系指策略作为方法和手段，是引导学生领会思政精神的桥梁。基于此，本研究提出了名为"一颗红心，六手准备"的外语学习策略教学育人途径框架，并在其指导下，展示了1个课时的专业英语（辅修）听说课的案例设计。然而真实的教学并非一蹴而就的活动，需要教师在实践中反复经历计划、行动、观察和反思的循环，不断完善教学设计，改善教学效果。期待未来研究在思政育人精神的指导下，聚焦外语学习策略，开展实证研究，促进学生外语学习能力和思想境界的提升。

参考文献

［1］RICHARDS J C，SCHMIDT R. Longman dictionary of language teaching & applied linguistics ［M］. 4th ed. Edinburgh：Pearson Education Limited，2010：331.

［2］THORNBURY S. The new A-Z of ELT：a dictionary of terms and concepts ［M］. Beijing：Foreign Language Teaching and Research Press，2019：148.

［3］OXFORD R L. Language learning strategies：what every teacher should know ［M］. Boston：Heinle & Heinle Publishers，1990：20.

［4］COHEN A D. Strategies in learning and using a second language ［M］. New York：Routledge，2014.

［5］OXFORD R L. Teaching and researching language learning strategies：self-regulation in context ［M］. 2nd ed. New York：Routledge，2017.

［6］教育部. 高等学校课程思政建设指导纲要［EB/OL］.（2020-05-28）［2020-07-31］. https：//baike. baidu. com/item/% E9% AB% 98% E7% AD%89%E5% AD% A6% E6% A0% A1% E8% AF% BE% E7% A8%8B% E6% 80%9D% E6% 94% BF% E5% BB% BA% E8% AE% BE% E6% 8C% 87% E5% AF%BC%E7%BA%B2%E8%A6%81/50455175？fr=aladdin. html.

［7］张正光，张晓花，王淑梅."课程思政"的理念辨误、原则要求与实践探究［J］. 大学教育科学，2020（6）：52-57.

［8］杨修平. 论"课程育人"的本质［J］. 大学教育科学，2021（1）：

60-70.

[9] 张敬源, 王娜. 外语"课程思政"建设: 内涵、原则与路径探析 [J]. 中国外语, 2020 (5): 15-29.

[10] 肖琼, 黄国文. 关于外语课程思政建设的思考 [J]. 中国外语, 2020 (5): 10-14.

[11] 杨金才. 新时代外语教育课程思政建设的几点思考 [J]. 外语教学, 2020 (6): 11-14.

[12] 黄国文. 思政视角下的英语教材分析 [J]. 中国外语, 2020 (5): 21-29.

[13] 成矫林. 以深度教学促进外语课程思政 [J]. 中国外语, 2020 (5): 30-36.

[14] CANALE M, SWAIN M. Theoretical bases of communicative approaches to second language teaching and testing [J]. Applied linguistics, 1980 (1): 1-47.

[15] BACHMAN L, PALMER A. Language assessment in practice: developing language assessment and justifying their use in the real world [M]. Oxford: Oxford University Press, 2010.

[16] HURD S, LEWIS T. Language learning strategies in independent settings [M].//WHITE C. Language learning strategies in independent language learning: an overview. Bristol: Multilingual Matters, 2008.

[17] 韩宝成. 整体外语教育及其核心理念 [J]. 外语教学, 2018 (2): 52-56.

[18] ATKINSON D. Toward a sociocognitive approach to second language acquisition [J]. The modern language journal, 2002 (4): 525-545.

[19] BLOCK D. The social turn in second language acquisition [M]. Washington, D. C.: Georgetown University Press, 2003.

[20] ATKINSON D, NISHINO T, CHURCHILL E, et al. Alignment and interaction in a sociocognitive approach to second language acquisition [J]. The modern language journal. 2007, 91 (2): 169-188.

[21] 安德森. 布卢姆教育目标分类学：分类学视野下的学与教及其测评 [M]. 蒋小平, 等译. 北京：外语教学与研究出版社, 2009：51-52.

[22] VANDERGRIFT L, GOH C M. Teaching and learning second language listening: metacognition in action [M]. New York and London: Routledge, 2012.

[23] SWAIN M, KINNER P, STEINMAN L. Sociocultural theory in second language education [M]. Beijing: Foreign Language Teaching and Research Press, 2018.

[24] MISLEVY R J. Sociocognitive foundations of educational measurement [M]. New York: Routledge, 2018.

[25] 张金华, 叶磊. 体验式教学研究综述 [J]. 黑龙江高教研究, 2010 (6)：143-145.

[26] 罗文. "产出导向法"理念下中国文化英语体验式教学模式探析 [J]. 高教学刊, 2016 (11)：103-104.

[27] DANN R. Assessment as learning: blurring the boundaries of assessment and learning for theory, policy and practice [J]. Assessment in education: principles, policy & practice. 2014 (2)：149-166.

[28] CHONG S W. Three paradigms of classroom assessment: implications for written feedback research [J]. Language assessment quarterly, 2017 (4)：1-18.

[29] 《英语世界》杂志社. 如何学好英语：专家、教授谈英语学习方法 [M]. 北京：商务印书馆, 2018.

[30] BURNS A. Doing action research in english language teaching [M]. Beijing: Foreign Language Teaching and Research Press, 2011.

"思政+国际化+实践"三位一体的大学英语第二课堂实践模式探究

华 章①

【摘 要】 在新文科、思政教育与国际化的背景下,教育部进一步深化本科教育教学改革,要求全面提高人才培养质量。大学英语在全面落实新文科建设,以课程思政推动立德树人,在高端国际化人才培养方面具有重要的战略意义,并在发扬和继承中华民族优秀传统文化,实现民族伟大复兴上担负着重要责任。随着劳动育人的加入,大学英语实践教学环节不可或缺。开展"思政+国际化+实践"三位一体的第二课堂英语实践活动,协同推进专业思政建设,从而培养出跨专业、懂应用、能够讲好中国故事的复合型外语人才。

【关键词】 新文科;专业思政;国际化;大学英语实践

一、新文科背景

2018年8月,"新文科"这一概念在全国教育大会召开之前中共中央所发的文件中第一次被正式提出。2019年6月,教育部高等教育司司长吴岩在高等学校专业设置与教学指导委员会第一次全体会议上特别强调,"我们一定要让新文科这个翅膀硬起来,中国高等教育飞得才能平衡、飞得高"。随后全国各个高校纷纷响应教育部的号召,大力发展"新文科"。我国"新文科"源于新国情,适应新国情,它具有区别于其他国家"新文科"的两大本质特征:①它是一种自上而下、政府主导的国家工程;②"新文科"建设强调对中国传统优秀文化的执着坚守和传承。

---

① 作者简介:华章,首都经济贸易大学华侨学院讲师。

新文科应时代而生，它并不是对传统文科的全盘否定和彻底颠覆，而是对传统文科的进一步拓展和深化。2021年4月，山东大学校长樊丽明在2021年度新文科建设高峰论坛上指出：新文科的内涵应包括文科的融合化、时代性、中国化、国际化四大特征；新技术革命时代已然来临，并将不断变革着人们的生产模式与生活方式，这就需要我们在教育实践中培育出更多知识复合、学科融合、实践能力突出的新型人才；在"五四运动"一百年、新中国成立70周年、改革开放刚刚过去40年这样一个历史节点上，新文科很大的任务就是要面向全国高校学生进行人文教育，面向社会、面向全民进行基础教育；新中国成立70多年来，由于我国社会科学研究过于西化和量化，过于重视微观而忽略宏观，技术至上而忽视主体思想，我们要紧密结合中国特色社会主义，尽快形成富有继承性、民族性、原创性、时代精神、系统化、专业化特色的我国社会哲学系统；在世界经济发展新格局下，我们亟须培育一批适合世界经济发展新格局的高水平国际专业人才。

因此在新文科背景下，培养跨专业、懂应用、能够讲好中国故事的复合型外语人才已成为当务之急。

二、大学英语的课程思政、专业思政与国际化背景

与新文科概念提出的同一时期，"课程思政"也开启了高校教育教学改革的新篇章。2016年12月，习近平总书记主持召开全国高校思想政治工作会议，强调要把立德树人作为教育的中心环节，把思想政治教育工作贯穿教育的全过程，使各类课程与思想政治教育理论课同向同行，形成协同效应，并强调做好高校思想政治工作，要因事而化、因时而进、因势而新。2017年国家教育部颁布了《高校思想政治工作质量提升工程实施纲要》，把课程教育教学质量提升体系纳入全国十大育人体系，并对课程思政做出了专门阐述，明确提出课程思政要成为高等学校思想政治工作的重点建设对象。随后，课程思政工作在全国各大高校紧锣密鼓地发展起来。各大高校积极探索专业课、基础课、实践课的课程思政实施路径。随着课程思政改革的不断深入，2018年6月，在新时代全国高等学校本科教育工作会议上，时任教育部部长陈宝生提出新时代高等学校应当以本科教育为根本，推进教育回归常识、回归本

分、回归初心、回归梦想,"加强课程思政、专业思政十分重要,要把它提升到中国特色高等教育制度层面来认识"。专业思政正式被提出。

从课程思政到专业思政,立德树人的具体要求从课程迈向了教育的各个环节。思政育人从横向、纵向得到了全面拓展。习近平总书记指出,课程思政就是要把做人做事的基本道理、把社会主义核心价值观的要求、把实现民族复兴的理想和责任融入各类课程教学之中,使各类课程与思想政治理论课同向同行,形成协同效应,实现中国特色社会主义大学的立德树人目标。课程思政以专业课程为载体进行思政教育,课程思政是专业思政的基础。专业思政则站在专业的高度确立思政目标,通过专业内教学各环节的课程思政协同化,促使课程思政的教学各司其职、有序实施。专业思政是课程思政的深化,是课程思政的系统提升。专业思政与课程思政紧密联系,互为支撑,共同贯通高校教育教学全过程,构成高校立德树人的有机整体。至此大思政格局逐渐得以体现(见图1)。

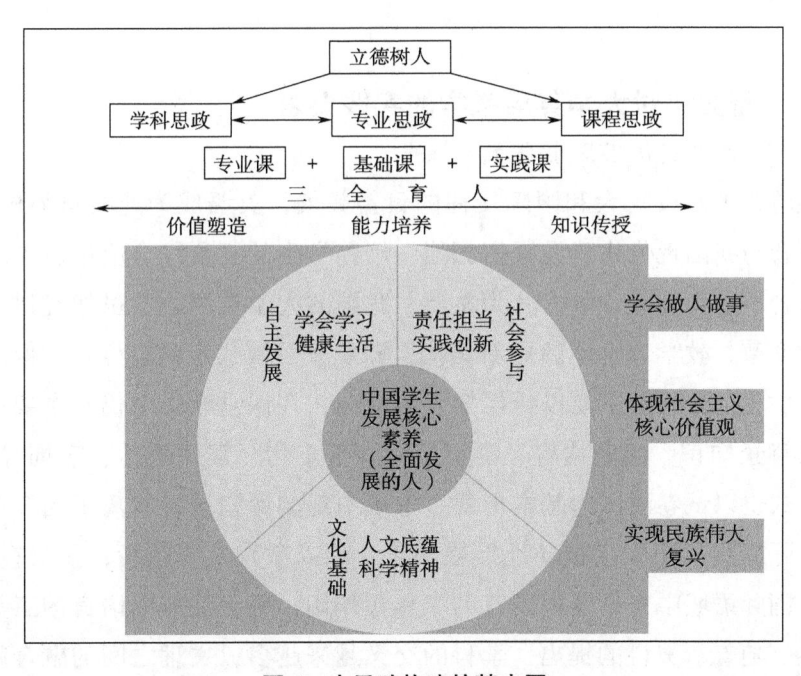

图1 大思政构建的基本图

从课程思政到专业思政，再到学科思政，既是自下而上的构建过程也是自上而下的指引过程。专业思政、学科思政构建的核心素养为各门课程的思政育人提供了重点目标指引。在大思政的框架下，大学英语课程作为高校的通识类必修基础课程，在培养非英语专业本科生的英语综合运用能力、跨文化交际能力的同时，肩负着"三全育人"的重要责任。专业思政与学科思政的顶层系统设计指引大学英语在教学中要努力实现工具性和人文性的有机统一，满足学生成长成才需求和国家战略发展需求。面对当今复杂多变的国际形势，大学英语课程更应着力帮助学生扩大国际化视野，增强合作与竞争意识，提高情绪管理能力，增强综合心理素质、跨国文化交际能力、信息处理能力和思维创新能力等，从而有效地促进国际交流，应对复杂的国际事务，敢于为祖国发声，让世界了解中国、感知中国。

因此，为了培养高素质的国际化人才，新时代的大学英语课程思政要充分发挥协同效应，积极融入各专业思政建设中。大学英语课程思政建设既要符合"新文科"多学科交叉的要求，又要实现"新文科"新的文化价值属性的使命担当。

三、新文科对大学英语教学的实践要求

（一）大学英语实践教学的必要性

随着改革开放扩大和国际交往的日益频繁，英语成为连接世界的纽带。英语教育与我国现代化建设紧密相连，培养学生的英语综合应用能力对提高我国综合国力和国际竞争力尤为重要。我国的大学英语教学虽然经过了不同阶段的变革，教学理念不断更新迭代，课堂教学模式走向多样化，但是在实践教学中大部分教师主要以传授知识为导向，在课堂教学中仍然主要以讲授文章的背景知识、文章内容、语篇结构、长难句、常用表达、字词等为主，考评方式也以试卷测试为基本形式。中规中矩的课堂教学脱离了当今多元化社会实际应用，使学生被动地接受知识，难以激发学习热情，无法在个人、社会、国际语域中充分发挥语言的工具性作用，更无法兼顾语言的工具性和人文性。随着新文科的提出，学科的交叉越来越多，文理之间的融合越来越深入，知识生产出现了新的模式，更多新知识在实践应用中产生，这些变化

无一不对人才的实践意识与创新意识提出了更高要求。因此，外语教学与其他文科教学一样，亟待解决的是实践教学育人的问题。

2020年中共中央、国务院印发了《关于全面加强新时代大中小学劳动教育的意见》，指出大学生的劳动教育应注重围绕创新创业，结合学科和专业积极开展实习实训、专业服务、社会实践、勤工助学等。劳动教育的加入，进一步强化了实践的价值，并对实践的形式和效果提出了更高要求。自此，实践教学不仅限于应用型工科和研究性理科，对于新文科同样也是不可或缺的教学环节。

(二) 什么是实践教学

实践教学是当代高等教育的重要环节，是各国高等教育改革的发展趋势和共同目标。世界一流大学均十分重视实践教学，通过校内、校外多种形式的教学与实践活动培养应用型人才。

目前，学术界对实践教学的定义众说纷纭，概括起来主要有以下观点。有些观点认为，实践教学的内涵有广义和狭义之分。狭义的实践教学专指社会实践教学，认为实践教学只是理论教学的简单延伸，只在课外进行。而广义的实践教学是指除理论教学之外的所有与实践相关的教学方式，可以在课内外进行，也可以在校内外进行；有些认为，实践教学是区别于课堂理论教学的一种教学模式；有些则认为，实践的本质就是实践主体的亲身参与，凡是学生作为主体亲身参与的教学活动，皆属于实践教学的范畴，如案例教学、阅读实践、社会实践、基地教育、校园文化、研究实践等。

(三) 大学英语课程思政实践教学路径

综合学术界对实践教学的定义，笔者认为大学英语课程思政实践教学可从两个方向着手进行，包括第一课堂的教学实践和第二课堂的实践活动。第一课堂的教学实践主要是根据大学英语的学科特点，以文秋芳教授的"产出导向法"（production-oriented approach）为理论基础，将人与自然，人与社会，人与科学等方面的内容，按照体系化的语言技能、思政目标设计具有渐进性的产出任务，并将产出任务作为实践教学的基点，以输出为起点，以输入为中介，以输出为目标，强调学用一体、学以致用、以用促学，从而达到实践育人的目标；第二课堂的实践活动主要是根据新文科的多学科交叉融合特点，根据《大学英语教学指南》对大学英语作为高校大多数非英语专业学生本科教育阶段必修公共基础课程和核心通识课程的定位，按照第二课堂的活动属性以及对文化素养、专业素养、思政素养、国际化素养的不同要求，开展具有融合性、层次性的第二课堂英语活动，通过体系化的行动学习、体验式学习帮助学生获取知识、提高技能、加强交往、完善人格，从而促进学生知识、身心全面发展。本文着重构建大学英语课程思政第二课堂实践活动模式。

四、开展大学英语第二课堂实践活动，协同推进专业思政建设

新文科、专业思政、国际化与劳动育人的时代背景为大学英语实践教学指明了方向。为了全面落实新文科建设，以课程思政推动立德树人，以教学实践加强劳动育人，培养高端国际化人才，"思政+国际化+实践"三位一体的第二课堂英语实践活动成为大学英语实践教学不可或缺的教学环节。第二课堂的教学实践不应再是第一课堂的拓展和延伸，而应是与第一课堂同频共振的教学存在。

（一）"思政+国际化+实践"三位一体

"思政+国际化+实践"三位一体主要是指以英语语言为载体，在实践活动中融入思政和国际化元素，通过将涵盖社会主义核心价值观的思政体系与语言活动相结合，帮助学生树立正确的人生观和价值观。通过在活动中融入国际化元素，帮助学生扩大国际化视野，提高跨文化交际能力。语言活动、思想政治和国际化三位一体的有机融合，不仅能够帮助学生提高英语综合应用能力，并将所学知识转化为内心信仰和实际行动，引导学生树立正确的世界观、人生观、价值观；同时，亦能通过语言文化的传递性将中国文化传递给世界，把伟大的"中国梦"通过青年学子展现于世界舞台，通过在跨文化交际的过程中传播积极向上的青春正能量，帮助营造和谐美好的国际氛围。该设计符合2018年9月习近平总书记在全国教育大会上提出的要求，即把立德树人融入思想道德教育、文化知识教育、社会实践教育各环节。三位一体的设计模型见图2。

根据第二课堂大学英语实践活动的组织方式，以及对文化素养、专业素

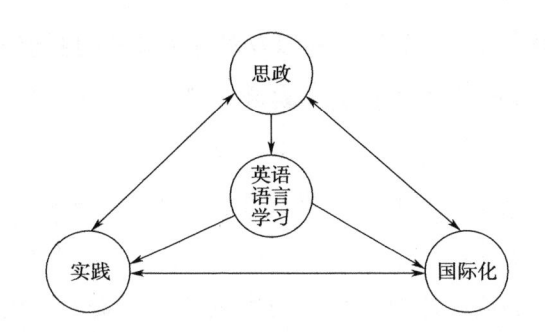

图 2　"思政+实践+国际化"三位一体设计模型

养、思政素养、国际化素养的不同要求,实践活动可以按照艺术类、通识类、语言技能类、文化类、公益类和专业类六大类进行。该体系的实践活动符合新文科的多学科交叉融合特点,活动内容包括:

1. 艺术素养类实践活动,包含英语歌曲合唱比赛、英语朗读比赛、英语话剧比赛、中文题材影片或纪录片的英语配音比赛、英语书法比赛等。

2. 通识类实践活动,包含中英文常识知识竞赛等。

3. 语言技能类实践活动,包含英语演讲比赛、英语辩论赛、英语翻译比赛、英语写作比赛、英语阅读比赛、英语讲故事比赛、微格教学等。

4. 文化类实践活动,包含读懂中国、我为祖国代言等系列活动的采风及微视频的制作、文化类学术论文等。

5. 公益类实践活动,包含各种英语志愿者活动、义教活动等。

6. 专业类实践活动,包含各学科专业比赛(如 ACCA 全国就业力大比拼等)。

为了实现三位一体的有机融合,在组织开展各类英语活动时需要把做人做事的道理、社会主义核心价值观的要求、实现民族复兴的理想和责任融入活动设计中。如"我是中国人,我为祖国代言"的英语微视频活动,就是为了引领当代大学生从不同视角发现及诠释祖国之美(包括物质文化和非物质文化之美),从而增强主人翁意识,树立与祖国同心同向的理想信念,在世界的舞台上为自己的祖国代言,让世界感知中国、了解中国。活动设计本身就体现了思政、国际化、英语实践三位一体的融合。

三位一体的第二课堂英语实践活动是大学英语实践教学的重要环节,它应与第一课堂联动,实现思想政治教育与英语语言知识教育有机统一。活动需按照体系化的语言技能、思政目标以及对各类素养的要求进行。

（二）三位一体的第二课堂英语实践方案

"思政+国际化+实践"三位一体的第二课堂按艺术类、通识类、语言技能类、文化类、公益类和专业类六类活动组织进行。根据活动的属性以及对专业素养的不同要求将此六类划分为Ⅰ类（A、B）和Ⅱ类（C、D、E、F）。为了全面提高学生的英语综合应用能力以及各方面素养，践行社会主义核心价值观，学生需在大学期间参加这六个类别的实践活动，并要求每个学期将Ⅰ类和Ⅱ类活动搭配进行，即每学期每位学生至少要各参加一项Ⅰ类和Ⅱ类的英语实践活动；Ⅰ类、Ⅱ类按不同的权重评价；教师根据量化标准评价学生参加活动的情况，活动成绩计入语言绩点。

鉴于第二课堂英语活动已成为教学实践不可或缺的教学环节，也是实现大学英语实践教学的第二路径，为了有效开展活动，该体系将学生的实践与评价相结合，从而实现以评促动。以首都经济贸易大学华侨学院为例，学生的大学英语实践活动成绩占大学英语期末总评成绩的10%。英语活动分由基础分和获奖加分组成。为了鼓励学生积极参与英语实践活动，学生每学期至少需要参加两项实践活动，上额不限。加分原则（见表1）为：

1. 参加艺术素养类实践活动，每参加一项一次加基础分3分。

2. 参加公益类实践活动，每参加一项一次加基础分3分。

3. 参加通识类实践活动，每参加一项一次加基础分5分。

4. 参加语言技能类活动，每参加一项一次加基础分3~5分，其中基础类活动加3分、进阶类活动加5分。

5. 参加文化类实践活动，每参加一项一次加基础分5分。

6. 参加专业类实践活动，每参加一项一次加基础分8分。

表1 活动类别及加分情况

活动类别	具体活动	基础分	备注
艺术素养类实践活动	英语歌曲歌唱比赛；英语朗读比赛；英语话剧比赛；英语配音比赛；英语书法比赛等	3分	每参加一项加3分

续表

活动类别	具体活动	基础分	备注
通识类实践活动	中英文常识知识竞赛等	5分	每参加一项加5分
语言技能类实践活动	基础类：英语单词比赛；英语语法比赛等	3分	每参加一项加3~5分
	进阶类：英语演讲比赛；英语辩论赛；英语翻译比赛；英语写作比赛；英语讲故事比赛；微格教学；全国大学生英语竞赛等	5分	
文化类实践活动	英语微视频制作；文化类学术论文等	5分	每参加一项加5分
公益类实践活动	志愿者活动；义教活动；英语助教等	3分	每参加一项加3分
专业类实践活动	ACCA全国就业力大比拼等	8分	每参加一项加8分

学生参加活动次数不限。学生在获得活动基础分的基础上，可根据获奖情况获得相应加分，如表2所示，获各类比赛三等奖者1次加1分；获二等奖者1次加1.5分；获一等奖者1次加2分；获校级（一等奖）及以上英语类竞赛奖项该学期活动分按满分计算。每学期每位学生最高可申报10分英语实践活动分（占期末总评成绩的10%），如果该学期活动总分为12分仍按10分记（各院校可根据自己学校的评价标准决定活动占比）。

表2 获奖及加分情况

获奖成绩	加分值（每次）
一等奖	加2分
二等奖	加1.5分
三等奖	加1分
校级（一等奖）及以上英语类竞赛获奖	该学期活动分按满分计算

为确保每位学生有机会参加英语实践活动从而获得基础分，学校可于每个学期在年级范围内组织两次英语实践活动并合理控制获奖比例，从而保证更多学生获得基础分，同时使学生活动成绩符合正态分布。同样以首都经济

贸易大学华侨学院为例,每个学期学生可自行参加活动库里的各个级别(系、校、市、国)的英语活动从而获得相应的活动分数;同时,学生亦能参加该院英语系面向年级全体学生举办的两场英语活动(每学期活动计划见表3),从而保证活动得分的合理性。该院系每学期所开展的活动均将Ⅰ类和Ⅱ类、自动化测评和教师评审的活动搭配举行,且每个学期的活动难度逐渐递增。

表3 每学期活动计划

学期	活动内容	活动类别	基础分	参与学生	可测性
CE111	新生英语知识竞赛	常识类(Ⅰ类)	5分	全体	机器自动测评
	新生英语书法比赛	素养类(Ⅱ类)	3分	全体	评审可测
CE112	英语单词比赛	学术基础类(Ⅱ类)	3分	全体	机器自动测评
	英语口语比赛	学术进阶类(Ⅰ类)	5分	全体	评审可测
CE223	英语写作比赛	学术进阶类(Ⅱ类)	3分	全体	机器自动测评
	英语配音比赛	素养类(Ⅰ类)	5分	全体	评审可测
CE224	英语语法比赛	素养类(Ⅱ类)	3分	全体	机器自动测评
	英语微视频比赛(小组赛)	文化类(Ⅰ类)	5分	全体	评审可测

每个学期末学生需在公共学习平台下载参加英语类实践活动申报表自行申报该学期的活动得分,各班老师核对确认后计入总评成绩,占比10%。凡参加了英语活动而未申报的视为自动放弃活动加分。申报活动在每学期停课周结束。

为了统一管理学生参加英语活动的情况,该院系在学习通学习平台上建立了大学英语实践活动课程模块,每个学期举办的活动内容在该课程统一发布,并通过平台完成比赛报名、比赛素材存档等。

实践活动的测评方式分为机器测评和人工评审两种(见表3)。其中平台自动出分的活动学生成绩按照分数高低排列,如若出现同一分数则按提交的时间先后顺序排序,并同时按照获奖比例(各院校可按照学生总人数设置获奖比例)划分等级;需要评审的活动则将通过各班教师初审并按照获奖比例推荐优秀作品到院里统一评审以确保公平性。评审要求因活动而异,各院校、各专业可根据自身特色开展活动并制订相应活动方案。总体而言，在设计实践路径上的英语活动时要遵循活动形式多样化、语言技能渐进化、核心素养全面化、思政内容体系化、思政目标具体化等特征，为学生提供多维度、全方位的劳动实践活动保障。通过开展第二课堂英语实践活动，协同推进专业思政建设。

（三）实施效应

大学英语第二课堂实践教学将学生实践与大学英语课程期末评价挂钩，通过评价正向激励促进学生参与语言实践，从而达到实践教学的目的。首都经济贸易大学华侨学院在开展"思政+国际化+实践"三位一体的第二课堂英语教学实践中取得初步成效，学生参与活动积极性较高，学生参与各项活动的平均百分比为98.8%（见表4）；学生2020年秋季、2021年春季学期的活动平均分分别为9.19分和9.27分（满分为10分，占大学英语期末总评成绩的10%）。在学习通的问卷调查中，学生普遍认为三位一体的第二课堂英语实践对自身的知识、态度、情感、意志、信念、行为和价值观等方面产生了正面影响。

表4　学生参与活动情况

活动名称	总人数	参加人数	百分比
英语知识竞赛	165人	163	98.8%
英语书法比赛	165人	162	98.2%
英语单词比赛	165人	164	99.4%
平均百分比			98.8%

五、结语

在新文科背景下，第二课堂英语实践活动是大学英语实践教学不可或缺的重要环节。"思政+国际化+实践"三位一体的第二课堂活动为学生实践语言的工具性和文化性提供了有效路径，学生需要将课堂上学到的语言知识转化为语言综合技能运用于实际中。为了顺利交际和在竞赛单元中体现个人价值，学生需要高质量的语言产出，这对其英语学习动机起到强力的反推作用。

三位一体的英语实践活动，帮助学生加深民族认同感，让他们坚定地认识到青年一代既要有强烈的民族自尊心、自信心和自豪感，也要有为实现伟大中国梦而大步前进的改革创新精神。在当下各种思想激烈碰撞的时代里，他们更加需要时刻保持清醒的头脑，知荣辱、明是非、辨善恶、分美丑，同学间传播积极向上的青春正能量，形成和谐美好的校园新风尚。在复杂多变的国际形势中，他们更需要肩负起祖国建设和民族振兴的伟大使命，勇于为祖国发声，让世界了解中国、感知中国。

参考文献

[1] 吴岩. 吴岩司长在高等学校专业设置与教学指导委员会第一次全体会议上的讲话［EB/OL］.（2019-06-28）［2022-09-16］. https：//www.163.com/dy/article/EIOC1ES105366EUH.html.

[2] 黄启兵，田晓明."新文科"的来源、特性及建设路径［J］. 苏州大学学报，2020（2）：9.

[3] 樊丽明. 凝心聚力、创新建设、开创文科教育新未来［J］. 中国高等教育，2020（24）：4-5.

[4] 张烁. 习近平在全国高校思想政治工作会议讲话上强调：把思想政治工作贯穿教育教学全过程 开创我国高等教育事业发展新局面［N］. 人民日报，2016-12-09（1）.

[5] 陈宝生. 在新时代全国高等学校本科教育工作会议上的讲话［J］. 中国高等教育，2018（Z3）：7.

[6] 虞晓芬. 专业思政与课程思政如何相辅相成［J］. 中国教育报，2022（6）.

[7] 关于全面加强新时代大中小学劳动教育的意见［J］. 中国高等研究，2020（5）.

[8] 陈勇江. 思想政治理论课实践教学的基本形式及其新框架的构建：基于南京高校的实证调查［J］. 辽宁教育研究，2008（11）：25.

课程思政融入税收专业课程体系的路径研究[1]

陈远燕 晁云霞 张越敏 高佳琪 朱 悦[2]

【摘 要】 国际税收（双语）是随着国家间经济往来的发展和扩大而出现的一门新学科，本课程的目的是扩大学生的国际视野，帮助学生在全球经济背景下理解国家间税收关系以及税收竞争和税收协调。在高校课程思政建设全面推进阶段，研究课程思政在这门课程中的运用具有重要意义。本文以课程思政思维在国际税收（双语）课程中的应用为研究对象，通过建设案例集方法，采用"以教促研，教研结合"的方式，实现借助课程思政思维以提升学生国际税收理论知识和家国情怀的目标。这一举措在高校课程思政建设全面推进阶段具有重要意义。通过问卷在课前课后调查学生对于该门课程所涉及的专业知识与思政元素的需求情况，依据该情况来精准找寻思政切入角度、丰富案例集与增添课堂互动性，来进一步改进教学质量与水平，充分促进学生对知识的学习与吸收效果。此外，在教学过程中应当及时获得学生反馈，进行进一步的改进。

【关键词】 国际税收；课程思政；案例教学

国际税收（双语）是随着国家间经济往来的发展和扩大而出现的一门新

---

[1] 基金项目：本文受首都经济贸易大学 2022 年校级教改立项资助。
[2] 作者简介：陈远燕，首都经济贸易大学财政税务学院副教授；晁云霞、首都经济贸易大学财政税务学院讲师；张越敏，首都经济贸易大学财政税务学院硕士研究生；高佳琪，首都经济贸易大学财政税务学院硕士，现任职于江苏中烟工业有限责任公司徐州卷烟厂；朱悦，首都经济贸易大学财政税务学院硕士，现任职于中国农业银行股份有限公司北京宣武支行。

学科，本课程目的是扩大学生的国际视野，帮助学生在全球经济背景下理解国家间税收关系以及税收竞争和税收协调。在高校课程思政建设全面推进阶段，研究课程思政在这门课程中的运用具有重要意义。

现已有众多教师在课程思政建设方面提出了自己的见解，但鲜有学者思考如何将课程思政与国际税收（双语）课程结合起来提升教学质量。目前我校的国际税收（双语）课程已取得的研究及实践基础体现在以下三个方面：一是正在初步尝试建立课程思政教学体系，并在课堂上尝试将章节知识的讲解融入思政元素。二是针对这门课程连续为学生整理每年的国际税收热点问题，并阶段性地给学生讲解最新的国际税收规则与方案。三是国际税收（双语）这门课程已经连续开设多年，每学期选课人数比较稳定，从每学期期末学生的评教得分情况来看，学生评价较高，反馈效果较好，因此这门课受到学生欢迎。

一、国际税收（双语）问卷调查

（一）基本情况

1. 调查目的。为了提高高校学生专业学习过程中的思政思维以及爱国情怀，更有效地促进融入思政元素的课程改革建设，提高教学质量，对国际税收（双语）课程课堂效果进行课前和课后两方面的问卷调查。该调查的目的在于：一是了解学生对于课程思政的认知程度，进而明确课程的建设目标和教学目标；二是了解学生从融入思政元素的国际税收（双语）课程中得到的提升以及对课程完善的改进建议，以此为基础对课程结构、课程内容不断进行调整完善。

2. 调查对象。调查报告选取首都经济贸易大学的学生作为问卷调查的对象，因为本课程选修学生不设专业限制，所以将调查对象确定为选修该课程的本校学生，共44人。本次问卷调查共发放问卷62份，收回有效问卷61份，有效问卷占比98.4%。

3. 调查方法。该调查采用问卷调查的方法。首先，根据调查目的和调查内容的可行性设计调查问卷；其次，选取合适的调查对象发放问卷，为保证发放和回收问卷的效率，保障问卷有效性，向学生发放电子调查问卷；最后，将问卷回收并进行筛选统计，得到最终的问卷调查数据结果。

4. 问卷内容。该调查问卷共分两部分。课前调查问卷共16道题目，其中

9 道单选题，5 道多选题，2 道开放性问题。课后问卷调查共 20 道题目，其中 14 道单选题，3 道多选题，3 道开放性问题。

内容共包括三部分：

（1）考察调查对象自身情况。该部分目的在于了解学生的年级、专业、学生自身对国际税收知识的了解情况等，试图调研学生自身情况是否影响课堂效果。

（2）考察调查对象对于课程融入思政元素的看法，通过课前问卷了解学生是否上过融入思政元素的专业课程以及期望的相关思政元素和教学方式；通过课后问卷了解学生对于老师的授课方式、案例教学等教学形式的看法。

（3）考察调查对象对于国际税收（双语）思政课程的意见及建议，了解学生认为目前该课程存在的不足和可以实行的改进措施，积极引入学生认为具有思政意义的课程内容。

（二）调查结果

1. 调查对象自身情况。

为了能够更好地展开国际税收知识的讲授，我们首先在课前对学生们对于相关课程（如中国税制）的掌握情况进行了调查，本次调查共涉及 33 份问卷，通过问卷整理，有效问卷达 32 份。

（1）政治面貌及专业情况。本次课前调查对象中，党员共 4 人，占比 12.5%，团员共 24 人，占比 75%，群众 4 人，占比 12.5%。

由于专业开设情况与课程面向不同院系，我们通过对学生的专业的调查（如图 1）可以看出，本课程主要面向大部分管理类专业学生。由于该门课程跨出一国税制的研究范畴，面向国际范围，因此我们也可从中发现该门课程受到国际商务专业同学的喜爱。

（2）对国际税收知识的了解情况。调查结果如图 2 所示，同学们均学习过中国税制课程，且在学习本课程前对受调查课程的掌握情况普遍一般，共计 14 名同学，占比 43.75%；10 名学生掌握情况还不错，占比 31.25%；有 4 名学生掌握情况非常好，占比 12.5%；同时也有相同数量学生掌握情况较差。容易观察到，掌握情况还不错及以上的学生占比达到 43.75%，与掌握情况一般的学生占比一致。因此，本次参与课前调查的学生对于国际税收相关课程

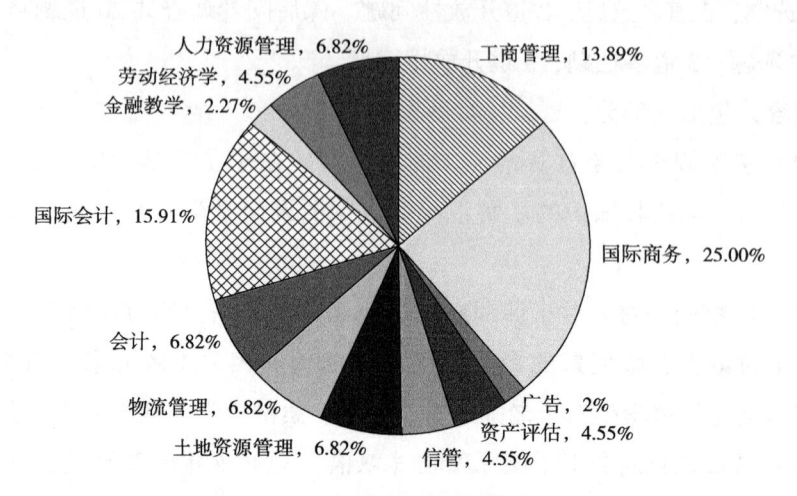

图1 调查对象的专业背景

(人力资源管理，6.82%；劳动经济学，4.55%；金融教学，2.27%；国际会计，15.91%；会计，6.82%；物流管理，6.82%；土地资源管理，6.82%；信管，4.55%；资产评估，4.55%；广告，2%；国际商务，25.00%；工商管理，13.89%)

知识的掌握情况基本较好，为本课程的后续展开提供较为良好的基础。

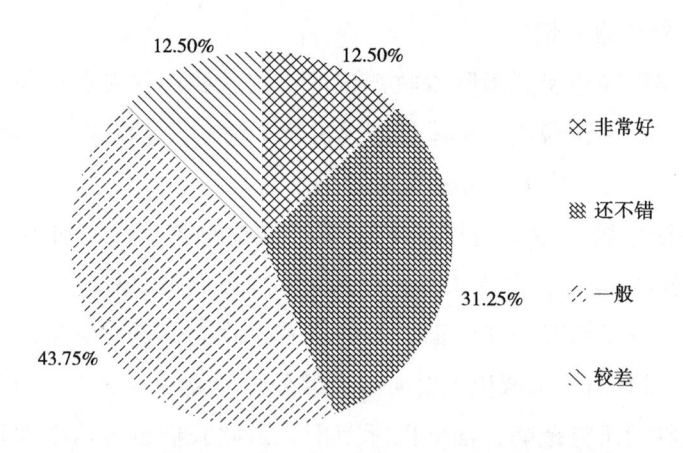

图2 您对国际税收的一些相关课程如中国税制课程的掌握情况如何

(非常好 12.50%；还不错 12.50%；一般 31.25%；较差 43.75%)

由于税收知识需要与时俱进的特点，本课程在开展过程中需要及时地为学生们提供并需要学生们主动找寻和关注国际税收热点问题。由图3可以看出，大部分学生对国际税收热点问题都有了解，但了解程度有所不同。具体来看，其中有53.12%的学生比较了解，之前听老师讲授过；有34.38%的学生有一定了解，主要是听同学提起过；十分了解并读过相关文件的学生占比为 0。此外，我们仍发现有占比为 12.50% 的学生完全没有听说与了解过国际税收热点问题。综合来看，本次接受调查的学生的回答较为客观，比较了解的学生超过半数，且有一定了解的学生占比也较大，说明通过老师讲授国际税收热点、培养学生主动寻找与分享热点问题等举措有利于热点问题的传播。

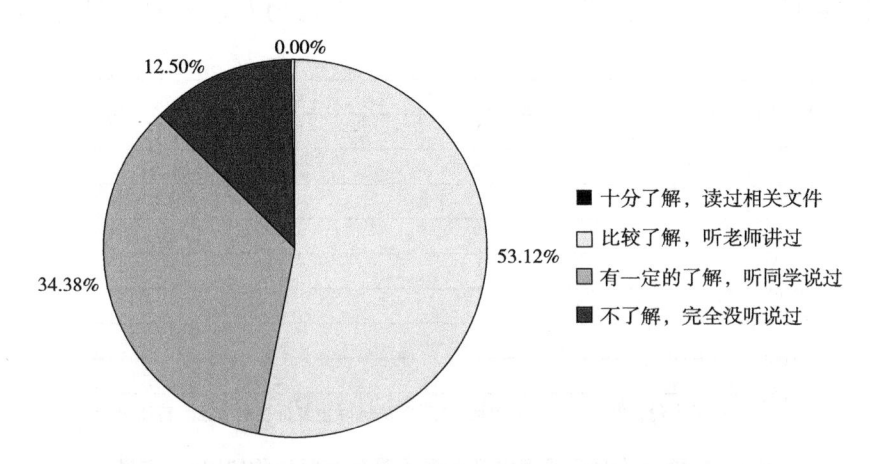

图 3　您对国际税收热点问题的了解程度如何

通过进一步调查发现，学生们希望了解与学习税收协定、国际避税、国际反避税的相关知识，但每个人的意愿程度有所不同。通过学生们的反馈（见图 4），学生对国际避税的学习意愿占比最高，达 75%，接下来依次是税收协定，占比为 71.88%，国际反避税，占比为 62.50%。

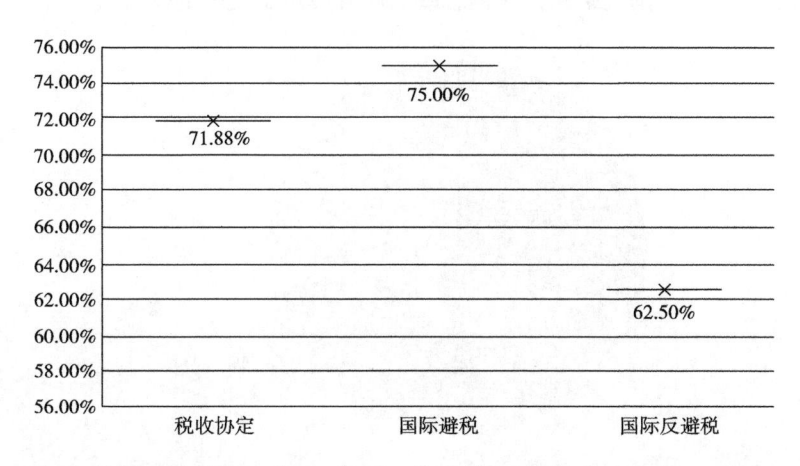

图 4　针对国际税收（双语）课程，您更希望学到哪部分知识？（多选）

另外，学生希望从该门课程中具体学习到居民身份认定、收入来源地确定、国际重复征税的解决方法及转让定价等国际税收知识。具体统计结果图5所示，显而易见，这四个知识点的被选择程度均很高，其中"收入来源地确定"和"解决国际重复征税的方法"这两类被选择次数更多一些。因此，我们可以在后续课程开展过程中，针对学生渴望学习的方向进行针对性备课。

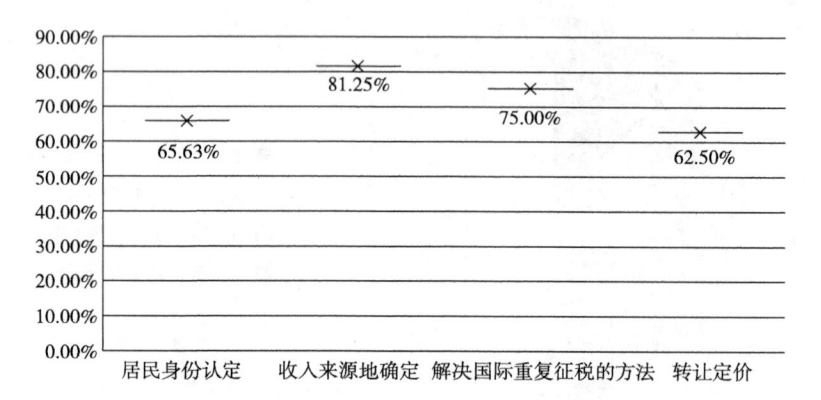

图5　您希望从这门课程中学到哪些具体国际税收知识？（多选）

（3）关于课程思政的认识情况。此外，由于本课程在国际税收（双语）的知识体系内添加、融入了课程思政元素，为了能够达到预期效果，我们在课前针对学生关于课程思政的了解情况进行调查。调查统计结果如图6所示，由结果可知，之前接触过课程思政课程的学生占大多数，占比达68.75%，而未接触过的学生占比为31.25%，这个调查结果为课程思政的展开奠定了良好的基础。

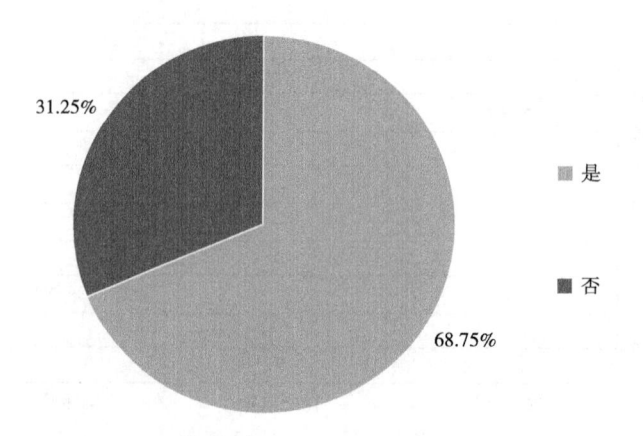

图6　您之前是否上过融入思政元素的专业课程

为了充分发挥课程思政元素的作用，我们调查了学生认为合适的课程思政元素种类，调查统计结果如图 7 所示。从调查结果可知，学生更加偏向于"互利共赢、开展多国合作"方面的课程思政元素，占比高达 96.88%；接下来是"展现负责任大国形象，维护发展中国家利益"方面，占比达 75%；最后是"热爱祖国，坚定维护国家利益"，占比也高达 68.75%。从结果可知，对于本课程中思政元素的融入，学生更加立足于世界视角来维护本国家利益与尊重其他国家利益，这也贴合了课程的特点。

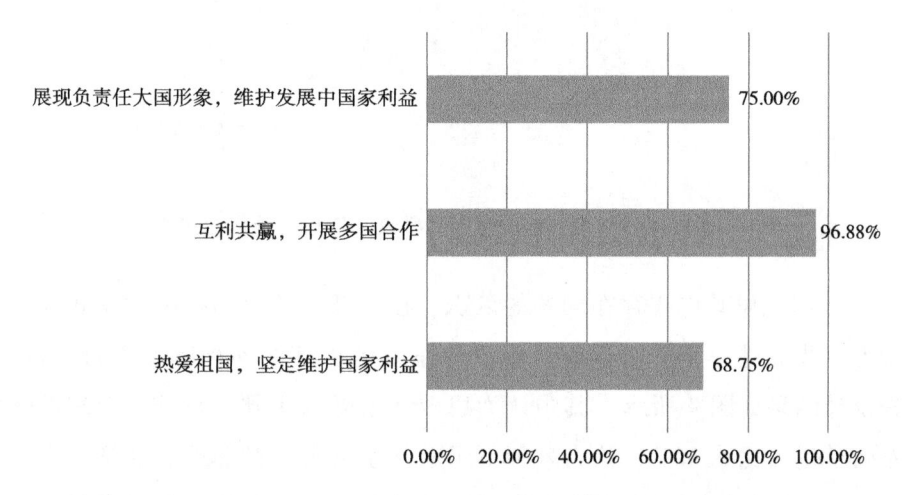

图 7　针对国际税收（双语）课程，您认为课程思政适合的思政元素有哪些（多选）

课程的设置应根据学生的诉求，并结合学生对国际税收知识与课程思政已有的了解，选择适当的侧重点与方式，使学生能够掌握与国际税收相关的主要内容，并在掌握专业知识的同时提升自身思政水平与政治素养。

2. 调查对象对国际税收（双语）思政课程的看法。

（1）国际税收（双语）课程难度情况。调查结果如图 8 显示，大部分学生认为国际税收（双语）课程有一定难度。可以看出，68.97%的学生认为国际税收（双语）课程较难，理解较为吃力；27.59%的学生认为难度适中，仅有 3.45%的学生认为难度很大，听不懂。这基本符合该门课程的实际情况，该门课程采用双语教学，且串联国际税收知识与热点问题，本身难度就较高，但该课程有助于对学生本身的知识体系的构建。

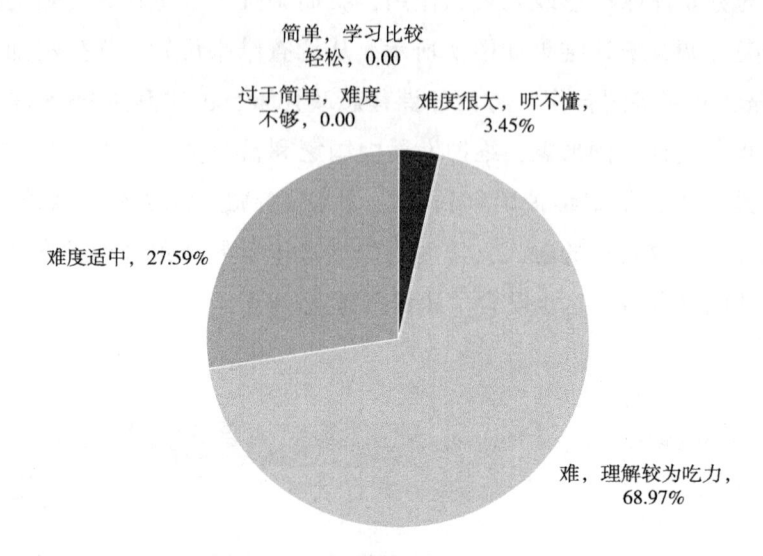

图8 通过课程学习，您觉得国际税收（双语）课程难度大吗

（2）以往思政课程存在问题的认识。在大部分学生均接触过思政课程的基础上，我们进一步针对学生认为以往思政课程存在何种问题进行了调查。调查统计结果如图9所示：其中认为思政元素融入生硬，打破了合理的知识体系的学生占比达50%；认为教师不了解学生需求，教非所需的学生占比达25%；认为在专业知识基础较为薄弱的情况下，融入思政元素后讲授起点较高的占比达53.13%。因此，我们做出如下分析：学生来自不同专业，学科背景不尽相同，知识丰富程度也不相同，因此在专业基础知识的储备上具有一定差距，在此基础上直接融入思政元素会导致授课起点变高。此外，思政元素的融入角度与方式会影响到学生本身的学习体系，进而影响到学生对于思政与专业知识的吸收与贯通。我们应当从以往思政课程开展过程中的问题吸取经验，并从这些方面进行课堂改进。

（3）国际税收（双语）思政课程教学效果。为了了解本课程的开课效果，更好地继续之后的教学，首先对学生的听课状态与学习效果进行调查，调查结果如图10所示：大部分学生认为自身状态良好，学习较为轻松，占比达51.72%；有41.38%的学生认为状态一般，但是可以跟上老师的教学进度；有3.45%的学生认为自身状态很好，也有3.45%的学生认为自身状态不太好，

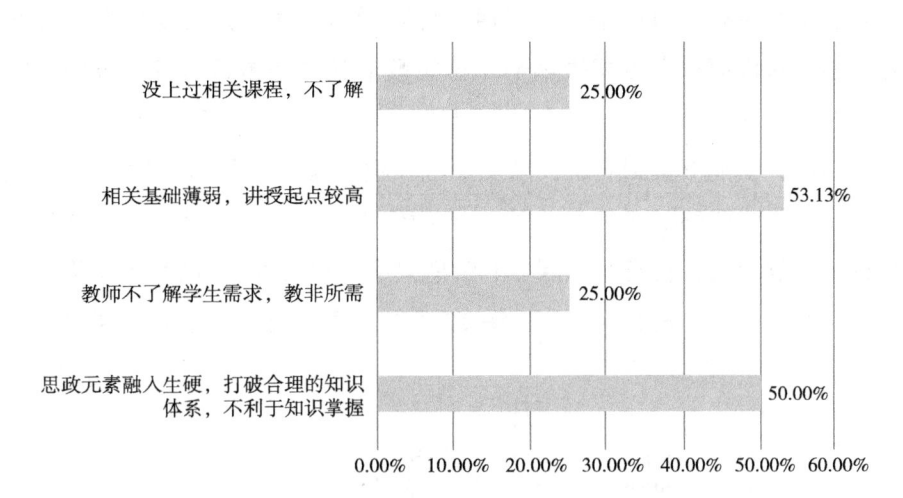

图 9 您认为以往思政课程专业课程中存在什么问题（多选）

- 没上过相关课程，不了解：25.00%
- 相关基础薄弱，讲授起点较高：53.13%
- 教师不了解学生需求，教非所需：25.00%
- 思政元素融入生硬，打破合理的知识体系，不利于知识掌握：50.00%

没有学生认为学不进去。由此分析得出，学生自身状态会影响学习效果，但大多数学生状态都可以保持自身的学习进程（这主要由学生自身兴趣、知识背景及其余课业生活影响所致）。此外，老师在学习过程中起到了很重要的作用，老师可以帮助状态一般的学生及时跟上进度。

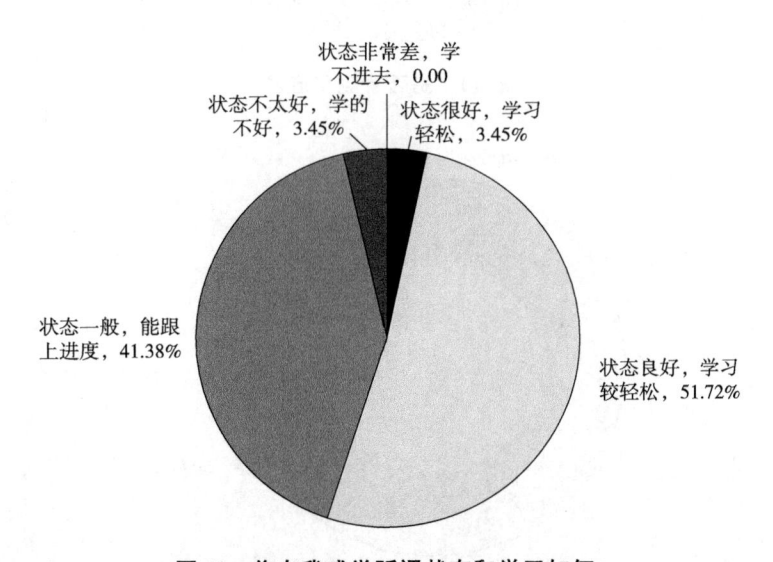

- 状态非常差，学不进去：0.00
- 状态不太好，学的不好：3.45%
- 状态很好，学习轻松：3.45%
- 状态一般，能跟上进度：41.38%
- 状态良好，学习较轻松：51.72%

图 10 您自我感觉听课状态和学习如何？

对于学生课后学习成果，针对通过课程学习，学生是否受到启发并激发兴趣、是否对价值观产生积极影响、思想政治教育是否显著等三方面进行了调查，调查统计结果分别如图11、图12、图13所示。由图12可知，学生认为从该门课程中能够得到启发，激发学习兴趣。其中，有51.72%的学生认为所受启发较大，能够引起较大兴趣；31.03%的学生认为有所启发；10.34%的学生认为启发很大，自身对该课程非常感兴趣；仅有6.9%的学生认为启发较小，且没有学生认为没有启发。由图12可知，国际税收（双语）课程融入思

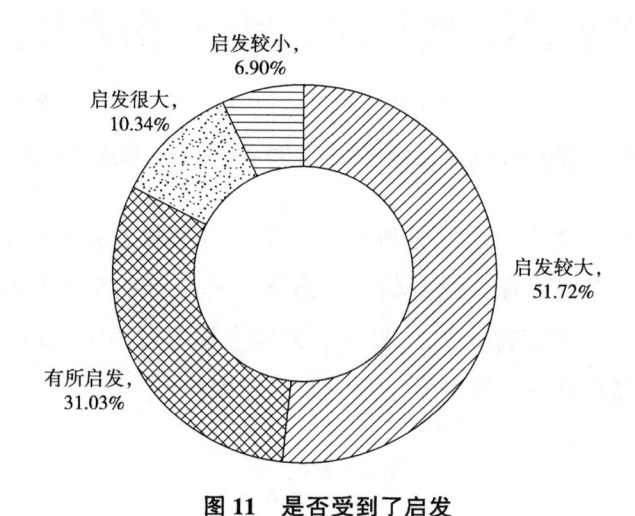

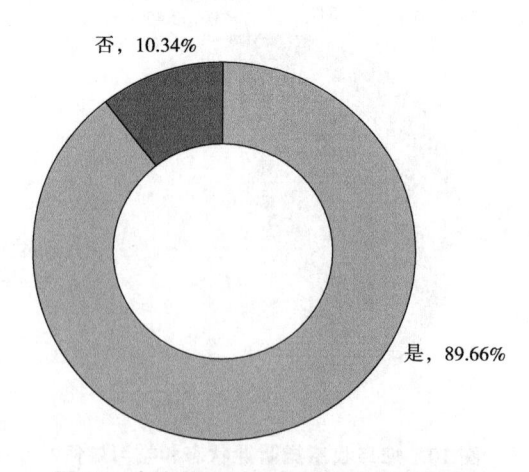

启发较小，6.90%
启发很大，10.34%
有所启发，31.03%
启发较大，51.72%

图11 是否受到了启发

否，10.34%
是，89.66%

图12 内容是否对价值观产生积极影响？

436

政元素能够对学生价值观产生积极作用,有89.66%的学生认为对自身价值观产生了积极影响,仅有10.34%的学生认为没有产生明显的积极影响。为了具体探讨该影响程度如何,我们进一步调查了老师对学生思想政治教育是否有显著效果。由图13可知,大部分学生认为接受程度较好,有明显的教育教学效果,占比达72.41%;有24.41%的学生认为有教育效果,但自身接受程度不高;仅有3.45%的学生认为很少能够接受。综合来看,上述调查结果表明,国际税收(双语)思政课程的建设与推进对于学生自身专业知识的获取、思想价值观念的形成与提高均能够产生较为显著的积极效果。

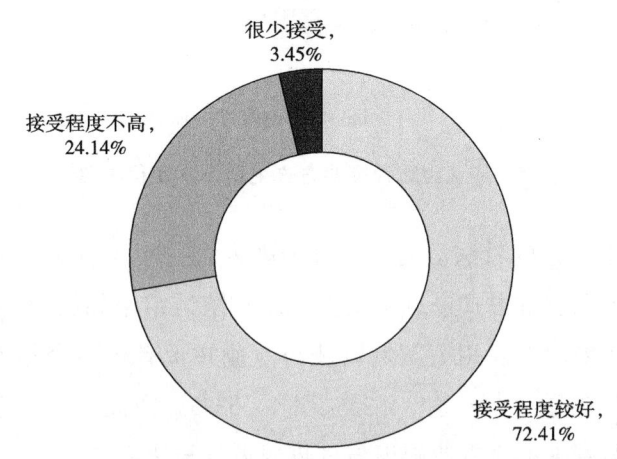

图13 您认为老师对于学生的思想政治教育是否有显著效果?

3. 调查对象对国际税收(双语)思政课程课堂情况的看法。

(1)教材的使用情况。学生对本课程教材使用情况的看法如下:34.38%的学生认为课本或PPT仅为辅助,他们主要依靠教师讲授更多内容,并认为这样更适合本课程的学习;56.25%的学生偏好于按照课本或PPT内容讲授,有部分拓展;没有学生认为可以没有课本或者PPT;9.38%的学生认为应该完全按照课本或PPT进行学习(见图14)。可以看出在本课程的学习中,学生还是较为依赖教材的,由于本课程属于经管类课程,课程内容所涉及的概念、特征、条例规定较多,并且需要规范的专业表达,课堂知识需要以文字的形式呈现,因此课本或者PPT必不可少,并且也有助于老师向学生传递信息以及学生对知识的接收。

可以没有课本或PPT	0.00%
课本或PPT仅为辅助，主要靠教师讲授更多内容	34.38%
较为按照课本或PPT内容，有部分拓展	56.25%
完全按照课本或PPT内容	9.38%

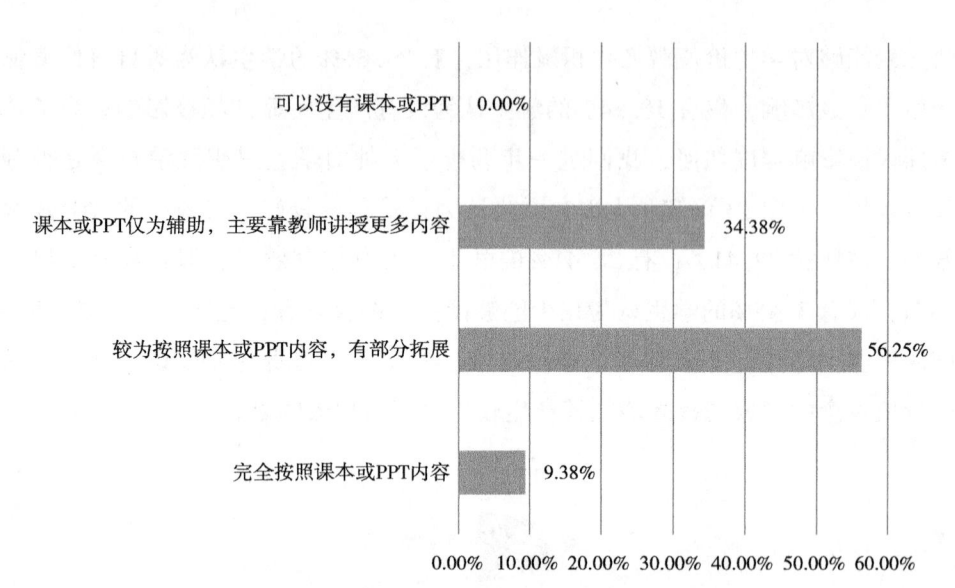

图14　您认为哪种授课方式更适合本课程学习？

（2）对教学形式的看法。为了更好地融入和讲解课程思政元素，对学生更加喜爱的融入和讲解方式进行了调查，调查统计结果如图15所示：大部分学生倾向于选择采用引入相关案例以及与专业知识有机结合的方式进行思政元素的融入，两者分别占比达34.38%和40.63%。由此可见，学生更加喜欢以生动形象的案例来促进专业知识与思政的吸收与学习。

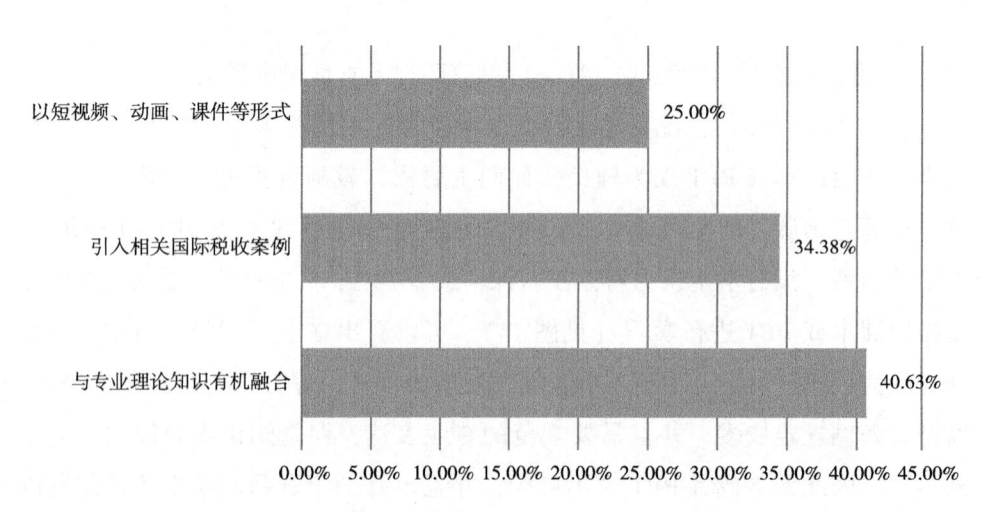

以短视频、动画、课件等形式	25.00%
引入相关国际税收案例	34.38%
与专业理论知识有机融合	40.63%

图15　您希望老师在讲解课程思政内容时以哪种形式呈现

对将思政元素融入专业知识以采用案例集等方式进行授课的问题，学生的看法如图 16 所示。由图 16 可知，在案例教学中，对于案例来源，绝大部分学生希望由老师提供案例，小部分学生觉得自己搜集案例更好，其中，18.75%的学生希望由老师提供经典案例，然后由学生来讲授，老师来点评；62.50%的学生希望完全由老师提供案例并讲解；有 18.75%的学生认为由小组合作完成案例的搜集和讲解，再由老师点评更好。由此可发现，学生更加倾向于由老师提供经典案例。形成这种情况的原因可能是：学生目前的国际税收知识基础较为薄弱，自己暂时无法甄别具体案例是否有助于某一知识点的学习，而老师则可以把握案例中的知识点的突出性或综合性，并且老师实时关注该专业领域，更能提供真实、新颖的案例。另一方面，由老师讲解案例，老师更能抓住案例中的关键点或者题眼，循序渐进地引导、剖析、总结，能够帮助学生更好地理解税收知识，而由学生讲解案例，能给学生留下更深刻的印象，有助于知识的吸收。

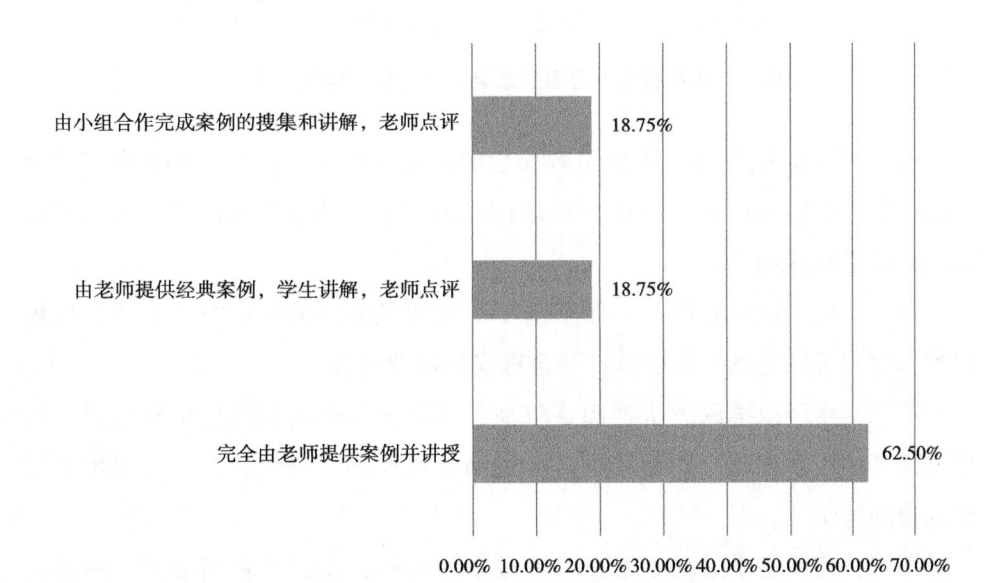

图 16　您认为案例教学如何开展更好

调查结果显示，学生首先希望老师在课堂中承担讲授知识和引导学习的职责，其次是希望老师提供学习情景，再次是希望老师参与考核。从图 17 可以看出，68.75%的学生更希望老师讲授知识，50%的学生更希望老师引导学习，34.38%的学生更希望老师提供学习情景，而更希望老师参与考核的学生占6.25%。由此可见大多数学生希望老师在课堂更注重对知识的传递和学习的引导。

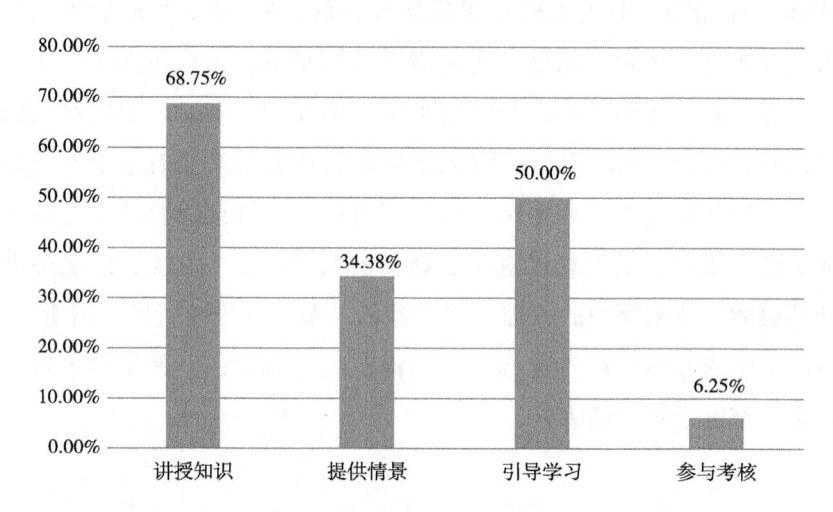

图17　在本课程中您更愿意老师扮演什么角色（多选）

（3）对国际税收（双语）思政课程的意见或建议。该部分调查内容是寻求学生们对于国际税收（双语）思政课程未来改革的意见或建议，现将有效的调查结果整理如下：

第一，由于课时有限，不能将国际税收知识进行全面详细的讲授，如果增加课时则可以更细致地讲解，并合理安排授课内容。

第二，由于双语课程讲授起点较高，并且国际税收知识点也较深奥，建议从最基础内容讲起，并在较难部分适当多添加些汉语教学，便于学生对知识的接受与学习。

第三，建议讲学过程中增加案例教学的比例，多讲解真实案例，贴近生活便于理解，同时希望减少知识理论介绍的过程，尽快进入案例学习，以帮助学生理解国际税收知识是如何运用在现实生活中的。

第四，建议增加课堂互动形式，可以再适当多加一些讨论环节，采取更加多元的互动形式，让课堂教学更加生动有趣。

(三) 学生对于国际税收（双语）思政课程的需求情况

通过整理调查问卷结果，并结合学生们对于国际税收（双语）思政课程未来改革的意见或建议，了解学生对国际税收（双语）思政课程的诉求，我们发现学生对于本课程有以下几个方面的需求。

1. 合理融入思政元素。首先，在调查问卷的客观题部分就有很多同学反映，以往的思政课程存在思政元素融入生硬、教师不了解学生需求、教非所需等问题。另外，从问卷主观题的统计结果可以看出，大部分学生认为国际税收（双语）课程难度较大，理解较为吃力。学生希望构建合理的课程思政知识体系，希望能够通过这门课程学习到以下思政元素：热爱祖国、坚定维护国家利益、互利共赢、开展多国合作、展现负责任大国形象、维护发展中国家利益等。并且希望这些思政元素的融入能帮助自己更有效地理解税收协定、国际避税、国际反避税等国际税收知识。

2. 加强课堂互动。调查结果显示，学生们认为，多种教学方式有助于国际税收（双语）思政课程知识的学习。很多学生表示希望加强课堂互动，可以再适当地多加一些讨论环节，增强师生互动，这样既可以丰富课堂内容，又可以提高学生的综合素质，让课堂教学更生动、有趣。国际税收（双语）思政课程的教学不应局限于传统教学方式，这样不利于学生对税收知识的学习，应该丰富课堂互动的形式，改进教学方式，通过小组讨论、师生互动等形式，给学生提供更多展示和锻炼的机会。

3. 增强案例教学。根据调查结果，有很多学生反映国际税收知识本身就复杂深奥、体系庞大、难以理解，国际税法精细严谨，若一味地向学生灌输知识，很有可能会影响学生学习企业税收知识的积极性和听课质量。很多同学表示，希望老师的授课内容更贴近生活，在讲学过程中减少理论知识的介绍，增加案例教学比例，将新时代数字经济及各种热点问题融入案例中进行讲解。

二、为提升课堂效果而实施的改进措施

为了提升国际税收（双语）思政课程的课堂效果，根据以上学生对于本课程的需求，我们采取了以下改进措施，以期提高教学质量，向学生普及国

际税收知识，增强学生思想政治水平，进而使学生在知识、能力、素质等方面共同提高、全面发展，助力综合素质人才的培养。

（一）优化教学内容

1. 精准切入思政角度。课程思政教育是高校实现立德树人根本任务的重要途径。国际税收课程建设应深度挖掘专业知识体系中蕴含的道德修养、法治意识等思政内容，着力进行课程思政教学改革，以实现全方位育人目标。根据学生意愿及老师授课经验，明确课程思政在国际税收（双语）课程建设中的主要切入角度，构建合理的融入思政元素的国际税收课程框架并充实课程内容。根据学生需求，具体思政元素包含以下几方面：热爱祖国、坚定维护国家利益、互利共赢、开展多国合作、展现负责任大国形象、维护发展中国家利益等。

2. 合理调整教学内容。根据学生反馈，考虑到课程有一定难度，为了更好地促进学生学习，我们对专业知识教学内容进行合理调整。在备课前，教师通过线上调查和线下交流等方式，提前了解学生感兴趣的国际税收问题和基础知识薄弱的章节，以便在教学过程中更有针对性的讲解。另外，教师在授课前应当仔细考量每个章节的知识权重，并结合教学经验，分析每个知识点老师讲解的难易程度和学生理解的难易程度，配合课时长度合理安排授课内容。

（二）丰富课堂互动

1. 课堂提问。在教学过程中的提问能够启发并引导学生主动去探索和解决税收实际问题。例如，从问题导向出发，教师可结合"一带一路"涉及的国际税收问题，让学生明白在这一过程中国际税收知识与国家地位等的重要性。通过这一举措，激发学生课堂的学习热情与活跃度，发现学生不足的地方，教师在之后课程中再根据情况进行针对性与着重性的讲解，并合理安排课程内容与教学时长。

2. 课堂讨论。我们在每节课堂中都针对国际税收知识点设立了案例分享，让同学们针对老师与同学分享的案例进行讨论与交流，形成师生互动的课堂环境。这个环节主要培养学生的动脑与发言讨论能力，老师在学生发言后再针对学生的发言内容进行总结并向学生提问相关问题，以此进行更加深入的交流与讨论，引导学生深入思考。这种形式不仅活跃了课堂氛围，还促进了学生的知识吸收与运用。教师在教学过程中充分发挥导向作用，让学生成为课堂的活动主体。

（三）完善教学方式

国际税收双语课程涉及征税权重复问题下的税务处理，相关内容比国内税法更为复杂，难度更大。其在现实中的重要地位以及内容难度都要求我们完善教学方式，提升教学质量。为此，我们将构建一个融入思政元素的全新的案例集，进一步改进案例教学，丰富教学形式，让学生有课堂参与感，激发学生自主学习的兴趣。

1. 以案例集改进案例教学。国际税收（双语）课程内容繁杂，学生理解难度大，同时也与我国的国际形象紧密相关，牵涉众多思政元素，讲授好这门课程具有重大意义。为了进一步激发学生学习的积极性、提升教学质量，我们构建了一个完整的国际税收（双语）课程案例集，通过案例教学让学生了解具体情景，加深学生的理解。

在准备教学案例之前，通过问卷调查以及与同学当面交流等方式了解学生对本门课程的期望以及具体知识点的需求，通过分析学生的需求了解学生的兴趣点以及薄弱之处，再以课程知识体系为基础，充分考虑课程思政元素，选取相适应的案例，形成国际税收（双语）课程案例集。同时，我们的案例集还紧扣时事政治与国际税收热点问题，选取科研实践中的部分真实素材进行讲授，让课程内容与实际紧密结合，提升了学生的理论联系实际能力。在整理案例集的过程中教师可以进一步复盘过往工作经历，联系理论与实际，提升自身的科研和实践能力。构建完整的案例集可以进一步推进案例教学，将相关知识具体化、形象化，增强学生对国际税收双语课程的理解与体会，提升学生整体学习效果。

2. 丰富形式，激发自主学习。我们在课堂上采用启发式教学的方式来促进学生的课堂学习。教学实践表明，学生在学习过程中，启发学生自主学习的教学效果会更好。本课程的启发式教学的措施主要依据案例集展开。教师根据案例分享，选择当前或近期的国际反避税案例，让学生从案例中学习专业知识的同时，自主体会当前的国际形势；或让学生从财经热点新闻中找寻国际税收知识中能够反映我国大国形象等内容的思政内容；课前及时了解学生想要学习的重点章节，发现学生的兴趣点，并以此来安排不同学生进行不同的课堂分享。启发性的教学模式有助于引导学生学会利用专业知识从实际生活中抓取与所学相关的内容，达到学以致用的目标。最后，在学生各抒己见之后，教师进行总结，在提出不足的同时，给予学生鼓励，使得学生能够保持积极主动的学习热情。

三、结论

通过此次调查研究，我们发现学生们对于国际税收（双语）思政课程的兴趣很大，并且对自身的知识需求有着较为明确的认识，对现有思政的融入方式、课堂教学形式及案例分享内容均有不同程度的改进需求。基于此，我们采取相应的措施，精准找寻思政切入角度，通过将国际税收热点融入案例集以及丰富课堂互动形式等措施来满足学生需求，提高教学质量。此外，在之后的教学过程中，应当继续了解学生需求、获得学生反馈，根据实际反馈情况做出进一步改进，不断促进课程的优化与提升。

参考文献

[1] 陈景. 高级财务会计课程思政案例设计："债务重组"中的思政元素[J]. 中国乡镇企业会计, 2021（12）：152-153.

[2] 郭婵. 税收筹划课程思政教学探索与实践[J]. 中国乡镇企业会计, 2021（12）：157-158.

[3] 刘静. 融合"课程思政"的混合式一流课程建设实践：基于国际税收课程改革[J]. 集美大学学报（教育科学版），2021, 22（6）：81-88.

[4] 杜盼盼, 姜亚楠. 高校税法课程思政教学改革探索[J]. 质量与市场, 2021（21）：55-57.

[5] 隋秀娟. 课程思政视域下经济法基础课程教学改革探索[J]. 科教导刊, 2021（29）：147-149.

[6] 邓惠. 新时代应用型本科院校税法课程教学改革探索：基于融入"思政"元素的视角[J]. 绿色财会，2021（9）：49-52.

[7] 盛振文. 深入推进课程思政建设的"四合"路径[J]. 中国高等教育，2021（17）：45-46，55.

[8] 王红艳，田永，辜玉仙. 课程思政视角下财税课程教学内容设计与实践[J]. 经济师，2021（5）：210-211.

[9] 闫冠群. 地方本科高校国际税收课程教学改革研究[J]. 内蒙古煤炭经济，2021（6）：223-224.

[10] 夏慧琳. 案例式教学方法的研究与应用：以国际税收课程为例[J]. 科技经济市场，2021（2）：138-139.

[11] 樊丽明. 财政学类专业课程思政建设的四个重点问题[J]. 中国高教研究，2020（9）：4-8.

[12] 肖远菊. 国际税收课程案例教学法探索[J]. 产业与科技论坛，2020，19（17）：146-147.

[13] 张艾灵. 融入"思政"元素的税法课程教学改革与对策研究[J]. 财会学习，2020（22）：177-178.

[14] 张晓青，杨靖. 高职国际商务类专业课程思政教育研究与实践：以国际商务管理课程为例[J]. 中国职业技术教育，2020（17）：88-92.

[15] 陈远燕，田田，王续，等. 基于国际化人才培养视角下的税收专业双语课程教学效果提升研究[J]. 金融经济，2019（8）：114-117.

[16] 孙宇. 新时代背景下国际税收学课程教学方法改革研究[J]. 教师，2018（22）：87-88.

[17] 肖远菊. 对提高国际税收课程教学效果的思考[J]. 知识经济，2015（24）：153.

[18] 许妙玲. 关于国际税收课程教学质量优化的研究[J]. 东方企业文化，2014（7）：316.

[19] 尹淑平. 应用型本科院校国际税收双语课程建设[J]. 广东技术师范学院学报，2012，33（2）：118-120.

资产评估课程思政教学设计研究与实践

梁美健　魏森洁[①]

【摘　要】 专业课程思政建设是当下高校课程改革发展中的重要议题。本文以资产评估专业课程思政为研究对象，利用系统论、协同育人理论，研究资产评估专业课程思政体系、课程思政元素及素材库、课程思政教学案例等问题，以指导资产评估专业课程思政体系建设和实践，提升资产评估专业人才培养质量。

【关键词】 课程思政；资产评估；人才培养

一、前言

习近平总书记在全国高校思想政治工作会议上指出，立德树人是大学的立身之本，是对人才培养的根本要求。2020年6月，教育部印发的《高等学校课程思政建设指导纲要》强调，推进课程思政建设，就是要寓价值观引导于知识传授和能力培养之中，帮助学生塑造正确的世界观、人生观、价值观。专业思政是从专业建设角度出发，将思政教育贯穿专业人才培养的多个阶段。专业教育必须依托于课程才能实现，所以说专业思政是由一系列具备思政元素的课程所组成的，故课程思政是基础性建设，专业课程是课程思政建设的基本载体。课程思政的实质就在于在课程教学的各个环节自然地融入思想政治教育，以达到立德树人润物无声的效果，这就要求专业老师结合不同专业

[①] 作者简介：梁美健，首都经济贸易大学财政税务学院教授；魏森洁，首都经济贸易大学财政税务学院资产评估专业硕士研究生。

课程的内容特点、思维方法和价值理念，深入挖掘其中的思政元素，将其以可述的思政案例形式融入教学实践中。《高等学校课程思政建设指导纲要》指出，应结合专业特点分类推进课程思政建设。资产评估作为一门重要的经济类专业课程，其课程思政建设应坚持以马克思主义为指导，引导学生了解资产评估相关法律法规及政策，关注社会问题，培养其爱国敬业、诚信服务等思想道德。伴随着我国社会主义市场经济的不断发展，资产评估从业人员的需求量越来越大，对其整体素质的要求也越来越高；同时，在大数据、智能化广泛应用于评估工作的背景下，更加要求评估专业人员具备道德操守意识。所以对资产评估专业课程进行课程思政建设是时代发展之需，而如何充分挖掘新时代背景下资产评估专业课程思政元素，将思政教育与评估专业知识"融洽"且有效地结合在一起，提高资产评估专业人才培养质量，是资产评估专业课程思政教学设计研究与实践的基本目标和重点难点。

二、资产评估专业课程思政体系构建

（一）新时代背景下资产评估专业课程思政建设的必要性

新时代背景下，大数据、智能化广泛应用于资产评估工作中，尤其是网络数据源、信息技术、云计算的引入，改变了传统意义上的评估模式和方法。利用网络爬虫，共享数据库可以短时间内搜集到海量数据信息，以云计算代替人工分析，采用数理统计模型对搜集到的全面数据信息进行处理，提升了评估工作效率，降低了手工处理的出错率，并进一步提升了评估结果的准确性，降低了评估风险。但另一方面，数据信息的安全存在较大隐患，风险性增加。评估人员在工作中掌握着大量企业数据信息，一旦评估人员存在不当行为，将造成重要数据的泄露；并且利用大数据计算，数据的变化更容易影响评估结果，若评估人员为了一己私利，有意调整数据结果，可能会给企业和国家造成重大损失；另外，虽然云计算、智能化处理为评估人员大幅度减少了工作量，但评估人员不应过度依赖智能机器，存在惰性思维，失去专业判断，使评估结果产生偏差。因此，在大数据、智能化时代背景下，对评估人才的职业道德要求更高，评估人员不仅需要具备专业技术能力，更需要增强社会责任感，守法合规，由此可见，高校进行专业课程思政教育的必要性尤为突出。

(二) 资产评估专业课程思政建设的现状

目前，应《高等学校课程思政建设指导纲要》的要求，课程思政建设工作要在全国所有高校、所有学科专业全面推进。资产评估作为一门重要的专业学科，对评估人才的培养及社会市场经济的发展都有重要意义。不少高校已经对资产评估专业课程进行了思政建设改革，但通过调查研究发现，资产评估专业课程思政建设工作尚处于起步阶段，实施效果一般，且缺少结合大数据时代背景的相关思考。学生们仍对"课程思政"的概念较为模糊，课程思政意识不强，缺少对资产评估专业人才培养中思想政治内涵的了解。高校对课程思政的建设工作没有落实到位，专业教育和思政教育"两张皮"的问题依旧存在，没有完整且具有实践指导意义的资产评估专业课程思政教学体系；教师对课程思政改革的重视程度不高，缺乏对评估专业知识所蕴含的思政元素的深入挖掘和提炼；评估专业课程中的思政案例匮乏，脱离时代背景，资产评估专业知识和思政内容结合生硬。

故当前亟须从实践角度出发，结合当下时代特征，深入挖掘资产评估学科各个知识点中所蕴含的思想道德价值和精神内涵，提炼确定资产评估专业课程思政元素。基于思政元素找寻合适的思政素材，建设资产评估专业课程思政素材库，利用思政素材向学生形象地传递思政元素。最后，为了使课程思政完全融入专业教学，根据课程思政元素与素材库，明确课程思政教学案例规范，设计资产评估专业课程思政教学案例，以此构建"思政元素—思政素材—思政教学案例设计"的资产评估专业课程思政体系框架，从而实现评估专业知识讲授与道德教育的有机融合，培育高综合素质的专业型人才。

三、资产评估专业课程思政元素分析

思政元素的挖掘是课程思政体系构建的起点和灵魂。结合资产评估专业课程的特点以及大数据、智能化时代背景要求，从资产评估学科的各个章节出发，深入挖掘和分析社会主义核心价值观以及诚信服务、德法兼修等专业人员所必备的道德素养和基本要求，可以将资产评估专业课程思政元素归纳提炼为以下几个方面。

（一）爱国敬业，远大理想

资产评估行业在诞生之初，其目的就是为了保护国有资产，防止国有资产流失。资产评估行业的发展史，充分蕴含着爱国主义情怀和树立远大理想抱负的态度。20 世纪 80 年代，为了防止国有资产流失，政府规定国有企业实行联营、租赁等业务时必须进行资产评估，初步确立了资产评估的法律地位。到 2016 年，《中华人民共和国资产评估法》（以下简称《资产评估法》）正式颁布，全面确立了资产评估行业的法律地位。资产评估从业人员规模不断壮大，截至 2021 年底，我国在资产评估机构工作的从业人员超过 12.5 万人，在市场经济中占据重要位置。我国是经济大国，国有资产的保护对我国意义重大，资产评估担负着守护国家资产的重任。在学习我国资产评估行业发展时，可以引导学生深刻认识资产评估对国家资产保护、助力社会主义市场经济发展的重要意义，培养学生职业自豪感和爱国主义情怀，鼓励评估人才在资产评估行业奉献力量，爱岗敬业、求真务实，树立远大理想，促进行业健康可持续发展。

（二）诚信服务，客观公正

资产评估业务活动顺利开展的一个最基本原则就是诚信。从资产评估的概念来看，资产评估就是客观公正地估计和判断资产的价值；从资产评估的工作原则上来看，评估机构和评估专业人员不得与评估相关当事人有任何利害关系，要以事实为依据，客观发表评估意见，评估机构必须严格按照资产评估法定程序进行评估，遵守法律法规和执业准则，独立开展评估业务；从价值类型的选择来看，评估人员要根据评估目的，选择适当的价值类型，以保证评估结果的准确客观。可以说，因为资产评估的结果要求客观公正地反映资产价值，所以在评估工作的每一项环节中，"诚信服务、客观公正"这样的核心思想都有所体现。

（三）守法合规，社会责任

目前为止，我国已经出台了《资产评估法》和《资产评估职业道德准则》，对评估从业人员规定了明确的法律法规限制和道德约束。特别是当前，大数据、智能化广泛应用于评估工作，网络共享与信息传播速度不断加快，企业数据信息的安全、风险性也不断增加。这就要求评估人员树立更强的道德操守意识，一方面要在工作中抵制利益诱惑，杜绝徇私舞弊行为，做到诚信服务；另一方面，要提高信息安全防范意识，在工作流程中严格把控合规性，对企业的数据信息要严格加密，数据采集以及信息传递严格执行双方负责人签字同意的审批流程，设置信息访问和编辑权限等，保障委托人的合法权益，维护公共利益，承担社会责任。在学习资产评估相关法律法规以及职业道德准则时，可以结合当下智能技术的利弊来帮助学生理解其中的思政元素，引导其树立良好的职业道德信念。

（四）与时俱进，进取创新

在学习评估方法、计算评估价值时，针对不同的资产和评估需求，通常需要分析各种评估方法的适用性，不断搭建并完善评估模型以求得更加准确的评估值，这个过程便可以体现出"进取创新"的专业课程思政元素。特别是新时代背景下，一方面，各种新型资产层出不穷（如数据资产等），新型资产的评估业务将给评估人员带来不小的挑战，评估人员需要快速进行学习研究，确定其评估特点和方法，进而满足市场经济发展的需要；另一方面，各种智能算法、计算工具不断涌现，专业评估人员需要与时俱进，除了运用已经成熟的评估模型和处理算法外，还需要尝试学习更多的数据语言，优化评估模型和评估方法。在这部分的专业知识学习过程中，建议以学生自主探究为主要教学形式，激发学生的创新能动性，培养其主动探索的学习习惯。

四、资产评估专业课程思政素材库建设

思政素材是思政元素的载体，是思政元素的形象化表达。在教学实践过程中，基于资产评估专业课程思政元素寻找思政素材可以帮助教师更有针对性地规划课程思政内容，更好地在课程思政实践中加以运用，学生也更容易通过思政素材感知其中的思政元素，提升自身思想道德素养，以此实现全过程、全方位育人的目的。

通过查阅文献和时政新闻，搜集、分拣整理出了新时代背景下资产评估专业课程思政素材。针对资产评估专业课程思政素材，分析蕴含其中的资产评估专业课程思政元素，并分析可以融合的专业知识点，形成评估专业课程思政素材库（如表1所示）。

表 1　资产评估专业课程思政素材库

思政元素	思政素材	思政内容	可融合的专业知识点
爱国敬业，远大理想	2020年7月，世界评估组织联合会（WAVO）以视频形式召开执行委员会会议和年度会员大会，会议选举了新一届执委会委员，中国资产评估协会副会长、秘书长张更华继任WAVO副主席一职。中国资产评估协会将继续代表中国资产评估行业在WAVO组织决策层发挥作用，推动中国和世界评估行业不断发展	爱国情怀，民族自信心，职业自豪感：使学生了解我国资产评估行业在世界评估组织联合会中发挥重要决策作用，具有强有力的国际影响力；激发学生的民族自信心、职业自豪感，引导学生树立远大理想和目标，在资产评估行业中实现职业价值	资产评估的地位和作用
	2017年12月5日，"评估行业服务'一带一路'建设座谈会"在京召开。会议明确了评估行业在服务"一带一路"倡议建设中的定位，并在政策扶持、国际化人才培养、海外业务拓展与国外评估机构对接等问题上提出了建设性意见。资产评估行业在服务"一带一路"倡议中大有可为。资产评估行业将在规范境外并购经济活动、服务境外国有资本管理等方面发挥更加重要的作用，并赢得更大的发展空间	远大理想，职业自豪感：使学生了解中国资产评估行业立足于全球经济一体化的时代背景，以服务"一带一路"建设为重点，积极参与全球治理体系改革和建设，贡献中国智慧和力量；引导学生积极响应时代号召，为国家建设贡献自己的力量	资产评估行业的发展
	2022年8月3—9日，广西资产评估协会党支部前往红色圣地——贵州遵义开展主题为"喜迎二十大，永远跟党走"红色教育活动；以革命先烈为榜样，不忘初心、牢记使命，以更加饱满的激情、更加务实的作风开展好资产评估等工作	爱国情怀，奉献，求真务实：引导学生从红色故事中感受当代资评人必须传承和发扬的精神品质，学习党的先进性和纯洁性，自觉践行全心全意为人民服务的宗旨	资产评估行业的发展

续表

思政元素	思政素材	思政内容	可融合的专业知识点
诚信服务，客观公正	2019年11月，湖北某评估公司评估项目经理张某和吴某受委托方的干预和授意，漏批五宗土地，虚假评估造成国有资产流失2.414亿元，最终判决被告人张某和吴某犯提供虚假证明文件罪，判处有期徒刑一年四个月	诚信服务，客观公正：通过真实的评估案例使学生领会资产评估专业人员应当保持独立客观公正的工作原则，坚持诚信服务，抵制徇私舞弊，不得受相关当事人的非法干预	资产评估的原则 资产评估程序 不动产评估
	2021年9月，中评协发布《"十四五"时期资产评估行业发展规划》，强调要加强行业诚信建设，加大处罚力度和失信曝光力度，形成失信者"寸步难行"的威慑压力，进而提高行业诚信声誉	诚信服务，客观公正："十四五"时期，为推进行业高质量发展，诚信建设应贯穿评估执业的全过程，诚信是资产评估从业人员的生命线	资产评估的原则
守法合规，社会责任	2021年2月，为贯彻落实习近平总书记关于坚持和完善党和国家监督体系的重要指示精神，使行政监管和行业自律有机融合、协同推进，把资产评估行业监管制度优势更好地转化为治理效能，促进资产评估行业持续健康发展，财政部监督评价局、中国资产评估协会制定了《加强资产评估行业联合监管若干措施》	守法合规：建立行政监管和行业自律相结合的资产评估行业联合监管机制，进一步提升监管效能，加大资产评估行业监管力度，保障行业守法合规程度，提升资产评估行业声誉和公信力	资产评估的职业道德与法律责任
	2016年第十二届全国人民代表大会常务委员会审议通过了《中华人民共和国资产评估法》，标志着我国资产评估行业进入依法治理新时代；2017年颁布印发《资产评估职业道德准则》	守法合规，社会责任：《中华人民共和国资产评估法》以法律形式明确约束评估人员，具有强有力性，《资产评估职业道德准则》从道德角度出发，规范评估人员行为。德与法结合实施，以此增强学生遵纪守法的意识	资产评估的职业道德与法律责任

续表

思政元素	思政素材	思政内容	可融合的专业知识点
与时俱进，进取创新	2018年，中国资产评估协会制定颁布了《中国资产评估行业信息化规划（2018—2022）》，强调全面加强我国资产评估行业信息化建设；2019年重点推进了专业数据服务体系和评估智能化建设，开创新时代资产评估行业发展新局面	与时俱进，进取创新：我国资产评估行业足够重视并且能够跟随数据时代发展脚步，加大信息化建设力度、加快新兴业务研发和大数据的运用	资产评估程序 资产评估方法
	2018年，顺应高新技术企业投资和资本运作对资产评估的服务需求，中国资产评估协会组织行业专家召开了高新技术企业价值评估专题研讨会，会议认为应当就评估方法、评估模型、评估对象特点等方面深入研究，加强对高新技术企业价值评估的指导	与时俱进，进取创新：高新技术企业价值评估业务是较新型的业务类型，资产评估行业能够积极作为、敢于创新，为国有企业和资本市场参与者的发展创新提供专业的资产评估服务	企业价值评估
	2022年1月，中国资产评估协会颁布印发《体育无形资产评估指导意见》	与时俱进，进取创新：近年来我国体育产业发展迅速，资产评估行业能够响应发展需求，对体育无形资产迅速展开研究，出台指导意见，服务体育产业高质量发展；另外还提高了学生保护知识产权的法律意识	无形资产评估

五、资产评估专业课程思政教学案例研究

（一）资产评估专业课程思政教学案例设计规范

基于课程思政元素与素材库，明确课程思政教学案例规范，设计资产评估专业课程思政教学案例，使课程思政完全融入专业教学。资产评估专业课程思政教学案例基本包括四个方面：教学目标、教学内容、教学环节以及教学评价。

教师首先根据资产评估章节，结合本文所分析的资产评估专业课程思政元素，确定本章节所蕴含的思政元素，继而确定教学目标，包括知识目标、

能力目标、素养目标。知识目标指本章节的专业知识点，能力目标指学生通过课程所需要掌握的专业能力，素养目标指学生通过课程提升了自己的思想道德素养。基于教学目标确定教学的内容，包括专业知识相关内容以及思政元素所对应的思政案例。教学环节应当循序渐进，由浅入深，并且以多种学习形式呈现教学内容。教学评价应以课程所呈现出的专业水平、思政水平以及专业与思政的有机结合水平三个方面来作为考核指标，并从感知和行为两个角度进行考量，具体指的是可以通过问卷的形式了解学生是否通过专业课程思政教学提升了自身的思想政治素养，而行为是指学生是否在专业实操中践行了正确的人生观和价值观。

（二）资产评估专业课程思政教学案例

下面以"不动产评估"为例，设计资产评估专业课程思政教学案例。

为此设置教学目标如下。第一，知识目标：了解不动产评估的特点；熟悉影响不动产的价值因素；掌握不动产评估的评估流程及评估方法。第二，能力目标：能够根据评估目的，独立分析，按照评估步骤，正确评估一项不动产的价值。第三，素养目标：培养学生诚信服务、客观公正、守法合规的职业道德素养；促进学生形成正确的人生观和价值观，爱国敬业，奉献社会；激发学生积极创新、勇于尝试的进取精神。

根据教学目标及案例设计规范，遵循思政内容与专业内容的融合性原则，在专业知识中自然融入思政元素，发挥专业课程思政教学作用，具体教学案例设计见表2。

表2 资产评估专业课程思政教学案例——以不动产评估为例

教学环节	教学内容	思政内涵
案例导入	导入案例：2019年11月，湖北某评估公司项目经理张某和吴某受委托方的干预和授意，漏批五宗土地，虚假评估造成国有资产流失2.414亿元，最终判决被告人张某和吴某犯提供虚假证明文件罪，判处有期徒刑一年四个月	引出不动产评估的学习课题；因为评估人员和委托方的勾结，徇私舞弊造成国有资产严重流失，同时造成同行业评估人员和评估机构信誉损失，以此说明评估行业对国有资产保护的重要意义，激发学生的职业自豪感；使学生明白诚信公正、合法守规对于评估行业的重要性以及徇私舞弊的严重后果，培养学生正确的价值观、社会责任感

续表

教学环节	教学内容	思政内涵
教师讲解	教师讲解不动产评估的特点，介绍不同类型不动产所适用的评估方法	针对不同资产类型，选择合适的评估方法，培养学生辩证理性思维
学生讨论发言	组织学生以小组形式讨论，案例中的不动产应该如何评估，有哪些地方需要改进完善，以使评估结果更加客观精确	激发学生的主观能动性，探索创新，不断改进评估方法，精益求精，培养工匠精神
教师点评提出思考	教师点评讨论结果，介绍当前评估行业信息化建设的加强，基于互联网的先进理念与大数据技术而产生的批量评估现已成为房地产评估最重要的方法，以此抛出思考题：不动产评估中哪些地方可以运用数据技术，运用智能化技术是否会对评估结果造成潜在的风险	使学生了解评估行业的不断进步，以此启发学生同样需要与时俱进，终身学习进步。引导学生辩证思考数据技术的利弊，提升学生在新时代背景下的安全责任意识
总结评价	教师向学生发放调查问卷，以了解资产评估专业课程思政教学对学生思想政治素质的影响情况	

六、结语

资产评估是一门实操性较强的学科，在资产评估专业课程中融入思政教育具有实践指导意义。本文对新时代背景下资产评估专业课程思政建设进行探索，构建了"思政元素—思政素材—思政教学案例设计"的资产评估专业课程思政体系框架。结合大数据时代背景以及资产评估学科特点，以立德树人为根本，深入挖掘了资产评估专业课程思政元素，建立思政素材库，进行教学案例研究，以期为资产评估专业课程思政教学研究提供一定的新思路，推动资产评估高素质高质量人才的培养。

参考文献

[1] 教育部关于印发《高等学校课程思政建设指导纲要》的通知 [EB/OL]. (2020-05-28) [2021-04-18]. http://www.moe.gov.cn/srcsite/A08/s7056/202006/t20200603_462437.html.

[2] 王伟宾, 闫岩. 课程思政、专业思政与学科思政的基本关系及融合建设路径研究 [J]. 黑龙江教育（理论与实践）, 2022 (2): 13-15.

[3] 高德毅, 宗爱东. 从思政课程到课程思政: 从战略高度构建高校思想政治教育课程体系 [J]. 中国高等教育, 2017 (1): 43-46.

[4] 胡兰, 段禾青. 大数据时代资产评估行业现状及发展分析 [J]. 绿色科技, 2018 (23): 41-42.

[5] 邹香清. "资产评估"课程思政教学的探索 [J]. 教育现代化, 2019, 6 (76): 157-158.

[6] 李保婵. 资产评估学课程思政的探索与实践 [J]. 中国资产评估, 2020 (11): 71-74.

[7] 杨彤, 赵凯丽. 资产评估学课程思政教学改革路径研究 [J]. 黑龙江工业学院学报（综合版）, 2021, 21 (10): 11-15.

课程思政视阈下国际私法教学理念的转型与创新[①]

张 建[②]

【摘 要】 立德树人是国际私法探索课程思政建设及教学改革的根本出发点及立足点，培育德才兼备的涉外法治人才，需要将法律人格的塑造、法律思维与法律观念的养成进行有机整合。国际私法课程蕴含着丰富的课程思政元素，在教学中，应紧密围绕知识、能力、思维、价值等多重目标，转变教学理念，创新教学方法。要结合共建"一带一路"及构建人类命运共同体对涉外法治人才的需要，将个人的成长成才与法治国家、法治政府、法治社会乃至全球治理体系的变革联系在一起，实现为党育才、为国育人的目标。

【关键词】 国际私法；课程思政；涉外法治；家国情怀

2017年5月，习近平总书记在中国政法大学考察时指出：立德树人、德法兼修，抓好法治人才培养，培养大批高素质法治人才。

良好的思想品德和正确的价值观不仅关系到法学专业学生在未来走向法律实务岗位的政治素养，还事关中国的法治建设和社会的公平正义理念的推进。国际私法作为一门法学专业的学科基础课和核心课程，在塑造学生的法律人格、法律思维和法治观念中发挥着重要的基础性作用，同时担负着对国家主流价值观的引领和爱国主义精神塑造的重要功能，有助于在全球化的时代背景之下引领学生坚持正确的政治方向，确立正确的世界观。作为任课教

[①] 基金项目：本文是2022年首都经济贸易大学校级课程思政示范课建设项目"国际私法"的阶段性成果。

[②] 作者简介：张建，首都经济贸易大学法学院副教授，硕士生导师。

师，应做好教学设计，将国际法的知识与思政元素进行高度结合并实际融合，"守好一段渠、种好责任田"，力争建成一门充分融合思政元素、具体落实思政目标、育人效果明显的课程思政示范课程。

一、国际私法的课程定位及教学目标与课程思政高度契合

通常认为，法学是一门社会科学，相比于政治学、经济学、人类学、社会学等其他的社会科学，法学知识的习得采取的是以"问题—决定"为中心的模式，其往往以某个特定的在历史上形成的实在法秩序为基础，采取诠释与评价相结合的论证方式来探求法律问题之答案。故而，法学既有较强的理论性，也有较强的实践性，其在很大程度上属于诠释性的学问。在法学专业的人才培养方案当中，既包含法理学、法制史等理论性较强的课程，也涵盖民法、刑法、诉讼法等应用性较强的课程。相比于其他的学科及专业，法学专业开展课程思政具有得天独厚的优势。相应地，法学人才培养以立德树人、德法兼修作为基本要求，既要重视专业课程建设，又要重视专业教师培养，有计划、有步骤、全方位地做好课程思政，为党育人、为国育才，培养担当民族复兴大任的法治人才。

2020年11月16日至17日，党的历史上首次召开的中央全面依法治国工作会议将习近平法治思想明确为全面依法治国的指导思想。习近平总书记提出的"十一个坚持"构成了习近平法治思想的核心要义，也为法学专业人才培养及课程思政建设指明了具体方向。当前，我国的法治建设尤其重视统筹推进国内法治与涉外法治，健全的法制人才不仅仅要掌握国内法，还要熟悉国际法。其中，国际私法是全国高等院校法学专业本科生的核心课程，是培养涉外法治人才、全面推进依法治国的重要因素，也是实现立德树人、促进中国法治国际传播所不可或缺的组成部分，其与课程思政的理念高度契合。

作为人才培养和高等教育的新理念，课程思政特指一种综合性的教学理念，其以构建全员、全程、全课程育人格局为出发点，旨在使各类专业课程与思想政治理论课同向同行，进而形成协同效应，将"立德树人"融入专业教学的实践中。课程思政的提出和落实，在很大程度上突破了传统教育中将专业教育与思政教育割裂的做法，而是将二者有机融合起来（见表1）。对于

法学专业而言,将课程思政融入专业教学,显得尤为必要:完善、健全的法律人,不但要掌握解释和适用法律的技能,还要从自身做起,遵纪守法,心怀法治信仰,践行法治精神,由此才不会在人生道路和职业道路上出现方向性问题。著名法学家伯尔曼曾经在《法律与革命》一书中提到:法律必须被信仰,否则形同虚设。国际私法的功能在于分配跨国民商事争议的管辖权及确定涉外民事关系,其对于实现全球治理体系的民主化、法治化具有重要意义。习近平总书记在关于全球治理的重要论述中特别强调,坚持以公平正义为理念引领全球治理体系改革。在个别西方国家基于一己私利破坏多边主义,鼓吹单边主义和"逆全球化"论调,甚至迫使世界贸易组织上诉机构陷入瘫痪的背景下,中国积极担当起负责任大国的角色,与世界各国一道,坚定不移地支持以联合国为核心的多边体制,这毫无疑问为应对国际挑战做出了表率和示范。

表 1　课程思政框架及要求

课程思政的本质	立德树人,将思想政治工作贯穿学科体系、专业体系、教材体系、管理体系之中,在传授课程知识的基础上引导学生将所学到的知识和技能转化为内在德性和素养,注重将学生个人发展与社会发展、国家发展结合起来,有助于帮助学生解答思想困惑、价值困惑、情感困惑,激发其为国家学习、为民族学习的热情和动力,帮助其在创造社会价值过程中明确自身价值和社会定位
课程思政的路径	在扎实的文献研究和社会调查基础上,把家国情怀自然渗入课程方方面面,达到润物无声的效果,实现显性教育与隐性教育的有机结合
课程思政的目标	将德育置于课程目标之首,倡导并践行社会主义核心价值观和爱国主义精神,强调基于省思基础上的笃信和理论自觉基础上的实践自觉,不断提高学生思想道德素养,提高学生服务国家、服务人民的社会责任感
课程思政的方法	"思政"与"课程"的关系,应当有机融合、相互促进、协调发展,应当由近及远、由表及里、引人入胜地引导学生理解社会制度的历史性变革和国家取得的历史性成就
课程思政的要求	教师不仅要传播知识、传播思想、传播真理,更要塑造灵魂、塑造品行、塑造人格。专业教师应当具有正确的政治立场和坚定的政治意识,应把"为了每一个学生的终身发展"作为核心理念;在知识传授过程中注重主流价值观引领,注重专业教材和课程内容的时代性,深度挖掘专业课程中蕴含的思政元素,保持教书育人的岗位初心,主动承担起培养社会主义建设者和接班人的时代重任

值得注意的是，国际私法开展课程思政工作，不是对教学内容的简单扩充，更是一项涉及教学理念更新、教学方法创新、教学模式变革的系统工程。这意味着，要做好国际私法的课程思政工作，需要从教育学、教育心理学的角度，深入探究和思考课程思政的内在规律，挖掘并提炼国际私法教学中潜在的育人元素。在此基础上，以课程思政作为契机，将习近平法治思想中关于统筹推进国内法治与涉外法治的重要论述作为指导，全面强化立德树人、德法兼修，使当代的国际私法教学，服务于"一带一路"建设，服务于构建人类命运共同体，服务于法治政府、法治国家、法治社会乃至全球治理体系变革的现实需求。

二、以课程思政为载体，提炼国际私法授课中的育人元素

（一）国际私法教学应贴近"一带一路"建设的法治需求

共建"一带一路"，是新时代下中国深入推进对外开放的重要渠道，在"一带一路"建设中，随着跨境投资与贸易的快速发展，沿线国家的民商事交往主体对高质量涉外法治人才的需求不断扩大。相比于日益增长的人才需求，我国的涉外法治人才培养当前仍处于探索阶段，大批法律服务提供者还难以胜任复杂的法律事务。为了打破困局，国家将涉外法治人才培养确立为战略目标。涉外问题无小事，近些年来，越来越多的国际法律事件，如中美经贸摩擦、孟晚舟事件、美国对华维生素 C 反垄断案等，涌入公众视野，引起广泛讨论。这些问题在很大程度上反映出，在百年未有之大变局下，中外在国际舞台上的战争"形式"已经从原有的"贸易战"向"法律战"转变。正因如此，我国立法机关、执法机关、司法机关在中国共产党的统一领导下，高度重视反制裁、反干涉、反长臂管辖的应对举措，并开始探讨国内外的域外适用及其阻断问题，这些最新的发展，给国际私法的教学注入了新鲜血液，也为国际私法开展课程思政提供了绝佳的素材。特别是，今后的国际私法课程教学，应以国家的涉外法治及"一带一路"建设作为目标，重点培养涉外法治人才的道德底色、法律本色、语言特色和人文亮色，鼓励各类高校积极参与、总结并提炼涉外法治人才培养目标，通过优化课程体系、培养特色精英以及建立涉外法治人才培养高校联盟等方式，不断提升中国涉外法治人才

的供给质量。

(二) 统筹并协调国际私法的多元教学目标

国际私法课程坚持以习近平法治思想为指引,统筹推进国内法治和涉外法治,协调推进国内治理和国际治理,切实贯彻"立德树人""德法兼修"的培养理念,完善"三全育人"体制机制,全面推进课程思政建设,努力构建高水平法治人才培养体系。在教学环节,特别重视将"专业知识传授"、"专业能力培养"和"价值观引导"进行有机衔接。在全面推进依法治国的战略布局下,使国际私法服务于构建法治国家、法治政府、法治社会。本课程的教学目标涵盖如下四个方面。

1. 知识目标。通过国际私法的学习,学生全面熟悉并掌握国际私法中的基本概念、构成要件,法律冲突现象的产生原因、法律效力及我国国际私法立法和相关司法解释对冲突规范及其适用的具体规定。借助于经典案例的讲述和评析,使学生能够较为准确地感知冲突规范具体运用中所牵涉的本国法与外国法之间的矛盾及冲突;同时,把握国际私法应当建立在国家之间和平共处、各国法律体系平等共存的基础之上。审慎地识别和处理法律规避现象,有利于实现国际民商事法律秩序的和谐,进而从法律视角保障人类命运共同体的构建。

2. 能力目标。通过对国内外法院审理的经典涉外民商事案例的分析和讨论,突出强调理论联系实际对于学好国际私法的重要性。在教学过程中,有意识地引导学生自主发现问题、分析问题,并探求以法治思维解决问题的具体方法,在此基础上,强化学生有效运用冲突规范解决涉外民商事法律冲突的能力,培养其批判性思维,养成"大胆创新、小心求证"的好习惯,激发其对国际民商事争议解决的研究兴趣,进而提升其分析和洞察国际私法实践问题的能力。

3. 思维目标。在掌握知识、提升能力的基础上,运用"苏格拉底式教学法",不断向学生追问,从而使其能够正视各国法治文明的差异,进而形成批判性思维,能够理性、客观、冷静地对待不同观点。特别是,对于法律规避的含义,要进行批判式解读;对于法律规避的效力,各国采取不同的立场,且各有其利弊。对于中国的国际私法立法而言,是否有必要保留这项制度,取决于法律规避与公共秩序保留之间是否存在截然不同的区别等。通过提问、讨论、启发思考，使学生能够理解并掌握我国涉外立法背后的价值理念。

4. 价值目标。本课程坚持立德树人，德法兼修，践行明法笃行、知行合一，培养德智体美劳全面发展，具有扎实的专业理论基础和熟练的职业技能、合理的知识结构，具备国际视野的复合型、应用型、创新型法治人才。讲授法律规避，需要奠定授课主基调，即诚实守信、文明守法是当代公民应当遵循的正确价值观。冲突规范的适用，建立在多边主义的基础上，以对外开放、平等互惠、文明互鉴为基础。具体来讲，国际法上的多边主义具有以下核心特征：主权平等独立的各国应和平共处，不干涉他国内政，和平解决国际争端；共商共建共享普遍安全的保障体制；国际经贸合作共赢，共同繁荣，将给予发展中及最不发达国家的优惠多边化；文明共存，将所有人权作为整体保护，并允许各国自主决定人权保护的具体措施；在联合国的协调下共同保护地球，走可持续发展道路。

如前所言，国际私法课程天然蕴含着家国情怀、责任担当、职业精神等核心价值元素。特别是，习近平法治思想是习近平新时代中国特色社会主义思想的重要组成部分，也是马克思主义法治理论同中国实践相结合的最新成果。在开展国际私法课程思政的过程中，需要以习近平法治思想中的涉外法治思想作为引领，具体涵盖政治引领、理论引领、行动引领三个层面。具言之，习近平法治思想中的第九个坚持是"坚持统筹推进国内法治与涉外法治"，这实际上为我国深度参与全球治理体系变革指明了方向，为国际私法开展课程思政提供了基本遵循，为正确认识及处理好国际法与国内法的关系确立了基本思路。特别是，国际私法作为连接国内法与国际法的重要纽带和中国法院借助于涉外民商事审判参与全球治理的主要平台，其中包含着对国际立法民主化、国际执法严格化、国际司法公正化的元素，讲好国际私法课程，对于培育合格的涉外法治人才、适当拓展国内法的域外效力具有深远意义。

（三）人文关怀在国际私法教学中的生动体现

党的十九届六中全会决议中特别强调，坚持人民至上，在发展中保障和改善民生。如果说传统的国际私法偏重于规范法学和分析法学方法，以追求确定性、稳定性和判决结果的一致性为价值目标的话，随着新自然法学派的兴起，社会公众对于国际私法原则和制度的需求越来越呈现出从形式正义迈向实质正义的趋势，即在国际私法的诸多价值中，公平正义的重要性远高于其他方面，而国际私法的人文关怀及其对弱者利益的保护恰恰是此种价值理念转变的结果。应然的国际私法，是那种既产生于具体制度又超越于具体制度的、彰显法律多元价值和人类道德要求的法，以此为目标开展国际私法的制度革新，是文明社会、法治时代的必然要求，也体现了以下的精神内涵。

第一，有利原则与国际私法对弱者的人文关怀。有利原则，是指适用有利于弱者的法律，作为一种特定类型的法律选择方法，有利原则已经成为现代国际私法中实现弱者保护的重要工具，许多国家的冲突规范中出现了"有利于消费者""有利于受害者"的表述。这种立法模式，受到了柯里的政府利益分析理论和凯弗斯的优先选择理论的深刻影响。一方面，有利原则是非常典型的以扶弱抑强为特征的利益平衡机制；另一方面，有利原则契合了在所有案件中都应该以确认和维护弱方当事人利益为优先结果的需求。

有利原则的发轫及其演进，背后折射的是国际私法从近代到现代的发展轨迹，是从机械性向灵活性过度的渐进过程。现代国际私法中被各国所普遍接受的最密切联系原则，实际上正是对有利原则的细化。从理论上讲，有利原则提供了较为宽广而多元的法律选择范围，但在实际操作中，则仍然需要通过具体的连接因素予以比照和分析。例如，《美国第二次冲突法重述》就明确了7种据以认定最密切联系的因素，其中包括：法院地的相关政策、正当期望的保护、特定领域法律的基本政策，这些都与有利原则息息相关。美国著名法学家卡多佐提出，法律规则必须具有弹性，才能将不断变化的事物囊括其中。按照这种观点，有利原则兼具原则性与灵活性，能够比较好地适应司法审判的需求，使法官按照人文关怀的价值取向对弱者保护作出合理的解释。

有利原则这种兼具原则性与灵活性的特点，与中国特色社会主义理论体系不谋而合。具体而言，中国特色社会主义理论体系有诸多特点，其中，原则性与灵活性的有机统一是一个显著特点。中国特色社会主义从宏观上表现了原则性与灵活性的高度统一，在改革开放新常态下，把握好原则性与灵活

463

性有机统一这一特点，对于自觉地应用这一理论来指导改革开放中的各项工作具有伟大的理论和实践意义。

第二，直接适用强制性规范使弱者保护更加直接和有力。传统的国际私法多为任意性规范，但近年来，越来越多的国家以特别法、强行法、禁止性规范等方式要求关系国计民生的领域必须适用本国法，从而排除冲突规范以及外国法的适用。这些国家对社会经济生活加强干预的表现，展现出法律适用中的国家化倾向。而法国学者弗朗西斯卡基斯的阐释形成了直接适用的法理论，为保护弱者利益提供了实体法层面的支撑。在《中华人民共和国涉外民事关系法律适用法》中，将此类规范统称为"强制性规定"。例如，《最高人民法院关于适用〈中华人民共和国涉外民事关系法律适用法〉若干问题的解释（一）》第八条规定：有下列情形之一，涉及中华人民共和国社会公共利益、当事人不能通过约定排除适用、无需通过冲突规范指引而直接适用于涉外民事关系的法律、行政法规的规定，人民法院应当认定为涉外民事关系法律适用法第四条规定的强制性规定：（一）涉及劳动者权益保护的；（二）涉及食品或公共卫生安全的；（三）涉及环境安全的；（四）涉及外汇管制等金融安全的；（五）涉及反垄断、反倾销的；（六）应当认定为强制性规定的其他情形。

在习近平新时代中国特色社会主义思想中，特别强调坚决维护国家主权、安全、发展利益，这实际上为强制性规定在国际私法领域的适用奠定了坚实的政治基础、法律基础、社会基础。以习近平同志为核心的党中央创新国家安全理念，统揽国家安全全局，创造性提出总体国家安全观。总体国家安全观把我们党对国家安全的认识提升到了新的高度和境界，为破解我国国家安全面临的难题、推进新时代国家安全工作提供了基本遵循。

总体国家安全观关键在"总体"，强调的是做好国家安全工作的系统思维和方法，突出的是"大安全"理念，涵盖政治、军事、国土、经济、文化、社会、科技、网络、生态、资源、核、海外利益、太空、深海、极地、生物等诸多领域，无所不在，而且将随着社会发展不断拓展。贯彻总体国家安全观，要求我们既重视发展问题又重视安全问题，既重视外部安全又重视内部安全，既重视国土安全又重视国民安全，既重视传统安全又重视非传统安全，既重视自身安全又重视共同安全。要完善国家安全制度体系,加强国家安全能力建设,坚决维护国家主权、安全、发展利益。所谓公共秩序保留,是指一国在有关内国的法律、道德的基本原则以及重大社会公共利益的场合,可以排除外国法的适用。公共秩序保留是国际私法中排除外国法适用的一项制度,从功能上考虑,公共秩序保留是国际私法保护弱者的安全阀。

第三,国际私法冲突规范层面对弱者利益的人文关怀。就保护消费者为典型代表的弱者而言,国际私法以一种相对独特的标准来衡量当事人的法律地位及利益。这种独特性源自对社会上弱者身份的识别和认定,是以特殊身份来决定利益的保护,使这种保护有利于弱势身份的一方当事人。例如,明确涉外消费合同适用消费者经常居所地法,实际上是希望据此缓和双方在法律地位上的不平等性,对消费者的弱势地位予以补救,从而达成新的平衡关系,维护消费者的正当权益。

当事人意思自治原则作为国际私法中确定准据法的重要系属公式,对其应当从积极自由和消极自由两个角度展开教学。常规的意思自治原则指的是双方当事人在达成合意的基础上共同选择准据法,具体落实到我国国际私法关于涉外消费者合同法律适用的冲突规范上,就体现为仅允许消费者单方面进行法律选择,不允许经营者、销售者进行法律选择,并且消费者可以选择的法律应仅限于商品、服务提供地法,不允许超出这一范围选择其他法律。由此体现出,将保护弱者利益与实现当事人意思自治进行融合,从而对选法的范围加以限定。这样来理解和运用当事人意思自治原则,有助于兼顾各方的正当利益,有助于建立正常的经济秩序,有益于维护社会稳定、促进社会发展。

(四) 构建全员、全程、全课程的育人格局

课程思政是以构建全员、全程、全课程育人格局的形式将具体的专业课程与思政元素融合起来,将"立德树人"作为教育的根本任务的一种综合教育理念。法学专业开展课程思政建设,需要紧密围绕习近平法治思想予以展开。相应地,国际私法课程思政,依托于习近平法治思想中所蕴含的丰富国际法内涵,这重点体现为四个层次。

第一,构建人类命运共同体是实现全球治理的价值依托。随着对外开放

不断深入，我国与世界各国的联系和互动越来越密切，涉外民商事交往的领域不断拓宽，这对涉外法治工作提出了新的挑战和更高的要求。在习近平法治思想中，蕴含丰富的国际法元素，其与国际私法的知识体系在价值层面辩证统一。百年未有之大变局是习近平关于国际法系列论述的现实基础，和平共处五项原则和推动构建人类命运共同体是习近平法治思想中关于国际法的核心原则和理念，人类共同价值是习近平法治思想中引领国际治理和国际法发展的价值观。

第二，培养涉外法治人才是全面推进依法治国的重要支撑。提高涉外工作法治化水平，参与国际法治化进程，人才是关键。中国现有国际法治人才的数量和质量与中国的大国地位和国家利益需求极不匹配，远远不能适应高水平对外开放格局和日益多元的涉外法律服务需求，高端国际法治人才尤其匮乏。培养一大批德才兼备，具有家国情怀和世界眼光、通晓国际法规则、善于处理国际法律事务的高素质法治人才，既是当务之急，也是长远战略所需。建设高素质的涉外法律服务人才队伍，已被纳入国家治理体系和治理能力现代化的总体部署。

第三，打造国内法域外适用体系是维护我国海外利益的有效手段。国际私法课程教学，以涉外因素的认定作为出发点，以冲突规范及准据法作为重要抓手，以法院判决和仲裁裁决的跨国承认及执行作为最终依托。这门课程的教学内容，是为满足高水平对外开放新格局和日益多元化的涉外法律服务需求量身打造的，在实践中服务于我国国家及公民的海外利益保护。

第四，完善反制裁、反干涉、反长臂管辖是维护国家主权的必然要求。课程思政教学中体现的核心价值，正是国际私法教学中应有的情感支撑，思政教学不应仅限于课堂，课前课后都可以利用信息化教学手段适时展开，润物无声地设计有情怀、有温度、有爱的课程思政教学。国际私法不仅着眼于外国法何时适用于我国，也关注外国法何时不适用于我国，基于对国家主权、安全发展利益的维护，冲突规范适用中需要遵循相应的例外机制，其中包括但不限于公共秩序保留、法律规避、直接适用的法等。面临日新月异、波谲云诡的世界格局，当代青年不仅要有胆识、有勇气，更要有智慧、有头脑，课程思政的融入有助于传递积极向上的正能量，家国情怀融入课程中，形成和谐共生的知识体系。

三、以课程思政为契机,促使国际私法教学理念转型

(一) 国际私法教学应立足于全面对外开放的新格局

国际私法教学的展开和实践的深入,与国家的对外开放和公民的对外交往紧密相关。正是因为有了大量的国际民商事交往,才引发了相应的涉外法律纠纷和法律冲突,为国际私法的产生和长足发展提供了广阔的空间。基于此,要想提升国际私法的教学质量,首先需要立足于国家全面开放新格局的宏观政策。在党的十九大报告中,就建设现代经济体系提出了明确的要求,其中就包括推动形成全面开放新格局。坚持开放型发展,既是改革开放四十年来中国创造世界经济奇迹的法宝,也是习近平总书记所提出的新发展理念的核心内涵。

那么,究竟如何理解全面开放新格局的内涵与范畴?对此,需要围绕以下几点创新国际私法的授课内容。

第一,共建"一带一路"是全面开放的重点。我国在与沿线国家及其公民、法人开展投资、贸易合作的过程中,面临形形色色的各类纠纷,其中既包括传统的涉外案件,如合同纠纷、金融纠纷、运输纠纷等,又有一些新型、疑难、复杂的案件,如建设工程纠纷、能源勘探及开发纠纷等,国际私法教学中不但要关注前者,而且要推陈出新,使学生能够全方位感知法治在对外交往中的关键意义,将自身的知识学习与国家命运及民族进步紧密联系在一起,提升责任感和使命感。

第二,全面开放新格局囊括了引进来与走出去两个方向的交往。特别是,在国际投资及经贸合作方面,中国不再是单纯的资本输入国,还充当了资本输出国的角色,在考虑问题时,需要打破惯性思维的制约和束缚,以利益平衡原则思索制度设计。具体来讲,这意味着,国际私法授课中不但需要关注外国法在我国的适用,还要进一步考虑我国法律在域外的适用,既要捍卫国家主权,又要采取各类法律途径保护我国公民的海外利益。由此,面对某些国家所采取的单边主义举措和不合理的长臂管辖及域外适用,我们有必要做到"攻防兼备",有效阻断外国法在我国的不合理扩张。

第三，中国作为负责任的大国，近年来提出了构建及维护人类命运共同体的主张，在对外交往中秉持并遵循共商共建共享的原则，以开放包容、互学互鉴、互利共赢的丝绸之路精神推进与其他国家的交往及合作。教师在开展国际私法课程思政的过程中，要特别注意此种价值观念的引领，即和平与发展是当今时代的主题，中国向来坚定维护世界和平，促进各国的共同进步和可持续发展，以谋求共同利益而非一己私利作为对外决策的主要考量。相应地，我国国际私法的制度设计和涉外民商事审判实践尊重中外当事人和中外法律的平等性，彰显国际公信力。

第四，全面对外开放不是单层次的跨国交往，而是以"一带一路"作为抓手，形成海陆并进、内外联动、东西互济的开放性格局。由此，既明确了全面开放形态的广度、深度，也提出了全面开放的内在联系。

第五，全面对外开放是以加强创新能力为核心的开放式合作。

(二) 涉外人才培养须对标人类命运共同体的构建

国际私法课程思政，要高举"人类命运共同体"大旗，贯彻"多元共生、包容共进、和而不同"的理念，大力弘扬中华优秀法律文化，砥砺推出具有中国特色的法律制度，不断展示法治中国的建设成就，持续提高中国法治体系的话语权和软实力。为此，应着重做好以下四个方面的工作：一是"不同"。"只有民族的，才是世界的"，国际私法教学，应当重点宣传我国法律体系的中国特色、实践特色和时代特色，尤其要着重推出与西方国家价值观不同的法律制度体系和话语体系，如坚持中国共产党的领导、依法治国、人民当家作主、以人民为中心、人类命运共同体等法治理念，以及以宪法为核心的中国特色社会主义法律体系等最新司法改革和制度创新，展示中国治理体系的不断完善和治理不能力的不断提高，不断提高国际舆论引导力。二是"包容"。"海纳百川，有容乃大"，中华优秀传统文化表现出巨大的生命力和创造力，与其内在的包容性密不可分，是我国法律制度创新的思想宝库。课程建设中，应当不断挖掘中国法律体系的文化基因、制度特色和制度优势，彰显吸纳和借鉴外国优秀法律文化和法律体系的能力，多元共生、取长补短、包容互鉴、追求共赢。三是"共处"。"和而不同，美美与共"，从法律传统与思维方式上来看，西方重控制、东方重教化；西方重分析、东方重综合，而真正具有生命力的法律制度却应当是兼收并蓄的。备课时，应当向学生展现中国法律制度的和而不同和兼收并蓄，突出我国社会主义法律制度的系统性优势。四是"共进"。"人类命运共同体"理念认为在当今全球化和风险社会下，人类命运休戚相关，没有人能够独善其身。宣传"人类命运共同体"理念，宣扬"以人为本"的发展理念，坚持团结互信、平等互利、共同发展、合作共赢，不断完善全球治理模式和治理方法，构建良好的国际法治生态。

（三）以课程思政为抓手，推进国际私法教学方法的创新

作为一门历史悠久且颇具争议的部门法学科，国际私法向来以概念的抽象与学说的繁杂而著称，这无疑使学生在学习这门课程的过程中具有一定的畏难情绪。而以课程思政为抓手，以此推进国际私法教学方法的创新，可以拉近任课教师与授课对象的距离，实现更好的知识传授、价值引领。在近年的国际私法课程教学中，肖永平教授总结的"五Ⅰ教学法"，可以很好地实现学生的主体地位与教师的主导地位，采取启发为主、讲述为辅，激发学生个人的知识探索欲望。所谓"五Ⅰ"，是指要在日常生活和学习过程中懂得正确识别法律问题（identification of legal issues）、准确解释法律规则（interpretation of the rules of law）、善于确定关键的事实（investigation of the key facts）、养成不断追问的习惯（inquest again and again）、得出自己的结论（idea conclude by yourself）。具体来讲，国际私法的教学中，有必要强化教师的主导地位和学生的主体地位，通过"角色代入"等手段，提升课堂活跃度的同时，增强学生找法、释法、用法的能力。

四、结语

法学类专业天然蕴含着丰富的思政元素，国际私法课程亦不例外。特别是，国际私法制度本身所体现的价值判断、历史学说中所充斥的思辨元素以及涉外法治的实施所彰显的家国情怀等，为国际私法课程思政建设提供了支撑。在开展教学的过程中，师生要充分认识到国际私法在推进全球治理体系变革中的关键作用，结合当前的时政热点及新闻事件等具体的教学素材，展开充分的探讨。在知识传授的同时，教师应借助于课堂这一载体，向授课对象传递人类命运共同体等理念，并注重人本论等新兴国际私法学说的阐释，

从而将知识传授与价值引领相融合，形成正确的世界观、人生观、价值观。除此之外，作为一门实践性学科，国际私法教学不应仅着眼于对理论和学说的讲解，更要向学生传达中国涉外民商事争议解决的典型案例，从中提炼运用法律的智慧，使学生掌握法律适用的技能与本领，激励学生知行合一，将正确的价值观念外化为行动，为中国的法治建设贡献力量。

参考文献

[1] 舒国滢. 论法学的科学性问题 [J]. 政法论坛, 2022（1）：147.

[2] 徐英军, 孔小霞. 论法学类专业开展课程思政的总体设计与实施要点 [J]. 中国大学教学, 2022（7）：68.

[3] 莫纪宏. 习近平法治思想"十一个坚持"的法理逻辑结构与功能透析 [J]. 新疆师范大学学报（哲学社会科学版）, 2022（2）：7.

[4] 宋连斌. 刍议国际民商事交往与国际私法的功能 [J]. 中国法律评论, 2018（5）：58.

[5] 赵磊. 习近平外交思想与中国的全球治理实践 [J]. 当代世界, 2022（9）：16.

[6] 车丕照. 我们需要怎样的国际多边体制 [J]. 当代法学, 2020（6）：3.

[7] 王祥修, 赵永鹏. "一带一路"倡议下中国涉外法治人才培养目标及方案 [J]. 法学教育研究, 2021（3）：18.

[8] 沈伟. 中美贸易摩擦中的法律战：从不可靠实体清单制度到阻断办法 [J]. 比较法研究, 2021（1）：180.

[9] 邢钢. 国际私法体系中的多边主义方法：根源、机理及趋向 [J]. 河南大学学报（社会科学版）, 2019（3）：50.

[10] 周一帆. 加快建设世界科技创新高地的思考 [J]. 人民论坛, 2022（14）：61.

[11] 刘仁山. 坚持统筹推进国内法治和涉外法治 [J]. 荆楚法学, 2021（1）：19.

［12］黄进，鲁洋．习近平法治思想的国际法治意涵［J］．政法论坛，2021（3）：3．

［13］邢厚媛．全面开放新格局路径与动力［J］．瞭望，2017（44）：56．

［14］梅宏．"国际私法"课程中培养涉外法律人才的理念与方法［J］．教学学术，2021（2）：123．

税法专业课程思政的背景、意义及路径

胡 翔[①]

【摘 要】税法课程思政教学要充分发挥课程育人功能，以育才和育人相统一作为培养人才的根本任务，结合税法课程专业教育，在学生学习税务处理过程中，充分融入思想政治教育元素，重新设计教学体系和教学内容，创新教学模式和教学方法，在知识传授和能力培养中强调学生的价值观引导，从而实现全面育人的教学目的。应将课堂教学与教学改革的方法结合起来，通过问卷调查、组织座谈等方式了解学生的需求，通过案例教学、角色扮演等方式传递具有时代特色的正确价值观，在传道授业解惑的同时传递正能量。

【关键词】税法专业；课程思政；背景；意义；路径

一、税法专业课程思政的背景

（一）税法课程思政的出发点

税法是国家法律的组成部分，是国家宏观调控的主要工具之一，其规范的行为是国家参与分配，为国家政权的正常运转所需要的财政资金提供保障，税收是国家财政收入的主要来源。另外，税收是国家调控国家经济的重要杠杆，具有调节收入分配、促进资源配置、促进经济增长的作用。在国际贸易中，税法起着保护国家利益的作用，同时也起着调节个人收入的作用。税法课程是为高年级税法学本科生而开设的以税法理论和基本制度为主要内容的限选课程。通过本门课程的教学，使学生掌握税法的基本概念，理解税法的

---

① 作者简介：胡翔，首都经济贸易大学法学院讲师。

基本理论，学会理论联系实际，可以运用所学理论知识和税法的原理、方法分析现实财税法问题；学习掌握税法业务实践的思维方法和基本操作技术。本课程是一门理论与实践相结合的课程，它阐述了纳税人权利保护的理念，也初步对接财税法律业务。

税法课程思政教学要充分发挥课程育人功能，以育才和育人相统一作为培养人才的根本任务，结合税法课程专业教育，在学生学习税务处理过程中，充分融入思想政治教育元素，重新设计教学体系和教学内容，创新教学模式和教学方法，在知识传授和能力培养中强调学生的价值观引导，从而实现全面育人的教学目的。进一步看，将思政元素引入税法专业课程旨在实现专业育人与思政育人相统一，提升学生职业精神、思想道德品质，激发学生的学习兴趣，有效提升教学质量，培养全面发展的高质量人才。例如，结合社会热点，理解国家税收政策对社会资源的宏观调控作用；结合明星逃税漏税的事件，提高学生依法纳税意识等。

税法课程，不仅是法学专业的核心课程，也是经济类专业的重要基础专业课，还是大部分高校所开设的重要通识课程之一，具有影响面广、受益者众多、教育效果明显的特征。正确的税收理念、税收文化与税收知识，不仅关系到学生家国情怀的培育，更涉及学生的公共精神、社会责任意识的养成。因此，税法课程是全面推进专业课程思政的重要阵地与载体。教师作为培养学生的关键性主体，应当看到专业素养与思想道德教育对于学生未来发展的意义和价值。

税法课程思政建设要坚持立德树人的根本任务，将社会主义核心价值观贯穿于课堂教学中。根据"社会主义核心价值观"确定税法课程思政的核心理念为"税以修身齐家，法以治国平天下"，即每个人、每个家庭、每个企业组织均依法纳税，此即为"修身齐家"，加强税收法制管理，建立良好经济秩序，使国家经济繁荣，进而构建"人类命运共同体"，此即为"治国平天下"。

（二）税法课程思政的基本目标

税收和财政是维持国家机器运转和前进的两个轮子，缺一不可。一个家庭的运转靠的是家人的劳动收入和消费支出，一个国家的运转就要靠这个国家每一个劳动者的支持，怎么体现呢？就是靠每一个劳动者或劳动者集体即企业向国家交纳所得税和增值税，或交易税、财产税、消费税等各种税，全部税收归入国库，就是进入国家财政。税收是国家收入的主要来源，每一个国家都非常重视税收。只有国家的税源和税收充足，国库才能充裕，国家财政才能强大。当然，国家财政收入还有其他渠道，如发债、卖地、国际贷款、没收非法财务等。

税法课程思政建设的终极目标是以知识为载体为国家培养身心健康的有用人才。鉴于课程内容均是对国家法律、政策背景、政策目标、社会效益的解读，故从课程设置之日起，围绕该核心理念的思政因素就作为课程内容的天然内涵，始终贯穿于教学全过程。通过诠释税法课程内容承载的胸怀天下的"社会责任"、精进修德的"工匠精神"等思政理念，让学生通过专业知识的学习，成为志向高远、德才兼备的税务专才。

具言之，本课程的目标包括两个方面：

其一，实现税法专业课程的"隐性思政"。思政理念在专业课程的教育中属于隐性的融入方式，讲求的是"润物无声"。结合专业课程的特点，深入挖掘课程内容蕴含的思政内容，进行扩大性解释。将政治经济理论、社会主义道德观、核心价值观、心理健康等，与教学内容、教学设计和方法有效地结合。

其二，采用多种税法教学方式，加强思政教学环节设计。教学方法是教学理论与教学实践永恒的主题，是现代教学研究中一个十分引人注目的研究领域，是专业课思政改革中必须严肃对待、认真钻研的课题。在高校思政课上，选择合适的教学方法对思政课的开展可以起到事半功倍的效果；反之，则会削弱学生对课程的兴趣与热情，降低教学效果。应将课堂教学与教学改革的方法结合起来，通过问卷调查、组织座谈等方式了解学生的需求，通过案例教学、角色扮演等方式传递具有时代特色的正确价值观，在传道授业解惑的同时传递正能量。

二、税法专业课程思政的任务

税收是国家实现政治和经济职能的一种有效的工具。对于我们的日常生活，税法的影响无处不在。随着国家经济的发展，税收的不适应性和不完善性也逐渐表现出来，所以学习税法不只在其作用上有必要性，对其的不断变化也应该时刻关注。因为国家通过税收参与一部分社会产品或国民收入分配与再分配，所以通过税收的变化可以看出市场经济所存在的问题和发展方向，以及国家经济政策的导向。为了适应市场发展需要、繁荣中国经济，税法的变更也是必然的，这也是税法稳定经济、维护国家利益职能所要求的。时刻关注税法变化是学好税法和应用税法的关键所在。在日常生活和学习中，税务是无处不在的。作为一名公民面对这项具有政治和经济双重意义的义务时，应该持积极的态度。认真学习税法、时刻关注税法不但可以维护自身的权利、提高生活质量，还能在今后的学习或工作中增强对经济动脉的敏锐度，提高信息利用率。由于税法调整的对象涉及社会经济活动的各个方面，与国家的整体利益及企业、单位、个人的直接利益有着密切的关系，并且在建立和发展我国社会主义市场经济体制时，国家将通过制定实施税法加强对国民经济的宏观调控，因此，税法的地位越来越重要。正确认识税法在我国社会主义市场经济发展中的重要作用，对于我们在实际工作中准确地把握和认真执行税法的各项规定是很有必要的。

当前税法专业课程思政建设尚需完成以下基本任务。

第一，强化税收历史教育。税收历史教育是"税法"课程思政教育的重要内容。通过国家发展史和税制变迁史的教学，一是厘清我国税收历史发展的脉络，通观源流、以史为鉴，增强学生"四个自信"；二是明确税收制度以及税收活动对于一个国家发展乃至于国家兴衰的重要影响。在"税法"的教学内容安排上，一方面，要设置专门的章节，从背景、目标、内容和成效等方面系统介绍税法发展的历史，特别是改革开放40多年来我国税收制度的改革发展史，全面揭示我国税制发展演变的内在逻辑以及税制改革的成效，并结合我们国家社会经济发展成就，展现我国对课税权的科学运用以及税收所发挥的重要支撑作用。另一方面，要将税收历史教育有机融合到具体税种制度的教学当中。通过介绍相关税种的起源以及我国的制度变迁历史，让学生知其然并知其所以然，深化其对税种性质及设置目的、税制改革原因以及税制发展趋势等的认识，做到史学教育与国情教育的有机融合，让学生在税收史学中认识税收国情，在税收国情中体会税收发展历史。

第二，强化税收法治教育。税收法治教育是"税法"课程思政教育的应有之义。税收法治是依法治国的基础性内容，税收法治教育是法治教育的基础与前提，"税法"课程是一个不可或缺的重要载体。强化税收法治意识，就是要不断提升人们对税收法律制度的自觉认可、敬畏、遵从的程度，"税法"课程承担着开展税收法治教育的重任。"税法"的教学，一方面要传授和宣传税收法定原则的精神要义，重视强化行使公权力的教育。公权力来自人民，其属性为"公"而非个人权利，公共组织中任何独立个人均不构成公权力实施的主体，而只能基于公共利益代表组织履职，而不能运用公权力谋取私利。从这个层面上讲，就是要通过税收法治教育来达到敬畏权力、养成公共精神的培养目标。另一方面，指导学生全面掌握我国现有税种法律规范，深入理解征税对象、纳税义务人、应纳税额计算、税收优惠和税收征管等基本制度规定，明确在税法面前应该怎么做、哪些不能做。具体教学过程中，不仅局限于传授税法规定的内容条款，而要将税收立法的宗旨原则与政策导向讲深讲透，实现法治教育的内化于心，培养税法遵循的自觉性。

第三，强化"人民性"税收价值理念培育。在"税法"的教学中，应重点基于新时代背景，强调税收在解决我国经济社会发展不充分、不平衡矛盾中发挥着重要作用，与此同时，深入挖掘税收的"人民性"的内涵，在"为人民谋幸福""为民族谋复兴"的内涵基础上，认识到充分发挥税收在构建"人类命运共同体"中的重要性，有机地将税收教育与国内国际形势教育统一起来。

第四，强化税收职能教育。即赋予税收职能新的内涵以及时代意义，要突破传统税收职能理论局限，在国家治理视域下理解税收职能综合性，在重视税收经济调节功能的同时，还要注重发挥税收在政治治理、社会治理等方面的职能作用，进一步深化学生对税收本质属性的认识。基于此，在"税法"的教学中，要将国家治理体系与治理能力现代化的进程和要求，融入税收制度设计理念当中；要将国家税收政策调整及其最新动态，合理嵌入税收制度规定的教学当中。通过税收职能教育，充分理解进入新时代后，以减税降费改革、增值税改革、个人所得税改革等为代表的税收实践对优化治理体系、提高治理能力所发挥的重要作用，充分展示税收在我国社会经济发展中所发挥的保障功能，提升公民的纳税自豪感。

三、高校开展税法专业课程思政建设的理念

高校在开展税法学专业课程教学的过程中，应当深刻理解和认识课程思政的税法学育人内涵，在此基础上运用科学的方法和措施，大力推动高校税法学课程思政改革、创新、发展，最大限度地提升税法学课程思政整体水平。

众所周知，税法学专业的政治属性很强，这也使税法学课程思政的育人功能更加强大，而且具有十分突出的内容。在开展税法学专业教学的过程中，不仅要使学生了解和掌握更多的专业知识，更要积极引导学生把握正确的政治方向，只有这样，才能使税法学专业课程教学更具有针对性和特色化，同时也能够在培养学生综合素质方面实现更大突破。因而，从这个意义上来说，税法学课程思政育人内涵首先体现为能够有效培养学生的政治意识和政治立场。这也要求广大税法学专业课程教师具备较强的政治素质，在开展教学的过程中融入更多思想政治元素，最大限度地培养学生的综合素质。

税法学专业课程的深刻内涵，也表现为不仅能够将税法学专业与思想政治教育进行融合，而且还能适应新时代高校税法学人才培养工作的较高标准和要求，最大限度地推动高校税法学专业改革和教学创新，促进高校税法学专业内涵式发展和高质量发展，进而能够打造具有较强吸引力、影响力的税法学专业"品牌"。例如：通过大力加强和改进税法学课程思政，可以使学生准确理解和认识"税法法治"和"社会主义公平正义"相结合的重要性，避免学生只看到"征税""税负"等税法学理论的表面。总之，在人才强国战略下，构建更具有科学性、系统性的税法学课程思政体系，对于推动高校税法学专业人才建设至关重要。

随着高等教育改革的不断深化，高校在教育、教学、管理工作过程中应当更加重视构建具有创新性的育人体系与育人机制。将税法学专业课程教学与思想政治教育进行深度融合，大力推动税法学课程思政向纵深开展，能够更有效地发挥税法学育人功能。对此，高校应当通过深入调查研究与分析论证，进一步深化对税法学育人功能的理解和认识，在此基础上采取更加有效

的措施，努力探索出一条税法学课程思政的科学路径和创新方法。

四、高校开展税法专业课程思政建设的价值构建

从税法学育人功能来看，其价值构建主要有四个方面。

"专业知识与道德情操并重"是税法学专业人才培养的目标。从这一目标来看，"德"在税法学专业人才培养方面占据首要地位。通过构建税法学课程思政，能够使思想政治教育更具有融合性和渗透性，对于落实"专业知识与道德情操并重"的税法学专业人才培养目标具有很强的支撑作用。当前，很多高校在开展税法学专业教学的过程中已经深刻认识到这一点，在教育、教学、管理过程中不仅强化学生法治意识，还强化学生的政治素质，引导学生树立正确的"三观"，有效贯彻社会主义核心价值观。因而，高校在开展税法学专业教学的过程中，应当从培养优秀税法学专业人才的战略高度入手，大力推动税法学课程思政体系建设，努力推动税法学课程思政实现更大突破。

高校在培养税法学专业人才的过程中，应当符合社会主义国家的性质。构建税法学课程思政，不仅可以推动高校税法学专业课程改革，还能够使税法学专业具有鲜明的价值取向。改革开放的不断深化，税法学专业学生接触了更多的知识和文化，西方法律制度对学生也具有十分重要的影响，如果不进一步健全和完善税法学课程思政体系，势必会导致学生的认知受到较大的影响。因而，大力加强和改进高校税法学课程思政，是社会主义高校办学要求的充分体现，既有助于学生树立正确的"三观"，也能够使学生深化对国情、世情的理解和认识，真正做到用马克思主义世界观引导学生、提升学生、培养学生。

对于有效促进税法学育人功能建设来说，至关重要的就是要不断推动税法学专业课程改革，将税法学课程思政纳入高校课程改革当中，明确税法学课程思政目标和方向，坚持德育与税法学育人相结合，在对学生进行知识传授的基础上，更加重视价值引导和政治引导。围绕落实"专业知识与道德情操并重"的税法学专业人才培养目标，大力加强法律道德，不断强化税法学课程思政的针对性和特色化，将思想政治教育贯穿于技术性法律知识教育全过程和全巩固环节，倾力培养学生的科学和正确的法治思维，积极引导学生

强化自身的法治道德和法治素养,使学生深刻理解和认识"最低限制的道德是法律",这对于培养学生综合素质至关重要,能够使学生的家国情怀得到加强。

还应注意,税法教师是国家税收法治工作队伍的重要组成部分,他们的能力如何,将直接关系到税法学育人能否取得重大成效。高校在推动税法学课程思政的过程中,应当最大限度地强化税法学专业教师的思政教育能力,切实加强对他们的教育培训。一方面,教师要具备良好的道德品行,在此基础上才能使"传道、授业、解惑"得到学生的认可,通过"身正为范、德高为重"切实发挥表率作用。另一方面,教师应当深入研究税法学课程思政的有效实现形式,将思想政治教育融入税法学专业课程教学的各个领域,教学的过程中要切实做到不机械地照抄照搬,辩证地传播西方法治思想,有针对性地传授马克思主义法治理论,强化学生对"税法法治"与"分配正义"相结合的理解和认识,激发学生爱国主义情感。

构建税法学课程思政和深化税法学育人功能,至关重要的就是要促进税法学专业融合创新,不能简单地将税法学专业课程教学与思想政治教育进行结合,而是要在深度融合、系统融合方面狠下功夫,将其纳入三全育人当中,推动税法学课程思政创新发展。要结合学生的实际情况,有针对性地开展思想政治教育,特别是要将思想政治教育融入税法学专业课程教学当中,着眼于改变学生信仰取向功利化、价值目标短期化、价值主体自我化等诸多不良倾向,从意识形态的角度对学生进行持续引导,以达到"润物细无声"的目的。在促进税法学课程思政融合创新方面,也要进一步强化实践育人的有效功能和作用,促进文化育人与实践育人深度融合,让学生在实践中加深对"税法法治"和"以德治国"的理解和认识。

五、高校开展税法专业课程思政建设的具体路径

(一)思政融入——以个人所得税法教学为例

以税法课程"综合所得应纳税所得额的计算"部分为例。该部分为税法学中的核心章节,其知识谱系为:税法—个人所得税法—所得分类—计税依据—综合所得—应纳税所得额,相应地,其思政聚焦点为:个税立法中对

"收入额""基本费用扣除""专项扣除""专项附加扣除"设计的制度基点与人文关怀。具体可参见表1。

表1 税法专业课程思政的具体举例

知识点	思政元素	教学目标
收入额	政策引导、制度普惠	学习并掌握综合所得中的收入额是如何确定的，国家通过税收制度确保"按劳分配"为主体，劳动最光荣
基本费用扣除	保护税本、藏富于民	学习并掌握个人所得税法中有关综合所得基本费用扣除标准的规定，了解国家如何界定全体国民的"课税禁区"
专项扣除	增进福利、强化社保	学习并掌握社会保险、住房公积金等费用在收入额中的扣除制度；了解国家在个税制度中的福利保障
专项附加扣除	分配正义、调节差距	学习并掌握差异化的专项附加扣除设计，了解政策的实用性，体会我国个税制度的人文关怀与制度价值

（二）授课方法

具体而言，本课程思政的授课方法如下：

其一，讨论式教学。通过对核心问题的讨论，加深学生对问题的理解，增强学生的主动学习能力和对问题的判断能力。

其二，学生分组式教学。由学生自由组合，根据事先选择的教学专题和辅助参考资料到讲台上讲解其对该专题的理解并回答其他同学的提问。这种教学方法能充分调动学生的参与性和创造性，培养学生的表达能力和自信心。参与学生人数一般控制在5~6人，学生的表现记入期末成绩。

其三，发现问题式教学。每一次上课前推荐学生阅读下次课的参考资料，课堂上通过学生提问、教师回答问题的方式，有针对性地解决学生的问题，有侧重地组织教学。

（三）教学手段

本课程思政的教学手段遵循以现代化多媒体教学技术为主，传统的黑板式教学为辅等多种形式相结合的原则。绝大多数情况下采用现代化教学技术进行备课、上课和课后辅导，即备课时以自有讲义为蓝本，辅以网络教学资源包括最新的进展、图片和案例等；上课内容全程采用PowerPoint进行教学或网络传输、下载；课后辅导充分利用学校提供的现代化教学设施，如学校的网络资源、多媒体教室，实现教学材料上网可查询到。目前阶段，已完成了宗教与国际关系学网络课程的基本建设，包括教案、教学大纲、讲义、知识点等教学资源的即时访问、下载等。另外，建立公共邮箱与同学交流、互动，及时收集和解答同学们学习过程中存在的疑问，实现网上的课程讨论、学习。

（四）课程思政要点示明

本课程的学习归根结底是让学生在专业知识学习过程中达到思政效果。从课程的设计要素来看，需要学生掌握以下基本内容：税收是国家实现政治和经济职能的一种有效的工具。对于我们的日常生活，税法的影响也无处不在。其一，税法是国家组织财政收入的法律保障。为了维护国家机器的正常运转以及促进国民经济健康发展，必须筹集大量的资金，即组织国家财政收入。其二，税法是国家宏观调控经济的法律手段。我国建立和发展社会主义市场经济体制，一个重要的改革目标，就是国家从过去习惯于运用行政手段直接管理经济，向主要运用法律、经济手段宏观调控经济转变。其三，税法对维护经济秩序有重要的作用。由于税法的贯彻执行，涉及从事生产经营活动的每个单位和个人，因此经营单位和个人通过办理税务登记、建章建制、纳税申报，将其各项经营活动纳入税法的规范制约和管理范围。其四，税法能有效地保护纳税人的合法权益。由于国家征税直接涉及纳税人的切身利益，如果税务机关随意征税，就会侵犯纳税人的合法权益，影响纳税人的正常经营，这是法律所不允许的。其五，税法是维护国家权益，促进国际经济交往的可靠保证。在国际经济交往中，任何国家对在本国境内从事生产、经营的外国企业或个人都拥有税收管辖权，这是国家权益的具体体现。

参考文献

[1] 李军. 构建法学课程思政教学路径 [J]. 法学教育研究, 2021, 34（3）: 132-151.

[2] 刘鹤，石瑛，金祥雷. 课程思政建设的理性内涵与实施路径 [J]. 中国大学教学，2019（3）：59-62.

[3] 张秀静. 高校课程思政建设：价值意蕴·理论内涵·实施路径 [J]. 中学政治教学参考，2022（12）：26-29.

[4] 周玉笛. 财会专业课程思政建设探讨：以税法课程为例 [J]. 当代会计，2020（11）：60-61.

[5] 茆晓颖. 课程思政理念融入"税法"课程教学的探索 [J]. 教育教学论坛，2020（48）：52-54.

[6]《习近平法治思想概论》编写组. 习近平法治思想概论 [M]. 北京：高等教育出版社，2021：268-271.

[7] 蔡昌，李梦娟. 税法 [M]. 北京：中国人民大学出版社，2019：17-40.

第四篇　课程思政教学设计

高校高级财务会计课程思政的探索与实践

刘 丹 栾甫贵 刘 瑛[①]

【摘 要】技术的更新迭代,促进高级财会知识在财会类人才培养能力框架中的地位逐步提升。思政导入将会计守法、诚信、尽责、勤奋、务实等与会计专业课程内容有机融合,注重分析与思政相关的会计案例,引导学生认识到职业素养对于学生个人未来职业发展的重要性。利用教师的思想言行对学生的思想言行进行引导,帮助学生树立新时代下的社会主义核心价值观,帮助他们成为爱岗、敬业、善于思考、遵纪守法的高级会计人才。本文遵从思政框架、以社会主义核心价值观为统领,将强化"教育者先受教育"作为根本保障,对高级财务会计课程进行全方位的设计,从教学目标、教学方案、教学方法和教学模式改革等方面详细阐述了具体构建过程,并且对实施过程中的重要问题进行了探讨。

【关键词】高级财务会计;会计课程;课程思政

一、引言

2016年习近平总书记在全国高校思想政治工作会议上指出:要坚持把立德树人作为中心环节,把思想政治工作贯穿教育教学全过程,实现全程育人、全方位育人,努力开创我国高等教育事业发展新局面。2020年5月,教育部制定《高等学校课程思政建设指导纲要》,将全面推进课程思政建设作为落实

---

① 作者简介:刘丹,首都经济贸易大学会计学院副教授,硕士生导师,财务会计教研室主任;栾甫贵,首都经济贸易大学会计学院教授,博士研究生导师;刘瑛,首都经济贸易大学会计学院副教授,硕士研究生导师。

立德树人根本任务的战略举措。2020 年 6 月 8 日，教育部召开全面推进高等学校课程思政建设工作视频会议。自 2016 年开始，全国高校都开展了生动而深入的课程思政建设。从加强课程思政建设入手，围绕立德树人根本任务，把思想政治工作贯穿教育教学全过程，把思想政治工作体系贯通学科体系、教学体系、教材体系和管理体系等，形成高水平人才培养体系（韩宪洲，2021）。

高级财务会计课程是中级财务会计的延伸，具有综合、复杂、难度大等特点．自从被设立为单独的学科以来历经多次变革，现在已经发展成本科阶段会计学专业重要的基础课程。其主要特点是内容与时俱进、领域宽泛发散、会计假设拓展变化。本课程不仅具有较强的理论性，而且具有显著的实践性，因此，在财会人才基本素质能力框架中，高级财务会计课程的重要性程度将日益增加，该课程的课程思政建设至关重要。

二、高级财务会计课程思政框架设计的原则

（一）结合现实背景设计高级财务会计课程思政

在新冠疫情的影响下，国家始终把人民生命安全放在首位，免费救治新冠病毒患者，造成巨大的财政支出，而税收是国家财政收入的主要来源，因此需要税收作为财政支撑。将课程思政渗透到高级财务会计的课程中，使学生树立"依法纳税光荣"的正确思想，这就达到了课程思政建设的目的。

（二）引入案例引导学生更好理解

引入真实案例，帮助学生理解知识要点，并启发学生更多的思考。例如，在企业合并与合并财务报表章节，结合跨国并购中成功和失败的典型案例，总结我国企业在"走出去"战略中的经验和教训，提升学生对国家的自信心和民族的自豪感，认识到自身的使命和责任。

（三）进行翻转课堂将知识进行深化

将学生们分组，每组选择感兴趣的高级财务会计相关的问题进行课堂讲解，可以是学科理论，也可以是当下热点财会问题，由教师进行点评与正面引导，帮助学生树立正确的职业道德观。

（四）讨论交流对知识进行深化

在教师的引导下，鼓励学生交流讨论，使学生在主动学习的过程中获得

新思考。例如在外币折算章节，带领学生深入了解我国会计准则和国际会计准则的不同，探讨我国在与国际会计准则趋同中所作的努力，培养学生的国际视野和责任担当。

三、高级财务会计课程思政框架的具体构建

（一）教学目标的设定：充分体现专业思政的育人要求

在专业思政框架下深化课程思政建设，通过满足学生对知识的渴求加强价值观教育，提升价值观教育的效果（韩宪洲，2022）。专业思政的核心是在提升会计职业道德教育的同时，有机地融入社会主义核心价值观。会计职业道德基本原则有六条：诚信、客观公正、独立性、专业胜任能力和勤勉尽责、保密、良好职业行为。对会计执业者而言，不偏不倚地反映经济事实，客观公正地记录资金走向，摒弃私利，保持职业操守，坚持接受继续教育，全方位提高理论与实践技能，是每一位会计人员需要坚守的行为规范。高级财务会计学课程思政建设的方向与重点是在课程教学中有机地融入社会主义核心价值观：一是以"富强"为核心内涵，以"爱国"为精神指引。高级财务会计致力于经济事项的对外报告，从而为企业外部投资者、债权人以及其他利益相关者提供有关企业财务状况、经营成果和现金流量的信息，以满足他们对财务信息的需求。二是以"民主"为核心要义，以"公正"和"法治"为基本准则。在财务会计课程教学中，要引导和教育学生加深对"民主促进决策"的理解，提升学生对企业组织法规、财务会计法规和税法等法制法规的认识。作为财务相关工作人员，必须牢记：做事要"公正"，人人都在"法治"社会中。三是以"敬业"为基本职责。教师在授课过程中能够通过对各种案例的分析以及理论知识的讲解，使学生扎实掌握专业知识、提升专业能力，这本身就是"敬业"的具体表现，也是对"专业胜任能力和勤勉尽责"的会计职业道德的最朴素的遵守。四是以"诚信"为基本素养。"诚信"既是中华民族的传统美德，也是我国公民道德建设的重点，还是社会主义核心价值观的一条重要准则，更是会计职业道德基本原则中的一条重要准则。会计人员要以实际发生的交易或事项为依据进行确认、计量、记录和报告，如实反映符合确认计量要求的各项会计信息，从而向财务信息使用者提供真实

可靠有用的信息，这是高级财务会计的基本职能，也是会计行业的立身之本和发展之要。教师要通过规则讲解与真实案例解读来引导和教育学生做人做事诚实守信、恪守职业规范。五是"保持良好的职业行为"，严格遵守会计职业道德基本原则，是对核心主义价值观"友善"、"文明"和"和谐"最好的呼应与体现。六是高级财务会计学课程聚焦于企业财务面临的特殊事项，而高级财务会计所依据的理论和采用的方法也是对原有财务会计理论和方法的修正。不同于管理会计的管理价值与创造价值，高级财务会计侧重点在于反映和记录价值，是对过去事项的一种归档和记录，而这种记录与归档价值的过程与个人生活成长复盘有相似的规则遵循，故在知识与原理讲解时可以突出"实质重于形式意识""重要性意识""坏账准备意识"等做人做事的道理，还可以强调"个人利益与集体利益"密不可分等思想，增强学生团队意识和家国情怀。

由此，设定的高级财务会计学课程教学目标如表1所示。

表1　高级财务会计课程教学目标设定

专业教学目标	思政教学目标
在知识方面，要求学生了解高级财务会计学的学科特征，理解高级财务会计的基本职能及主要内容模块，掌握中级财务会计以外常见的特殊业务的基本会计理论和方法，建立科学的财务会计思维	通过系统梳理本课程的思政元素，提升教师的理论认知和思政教育水平，实现专业知识讲授与思政教育相辅相成，以润物细无声的方式达到思政教学效果
在能力方面，通过知识测验与案例分析，要求学生不仅具备理解、解读、操作特殊会计业务的能力，掌握解决问题的办法，能够正确判断企业发生的各种特殊业务的性质和内容，进行正确的确认、计量和会计核算，能够解读财务会计中的重难点知识，而且要具备良好的信息获取能力、表达能力、协调沟通能力和良好的团队精神	通过案例教学法、启发式教学法来激发学生的学习兴趣，结合现实背景，通过引入案例、翻转课堂和讨论交流等课堂与思政结合的方式，将学生带入现实企业的经营管理情境当中，一方面提升学生灵活应用高级财务会计解决实务问题的能力，另一方面培养其良好的团队精神和协作精神，诚实守信、踏实肯干的工作作风
在思想方面，通过回顾本学科前沿成果、开展案例讨论与总结等手段，培养学生的创新意识与批判性思维，提高学生的自主学习能力与判断能力	结合现实背景，引入真实案例，通过对当下热点财会问题进行分析研究，帮助学生树立正确的职业道德观，培养学生的国际视野和责任担当

(二）教学方案的设计：积极做好思政元素的分布设计

高级财务会计学课程中的思政元素的设计如表2所示，对应核心知识体系罗列出最重要的思政元素、思政成效和价值引领。

表2　知识体系与课程思政元素提炼

知识体系	思政元素	思政成效	价值引领
总论	引入我国跨国并购案例，以此介绍特殊会计业务，并强调国际会计业务中财会人员职业操守的重要性；高级财务会计是中级财务会计的延伸、补充、拓展，涉及外币折算、国际交易、通货膨胀等更大的经济问题，这不单单与单个企业有关，与国家经济运行更是紧密相关	为下面理论引入做铺垫，使学生对高级财务会计有一个具体的感知，明白高级财务会计主要处理复杂的特殊会计业务，并渗透正确的职业道德观念	政治价值、规则价值、经济价值、道德价值
外币业务	通过外币折算，联系到我国外汇储备现状；外汇储备是国家实力的重要组成部分和体现，在对外支付和经济调节上也有足够的话语权，为我国在国际上增加了吸引力，让更多的外资注入中国	通过思政元素的引入，引导学生用自己的眼睛看世界，体验国家发展，增强"四个自信"，激发学习动力	政治价值、规则价值、经济价值
所得税	利用暂时性差异延期纳税的特点可以实现有利于企业的税收筹划，这是否合法？是否属于避税？即通过处理使得当期的会计所得大于应纳税所得，出现递延所得税负债，即可实现纳税期的递延，获得税收利益	深刻理解暂时性差异的含义；引导学生主动思考，理解企业的会计核算和税收处置遵循不同的原则，服务于不同的目的；锻炼学生用理论知识分析现实问题的能力，加深对重点知识的理解	经济价值、规则价值、道德价值、创新价值
非货币性资产交换	引导学生理解什么是非货币性资产交换交易的商业实质，理解非货币性资产交换交易对企业的作用；引导学生了解虽然非货币性交易为企业资金周转提供了新的途径，但也会成为企业操纵利润的工具	让学生了解非货币性资产交换交易对企业的重要影响，引导学生坚守诚信准则，树立公平公正的契约精神，正确理解政治经济学的价值理论	道德价值、经济价值、劳动价值、科学价值
套期会计	引导学生了解套期保值，虽然是以规避外汇风险、利率风险、商品价格风险、股票价格风险、信用风险等为目的，但规避风险必须建立在承担社会责任的基础之上；引导学生恪守职业道德，诚信为本；引导学生钻研专业知识，为组织防范风险、建立科学有效的内控建设提供建议	让学生理解套期会计在资本市场上的角色定位及对企业的作用，培养学生的社会责任感及高尚的职业道德理念	道德价值、经济价值、劳动价值、科学价值

续表

知识体系	思政元素	思政成效	价值引领
本量利分析及利润规划	企业要有效利用成本、销售量和利润之间存在的内在联系，进行利润和成本规划，使企业价值最大化	引导学生树立规划意识、成本效益意识，理解临界点的确定在管理决策中的重要性	经济价值、科学价值、规则价值
租赁	给出新租赁准则中有关续租选择权、优惠购买选择权的案例，让学生思考如何对行使续租选择权、优惠购买选择权进行合理判断，考虑对承租人行使续租选择权或不行使终止租赁选择权带来经济利益的所有相关事实和情况，同时认识到在实际的业务处理过程中应当本着真实、谨慎性原则	让学生运用所学知识分析解决会计人员工作中的职业判断与原则操守问题，实事求是	经济价值、科学价值、规则价值
债务重组与破产清算	在课程内容导入环节中，引导学生思考为什么会有债务重组；通过两个思政案例，介绍债务重组业务中所蕴含的传统文化思想；运用恰当的思政案例，以引导学生树立正确的学习态度，培养良好的学习习惯，掌握正确的学习方法	引导学生人生观、价值观的建立	经济价值、规则价值、道德价值
企业合并	鼓励学生充分应用所学知识，在以后的实践过程中严格遵照企业准则要求，遵守会计职业道德	增强学生对职业的使命感和道德感	道德价值、规则价值、经济价值、科学价值
合并财务报表	《企业会计准则第33号—合并财务报表》第二章第六条规定，合并财务报表的合并范围应当以控制为基础加以确定，厘清控制的相关界定，减少合并财务报表舞弊的风险	让学生在遵守企业会计准则和相关职业道德标准的情况下完成本章知识点的学习。引导学生运用所学知识解决实际问题	道德价值、经济价值、规则价值

（三）教学方法的优化：恰当运用课程思政的导入方式

为了使课程思政能够更加润物无声，入脑入心，制定了情景导入式、案例引入式、思辨激发式和焦点渗透式的导入方式。

1. 情景导入式。情景导入式就是构造某种决策场景，为学生提供多个决策方案，学生可以应用专业知识进行自主探索，在解决专业问题的同时，探索课程思政的价值内涵。情景导入式的例子如表3所示。情景导入式最大的

490

好处就是让学生身临其境，激发学生自主思考，通过自我探索更容易形成思维定式，从而将思政元素深植于大脑，在未来遇到相似问题时可以想到相关内容，形成外化于行的效果。

表 3　高级财务会计课程思政的情景导入式举例

知识	情景	价值引领
外币业务定义及外币业务会计处理	让学生置身于外币业务的场景中，提供不同的会计处理方式，让学生自主做出选择，并且分析不同的会计处理方式可能的结果，引导学生能够依据已有的知识积累做出正确的选择	政治价值、经济价值、科学价值
套期保值	在充满不确定性的时代，将学生置身于企业决策者角色，让其判断企业在面对不同的市场行情时，理想状态下，何种选择为最优，引导学生权衡风险与收益	道德价值、经济价值、劳动价值、科学价值
合并	将学生置身于处于企业决策者的位置，当企业继续经营发展遭遇瓶颈时，面对已有的同行业领先且具有较强发展势头的企业时，是采用直面挑战还是合并的决策；理解小企业的发展瓶颈及可行路径	政治价值、经济价值、科学价值
债务重组	将学生置身于企业发展乏力、行业整体处于颓势的环境中，体会高层决策者如何为企业争取到最优结果，并换位思考企业如何为员工谋取最大利益；引发对个体与集体的关系的思考，树立集体主义和社会责任感	政治价值、道德价值、规则价值、经济价值、科学价值

2. 案例引入式。案例教学几乎是在所有课程中都会使用到的方法。在课程思政的引入环节，将真实案例进行典型化处理，让学生可以身临其境地了解企业实际，让学生养成"理论指导实践""实践检验理论"的良好习惯和行为模式。案例引入式的例子如表 4 所示。

表 4　高级财务会计课程思政的案例引入式举例

知识	情景	价值引领
所得税费用	通过莲花健康集团利用递延所得税资产进行盈余管理的案例，引导学生思考会计准则的不足，鼓励创新精神	政治价值、道德价值、经济价值、科学价值
套期保值	通过马鞍山钢铁股份有限公司的案例，认识套期保值在帮助企业应对风险方面的作用，促进企业合理利用套期保值手段	政治价值、经济价值、科学价值

续表

知识	情景	价值引领
融资租赁	引用南方航空公司飞机租赁的案例，引导学生思考租赁业务在企业活动中的重要作用，强化合作意识与成本控制意识	政治价值、道德价值、规则价值、经济价值、科学价值
企业合并	以高伟达合并暴雷为例，阐述合并过程中诚信和严格遵守准则的重要性，应以谨慎严格的态度来进行估值，遵守职业道德	政治价值、道德价值、规则价值、经济价值、科学价值
合并财务报表	了解合并中应遵守的《企业会计准则第33号—合并财务报表》的规定。并以MBS集团跨境并购为契机，了解跨境合并财务报表中国内外合并规则上的差异，鼓励学生今后积极参与该类研究和讨论，增加我国的话语权	政治价值、道德价值、规则价值、经济价值、科学价值

3. 思辨激发式。思辨是一种抽象思维能力，主要指思考与辨析。思考是分析、推理、判断等思维活动；辨析是对事物的情况、类别、事理等的辨别分析。通过一系列的问题引导学生对抽象的专业知识和原理进行思考和辨析，在深入理解专业知识的基础上，逐步升华到价值导向层面。思辨激发式的例子如表5所示。

表5 高级财务会计课程思政的思辨激发式举例

知识	情景	价值引领
递延所得税资产	让学生思考会计与税法不同的核算目的导致在一些项目上计税基础和账面价值产生暂时性差异，进而形成递延所得税资产金额、递延所得税负债，辨析差异性质，加深对会计和税法的理解	政治价值、经济价值、规则价值
非货币性资产交换中交换双方的会计处理	让学生辨析非货币性资产交换中交换双方对于同一业务会计处理上的差异；引导学生思考产生这一差异的原因，体会交易实质	政治价值、道德价值、规则价值、经济价值、科学价值
吸收合并、控股合并	让学生思考吸收合并和控股合并的区别，鼓励学生充分应用所学知识，在以后的实践过程中严格遵照企业准则要求，遵守会计职业道德	政治价值、经济价值、科学价值、道德价值、规则价值
合并后会计处理	让学生辨析合并当年，合并后第一年及之后年份的会计处理，引导学生思考这样进行会计处理的实质原因	经济价值、科学价值、规则价值

4. 焦点渗透式。神经科学家约瑟夫·勒杜研究发现：当我们没有意识到影响正在发生的时候，我们的情感更容易受到影响。课程思政需要触发一种有意义的情感反应，更能够让学生"内化于心"。可以结合社会某些焦点问题，找出学生情感最敏锐、最注重、最在乎的环节，与思政点进行对接，组织学生进行讨论，摆脱枯燥说教的羁绊，把课堂变得更加有温度，从而更有效地触动情感。情景导入式的例子如表6所示。

表6 高级财务会计课程思政的焦点渗透式举例

知识	情景	价值引领
高级财务会计的产生与发展	通过讲解高级财务会计实践在中国的发展历程，增强学生的爱国主义精神和对社会主义核心价值观的认同，帮助其树立崇高的理想和远大奋斗目标，并且将个人理想的实现与中华民族伟大复兴紧密结合	政治价值、经济价值、生命价值
外币折算	通过外币折算，联系到我国外汇储备现状；外汇储备是国家实力的重要组成部分和体现，在对外支付和经济调节上也有足够的话语权，为我国在国际上增加了吸引力，让更多的外资注入中国，增强学生的民族自豪感	道德价值、经济价值、劳动价值、科学价值
套期保值	引导学生了解套期保值虽然以规避外汇风险、利率风险、商品价格风险、股票价格风险、信用风险等为目的，但规避风险必须建立在承担社会责任的基础之上，引导学生恪守职业道德，诚信为本，引导学生钻研专业知识，为组织防范风险、建立科学有效的内控建设提供建议	政治价值、道德价值、经济价值、劳动价值、生命价值
租赁	给出新租赁准则中有关续租选择权、优惠购买选择权的案例，让学生思考如何对行使续租选择权、优惠购买选择权进行合理判断，考虑对承租人行使续租选择权或不行使终止租赁选择权带来经济利益的所有相关事实和情况，同时认识到在实际的业务处理过程中应当本着真实、谨慎性原则，严格遵守职业道德	政治价值、道德价值、经济价值
债务重组	债务重组这种业务方式，渗透着我们中华传统文化的智慧结晶——"变通"。"变通"是传统易经理论的灵魂，强调要顺应事物的发展规律，从而使自己处于有利的位置；债务人在自己资金周转出现困难，无力偿还债务的情况下，与债权人进行协商，其是否可以延期偿还，或其是否可以通过其他资产来抵偿这项债务，或者是否可以不进行偿还而转为债权人对其的投资，这些都体现了变通的思想，借此引导学生关注中华传统文化，并用于实践	政治价值、经济价值、劳动价值、生命价值

续表

知识	情景	价值引领
合并会计报表	通过探讨跨国公司合并的事件，引出合并报表的讲解，让学生理解国内外会计准则的差异，认识到合并中中国企业面临的困境，从而积极探索	政治价值、道德价值、规则价值、经济价值、科学价值

（四）教学模式的改革：高度融合实践育人的思政元素

社会实践能够把理论学习研究主动服务于改造世界的实践，让学生进入真情境、解决真问题、创造真成果。为巩固高级财务会计课程的学习效果，设计了相应的实践环节。

首先，借助虚拟仿真企业决策沙盘模拟，将社会主义核心价值观和"创新引领发展"等元素有机融入实训。例如，制定债务重组或合并的战略决策，需要全员参与讨论，体现了民主决策精神；税收筹划需要在合法的界限内，彰显法治和契约精神；增加外汇或套期保值，可以降低企业风险，增加股东财富和企业价值；进行非货币性资产交换，可以提升企业生产经营效率。

通过移动课堂带领学生深入企业实践一线，通过专业实践情景模拟现实企业环境下的实践内容，深入挖掘课程思政元素，提升课程思政教育的感染力和针对性。通过深入企业调研、案例指导等方式培养"知行合一"的高级财务会计课程思政教学团队，形成可应用的高级财务会计课程思政教育教学特色经验。

四、高级财务会计实施课程思政应注意的问题

课程应当加强备课环节的思政导入，将会计守法、诚信、尽责、勤奋、务实等思政元素与会计专业课程内容有机融合，注重分析与思政相关的会计案例，引导学生认识到职业素养对于学生个人未来职业发展的重要性。利用教师的思想言行对学生的思想言行进行引导，帮助学生树立新时代下的社会主义核心价值观，帮助学生成为爱岗敬业、善于思考、遵纪守法的高级会计人才。

随着时代发展和学生群体特征的变化，当前大多数学生的学习方法较僵化，过度依赖课本，对于知识点和公式的理解不足，更谈不上建立科学的财

务思维。因此应当提高学生分析问题、解决问题的能力，将所学的知识迅速转化为能力。案例类型的应用可以从三个层次来进行：

第一，讲解业务处理的案例。此类案例可以参考教材、教辅资料。改变案例中数据或条件会导致企业所处经济环境或相关经济业务发生变化并要求学生能够根据相应的变化进行具体处理，通过此案例的讲解使学生能够快速掌握知识点并将其运用到实践中。

第二，供学生讨论的案例。此类案例可以来自相关论文、国内外新闻热点等，案例具有一定的发散性。学生通过思考和讨论能够形成自己的见解和观点，培养学生独立思考和团队合作的能力。

第三，实务案例。此类案例可以是校企合作项目中的实务问题、财经热点问题、各种课题项目等。案例具有综合性和一定的实操性，通过案例的讨论将课堂知识运用于实际操作，培养学生的动手能力。课程案例的选取需要不断的修改、精炼，从而发挥案例教学的最大功能。

参考文献

[1] 韩宪洲. 全面推进课程思政建设的逻辑进路探析 [J]. 中国高等教育，2021（6）：31-33.

[2] 韩宪洲. 善用"大思政课"健全立德树人落实机制 [J]. 中国高等教育，2022（3）：1.

[3] 马铭梅. 如何在财经法规与会计职业道德教学中实现德育目标 [J]. 教育研究，2021，3（12）：192-193.

[4] 欧阳华生，陈欢，韩峰. 高校实践类课程思政体系构建与实现路径研究 [J]. 中国高等教育，2022（8）：43-45.

[5] 张军，龙月娥，晓芳，等. 提升地方高校会计学专业人才培养质量 [J]. 中国高等教育，2020（18）：59-60.

高校财务管理课程思政的探索与实践

侯德帅 孙 静 刘 静 王哲兵 林慧婷 马 奔[①]

【摘 要】 数字化转型背景下企业财务管理呈现新特征、新现象,但是财务管理培养学生正确认识"价值"的导向不变。如何让财务管理的"价值"更好地体现课程思政的"价值",尚需探索。据此,本文围绕财务管理专业特点、教学内容等,探索财务管理课程思政的教学设计和教学目标,以促进财务管理课程思政的优化和发展。

【关键词】 财务管理;课程思政;价值;立德树人

一、引言

习近平总书记指出:要从党和国家事业发展全局的高度,坚守为党育人、为国育才,把立德树人融入思想道德教育、文化知识教育、社会实践教育各环节。党的十八大报告指出:坚持教育为社会主义现代化建设服务、为人民服务,把立德树人作为教育的根本任务,培养德智体美全面发展的社会主义建设者和接班人。"培养什么人""怎样培养人"是事关党和国家前途命运的重大问题,也是我国社会主义教育事业发展必须解决好的根本问题。党的十八大报告强调要把教育放在改善民生和加强社会建设之首,把立德树人作为教育的根本任务。习近平总书记强调:我们党立志于中华民族千秋伟业,必须培养一代又一代拥护中国共产党领导和我国社会主义制度、立志为中国特色社会主义事业奋斗终生的有用人才。在这个根本问题上,必须旗帜鲜明、

[①] 作者简介:侯德帅,首都经济贸易大学会计学院副教授,硕士研究生导师;孙静,首都经济贸易大学会计学院讲师;刘静,首都经济贸易大学会计学院讲师,硕士研究生导师;王哲兵,首都经济贸易大学会计学院副教授,硕士研究生导师;林慧婷,首都经济贸易大学会计学院副教授,硕士研究生导师;马奔,首都经济贸易大学会计学院讲,硕士研究生导师。

毫不含糊。德育始终是中华民族文明的重要组成部分。

据此，财务管理课程思政建设将围绕立德树人的根本目标，提高课程思政质量。财务管理课程内容丰富，章节之间虽有联系，但也具有一定的独立性，因此如何更好地将思政元素融入财务管理课程中，是一个值得探索的课题，本文将对此予以研究。

二、财务管理学课程思政框架设计的原则

（一）以专业思政框架为依据

财务管理专业育人的核心在于"立德树人"，而实现专业思政又依赖于课程思政的建设和设计。韩宪洲（2021）认为专业思政和课程思政共同构筑成了专业内涵的范畴。因此基于专业思政框架，强化课程思政建设，将有助于推动财务管理专业更好地实现专业培养目标，同时也能促进财务管理课程向"立德树人"方向发展，并在此基础上，将专业建设和课程建设相融合，既彰显了专业特色，也体现了专业目标。

（二）尊重教学规律，提高对财务管理课程思政的深度认知

课程思政的教学过程，也是专业知识和心理认知相融合的过程（杨芷英，2022）。财务管理课程思政建设需要充分考虑新时代高校学生的认知特点和心理状态，避免僵化的教育形态，逐渐提升学生从感性认知向理性认知转变，提升课程思政的"内化"和"悟化"。

（三）充分体现习近平新时代中国特色社会主义思想元素

用习近平新时代中国特色社会主义思想铸魂育人，全面贯彻党的教育方针，落实立德树人根本任务。党的十八大以来，以习近平同志为核心的党中央高度重视培育和践行社会主义核心价值观。2016年3月4日，习近平在看望出席全国政协十二届四次会议民建、工商联界委员并参加联组讨论时的讲话也指出："各类企业都要把守法诚信作为安身立命之本，依法经营、依法治企、依法维权。法律底线不能破，偷税漏税、走私贩私、制假贩假等违法的事情坚决不做，偷工减料、缺斤短两、质次价高的亏心事坚决不做。"财务管理课程本身就蕴含着"价值""诚信"，切实保护债权人和中小股东的合法权益等理念，与思政教育具有天然的内在联系。财务管理课程思政建设需要以

习近平新时代中国特色社会主义思想为根基，坚持社会主义核心价值观的教育导向。

(四) 提升财务管理课程教师的思政融合与讲解能力

师者，人之模范也。在财务管理课程思政建设中，始终要强化教师团队建设。课程思政是否能发挥作用，教师是关键，恰当、巧妙的课程思政融合能力和讲授能力始终是保障课程思政质量的关键。因此，财务管理课程教师始终要坚持"受教育者先受教育"的理念和信度。

三、财务管理学课程思政框架的具体构建

(一) 教学目标的设定：将思政元素融入专业教学

本校财务管理学课程是国家级一流本科课程。作为经管类专业的学位基础课程，财务管理课程植根于经济学及金融学的相关理论框架，同时与资本市场及公司实践联系紧密，兼具理论性及应用性。有鉴于此，在设定教学目标过程中，教师针对财务管理学的课程内容设计"课程思政切入点"，以实现专业理论、市场实践、思想道德等方面的融合。对于财务管理的核心及基础问题，相关教学目标设计如下。

首先，针对微观企业财务管理的核心问题——公司投融资决策及价值创造，通过课堂讲授宏观经济政策相关案例、国有企业相关案例、企业违法违规案例等，深入解读相关政策法规，并将其与企业投融资等财务管理知识相结合，在帮助同学们领会财务管理实践应用的同时，树立正确的思想道德观念，培养学生的爱国情怀和道德精神。

其次，针对财务管理的基础知识——时间价值及风险决策，结合同学身边股票基金投资、校园贷等生活化案例，帮助学生从专业知识方面掌握货币时间价值、风险与收益的相关概念，同时培养学生谨慎决策、不一味追求高收益的投资观念，以及正直与勤奋、责任与高效的职业品格，助力其日后的工作实践。

总体而言，本课程的教学目标如下。

专业教学目标1：通过教学使学生比较系统地掌握现代企业财务管理的基本理论和方法。

专业教学目标2：了解国内外财务管理学科的最新发展动态，具备市场经济条件下从事价值管理、资本经营和财务分析与评价的能力，以适应实际工作的需要。

专业教学目标3：培养学生课堂讨论和课外阅读与写作的习惯，引导学生对有关现代企业财务管理问题进行思考，从而培养出适应市场经济需要的理财者。

思政教学目标：在教学中以社会主义核心价值观为方向，引领财务管理专业知识，从整体上培养学生的爱国情怀和道德精神，以财务管理中专业法律知识引导培育法治精神，鼓励学生将个人理想与社会进步相结合，以社会责任为己任，坚定职业素质，遵守职业道德规范。

（二）教学方案的设计：积极做好思政元素的分布设计

在财务管理学课程中的思政元素的设计如表1所示。相关思政元素、思政成效和价值引领与核心知识体系相对应。

表1 知识体系与课程思政元素提炼

知识体系	思政元素	思政成效	价值引领
总论	以财务领域的名人事迹为榜样，列举诸如谢霖等前辈的事迹；以资本市场的知名上市公司为例，列举诸如贵州茅台、格力电器等公司在企业价值管理和战略执行方面的例子	增强学生中国特色社会主义道路自信、理论自信、制度自信、文化自信的理想信念，培养学生自强、敬业的社会主义核心价值观	政治价值、规则价值、经济价值
财务分析与预测	对比恒瑞医药和康美药业两个公司案例，通过综合财务分析分别认识高质量发展的路径和识别财务造假线索	引导学生从国家和政策导向、职业道德视角认识财务分析工作的重要意义	政治价值、道德价值、生命价值、规则价值、创新价值
财务管理的基本观念	以"校园贷"为例，讲解实际利率和名义利率的区别，理解复利的威力	引导学生梳理理性、健康的消费观念和理财观念，加强对金融风险的警惕意识	经济价值、劳动价值、规则价值、生命价值、创新价值

续表

知识体系	思政元素	思政成效	价值引领
债券、股票及期权的估价	理解资本市场的价值规律，塑造正确价值观，充分重视投资中的各类风险	引导学生关注和理解中国股票市场的特点，从宏观、行业和微观多层次理解风险与收益的关系，增强对证券市场规则的敬畏感	道德价值、经济价值、科学价值
筹资管理	北交所设立与"高精特新"企业筹资创新	引导学生理解我国多层次资本市场的架构，关注资本市场改革实践的重要价值	经济价值、科学价值、创新价值
资本预算	以"一带一路"倡议中的海外投资项目为例，介绍投资决策分析过程	引导学生建立制度自信，关注投资决策中的关键环节和风险控制	经济价值、科学价值、规则价值
股利政策	以中国上市公司现金分红为例，补充介绍证监会对分红与融资的引导政策	引导学生树立科学决策的思维方式，培养学生健康的职业道德素养	政治价值、经济价值、科学价值、规则价值
营运资本管理	以"共享单车"为例，引发学生对营运资金管理的思考	培养学生主动思考的自驱能力，了解营运资本管理模式的创新	规则价值、经济价值、科学价值
企业价值评估	以"贵州茅台"为例，介绍企业价值评估方法的运用；介绍价值投资理念和资本市场实践	引导学生建立价值投资理念，树立正确的价值观和方法论	道德价值、经济价值、规则价值

（三）教学方法的优化

基于财务管理的特色，主要从情景导入式、案例引入式、思辨激发式、渗透式四个方面进行探索：

1. 情景导入式。情景导入式就是构造某种决策场景，为学生提供多个决策方案，学生可以应用专业知识进行自主探索，解决专业问题的同时，探索课程思政的价值内涵。情景导入式的例子如表2所示。情境导入式最大的好处就是让学生身临其境，激发学生自主思考，通过自我探索更容易形成思维定式，从而将思政元素深植于大脑，在未来遇到相似问题时可以想到相关内容，形成外化于行的效果。

表 2 财务管理学课程思政的情景导入式举例

教学内容	情景导入	价值引领
货币时间价值	让学生置身校园贷的场景中，了解个人信贷、网络信贷的危害，呼吁学生不要过度借贷，养成良好的消费习惯	道德价值、经济价值、劳动价值、生命价值
长期投资决策	在"全民创新、万众创业"的时代，将学生置身于创业者角色，让其判断如何选择好的投资项目？引导学生树立创新创业思想，关注投资项目的长远发展	政治价值、经济价值、劳动价值、科学价值
筹资决策	将学生置身于企业权益融资和债务融资的选择决策之中，使学生树立正确的风险意识和契约精神，通过了解债务人的责任和义务，培养诚信意识和责任感	经济价值、生命价值、道德价值、规则价值
股利分配	将学生置身于中国半强制分红制度的决策环境中，使学生合理进行利润分配选择。引发学生关注企业利润留存与股东价值分享的关系，树立学生正确的人生观价值观	道德价值、经济价值、科学价值

2. 案例引入式。案例教学几乎是在所有课程中都会使用到的方法。在课程思政的引入环节，将真实案例进行典型化处理，让学生可以身临其境地了解企业实际，让学生潜移默化地养成"理论指导实践""实践检验理论"的良好习惯和行为模式。案例引入式的例子如表 3 所示。

表 3 财务管理学课程思政的案例引入式举例

教学内容	课程思政案例教学	价值引领
财务管理概述	通过巨人集团的兴衰史以及我国脱贫攻坚的巨大胜利案例讲解，突出财务管理重要性的同时进行挫折教育，引导学生将个人梦想与祖国梦想联系起来	政治价值、道德价值、经济价值、劳动价值、生命价值
筹资管理	通过对习近平总书记关于普惠金融、"三去一降一补"等重要论述的介绍，使学生掌握融资的重要性以及了解国家对中小企业的关注	政治价值、经济价值、科学价值
长期投资管理	通过碳达峰碳中和等投资主题案例的融入，使学生在了解投资项目选择和评价中，关注气候与环境，重视人类可持续发展主题	政治价值、经济价值、生命价值
营运资本管理	运用恒大债务危机案例，培养学生合理的风险防范理念，强化资金运营管理意识	道德价值、规则价值、经济价值、科学价值

501

续表

教学内容	课程思政案例教学	价值引领
股利分配	运用业绩亏损的情况下东阿阿胶、汤臣倍健等个股仍进行大手笔分红的情形，关注企业真实的投资价值并警惕大股东利益侵占问题，培养学生诚信参与资本市场的规则意识	道德价值、规则价值、经济价值、科学价值

3. 思辨激发式。思辨是一种抽象思维能力，主要指思考与辨析。思考是分析、推理、判断等思维活动；辨析是对事物的情况、类别、事理等的辨别分析。通过一系列的问题引导学生对抽象的专业知识和原理进行思考和辨析，在深入理解专业知识的基础上，逐步升华到价值导向层面。思辨激发式的例子如表4所示。

表4 财务管理学课程思政的思辨激发式举例

知识	情景	价值引领
财务杠杆与风险	让学生思考国家倡导降杠杆的原因、可行的措施及其影响，并引导学生思考恒大的财务困境的处理方法；让学生充分理解财务杠杆同风险之间的关系，增强学生的风险防范意识	政治价值、道德价值、经济价值、规则价值
财务分析	让学生思考表外因素对财务分析的影响，并通过"獐子岛"以及"康美药业"财务造假的案例，引导学生主动思考财务舞弊和会计诚信相关问题	道德价值、经济价值、科学价值
证券投资	通过回顾历次国际金融危机的成因及其影响，让学生思考金融市场的意义，帮助学生树立金融风险防范意识	政治价值、经济价值、规则价值
经济增加值	让学生辨析经济增加值与会计利润指标的计算原理的差异，深入思考新时代下高质量发展的内涵	政治价值、道德价值、规则价值、经济价值、科学价值

4. 渗透式。渗透式教学是利用生活细节、经典案例或理论联系实际等教学过程，以言传身教的方式开展心理健康教育的新模式。其核心思想是以潜移默化的教学方式，达到润物无声的教学效果，有效弥补灌输法进行思想政治教育带来的缺陷。渗透式课程思政教学可以利用自身优势，充分展示专业知识中的思政元素，发挥专业学科的思政教育功能。情景导入式的例子如表5所示。

表 5　财务管理学课程思政的焦点渗透式举例

知识	情景	价值引领
财务管理的目标	通过讲解企业价值最大化过程中为社会以及环境等可能带来的负面影响，加强学生对企业社会责任的认同，帮助其理解企业的自身价值同可持续发展观之间的关系	环境价值、经济价值、生命价值
筹资管理资金来源	从"银河号"事件，讲解北斗卫星的研发，引导学生思考最近的中美芯片之争以及政府研发补贴对企业创新的影响	经济价值、创新价值、科学价值
固定成本经营杠杆	与学生讨论他们关注的大数据与智能化战略，以及其财务机器人（RPA）的发展，引导学生对成本结构、经营杠杆与经营风险关系的思考，树立职业目标和风险意识，明确突破式创新与不可替代的技术对社会稳定的重要作用	政治价值、道德价值、经济价值、劳动价值、生命价值
资本预算	通过探讨特殊项目的决策，例如偏远地区的交通设施、通信设施建设的投资决策等，培养学生的社会责任感和责任意识	政治价值、经济价值

四、财务管理实施课程思政应注意的问题

在财务管理课程的具体实施环节还有一些需要注意的问题：

第一，深度挖掘知识间的内在联系，促进课程思政与财务专业知识的有机融合。教师首先应在思想上明确，财务知识背后深刻的财务思想是历史客观唯物发展过程的结果，财务思想与思政本身同处于社会科学哲学的统一框架之下。教学过程要想避免知识点与思政生硬组合在一起，根本方法是发现二者之间深刻的内在联系。通过对知识点深入浅出的讲解，最终使学生对知识的理解上升至财务思想的层面，在方法论、价值观等方面获得彻底提升，通过共鸣共振的方式可以使学生记忆更加深刻，教学效果更佳。

第二，教师自身的形象展示是课程思政教育的第二战场。除教学思路与具体教学内容之外，教师在教学过程中自身展现的立场、仪表、姿态、气场等也对教学效果与学生的德育、思政教育均具有重要影响。首先，教师的口语使用对学生的言行引导具有潜移默化的影响；其次，教师课下与学生交流与课上教学具有同等的重要性；再次，教师要注意表达与国家政策方针一致的政治立场，尤其注意一些备课方案之外的即兴发挥等。

第三，紧密关注经济形势与社会运行，保持教学内容的快速迭代。当前

我国正处于百年未有之大变局，中华民族实现伟大复兴的关键阶段，同时面临较为复杂的国际环境变化。相应地，宏观经济运行、中观行业格局衍变，微观企业发展业态也均处于快速变化的过程中。财务管理涵盖的知识面较广，前后关联课程较多。教师应保持对教学内容较快的迭代速度，一方面保证较高的教学质量，另一方面保证学生学有所依，学有所用，及时将所学知识与现实进行快速融合，使其真正成为国家经济建设急需的人才。这也是思政教育的应有之义。

参考文献

[1] 韩宪洲. 全面推进课程思政建设的逻辑进路探析 [J]. 中国高等教育，2021（6）：3.

[2] 杨芷英. 大学生思想政治教育认知规律探究 [J]. 思想政治工作研究，2022（6）：26-28.

浅谈思政元素融入审计学课程教学的实现路径

李盈璇[①]

【摘　要】 师者，"传道、授业、解惑也"。在专业课教学中引导学生树立正确的人生观、价值观本就是教育的任务之一。课程思政与审计学课程教学相结合是审计学课程特点的再次凸显，也是对教学中现存问题的一种解决方法。本文首先总结了目前审计学教学实践中的痛点。基于课程思政的指导思想，针对教学实践痛点，本文从教学目标设计、教学内容重构、教学模式创新、教学环境创设和教学评价改革几个方面探讨审计学的教学创新，同时也探讨了思政元素融入审计学教学的实现路径。本文在最后总结了课程教学创新后初步取得的教学效果，并做了教学经验反思。

【关键词】 思政元素；审计学教学；实现路径

一、引言

人类的文明透过教育不断进步，学习各种知识、技能与生活经验，透过教育借以促进个体发展从而带动社会进步。教育不为分数存在，而是自我价值的实现。教育的现场可以是课堂，可以是旅行中，也可以是生活，甚至是自学式的各式教育。教育是灵魂与灵魂的交流，是生命的对话。教育是基于生命的学习。当教育不仅是面向更深层次的自我探索时，才是生而为人的教育。如此，师者实现"传道、授业、解惑"。

因此，在专业课程中融入思政的教育因素，使得专业课程不再是冰冷的

---

① 作者简介：李盈璇，首都经济贸易大学会计学院讲师。

知识，受教育的对象——学生——也不再被当成是被动接受知识的对象，而是专业课程有了生命的活力，学生也回归教育的中心。另外，审计学中融入思政元素既是审计学课程特点的再次凸显，也是对教学中现存问题的一种解决方法。

二、审计学课程教育教学相关研究现状

目前关于审计学课程的教育教学研究主要包括三个方面：一是研究如何提升审计学的教学效果；二是探讨如何将课程思政与审计学的教学融合；三是研究新时代背景对审计学课程建设的影响。

首先，如何提升审计学教学效果方面的研究较多，多集中在教学模式、教学评价等方面的创新以及对教学效果的影响研究，提出嵌入教学法、启发教学法、实验教学法等教学方法，并探讨了教学方法和教学评价对教学效果的提升（王京文，2021；赵海侠，2021）。

其次，课程思政与审计学教学相融合的研究方面，主要从课程思政对审计学教学目标的影响、课程思政元素的挖掘与融入、教学方法的设计、教学评价和思政实施效果等方面进行研究（盛庆辉、刘淑芹，2021）。课程思政与审计学相结合主要从注册会计师的社会责任和职业道德要求入手，将其与社会主义核心价值观等相结合。

再次，新时代背景对审计学课程建设的影响研究主要集中于数智化、互联网等技术的发展对审计学教学目标、教学方式的影响（水会莉等，2021）。

综上所述，目前在审计学教育教学方面的研究与本文所研究的内容最相关的是课程思政方面的研究。目前课程思政方面的研究主要从社会主义核心价值观与审计师的社会责任和职业道德相结合的角度进行，主要研究内容是课程思政元素的挖掘。本文在现有研究基础上，从教学目标、教学内容、教学方法以及教学评价几个方面探索课程思政融入审计学教学的实现路径。本文既是对现有课程思政研究思想的加深，也是对现有研究角度的拓展。

三、审计学教学实践中的痛点

（一）课程实践性强，课堂授课的教学效果有限

课程的主要概念较抽象、枯燥，对于没有实务经验的学生来说理解难度较大，且容易丧失学习兴趣。审计学是一门实践性很强的课程，单一课堂授课的教学方式对学生在知识的深入理解和实际运用方面效果有限。

（二）课程思政的系统构建不足，课程思政元素挖掘受限

多年来，在教学中除理论知识传授和实践能力培养外，还注重融入诚信、客观公正等审计职业道德以及价值观、人生观等思政元素，但主要依赖教师个人经验，课程思政系统构建不足，思政课程元素挖掘受到了限制。

（三）学生对现有理论和社会现象的思辨较少

学生对待专业知识的态度多是"拿来主义"，对现有理论的思辨较少，对现实社会问题关注不足。课程所涉及的理论主要来源于西方经济学，与中国社会文化制度特征的结合较少，而审计相关的社会实践问题受到社会制度背景和文化特征的影响，因此现有理论和社会问题存在很多思辨空间。

四、审计学课程思政的设计思路

（一）教学目标设计

1. 课程思政目标。将诚信、客观、公正等审计职业道德要求和社会主义核心价值观以及社会责任与担当等思政元素有机融入课堂教学，培养学生良好的职业道德，引导学生树立正确的价值观与人生观。

2. 知识目标。使学生形成审计学整体知识架构并融会贯通，理解并掌握审计学基本原理、基础知识和基本技能，了解学科前沿及行业动态，通过案例研讨与专业实习，提高课业挑战度，使学生具备扎实的理论功底和专业技能。

3. 能力目标。通过系统教学内容及多样化教学模式，提升学生综合素质、思辨能力和创新能力，培养学生良好的审计职业判断能力和运用审计专业知识分析问题、解决问题的实践能力。

（二）教学内容重构

1. 多元化课程思政元素与课堂授课相结合，实现"润物无声"。在审计

学课程的每一章节加入思政故事、相关案例和思考问题。此外，教师在课堂上分享个人的人生感悟和励志故事。通过这些方式，将丰富的思政元素与教学内容有机融合，达到"润物无声"的效果。

2. 教师研究成果与课程内容相结合，引导学生思辨。将教师所研究的有趣社会现象和前沿理论问题带入课堂，与课程内容相结合，带领学生对社会现象进行挖掘和讨论，结合已有理论和中国社会文化制度特征，找到背后可能存在的解释。例如，带领学生思考为什么"獐子岛扇贝"可以如"奥斯卡影后"一般进行"表演"，这背后所反映出来的审计方法的局限性及其经济后果是什么。这些思考不仅可以提高学生的学习兴趣，还开阔了学生的视野，加深了思考的深度。

3. 将"大智移云物区"融入教学内容，启发学生思考。将大数据审计、人工智能、数字货币、区块链、新商业模式等内容与审计学教学内容相结合，实现教学内容与时俱进，让学生了解专业领域的前沿技术应用，并带领学生思考这些新兴技术、新事物的出现和发展所带来的影响。

4. 借助中华传统文化智慧解读专业概念，拓展学生思维。审计学课程中的一些概念较为抽象，且已有的解释较为简单，不利于学生深入理解，而中华传统文化思想为深入解读专业知识提供了智慧。例如，"诚信"是注册会计师职业道德的一项重要基本原则，可用《中庸》中"诚之者，择善而固执之者也"来解释何为"诚信"，用"博学之、审问之、慎思之、明辨之、笃行之"来解释如何实现"诚信"。中华传统文化与审计学课程内容相结合举例如表 1 所示。

表 1 中华传统文化与审计学教学内容结合的举例

教学内容	中华传统文化可融入的方式
审计导论	结合中华传统文化中"德性"的思想讨论审计产生的原因
注册会计师职业道德与法律责任	引用《中庸》思想对注册会计师职业道德进行解释和讨论
审计目标与审计流程	结合中华传统文化中关于人生目标思想如"立德、立功、立言"对注册会计师审计目标、社会责任进行理解和讨论

续表

教学内容	中华传统文化可融入的方式
审计证据与审计工作底稿	思考中华传统文化中关于"整体与部分""自然与人文""变化""道与器""中和""中庸"等思想对注册会计执行审计业务中的证据获取、风险评估等有什么启发或对实践现象有什么新的解释
审计业务承接	
计划审计工作	
风险评估与风险应对	
审计抽样	
业务循环审计	
完成审计工作与审计报告	

（三）教学模式的创新

1. 教学模式创新概述。

（1）多样化教学方法加深知识理解，多维度提升学生能力。针对课程概念抽象枯燥、学生不易理解的问题，教师运用问题导入式、情景式、课堂讨论式、案例分析式等多种教学模式，让学生从多个维度学习、掌握专业知识。教师通过不断提出问题，引导学生思考回答，启发学生对知识点之间逻辑关系的理解；通过设置情景任务，让学生通过完成任务的方式体验审计业务实际执行过程；通过要求学生对上市公司的相关资料进行分析，让学生深度掌握审计理论知识在解决实际问题中的运用。"纸上得来终觉浅，绝知此事要躬行。"通过多样化的教学方法加深学生对专业知识的理解和掌握，提升学生的专业兴趣，培养学生的综合能力。

（2）借助信息技术搭建学习平台，构建师生"学习共同体"。一方面，通过将大数据审计、计算机审计等审计软件引入教学，以项目任务的形式模拟企业审计过程，让学生进行实操，亲身体验审计过程以及信息技术在审计中的应用。另一方面，利用雨课堂、学习通等线上教学平台与线下课堂相结合，应用翻转课堂，构建教师与学生的"学习共同体"。例如，学生利用线上教学平台的学习资源进行学习并对所学内容提出问题，课堂上教师与学生组成"学习共同体"，共同对所提问题进行讨论。"学习共同体"将学生从被动接受知识的角色改变为自觉学习、主动探索的角色，教学真正实现了以学生为中心。

（3）利用认知实习和专业实习，实践课堂教学内容。依托国家级经管实验中心、新商科智慧学习中心、校外实践基地以及校外导师开展认知实习、审计专业实习和专题讲座，为学生多角度、全方位了解实务和学习专业知识搭建一流平台。组织学生在校内经管实验中心完成认知实习，组织学生到德勤、安永等国际大型会计师事务所完成审计专业实习，实习过程中指导教师给予实时指导。认知实习和专业实习结束后，学生对实习进行总结并撰写实习报告，实习指导教师对报告进行评价。学生在实习中将专业知识真正运用于实践，感受到了专业魅力，也锻炼了解决实际问题的能力。

2. 问题导入式教学举例。

（1）教学问题导入模式的含义。问题导入法的教学理念是："以受教育者内在需求为基点，以诱发其内在求知潜能为目标，从形象、生动的问题呈现切入课堂教学，以先入为主的问题诱导方式唤醒受教育者潜在求知欲，生成主动求知的兴趣源。"根据问题导入法的教学理念，问题导入模式下的课程思政教学是在依据课程教学提出专业相关问题的基础上将思政元素融入教学问题，使思政元素与专业教学有机融合，达到润物细无声的效果。问题的来源可以是理论内容也可以是现实问题。在选择问题时应遵循以下原则：第一，内容的选择要与课程内容相关。思政元素要有机融于专业课程内容，课堂的主要内容依然是课程的讲述。第二，所选教学问题与思政元素有可结合的点。所选问题应是可以进行思考拓展或提炼升华的，在同学对原问题进行思考回答后，教师可以很自然地将此问题引到思政方面来，做到教学与思政的有机融合。第三，所选问题应结合授课对象的特点。不同年级、不同专业的学生在知识储备、理论储备、实践经历方面有所不同，因此应针对授课对象的不同特点选择教学问题，以吸引学生兴趣，引导学生积极思考，达到问题引入式教学的效果。

问题导入式教学包括如下几个步骤：第一步，提出专业课程相关问题；第二步，找到专业问题与思政元素结合的点，将思政元素埋在问题之中；第三步，进行课程内容讲解，运用案例等让学生进行思考并回答所提问题；第四步，升华结论，引出思政元素，引导学生树立正确的价值观，实现立德树人目标。

（2）教学问题导入模式的教学运用。以瑞华和康得新造假案为素材来说明"教学问题导入式"的思政课程教学方式。在给出教学案例后，进行如下四个步骤。

第一步，提出专业问题。根据瑞华和康得新造假案，思考两个问题：这个案例中瑞华有哪些违背注册会计师职业道德的情况？为什么注册会计师的职业道德在注册会计进行审计业务时十分重要？

第二步，找到专业问题与思政元素结合的点。注册会计师职业道德的基本原则包括诚信、客观公正、独立性、应有的专业胜任能力和职业关注、保密和良好的职业行为。注册会计师职业道德要求诚信行事，遵循客观和公正原则，保持职业怀疑态度，独立提出结论。这是社会主义核心价值观所倡导的诚信、公正、敬业在注册会计师执业中的具体体现。从注册会计师职业道德对注册会计师的要求可以引出社会主义核心价值观对个人的要求。

第三步，运用专业知识分析案例并回答问题。注册会计师职业道德的基本原则包括诚信、客观公正、独立性、应有的专业胜任能力和职业关注、保密和良好的职业行为。根据案例资料，瑞华可能存在如下违背职业道德的情况：

首先，专业胜任能力不足，或者缺乏职业怀疑态度。根据证监会的处罚可知，瑞华"未尽勤勉义务"。未尽勤勉义务的原因可能是瑞华不具备专业胜任能力，因为康得新业务本身较为复杂；也可能是因为缺乏职业怀疑态度，如案例中所提到的函证问题。

其次，可能违背了独立性原则。瑞华是全国的第一大所，历史悠久，有丰富的审计经验，因此缺乏专业胜任能力的可能性也较低，加之如今审计收费的制度导致事务所很容易失去独立性。

根据案例资料可知，当被证监会处罚后，瑞华的信誉几乎丧失了，已经失去了客户的信任，也失去了资本市场的信任，这都源于瑞华的职业道德的缺失。因此职业道德是注册会计师完成高质量审计的重要保障，是注册会计师的立身之本。

第四步，对案例结论进行升华，引出思政元素。从本案例得到如下启示：其一，瑞华会计师事务所的相关注册会计师在康得新的审计业务中存在严重违背职业道德的情况;其二,瑞华会计师事务所被证监会处罚后,信誉受到极大影响,众多合作客户对瑞华失去了信任。

如案例所体现的那样,注册会计师职业道德之所以重要是因为职业道德是实现注册会计师职业价值的关键保障。职业道德的丧失导致瑞华的信誉丧失,导致资本市场对瑞华会计师事务所失去了信心。因此,独立性等职业道德是注册会计师的立身之本,是注册会计师执行审计业务必须遵循的道德要求,是注册会计师实现其职业价值和个人价值的保障。同样,高尚的道德和正确的价值观也是每个人的立身之本,是每个人受到他人尊重的基础,也是一个人实现自我价值的关键保障。

教学问题导入模式与思政教学执行思路如表 2 所示。

表 2 教学问题导入模式与思政教学执行思路

问题疑问	教学内容	思政元素	思政成效
审计为什么产生;审计的作用是什么	审计导论	审计的产生要求审计师具备独立性等职业道德要求,审计本身在国家治理中具有重要意义,这是审计师职业使命感和责任感的重要来源	领悟诚信等职业道德要求的重要性;理解审计监督在新时代国家治理中的重要意义
有哪些违背注册会计师职业道德的情况;为什么注册会计师的职业道德如此重要	注册会计师职业道德与法律责任	注册会计师职业道德中诚信、公正、良好的职业行为等要求也是社会主义核心价值观的内容	在具体审计职业情境中理解社会主义核心价值观,深入领会社会主义核心价值观的精神
当前时代背景下,注册会计师的审计目标是什么	审计目标与审计流程	注册会计师对财务报表的合法性和公允性发表意见,职业道德保证了注册会计师审计目标的实现	理解注册会计师对于财务报表的鉴证责任,理解这一职业的使命感;理解注册会计师职业道德对维护资本市场秩序的重要性
什么是有用的审计证据	审计证据与审计工作底稿	客观和公正、专业胜任能力和应有的关注等职业道德对审计证据的获取和证据质量具有重要影响	意识到坚守审计职业底线、维护社会公众利益、保持职业道德,要从加强日常工作底稿和审计证据的真实性、可靠性做起

续表

问题疑问	教学内容	思政元素	思政成效
会计师事务所仅以利润多少作为审计业务承接的选择标准是否合适	审计业务承接	事务所虽然是追求利润最大化的经济实体,但利润最大化必须建立在承担社会责任的基础之上	树立审计的社会责任意识,并强调承担社会责任从业务承接开始贯穿审计始终
审计计划中的职业判断是否允许个人偏见的存在	计划审计工作	设置重要性水平时,要尊重客观事实,不能因为依赖职业判断而掺杂个人偏见。审计工作中的"职业判断"需要建立在公正、法制、规则的基础之上	用社会主义核心价值观为学生树立正确的"职业判断"观,形成规则意识、科学意识
对于不同组织性质的被审计单位,审计师在进行风险评估时侧重点分别是什么	风险评估与风险应对	在进行重大错报风险评估中,充分考虑被审计单位的性质,对于有国有性质的被审计单位,要充分考虑其廉政状况以及在国家治理体系下构建公司治理体系的情况,作为重大错报风险评估中考虑的重要因素	理解审计在国家治理中的作用,形成职业责任感和使命感
审计抽样如何进行;有哪些注意事项	审计抽样	审计抽样是注册会计师取证的重要方法,要求职业判断;为保证审计抽样的结果,对审计师的客观公正、独立性等提出要求	理解职业道德对审计抽样结果的影响,深刻理解职业判断的内涵,形成科学意识、规则意识,在实际情境中理解诚信等社会主义核心价值观
业务循环中常见的重大错报风险是什么	业务循环审计	业务循环中常见的重大错报风险主要涉及收入的虚增、资产的虚增等;这源于企业对利润的过度追逐;这说明企业的价值、利润等财务指标并不是唯一标准,诚信等也很重要	引导学生对企业价值形成正确认识;深刻理解诚信对整个社会经济的重要作用
注册会计师无法保持独立性应出具什么意见类型的审计报告	完成审计工作与审计报告	注册会计师的职业道德是审计意见恰当性的重要保证,因此也是注册会计师完成职业使命的重要保障	深刻理解职业道德的遵守贯穿审计业务始终;领会正确的道德观、价值观是一个人的立身之本。对社会主义核心价值观有更深入的理解

五、教学环境创设与教学评价改革

（一）教学环境的创设

1. "数智化"教学环境提升教学效果。一方面，"数智化"技术平台在模拟的企业环境下，让学生在校内可以进行实操，提高了学生的理论运用能力；另一方面，"数智化"教学平台让教师实时掌握学生学习情况，及时与学生互动交流，及时对教学方案做出调整。

2. 专业实习环境创造真实审计体验。学生通过参加德勤、安永等会计师事务所的专业实习，进入真实的审计环境，经历真实的审计过程，解决实际问题。同时学生面对真实的社会工作环境和工作压力，加深对专业的理解。

3. "不怕出错"的课堂氛围激发自主学习。审计学课堂教学中教师随时提出问题，并要求学生进行回答。教师对每一位同学的所有回答都予以肯定，找到每个回答中的闪光点，将这些闪光点与课程内容相联系，让学生感受到自己的回答是有价值的、自己的想法很棒。让学生心里感到"不怕出错""所有答案都是有意义的"，这样可以极大地鼓舞学生互动的积极性，使课堂成为"以学生为主角"的共同学习、共同探讨的平台。

（二）教学评价的改革

1. 结果评价与多样化的过程评价相结合。总评成绩包括期末考试成绩和平时成绩两部分，期末成绩占比从80%降至60%，平时成绩构成多样化，包括学生课堂表现、团队表现、线上作业、案例汇报等。此外对于移动课堂、翻转课堂中学生知识运用与思考，学生对审计程序和审计方法提出的创造性建议和完善思路等，也成为学生考核的重要参考。

2. 老师和学生共同参与评价。对学生成绩的评价模式从教师单独评价，变成教师、学生及实习导师共同参与评价。多样化的评价模式可以增加学生成绩的公平性，更重要的是可以提高学生学习的积极性，提升学习效果。

六、审计学课程的教学效果与教学经验总结

（一）学生的学习效果

审计学课程经过上述改革创新后，经过一段时间的教学，其成效在课程学习的成果、学习成果的应用、职业规划的选择等方面有所体现。

首先，课程学习成果方面，通过对作业回答情况、上课发言频率、课堂活跃度等指标的分析，以及对期中学习反馈、期末学习反馈和专业实习报告的分析总结，发现学生的学习主动性不断提高，实际问题的解决让学生深深感受到"纸上得来终觉浅，绝知此事要躬行"。期末学习总结和专业实习报告中，学生发现自己在专业知识和专业能力方面都有所提高，除此之外还在团队合作、人际沟通等多方面有了进步。

其次，学习成果的应用方面，学生积极参加专业比赛，在审计案例大赛等系列专业赛事中多次获奖、相关论文撰写及发表方面也有较好表现。

最后，职业规划的选择方面，学生对自己的潜力有了更多了解，也更具有使命感和社会责任感，在进行未来职业规划时，能够更清晰地结合自身特点，并将职业对社会的作用和贡献作为考虑因素之一。

(二) 教学创新经验总结

1. 信息技术平台和专业实习是课堂教学的重要补充。对于实践性较强的课程，信息技术平台和专业实习可以有效提升教学效果，是课堂教学的重要补充。分析学生的学习反馈可以发现，学生通过模拟实践和校外的专业实习，深深感受到"纸上得来终觉浅，绝知此事要躬行"。学生不仅收获了专业知识，还对自己有了更多的了解，也对专业问题、社会实践有了更多的关注和思考。

2. 带领学生"深耕专业"来"探索自我"、立德树人。"大学之道，在明明德，在亲民，在止于至善。"大学通过专业理论知识技能的传授，向学生传达深耕所学专业的精神，引导学生在深耕过程中进行自我探索。专业深耕既是学生进入社会的立身之本，也是学生不断进行自我探索的器具。

3. 中华文化思想给予学生解决实际问题的丰富智慧。审计专业领域和教学领域的问题都离不开社会制度文化背景，且中华文化博大精深，将中华传统文化思想与专业相融合，碰撞出智慧的火花，将成为教师引导学生深耕专业、探索自我、立德树人的思想源泉。

参考文献

[1] 韩宪洲. 善用"大思政课"健全立德树人落实机制 [J]. 中国高等教育, 2022 (3): 1.

[2] 王京文. 深化高等院校审计学课程教学改革的探讨 [J]. 吉林工商学院学报, 2021, 37 (6): 117-119.

[3] 赵海侠. 混合式教学有效性评价研究: 以审计学课程混合式教学为例 [J]. 商业会计, 2021 (21): 123-126.

[4] 盛庆辉, 刘淑芹. 以学生为中心的课程思政建设探索: 以审计学为例 [J]. 中国大学教学, 2021 (11): 46-50.

[5] 水会莉, 刘雨珺, 程晓娟. 数智时代审计学专业课程建设的思考与实践 [J]. 商业会计, 2021 (20): 112-115.

[6] 卞桂平. 高校思政课教学中的问题导入三原则 [J]. 扬州大学学报（高教研究版), 2018, 10 (22): 116-120.

商业伦理与会计职业道德课程思政的导入模式与实施路径

蔡立新[①]

【摘 要】 本文从商业伦理与会计职业道德课程的知识目标、能力目标、素质目标以及课程思政目标等"四维目标"出发，提出了思政理念导入模式作为其课程思政的教学模式，并运用该导入模式对本课程的思政教学执行路线图进行规划设计，进而以"企业与债权人关系中的伦理问题"这一典型的商业伦理问题为例，完整演绎了该部分课程思政的实施路径。采用这种导入模式及与该模式相匹配的思政教学执行路线图旨在从根本落实课程思政的高度、深度与广度等"三度"特质，如此一方面可以将商业伦理与会计职业道德课程思政教学方案与要求落实到位，另一方面可以有效解决传统教学所面临的过于偏重说教、生硬讲大道理、想要教会学生信的东西教师自己未必参透悟深等问题，激发学生的学习兴趣，确保本课程的"四维目标"通过规划好的教学实施路径能够有效达成。

【关键词】 会计课程；商业伦理与会计职业道德；课程思政；教学模式

一、引言

习近平总书记在全国高校思想政治工作会议上强调，要用好课堂教学这个主渠道，各类课程都要与思想政治理论课同向同行，形成协同效应。2020年5月，教育部印发《高等学校课程思政建设指导纲要》指出，全面推进课程思政建设是落实立德树人根本任务的战略举措，强调课程思政建设内容要

---
① 作者简介：蔡立新，首都经济贸易大学会计学院教授，硕士生导师，会计系系主任。

紧紧围绕坚定学生理想信念，以爱党、爱国、爱社会主义、爱人民、爱集体为主线，围绕政治认同、家国情怀、文化素养、宪法法治意识、道德修养等重点优化课程思政内容供给，系统进行中国特色社会主义和中国梦教育、社会主义核心价值观教育、法治教育、劳动教育、心理健康教育、中华优秀传统文化教育。韩宪洲（2021）认为，课程思政最本质的内涵就是以课程为基础，遵循知识传授规律，彰显思政价值引领。

商业伦理与会计职业道德课程带有鲜明的课程思政特点，越来越多的高校财会专业在其人才培养方案中将本课程列为必修课程，但讲授过这门课的教师都或多或少有一种感觉：这门课实际上不好驾驭，讲好不容易，讲到学生不爱听似乎是一种常态。究其原因：过于偏重说教、生硬讲大道理、想要教会学生的东西教师自己未必参透悟深等。造成这种现象的实质就是没有重视此类课程的知识传授规律，缺乏以思政价值或者思政理念来设计课程的思政导入模式，并据此选择生成一个完整的教学路径来实施这个教学模式。有鉴于此，本文拟聚焦这个话题，阐述自己的观点，论证其中的逻辑，得出相应的结论，以便能够抛砖引玉，为讲授同类课程的同行提供参考。

二、商业伦理与会计职业道德课程的四维目标与导入模式

一门课程的四维目标是指本课程的知识目标、能力目标、素质目标以及课程思政目标，这些目标有各自的侧重点，这是设计课程思政导入模式必须倚重的重要目标。离开目标来谈导入模式，是不遵循知识传授规律的典型乱象。商业伦理与会计职业道德的四维目标如表1所示。

表1　商业伦理与会计职业道德课程的四维目标

知识目标	能力目标	素质目标	课程思政目标
理解商业伦理、会计伦理、会计职业道德的内在含义	善于运用商业伦理的基本准则与方法来充分理解并识别主要商业伦理问题	提升学生商业伦理道德素养	使学生能够结合社会主义核心价值观来领会遵守商业伦理和会计职业道德的重要价值意义

续表

知识目标	能力目标	素质目标	课程思政目标
了解国内外会计职业道德标准的演进	善于运用会计伦理的基本准则与方法来充分理解并识别会计领域的主要伦理问题	提升学生会计职业道德操守	学生能够结合会计领域的主要伦理问题来理解会计职业道德建设与"八大军规"履行的重要性，并能够在财会审计实践工作中入脑、入心、入行
熟练掌握我国会计职业道德中的"八大军规"的内在要求	提升学生商业伦理和会计伦理是非辨识能力	做诚实守信、客观公正的会计人	使学生深入理解我国会计法规体系及其特征，把握会计职业道德与会计法规的协调
理解并掌握主要商业伦理观与基本商业伦理规范	提高对商业欺诈和财务造假、舞弊等行为的认知与评定能力	做廉洁自律、公平正义的财经卫士	

根据表1，我们不难发现，无论是知识目标，抑或是能力目标、素质目标，还是课程思政目标，都蕴含了丰富的思政价值或者思政理念，因此，非常有必要根据课程授课内容来提炼相应的思政理念，然后以此思政理念来引领教学方案的设计，笔者将其称为思政理念导入模式，非常契合商业伦理与会计职业道德课程思政的总体教学方案设计与教学需求。思政理念导入模式用于本课程的课程思政教学，其基本思路是：思政理念—课程内容—教学案例—思政成效（价值塑造或者价值引领）—立德树人。

三、商业伦理与会计职业道德课程思政的实施路径

（一）总体实施路线图设计

实施路径是在思政理念导入模式下明确相应的思政理念后所做的具体教学进程设计与落实，基本的设计思路是：①先将某个具体的思政理念，对接某章节内容；②根据思政理念以及课程内容的内在要求选取或设计相应的教学案例；③通过教学案例的学习思考（方式可以是老师讲授、学生课外拓展阅读思考、课堂辩论等），达成思政成效［价值塑造或者价值引领是否在学生

脑中、心中留痕，即入脑（脑中有认知）、入心（心中有认可）］；④思政成效转化为立德树人，这一步至关重要，其观察评价可分为短期观察评价和长期观察评价，短期观察评价即在课程学习过程中观察评价学生是否能够做到诚实守信、客观公正等基本伦理道德准则的要求，观察点可以是学生考勤签到（有无代签、前后溜号等）、课堂辩论（观察其发自内心的伦理思考后的观点表述以及辩论时的行为规范等）、撰写课程结课论文（观察是否有独立思考，论文写作是否符合基本的学术规范，是否存在明显的抄袭行为，是否能运用所学的知识和商业伦理、会计伦理相关准则进行明辨是非的研讨）等。这就是本课程强调的"入行"（即将商业伦理、会计伦理、会计职业道德的基本规范和准则要求转变成自觉的行动）。之前的"入脑""入心"固然重要，但"入行"更重要。当然，立德树人的目标是否较好的达成有待于长期跟踪观察评价。职场就是很好的试金石，我们培养的财会毕业生进入职场，能够恪守商业伦理准则、能够坚持准则不做假账、能够做到廉洁自律不贪不腐、能够利用自己所学的专业知识和一技之长为企业创造价值，履行应尽的社会责任等，这正是立德树人的真正要求。

表2是本课程的实施路径总体设计明细表。

表2 商业伦理与会计职业道德课程思政模式与思政教学执行路线图

思政理念	教学内容	教学案例	思政成效	塑造或引领的价值
企业挣钱天经地义，难道可以不择手段吗（君子爱财取之有道）	第一讲第一节：商业伦理与商业伦理学的演进发展	同仁堂百年老店案例：德诚信：铸同仁堂金字招牌；新媒体案例：百度搜索竞价排名机制——魏泽西事件的启示	领会社会主义核心价值观在商业经济活动中践行的重要性；企业经营如何做到"基业长青，永续发展"；建立在中国百年老店之上的文化自信	政治价值、道德价值、劳动价值、经济价值、生命价值
企业把顾客视为上帝的现实困境（顾客是企业的上帝）	第一讲第二节：典型商业伦理问题——企业与消费者关系中的伦理问题	新业态案例：淘宝购物过程中诚信伦理问题及解决对策	领会社会主义市场经济是信用经济，诚信是商业伦理之魂、之本	道德价值

第四篇　课程思政教学设计

续表

思政理念	教学内容	教学案例	思政成效	塑造或引领的价值
企业与竞争者是你死我活的关系吗（企业与竞争者之间的竞合关系）	第一讲第二节：典型商业伦理问题——企业与竞争者关系中的伦理问题	腾讯与360公司恶意竞争案例：从"3Q之争"看竞争者的伦理问题	领会企业间竞争与合作关系的重要性，重视企业命运共同体建设	健康价值、生命价值、规则价值
企业如何取信供应商，又如何合理防范供应商的道德风险呢（构建义利共生、互信协同的企业命运共同体）	第一讲第二节：典型商业伦理问题——企业与供应商关系中的伦理问题	CS公司的供应商道德风险管理之道；沃尔玛公司成功关键：创新精神与合作精神	领会社会主义市场经济是信用经济，诚信是商业伦理之魂、之本，企业不赖账、供应商不提供假冒伪劣商品	经济价值、劳动价值、道德价值
企业进行政府攻关有违商业伦理吗（"亲清关系"伦理准则）	第一讲第二节：典型商业伦理问题——企业与政府关系中的伦理问题	阅读材料	领会习近平总书记要求企业与政府的关系应当是"亲清关系"；领会廉洁自律的重要性	政治价值、道德价值、规则价值
环境治理与保护对企业而言真的只是外部经济吗（环保理念、可持续发展观念）	第一讲第二节：典型商业伦理问题——企业与环境关系中的伦理问题	哈药集团案例：从哈药集团的污染环境看企业的商业伦理	领会习近平总书记的"两山理论"，认识企业履行社会责任的重要性	政治价值、道德价值、审美价值、环境价值、健康价值
企业招聘、用工等环节中的性别歧视、年龄、学历等歧视问题（公平、正义、人道的员工关怀伦理）	第一讲第二节：典型商业伦理问题——企业与员工关系中的伦理问题	腾讯公司案例：腾讯公司如何处理好员工的伦理关系	领会习近平总书记关于"人才是第一资源""创新是第一动力"的精神要义，重视在企业中发挥、激励员工创新、创造的能动性	道德价值、政治价值

521

续表

思政理念	教学内容	教学案例	思政成效	塑造或引领的价值
上市公司的"铁公鸡——一毛不拔"现象有合理性吗；控制性股东与中心股东的和谐关系如何建立	第一讲第二节：典型商业伦理问题——企业与股东关系中的伦理问题	上市公司案例：鸿仪系"掏空"上市公司的伦理思考	领会社会主义核心价值观在企业与股东之间的关系、控股股东与中小股东间的关系治理中的重要指导意义	道德价值、规则价值
"欠债还钱，天经地义"为何如此困难	第一讲第二节：典型商业伦理问题——企业与债权人关系中的伦理问题	文献阅读：基于企业与债权人伦理道德的温州企业破产现象的分析	领会社会主义市场经济是信用经济，诚信是商业伦理之魂、之本	道德价值、规则价值、生命价值、科学价值
晋商的经商之道；新型企业——社会企业的基本特质	第一讲第三节：商业伦理观	文献阅读：晋商文化的精神分析 案例：社会企业格莱珉银行的经营之道	中国传统商业文化中的精华——文化自信教育，强调企业的社会责任，树立正确的商业义利观	政治价值、道德价值、环境价值
利润操纵、盈余管理、印象管理、选择性信息披露、会计政策选择、审计意见收购等社会乱象的伦理思考	第二讲：会计伦理学与会计领域的伦理问题	文献阅读与案例讨论：上市公司盈余管理行为研究——基于企业伦理理论的视角；浅谈财务报告的印象管理；"三毛派神"上市公司危机事件的边缘化行为——基于商业伦理视角的选择性信息披露案例分析；选择性不实财务披露的道德评价与防范；企业社会责任的伦理观察——基于管理会计的视角，道德困境与审计意见购买；道德理论在审计领域的应用：国外实证研究述评；公司财务管理中的道德审计制度设计；绿大地公司的利润操纵案例	领会会计伦理的基本精神，初步理解会计职业道德"八大军规"对指导会计人员从事合规合法会计工作的重要意义，理解会计造假对社会主义市场经济的极端危害性，对治国理政的消极作用；理解社会主义核心价值观对我国会计伦理与会计职业道德的指导作用以及价值引领的导向效应	政治价值、道德价值、规则价值、科学价值

续表

思政理念	教学内容	教学案例	思政成效	塑造或引领的价值
会计诚信危机呼唤会计职业道德建设	第三讲第一节：会计公信力现状	银广夏财务造假案；创业板造假上市第一股：新大地上市申请造假案；美国财务与审计造假案："双安"事件	领会市场经济是信用经济，会计当以诚信为本、操守为重，会计的公信力是会计职业值得社会尊重的立足之本	道德价值、劳动价值、规则价值
我们到底需要什么样的会计职业道德	第三讲第二节：会计职业道德的发展演进	《会计法（修订版）》；习近平总书记关于"诚信建设"的论述	领会习近平总书记关于"加强诚信建设和行业自律，落实诚信承诺，恪守职业道德"的精神要义	道德价值
"八大军规"为何能作为我国会计人员职业道德的基本规范	第三讲第三节：我国会计职业道德的"八大军规"	新闻事件：会计人员诚信建设——"失信黑名单"；安永私密关系处罚案；财务千里马传奇——马传骐启迪	切实理解我国会计职业道德的"八大军规"的基本要义与要求，理解诚实守信、爱岗敬业、客观公正、廉洁自律、坚持准则、提高技能等对重塑会计公信力的意义与作用	道德价值、规则价值

注：表中右侧的塑造或引领的价值借用了栾甫贵教授的课题研究成果，该课题构建了以"立德树人"为核心的内在逻辑一致并适用于所有专业及课程思政的价值思维框架，包括政治价值、道德价值、劳动价值、经济价值、规则价值、生命价值、科学价值、审美价值、环境价值、健康价值等十种。

（二）思政理念导入模式的教学运用实例

下面以商业伦理与会计职业道德课程中的"典型商业伦理问题"相关章节的教学内容"典型商业伦理问题——企业与债权人关系中的伦理问题"讲授来举例阐述思政理念导入模式是如何落实到课程思政教学实践中的。

1. 给定案例资料。案例以"温州老板跑路"为背景，引导学生思考"跑路"事件背后的商业伦理问题。具体案例描述本文不赘述。

523

2. 案例在思政理念导入模式下的教学运用。

（1）识别并梳理其中的思政理念。在讲解典型商业伦理问题——企业与债权人关系中的伦理问题时，我们首先想到的是，如何从通俗易懂、简单明了的思政理念入手分析为何在企业实践中会出现于债权人关系的伦理问题。通过识别、梳理企业与债权人关系中的伦理问题，我们认为老祖宗留下的一句经典名言可作为其中的思政理念：欠债还钱，天经地义。作为古往今来亘古不变的情理，欠债还钱符合每个人的朴素认知，也深深契合古老的自然法理念，它镌刻在人们内心深处，是再自然不过的事情。在此语境下，欠债不还不仅违法，还被认为是挑战人类道德底线、破坏市民生活秩序的一种可耻行为。但在企业与债权人相处时，却经常出现有钱不还和故意逃债等有违现代商业伦理道德准则的恶性事件。于是我们设计了一个鲜明的主题"欠债还钱为何如此困难"（其提炼的思政理念就是"欠债还钱，天经地义"；从此处切入教学主题，学生容易理解，也自然能够将专业知识与课程思政的育人要求完美融合起来）。

（2）运用商业伦理学知识解读"跑路"事件。接下来，我们首先会引导学生思考，运用已学过的财务管理学知识思考：企业为什么要与债权人发生经济上的关系？企业往往会向哪些债权人举债？作为债权人在与企业发生债务往来时，其最关心的要点是什么？

让学生关注案例中的借贷资本崩盘所引发的信用危机（进而会引发产业危机、经济危机等一系列恶性事件），同时也关注以下一系列不容乐观的现实情况：银行往往存在大量的呆账坏账不能及时收回，企业的应收账款也往往数额巨大，企业间的三角债务现象也非常突出。

接下来，引导学生思考：产生上述问题的根本原因在哪里？此类问题大量爆发对于我国社会主义市场经济建设与发展有何负面影响？

然后，以"温州企业破产老板跑路"现象来引导学生思考其内在的成因和不良经济后果。

接下来，剖析造成这种尴尬局面的内外部原因。

简单梳理外部原因，具体包括：人民币大幅升值；通货膨胀带来原材料上涨的压力；用工荒和加薪潮带来的财务影响；国家收紧银根，使原来融资就很困难的中小企业更加雪上加霜。

内部原因是根本：在经营举步维艰的情形下，温州中小企业一部分破产，一部分开始主动脱离实业，进入投资市场，出现"实业空心化"。

从企业与债权人伦理道德角度看，这些企业过分追求利润最大化，从债权人那里借贷了大量的资金进入高利润行业进行投资，不专心发展实业，甚至不惜抛弃自己一手创建起来的事业，不为社会生产，不为社会创造福利，没有履行企业该履行的义务，也没有承担企业该承担的责任。从制造业到炒房放贷的产业升级，产业资本不断流向资产领域和虚拟经济，而当虚拟经济与实体经济严重脱节，"实业空心化"导致的泡沫经济还能繁荣多久呢？当靠主业积累下来的资本与实体经济渐行渐远，并且一股脑地投入资本市场以及楼市时，危机就已经潜伏了。

商业伦理是企业赖以生存的基石，商业伦理的研究对象是经济活动中人与人的伦理关系及其规律，目标是让经济活动既充满生机又有利于人类的全面健康发展。建立合理的商业道德秩序，不仅能促进经济良性循环和持续增长，而且能使商业起到激励和促进每个人满足需要、发展能力、完善自我的作用，并能将商业整合到社会整体协调发展的大系统中去。债权人是企业利益相关者中极为重要的组成角色，是企业资金来源的主渠道之一。按照权利与义务的匹配标准要求，企业在追求利益的同时（通过借债取得获利的权利）应履行相应的义务（及时清偿债务的义务，已保障债权人的权利），恪守企业与债权人的伦理道德——诚实守信；恪守契约；"欠债还钱，天经地义"。

当然，老板跑路不仅是对企业债权人的不负责任，也是对企业员工（广义的债权人）的不负责任。按照正常商业运作以及法律要求，企业不能清偿到期债务且达到资不抵债的状况，可以向法院申请破产清算或者破产重整，这是合法也是合理的做法。一旦进入破产清算程序，破产时破产企业经营管理的财产便称为破产财产，便可依法依序对债权人进行清偿分配。其中，破产企业所欠职工工资处于优先需要安排清偿的债权，这体现了人道精神，也是一种公平正义的伦理准则的要求。然而老板跑路却让员工仅有的一点法律救济的机会也消失了！

综上分析，本案例的商业伦理思考如下：温州企业破产老板跑路的主要原因并非只是经营不善,究其根本在于商业伦理的缺失。

(3)案例启示。由此水到渠成形成如下认识:企业自身要高度重视商业伦理建设。首先,企业应当树立正确的商业伦理价值观。企业经营管理当局只有真正树立符合中国特色社会主义市场经济运行要求的商业伦理道德观和价值观,强化企业商业伦理道德规范体系的建设,才能将伦理道德优势转化为一种新的竞争优势,进而实现企业的健康可持续发展。其次,企业应重视内部商业伦理制度与机制建设,从伦理制度体系规划到伦理制度的运行机制再到伦理制度的执行效果的有效评价,都需要具体部门来主导,由具体责任主体负责落实。

(4)回归思政主题,实现思政价值引领。通过本案例的完整分析讲解,最后回到本章节内容的思政主题:领会社会主义市场经济是信用经济,诚信是商业伦理之魂、之本、之基。作为商科学生,理应恪守诚实守信的商业伦理道德准则,正确处理企业与债权人的伦理关系,方能在未来的职业生涯中为企业、为社会创造更多、更大的价值。企业高层在重大经营战略规划以及风险管理方案制订时,要秉持可持续发展的理念,不能一味追求"高风险、高报酬"而使企业和债权人的利益于危险之地,这不仅对企业、对个人不利,也给我国社会主义市场经济良性健康发展带来极大的隐患。企业经营是这样,个人为人处世也该如此:欠债还钱,天经地义;有借有还,再借不难;适度举债,切忌贪婪!

四、研究结论

思政理念导入模式运用到商业伦理与会计职业道德的课程思政教学实践当中,实际上也契合了韩宪洲(2019)关于课程思政的"三度"认识。思政理念即是指在以构建全员、全程、全课程育人格局的形式将各类课程与思想政治理论课同向同行、形成协同效应时所归纳总结的思想、观念与法则,即前文所提到的以爱党、爱国、爱社会主义、爱人民、爱集体为主线,围绕政治认同、家国情怀、文化素养、宪法法治意识、道德修养等重点优化课程思政内容供给,系统进行中国特色社会主义和中国梦教育、社会主义核心价值观教育、法治教育、劳动教育、心理健康教育、中华优秀传统文化教育,也就是弘扬具有正向价值引导的思想政治观念和伦理道德准则。提炼商业伦理与会计职业道德教学内容各章节的思政理念，实际上就是落实课程思政的"高度"特质，而将这种课程思政教学模式进行详细的实施路径规划与设计，确保课程思政的"高度"、"深度"和"广度"，而符合"三度"要求的课程思政也就具有了强大的立德树人的育人效应。

参考文献

[1] 韩宪洲. 课程思政的发展历程、基本现状与实践反思 [J]. 中国高等教育，2021（23）：20-22.

[2] 韩宪洲. 深化"课程思政"建设需要着力把握的几个关键问题 [J]. 北京联合大学学报（人文社会科学版），2019（2）：1-6，15.

[3] 李国娟. 课程思政建设必须牢牢把握五个关键环节 [J]. 中国高等教育，2017（Z3）：28-29.

[4] 邱伟光. 课程思政的价值意蕴与生成路径 [J]. 思想理论教育，2017（7）：10-14.

[5] 何红娟. "思政课程"到"课程思政"发展的内在逻辑及建构策略 [J]. 思想理论教育研究，2017（5）：60-64.

[6] 高德毅，宗爱东. 从思政课程到课程思政：从战略高度构建高校思想政治教育课程体系 [J]. 中国高等教育，2017（1）：43-46.

[7] 韩宪洲. 以课程思政推动立德树人的实践创新 [J]. 中国高等教育，2019（23）：12-14.

[8] 韩宪洲. 全面推进课程思政建设的逻辑进路探析 [J]. 中国高等教育，2021（6）：31-33.

[9] 马铭梅. 如何在财经法规与会计职业道德教学中实现德育目标 [J]. 教育研究，2021，3（12）：192-193.

[10] 韩宪洲. 善用"大思政课"健全立德树人落实机制 [J]. 中国高等教育，2022（5）：1.

以学生为中心的会计专业实验实践课思政建设探索
——以会计信息系统为例[①]

王海洪[②]

【摘 要】 会计信息系统课程是高校会计专业本科的核心课程，主要教授会计信息化的应用、建设、规划与设计，其中有50%以上的课时用于教师指导学生上机实验实践操作，是典型的专业实验实践课。专业实验实践课课堂教学中学生动手操作多，如何通过课堂有效融入思政元素成为一个难题。笔者基于首都经济贸易大学会计专业会计信息系统课程20多年的授课经验，运用实验研究、对比研究等方法，分析传统课程设计框架以及在教学中存在的问题，以学生为中心，挖掘课程思政元素，将创新精神、爱国情怀、道德素养与法治意识、批判精神等思政元素融入课程设计，紧跟数字化时代前沿重构课程知识框架、教学方法、实验模式、课程评价等体系。结果表明，重构后的教学方案效果明显，可以真正实现立德树人的教学本质，有利于培养出更加适合数字化时代的会计专业人才。希望本文能为同类课程的课程思政教学提供借鉴。

【关键词】 课程思政元素；会计信息系统；实验实践类课程；以学生为中心；学生分层

[①] 基金项目：2021年首都经济贸易大学教改项目"思政课程元素挖掘下会计实践类专业课程重构设计"。

[②] 作者简介：王海洪，首都经济贸易大学会计学院副教授，硕士研究生导师。

一、引言

教育部 2020 年 5 月 28 日所颁布的《高等学校课程思政建设指导纲要》明确指出：专业课程是课程思政建设的基本载体，要深入梳理专业课教学内容，结合不同课程特点、思维方法和价值理念，深入挖掘课程思政元素，并将其有机融入课程教学，达到润物无声的育人效果。对于专业实验实践类课程，课堂教学中学生动手实践课时多，很多老师感到很困惑。将哪些课程思政元素融入专业实验实践类课程成为教师苦思冥想的重点、难点；更进一步，如何毫无痕迹地将挖掘出的思政元素融入专业实践类课程成为挑战教师教学设计能力的一个关键点。

会计信息系统课程是会计专业开设的一门专业课，有 50% 以上的课时是学生动手操作事项，即使是理论教学内容，也是需要教师指导学生上机动手实践。例如，讲到云会计企业战略规划时，教师要讲解清楚云计算技术、虚拟化技术，这些技术都比较抽象，语言讲解费时费力还讲不清楚，需要教师引导学生上机安装虚拟机亲身体验虚拟化技术，在实践中引导学生理解课程知识点，同时提高学生的计算机财务能力。又例如，讲解企业财务业务一体化应用时，更是需要基于项目导向的教学法，由教师设计团队实践作业，指导学生团队协作上机实验完成项目。实验实践成了这门课程的主要教学模式，可见，这门课程是会计专业实验实践课的代表。笔者有 20 多年的会计信息系统课程教学经验。2018 年，笔者开始在课程改造中融入思政元素，不断完善该课程的教学目标，不断改造该课程的教学内容、教学方法、教学评价手段，不断挖掘课程思政元素，探究思政元素融入会计专业实践类课程的融入模式以及教学效果的达成路径。笔者在 2021 年教学中实施了实验研究和对比研究，将融入思政元素后的课程教学效果和传统模式下的课程教学效果进行对比后发现，思政元素融入后没有影响会计信息系统的知识与能力培养目标的达成，同时学生的素养明显提高，而且学生对教师的学评教分数位次在学校范围内有大幅度提升，可见，学生对重构后的课程教学还是相当肯定的。

那俊、李丹程（2021）以"程序设计基础"课程为例，认为计算机类课程的思政元素要以"勇于创新、追求卓越"为切入点进行挖掘，并提出了具体的课程思政元素融入计算机类课程的模式：首先，根据计算机专业的特征确定课程思政目标，即树立自信、创新思维、精益求精、团队合作；其次，设计思政方案，即可以通过讲中国故事的形式融入思政元素，或者安排实验作业，通过让学生解决问题而理解思政元素。欧阳华生（2022）等认为，专业实验实践类课程的思政目标有培养学生勇于探索的创新精神、善于解决问题的实践能力，思政建设实施全过程管理包括思政元素挖掘培育—思政元素应用—思政目标监控—思政效果评价—问题反馈等几个环节，思政内容是寓价值引领于专业知识传授和能力培养之中的。可以看出，创新意识、创新精神是实验实践类课程思政目标中的首要思政元素，值得会计专业实验实践课思政建设借鉴。

以"会计信息系统思政"为主题从中国知网（截止到 2022 年 10 月）查阅到 5 篇文献，彭艳梅（2021）指出："会计信息系统"课程在融入思政元素方面非常有必要也有特定的优势，该课程有助于学生理解"财务即 IT"的思维，比较适合当代数字化时代特征的会计专业教学目标，并指出将社会主义核心价值观、时代精神、家国情怀等思政元素融入会计信息系统授课。可以发现，专家学者探索会计信息系统课程的思政建设问题，并且基本都是从"教"的视角来探讨的，而该过程当中，学生是学习的主体，思政元素融入应该考虑学生的个体差异，因材施教。笔者在教学实践中发现一个现象：如果实践难度超过其能力太多时，动手能力弱的学生可能因能力达不到，而产生厌学情绪，厌学后不仅素质目标达不到，其他知识目标、能力目标的达成也成了空中楼阁。

"以学生为中心"的教学理念以脑科学和神经科学、学习科学和学习心理学、认知心理学和认知神经科学、青春期发展研究等领域的知识进步为科学基础，得到各界广泛认可。1998 年联合国教科文组织召开的"世界高等教育大会"指出，高等教育需要"以学生为中心"的新视角和新模式。本文试图从"以学生为中心"的角度出发，结合会计专业特征和会计不同层次人才的培养目标，探讨会计专业实验实践课思政元素的挖掘以及融入模式。希望本文研究成果能为高等教育中思政素养教育目标的达成提供一些借鉴。

二、会计信息系统课程的传统授课分析

(一) 课程定位及授课内容

会计信息系统课程在会计学院目前的专业人才培养计划中被列为主干课，是会计方向学生的必修课，注册会计师方向和财务管理方向的选修课程。该门课程是后续一系列数字化会计课程、数字化审计课程的基础。该门课程的授课目标是帮助学生掌握业财税一体化的思维以及设计规划会计信息系统的知识与能力。授课内容包括两部分：一部分是会计信息系统理论，主要讲授会计信息系统的内涵、机理、结构、控制、集成、开发设计、信息系统鉴证与评价等内容；另一部分是会计信息系统实务，主要讲授 ERP 软件中适合于会计、审计、财务等模块的机理以及一般应用技术。实务部分一般教授学生学习计算机财务会计的流程以及业财税融合解决问题的流程两种层次的应用知识与技能。

(二) 实验实践部分的授课模式

会计信息系统课程理论讲解中会设计一些实验，通过动手理解知识点，例如会计账套数据的数据库存储模式实验、云会计逻辑实验、会计信息系统开发实验。

会计信息系统课程实务讲解中有 90% 的课时是选用实验实践教学模式，学生亲自动手上机实验，第一个实验是学生个人实验，教师引导学生选用金蝶 KIS 软件操作财务会计类模块中的所有模块，完成账务业务、工资业务、固定资产业务、往来业务、出纳业务、报表业务等操作，这个实验以"师傅带徒弟"的模式，教师引导学生完成实验的每一步，每个学生从头到尾亲自参与所有实验项目内容。第二个实验是团队实验，教学生选用用友 ERPU8V10.1 软件，按项目驱动，学生分组协作共同完成教师提供的实验项目。

(三) 实验实践部分教学环节中存在的问题

1. 实验内容多，与课程时间少存在矛盾。会计信息系统课程实验内容繁多，而且具有会计专业的特征，例如，在财务会计中"有借必有贷借贷必相等"恒等式制约下，一项业务要至少在两个维度记录信息，再加上业财税一体化，数据更是错综复杂，相互勾稽，一旦在实践中出现操作错误，修改错

误、解决问题需要消耗的时间比较长。课堂时间有限,很多学生在课堂时间内完不成实验,这样很多老师就会布置学生课后完成,而学生一个学期会上很多门课,如果该门课程占用学生太多的业余时间,学生就会对教师以及课程产生不满意的情绪,甚至出现厌学情绪,非常影响学习效果。

2. 实验部分缺乏讨论的环节。传统上,学生按照实验题目顺序完成实验内容,虽然许多学生任务完成了,但是对会计软件背后的一些原理没有时间进行理解。所以,一般情况是学生学完软件、用完软件就基本忘记应用本身了。

3. 实验实践中学生的亲身亲历优势利用不够,失去了思政素质培养的大好时机。实验教学的优势在于学生要亲身经历,开动脑筋解决问题,相对于教师主讲学生被动听讲,以及案例分析教学等模式,这样的实验实践环节中的思政目标比其他教学模式中的思政目标更容易达成。课程结束后,学生遗忘软件本身的应用细节是非常正常的,但是通过实验可以传授给学生许多实践素养的东西,这些东西会永久刻在学生的脑子里。教学实践中,大部分会计学院的学生在完成实验过程中,表现出坚持到底不放弃以及认真细心的会计职业素养。例如,实验中出现错误后就要根据会计的逻辑修改错误,此时有的学生会选择放弃,但大多数学生都会选择努力完成,但是完成后有关专业素养方面的提炼、讨论以及评价,课程设计不够,对学生的价值培养就差最后一公里,没有充分利用课程的思政教育先天条件,太过可惜。

三、会计信息系统课程思政元素的挖掘

(一)培养学生发现问题、解决问题的创新思维及创新精神

会计信息系统的研究、设计与应用经历了如下的过程:独立于业务的系统,仅供财务部门完成会计核算任务使用;基于 ERP 的业财融合系统;业财税一体化企业价值链环节的一体化业务系统。整个系统都是基于会计信息服务于管理这个目标的创新型设计,所以,教学中要巧妙设计,将实践中会计信息系统的变革、创新设计思维润物细无声地传达给学生,让学生理解创新设计的必要性、创新思维的重要性,让学生通过动手真正感受什么是创新,完成创新设计的关键环节在于目标驱动过程。

(二) 培养学生的质疑精神

学生在使用会计软件的过程中,会发现软件的优点以及设计不合理的地方,所以教学中要引导学生敢于质疑产品,在现有产品的基础上提出改进的建议。通过这样的教学设计所能达到的教学效果是:学生在实验环节并不是只学会了会计软件的操作,更重要的是能够发现会计软件本身的设计与应用逻辑。

(三) 培养学生的实践动手能力

当前数字化时代,学生参加财务工作都要基于会计信息系统,所以实践动手能力是会计人员必备的一个能力。会计信息系统课程要培养学生快速进行会计信息处理的能力,理解会计业务在会计信息系统中的逻辑,遵循会计信息系统规律加工出会计信息。

(四) 培养学生的团队协作能力

当今社会,信息技术日新月异,培养学生的团队合作意识非常必要。此外,数字化时代的财务部门本身就是在功能权限、数据权限、审核权限等约束下工作,会计信息系统课程是培养学生团队协作能力的最好的平台。通过教学设计,组织学生完成团队型实验,培养学生的团队协作能力。

(五) 培养学生自尊自信自立自强意识

心理学表明一个人在成功完成任务时会有强烈的成就感。会计信息系统课程设计了实验教授学生掌握会计信息系统知识体系,所以在实验中要唤醒学生的自信意识、自尊自强意识,让我们的青年富有活力。设计实验细节可以让学生有成功的感受。例如,每一阶段设计实验评价环节,让学生体验相应的成就感,即使对于没有正确完成实验的同学,也要设计更合理的评价环节,让学生没有挫败感,没有畏惧心理。

(六) 培养学生法治意识和会计职业道德观念

会计人员在工作中要根据《中华人民共和国会计法》和《中华人民共和国注册会计师法》的规定工作,遵守会计职业道德。例如,在课堂上强化会计人员职业道德中的爱岗敬业、诚实守信、廉洁自律、客观公正、坚持准则,培养学生基于会计信息系统参与管理、强化服务的观念。

（七）培养学生认真、细心的工作精神

会计人员与数字打交道，需要认真、细心的工作精神，尤其是在会计信息系统中进行业务处理，一个错误可能会导致后续环节都出现错误。例如，工资会计在录入基础数据出错，就会导致后续总账会计数据的错误，进而导致成本会计数据的错误，因为会计信息系统实施一体化处理，数据共享，所以认真细心在会计信息系统环境下更加重要。

（八）培养学生吃苦耐劳、坚持不懈的精神

在实验中尤其是团队实验中，应用会计信息系统经常发生错误，要找到错误所在，需要分析清楚整个系统的运行原理，有时候需要耗用很长时间，需要研究的事项较多，所以在实验中当学生遇挫时，要鼓励学生继续钻研，不能打退堂鼓。

（九）培养学生在追求新知识、发现新规律的过程中永不停步的人文素养

人生中不是"获得一次成功"就是永久的成功，而是需要持久的追求，在知识的获取过程中也是。我们个人只是浩瀚宇宙中的一粒小小尘埃，而知识是广袤的，信息技术又是不断进步的，人应该有终身学习的意识，有学习的技能；知识的获取方法、问题的研究方法的掌握比知识本身更重要。会计信息系统一直受到技术的影响并发生了很大的变化，教学中要通过对会计信息系统历史变更的讲解，向学生播种终身学习的种子，使学生不断探索，珍惜时间与生命，一生多做有意义的事，做有价值的人的人生观。

（十）培养学生的爱国情怀与社会责任感

会计信息系统的变更依赖于信息技术。例如，当前财务云一般基于云计算技术，阿里云、腾讯云、华为云。教学中，通过思政设计教育我们的青年要有社会担当，做好研究，不能太依赖于进口，要有爱国情怀与社会责任感。

四、"以学生为中心"融入思政元素的会计信息系统课程的升级改造

（一）"以学生为中心"思政融入观的确立及课程思政目标的确立

高校本科会计专业培养的会计人才基本是三个层次的人才：一是完成价值核算的人才，二是完成价值变化分析的人才，三是完成价值管理与决策的

人才。会计信息系统课程的知识架构中对这三类人才的培养都有知识点涉及，所以在课程教学设计时，可以将学生未来从事的会计工作分三层进行思政元素的融入。价值核算人才培养中的思政元素融入主要在于诚实守信职业素养、会计谨慎性思维、勤奋工作思想等的培养。价值变化分析人才培养中思政元素除了上述核算人才思政元素融入之外，要注重终身学习观念的培养、学习能力的提高，以及社会责任感、国家责任感、政治认同感的融入。价值管理与决策人才培养的思政元素除了价值核算人才和价值分析人才之外的思政元素外，应当更加注重创新意识的培养，强调家国情怀，以及社会主义核心价值观中的国家和社会层次的价值观的渗透。

（二）结合当前数字化时代背景完善教学内容，将课程思政元素融入知识框架的更新中

为此，需要改造传统会计信息系统的教学内容，凝练知识点，进行教学内容的重构。

保留现行会计信息系统课程的教学模式，在此基础上，融入新的教学内容，改变教学模式，以培养德智体美劳优秀的学生为目标，进行课程重构。

在课程改造中，改变教学内容体系主要是基于数字化时代企业的特征，基于数字化时代企业的业务流程规划会计信息系统的思政融入。例如，把财务云、智能会计、大数据财务分析等新的会计信息系统模式历史沿革加入教学，学生在学习中可以了解创新精神，润物细无声地培养学生的德育能力。

实验部分的重构思路主要是以企业业务流程为主线设计实验，教授学生学习ERP系统的应用。现行的会计信息系统实验设计以学习每一个子系统为主线。重构后的章节以及实验有助于学生理解业财税一体化的原理，掌握业财税一体化思路下企业会计信息系统的应用与规划设计。

以VBSE的实验案例为教学案例，指导学生分组完成所有业务流程下的财务会计、管理会计、财务管理工作，通过实验达到如下的课程思政目的：第一，培养学生的动手实践能力；第二，培养学生的团队沟通能力；第三，培养学生坚持不懈的精神。教学中设计学生团队实验，每个团队每个成员完成一至五个会计岗位业务，如果有一个会计人员出现错误，由于软件控制功能的限制，需要连带修改其他团队成员完成的业务，因此学生需要深入分析

错误出现的原因并进行连环更正。例如在处理销售业务时，销售出库业务、存货核算业务数据录入错误，都可能导致记账凭证信息是错误的；当账务会计发现记账凭证数据错误时，需要有能力追溯到销售出库岗位以及存货核算岗位的错误所在。如果学生不了解软件的建构逻辑就很难在短时间内找到问题所在。这种连环错误需要同组的同学同时检查自己岗位的工作是否有纰漏，想尽一切办法将数据更正，再完成业务。

当出现错误修正时，教师要鼓励学生通过思考会计信息系统结构逻辑找出出错的地方，随后进行修正；当学生修改成功时，教师要给满分评价分。用高分评价给学生以成就感、价值感，这样，"一分耕耘一分收获""坚持不懈终将会换来成功"这些人生观会通过积极评价植根于学生的心田。

(三) 以学生为中心，以学生掌握知识、技能，接受价值观为目标的教学方法的改变

第一，现行会计信息系统课程讲授以灌输式教学为主，也就是直接把结论输出给学生，不注重学生对问题的思考。重构的会计信息系统课程以问题为导向，以老师抛出问题并带动学生思考挖掘问题的方式，充分发挥学生的能动性，让学生在思考中进行专业知识的学习。问题导向式教学是课程重构后的主要教学方法。

第二，实验内容进行完全的重新设计。现行会计信息系统实验是两个实验，即分别用金蝶软件和用友软件完成两个不同的实验，重构后，学生只用一款软件（例如用友软件 ERPU8），就可以完成实验。现行的实验题都给了学生操作流程，只注重学生走完实验流程，对实验的过程中的思考没有太多的引导，重构后的实验在学习通平台中，教师会提出问题，在完成实验的过程中，学生需要回答学习通平台中教师设置的问题，通过回答问题，训练学生批判、质疑的批判精神，以及团队意识、沟通意识等，实验完成后学生还要进行汇报，通过汇报，培养学生的沟通能力。

(四) 评价体系的改变

将过程考核的分数提高到总分的 70%，并且要把学生在整个课程中的素养方面的进步作为考核的重点。例如，以学生对会计信息化历程的思考的深浅作为一个评分点。

五、会计信息系统课程重构效果的保障

（一）线上线下教学平台的充分应用是保障课程重构后效果的重要手段

要适当运用线上线下工具，组织学生利用碎片时间完成问题的思考，带着问题参加课堂上的小组内讨论或学生与老师间的讨论，所以教师对线上课程的组织也是非常重要的一个环节。

（二）基于最新数字化时代企业案例的情景模拟，项目驱动是重要的教学基础

要充分挖掘与当前数字化时代的新业态新环境相结合的会计信息化的案例并进行授课，让学生体会当前的经济业务实际，体会思政元素。例如，很多的会计专业课程会以制造业作为授课的企业类型来挖掘案例授课内容，如果改用互联网企业的案例设计学生实验，会更具有代入感，更易于让青年学生感知课程设计中的思政元素。

（三）组织好学生团队实验和实验后的讨论是重要的环节

课程的组织中，大量采用小组讨论并集体完成实验的模式，教师要设计更多开放性的问题引导学生学习课程。所谓开放性的问题就是没有固定答案的问题，教师通过开放性问题引导学生发现问题、解决问题；在此过程中，注重团队实验的组织，让学生通过集体学习，体会集体主义精神和集体主义观。

六、结束语

课程思政是将思政元素融入专业课程中。会计实验实践类课程中，学生可以亲身完成财务会计、业财税一体化业务处理等项目，经历职业岗位历练。以"学生"为中心进行课程思政教育效果会比以"教学"为中心教育效果佳，对学生分层分级，将爱国情怀、创新精神、批判精神、实践能力、职业道德、法治意识等思政元素融入课程中，改造原有的课程内容、教学方法、评价方式，并相应开展大学生实验实践类课程的教学，提高学生的信息化数字化意识，以及学生的会计专业诚信、勇于质疑、敢于创新等人文素养。本文的实验研究证明，将思政元素融入会计专业实验实践类课程重构课程体系

教学效果非常好，这是顺应时代的教学，体现了教书育人的本质。

参考文献

[1] 那俊，李丹程. 课程思政在计算机类课程中的探索与实践 [J]. 中国大学教学，2021（3）：48-51.

[2] 欧阳华生，陈欢，韩峰. 高校实践类课程思政体系构建与实现路径研究 [J]. 中国高等教育，2022（8）：43-44.

[3] 彭艳梅. 会计信息系统课程思政改革的实践与探索 [J]. 商业会计，2021（19）：123-125.

[4] 赵炬明，高筱卉. 关于实施"以学生为中心"的本科教学改革的思考 [J]. 中国高教研究，2017（8）：36-40.

[5] 李嘉曾. "以学生为中心"教育理念的理论意义与实践启示 [J]. 中国大学教学，2008（4）：54-58.

[6] 盛庆辉，刘淑芹. 以学生为中心的课程思政建设探索：以"审计学"为例 [J]. 中国大学教学，2021（11）：46-50.

[7] 殷俊明，张兴亮. 会计学"专业思政"建设的思考与探索 [J]. 财会通讯，2020（15）.

[8] 郭名静，熊鑫，景琳，等. 以学习内化驱动的专业实践类课程思政建设实践 [J]. 实验室研究与探索，2022（3）.

红色文化融入中国金融史课程建设的教学探索[①]

祁敬宇[②]

【摘　要】 结合中国金融史的教学体会，本文探讨了红色文化融入金融史课程进行思政课一体化建设等方面的情况，对相关课程的教学评估、资源建设和使用等进行了思考，并结合提升和活化红色文化融入课堂教学等情况，谈一些粗略的想法和切身感受。

【关键词】 中国金融史；红色文化；中华文明；思政教育

习近平总书记曾经指出：新时代改革开放和社会主义现代化建设的丰富实践是理论和政策研究的"富矿"，红色文化是中国共产党在革命和建设的实践中形成的优良传统文化，是我们从事高等教育的宝贵资源和"富矿"。红色文化有着丰富的资源和宝藏等待我们去开发，而其与高校思政课建设一体化无疑是一条有益的探索途径。

随着中国特色社会主义文化和社会主义核心价值观的不断丰富和发展，红色文化作为革命传统教育的宝贵资源也日益受到重视，并成为一条有益的教学探索。笔者在近二十年的中国金融史教学实践中，特别是在最近几年来开展思政教育过程中，感受到挖掘红色文化融入中国金融史课程思政教学是是有多方面意义的。

[①] 基金项目：国家社科一般项目"习近平金融安全治理思想与当代金融监管实践"（项目编号：18KBS140）。

[②] 作者简介：祁敬宇，首都经济贸易大学金融学院教授，博士研究生导师。

一、红色文化与课程思政一体化推进的基本设想

笔者于21世纪初进入首都经济贸易大学,二十多年来深耕于中国金融史课程的教学实践。近年来,积极探索红色文化融入中国金融史课程的教学理念和实施方法,以期能够在创新红色文化与课程思政结合等方面有一些作为。

红色文化与课程思政一体化推进,既是大学生德育工作的重要组成部分,也是实现高校立德树人教学目标的有效手段之一。红色文化是中国共产党同人民大众和先进分子一同创造的崭新的文化形态,这种文化形态具有中国特色、中国气派和中国风格。红色文化是中国共产党领导中国人民在追求民族独立、国家富强和人民幸福征程中所积累的文化资源,集中表现为物质形态、信息形态、精神状态的历史文化遗存。红色文化内涵极其丰富,它具有坚定的政治立场、广泛的群众基础、崇高的民族自信,具有深远的历史感和独特的时代特征。

红色文化在不同历史时期呈现不同的形式,以马克思主义为指导的红色文化逐渐成为在中国共产党领导中国人民进行革命和建设中所形成和发展起来的一种先进文化。五千年厚重的优秀民族文化的传承,中华民族艰苦奋斗英勇奋战的革命精神的彰显,是在传统优秀文化基础上的推陈出新。从一定意义上说,红色文化创新和发展了马克思主义理论。

红色文化是我国社会主义文化的一部分,强调红色文化的表现形式,即肯定红色文化的丰富内容。红色文化来源于革命实践,是中国近现代史上呈现出来的一种文化,并随着中国的文化变迁、时代发展而不断加以丰富和发展。

从新民主主义革命和建设时期到改革开放时期的红色金融文化,由于内容年代比较久远,难以让学生体会到其深刻的内涵。要改变这种不能入心、入脑的教育形式,就必须与具体的文化等融合,注意教学内容对大学生思想品德的熏陶和情感共鸣。

讲授中国金融史就要把中国共产党的金融思想和金融实践讲清楚。金融的重要性已经得到了学术界和实务界的广泛认可,但是对金融问题依然有不同的认识。金融问题是一个事关全局,涉及多方利益关系的全局性的问题。金融问题的解决,不单单是立足金融自身的问题,更是有着深层的政治、经

济、文化因素在内。从这个意义上说，金融问题的发展是一个重大的系统工程，解决金融问题必然会涉及背后的利益调整等一系列社会问题。研究金融，脱离社会、脱离现实、脱离文化是毫无意义的。毕竟金融作为社会经济学科，它具有鲜明的经济特色、文化特色，而且也是具有鲜明党性的。马克思主义政治经济学丝毫不回避其阶级性，是为着全人类谋利益的。中国共产党人解决金融问题的思想、理论和实践也是基于党性，基于全心全意为人民服务的宗旨的。

西方金融理论和实践，崇尚货币万能主义，企图通过宽松货币政策解决一切经济领域的问题。然而事实证明，这种无限量的宽松货币政策，过于相信货币万能、货币至上，对经济发展不但不会产生好的后果，而且可能是灾难性的后果。这种货币万能主义造成了流动性泛滥，而流动性泛滥造成的后果就是虚拟经济和实体经济严重脱节、严重失衡。与此同时，信贷资源配置两极分化或者严重失衡，又导致收入分配、社会贫富两极分化。长此以往，经济发展似乎很快走到尽头，且一步步走向深渊。

西方金融理论与实践推崇资本逐利，其后果就是"嫌贫爱富""贫富悬殊"，不断发生金融危机，而金融危机的解决基本是依靠央行被动地从自由放任模式转变为不顾后果的高度干预模式的循环往复。短时间内，央行的作为虽然暂时平息了金融危机，但是之后央行干预经济的消极后果会依次显现。事实上，西方世界并无合适对策可以将世界经济复苏带入新阶段。

金融危机的爆发及其治理失能宣告了西方金融理论与实践的失败。面对全球金融危机，各国央行拼命印钞并把利率压低到"零"，尽管避免了银行系统的崩溃，但此后银行和整个金融系统修复所面临的贫富悬殊、社会对立、经济萧条停滞等问题又会再次加剧，而新的金融风险和金融危机又会再次来临，如此循环往复，不断恶化。

全世界都在考虑未来世界经济该怎么走，全球金融业下一步该如何发展，金融如何能够避免刺激经济产生、产生金融危机，然后再刺激……如此循环往复的怪圈。在西方金融理论与实践濒临失败的同时，我国自身所拥有的优势依然不变，包括：中国特色的社会主义制度，超大规模的市场优势，又快又好的经济发展态势，大幅提高的科技、人文、社会资源等，特别是中国共产党领导的政治优势；具有五千年悠久历史的中华文明，所有这些必将对中国金融业的发展产生重要的影响和深远的意义。

习近平总书记强调要用好红色资源，传承好红色基因，把红色江山世世代代传下去。红色文化的多态性、层次性与学校教育的递进性、学生认知发展的渐进性等相适应，有助于提升学生的历史思维和系统思维，坚定学生的文化自信，从而培养学生坚定的革命理想信念，浓厚的爱国、爱党、爱民之情，激发其富民强国之志，为思政理论课循序渐进、螺旋上升一体化等提供了生动鲜活的教学实践和教育资源。

红色文化融入思政课一体化建设，需要以大思政观来引领高校的德育实践；利用红色文化资源凝聚一体化的育人共识，让大学生对红色文化从思想上认可、情感上认同、实践上践行，这种三位一体相互纵深的思政教育可以延续中华民族优秀的传统文化，涵养家国情怀，为中国共产党的初心使命和实现中华民族伟大复兴的"中国梦"提供强大的思想保障、不竭的精神动力和宝贵的文化资源。

作为一项系统性的思想教育创新活动，将红色文化与中国金融史课程融合，需要学校各相关部门的大力支持。教学团队要发挥各自的教学特色和教学优势，主动承担起文化育人的职责，以高度的政治自觉和使命意识来做好各项工作。只有各个部门、各位教师统一协作、协调配合，优化红色教育教学资源，推动红色精神入心、入脑，使其成为大学生成长发展的价值引导主线，才能确保红色血脉代代相传、红色记忆永不褪色，为大学思政理论课的一体化建设，为推进新时代育人工程奠定坚实的基础。

中国金融史是讲述中华民族关于金融发展的历史。在新时代这样一个继往开来、开启新的历史征程的重要节点上，要建设好和传播好红色文化，就要努力使红色文化与中国金融史课程有机结合，打造全新的思政精品课程。

二、红色文化与中国金融史课程的融合路径

红色文化与思政内容的结合应该根据大学生身心发展的特点和规律。因此，红色文化与课程思政的结合需要注意两个方面：一方面，需要发挥课程的教学内容优势；另一方面，要建立大学生学习红色文化、传承红色基因的

优势，建设课程文化资源库。既要为课堂教学提供生动、有趣、立体的红色文化资源和红色文化教学素材，又提供与中国金融史教学内容相得益彰的全方位的课程教学资源。

要根据红色文化资源以及中国金融史课程的教学情况来挖掘和开发有效的教学方式，以进一步丰富课程内容、创新课程教学模式，为教师教学和学生学习提供具有情感共鸣、有特色、有意义的红色文化。可以说，红色文化与思政资源的融合真正地体现了习近平总书记提出的重要指示精神要抓好青少年学习教育，着力讲好党的故事、革命的故事、英雄的故事，厚植爱党、爱国、爱社会主义的情感，让红色基因革命薪火代代传承。

中国金融史所吸收的红色文化资源具体来说有以下两类：第一类是红色文化与中国金融史时政课程的结合内容，具体包括红色文化的理论与思想方面的研究，这是红色文化与中国金融史教学融合的意义、价值和内容。第二类是红色文化、中国传统文化与中国金融史课程内容结合后的新内容。它能够从教育的方式手段、教育内容的选择和教育过程出现的问题等角度来阐述，同时还可以从教育的具体手段和方式来进行红色文化内容与中国金融史教育内容的渗透。相关内容的教育方式要不断创新，特别是在融媒体时代，在现代教育技术不断创新的背景下，如何把红色文化资源与课程思政教育有机结合，这是一个值得探索的、又符合时代发展和青少年心理认知的重要途径，也是当前红色文化与思政教育有机融合不可忽视的一个环节。

红色文化与中国金融史课程融合还要具有跨学科内容、跨时代背景、跨传播媒介、跨学科建设、跨教学时代等五个方面。具体说来再开发红色金融革命遗址、金融人物、金融事件等过程中，要注意红色文化与革命精神课程思政等方面的融合，还要注意传承性和时代性，特别是注意结合当前意识形态主流和文化主流，采用多种教学方式、运用多媒介手段，赋予其准确生动的时代诠释。努力做到历史与时代、理论与实践、红色文化与思政内容等多方面的有机统一，让其和谐地统一于新时代中国特色社会主义高等教育中。正如习近平总书记所指出的：革命传统教育要从娃娃做起，既注重知识灌输，又加强情感教育，使红色基因渗进血液、沁入心扉。

红色文化可以分为物质载体和非物质载体。物质载体包括遗址、场所、文物、档案等；就中国金融史红色文化资源来说有红色银行成立的旧址、办公地点、金融人物故居、会议旧址、印刷厂、造币厂等；中国共产党在不同革命和建设时期领导的各类金融机构发行的货币、使用的票据、重要会议文献、领导人讲话、报告以及重要的档案资料。红色文化中所提及的非物质载体包括知识及事件本身所蕴含的革命精神形态，它一般是抽象的。红色文化和中国金融史课程思政的有机融合就必须体现红色金融文化与思政课程的有机融合，具体来说，就是要处理好五个方面的统一，即物质与非物质载体方面的统一、历史性与时代性的统一、普遍性和特殊性的统一、课堂教学与课下教学的统一、红色文化与课程思政内容的有机统一。

红色文化资源是一种功在当代、利在千秋的文化资源、教育资源，它在传承和发扬革命精神，激励大学生爱国、爱党、爱社会主义等方面都具有极其重要的教育引领作用。

红色教育资源与课程思政有机结合，特别要注意突出它的教育价值。红色文化与课程思政有机融合的价值导向，正是我们开展红色文化与课程思政有机融合的价值追求。

结合上述表述，可以看到在中国金融史课堂教学中，会涉及如下一些红色文化和教学内容的融合（见表1），它们对于大学生能力和素质的培养、思想品德的提升起到了潜移默化的作用。可见，红色文化对他们一生的成长具有积极的促进作用。

表1 中国金融史课程中涉及的红色文化、中华文化及其与课程思政一体化分析简表

涉及学科范畴	对应的教学内容	中华文化	红色文化
历史学	历史修养、历史感悟能力	爱国爱民的情怀	全心全意为人民服务
经济学	经济学的感性能力	经世济民的责任	人类命运共同体
文字语言	古汉语、中国文学鉴赏	对母语的热爱	家国情怀
钱币鉴赏与书法	形象思维、审美能力及其感受	中华文化认同感、自豪感	领袖情怀、红色书法文化
心理学	人文知识、心理承受能力	良好人格的形成、人际交往	坚定的革命意志和豪情

续表

涉及学科范畴	对应的教学内容	中华文化	红色文化
哲学	价值判断能力	天人合一	世界观、人生观、价值观
社会学	社会认知和人际交往能力	处世与修生	为民族、为世界、为人类
法学	社会价值判断能力、契约遵守	诚信守法	党和人民的利益至上
金融学	信用、金融素质能力的提升	义利观、利义对人的影响	红色金融文化

从红色资源选择方面，可以成立红色文化课程研究团队，多方面、多形式吸收相关资料，可以同博物馆、图书馆、档案馆以及党史研究室文史馆等相关部门多方合作，将其文献资料扫描、加工成数据加以复制利用，还可组织师生到红色文化发生地进行学习、调研。

笔者认为红色文化与课程思政结合需要打破学科界限，综合运用不同学科内容让学生有更多的选择。具体来说，在学时、教学方式、专题内容、评价方式、教学考核方面都要有新的与之相适应的办法。此外，学校相关部门在评价教师方面也要有新的举措，这样才能鼓励更多的教师把重点放在教书育人方面，共同助力于增强大学生的制度自信、文化自信。

课程红色文化资源的开发质量和效果评估方面需要进行多维度的评价和监督，而不是仅依靠过去那种单一的评价体系。课程评价的目的在于更好地实现课程的教学目标从而达到好的教学效果，进一步起到教书育人的教学目标。

红色文化课程与课程思政的融合的评价由于创新性、时代性和特殊性，不能完全等价于原先的对于专业学科教学体系的评价，而是需要关注质性评价和过程评价以及效果评价等方面。这样，学校根据实际教学情况选择课程评价或者学科教育渗透效果的评价都应该以学生为主，以教育为主。不能单纯地检验学生掌握课程学习的情况，而是要根据学生成长的情况，利用PPT汇报、研学笔记、调研报告、书面作文、视频等不同方式提升教育效果。这种课堂教学效果应该注重过程性评价和总结性评价相结合。简单地说，就是将平常作业和学期期末成果有机融合的一种评价方式。在这二者之间采取合适的比例。具体比例可以进一步探讨。

笔者认为我们的红色文化与中国金融史课程具体实施评价要密切关注大学生学习的特点，注意过程性评价。

此外，学校相关部门还应该注意根据教学督导、检查学生评价等评价反馈情况不断地总结提高。在评估时候必须注意教师付出的心血，保护教师的积极性。思政教育是一个"随风潜入夜、润物细无声"的教学过程。从学校相关部门来看，要注意开展红色文化课程的调研，通过专题研讨班邀请专家学者参与红色课堂的教学观摩。

五千年文明是我们最丰富的文化战略资源，也是中华民族的根脉所在。固本培元，中国特色社会主义才能行稳致远。红色文化与中国金融史融合是"五史"教育的重要形式之一。这里的"五史"是指中共党史、新中国史、改革开放史、社会主义发展史和中华民族文明史。从本质上讲，金融史是中国革命史中的重要有机组成，特别是在其中所形成的红色文化，着重强调中国共产党如何领导革命运动建立红色金融的历程。

中华文明绵延数千年，逐渐形成了和和共济、公而忘私的集体主义精神与命运与共、天下一家的共同体意识，"先天下之忧而忧，后天下之乐而乐"的责任担当意识和四海为家的价值追求。可以说，人类命运共同体深深地烙下了中华民族华夏文明和红色文化的基因。

当前，世界正处于百年未有之大变局，中国的发展思想要行稳致远就需要进一步维护好和发展好中国共产党的执政地位，维护好和发展好中华优秀传统文化、革命文化和社会主义文化，坚定"四个自信"，做到"两个维护"。从这个意义上说，"五史"教育正是历史性地回答"马克思主义为什么行？中国共产党为什么能？中国特色社会主义为什么好？"这三个具有根本性的问题。归根结底，就高校思想政治教育而言，这三个问题本质上是同"五史"教育相关联的，是红色文化传播传承与思政教育相互促进的问题。

三、红色金融史课程思政教学的反思

2021年2月20日,习近平出席党史学习教育动员大会并发表了重要讲话,教育引导"全党大力发扬红色传统,传承红色基因,根据共产党人精神血脉,始终保持革命者的大无畏奋斗精神,鼓起迈进新征程,奋进新时代的精气神"。

注重从党的历史经验中汲取创新和前进的力量是我们党的优良传统和政治优势。今天我们回顾中国共产党百年党史,也应该从党领导的红色金融史当中汲取创新和前进的力量,这将鼓舞我们在习近平新时代中国特色社会主义金融事业中,不断发挥优势,继续向前。

中国共产党的百年奋斗史,是中国共产党战胜各种艰难困苦而赢得胜利的百年,其中也包括了百年金融实践当中所遇到的挫折、困难和风险,最终不断走向成功、走向胜利的历史。红色金融史就是一部攻坚克难而铸就的辉煌金融史,也是一部红色金融思想指导下的金融奋斗史。

红色金融史因为有了信仰、有了红色的思想而厚重和深邃。今天,这段宝贵的红色金融史和红色金融思想史成为最鲜活、最生动、最宝贵,最能教育人、激励人的红色金融史教科书。

红色金融史能够帮助我们提高本领,总结经验,提高应对各种金融风险挑战的能力,提高驾驭金融治理的能力和水平。我们学习百年红色金融史就是要把历史财富运用到具体金融工作中去,学会以史为镜而明天下大事,担天下之大任,自觉地把金融从业的理想和追求融入实现中国梦的历史洪流之中。

红色资源是一座"富矿",红色金融资源也是一座"富矿"。在"两个一百年"奋斗目标交汇之时,我们更加饮水思源,充分应用好这些"富矿"资源,从中吸取永不衰竭的动力,去创造中国金融事业更加美好的未来。简言之,红色文化课程是培养青少年传承红色基因、锻造红色品格具有时代特征的新的教学探索。

习近平总书记曾经说:中国革命史是最好的营养剂,多重温我们党领导人民进行革命的伟大历史,心中就会增添很多正能量。

面对无限光明的未来,在实现民族复兴、中国梦的征程中,中国共产党

人肩负着人民的重托和期望，任重道远。这需要我们在金融经济领域审时度势，积极进取，为实现伟大的中国梦和构建人类命运共同体而不懈奋斗。

总之，对于中国金融史与红色文化相融合的思政教育，笔者近几年虽然做了积极的探索，但还远远不够，今后要继续努力，在中国金融史课程与中华文化、红色文化融合方面再接再厉，将中国金融史课程打造成深受学生喜爱的精品课程。

参考文献

［1］麦迪森. 世界经济千年史［M］. 北京：北京大学出版社，2003：129.

［2］肯尼迪. 大国的兴衰［M］. 北京：国际文化出版公司，2006：18.

［3］斯塔夫里阿诺斯. 全球通史：从史前到21世纪［M］. 北京：北京大学出版社，2011：122.

［4］孔祥毅，祁敬宇. 世界金融史论纲［M］. 北京：中国金融出版社，2017：120.

［5］中国金融思想政治工作研究会. 中国红色金融史［M］. 北京：中国财政经济出版社，2021：6.

绿色生产和绿色消费视域下生态环境法学课程思政的体系设计

马 腾[①]

【摘 要】 绿色生产和绿色消费体系的建构是解决生态环境问题的有效方式之一。高校教育应当紧紧把握绿色生产和绿色消费的内在要素和逻辑,准确理解其精髓和价值导向性,并在此基础上形成周延的、逻辑的生态文明价值观,以推动生态文明建设和法治化的进程。这种探索方式既满足学生获取知识的要求,也符合马克思主义法学研究的规律。

【关键词】 绿色生产;绿色消费;思政元素;课程教学

《高校思想政治工作质量提升工程实施纲要》明确提出,思政课程的开设不仅是立德树人的重要途径,更是建设新时代马克思主义法学的重要一环。这已经成为一种共识。因此,积极探索生态环境资源法教学过程的思政元素、培育学生的生态文明价值观迫在眉睫。在本文语境下,将选择绿色生产和绿色消费为核心,探讨专业课程教学与课程思政的有效融合策略,提升学生对绿色生产、绿色消费甚至生态文明建设的理解度、接受度和认同感。

一、以内容为依托的生态环境法学课程教学

生态环境法是一门富含生命力的学科,能够与思政要素紧密地贴合在一起。本课程属于环境资源法学研究生必修课,也是教育部全国高等学校法学类专业教学指导委员会所确立的核心主干课程之一,是为了培养复合型和应

[①] 作者简介:马腾,首都经济贸易大学法学院讲师。

用性专门法律人才，满足我国改革开放和社会主义法治建设的需要而设置的。本课程在介绍环境法基本理念、法治体系和相关教学案例的基础上，结合我国碳达峰和碳中和的制度图景，使学生能够系统地了解生态环境法律体系的热点问题。该案例的设定不仅可以帮助学生了解并掌握环境资源法的前沿性和基础性知识，引导学生理解我国的碳达峰碳中和的政策，还能够培育学生正确的生态环境观、气候变化观。

本次课程的内容较为广泛，具体包括：绿色生产的概念、绿色消费概念、相关制度体系、双碳的实现路径、能源转型以及环境公益诉讼。同时，本课程还将对西方的生态环境伦理学以及我国传统文化蕴含的先进生态环境保护理念进行比较分析，包括天人合一理念、道家的节俭观点、罗马俱乐部的增长极限理念、可持续发展观、人类命运共同体理论等。

完成本课程学习后，学生应当能够熟练把握绿色生产和绿色消费的概念、规则、内涵以及因此而衍生的制度体系，包括生产者责任延伸制度、绿色金融、绿色发展理念、绿色采购、绿色包装、绿色标准体系等。在学生能力上，本次课程旨在培育学生发现问题的能力、逻辑表达能力、国内外文献搜索能力等，并结合本身的专业领域来分析解决绿色生产和绿色消费的各种问题，包括生产者 ESG、绿色税收、绿色信贷、绿色采购合同的行政属性的争议，以及中国产品在国际市场的碳税等其他国际问题。在思想体系上，本课程能够使学生清晰认识到绿色生产和绿色消费蕴含的伦理正当性，客观地、理性地看待东西方关于绿色生产、绿色消费以及绿色发展等背后的文化、理念和价值取向，尤其是"人类命运共同体"理念。

二、生态环境法学课程思政案例分析

（一）课程思政元素的嵌入

2015 年《中共中央国务院关于加快推进生态文明建设的意见》和《生态文明体制改革总体方案》均强调要树立"尊重自然、顺应自然、保护自然"的生态文明理念。《生态文明体制改革总体方案》强调"树立发展和保护相统一的理念，坚持发展是硬道理的战略思想，发展必须是绿色发展、循环发展、低碳发展，平衡好发展和保护的关系"；提出"绿水青山就是金山银山的理念","自然生态是有价值的,保护自然就是增值自然价值和自然资本的过程,就是保护和发展生产力"。绿色发展是生态文明新时期的新的发展模式。2018年生态文明建设写入我国宪法,成为人类社会发展历史上的一个里程碑事件。十九届四中全会的《中共中央关于坚持和完善中国特色社会主义制度 推进国家治理体系和治理能力现代化若干重大问题的决定》提出,"坚持和完善生态文明体系,促进人与自然和谐共生",认为"生态文明建设是关系中华民族永续发展的千年大计",要"实行最严格的生态环境保护制度","完善绿色生产和消费的法律制度和政策导向,发展绿色金融,推进市场导向的绿色技术创新,更加自觉地推动绿色循环低碳发展"。我国要在生态文明理念的指引下,走绿色发展的模式,完善绿色生产和消费的法律制度,用法治保障绿色发展目标的实现,使生态文明建设进入新的发展阶段。基于此,本次课程包含的课程思政元素主要包括以下几个方面。

元素1:生态文明。生态文明建立在人与自然、人与人和谐共生的生态价值观基础之上,是对人与自然割裂的传统工业文明方式的反思。从此前的工业文明迅速过渡到后工业的生态文明已经成为全世界绝大多数人的共识。而要实现这种文明形态的过渡,最重要的是要改变文明的文化观念,迅速地从工业文明的人类中心主义、唯科技主义、唯工具理性与主客二分的思维模式转变到有机整体的生态思维观念之上。习近平指出:人与自然是生命共同体。以生态文明的理念指导绿色生产和消费法律制度的完善,要求我们在构建法律制度时要保持尊重自然、顺应自然、保护自然的态度,充分考虑生态价值,将生态价值纳入生产成本;尊重自然规律,不打破生态的平衡;采取措施保护自然环境;营造绿色消费的社会氛围,引导符合生态文明的健康生活方式。

元素2:绿色发展。绿色发展是生态文明思想在经济和社会发展领域的具体体现,是生态文明新时期的新的发展模式,是以生态和谐为价值取向,以生态承载力为基础,以有益于自然生态健康和人体生态健康为终极目的,以追求人与自然、人与人、人与社会、人与自身和谐发展为根本宗旨,以绿色创新为主要驱动力,以经济社会各个领域和全过程的全面生态化为实现路径,实现代价最小、成效最大的生态经济社会有机整体全面和谐协调可持续发展。相关法律的立改废释工作应在绿色发展理念的指导下进行,对规范生产和消费行为的所有法律制度进行梳理，修改那些与绿色发展理论不相匹配的法律内容，废止那些与绿色发展理念相抵牾的法律制度，针对立法空白领域制定新的法律促进绿色生产和消费，构建完善的绿色生产和消费法律制度体系。

元素3：两山思想。2018年4月，习近平总书记在深入推动长江经济带发展座谈会上指出：要积极探索推广绿水青山转化为金山银山的路径；探索政府主导、企业和社会各界参与、市场化运作、可持续的生态产品价值实现路径。这表明了探索"绿水青山"转化为"金山银山"的有效路径对长江经济带"走出一条生态优先、绿色发展的新路子"发挥了关键作用。基于此，我国的绿色生产和绿色消费的建构是两山思想最好的体现。一方面，"绿水青山就是金山银山"理念的内涵已经从多个维度得到阐释，归纳而言，"绿水青山就是金山银山"理念以辩证视角揭示了经济发展与生态环境保护的对立统一关系，阐明了"经济—生态环境"协同互促的新型生态发展观，为经济发展、建设生态文明、实现美丽中国建设目标指明了方向。另一方面，从现有文献对"绿水青山"转化为"金山银山"的内涵研究来说，已有对"绿水青山"转化为"金山银山"内涵的叙述，或从学者对"绿水青山就是金山银山"理念的内涵解读中引申截取，或作为专门探讨"绿水青山"转化为"金山银山"实践路径的研究前提，但鲜有独立阐述"绿水青山"转化为"金山银山"内涵的研究。

元素4：中国传统文化中人和自然和谐相处的理念。中国传统文化中蕴含着丰富的生态理念。在中国文化中，人与自然的关系经常被描述为天人关系。中国文化和哲学史上，"天人合一"是一个非常重要的命题。《中华思想大辞典》说："主张'天人合一'，强调天与人的和谐一致是中国古代哲学的主要基调。"早期《周易》就蕴含着深厚的天人和谐的思想，如其中"厚德载物"表达了人类对大地母亲的敬畏与歌颂。老子思想中"道生万物"的生态整体观和"道法自然"无为而为的治理理念可以"修复"现代社会发展模式造成的裂痕。老子认为，人与万物有一个共同的本原——"道"，"道生一，一生二，二生三，三生万物"。人与万物在本原上有着同一性。老子以万物联系的宇宙系统观来审视自然生态，"天网恢恢，疏而不失"。自然是一张有秩序的网，人类是这张秩序之网中的一环。这种从整体上来思考人与自然的关系，正是破除建立在人与自然对立之基上的工业文明带来的生态环境问题的正确之道。这种生态价值观把人与自然视为统一整体，强调人与自然相互作用的整体性和有机性。正如《庄子》齐物论中所描述的境界，"天地与我并生，而万物与我为一"。

元素5：公平理念。公平又称正义、公正，三个词的内涵是统一的。公平正义是法律制度的首要价值。法律上的公平关注的主要问题是对基本权利和义务或者利益的分配。我国绿色生产和消费法律制度构建时考虑的公平内涵至少包括如下方面：第一，区域之间的公平。我国区域发展极不平衡、生态资源分布也很不平衡，在制定法律和设计制度时要考虑到这种不平衡性，在分配利益时应优先照顾到极不发达区域的利益，而且这些区域往往也是生态资源分布比较集中的区域。第二，城乡之间的公平。我国是一个农业大国，农村人口占主体，城乡差距一直很大。发展绿色农业应照顾到农村人口的长期利益。第三，不同收入群体之间的公平。我国高收入群体和低收入群体分化厉害。在制定制度时要考虑不同收入群体的利益分配机制，照顾弱势群体。第四，代际公平。不仅要考虑当代人的利益，也要考虑后代的利益。这本质上是人类作为一个物种整体利益的最高要求。

元素6：效率理念。绿色生产和消费是绿色经济的两个环节，因此要满足效率的要求。作为规制绿色生产和消费行为的法律制度，当然也要将效率作为价值追求。效率就是收益大于成本。但是这里的收益，不仅仅限于经济收益，还包含社会、环境与经济效益；不仅仅是个人收益，还包括人类的整体利益。那些能给个人和集团带来利益，但会使社会总利益减少的生产活动，是不符合绿色生产和消费的效率原则的。生态效率原则要求将生态环境的价值纳入绿色发展的体系中。纳入的途径可以分为两种：一是作为生产要素，使其成为生产成本的一部分；二是作为满足人类需要的生态产品，通过生态消费体现，如生态旅游。

元素7：秩序理念。无秩序的社会不可能存在，法治社会的秩序靠法律来构建和维持。因此，秩序是法律的基本价值追求。对于绿色生产和消费法律制度来说，它试图将生态秩序纳入法律可以调控的社会秩序中，通过绿色生产和消费法律制度的实施，不仅达到一种人与人、人与社会和谐的社会秩序，还追求人与自然和谐共处的生态秩序。

元素8：安全理念。根据马斯洛需求层次论，安全的需求是基本需求。法律应该首先保障人的基本需求。绿色生产和消费法律制度安全价值的内涵可以从不同的层次来论述。宏观上来说，包括生态安全、经济安全和社会安全；从不同主体考虑，包括个人的安全需求与人类整体的安全需求。

（二）课程思政教学目标的设定

知识层次上，根据学生的认知规律，选取经典案例（包括"杏花楼月饼过度包装""江苏响水爆炸事件""常州毒地案件"等）来导入本次课程，并帮助学生了解绿色生产和绿色消费的重要性。作为最能体现绿色发展理念的制度，绿色生产和绿色消费制度的建立具有一定的必然性。通过对两种制度兴起原因以及渊源的梳理，帮助学生综合地、系统地理解和掌握绿色生产和绿色消费的理论架构、相关概念的辨析等知识体系。

能力层次上，培养学生构建绿色生产和绿色消费的知识体系和逻辑构造能力，从国内和域外两个视角进行比较分析，培育学生的绿色消费观、绿色生活观以及绿色行为等。同时，结合已有的案例，把之前学习的知识体系贯通于绿色生产和绿色消费体系中，包括环境公益诉讼、公司ESG、行政执法、行政处罚等，锻炼学生理论联系实际的能力和独立思考的思维能力。

价值层次上，在上述两个基础上，培养新学生的理性思维以及绿色观。同时，结合生态文明战略以及命运共同体的时代命题，引导学生透过现象，全面、深刻地认识其背后的理念、逻辑以及价值取向。

以上就是课程思政案例涉及的主要框架，同时，通过对上述理论的研究，也可以推动绿色生产和绿色消费法律制度或者体系的落地。这也是我国生态文明建设的必然。

三、生态环境法学课程思政的研究方法

（一）课程思政要素的融入方式

课程思政要素的融入主要通过以下三种方式：第一种方式，理论体系的搭建。无论是"两山思想"还是"人类命运共同体"都是具有可操作性和启示性的理论体系，其蕴含的丰富的课程思政要素或者诉求能够引导学生形成

绿色的消费观、生产观、社会观、国家发展观。这种理论价值体系的搭建也正是上述思政要素价值功能得到最大程度发挥的体现。第二种方式，绿色生产和绿色消费的践行。绿色生产和绿色消费所蕴含的思政要素能够成为衡量或者评价相关行为人行为是不是绿色的尺子。通过对上述两方面的学习，学生可以依据已经建构的知识体系来客观、公正地衡量自身行为、法治建设和社会发展，最终实现绿色生产和绿色消费价值体系的具现化。第三种方式，探讨符合中国国情的生态文明发展路径。无论是绿色生产还是其他环境资源法要素都是建构生态文明的重要内容，也是建设美丽中国必须考量的要素。这种制度的重要性应当被学生所理解和领悟。学生通过系统的学习，成为我国生态文明的参与者、推动者、建设者。

（二）教学手段与方法

教学手段与方法主要包括以下三种：

其一是灵活的知识点教学方式。考虑到学生们对填鸭式教学方式的厌恶，应当从环境法特点和学科体系入手，从大的历史观的角度来引导和帮助学生了解绿色生产和绿色消费转变的必要性。同时，通过对国内外的比较分析，积极引导和帮助学生归纳和推导出生态文明的现实性。除此之外，考虑到中国传统文化的趣味性，可以通过适当引入图片、视频、小组讨论等方式来激发学生的兴趣。

其二是案例教学方式。案例教学能够增加学生对所学知识点的理解和掌握，也可以激发学生对绿色生产和绿色消费所蕴含思政因素的讨论和交流。通过对案件中信息和知识点的提取，引导学生自觉完成绿色生产、绿色消费、生态文明、绿色发展等知识体系和逻辑体系的搭建，进而得出富有启发性的理论或者改善建议。这一过程也能够提高学生对绿色生产和绿色消费法律制度的理解以及逻辑运用分析能力。

其三是情景带入教学方式。将学生带入不同的场景和身份中，帮助学生理解绿色生产和绿色消费的重要性。在情景角色的设定上，学生既可以是司法裁判机关或者行政相对人，也可以是环境公益组织或者受害者。在身份转换的过程中，帮助学生全面掌握不同主体所享有的绿色生产和绿色消费的权利和义务。

绿色生产和绿色消费是一个极其重要的问题，不仅仅是社会转型的必然，也是实现绿色、低碳发展的必然。本课程从习近平新时代中国特色社会发展全局出发，秉持人类命运共同体以及生态文明建设的理念，引导学生形成绿色的消费观、绿色生产观、绿色行为观、绿色社会观、绿色国家发展观。此外，在深度挖掘相关制度体系后的法律逻辑、人性考量、价值定位或国家制度定位因素的同时，引导学生积极地参与我国的绿色生产和绿色消费的立法、司法、实践。这种方式既是对当代历史使命解读的必然，也是实现代际正义的应有之义。

四、结语

党的十九大报告明确肯定绿色生产和绿色消费的重要性，并将其作为实现中国特色社会主义新时代宏伟蓝图的重要内容。对此，通过对绿色生产、绿色消费和课程思政融合途径的探索，引导学生对绿色生产、绿色消费以及生态文明建设的思辨式讨论，激发学生的使命感和参与感。基于此，应当围绕绿色生产和绿色消费重塑其课程框架、教学目标和适用情景，通过分析学生的反馈结果和教学效果，改进教学方法，使学生自觉形成正确的世界观、人生观和价值观，厚植爱国主义情怀，成为生态文明建设的参与者、推动者以及传道者。在此过程中，课程思政要素的学习应当以学生为主体，充分重视学生对知识的接受程度、认同感以及理解度等，及时对课程思政元素与专业知识融合效果进行调研，从而适时调整课程内容安排和设计，努力达到课程专业知识、思政元素"1+1>2"的教学效果。

参考文献

[1] 牛耀岚，刘纯玉．生态文明建设和课程思政背景下公修课课程改革探索：以"环境学概论"课程为例［J］．黑龙江教育（高教研究与评估），2023（6）：28-30．

[2] 曾巧云，龙新宪，林庆祺，等．乡村振兴背景下农业院校环境科学专业

课程思政建设：以环境土壤学课程为例[J]. 高教学刊, 2023 (9): 172-176.

[3] 鲍鹏山, 衣抚生.《道德经》注解的疑难与新解[J]. 上海师范大学学报（哲学社会科学）, 2023 (2): 67-76.

国家一流专业建设背景下课程思政建设的教学设计

——以城市文化学课程为例[1]

王 晖[2]

【摘 要】 在全国高校思想政治工作会议上，习近平同志强调要用好课堂教学这个主渠道，各类课程都要与思想政治理论课同向同行，形成协同效应。作为国家一流本科专业建设点，首都经济贸易大学城市管理专业讲授三门核心课程城市文化学、城市管理学和城市规划与管理的教师，以教书育人引导学生树立文化自觉和文化自信，融入正确的历史观、文化观和民族自信等元素，弘扬中华文化，着力提升课程思政的育人功能。本文旨在根据笔者18年的教学经验和所教授的城市文化学课程的性质与特点进行分析，系统梳理城市文化学课程的教学内容和教学素材，结合国家一流本科专业的建设过程，有机引入中国传统文化、社会主义核心价值观等具有中国元素、中国文化和中国形象等文化和民族元素，进一步强化大学生对主流价值的感性认识，增强大学生们的文化自信。

【关键词】 思政元素；城市文化学；价值观；国家一流本科专业建设点

一、前言

习近平同志在全国高校思想政治工作会议上强调，要用好课堂教学这个主渠道，各类课程都要与思想政治理论课同向同行，形成协同效应。首都经济贸易大

---

[1] 基金项目：本文是2022年首都经济贸易大学研究生课程思政示范课程建设项目"城市文化学"的阶段成果。

[2] 作者简介：王晖，首都经济贸易大学城市经济与公共管理学院副教授，硕士研究生导师。

学城市管理专业的核心课程城市文化学课程通过"课程+思政""课程+北京""课程+实践"的教学模式不仅培养了学生对城市管理专业认知和掌握城市文化专业知识能力，更促进了学生了解中国传统文化、喜爱中国传统文化，主动承担起讲好中国故事、传播中国文化的使命，不断践行社会主义核心价值观。

二、课程思政的概念与内涵

课程思政是以构建全员、全程、全课程育人格局（"三全育人"）的形式将各类课程与思想政治理论课同向同行，形成协同效应，把"立德树人"作为教育的根本任务的一种综合教育理念。其主要形式是将思想政治教育元素，包括思想政治教育的理论知识、价值理念以及精神追求等融入各门课程中，潜移默化地对学生的思想意识、行为举止产生影响。首都经济贸易大学全面贯彻落实全国高校思想政治工作会议精神和《高等学校课程思政建设指导纲要》（教高〔2020〕3号）文件精神，不断加强课程思政建设，提升教师课程思政教学能力，制定了《首都经济贸易大学关于推进"三全育人"综合改革的实施意见（2020—2022）》和《首都经济贸易大学关于深化课程思政建设的意见》等指导性文件，持续推动课程思政"七个一批"和"六个推进"工程建设，举办了第一届课程思政教学设计大赛。首都经济贸易大学初步达到了课程门门有思政、教师人人讲育人，形成专业课程教学与思政课程教学紧密结合、同向同行的课程育人格局。

三、国家级一流本科专业建设点核心课程城市文化学简介

首都经济贸易大学城市经济与公共管理学院的城市管理专业创建于1984年，是全国开办最早的城市管理本科点。1986年与中国社科院联合招收研究生，1992年获批城市经济硕士点和北京市重点建设学科，2009年获批北京市区域经济重点学科，2012年设置"城市经济与战略管理"硕士点和博士点，本、硕、博办学体系完整。

2020年首都经济贸易大学推荐申报的城市管理专业荣获2020年度国家级一流本科专业建设点，城市文化学是城市管理专业的核心课程。

城市文化学的课程定位如下：城市文化学作为城市经济管理专业课程体

系中的主干课程，使学生了解文化产业、文化事业及文化资源最新状况，能够将一定的文化理论知识初步应用于文化产业、文化事业及文化资源，是探索城市文化变革和创新新方式的一门应用型课程。

城市文化学的思政教学方法包括：紧紧围绕"立德树人"的根本任务，坚持"五育"并举，注重加强教学设计，将思政元素与教学内容深度融合。准确定位课程目标，提升教学实效；加强内容设计，构建主题式课程内容；借鉴引入教育部课程思政示范课程：利用北京师范大学文学概论的"四双四环"教学模式进行思政教学。努力提升教学感染力，改革课程考核评价方式，注重多元评价。

城市文化学思政教学主要包括三个环节：第一，以全员育人为契机，发挥多方联动作用。第二，以知识内容为载体，凝练课程特色。第三，以实践育人为抓手，采取线上线下混合协同。注重突出三个特色，即加强活动设计，注重精准培育；加强学习过程交互，拓展思维空间；创新教育载体，全方位多角度育人。

城市文化学课程的主要思政元素包括：历史唯物主义、中国文化、家国情怀、人文精神等。

四、城市文化学思政教学设计与实践

（一）教学设计

城市文化学的思政教学如图1所示。

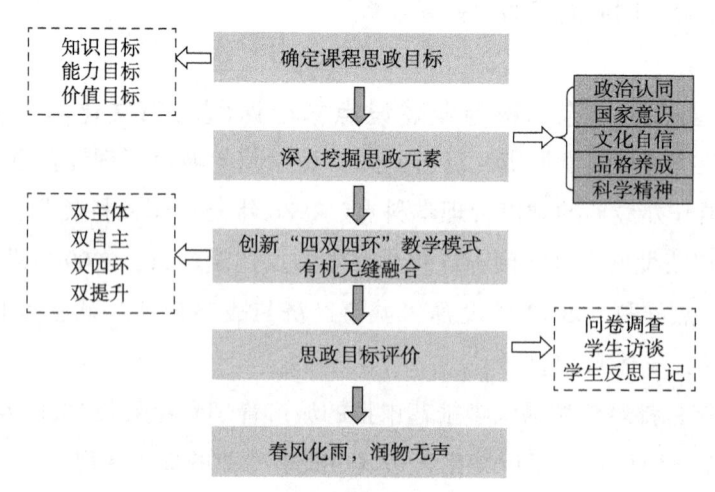

图1　城市文化学思政教学设计

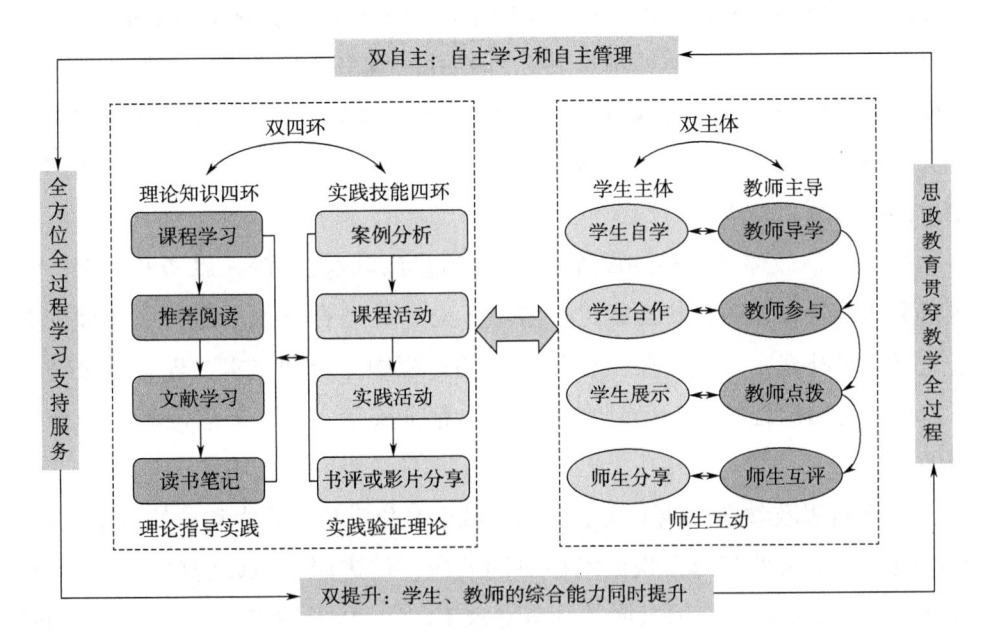

北京师范大学文化概论课程"四双四环"教学模式如图 2 所示。

图 2 "四双四环"教学模式

（二）利用"四双四环"教学模式进行思政教学

城市文化学课程借鉴、引入教育部课程思政示范课程北京师范大学文学概论的"四双四环"教学模式进行思政教学。

1. 加强思政设计，充实课程内容。城市文化学课程内容设计强化"在知识传播中强调价值引领，在价值传播中凝聚知识底蕴"，在课程知识体系中贯穿文化价值引导。其中，思政教育内容分为"政治认同""国家意识""文化自信""品格养成""人文精神"五大主题及多个子主题，选取家国情怀、革命传统、文化传承、责任担当、求实创新、攻坚克难等元素与课程内容融合，要求做到既要有育人的大格局，又要落地有声。

2. 借鉴"四双四环"，提升思政效果。城市文化学课程借鉴"四双四环"模式进行教学，在不同的教学环节将课程思政的教学内容分解、融入知识传授和能力培养中，确保思政教育贯穿教学全过程，切实提升教学针对性和感染力，逐步进行价值观的塑造。同时，积极开展"文化强国""中华文明"

"中国文化""文化自信"等系列思政主题活动或专题讲座，对学生进行爱国主义、文化熏陶和职业素养教育，从中华民族优秀传统文化中不断汲取营养，提升学生的思想境界、道德情操和艺术修养。城市文化学不仅要让学生掌握文化的活动性质、文化与文化史、各种文化载体的特征等基本理论和知识，还努力地推进德育、智育、美育一体化，逐步提高思政教育影响力，达到立德树人的目的。

3. 完善思政体系，凝练课程特色。通过资料收集、深入思考和挖掘，将城市文化学各章节的思政元素进行整理汇总，并结合学术动态发展和理论更新进行及时补充，并逐渐在"教与学"的过程中完善和丰富课程思政教育体系，凝练总结课程特色，做到有的放矢、精准施策，使课程思政教学做到润物无声。

4. 丰富思政教学，线上线下协同。城市文化学拓宽校内和校外两条渠道，统筹线上线下两种资源，积极发挥协同效应，促进课程思政的融入。线上充分利用超星学习通、新浪微博"社科专家王晖"，以及城市文化学本科生和研究生微信群等教学平台，结合课程的多媒体教学课件、习题库、教学图片库、教学视频以及拓展资源等，引导学生通过专题讨论的方式加强师生互动。线下则组织开展学生活动，通过案例法、小组讨论、体验式教学、情景式教学、浸入式教学、问题引导和参观学习北京文化产业展示中心、北京市规划展览馆等调动学生们的积极性，拓展学生的视野，将理论知识转化为实践成果。

5. 加强思政设计，注重精准培育。在首都经济贸易大学及教学专家的指导下，在对首都经济贸易大学学生特点及知识背景、职业成长规律及专业培养目标分析的基础上，对城市文化学课程进行学生活动的系统化设计，以促进学生综合能力的发展。结合城市文化学课程内容与社会热点，积极融入十九大、脱贫攻坚、抗疫精神和乡村振兴等新元素，充分挖掘中华优秀传统文化中的思政元素，组织开展系列专题活动，激发学生的兴趣、开拓视野，全方面提高学生的思想认识、工作能力和综合素质。

（三）思政教学创新点

1. 课程思政有效。城市文化学不断增强课程思政的思想性、理论性、亲和力、针对性，取得了良好的教学效果，获得了学生、专家学者、同行院校等多方好评，辐射效果较好。

2. 学生认可度高。同学们通过学习城市文化学理论知识，学会运用理论知识指导实践，获得专业技能与人生价值的双重提升。通过向学生讲解家国情怀，使学生坚定理想信念，培育担当精神，砥砺奉献祖国行动和增强文化自信等。

3. 专家学者好评。城市文化学课程思政实践有力推进了德育、智育、美育的一体化，专家学者评价较高。城市文化学课程并以此为契机，加强同行和院校之间的沟通与交流，切实将课程思政建设推向纵深，树立"为党育人、强国有我"理念，发挥示范引领作用。

4. 注重多元评价。城市文化学课程考核注重"过程+结果、知识+能力"，并将"德育效果"作为重要评价指标纳入课程育人评价标准，建立"重学习态度、重学习过程、重综合素质"的多元化考核模式，细化过程考核标准，增强考核亲和力和针对性，不断提升课程思政教学效果（见图3）。此外，将"育德功能"纳入北京市优质本科课程申报材料，在教师自评、学生评教、专家评课等评价中设置"育德效果"观测指标，通过及时有效的监督评价提升课程思政建设水平。

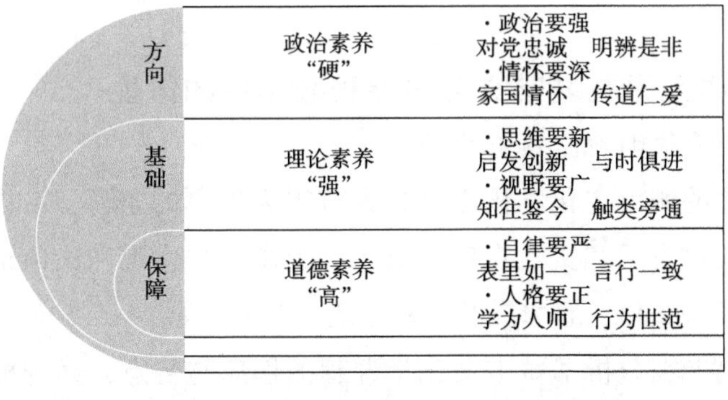

方向	政治素养"硬"	·政治要强 对党忠诚 明辨是非 ·情怀要深 家国情怀 传道仁爱
基础	理论素养"强"	·思维要新 启发创新 与时俱进 ·视野要广 知往鉴今 触类旁通
保障	道德素养"高"	·自律要严 表里如一 言行一致 ·人格要正 学为人师 行为世范

图3 将德育意识培养纳入城市文化学课程教学模式

5. 以师德养成为中心，建强"主力军"。严格按照"四有好老师"的标准和要求，建立一支由教学指导委员会、主讲教师、管理教师、辅导教师、班主任构成的，以政治素养"硬"、理论素养"强"、道德素养"高"为核心素养的专业化师资队伍，把德育意识培养纳入城市文化学课程教学体系，让每一位教师在实际教学中既能做到知识传授，又能做到价值引领，实现育人效果最大化。

6. 以知识内容为载体，凝练课程特色。通过资料收集、深入思考和挖掘，将城市文化学各章节的思政元素进行整理汇总，并结合学术动态发展和文化理论更新进行及时补充，逐渐在教与学的过程中完善和丰富课程思政教育体系，凝练总结课程特色，做到有的放矢、精准施策，使课程教学润物无声。

7. 顶层设计。结合城市文化学课程的教学特点和育人要求，坚持问题导向和效果导向，围绕课程思政建设目标，从课程目标、课程内容、教学模式、考核评价方式等方面加强顶层设计，达到思政教育与专业知识相得益彰，育人成效与课程质量双向提升的效果。

8. 融会贯通。落实立德树人根本任务，努力做到思政元素与专业知识内容交织交融、相辅相成，在城市文化学课程教学主渠道中全面体现"政治认同、国家意识、人文情怀、科学精神、专业素养"的育人特色。

9. 思政育人。创新城市文化学课程思政载体，充分发挥第二课堂阵地的实践效能，拓宽校内校外两条渠道，统筹线上线下两种资源，积极发挥协同效应，增强育人合力。

五、思政元素在城市文化学课程教学中的体现

（一）和风细雨地融入红色基因

笔者主讲的城市文化学核心课程具有得天独厚的条件，可以通过案例引导学生树立文化自觉和文化自信，融入历史观、文化观和民族情怀与自信等元素，弘扬民族文化，着力提升课程思政的育人功能。

第一，笔者在分析了城市文化学课程的性质与特点，系统梳理课程的教学内容和教学素材，结合思政课程的元素后，设计好课程教学内容和教学素材的思政元素，有机引入中国传统文化、社会主义核心价值观等具有中国元素、中国文化、中国形象等文化元素，进一步强化大学生对主流价值的感性认识，增强大学生的文化自信。第二，笔者将课程与思政相融合、城市与文化相融合，用视频、案例、学生实际经历的城市活动去引导学生的价值观、

文化观的正确建立，树立民族自豪感，使学生能够正确认识传统的城市文化，促成学生对社会主义核心价值观的感知和认识。第三，课程以中国传统城市文化为主题，突出核心力量就是文化力量、核心精神就是民族精神、核心价值就是产业价值。另外，在城市文化学课程教学场所，根据学校新冠疫情防控期间的具体要求，结合城市文化学课程特点和现有条件，从学生的学习效果出发，制定了两个班 80 人的线上教学方案和"微信师生群+超星学习通"课堂。第四，在城市文化学课程教学目标上对本课程思想政治教育元素进行分析，通过课程学习让学生增强文化自信，建立民族自豪感，弘扬民族精神，传承民族文化。

(二) 城市文化"鸡蛋"模型

笔者借鉴埃德加·沙因文化模型，创建了城市文化的鸡蛋模型（egg model），如图 4 所示。

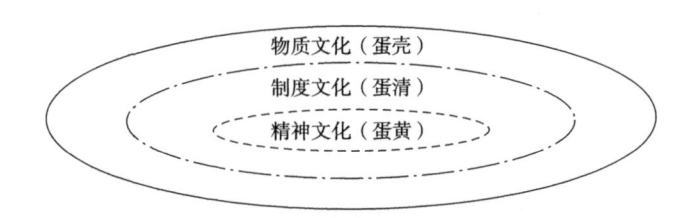

图 4　城市文化的鸡蛋模型

其中，物质文化包括建筑、道路、通信设施、住宅、水源、各类商品、绿化环境等。制度文化包括家庭制度、经济制度、政治制度等。精神文化包括知识、信仰、艺术、道德、法律、习俗以及人所习得的一切能力和习惯。

参考文献

[1] 时临云，龙泉. 思政元素在旅游文化学课程教学中的体现 [J]. 科学与财富，2020 (16): 13-16.

[2] 芒福德. 城市文化 [M]. 宋俊岭，李翔宁，译. 北京：中国建筑工业出

版社，2009.

[3] 林奇. 城市映像 [M]. 方益萍，何晓军，译. 北京：华夏出版社，2011.

[4] 范周. 提升与完善文化产业现状与产业园区发展的共振 [J]. 人文天下，2018，9 (127)：2-7.

[5] 沙因. 组织文化与领导 [M]. 北京：中国人民大学出版社，2011.

[6] 王德起，谭善勇. 城市管理学 [M]. 北京：中国建筑工业出版社，1999.

[7] 饶会林. 城市经济学 [M]. 大连：东北财经大学出版社，1999.

[8] 姚朝文. 城市文化教程 [M]. 南京：南京大学出版社，2014.

国际化视阈下大学英语课程思政内容链建设研究
——以核心英语为例

张 薇[①]

【摘 要】本文主要讨论国际化视阈下大学英语课程思政路径模型设计和思政内容链建设与实施策略，旨在促进大学英语语言教学与育人功能的统一。文章以思政教材核心英语的编写为例，探讨了大学英语课程思政融入路径框架，阐述了课程思政内容链横纵双维度设计和五个关键实施要素。

【关键词】大学英语；思政融入路径；思政内容链；核心英语

2016年12月，习近平总书记在全国高校思想政治教育工作会议上指出：所有的课堂都有育人功能，不能把思想政治工作只当作思想政治理论课的事，其他各门课都要守好一段渠、种好责任田。2020年发布的《高等学校课程思政建设指导纲要》将"培养什么人，怎么培养人，为谁培养人"列为高等教育的根本任务和根本标准。为了达到这样的培养目标，最有效的落实途径是在高等教育阶段将知识传授、能力培养和价值塑造融为一体。《大学英语教学指南（2020）》明确指出：大学英语课程需要在课程建设、教材编写、教学实施等各个环节充分挖掘思想和情感资源，将社会主义核心价值观有机融入教学内容。大学英语课程是高等教育的重要组成部分，在大学英语课程中对全面推进课程思政的开展有着重大意义，而课程思政的内容挖掘也起着核心作用。在这一背景下，探讨大学英语课程思政内容链的框架、建设与实施策

[①] 作者简介：张薇，首都经济贸易大学华侨学院副教授，基础课部主任。

略，不仅是对新时代教育改革的理论研讨，也是对课程思政引领下的内容建设进行梳理与整合。

一、大学英语课程思政的内涵

要理解大学英语课程思政建设的内涵，首先要厘清课程思政和思政课程的关联与差异；其次要明晰课程思政的根本任务和育人育才的目标。

（一）厘清"课程思政"和"思政课程"的关联与差异

课程思政不等于思政课程，两者之间有联系也有差异。肖琼和黄国文（2020）指出，思政课程是指高校思想政治理论课，是大学生思想政治教育的主渠道；课程思政是一种教育教学理念，是在非思政课程中贯穿思想价值引领的主线，并发挥课程的育人功能。由此可见，大学英语课程承载着思政育人的使命，英语教师需要在全方位育人的过程中发挥主力军作用。

文秋芳（2021）对外语课程思政的内涵做出了如下定义：它是"以外语教师为主导，通过外语教学内容、课堂管理、评价制度、教师言行等方面，将立德树人的理念有机融入外语课堂教学各个环节，致力于为塑造学生正确的世界观、人生观、价值观发挥积极作用"。由此可以得出，大学英语课程不是思政课程，但是它是价值引领与全方位育人的有效途径，英语教师需要结合学科特色，将课程思政的教育理念融入课堂教学的全过程。

（二）明晰课程思政的根本任务与育人育才的目标

立德树人是课程思政的根本任务，它以构建全员、全程、全方位育人格局的形式将高等教育中各类课程与思想政治课同向同行，形成协同效应。因此，在大学英语教学中贯彻课程思政的教育理念，不代表要将大学英语课程上成"思想政治"课，而是要在课程中促进学生的个体发展，围绕政治认同、家国情怀、文化素养等重点进行价值塑造。罗良功（2021）曾对落实高校课程思政建设任务的维度进行了详细的阐述，他认为育人包括培育"道德人、中国人和现代人"三个维度，即要培养具有社会主义核心价值观和人类基本道德素养的人，培养具有家国情怀、知国爱国的人和具有现代文化知识、符合社会主义现代化建设要求的人。由此可以总结出，大学英语课程思政必须充分服务于社会主义核心人才培养的目标，首先需要在课程要求上与教育部发布的《大学英语教学指南（2020）》充分融合，将大学英语的工具性与人文性充分融合，满足国家、社会、学校和个人发展的需要。其次，大学英语课程思政要把好意识形态关，因为语言是文化的载体，也承载了意识形态的内容。俞吾金（2014）曾就此做过说明：传授一门语言也是传授意识形态的过程。在大学英语学习过程中，课程思政的融入应当促进学生基于中国文化和社会主义核心价值观的立场，对国外语言、文化进行认知、衡量和分辨，从而发展文化自信，并洞察语言背后的意识形态差异。

（三）重视大学英语教学内容的思政建设

《高等学校课程思政建设指导纲要》指出，课程思政建设要落实到教学各个方面，如课程目标设定、教学大纲制定、教材编审和教案、课件编写等方面，由此可见，教学素材和内容的课程思政建设具有重要作用。

大学英语因课程性质，本身具有与西方文化相近的亲密属性，因此由国外出版社出版的英语教材对目的语国家的文化和社会群体等做了选择（Yuen，2011），却缺乏对中国文化与价值体系的融入。刘道义（2020）对教材建设做过如下论述：为国家教育而编写的教材需要体现国家意志，且具有很强的政策性。由此可见，在进行大学英语课程思政建设的过程中，素材与内容的思政建设不容忽视，如何将语言知识、能力和价值引领充分融合是大学英语教学素材与内容建设的关键，如何让教学素材同时兼具显性和隐性的育人功能是急需解决的问题。

在课程思政建设过程中，教学素材和内容的建设要起到关键载体的作用（徐锦芬，2021），它应当为立德树人提供基础和依托。以大学英语课程为例，以往的教材内容偏重于带领学生看外面的世界，欣赏国外文化；学生可以熟悉地说出西方节日的由来和意义，但却无法用英文描述中国传统节日概况。因此，在单向欣赏异域文化的基础上，为学生提供可以进行文化互鉴的语言素材至关重要，将中国故事素材加入内容建设中，在发挥大学英语课程工具性的同时强调人文性和文化互鉴功能。

此外，大学英语素材和内容思政建设需要体现时代性和思想性。所有学科在实施课程思政的过程中，要围绕政治认同、家国情怀、文化素养、宪法法治意识和道德修养等方面进行优化，因此在素材选取上，加入能够体现国家发展、社会主义核心价值观和新时代经济、人文风貌的内容，以促进学生政治认同与家国情怀素养提升。

语言是思维的载体，大学英语内容建设也应为学生思维提升提供材料依托。

二、国际化视阈下的大学英语课程思政路径模型

文秋芳（2021）曾对外语课程思政的实施框架做出详细阐述，她指出课程思政的建设要包含四个要素，即教学内容、课堂管理、评价制度和教师言行，其中教学内容是核心。韩宪洲（2020）对课程思政教育的元素也做过深入解读，他认为新时代的课程思政教育必须紧紧围绕做人做事的基本道理、社会主义核心价值观的要求和实现民族复兴的理想和责任展开。结合首都经济贸易大学华侨学院全英文授课的教学特色，课程思政教研团队设计了国际化视阈下兼顾外语教学工具性与人文性的课程思政融入路径模型（见图1，以下简称"思政融入模型"）。此思政融入模型主要包含以下三个创新点：第一，建设目标明确、步骤清晰的育人育才脉络图；第二，建设课程思政元素鲜明的内容链；第三，建设以"四有好老师"为标准的课程思政教学研团队。

在此思政融入模型中，首先，确定了明确的育人目标。将课程的育人目标与学校育人目标和国家育才目标有机结合，并根据学生的成长阶段进行分步设计，逐步将做人做事的基本道理、社会主义核心价值观的要求和民族复兴的梦想责任融入大学英语教学中。其次，在顶层设计引导下深入挖掘课程思政的内容链。围绕渐进目标研发思政英语教材核心英语。在《核心英语》（基础版）（兰君，2022）中，编者将外语学习的工具性、人文性和育人目标做了充分融合与梳理，并在单元设计中充分反映了教学目标，在选材上围绕主题展开，依托学校的"国际化、应用型"办学特点，以学生发展为中心，凸显中国声音与特色。再次，在教学活动路径中，围绕课程育人目标和单元教学目标，对《核心英语》教材进行深挖，将课本里呈现的思政元素结合实事形成动态思政融入模式；课前开展集体教研、备课，确保各单元的思政目标得以实现，杜绝"两张皮"和生搬硬套的教学，从学生大一入学后，到大四毕业前，完成过渡、提升、学术和发展的语言学习路径。最后，教师是课

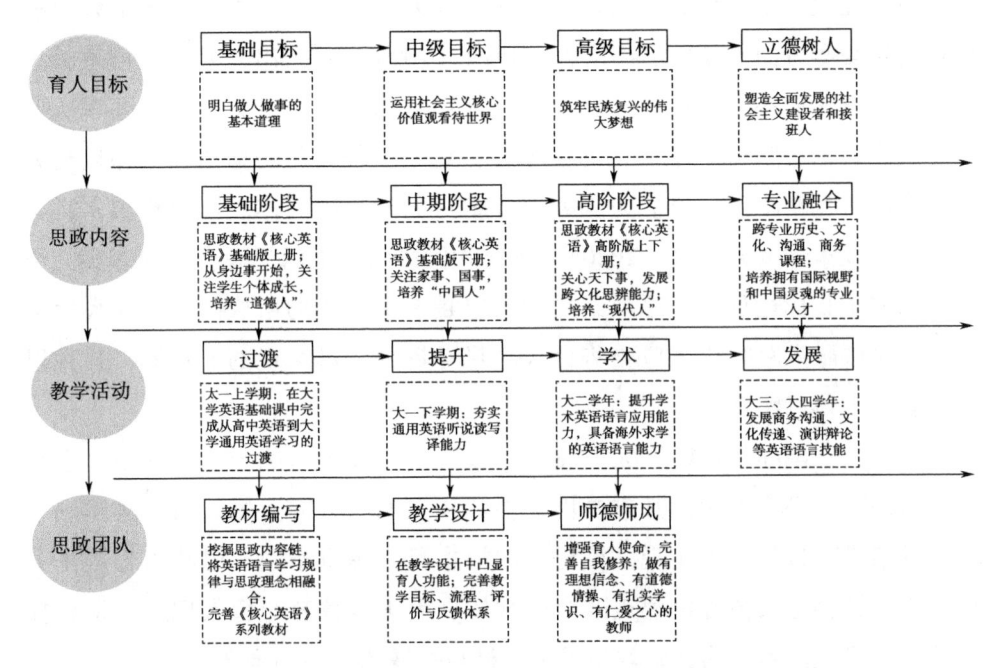

图 1　国际化视阈下兼顾外语教学工具性与人文性的课程思政融入路径模型

程思政的主导者和执行者，教师在师生沟通中对学生的影响是巨大的。因此，在思政团队路径建设中有两个重点：一是组织德才兼备的教师对大学英语思政教材《核心英语》进行优化，带领所有一线教师集体教研并设计教学方案；二是加强教师团队的思想政治学习和自我修养提升，做一个有理想信念的教师。

综上所述，思政融入模型中的各要素与韩宪洲（2020）和文秋芳（2021）所论述的课程思政必备要素高度吻合，与罗良功（2021）所提出的育人三维度（即道德人、中国人、现代人）相契合。它的优势在于结合学生的英语语言发展需求，从顶层设计提供了明确的发展指导，结合各阶段学生的发展特征，有重点地渐进融入思政元素。以此路径为依托，教师的教学目标更加明确，为循序渐进的语言能力发展提供保障。

三、大学英语课程思政内容链框架

《高等学校课程建设指导纲要》（2020）指出：高校课程思政要融入

课堂教学建设，落实到课程目标设计、教学大纲修订、教材审编选用和教材课件的编写等方面。《大学英语教学指南（2020）》指出：大学英语教材编写的指导思想应体现新时代、新要求，体现党和国家对教育的基本要求，要坚定文化自信，坚持中华文化的主体性，坚守中华文化的话语权，并且充分体现中国特色和中国风格。为国家教育编写的教材应当体现国家意志，且具有很强的政策性（刘道义，2020）。由此我们可以得出以下观点：在落实立德树人的根本目标过程中，思政素材和内容是至关重要的组成部分；在大学英语课程思政融入路径中，应当将育人总目标拆分成可实现的子目标，并在思政内容链中得以实现。

因此，在国际化视阈下大学英语思政融入路径模型的推进过程中，思政内容链的建设必不可少。其重要性主要体现在如下方面：思政内容链体现了育人的渐进性过程，为实现立德树人的根本目标提供指引；思政内容链是英语知识与社会主义核心价值观融合的载体，为语言教育与育人理念的融合提供依托；思政内容链为课堂教学提供素材与拓展的空间和维度。

本研究中的思政融入模型将思政内容链列为重点建设项目，它包括了模型中的"思政内容"与"教学活动"两部分内容。

徐锦芬（2021）对英语课程中思政内容建设提出三项原则，即要以学生发展为中心、以学科属性为引导、以学校特色为依托。因此，在进行课程思政内容链建设的过程中，要充分考虑华侨学院"培养具有国际视野的世界公民"这一发展目标。在本科教育中培养"国际化、应用型"人才是现阶段的人才培养方向，因此"国际化视阈"的特色需要与课程思政的培养目标相融合，与学生的工商管理、信息技术管理专业背景与特色需要相融合。在此理论指导与实践基础之上，大学英语课程思政内容链的建设框架（见图2）得以细化。

大学英语课程思政内容链（以下简称"内容链"）分横向与纵向两个维度。纵向来看，课程思政内容是教学活动的基础与依托，教学活动是落实思政内容的主要渠道。思政内容主要包含融入思政要点的教学材料，围绕《核心英语》（兰君，2022）系列教材的研发和使用展开；该套教材全套四本，从主题设计到素材选择、内容提炼，均以思政融入的育人目标为导向，分阶段

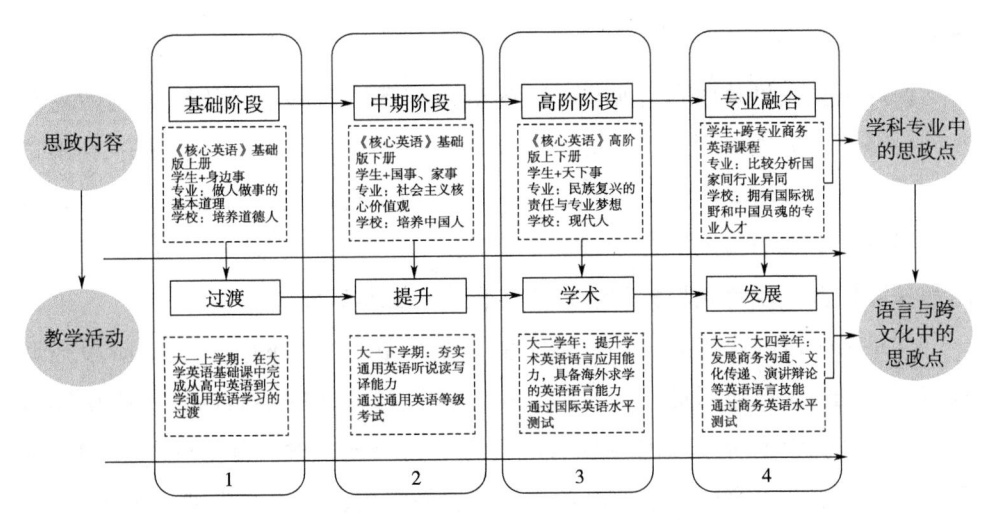

图 2　大学英语课程思政内容链建设框架

实现立德树人的根本任务。教学活动是思政内容开展的渠道和范围，是实现大学英语教学语言能力与育人功能协同发展的场景，它贯穿了学生本科阶段学习的全过程。纵向维度将思政内容和教学活动紧密结合，分别形成了4个纵向链条（见图2），这4个纵向链条分别对应了基础—过渡阶段、中期—提升阶段、高阶—学术阶段、专业融合—发展阶段，每阶段都以明确的育人目标为指导，使育人目标和提升英语语言能力的目标同向而行。

内容链的横向维度体现了育人的渐进性过程。它包括了思政内容和教学活动两组完整的内容链。

第一组思政内容链条以红色教材《核心英语》为主线，分别在基础阶段、中期阶段、高阶阶段和专业融合阶段分步骤地完成立德树人任务，在每个阶段都有清晰明确的育人目标。基础阶段以明白做人做事的道理，培养道德人为目标；中期阶段以符合社会主义核心价值观的要求，培养中国人为目标；高阶阶段以实现民族复兴伟大梦想，培养现代人为目标；在专业融合阶段，学生已进入大学三年级和四年级学习，大学英语公共基础课已结束，但在华侨学院"全英文授课"国际化教学环境中，英语语言能力与专业发展密不可分，因此在专业融合阶段，通过商务英语、沟通、文化比较类通识选修课程，提升学生的国际视野和意识形态甄别能力，以培养有国际视野和中国灵魂的经贸人才为目标。

由此可见，思政内容（见图2）的横向链条以《核心英语》系列教材为基础，循序渐进地体现了育人目标，贯穿学生本科阶段的学习过程。在第二组横向链条教学活动中，第一组链条的思政内容得以实践与拓展。教师在过渡、提升、学术与发展的分阶段教学过程中，对第一组链条中的内容进行使用和深度挖掘，使育人目标和语言能力提升目标得以实现。

在每个阶段的课堂教学中，语言能力的发展也各有侧重：过渡阶段强调从高中英语到大学通用英语的过渡；提升阶段强调通用英语语言的听说读写译能力发展；学术阶段以国际英语语言考试为导向，融入跨文化比较和中国历史文化元素，以完成学术英语培养目标；发展阶段以培养专业人才为导向，匹配第一组内容链条并完成人才培养目标。由此可见，第二组内容链充分匹配第一组内容链条，分级实现各个子目标，最终实现育人的总目标。

四、内容链建设与实施

目前，以思政融入模型为指导，依托首都经济贸易大学课程思政建设教改项目支持，思政内容链的建设与实施已取得初步进展。《核心英语》全系列22个单元的初步编写工作已经完成，其中基础版上下册已经出版。《核心英语》的"核心"体现在培养学生的核心英语语言应用能力；提升核心文化素养与思辨能力；塑造具有高尚品质的社会主义核心人才；力求将语言教学的科学性、渐进性与思想性、民族性和时代性进行有机融合。教材以《大学英语教学指南（2020）》为指导，全面实践"产出导向"教学法（production-oriented approach），贯彻学习中心、学用一体和全人教育的理念。在本系列教材中，注重将外语教学的语言学习功能与立德树人功能进行有机统一，将社会主义核心价值观融入大学英语的教学内容，形成有"红色基因"的大学英语教材。

《核心英语》作为思政内容链建设的关键内容，包含以下五点要素：第一，凸显价值引领，设定明确的育人目标；第二，将大学英语的工具性、人文性和时代性有机结合；第三，以学生发展为中心，促进学生在学习过程中认知、情感和行为投入；第四，以学校、学科特色为依托，增进学生对学校、专业的热爱；第五，体现中国文化力量，促进文化互鉴，坚定文化自信。

以下以《核心英语》为例，从主题设计、目标设定、素材选择等角度阐释思政内容链建设与实施的五大要素。

思政内容链建设的第一个要素是凸显价值引领，设定明确的育人目标。在《核心英语》的单元目标设计中（见表1），明确了每单元的育人子目标，在"Moral Education"列中，匹配各单元主题和素材，以布鲁姆教育目标分类学为指导，设计了可实现的子目标。以第一单元"New Journey at College"（开启大学生活）为例，在听和读的输入素材中重点关注了国内外高等教育模式、新生如何适应大学生活等方面的内容，在"Sound of China"（中国声音）板块中引入了习近平总书记在各高校讲话中对青年人的期待（英译汉练习），本单元匹配的思政育人目标是"分辨国内外高等教育教学模式"、"分析中国教育哲学及影响"和"避免逻辑误区"。在第一单元帮助刚入校的大学生树立积极正确的学习观，引导学生践行积极向上的价值观，且将育人目标和英语学习素材紧密结合，避免出现生搬硬套的形式。

表1　《核心英语》基础版上册思政目标设计

Units	Production	Culture-integration	
	Tasks	Sound of China	Moral Education
Unit 1: New Journey at College	Producing a vlog	A Nation will Prosper only when its Young People Thrive	• Getting deeper insight in global higher education • Exploring the impact of Chinese educational philosophy • Avoiding logical fallacies
Unit 2: Secrets to Success	Writing a letter	Tying up the Hair and Jabbing the Legs	• Thinking fully about the value of life • Believing in truth, trust and service • Being thoughtful and open-minded • Being a "healthy" fan
Unit 3: Improving Lives	Presenting a play	Drilling Wood to Make a Fire	• Dealing with procrastination • Enhancing the sense of social responsibility

续表

Units	Production	Culture-integration
Unit 4: Trust Makes Miracles	Writing a story	The Red Boat on Nanhu Lake	• Applying perspective-taking in daily life • Building up mutual trust
Unit 5: Beyond Earth	Broadcasting a news report	China's FAST	• Distinguishing cooperation and collaboration • Cultivating the national identity and pride
Unit 6: The Voice of Nature	Writing a speech script	A Natural Wonder: Jiuzhaigou Valley	• Using problem-solving process • Advocating environmental protection

大学英语课程思政内容链建设和实施的第二个要素是将大学英语的工具性、人文性和时代性有机结合。要从新时代学生特征、人才培养目标和社会人才需求出发，以提升学生通用英语语言能力为基础，逐层推进从通用到学术核心语言素养的提升和个人品质与价值观塑造。在语篇素材选取方面，凸显多元化和英语多样性的同时，关注意识形态的正确性，充分扎根中国，彰显正能量，有机融入社会主义核心价值观、中国梦、文化传承、科技发展、"一带一路"倡议、人类命运共同体理念等思政关键话题。在《核心英语》基础版上下册的12个单元中（见表2），大学英语的工具性、人文性和时代性体现在每个单元的Section A 和 Section B 学习板块，这两个板块围绕同一主题，分别侧重听说共进教学内容（Section A）和读写互通教学内容（Section B），以此保证学生"听说读写译"语言能力均衡发展，更有效地满足学生外语发展需求。而在内容选择上，则结合思政育人目标，探索青年文化、社会生活、科技发展等主题，关注青年学生兴趣所在的时代前沿话题，引导学生探索个体与自我、与社会、与自然、与未来的知识领域。以此将大学英语的人文性与工具性合理融合，体现新时代大学英语教学的朝气，反映时代精神。

表2 《核心英语》基础版下册思政目标设计

Units	Production		Culture-integration	
	Tasks	Sound of China	Moral Education	
Unit 1: He that Travels Far Knows Much	Producing a vlog: A perfect day in Beijing	Beijing: a City Where Past Meets Present	• Getting deeper insight in local and global culture • Exploring the beauty of Beijing • Boosting culture-confidence	
Unit 2: Failure is not Fatal	Writing an essay: Failure is not fatal	The Confucian Analects	• Thinking fully about the the connection between failure and success • Believing in faith, courage, and persistence • Getting deeper understanding about Chinese traditional philosophies	
Unit 3: From the Past to the Future	Designing a start-up project on campus	From the Silk Road to the Belt and Road	• Getting a deeper understanding on the development of Chinese economy • Enhancing the sense of entrepreneurship • Summarizing the significance of Belt and Road Initiative	
Unit 4: Live through a Pandemic	Writing an essay on the topic "How COVID-19 Pandemic has changed life"	Traditional Chinese Medicine	• Getting a deeper understanding on the idea of building a shared-future for all humankind • Enhancing the sense of patriotism • Summarizing the key features of TCM	
Unit 5: Science Makes Sense	Audio-editing an English video clip	The Four Great Inventions	• Understanding the different attitudes toward Artificial Intelligence • Reflecting on personal behavior in the virtual world and making wise choices • Summarizing the significance of the four great inventions in China	

577

续表

Units	Production	Culture-integration
Unit 6: The Echo of Nature	Writing a proposal	The Yellow River and the Chinese Civilization	• Understanding the importance of developing ecological civilization • Using problem-solving process • Raising the consciousness of environmental protection

表2中所展示的是《核心英语》（基础版下册）各单元的主题与思政育人目标。以第四单元"Living through a Pandemic"（战胜疫情）为例，深入挖掘了新冠疫情对人类生活的影响，并突出体现中国人民在党中央领导下为战胜疫情而做出的努力，加深学生对"人类命运共同体"的理解，并对中医药进行了阐释。在这个单元的内容设计中，既通过音视频素材和语篇选择、活动设计体现了语言的工具性，又在主题、目标和任务设计上凸显了时代性。

课程思政内容链建设和实施的第三个要素是以学生发展为中心，促进学生在学习过程中认知、情感和行为投入。《核心英语》在内容和活动设计上关注学生的知识、能力和价值观同步发展。以产出导向法为理论指导，在每单元都设计了一个"产出任务"，并在单元教学素材设计中为学生搭建了有效的"听说读写"能力提升"脚手架"，为实现"听说"同向而行、"读写"互促共进的教学形式提供了材料保障。产出任务形式多样，在上册中（见表1），第一单元的产出任务为拍摄反映首都经济贸易大学新生生活的微视频，第二单元的任务是给未来的孩子写一封信，第三单元是英文短剧演出，通过形式多样的任务，联通内容链（见图2）中的第一组横向链条（思政内容）和第二组横向链条（教学活动），培养学生语言能力和跨文化交际能力；以产出带动输入，调动学生多元能力，促进学生在认知、情感和行为上的投入。

课程思政内容链建设和实施的第四个要素是以学校、学科特色为依托，增进学生对学校、专业的热爱。结合财经院校的校情和华侨学院国际化办学特点，《核心英语》系列教材的设计从人才培养方案中对大学英语课程的定位出发，明确了培养方向和实施步骤。在教材内容设计上，有计划地分三步完成大学英语全路径教学体系。第一步：循序渐进地完成从高中英语到大学通用英语语言能力升级的过渡；第二步，逐步完成从通用英语到学术英语的过渡；第三步，从学术英语向专门用途英语进阶，完成专业融合。具体到单元内容设计，以下册为例，第三单元的主题是"From the Past to the Future"（从过去到未来），这是一个商业主题单元，听说板块针对"丝绸之路"的主题做了教学设计，读写部分则延展到电子商务，而产出任务是和团队一起设计一个大学生创业项目，并做出英文展示。在本单元的素材选择和脚手架搭建过程中，突出了"商业""贸易""驼铃"的内容，学生在学习和准备产出任务的过程中，对学校历史、商贸概念的认知进一步加强，对学校和专业的热爱有所促进。

课程思政内容链建设和实施的第五个要素是体现中国文化力量，促进文化互鉴，坚定文化自信。在《核心英语》各单元的"中国声音"（Sound of China）模块中融入了与单元主题相匹配的中国传统文化、现代文化和革命文化素材，将文化自信的红点连成课程思政的红线，并将这一条红线贯穿大学英语教学内容始终。在上下册12个单元的中国声音中（见表3），从古至今的中华文明发展红线徐徐铺开，在内容设计上充分考虑新一代大学生的特点，注重了思想性和趣味性的结合；思政红点不仅仅呈现在语篇内容上，还注重了观点的相互碰撞和补充，通过明辨性思维问题的设置，激发学生的思辨力与创新思维。

表3 《核心英语》基础版下册"思政文化红点"综合表

单元	中国声音主题	思政文化红点
上册第一单元	青年与中国梦	现代文明
上册第二单元	悬梁刺股	历史文化
上册第三单元	钻木取火	历史文化
上册第四单元	南湖红船	革命文化
上册第五单元	中国天眼	科技进步
上册第六单元	九寨沟胜境	人类命运共同体
下册第一单元	北京：古今交汇之城	革命文化
下册第二单元	孔子与《论语》	历史文化

续表

单元	中国声音主题	思政文化红点
下册第三单元	从丝绸之路到一带一路	现代文明
下册第四单元	中医药	历史文化
下册第五单元	四大发明	历史文化
下册第六单元	黄河流域与中华文明	人类命运共同体

如表3所示,在基础版的中国声音板块中,以"历史—革命—现代—科技—命运共同体"为线索,将能体现中国优秀文化的英文素材进行整合、挖掘与加工,匹配各单元主题与教学活动,形成了通过思政内容链推动话语表达与时代精神同步发展的"红色线条",为培养学生用英语讲好中国故事的能力、坚定文化自信提供内容保障。

五、结语

课程思政是新时代下先进的教育理念,大学英语课程思政融入路径为"三全育人"提供了可参考的范式,是连接教育理论与教学实践的桥梁。这条路径以育人目标为起点,以思政内容为核心,以教学活动为实现方式,以坚定的思政团队为建设保障。本文从大学英语课程思政的内涵、国际化视阈下的大学英语课程思政路径模型设计和课程思政内容链的建设与实施三个方面讨论了思政融入大学英语教学的模式,并以华侨学院自主编写的思政教材《核心英语》为例,总结出课程思政内容链建设的五个关键要素。

本研究认为,广大外语教师需要深刻学习领会课程思政建设的相关文件与教学理论,提升思想认识格局,依据校情和学情要求,做好育人育才的顶层设计,并以此指导思政教材编写、教学大纲设计和教学内容开展,促使知识传授和价值引领同向而行。

参考文献

[1] YUEN K-M. The representation of foreign cultures in English textbooks [J].

ELT journal，2011，65（4）：458-466.

［2］韩宪洲．课程思政方法论探析：以北京联合大学为例［J］．北京联合大学学报（人文社会科学版），2020（2）：7-12.

［3］教育部高等学校大学外语教学指导委员会．大学英语教学指南（2020版）［M］．北京：高等教育出版社，2020.

［4］兰君．核心英语（基础版）［M］．北京：首都经济贸易大学出版社，2022.

［5］刘道义．论影响外语教材建设的重要因素［J］．课程 教材 教法，2020（2）：64-71.

［6］罗良功．外语专业课程思政的本、质、量［J］．中国外语，2021（2）：60-64.

［7］文秋芳．大学外语课程思政的内涵和实施框架［J］．中国外语，2021（2）：47-52.

［8］肖琼，黄国文．关于外语课程思政建设的思考［J］．中国外语，2020（5）：9-14.

［9］《习近平总书记教育重要论述讲义》编写组．习近平总书记教育重要论述讲义［M］．北京：高等教育出版社，2020.

［10］徐锦芬．高校英语课程教学素材的思政内容建设研究［J］．外语界，2021（2）：18-24.

国际化教学模式中的专业课程思政教学设计
——以运营管理为例

郑 铮[①]

【摘 要】 在中国国民生活水平不断提高的新时代背景下,越来越多的学生们选择走出国门、走向世界,步入学业或事业发展的新阶段。首都经济贸易大学华侨学院以国际化办学模式为特色,立足于国际化人才的培养,出国深造率在学校中处于领先位置。在特色国际化教学模式下,如何使学生在增长国际竞争力的同时,树立正确的世界观、人生观、价值观,将中国精神带上国际舞台,具有十分重要的意义。本文以运营管理课程为例,探讨在国际化教学模式下从专业课程思政的重要意义、关键问题和实现路径三个方面进行专业课程思政改革。

【关键词】 专业课程思政;国际化教学模式;人才培养;运营管理

一、引言

习近平总书记在全国高校思想政治工作会议上提出,要坚持把立德树人作为中心环节,把思想政治工作贯穿教育教学全过程,实现全程育人、全方位育人,努力开创我国高等教育事业发展新局面。新时代的大学生肩负着实现伟大中国梦的重要历史使命,是中华民族复兴和崛起的希望。为办好中国特色社会主义高校,培养合格的社会主义接班人,各高校开始加强"课程思政"建设。我校党委书记韩宪洲在第十二届青年教师教学基本功比赛上的讲

---

① 作者简介:郑铮,首都经济贸易大学华侨学院讲师。

话中提出："课程思政主要表现在三个方面——挖掘课程自身所蕴含的思想政治教育元素及功能、有机融入课堂、教育者先受教育。"各类课程的"课程思政"建设成为当下高等教育改革的重要任务之一，专业课程也应当发挥其在思政教育中的重要作用，将做人做事的基本道理、社会主义核心价值观的要求、实现民族复兴的理想和责任有机融入专业课程中，以实现全程育人、全方位育人的目标。运营管理课程是首都经济贸易大学华侨学院工商管理（国际会计）专业的核心课程之一，探索并发挥其在学院国际化教育模式下的课程思政教育作用十分必要。

二、课程思政在国际化教育模式中的重要意义

在新时代背景下，国内外高校交流合作日趋频繁，众多国内院校采用国际化办学模式以培养高水平的国际化人才。华侨学院是首都经济贸易大学以国际化人才培养为办学特色的学院，也是国内较早开展国际化办学的高等院校之一。为实现国际化人才培养，华侨学院采用国际化教学模式，引进国外优秀教学资源、采用海外原版教材及学生评价体系，并逐步实现国际教育模式本土化，形成了学院的特色办学模式。在学院学习期间，学生会选择参加学院组织的国际交流、交换等项目。在毕业后，进行出国深造也成了华侨学院学生们的主要选择之一，华侨学院学生的出国深造率在首都经济贸易大学各学院排名中位居前列。在国际化教学模式的培养下，学院学生在国外深造和就业上具备了更强的国际竞争力。

国际化教育模式的引入可以更好地为国家培养高等国际化人才，但在其本土化的过程中还存在需要进一步提升的地方。在当前的国际化教育模式下，可以实现对学生国际竞争力的培养，但对于学生正确思想的树立还有待更多地融入。自2019年以来，党中央、国务院提出要在所有高校、所有学科中全面推进课程思政。专业课程思政要求的提出，为国际教育模式本土化指明了新的完善路径。在国际化教育模式中，教师应当积极探索在专业课程中有机融入思政元素，以实现在国际化教育模式中培养具有良好思想品德，具有正确社会主义核心价值观，具有为国家富强、民族昌盛而奋斗的国际化人才。国际化教育模式不仅要培养学生的国际视野，也要使学生具备正确的中国立场和中国精神,这是学生在今后能够更好地参与国际交流的重要前提。

在大学阶段,学生正处于世界观、人生观、价值观形成并逐渐趋于稳定的关键时期。在此期间,学生们由于交流、交换或毕业后出国深造等原因离开国内高校,进入其他国家和地区继续学习或工作。对于意识形态还不稳定的大学生来说,处在各国不同的政治、经济和文化环境中,容易受到各种思想、文化的冲击,甚至是西方错误思潮的影响。因此,探索如何让国际化教育模式与中国思想有机融合,培养具有国际化视野和坚定中国立场的新时代中国社会主义接班人,真正实现国际教育模式本土化,具有十分重要的意义。

三、国际化教育模式下专业课程思政的关键问题

(一) 国际化人才培养与思政教育的有机融合

国际化教育模式与思政教育有机融合,确立全面的人才培养目标。首先,明确国际化人才的培养目标是两者有机融合的重要前提。在确立目标的基础上,才能进一步挖掘课程中思政元素的正确切入点。在立德树人的根本任务下,国际化人才培养的目标不仅在于提升学生的国际竞争力,更在于树立正确的思想意识。要培养学生成为具备家国情怀的国际化人才,就要制定利于学生全面发展的人才培养目标,不要仅局限于知识、能力的培养,更要注重思想上的培养。

其次,充分发挥国际化教育模式优点,完善其不足之处,实现思政教育有机融入。在国际化教育模式下,教学中使用的教材是海外教材,教材中的管理案例介绍的基本为国外企业。海外教材的使用帮助学生们打开了国际视野和思维,但却导致学生缺少对中国企业管理实践和中国精神的了解,因此需要在教学过程中针对知识内容进行思政元素的深入挖掘,并对教材内容进行必要的补充修订。在课程教学中,融入中国本土案例,介绍中国现状和企业实践,可以帮助学生增加对国家和中国企业的了解。在案例学习中,教师引导学生从个人和企业管理角度出发,分析中国企业案例并提出自己的看法,探讨案例中所包含的思想观念,帮助学生树立正确的思想意识,培养学生的责任感,增强学生的国家荣誉感和自豪感。

（二）实现被动接受到主动吸收的有效转变

在将思政教育有机融入国际化人才培养时，应注意发挥学生的主观能动性。单一的教师讲授不能起到较好的思政教育效果，且容易使思政教育在专业课教学中显得生硬乏味，有可能导致部分学生产生抵触情绪。因此，教师在国际化教学模式下应积极探索有效的思政融入方式，合理设计课堂思政活动，调动学生主动思考的能力，让思政元素真正实现"有效吸收"而不是"流于形式"。此外，充分利用国际化教学模式中的过程评价体系，使用线上平台等手段将思政要求有机嵌入学习活动与过程评价，达到思政教育在国际化教学模式中的全面贯穿，形成良好的教学闭环。

四、国际化教育模式下课程思政的解决思路

习近平总书记在中国共产党第十九次全国代表大会报告中指出，希望各国青年用欣赏、互鉴、共享的观点看待世界，推动不同文明交流互鉴、和谐共生，积极为构建人类命运共同体添砖加瓦。在欧美同学会成立一百周年庆祝大会上，习近平总书记提出要讲述好中国故事，传播好中国声音。华侨学院以此作为课程思政体系建设的特色，推进国际教育模式本土化的进一步提升。因此，本文将以华侨学院工商管理（国际会计）专业运营管理课程为例，以此作为国际化教育模式下课程思政改革的指导思想，进行国际化教育模式下专业课程思政融入的探索。

运营管理是华侨学院工商管理（国际会计）专业面向大三学生开设的一门专业必修课，是华侨学院专业本科人才培养方案中的核心课程之一。该课程主要介绍了运营管理的基本理论与方法，包括运营管理战略制定与可持续性、产品与服务设计、产能管理、生产流程与设施布局、质量管理、采购与物流等内容。

在学生走出国门前，在运营管理专业课程的学习过程中融入习近平新时代中国特色社会主义思想、社会主义核心价值观、做人做事的基本道理，有利于帮助学生树立正确的世界观、人生观和价值观，加强弘扬中国文化的使命感，是当前形势下国际化教育模式本土化的重要实践。在此基础上，当学生走出国门身处不同国家进行学习与交流时，能够具备在生活和工作中向世

界输出中国精神的能力。以此达到顺应潮流、加强交流，在学生更好地走向世界的同时，也让世界更加了解中国。

（一）思政目标进大纲，学习目标层次化

1. 课程总目标设计。运营管理课程总目标的设计立足于华侨学院工商管理（国际会计）专业人才培养方案和培养目标。通过本门课程的学习，培养学生成为掌握运营管理基本理论与方法，能够用英文进行运营管理专业知识表达与沟通，能够在日后向世界讲述中国运营管理实践、传达中国精神的国际化人才。此外，在运营管理专业知识中有机融入思政元素，引导学生在学习过程中形成正确的价值观、人生观、世界观，培养学生成为具有社会主义核心价值观，能为国家富强、民族昌盛而奋斗的新时代中国社会主义接班人。

中国工程院院士郭重庆教授曾提出，中国管理科学不能再"嚼别人嚼过的馍"，讲别人的故事。让学生在具备国际视野的同时能讲述中国管理故事和中国精神，向世界传达中国声音和中国精神是具有重要意义的。因此，立足于华侨学院工商管理（国际会计）专业人才培养方案中的国际化人才培养目标和课程思政体系建设的特色，本课程设立了课程总目标。通过本门课程的学习，培养学生成为掌握运营管理基本理论与方法，能够用英文进行专业知识表达与沟通，能够在日后向世界讲述中国管理实践、传达中国精神的国际化人才。此外，在运营管理专业知识中有机融入思政元素，引导学生在学习过程中形成正确的价值观、人生观、世界观，培养学生成为具有社会主义核心价值观，具有为国家富强、民族昌盛而奋斗的志向和责任感的新时代中国社会主义接班人。

2. 学习目标层次化。为更好地完成运营管理课程总目标，对该门课程教学大纲中的学习目标做了新的更改，由单一的专业目标转化为"三层次"目标：知识目标、能力目标、思政目标。其中，思政目标按照华侨学院培养德才兼备"三层次"社会主义人才要求，进一步细分为个人、社会、国家三个层次的目标，各目标逐层递进，体现对学生在思政层面全面的培养与提升。在个人层面，培养学生在学习过程中的团队合作精神，树立社会主义核心价值观，做一名有国际视野，能传达中国管理实践和精神的社会主义接班人。在社会层面，当学生作为职场人步入社会，作为企业管理者或管理活动的参与者，在企业运营管理的过程中要注重企业活动对社会、环境所产生的影响，遵守商业道德，具备社会责任感。在国家层面，培养学生具有国家荣誉感和自豪感，拥有爱国主义情怀，立志为中国企业发展和国家建设贡献自己的力量。具体拟定目标设置如表 1 所示。

表 1　"三层次"学习目标

知识目标	1. 能够解释运营管理战略的制定过程，列举企业战略制定中需要考虑的因素
	2. 能够划分产品设计的各个阶段和主要活动
	3. 能够区分不同类型的生产设施布局
	4. 能够解释六西格玛质量管理的方法
	5. 能够解释精益生产的理念
能力目标	1. 能够绘制生产流程图，找出流程中的问题并提出解决方案
	2. 能够提出改变企业产能的方法
	3. 能够运用因素评分法、重心法做出工厂选址决策
	4. 能够运用定量订货模型、定期订货模型计算安全库存量和最佳订货量
思政目标	个人：在学习过程中培养团队合作精神，树立社会主义核心价值观，做一名有国际视野、能传达中国管理实践和精神的社会主义接班人
	社会：作为企业管理者，在企业运营管理的过程中要注重企业活动对社会、环境所产生的影响，遵守商业道德，具备社会责任感
	国家：具有国家荣誉感和自豪感，拥有爱国主义情怀，立志为中国企业发展和国家建设贡献自己的力量

（二）中国案例融入国际教材，合理设置学生思政活动

以运营管理部分章节为例，在战略章节中，为达到相应思政育人目标，教学过程中加入了华为等中国企业的运营战略分析，让学生了解中国企业实践，并组织学生讨论企业在运营管理战略制定过程中的社会和环境因素，培养学生的责任感。在流程分析章节中，加入中国传统工艺流程的介绍，让学生感受中国传统工艺流程中的工匠精神和传承精神；在生产流程章节中，结合大国重器中的各项国家工程，让学生了解国家发展与进步，树立学生的爱国情怀与使命感。在质量管理章节中，结合中国疫苗研发历程和热点质量事

件的讨论，让学生认识到质量的重要性，培养学生的责任感。同时，也可以让学生体会到中国速度与国际主义精神，更好地向世界传递中国态度。在采购与物流章节中，结合中国在国际供应链中的建设与地位提升、中国"一带一路"建设等，增强学生对国家发展的认识，培养学生的国家荣誉感和自豪感。在了解国家发展和中国企业运营管理实践的基础上，通过各种思政活动培养学生讲述中国发展和企业实践的能力，以达到向世界传达中国声音的目标。

具体的课程章节知识点、对应思政育人目标，以及中国本土化案例及拟定组织的学生思政活动如表2所示。

表2 专业知识点与思政融入

章节知识点	思政育人目标	案例内容本土化	学生思政活动
运营战略；三重底线模型	学生深入理解企业运营战略制定中环境、社会因素的重要性；培养学生的责任感，理解企业社会责任	加入华为等中国企业的运营战略分析，着重分析其企业社会责任；组织课堂讨论共享单车运营战略制定中需要注意的问题	学生搜集中国企业运营战略中的企业社会责任并分享自己的认识；讨论共享单车产业对社会和环境的影响，提出解决方案
产品设计	学生了解产品设计中的环境因素；理解企业产品设计对环境的影响，培养学生的责任感	加入中国限塑令的影响以及各企业采取的相应措施；加入生活中长辈们喜欢积攒塑料袋反复使用行为的讨论，贴近学生们的生活	学生选择一个自己熟悉或喜欢的企业产品，分析其产品设计中的优缺点和其运营战略匹配度，有无考虑环境因素影响并提出自己的想法；分享生活中自己会如何行动以更好地推进产品环保
流程分析	学生了解中国传统工艺流程，理解流程设计中的工匠精神和传承精神，培养学生对中华传统文化的热爱，在走出国门后可以向外国友人讲述中国工艺和中国精神	引用中国制造纸张传统工艺流程等视频，在机械化生产的今天，让学生了解祖先制造纸张的流程	观看中国传统工艺视频资源，感受中国精湛的传统工艺技术，增强对中华文明的了解；组织学生查找中国传统工艺流程的资料并进行讲述，分享对中国匠心精神的理解

续表

章节知识点	思政育人目标	案例内容本土化	学生思政活动
设施布局	通过企业流程实地调查，培养学生之间的团队合作精神；了解服务行业布局设计中的人文关怀因素，培养学生成为"友善的国家公民"	以北京大兴机场为例，讲述在大兴机场建设中的人文设施和人文价值	组织学生对服务设施布局进行实地调查，如商场、地铁站等，绘制设施布局图并提出改进建议；找出服务性企业流程设计中的人文因素（如专门提供给残障人士等的一些设施布局）
生产流程	使学生了解国家项目式工程，感受中国在重大工程建设上取得的科技进步，增加学生的国家自豪感和荣誉感，以及在今后为祖国强大而努力奋斗的使命感	在介绍项目式布局时加入中国应对新冠疫情时雷神山、火神山医院的建设，让学生在了解生产流程的同时，感受中国的建设速度和中华儿女的团结精神	观看《大国重器》《超级工程》等国家纪录片，学习国家重大工程建设历程并分享感想，树立爱国主义情怀
产能管理	使学生了解中国企业在应对口罩产能需求中所做出的运营管理实践，培养学生作为企业管理人员需要具备的责任感	加入中国在抗疫过程中的口罩生产案例，讨论中国企业在口罩紧缺时迅速做出的产能转变，感受中国企业的应变能力和其中的管理精神	总结中国企业在提升口罩产能时所用到的具体运营管理方法；找出中国企业能够迅速提升产能背后的隐性成功因素，并分享自己的看法
质量管理	使学生理解产品质量的重要性，增强学生的责任感，使学生将来可以成为对产品质量重视并负责的管理人员；通过中国新冠疫苗研发的讲解，增强学生的爱国情怀和民族自豪感；通过对企业质量事件的讨论，树立学生正确的价值观	加入中国研发新冠疫苗历程的讲述，让学生体会产品质量的重要性，尤其是医疗、食品等行业质量大于天；同时，让学生感受在抗疫行动中的中国速度和国际主义精神；利用《中国制造2025》增加国家制造强国中有关质量的内容	搜集企业在质量管理上的相关事件并分析其影响，提出企业在质量管理上的改进措施，增强学生对企业质量管理的认识；要求学生分享对工匠精神与品质革命的见解，中国如何从制造大国变为制造强国；组织学生对中国消费者抢购日本马桶盖、电饭煲事件进行讨论

续表

章节知识点	思政育人目标	案例内容本土化	学生思政活动
全球采购；工厂选址	使学生了解中国供应链建设，以及中国在国际供应链中的角色变化和地位提升，感受国家的发展与强大，增强学生的国家自豪感，能向国外友人讲述中国在全球供应链中的作用	加入中国"一带一路"建设和中国港口建设的案例，使学生了解中国在国际供应链中的建设与地位提升；结合中国在全球气候变化中做出的贡献，增强学生对国家的了解与热爱；引用中国企业福耀玻璃在美国选址的案例，让学生更加了解中国企业实践和管理精神	调查中国物流行业的发展数据及物流企业发展状况，如菜鸟、京东等；观看国家纪录片《思路新纽带：中欧班列》《中国港口》等并分享感想，能够讲述其历程；组织学生讨论中国企业全球选址中所考虑的因素，观看福耀玻璃建厂纪录片《美国工厂》，并对纪录片中中国工厂建设涉及的人文和环境等因素分享自己的想法，培养学生的责任感

通过在国际教材中加入中国企业案例及相关国家案例资源的方式，让学生在开拓国外视野的同时，也能够清楚祖国的发展和中国企业的运营管理实践与民族精神，让学生树立正确的价值观、人生观、世界观。通过对学生思政活动的组织，让学生主动了解国家和中国企业发展现状，增强其对国家发展的认识，树立爱国主义情怀，培养学生的国家荣誉感与自豪感；同时，培养学生的责任感，为学生今后步入社会成为一名合格的企业管理人员打好基础。在学习过程中，锻炼学生使用英文对中国发展进行表达和分享，使学生日后走出国门，能够更好地向世界传达中国声音、分享中国精神。

（三）思政元素贯穿教学闭环，学习过程实施全面评价

华侨学院引用了国际教学模式中的学生评价体系，全面评价学生在课程学习中的过程表现，包括出勤、参与度、测验、作业、课程演讲和期末成绩等。基于此学生评价体系，为达到全方位"润物细无声"的隐性思政效果，让学生在学习专业知识的过程中自然而然地接受和树立正确的观点。该门课程利用线上平台和线下课堂，从课前、课中、课后的教学闭环中进行思政元素的融入，让思政元素贯穿课程的全过程，更全面地培养和评价学生的表现。

1. 课前部分。教师通过线上平台布置相关的学习任务，使学生明确学习

目标，带着问题开始有意识地主动学习，培养良好的学习习惯。通过线上平台的辅助，学生的预习情况可以进行数据记录，据此计入参与度成绩。

2. 课中部分。教师组织学生对中国案例进行讨论，积极参与课堂思政活动，鼓励学生积极发言和表达自己，帮助学生树立自信心，这也是学生在今后走出国门传达中国声音的重要前提。案例的选择紧密贴合所学内容，通过问题导向层层递进，引导学生利用所学知识解决问题，树立自信心。引入情感、态度、价值观等思政内容，为学生提供良好的学习感受和精神动力。

在课堂教学中，会出现个别学生不认真听取其他同学回答的情况。教师在此过程中注重引导学生，认真听取同学的答案，尊重每个人的观点是一种重要的品格，帮助学生树立正确的观念。教师也要以身作则，认真倾听每一位学生的回答并给予公正的评价，真正做到以身作则、言传身教。

3. 课后部分。在运营管理课程中，有不少具有重要意义的国家纪录片值得学生学习和思考，以帮助学生更好地了解国家发展。此类资料教师可以通过线上平台进行分享，并设置线上讨论区，组织学生在观看后分享自己的观点，教师通过在线教学平台为学生提供及时的指导和交流。通过在线学习平台收集学生的学习行为数据，教师可以观察学生的学习质量，进而对学生做出过程性评价，并将成绩计入相应评价成绩。

思政元素融入教学闭环的逻辑关系如图1所示。

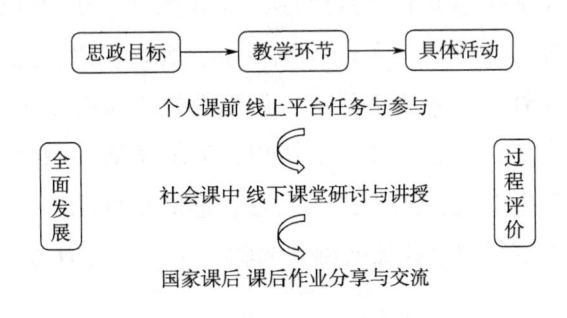

图1　思政元素贯穿教学闭环

在此教学设计的基础上，教师应定期进行必要的学生调查与反馈，了解教学过程中存在的问题，持续提升专业课程思政教学质量。

（四）课程演讲融入中国声音，调动学生进行主动思政

在课程学习过程中引入学生演讲和学生评价是华侨学院引入国际化教学模式的一项特色。通过课程演讲练习，学生可以学习应用运营管理课程中的专业知识，锻炼自己使用英文讲述中国发展和中国企业实践的能力，增强表达自己观点的自信。学生课程演讲可以在期中和期末两个时间段进行。在期末的学生课程演讲中，通过加分奖励的形式鼓励学生分析中国企业运营管理案例，或分析中国在全球供应链中的作用和地位。在以往学期的实践过程中，基本所有学生都愿意选择中国案例进行汇报。

在小组课程演讲汇报结束后，教师和学生都可以对小组的演讲内容进行提问，在此过程中培养学生的团队合作精神，加深其对中国发展和中国企业运营管理实践的认识，提升学生向世界传达中国声音和中国精神的能力。

五、结语

国际化教育模式中的课程思政探索还有很长的路要走，在课程思政探索的路程上，笔者也深切体会到课程思政不仅是在课程中融入思政元素并单向地向学生渗透，课程思政的过程中，身为教育者也在受到思政教育。学生的职业道德观首先来源于教师，学生个人的行为规范也会受到教师的影响。因此，从备课到教学以及教学管理的各个环节，教师都应当认真对待，深思熟虑、精心准备，让学生感受到认真严谨的职业态度。在课程讲述过程中，通过讲解生活案例等有效手段，实现春风化雨、润物无声，把立德树人的根本要求落实下来。此外，还要严于律己，做到考勤上按时上下课，思想上爱学生、爱学校、爱国家，树立无私奉献精神，为教学活动做好表率。在此基础上，实现教师与学生双向促进，让课程思政形成良性循环，以实际行为践行在国际化教育模式下课程思政如何做到润物无声、久久为功。

参考文献

[1] 立德树人，为民族复兴提供人才支撑：学习贯彻习近平总书记在全国高

校思想政治工作会议重要讲话[EB/OL].(2016-12-08)[2022-09-30].http://www.xinhuanet.com/politics/2016-12/08/c_1120083340.htm.

[2] 韩宪洲. 以课程思政推动立德树人的实践创新[J]. 中国高等教育，2020(1).

[3] 习近平总书记在中共第十九次全国代表大会上的报告[EB/OL].(2017-10-28)[2022-10-11]. http://cpc.people.com.cn/n1/2017/1028/c64094-29613660.html.

[4] 习近平在欧美同学会成立100周年庆祝大会上的讲话[EB/OL].(2013-10-22)[2022-09-30]. http://cpc.people.com.cn/n/2013/1022/c64094-23281641.html.

[5] 陈志祥. 生产与运作管理[M]. 北京：机械工业出版社，2020.

[6] 王英龙，曹茂永. 课程思政，我们这样设计[M]. 北京：清华大学出版社，2020.

[7] 同济大学本科生院，同济大学高等教育研究所. 课程思政与立德树人[M]. 上海：同济大学出版社，2020.

[8] 陈志祥. 生产与运作管理[M]. 北京：机械工业出版社，2020.

[9] 马风才. 运营管理[M]. 北京：机械工业出版社，2021.

[10] 曹东勃. 新时代高校思政育人探索[M]. 上海：上海财经大学出版社，2020.

[11] 于向东. 围绕立德树人根本任务探索思政课程与课程思政有机结合[EB/OL].(2019-03-27)[2022-09-30]. https://epaper.gmw.cn/gmrb/html/2019-03/27/nw.D110000gmrb_20190327_1-06.htm.

[12] 高德毅，宗爱东. 课程思政：有效发挥课堂育人主渠道作用的必然选择[J]. 思想理论教育导刊，2017(2).

[13] 刘伟杰."工匠精神"培育融入大学生思想政治教育的价值与路径研究[J]. 思想教育研究，2019(5).

思政教育融入税法课程的教学设计
——以消费税税制为例

张春平　蔡金洪　彭禧璠[①]

【摘　要】高等院校的专业课程建设必须引发大学生对其应肩负的重大历史使命和对中国特色社会主义道路的深度思考，各个专业课程要切实根据课程的特色有针对性地融入思政教育元素。本文以消费税税制课程为切入点，深度分析税制要素，挖掘思政理念，如国家对征税范围的选择、不同税率的安排、征税方式的设计等要素，综合体现出"寓禁于征"的精神、"绿水青山就是金山银山"的绿色环保发展理念、调节收入分配差异维持社会公平的目的、引导大众构建良好的价值观和消费观的作用、促进科技创新辅助构建新发展格局的经济效应等。结合行业分析税收政策调节产业结构的效果及促进产业绿色发展的途径，并根据消费税制约消费升级、不适应经济发展状况、"绿化"程度弱等不足从税制和征管角度分别给出对应的优化方法。

【关键词】中国税制；课程思政；税制改革；消费税；税收法制

2019年8月14日，中共中央办公厅、国务院办公厅印发《关于深化新时代学校思想政治理论课改革创新的若干意见》（以下简称《意见》），《意见》介绍了新时代我国思想政治理论课的重要意义和总体要求，提出新时代课程思政要以"立德树人"为根本任务，要完善思政课课程教材体系，要着力建设一支政治强、情怀深、思维新、视野广、自律严、人格正的思政课教师队伍，要不断增强思政课的思想性、理论性和亲和力、针对性，要坚实加强党

---

① 作者简介：张春平，首都经济贸易大学财政税务学院副教授，硕士研究生导师；蔡金洪，首都经济贸易大学财政税务学院硕士研究生；彭禧璠，首都经济贸易大学财政税务学院硕士研究生。

对思政课建设的领导。办好思政课,要放在世界百年未有之大变局、党和国家事业发展全局中来看待,要从坚持和发展中国特色社会主义、建设社会主义现代化强国、实现中华民族伟大复兴的高度来对待。《意见》中提出了"培养什么人、怎样培养人、为谁培养人"这一重大实践问题,这提醒着各大高校不仅要注重专业教学,还应将思想政治教育贯彻落实于学校人才培养体系,以往的思想政治类课程已无法满足新时代人才培养的需要。因此,推行并完善高校课程思政体系,协调不同专业课程与思想政治理论课发挥协同育人作用已成为新时代加强高等院校人才培养的重中之重。

一、税制课程税收理论和思政的学理要义

(一) 税制课程思政的税收理论

1. 量能课税。税收的量能课税理论又叫支付能力原则,指的是按照纳税人的支付能力或负担能力来分担税收,支付能力大者多纳税,支付能力小者少纳税,支付能力相同者负担相同的税收,支付能力不同者负担不同的税收。例如,对高尔夫球、游艇等一些奢侈品和高档消费品课征消费税就是对税收负担能力较强的高收入人群课征税收。

2. 基尼系数。基尼系数是指国际上通用的、用以衡量一个国家或地区居民收入差距的常用指标。经济学家们通常用基尼指数来表现一个国家和地区的财富分配状况,这个数值在 0 和 1 之间,数值低就表明社会成员之间的财富分配越均匀;反之亦然。近年来,我国消费税通过调节国民收入分配差异及维持社会收入平衡对基尼系数的逐年降低做出了巨大贡献。

3. 税收超额负担。税收的超额负担指的是政府征税导致纳税人的福利损失大于政府所取得的税收收入的部分,具体可以用消费者剩余和生产者剩余的净损失来衡量。一种税之所以会产生超额负担,根本原因就在于替代效应。由于替代效应所产生的效用损失无法用税收及其收益来弥补,因而构成税收的超额负担。消费税是国家对特定消费品强制课征的一种商品税,这不可避免地会产生替代效应,进而造成效率损失或税收超额负担。

4. 供需弹性。供需弹性指的是供给弹性和需求弹性,由于税负转嫁与商品交易中价格的升降有直接的联系,因而税负转嫁的实现以及转嫁的程度必然会受到商品价格变动可能性的约束，而且商品价格的供需弹性是影响税负转嫁程度的一个关键性因素。政府对特定消费品课征消费税会导致商品的价格上升，根据供需弹性变化设计税目和税率可辅助政府达成"寓禁于征"的目的。

5. 税收中性。传统的税收中性理论是基于税收会带来超额负担这一论断而提出来的，它要求税收除了使人民缴纳税款以外，尽量不再承担其他额外负担或经济损失。随着经济活动的日趋复杂和理论研究的不断深入，税收中性原则的含义又在传统理论的基础上有了一定程度的引申，已不仅是指尽量避免经济活动主体因纳税而遭受额外负担，而是要使税收对各种经济活动所发生的消极影响减少到最低限度。消费税是我国的辅助税种，其征税行为往往伴随政府特定的经济效益目标及调节大众消费行为的目的，税收非中性体现得较为显著。

（二）税制课程思政建设对于全面提升人才培养质量具有重要意义

消费税是我国税收制度安排中不可或缺的一个税种制度，其征税目的与作用在我国税制中也是不可替代的。在高校消费税税制的教学中加入思想政治教育有着得天独厚的优势，其原因在于：我国消费税的征税并非以筹集财政收入为第一要义，而是以落实国家宏观经济意图，引导和培养国民构建正确的公平观、消费观、价值观为主要目的。因此，在该课程的教学中深度融入思政元素既促进了学生们对于消费税专业知识的掌握，更有利于厚植学生的爱国主义情怀，帮助学生树立正确的公平观、公正观、法治观，加强对学生的社会主义核心价值观教育，发挥协同育人的作用，全面提升新时代税收人才培养的质量。

税收乃国之根本，税收政策也就是国家意志的高度体现。由于税收专业离不开文件、政策的学习，而政府出台的政策文件中，通常包含着政策的指导思想。在新时代教学工作当中，税收专业教师在讲授专业课知识的同时，需充分结合党的思想政治要素，通过政策内容引出思政内容，不仅要向学生介绍政策实行的目的和预期达到的效果，使学生对各类专业文件有更深层次的掌握和理解；更要向学生传递健康的思想意识，增强高知识群体正确的纳税观念，激发高知识群体对我国经济发展和税收改革成就的理性认同，进而全面强化新时代人才的法治意识，构建税收诚信体系，为社会持续不断地输送全面型税收人才,更好地促进社会主义市场经济的健康发展、建成社会主义现代化强国。

(三) 全面开展课程思政建设是实现立德树人的根本任务战略举措

当前,我国高等教育正处于深刻变革时期。为了进一步落实立德树人的根本任务,推进三全育人综合改革的战略举措,深入贯彻落实习近平总书记在学校思想政治理论课教师座谈会上的重要讲话精神,各高校开展课程思政建设,进一步研究思想政治理论课基本规律和重大问题,推动思想政治理论课改革创新。立足新时代的背景下,进一步提高专业建设水平,提升人才培养质量的总基调,在专业思政框架下深化课程思政建设,培养出更具备家国情怀、高尚个人修养、系统理论学习能力以及创新能力的社会主义建设者和接班人是十分必要的。在新时代新发展格局下如何在教育领域内实现立德树人和育人为本成为摆在每一个教育工作者面前的重大课题,这需要从顶层设计上把控方向,从而构造教学内容和形式相结合的教学中层结构以及思政教育与税收专业知识传授相结合的教学深层结构。立德树人这一根本任务的实现需要把价值塑造、知识传授和能力培养有机结合起来,不能分割开来。全面开展课程思政建设是寓价值观指导于知识传授与能力培养中,有利于学生树立正确的世界观、人生观和价值观,是培养人才的应有之义,也是必要之举。这一战略举措影响乃至决定了国家的长治久安、民族的复兴与崛起。《高等学校课程思政建设指导纲要》明确提出:必须抓住教师队伍这个"主力军",抓住课程建设这个"主战场",抓住课堂教学这个"主渠道",让全体高校、全体教师、全体课程担负起育人的重任,守一段渠道,种一方责任田,实现各课程与思政课程同时并举,把显性教育与隐性教育有机统一起来,产生协同效应,打造全员全程全方位育人的整体格局。

著名教育家德怀特·艾伦(Dwight W. Allen)说过,假如我们的教育能让学生更有智慧,而不是让学生更有道德的话,那很明显我们就是在给社会制造伤害。对于税收专业来讲,教师在注重税收专业内容、案例的鲜活性与实务性基础上,要更加重视以"立德"为育人的主体导向和以"树人"为目标的授课过程。税收是国家为了实现其职能,参与国民收入分配所体现出的一种分配关系。税收作为一种分配关系,取之于民,用之于民,是关乎国计民生的大事。我国的消费税事关国民经济运行以及纳税人的利益，其征收模式、已纳税款扣除，以及为了更好地完成产业转型升级而出台的相应政策处处体现着税收的分配思想以及我国特色社会主义的核心价值观培养导向。随着社会的不断进步，基于个体和公共的利益、责任有机结合的理性公共意识成为主流，培养具有理性公共意识的公民也是高校思政课程的使命所在。因此，将思政内容融入消费税课程中，不仅关系到学生家国情怀的培育，更涉及学生的公共精神、社会责任意识的养成。将"立德树人"这一根本任务融入消费税课程的教学中，不仅能够强化学生的税收法治意识，还能提升其对税收法律制度的自觉认可、敬畏、遵从的程度，从而培养出"明大德""守公德"的全面型税收人才。

二、新发展格局下我国消费税征税目的

(一) 我国消费税征税目的解析

课程思政是高校思想政治工作的重要组成部分，是高校全面、系统落实立德树人根本任务的重要载体。注重理论阐释与现实焦点问题分析的结合，提升思政教育的思想性、理论性、针对性和亲和力，鼓励学生在深化思辨中提高认识，树立正确的世界观、人生观、价值观，自觉培育和践行社会主义核心价值观将成为高校思政课程建设过程中的重中之重。明确消费税的征税目的有利于增强思想政治教育在税收课程教学中的融合性和协调性。我国的消费税在税收正式制度安排中主要是作为辅助税种存在的，体现的是国家的产业政策取向、宏观经济意图和引导国民消费的目的。为更好地与思政内容相结合，应以中央对课程思政建设的总体要求为基本遵循，以经济学科属性、税务专业定位和培养目标为出发点进行探索。因此，消费税在选择课税对象时主要考虑以下几个因素。

1. 体现"寓禁于征"的精神。我国消费税的课税对象包含一些过度消费会对身心健康和社会秩序等方面造成危害的特殊消费品，例如对烟和酒等不利于身心健康的商品课征消费税。从经济学意义上来说，对此类商品课征消费税是有目的性的影响消费者行为。所谓消费者行为指的是为了获得最大的效用满足程度，消费者在使用归自己支配的收入方面所作出的决策，对烟酒

等商品课征消费税对于消费者行为的影响主要集中在收入效应上，具体表现为政府课征消费税之后消费者实际可支配收入出现下降，从而降低了该类商品的购买量，而处于较低的消费水平上。久而久之，烟酒等特定商品的消费者会根据自身的实际可支配收入规模调整对于该类商品的依赖程度。课程思政在教育理念层面的突破，主要体现在将课程的教育性提升至思政教育的高度，高校思政课实践教学坚持知识理论联系社会实际，始终坚持马克思主义指导地位，传播社会主义先进思想文化。明确消费税的目的在于以此来实现引导人们构建正向积极的消费观和价值观的目的。

2. 调节产业结构。如对实木地板和一次性原木筷子等负外部性较大或浪费有限资源等的商品的课征消费税，可以引导人们更多地选择复合木地板和其他材料制成的一次性筷子，达到正向的产业升级目标。

3. 包含"绿色税制"性质。如对电池和燃料等耗费能源资源较多和环境污染严重的商品的课征消费税，在一定程度上可以保护环境，守住"绿水青山"，进而培养人们的爱国情怀和担当意识。

4. 调节收入分配。如对高尔夫球、游艇等一些奢侈品和高档消费品的课征消费税，有利于发挥税收的公平和再分配的职能，构建体现效率、促进公平的收入分配体系，进一步推动共同富裕。国家税收取之于民用之于民，以培养大学生科学发展观和辩证思考能力使其明确征税目的而自觉纳税，加强宣传消费税对于社会公平和经济发展的促进机制。

(二) 不同视角下消费税的作用

我国消费税的征税目的相当于政府之于经济产业或特定纳税群体的一种正向影响预期，而作用则是消费税落实到具体行业或纳税群体后所体现出的一种经济效益，因此需从不同视角来分析和讲授消费税的作用，培养同学们的辩证思考能力，更好地配合课程完成思政教育的顶层设计。

1. 国家财政视角下消费税的作用。考察世界各个国家的税收史，消费税都是国家获取充裕财政收入的有力保障，但在部分经济发达国家采用以所得税为主体税种的税制模式后，消费税占税收收入总额的比重有较大幅度的下降，但在发展中国家，消费税收入仍占较大的比重。我国的消费税属于商品税的一种，也是我国主体税种增值税的辅助税种。在国家财政视角下，消费税的一个重要作用仍是为政府取得充裕而有弹性的财政收入。随着近两年我国进入新发展时期，社会经济蓬勃向上，我国经济市场内的消费品日渐丰富，虽然消费税是以列举法选择部分消费品作为课税对象，仅对特定消费品征税，但这些消费品大多具有生产集中、产销量大、税源集中和征收便利等特征，因而获得的财政收入十分充裕。

2. 社会经济视角下消费税的作用。通过课税对象的选择和差别税率的安排，消费税可以被政府用来配合相关社会经济政策的实现。基于某种经济政策方面的考虑，政府若要对某种产品的生产和消费加以限制，则可课以较高税率的消费税。例如，各国对生活必需品基本不征收消费税，即使征税，税率往往也规定得比较低；而对于高档消费品和部分生活非必需品，一般都规定较高的税率，尤其对于有害健康的消费品（如烟和酒），各国的消费税制均课以重税，迫使消费者减少相应的消费，以达到"寓禁于征"的效应。

3. 纳税人视角下消费税的作用。我国的主体税种增值税一直作为"中性税种"而存在，其主要作用是为政府筹集充足稳定的财政收入；而与增值税关系最为密切的消费税则在很大程度上体现出"非中性"，其重要的作用就是调节收入分配和正确引导构建大众的消费观、价值观。增值税具有"累退性"，在现实生活中，消费者的边际消费倾向通常随着收入的提高而减少，所以个人消费支出占其收入的比重随个人收入的增加而下降。换句话说，高净值收入人群的消费支出占其收入的比例相比低净值收入人群的比例更低，这并不利于维持税收的公平性，也不利于调节收入分配；而消费税作为增值税的辅助税种可以在一定程度上平衡这种"累退性"，通过课税对象和税率的设计，有选择性地对高档次消费品课征消费税，例如我国将高档手表和超豪华小汽车等消费品纳入课税对象，这就是有目的性的针对高净值收入人群课征消费税，以此来达到调节收入分配的作用。此外，消费税还可以利用上述办法达到正确引导构建大众消费观和价值观的作用，例如我国对烟和酒课征消费税主要是为了通过税收间接提高该类有害身体健康的消费品的价格，从而产生收入效应和替代效应，一方面消费者消费该类商品会更多地减少其可支配收入从而减少消费需求；另一方面由于价格上升，消费者转而选择消费替代产品，此两种效应共同影响消费者的自由选择能力，最终达到抑制不良消费、引导构建积极的大众消费观和价值观的作用。

（三）社会主义核心价值观贯穿消费税税制

上述内容具体分析了我国消费税的目的和作用，而作为高校教师，更为重要的就是在教学过程中不仅要培养学生掌握正确的消费税税收理念与知识，也要重视价值塑造，应将思政元素如"家国情怀、制度自信、文化自信、遵纪守法、敬业守业"等充分融入日常教学过程中。习近平总书记提出"要用好课堂教学这个主渠道，思想政治理论课要坚持在改进中加强，提升思想政治教育亲和力和针对性，满足学生成长发展需求和期待，其他各门课都要守好一段渠、种好责任田，使各类课程与思想政治理论课同向同行，形成协同效应"。在日常教学中把专业知识内容和思政教育内容结合并非易事，要做到像调味品加入美食中一样，力求润物细无声，在潜移默化中向学生们传授思想政治内容。通过分析税收公共需要说、交换说、义务说等税收根据理论阐明税收在履行国家职能方面的重大影响，从而进一步提高"家国情怀"意识，培养高校学生的责任和担当；"偷逃税"的案例分析将有利于引导学生为人要"诚实守信"，注重中国传统优秀文化中的诚信思政元素，养成诚信做人的品质和诚信纳税意识，构建税收诚信体系；基于立法精神对消费税这一税种的解读，是对"依法治税""遵纪守法"的体现；从高知识群体征纳双方角度研究提高纳税遵从度的路径，则是以期能激发学生的兴趣，站在不同角度体会"敬业守业"。要充分利用课堂教学引导学生自发地认识和接受思政教育内容，注重结合实践和认识的关系和规律，通过不同涉税案例培养学生的辩证思维能力，积极调动起自我思考气氛并引领讨论课堂上同学提出的不同观点，带着同学们在思考中学习、在思考中认识、在思考中实践，培养出具有社会主义核心价值观、不畏艰难险阻、勇于在激烈的社会竞争中散发光芒的新一代税收人才。

三、我国消费税的主要要素

（一）消费税的纳税义务人与扣缴义务人

消费税的纳税义务人与扣缴义务人是消费税要素中的重要组成部分，在高校税收课程专业教师传授这部分知识内容时，要将相关法律条文规定同思政和理解内容相结合，不能仅讲明消费税的正式制度安排，还要引导学生站在社会发展的大局观上学习，深刻理解要素内容和背后的思政内涵，帮助高校学生强化法治意识、构建税收诚信体系。

根据税法规定，消费税的纳税义务人是指在中华人民共和国境内生产、委托加工和进口本条例规定的消费品的单位和个人，以及国务院确定的销售《消费税暂行条例》规定的消费品的其他单位和个人，为消费税的纳税人。所称单位，是指企业、行政单位、事业单位、军事单位、社会团体及其他单位。所称个人，是指个体工商户及其他个人。所称在中华人民共和国境内，是指生产、委托加工和进口属于应当缴纳消费税的消费品的起运地或者所在地在境内。

消费税的扣缴义务人可分为以下两种情况：一是委托加工的应税消费品，除受托方为个人外，由受托方在向委托方交货时代收代缴税款。二是跨境电子商务零售进口商品按照货物征收进口环节消费税，购买跨境电子商务零售进口商品的个人作为纳税义务人，电子商务企业、电子商务交易平台企业或物流企业可作为代收代缴义务人。

为什么区分出这两种情况呢？我们可以引导学生通过思考背后的涉税问题来进一步加深理解。在上述章节笔者已经阐明了我国消费税的四大目的，但显然如果没有配套的征管手段，目的也很难有效地实现。这两种情况便是考虑到了这类问题，在征管上采取这种代扣代缴的方式可以有效地避免税基侵蚀，使税务机关能够做到源泉征缴，不用耗费更多的人力物力来向个人散户征收税款，进一步提高了税务机关的行政效率，避免了个人纳税不遵从的情况，在社会经济的层面上也降低了消费税所带来的税收超额负担。

（二）消费税的征税范围

在讲授消费税征税范围的税收法律制度规定之前，从前章的教学内容来看，学生已经学会并理解我国消费税的目的和作用，因此我们可以在教学这部分内容时先引导同学开拓思维，让其站在社会经济、税收部门、纳税人等不同角度来思考消费税应该大致涵盖哪些类型的消费品，而后再教学税目内容。

从税制上看，我国现行消费税税目总共有十五个，若要让学生们深刻理解这部分知识，可以采取按照不同种类的消费品分类讲解，分别对照前章的消费税的征税目的和作用介绍。例如我国消费税税目可细分为以下四类消费品：第一类是有害身体健康的消费品，主要包含烟和酒；第二类是高档消费品，主要包含高档化妆品、贵重首饰及珠宝玉石、高尔夫球及球具、高档手表、游艇；第三类是不可再生类消费品，主要包含成品油、木制一次性筷子、实木地板；第四类是环境污染型消费品，主要包含鞭炮及焰火、摩托车、小汽车、电池、涂料。

专业知识在课堂教学中固然重要，但传授学术思想和思想政治教育也不容小觑。以分类的方式讲授消费税征税范围不仅可以深化学生们对于消费税的征税目的和作用等专业性的认识，还可以引发其对于其他非应税消费品的思考，进而结合中国特色社会主义发展历程对消费税的沿革进行深入剖析，在过程中注重科学发展观的学习，发挥专业课的育人功能和价值。

（三）消费税不同纳税环节的成因

我国消费税的纳税环节比较特殊，不同于其他税种的单环节纳税，按纳税次数可分为双环节纳税消费品和单环节纳税消费品。根据笔者以往的教学经验，同学们在学习这部分内容时很容易混淆，部分同学虽然学会了却也并非清楚其设置不同纳税环节的成因。因此，在教学中要注重从理解的角度出发，灵活运用不同的教学方法例如提问、角色代入、小组讨论等来激发同学学习的主动性，提高教学效率和效果。

我国消费税的双环节纳税消费品包含两种，卷烟是在生产或委托加工或进口环节和批发环节纳税，超豪华小汽车是在生产或委托加工或进口环节和零售环节纳税。单环节纳税消费品有一类特殊消费品即金银铂钻，仅在零售环节纳税，其他应税消费品均属于单环节纳税消费品，在生产或委托加工或进口环节纳税。

消费税在不同环节纳税的成因涉及理论和实务，讲解这一部分专业内容可充分培养学生们辩证思维的能力，在课堂上可用提问题的方式引发学生深入思考，先让同学们的思想产生碰撞，再从理论和实务两个层面去教授内容。例如在流通环节缴纳消费税可以分为两种情况。一种是在单一流通环节缴纳消费税，如金银首饰、铂金、钻石仅在零售环节缴纳消费税。溯及既往，金

603

银铂钻在零售环节缴纳消费税的设计并非一以贯之，而是于1995年调整而来的（参见《关于调整金银首饰消费税纳税环节有关问题的通知》（财税字〔1994〕95号））。金银首饰不同于其他消费品，其使用、佩戴后并不会发生大的质变，因此也使以旧换新成为可能。在零售环节缴纳消费税，便于金银首饰以旧换新业务发生时，按照实际收取的价款计征消费税。这与增值税对金银首饰以旧换新的处理方式是相同的。因此，镀金、镀银的首饰并不在零售环节缴纳消费税。另一种是流通环节缴纳消费税的情况，即在生产、进口、委托加工环节缴纳消费税后，又在流通环节加征一道消费税，例如卷烟和超豪华小汽车。在这一部分内容的教学上我们可以先抛出为何不同消费品采取不同纳税环节的问题，引导同学们拓宽思路自主思考。可以选择在课堂上利用角色代入和模拟经营的方式培养思考能力，例如假设一部分学生经营卷烟生产企业，另一部分学生经营卷烟批发企业，剩下学生经营卷烟原料生产企业，当情况为单环节纳税时，各个企业如何操作可以最大程度地降低企业的纳税负担并达到自身企业利益最大化。这种代入讨论式的教育方式可以有效调动学生们学习和思考的积极性，加深其对于消费税各个要素的理解，在辩证思维的培养中使学生更进一步体会设计不同纳税环节的充分性和必要性，巩固专业知识的同时理解其要素背后的税收原理。

（四）财政政策辅助落实消费税征税作用

对于课堂上消费税的教学不仅需要在理论层面上下足功夫，更要注重结合相关财政政策进行实务教学。根据笔者多年的教学经验，想要让学生们掌握这一模块的内容并非易事，首先，在高等教育阶段中学生们大多没有相关的工作经验，即便有也仅为专业性较弱的基础工作经验，对税收实务并不了解。其次，当前社会上的大学生思考问题的模式不成熟，大多是以感性为主导方式的思维，并不完全具有理性的自我思考能力。再次，税收领域的财政政策通常蕴含着一般或特殊的带有时效性的经济意图和取向，需要结合相关产业乃至整个国家的经济状况加以分析。最后，课堂上的授课时间也是有限的，很难将税收政策的发布背景、具体细节、预期作用等全部讲懂讲透。但难讲并不等同于不讲，反而要细讲、精讲、研讲，这一模块内容的教学对于培养学生自主思考能力尤为重要，同时还可以培养学生分析税收政策、解读税收政策的能力,这回答了《意见》中"培养什么人、怎样培养人、为谁培养人"这一重大实践问题。

我们以新能源汽车为例来说明财政政策是如何辅助消费税作用的落实。近十年来,国际环保问题日益严峻,世界上各个经济发达国家及老牌工业国家纷纷开始大力发展新能源产业,其中也包括我国。在传统的内燃机制造领域,我国在国际上并不具有核心技术,也无法在世界汽车销售市场中占有一席之地,但新能源汽车产业的发展给我国带来了"弯道超车"的好时机。在新能源领域,所有国家都处于同一起跑线,我们也意识到了在环境污染日趋严重的现代社会只有"青山绿水才是金山银山"这一本质问题,大力发展新能源行业是我国掌握未来社会发展主动权的一招定心剂,其中就包括了新能源汽车产业。但是在文件《消费税征收范围注释》(国税发〔1993〕153号)中,并没有明确规定小汽车消耗的燃料是否包含电力,汽车制造商也并不明晰电动汽车是否属于消费税的征税范围。但近年来随着能源问题日益突出,国家从节约能源、加强环保的角度考虑,对电动汽车的征税问题又做了特别规定。在《财政部、国家税务总局关于调整和完善消费税政策的通知》(财税〔2006〕33号)中明确规定:"汽车(税目)是指由动力驱动,具有四个或四个以上车轮的非轨道承载的车辆。电动汽车不属于本税目征收范围。"这一文件明确地说明了新能源电动汽车不属于应税消费品,其制造商在生产电动汽车时也不需要申报缴纳消费税。2010年6月,财政部等多部委还联合发布《关于开展私人购买新能源汽车补贴试点的通知》,文件规定中央财政对试点城市私人购买、登记注册和使用的插电式混合动力乘用车和纯电动乘用车给予一次性补贴。在新能源汽车的生产上,制造商无须像传统汽车那样就该类汽车缴纳消费税;在流通上,政府给予新能源电动汽车较大的福利津贴,使消费者更倾向于购买电动汽车。这样一来,不仅促进了新能源汽车产业的发展,还连带着附属产业例如锂电池、电动机、复合材料等环境友好型产业快速发展,既达到了消费税对电动汽车选择性课征从而保护环境的目的,还引导了消费者构建起低碳出行的绿色消费观,又能让国家在新能源技术领域达到"弯道超车"的目标,掌握新能源领域发展的主动权。

(五) 关于消费税税制改革的讨论

我国消费税税制经历过的历次改革都与时代的经济发展导向密切相关。这部分知识需要学生们站在消费税乃至整个中国税制的发展进程上来学习，深刻体会不同时期中国经济发展的脉搏，培养其善于发现、勇于探索的学习精神。在课程中要着重看学生是否学会运用辩证唯物主义和历史唯物主义的立场和观点分析问题，是否学会运用历史思维、辩证思维、系统思维、创新思维、底线思维去把握历史和时代的发展方向、社会生活的主流和支流、现象和本质。学习我国消费税税制变迁的重要节点，有助于培养学生明辨是非的能力和构建良好的科学发展观，提升其自主思考的意识。我国消费税的税制改革大体可分为三个阶段，分别是设立阶段、发展阶段、完善阶段，体现了税种的职能和目的在跟随国家经济发展导向逐步改变。

消费税的设立阶段是 1950—1993 年。1950 年 1 月，我国曾在全国范围内统一征收了特种消费税，当时的征收范围只限于电影戏剧及娱乐、舞厅、筵席、冷食、旅馆等消费行为。但随着计划经济体制的确立，我国的商品经济发生巨大改变；同期由苏联传入我国的"非税论"大行其道，税收一度被认为是公有制经济和社会主义分配关系不相容的"异物"，于是在 1953 年修订税制时废除了特种消费税。这是我国在新中国成立初期于经济市场内对税收制度改革的一次大胆试错，任何国家的税制发展历程都是坎坷且波折的，我们要教导学生们正视税收发展历史，深刻反思改革过程中的得与失，总结出税制发展经验，要具有大局观和时代观，用前人的实践经验来进一步培养当前时代税收人才的税制发展眼光。

1989 年，针对当时流通领域出现的彩色电视机、小轿车等商品供不应求的经济现象，国家为了调节个人消费和市场的经济状况，从 1989 年 2 月 1 日起在全国范围内对彩色电视机和小轿车开征了特别消费税；后来，由于彩色电视机市场供求状况有了改善，我国在 1992 年 4 月 24 日取消了对彩色电视机征收的特别消费税。特别消费税的诞生是国家出于经济问题和发展考量而对特殊商品征收的一种税，往往仅对具有经济实质问题的消费品选择性课征，满足政府某种短期的经济意图。

消费税的发展阶段是 1993—2006 年。1993 年 12 月 13 日，国务院颁布了

《中华人民共和国消费税暂行条例》，1993 年 12 月 25 日，财政部发布了《中华人民共和国消费税暂行条例实施细则》，自 1994 年 1 月 1 日起对 11 种需要限制或调节的消费品开征了消费税，根据国家产业政策和消费政策的要求，对消费品有选择的征收消费税。这便是中国税制发展历史进程上最著名的改革事件，也被称作"94 税改"，自此消费税、增值税、营业税、关税等相配合，构成我国流转税新体系。1994 年开征的消费税最初的目标是配合产品税改革，弥补改革过程中可能出现的税收收入缺口，即为政府取得充足的财政收入。"94 税改"源于计划经济转向市场经济的经济体制转型，是为了解决以往低效、混乱、存在很多问题的税制的一次建章立制大刀阔斧的改革，基本做到了税收制度的现代化变革，税制发展的大方向由此确定，消费税作为辅助税种的身份和地位也就此确立。这体现了中国共产党在改革大事上明辨是非的能力，敢于做出正确决策的勇气，凸显了中国共产党将辩证思维与历史眼光结合的历史思维能力，这种勇于求索的精神值得当代大学生认真学习和体会。

消费税的完善阶段从 2006 年开始到现在。自 2006 年起，国家为了完善消费税税制，数次对其征税范围进行调整和修订，出台相关的税收优惠政策，例如 2006 年国家对消费税的征收范围进行调整，自 2006 年 4 月 1 日起，将石脑油、润滑油、溶剂油、航空煤油、燃料油、高尔夫球及球具、木制一次性筷子、实木地板、游艇、高档手表纳入消费税征收范围，取消了护肤护发品税目，并调整了白酒、小汽车、摩托车、汽车轮胎的税率。这次改革奠定了消费税调节收入分配和调节产业结构的目的，也起到了一定的引导消费者构建良好的价值观、消费观的作用。尤其是取消了护肤护发品税目，这表明国家把老百姓的民生问题放到了更高的位置上，更进一步地为民办事，为民服务，体现了国家以人为本，深刻贯彻了马克思主义的唯物史观，恪守"江山就是人民，人民就是江山"这一治国真理。

再例如 2020 年，国家为了疫情防控，遏制新冠疫情的进一步恶化，出台了相关的税收优惠政策。《财政部 税务总局关于支持新型冠状病毒感染的肺炎疫情防控有关捐赠税收政策的公告》（财政部 税务总局公告 2020 年第 9 号）规定，"单位和个体工商户将自产、委托加工或购买的货物，通过公益性社会组织和县级以上人民政府及其部门等国家机关，或者直接向承担疫情防治任务的医院，无偿捐赠用于应对新型冠状病毒感染的肺炎疫情的，免征增值税、消费税、城市维护建设税、教育费附加、地方教育附加"。这意味着不仅抗疫相关的药物类物资可以免税，无偿捐赠用于抗疫的其他物资也可以在一定程度上免征增值税、消费税等税款。这体现中国共产党面对世界性重大疫情雷厉风行、调动一切资源挡在人民前面抗击疫情，从最高人民政府到基层党员都有组织有纪律地冲在战疫的最前线，不怕苦不怕累，最终取得了优异成果，成为世界上独一份的抗疫模范国家。当代大学生是有历史担当的一代青年，是实现中华民族伟大复兴的主力军，也是未来强国富民的中流砥柱，我们更应该在课堂上鼓励大学生去学习这种抗疫精神，增强内忧外患的意识，坚持党的领导，正确判断形势，深刻认识国情，辩证地看待一切问题。

四、当前经济形势下消费税的特点及不足

（一）消费税的特点

消费税是我国的主要税种之一，也是我国主体税种增值税的辅助税种，消费税和增值税皆属于商品税的一种，因此将消费税与增值税做对比分析可以更加明确地得出消费税的特点。

与增值税不同，消费税的主要征税目的并非为政府筹集充裕有弹性的财政收入，其在税目的确定上具有选择性，我国的消费税又被称为"特种行为消费税"，税种中包含的税目是以列举法呈现出来的，不会像增值税那样对一些生活必需品课征，其目的在前面已做了充分说明。

相比于增值税的"链条"征收法，消费税的征税环节更多地显现出单一性，主要包括三个主要环节和两个特殊环节。三个主要环节为生产、委托加工、进口环节；两个特殊环节是卷烟的批发环节和超豪华小汽车及金银首饰的零售环节。增值税的"链条"设计主要是为了避免企业偷逃税款等导致增值税税源流失而使"链条"的上下游企业相互勾稽，互相监督；而消费税征税环节的设计则更具有灵活性和实务性，且与征税目的相联系。

此外，消费税的征收方式还具有灵活性，具体包括从价定率、从量定额、从价定率与从量定额复合计税这三种方式。

(二) 消费税的不足之处

在课堂教育中，教授学生们正确认识和学习消费税税制及要素等专业内容固然重要，但仅仅如此引导学生进行辩证思考则会有些局限，我们也更应该鼓励学生在理解专业内容的基础上反思税制要素存在的不足之处，进一步激发学生的学习兴趣和辩证思考能力。

从1950年1月我国开征的特种消费税起，到1993年国务院颁布《中华人民共和国消费税暂行条例》，再到现如今，我国的消费税税制已经经历了数次调整和修订，但放在当今的新发展格局里来看，现行的消费税税制仍与当前时代发展进程有一定程度上的不匹配，这种不匹配具体表现为以下五个方面。

1. 征税范围存在制约消费升级的情况。2021年"十四五"规划纲要明确提出要"全面促进消费，顺应居民消费升级趋势，把扩大消费同改善人民生活品质结合起来，促进消费向绿色、健康、安全发展，稳步提高居民消费水平"。在当前世界正经历百年未有之大变局时期，我国更需要扭住扩大内需这一战略基点，要扩大国内消费市场，形成国内大循环。而我国现行的消费税税制却在一定程度上阻碍了消费升级这一发展趋势。例如，消费税税制中的"高档化妆品"这一税目，在《财政部 国家税务总局关于调整化妆品消费税政策的通知》（财税〔2016〕103号）中明确定义了应税消费品高档化妆品："高档美容、修饰类化妆品和高档护肤类化妆品是指生产（进口）环节销售（完税）价格（不含增值税）在10元/毫升（克）或15元/片（张）及以上的美容、修饰类化妆品和护肤类化妆品"。而将这一价格尺度放在当今的消费水平来看，一些以口红、面膜、粉底为首的化妆品已成为大部分女性的日常必备用品，对其征收消费税实际上已达不到调节收入分配的目的，还会抑制大众提升消费层级的热情，也难以促进大众消费升级，并不利于扩大国内的消费市场。

2. 征税广度不适应经济发展状况。随着近几年我国经济的进一步发展，不少高收入人群已进一步提高消费水平，不再仅仅将消费眼光停留在高档手表、游艇、超豪华小汽车等一众应税消费品上，更多地去消费例如私人飞机、豪华别墅、昂贵收藏品等商品，但我国消费税并未将这些消费品纳入征税范围内，造成了一定的税源流失，也不利于调节收入分配，征税广度还可以有所优化。

3. 消费税"绿化"程度较弱。消费税作为绿色税制体系中的一部分，引导绿色消费的力度尚且不够，仍需要发挥更多的环保作用。我国现行消费税税制中仅就鞭炮烟火、成品油、木制一次性筷子、实木地板、电池、涂料征税，至今也无其他新增税目。这在当前新能源大力发展局势中显得有些不足，并且还可以进一步发挥环保作用。

4. 引导构建大众消费观、价值观的作用较弱。不可否认，对烟课征消费税对于引导构建积极的大众消费观和价值观起到了重要的作用，但本文认为对于卷烟的课征力度还可以进一步加强，消费者对于烟类消费品的税负感知并不明显，对其行为的调控能力较弱，由此本文主张进一步提高烟类消费品的消费税税负。尼古丁深度成瘾者对于香烟的需求稳定，较难使其减少相关消费品的消费需求，由于烟类消费品需求缺乏弹性，提高烟的消费税税率在短时间内不会迫使烟厂想办法降低生产成本也不会缩减利润，这会导致该类消费品的销售价格被直接提高，成瘾的消费者会由于相对的价格提升从而被迫选择较以前消费更低的烟类消费品或被迫减少消费；同时潜在的消费者对于价格上升较为敏感，在一定程度上可以抑制其购买烟类消费品的需求。提高烟的消费税税率也会向大众传递一种抑制不良消费的观念，更有利于达到消费税"寓禁于征"的目的，引导大众健康消费。

5. 消费税税负隐蔽。我国的消费税是典型的"价内税"，即消费税的税额包含于应税消费品的计税基础中。这种形式会导致消费税的税负不直接体现在价格中，消费者很难直观感受到实质的经济税收负担，税负变得更加隐蔽。也正是由于这种隐蔽性，很难进一步调控消费者的消费行为，消费税"寓禁于征"的目的受到了税制的限制和阻碍。

五、从征管角度优化税制

如果说反思消费税存在的不足之处是为了培养学生的辩证思考能力，那么针对不足之处提出不同角度的优化方法则是培养学生的科学发展观和夯实其社会主义核心价值观的重要教学内容。在教授这一部分内容之前，学生已跟随授课教师充分学习理解和体会了政府征收消费税的目的和作用以及相关的税制要素等专业知识，因此，在这一教学部分学生可以利用自身的专业和思政理解来思考并提出优化方法，也可以将此处内容作为课下作业或考核内容来激发自主思考能力并且考查学生对于专业知识和思政知识的掌握情况。

参考文献

[1]《求是》杂志发表习近平总书记重要文章 思政课是落实立德树人根本任务的关键课程［N］．中国青年报，2020-09-06（1）．

[2] 王晨，张斌贤．美国教育的传统与变革［M］．北京：中国社会科学出版社，2018：112-115．

[3] 习近平．把思想政治工作贯穿教育教学全过程 开创我国高等教育事业发展新局面［EB/OL］．（2016-12-09）［2020-12-14］．http：//politics.people.com.cn/n1/2016/1209/c1001-28936072.html．

[4] 张大良．课程思政：新时期立德树人的根本遵循［J］．中国高教研究，2021，329（1）：5-9．

课程思政视域下英文经典听诵活动的设计理念与实施路径
——以研究生公共英语教学为例[①]

李双燕　孙　桐[②]

【摘　要】 研究生英语课程是研究生教育最重要的基础课程之一。针对我国非英语专业硕士研究生整体英语听说能力弱、人文积淀薄等问题，我校践行立德树人使命，积极设计并有力实施了英文经典听诵活动。文章从课程思政建设角度出发，论证了英文经典听诵活动的设计理念、内容方案及实施路径等，并以一篇英文散文教学为例，展示该活动的操作流程。教学实践证明该活动有利于学生提升思想、增强人文素养。掌握英语学习规律是提升英语综合能力的大道所在，可为我国英语课程思政建设，乃至外语专业思政建设提供新思路和新方法，更好地应对全球化竞争对高层次人才的迫切需求。

【关键词】 课程思政；英文经典听诵；理念；路径；效果

新时代教育要回答的根本问题是"培养什么人、怎样培养人、为谁培养人"，教育的目的就是贯彻价值塑造、能力培养、知识传授三位一体的育人理念。2016年12月，习近平总书记在全国高校思想政治工作会议上指出：各门课都要守好一段渠、种好责任田，使各类课程与思想政治理论课同向同行，

---

① 基金项目：首都经济贸易大学2021年研究生示范课程建设项目"研究生英语思政导学课程微课建设"（项目编号：02492154300112）；首都经济贸易大学北京市属高校基本科研业务费专项"大学生英语听力教学课堂测评任务设计评价研究"（项目编号：XRZ2020059）。

② 作者简介：李双燕，首都经济贸易大学外国语学院 MTI 教育中心主任，讲师；孙桐，首都经济贸易大学外国语学院讲师。

形成协同效应。2020年教育部印发的《高等学校课程思政建设指导纲要》提出了更为细致的目标要求，包括引导学生把国家、社会、公民的价值要求融为一体，提高个人的爱国、敬业、诚信、友善修养，自觉把小我融入大我，不断追求国家的富强、民主、文明、和谐和社会的自由、平等公正及法制。同年，教育部、国家发展和改革委员会、财政部共同印发了《关于加快新时代研究生教育改革发展的意见》，指出研究生教育肩负着高层次人才培养和创新的重要使命，是国家发展、社会进步的重要基石，是应对全球人才竞争的基础布局。研究生英语课程是我国研究生教育最重要的基础课程之一，对于持续提高研究生的人文素养、国际视野、家国情怀、专业能力、创新精神，对于服务国家的发展战略等，都具有不可替代的重要作用。因而，如何通过研究生英语课程实现新时代研究生教育培养目标，是每一位英语教师需要认真思考并回答的一道真题和大题。

目前我国研究生英语教育虽然取得了长足发展，但仍面临诸多挑战：重阅读轻听说，重做题轻能力，重语言轻文化，重"专精"轻"博雅"；不少学生囿于自身利益，不关心他人他事，缺乏思辨能力，更缺乏对人类命运共同体的清晰认识与担当。透视目前中国外语教育现状，教学与研究都离开了学问的原点，有"技术统领学术"的势头，博雅教育的生态环境遭到破坏，学生得到的教育多为工具训练。然而，在当今学术界，传统学科已趋向饱和，唯持有通识和博雅教育的学者才更容易发现新的增长点，产生新理论（罗选民，2019）。研究生教育更具有高端引领性和前沿基础性作用，在基础研究过程中应避免过于实用和短视，树立"无用之用可为大用"的辩证思维（翁铁慧，2020）。因而，重塑研究生英语博雅教育势在必行。

博雅教育需要经典的滋养。经典是智慧之结晶，任何一个文化系统皆有其永恒不朽之经典作为源头活水。经典不仅构成其民族之传统，还提供给全人类以无限之启发。对于外语学习而言，吸收外族文化，亦应从其经典诵读着手，与人类文明对话，将有更大的同情及涵容能力（王财贵，2009）。为此，遵循研究生教育"立德树人、服务需求、提高质量、追求卓越"的新发展思路，结合我校研究生英语教学实践，我们开展了"英文经典听诵"活动，从聆听入手，以听读循环的模式，对英文经典达到熟读成诵，通过整体性的输入和输出，全方位提高学生听说读写译能力，在潜移默化中实现立德树人的教育目标。该活动内容丰富，简单易行，成效日益显著。下文将介绍其实施理念与路径，辅之以案例说明，以期为我国研究生英语课程思政教学乃至外语专业思政教学提供借鉴。

一、思政视域下英文经典听诵活动的设计理念

外语教学的真正变革始于理念的转变（韩宝成，2018）。研究生英语课程思政是一种新的教育观，体现了新的教育理念，是从课程实施的视域重新审视思想政治教育，将立德树人贯穿英语教学的全过程，确保思想政治教育与英语教学的各环节、各方面无缝对接，潜移默化引领学生的价值观念和思想意识。关于课程思政建设以及外语课程思政建设的问题，许多学者进行了深度思考，并提出了实施建议。韩宪洲（2020）对课程思政先后提出了"三问"和"四问"："课程思政是什么？""课程思政为什么？""课程思政怎么干？""课程思政怎么看？"黄国文、肖琼（2021）详细阐释了外语课程思政建设的六要素：为什么、是什么、谁来做、何时做、何处做、怎样做。这些都是外语教育，也是研究生英语教育迫切需要认真探索的问题。而英文经典听诵活动恰恰体现了对新时代教育目的、语言本质、语言学习、语言教学规律的深刻认识，涉及培养什么人、拿什么培养人、如何培养人、如何评价学习效果等外语教育的核心问题。下文将从四个方面分析其设计理念，理解其内在机理，以更好地开展教学实践与研究。

（一）以全人教育为旨归

中华民族素来的教育目的是"做人"，读书明理，明做人的道理，而不只为了谋生（王财贵，2009）。中国学术既贵其学之能专，尤贵其人之能通。学问所尚，在能完成人人之德性（钱穆，1975）。因而，教育是唤醒人性的工程，教育要培养"完整的人"，"躯体、心智、情感、精神、心灵力量融会一体"的人（Rogers，1969，1980），促进人的主观能动性的充分发挥和内在潜能的充分实现。全人教育理念的正式提出者，教育思想家米勒（Miller，1988）主张，在传授科学知识的同时，更多地渗透人文精神，用人文的办法达到全人发展的目标。在西方，该理念最早可追溯到古希腊亚里士多德的自

由教育论，该理论认为，一切事物都包含其自身力图表现出来的潜能，而发展学生自身的潜能，使其成为自身最易于有所成就的人就是教育的目的所在。因而，真正的学习涉及学习者整个人，需要学习者发现自己独特的品质；学习就是成为（becoming），成为一个完善的人是唯一真正的学习（文旭，夏云，2014）。这与中国儒家所追求的"明德至善"思想不谋而合，对于纠正当下教育的功利化、工具化倾向具有重要意义。当然，学习外语不排除功利目的，但应该淡化一点功利动机，寻求一点"形而上"的乐趣，实现"技能、思维、修养"三方面的综合提升（束定芳，2017）。通过外语教与学，发现外语的"人"及"人的世界"，服务于教者与学者的生存、发展和完善（曾建松、李洪儒，2014），实现"教单科，育全人"。

从语言的本质来看，有学者认为，"语言本身就是语言"，将其视为一个特殊的"在者""是者"（being），并探索语言如何"在""是"，对语言的探索不是把语言，而是把我们带到语言的本质那里，聚入大道之中（Heidegger，2005）。这一观点启示我们，在外语教学中应该遵循语言的自然规律，不能人为破坏其本真语言；应尽可能从真实、地道、自然的语句切入，通过大量、充分的语句使用，外语语言知识可以从学习者身上"自然地生长出来"，从而建构语言知识体系。从教育与语言的本质出发，一批学者倡导整体外语教学（刘正光，2010；韩宝成，2018），强调以人文通识内容为依托，注重"学养"一体化。英文经典听诵注重经典作品的完整输入，帮助学生在英语学习体验中建构话语体系，强化语用能力，培养人文情怀，践行全人教育理念。

（二）以英文经典为内容依托

教育的目标既然在于开发人性，那么，用什么来开发？谁来开发？唯有人性能开发人性，唯有光明可以引领光明。古今中外的经典作品充满了人性的光辉。"经"本义是"织布的直线"，引申为常理常道；"经书"是圣人言行的记录。清代李渔在《闲情偶寄·戒讽刺》中说："凡传世之文者，必先有传世之心。"要写出能够流传于世间的文章，作者必先具有能够流传于世间的心思。优秀的文艺作品必然要有纯正之心，实现对思想的升华、对真理的弘扬、对精神的建构、对道德的阐发。

输入内容的质量在很大程度上决定了人才培养的质量。例如，西南联大时期选用的《大学一年级英文教本》（现名《西南联大英文课》），汇集了43篇人文社科文章，皆选自中外名人名篇，体裁多样，体现了西南联大"通识为本""培养博雅之士"的教育理念。翻译家许渊冲在《逝水年华》（2011）中深情回忆，"联大八年来为国家培养了成千上万的人才，没有一个人不读《大一英文》，没有一个人完全不受英文读本影响，不受潜移默化作用的"。可见，该教材不仅仅面向西南联大的学生，更面向未来的中国教育（罗选民，2019）。陆谷孙向来主张外语学习的输入应该增加"能打动人"的文学经典的比例，关注学生心灵的敏感和柔软，给右脑补点形象思维和艺术创作能力，这是推动语言能力发展的最重要的渠道之一（束定方，2017）。因而，我们选用英文经典作品作为主要听诵素材，培养学生"格物、致知、修身、齐家、治国、平天下"的能力和胸怀。当然，这里的"经典"范围较广，不限于文史哲等作品，详见下文。

（三）以聆听先行、反复咏诵为方法

"聆听先行"是就学习顺序而言的，即先听音频再看文本。针对中国学生英语听说能力的研究和训练虽然较多，但并未强调二者的先后顺序，而这恰恰是解决"聋哑"英语的关键。有语言学家提出，人类语言的特征绝大部分根植于语言的声音之中，让耳朵熟悉英语的韵律是最为关键的一环（Hockett，1960）。从人类语言和文字的发展历程可知，文字的出现要远远晚于语言（声音），在未发明文字之前，人类的交流及知识的传递就已开始了。从人类习得语言的过程来看，一个新生婴儿首先通过听觉来获取语言信息，因而学习语言要从正确的听开始（田七真，2007）。从人脑的认知加工角度来看，口语加工与文字加工存在重大差异，因为听觉输入与视觉输入对大脑神经的刺激不同；或者说，阅读主导的英语学习模式使学生的视觉神经系统比较发达，而听觉神经相对迟钝，表现为大脑辨音、析音的功能较弱，难以将声音与认知系统中的字形、字意相匹配，达不到对单词音、形、义的整体认知。因而，语言学习应该听说在前，读写在后；在没有达到可以无障碍聆听之前，不要过于强调文字符号的输入。可惜我国的英语教育多采用以视读为先导和主导的教学，不注重听觉符号的优先输入，违背了大脑的认知规律，效果不佳，归于"聋哑"。

"反复咏诵"是就练习的频次而言的,即反复模仿,大声朗读,直到熟读成诵。这有助于在文字—声韵—语言—思想之间建立起心理加工自然度最高的映射匹配,提高大脑认知效率。根据脑科学的研究发现,要在脑细胞之间通过突触生长而产生稳定的生理连接,对应的学习任务应持续在 15 分钟以上,一旦由突触生长而构成了新连接,大脑就不易遗忘了(Kjellin,2004)。正确流利的语言运用受大脑中相关语句范例和具体频率的驱动,通过大量言语实例在学生头脑中反复撞击、刺激和积累,透过"频率效应"(frequency effect),使学生逐步摆脱母语干扰,获得外语语感(Ellis,2002;Gries and Divjak,2012)。陆谷孙认为学习外语不必排除"机械模仿",也需要"背功":背诵句子,从大量句子实例中感悟其中的规则;背诵篇章,更好地体会句子使用的语言和社会语境,增强学生语用能力(束定方,2017)。对于记忆力已不再处于最佳状态的研究生来说,这一方法是否适用,虽然众说纷纭,但笔者所在教研组经过三年多的教学实践,证明在大量聆听、反复诵读的基础上,研究生也可以背诵(或复述)英文经典,有力提升口语和书面语表达的准确度、丰富度、流利度以及深度。当然在实施步骤上有别于少儿的背诵活动,详见下文。

(四)以"非理解性输入"与"理解性输入"并重为突破点

实施"聆听先行"的起始阶段,学生往往会"听不懂",从而产生烦躁、挫败心理,甚至放弃。"听不懂"或"非理解性输入"本是人类习得语言的必经之路,但很多学生,包括部分教师,多强调"理解性输入",而视"非理解性输入"为学习障碍。"理解性输入"(comprehensible input)由美国语言学家斯蒂芬·克拉申(Stephen D. Krashen)于 20 世纪 80 年代提出,对我国外语教学影响较大。克拉申(1985)认为,语言习得是通过接触大量"可理解性输入"而产生的;理解输入的语言材料是语言习得的必要条件,不可理解的输入对于习得者是一种"噪音"(noise)。但这一观点也遭到了质疑:那些能够理解输入内容的学习者仍然不能掌握目标语言的诸多方面(Swan,1985);对于某些句子结构,如英语的被动结构,即使学习者不能理解也能习得,"非理解性输入"(incomprehensible input)对于二语习得也是必要的(White,1987)。

从大脑科学来看,"理解性输入"是基于左脑的认知方式,"非理解性输入"则充分发挥了右脑图像记忆的认知特点。多运用听觉与背诵,而非我们传统上的视觉与理解,是打通右脑回路的有效方法,容易进入深层记忆。一旦脑部这种大容量的记忆系统完成记忆之后,接下来就很容易吸收各类知识,记忆的容量越大,越容易产生新的发明以及发现(田七真,2007)。我国古代私塾教学中针对儿童记忆力发达,理解力、思辨力相对欠缺的特点,倡导"非理解背诵"。即在不理解的基础上直接背诵经典,小孩子开蒙未久即读四书五经,到背诵如流的地步,形成永久性记忆,以后自然融会贯通,所谓"读书百遍,其义自见"。一代鸿儒辜鸿铭就很赞成这种方式,建议学外语要"先背熟一部名家著作作根基"。具有"天才的记忆民族"之称的犹太民族非常注重经典诵读,儿童一般从五岁开始背诵《圣经》,在十三岁之前就能背诵最基本的学问,获得一生智慧的活水源头。

这一方法虽然主要是就儿童学习语言而言的,但对中国大学生学习外语也具有积极作用,在实施流程上有所区别。儿童诵读经典重"音和形",不急于"解义";对大学生来说,虽然在聆听环节"不求甚解",但在阅读环节要"求解",在理解的基础上反复咏诵,进而达到应用阶段的"融会贯通",音、形、义结合,输入与输出同步,提升语言综合运用能力。

二、思政视域下英文经典听诵活动的实施路径

在理清英文经典听诵活动的实施宗旨、内容、方法等问题的基础上,接下来需要探索如何实施。"怎样做"是最复杂的问题,从课程思政建设的学术探讨看,相对说来,"怎样做"比"为什么""谁来做""何时做""何处做"要重要得多(黄国文、肖琼,2021),因为外语课程思政本质上就是"一种教育教学理念"(肖琼、黄国文,2020),是一种"实践活动"(唐德海等,2020)。更为重要的是,教师通过实施听诵活动,可以帮助学生掌握科学高效的自主学习策略和方法,这不但是提升英语教学质量的关键,更是帮助学生掌握英语学习规律,获得终身学习能力的大道所在。下文将分析听诵活动的实施原则、内容和程序,以一篇英文散文为例呈现整个实施流程。

（一）英文经典听诵活动的实施原则

根据上文论述，我们尝试提出两大实施原则：听诵最优化和听诵最大化。"听诵最优化"是就内容而言的，让学生接触人类历史上价值最高、营养最丰富的语篇，确保输入的"质"；"听诵最大化"是就方法而言的，要先听后看，反复跟读、咏诵，确保输入的"量"。明末清初教育家唐彪（2017）在《家塾教学法》中强调"读文贵极佳""读文贵极熟"，即是此理。那么这个"质"和"量"应如何界定，两者之间的关系可用图1表示。

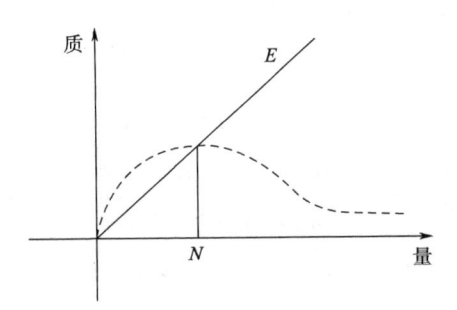

图1 英文经典听诵的质和量关系图

整体上，随着聆听量（包括聆听内容与时间）的增加，英语学习效果（Effect，由字母 E 代表）处于持续上升趋势；但就某一个时间段内的聆听任务而言，聆听达到某个时间或频率数量（Number，由字母 N 代表），效果是最佳的，继续聆听下去，大脑出现聆听疲劳，效果也会有所减弱。此外，对于研究生而言，因有较为繁重的专业课程学习任务，能够分配给英语的学习时间较为有限，因而，教师在具体实施过程中需根据学生情况，对听诵的内容、频率、顺序、评价方式等进行整体设计和明确规定，确保最佳学习效果。

（二）英文经典听诵活动的内容

英文经典听诵的内容比较丰富，大致可以包含文史哲类、新闻杂志类、视频类等，对研究生而言，还可以包括专业领域素材（详见表1）。

表1 英文经典听诵内容示例

序号	类型	内容举例	备注
1	哲学类	《哲学故事》（*The Story of Philosophy*）	以轻松入门书籍为主

续表

序号	类型		内容举例	备注
2	历史类		《人类简史》（*A Brief History of Humankind*）	可选整部或部分章节
3	文学类	戏剧	《仲夏夜之梦》（*A Midsummer Night's Dream*）	除散文一般要求全篇听诵外，其他可选部分章节，整部著作为佳
		诗歌	《人生礼赞》（*A Psalm of Life*）	
		散文	《青春》（*Youth*）	
		小说	《简·爱》（*Jane Eyer*）	
		童话	《小王子》（*The Little Prince*）	
4	新闻/杂志类		《BBC新闻》（*BBC News*）《英语世界》（*English World*）《经济学人》（*The Economist*）	以泛听为主
5	演讲/访谈类		TED演讲、艾伦脱口秀等	避免直接看字幕
6	影视/艺术类		电影、纪录片、说唱等	
7	专业领域类		国际法庭审判案例、专业学术讲座等	根据专业兴趣自选
8	教材等		《西南联大英文课》《新概念英语》	可选部分篇目

上述素材均要求声文俱佳，具备优质的音频和文本。聆听采用课上与课下双线并行的方式，课上训练聆听的素材类型力求多样化，让学生体验多种文本的音韵、词汇、句式等，使听觉神经得到多种语音流的刺激。对于长篇文本，可切割成独立章节的短小音频，时长以3~5分钟为宜，便于反复聆听。由于学生的英语能力，尤其是听力水平不同，除课上聆听素材需要统一外，其余皆可由学生根据自身水平、专业兴趣等自主选择，可以从故事性较强的小说类开始，再逐步拓展到其他类型。教师可梳理一份素材分解目录供学生参考。此外，经典篇目文化内涵深刻，用词考究，可备制简易词汇表方便学生理解。词汇表提供简明释义即可，无须提供详细信息，让学生在背诵的过程中体会生词在真实语境中的含义。

（三）英文经典听诵活动的自学程序

因课上时间有限，英文经典听诵主要由学生课下自主完成，实施路径可参考《中国人英语自学方法教程》。该书将英语自学程序概括为321X，即：盲听（不看文本直接聆听）3遍——阅读2遍——盲听1遍——各类拓展活动

X（如图 2 所示）。

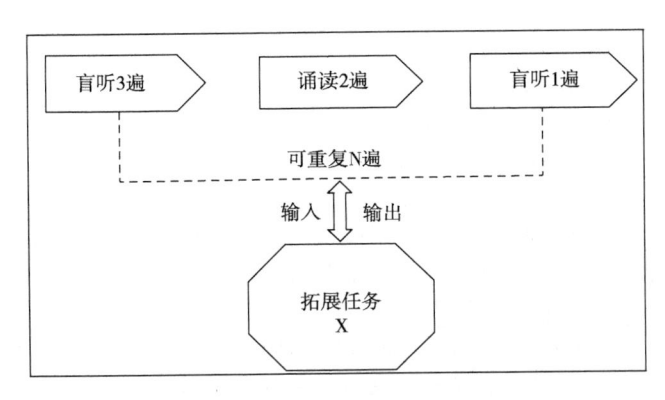

图 2　英文经典听诵自学程序

这一流程中各个节点的顺序必须遵循，但操作次数可进行个性化调整，比如增加为"632"或减少为"211"；为确保学习效果，可以开展各类拓展活动。在研究生英语授课过程中，我们根据素材类型采用了不同的拓展任务。例如，针对散文，可在聆听、熟读的基础上背诵全篇，或进行段落翻译、仿写等；针对小说，可复述故事概要，分析人物性格或进行续写等；针对学术讲座，可概述核心要点等。单一语篇的拓展任务不宜过多，选择 1~3 类针对性任务，达到检验和促学目的即可。拓展活动可采取小组合作方式，也可独立完成，并设定"通关"标准，采取奖励措施，培养学生自学自律的好习惯。

（四）英文经典听诵活动的实施案例

1. 授课对象及听诵内容简介。下文以一篇英语散文为例展示听诵活动的实施过程。学情分析及听诵内容见表 2。

表 2　学情与听诵内容分析

类别	情况简述
学生基本信息	▶年级：非英语专业硕士研究生一年级 ▶专业：金融 ▶英语水平：CET 4—6 级 ▶班级规模：30 人

续表

类别	情况简述
学生学习情况	▶优势： ·学习动机较强 ·重视英语的实际应用 ·大多数学生知识基础较为牢固，阅读和语法相对较好 ▶不足之处： ·听说能力较弱 ·缺乏高效的学习方法 ·外语学习重功利，轻人文
经典听诵内容	▶材料来源：《美文背诵30篇：生而为赢》 ▶听诵篇目：What I have lived for《我为何而生》（by Bertrand Russell），文本长度为321个单词，音频时长为2分30秒 ▶听诵目的： ·启发学生思考人生的目的，培养经世济民的高远理想 ·训练英语声韵感知、辨音和猜词能力，提升听说读写译等综合技能 ·扭转英语学习认识和操作误区，掌握学习策略，培养自主聆听习惯

据此，本次听诵活动有三个难点。第一，学生听说能力较弱，在无文本辅助的情况下直接聆听，容易因听不清、听不懂而产生挫败感。为此，教师可提前解释重点词汇，并提醒学生听不懂是正常现象，坚持聆听即可。第二，学生习惯了阅读主导的学习模式，即使课上进行"聆听先行"的训练，课下大部分还会重复"先看再听"的原有方式，需要教师不断强调操作顺序。第三，学生对外语学习目的的认知比较狭隘，忽略了文字所蕴含的价值观和精神境界，教师需要设计针对性拓展活动，引导学生思考新时代的使命，促进语言学习与教化育人的和谐统一。

2. 听诵活动的实施程序。根据听诵活动的学习程序，教师需要结合学生及学习内容，准备词汇表，设计拓展任务，在每个阶段还要注意提醒学生一些注意事项。具体实施流程详见表3。

表3 英文经典听诵活动实施流程

活动步骤	具体操作	注意事项
先导步骤：词汇热身（约3分钟）	教师用双语解释本文涉及的词汇、短语等	·不必讲解太细 ·让学生在语境中深刻理解词义

续表

活动步骤	具体操作	注意事项
步骤1：盲听（约10分钟）	• 无文本聆听音频3~5遍，可酌情调整次数 • 可采用画"正"字的方法，计算听不懂之处，对比每遍是否有变化	• 不要试图听懂每个单词，先感受整体语音流，捕捉文章大意 • 听不懂不必烦躁，享受聆听 • 获取不到新信息时再去看文本，能听懂50%左右即算过关
步骤2：阅读理解（约10分钟）	• 对照文本查漏补缺，理解语篇 • 跟读2~3遍，模仿语音语调 • 跟读可分别采用"机先人后"和"人先机后"的方式，自我朗读与音频播放时间间隔大约2个音节，对比语音差异	• 理解时切忌句句翻译，不要以能否翻译为中文作为判断是否理解文章的标准 • 培养使用英语进行思维的习惯
步骤3：盲听（约5分钟）	在理解并熟读的基础上再次盲听1~2遍，重在强化聆听效果，方法大体同步骤1	• 重点关注在第一阶段盲听中未能解码的信息，体会听清与听懂的成就感
步骤4：拓展任务（约15分钟）	课上课下双线并行： • 课上引导小组探讨，比如： What does Russell live for? What do you live for? How can you make it? • 课下要求学生背诵全篇，并在第二次上课时随机提问	• 评价方式可以灵活多样，比如以小组为形式，或者击鼓传花，或者利用网络教学平台摇号选择背诵者，增加其趣味性 • 拟定评价细则，将背诵成绩作为平时表现的重要依据，纳入期末学业成绩

为确保学习效果，课下采取小组打卡的方式，每周每组以 Excel 形式在规定时间内汇报聆听的内容、时长、遍数等；除了聆听本篇散文外，还可以聆听其他内容。第二次上课时，留出 10 分钟左右时间，请学生到台前分享，锻炼口语表达能力。在这个过程中，引导学生思考人生意义，培养责任与担当意识。

三、思政视域下英文经典听诵活动的实施效果

自 2018 年以来我校针对非英语专业硕士研究生开展英文经典听诵活动，每学期末通过问卷和深度访谈调查教学效果，收到了师生们的积极反馈。目前共回收有效问卷 1 131 份，涉及经典听诵的经历、习惯、方法策略、困难及

收获等。结果简述如下。

第一，听诵经历。在参与经典听诵活动之前，70.04%的学生从未聆听过英文经典作品，这个数字触目惊心，充分说明学生人文素养的薄弱和开展经典听诵的必要性、迫切性。

第二，听诵习惯。在聆听时间上，42.98%的学生习惯利用碎片化时间聆听，31.63%在睡觉前聆听，16.04%在早上聆听。在聆听顺序上，82.85%的学生能够遵循盲听—阅读—盲听的顺序；要理解每篇故事的大意，47.88%的学生需要聆听4~5遍，31.63%需要1~3遍。可见，大部分学生通过3~5遍的聆听基本能够听懂。

第三，听诵策略。听不懂时，63.7%的学生表示不会产生烦躁情绪，但仍有34.3%的学生会有挫败感，但会很快自我调整。对于听不懂的原因，83.52%的学生认为是生词较多，31.18%的学生认为有畏难情绪。对此，我们进行了深入访谈，学生谈到当看到听力文本后，发现生词并不多，只是聆听过程中反应不过来。这说明还需要大量聆听刺激听觉神经系统生长。

第四，听诵收获。通过聆听，学生在听力、语音语调、语感、口语表达、人文知识、思想态度等方面均得到了有效提升，详见图3。可见，学生词汇量的提升远低于听力方面的进步，也再次说明影响学生听力的并不是词汇。

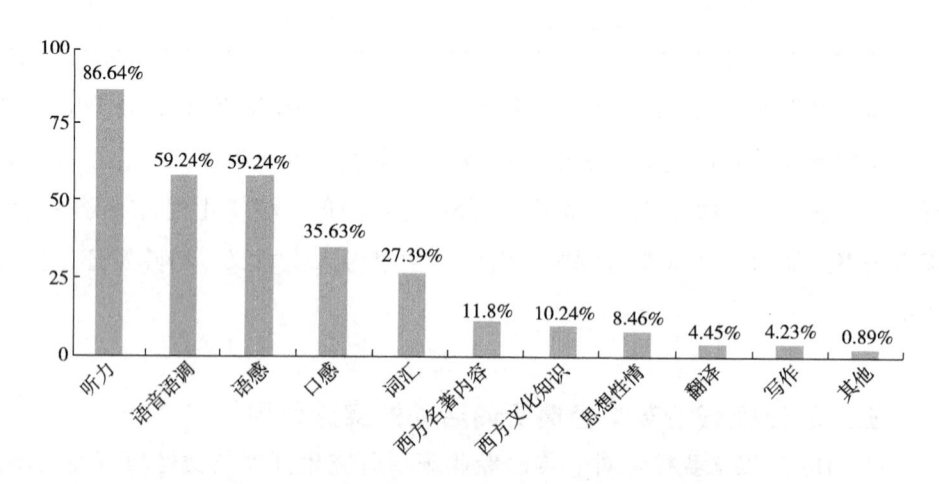

图3 经典聆听对英语综合能力的促进作用

听诵活动不仅帮助学生提升了英语综合能力，而且改变了其对英语学习的态度。在实施聆听与背诵活动之前，认为英语学习困难的学生占多数（33.98%），认为不太困难的占 28.53%，经过一个学期的活动，认为不太困难的人数增加为 50.45%，认为困难的则降为 15.04%，认为轻松的也由 9.6%增加为 17.77%，这一认知转变有力增加了学生学习英语的信心。

此外，为深入了解学生在整个活动中的困惑与收获，我们还设置了主观题，学生反馈比较积极。例如："刚开始听不懂，畏难，听了一段时间感觉也没那么难"；"最大的收获就是掌握了科学的听力和背诵方法"；"纠正了好多语音语调"；"提升了写作能力"；"既学习了语言，又收获了文学知识，今后还会继续使用该方法"；"培养了专心与耐心"；"养成了每周听英语的好习惯"；"经典美文内容优美，观点中肯，感同身受"；"领略了英语语言的魅力"；等等。这些反馈与上述客观题相互印证，充分说明了英文经典听诵活动对于立德树人的重要作用。

四、结语

教育要塑造既有广泛的文化修养又有专业知识的人——专业知识为其奠定起步的基础；而广泛的文化修养，使其既有艺术般的优雅，又有哲学般的从容，通达高远深邃之境（怀特海，2012）。英文经典听诵活动对于研究生的英语综合能力和文化修养都起到了固本培元的积极作用。其突破点主要有三：第一，就内容而言，以英文经典滋养人性发展，兼顾研究生英语教育的基础性与全面性，扭转当下教育的"功利"之风与"短视"之弊，着眼于学生的终身发展、中国教育的未来与中西文化的汇通；第二，就方法而言，以大量聆听与熟读成诵突破听说瓶颈，以自学程序范之，遵循学生心理认知发展规律和语言习得规律，着眼于终身学习能力和习惯的养成；第三，就内在机理而言，考察中华民族乃至世界民族数千年来的重要教育理念，结合现代和当代国内外学者的相关论述和实践经验，重塑"非理解性输入"在外语学习中的重要价值，为探索具有中国特色的外语教学理论和方法迈出了坚实的一步。

从这个意义上说，英文经典听诵是发展具有中国特色的英语教育的新尝试，是新时代促进大学生教育内涵式发展、培养德才兼备的高层次人才的新途径，更是重塑博雅教育、促进学术创新的必然选择，有望成为外语课程思政建设的有力抓手，也为未来我国外语课程思政教学与研究带来许多新课题。例如，如何在外语专业思政建设框架下，进行英文听诵活动的顶层设计；为何听诵，听诵什么，如何听诵；听诵的最佳时间和量化要求有哪些；如何在声韵系统与语义系统之间实现海量高速匹配；如何充分挖掘听诵素材所蕴含的深刻内涵；如何更好地促进英语听诵的人文性、工具性与专业性的有机统一；等等。这些课题亟待我们进行深入探索。

而要全面深入地做好外语课程思政建设，就必须拥有"一支能够理解课程思政意义和其重要性并有能力在实践中实施课程思政的外语教师队伍"，因为"教师是课程思政建设的主力军"（肖琼、黄国文，2020）。正如习近平总书记指出的那样，教育是一门"仁而爱人"的事业，需要我们的教师努力做精于"传道授业解惑"的"经师"和"人师"的统一者。因而，外语教师需进一步深化对新时代教育的认识，立足中华民族伟大复兴战略全局和世界百年未有之大变局，充分认识当前高等教育的新形势新变化，在课程思政基础上，逐步推进专业思政和学科思政建设，在学科和专业思政建设框架下深化课程思政。就公共英语教学而言，需从我校不同学科不同专业对高层次人才培养目标的设计出发，围绕专业能力和核心素养做好公共英语顶层设计，确保英语教学服务于各专业的人才培养要求和总体目标，将英语学习与专业学习、思想道德教育深入融合，培养有理想信念、有专业知识、有国际视野、有格局担当的新时代青年。

参考文献

[1] ELLIS N C. Frequency effects in language processing: a review with implications for theories of implicit and explicit language acquisition [J]. Studies in second language acquisition, 2002, 24 (2): 143-188.

[2] GRIESS S T, DIVJAK D. Frequency effects in language learning and processing [M]. Berlin: De Gruyter Mouton, 2012.

［3］ HOCKETT C F. The origin of speech［J］. Scientific American, 1960, 203 (3): 88-97.

［4］ KJELLIN O. Five cornerstones for second-language acquisition: the neurophysiological opportunist's way［A/OL］.［2020-09-12］. https://www.researchgate.net/publication/265408157.

［5］ KRASHEN S D. The input hypothesis: issues and implication［M］. London: Longman Pub Group, 1985: 2.

［6］ MILLER J P. Holistic curriculum［M］. Toronto: OISE Press, Inc., 1988.

［7］ ROGERS C R. Freedom to learn: a view of what education might become［M］. Columbus, Ohio: Merrill, 1969.

［8］ ROGERS C R. A way of being［M］. Boston: Houghton Mifflin, 1980.

［9］ WHITE L. Against comprehensible input: the input hypothesis and the development of second-language competence［J］. Applied linguistics, 1987 (8): 95-110.

［10］ 海德格尔. 在通向语言的途中［M］. 北京: 商务印书馆, 2005: 2.

［11］ 韩宝成. 整体外语教学的理念［J］. 外语教学与研究, 2018 (4): 584-595.

［12］ 韩宪洲. 课程思政"三问": 课程思政是什么？为什么？怎么干？［N］. 中国教育报, 2020-03-03.

［13］ 韩宪洲. 论课程思政建设中的几个基本问题: 课程思政是什么、为什么、怎么干、怎么看［J］. 高教研究, 2020b (5): 48-50.

［14］ 怀特海. 教育的目的［M］. 上海: 文汇出版社, 2012: 1.

［15］ 黄国文, 肖琼. 外语课程思政建设六要素［J］. 中国外语, 2021 (2): 1, 10-12.

［16］ 刘正光. 认知语言学的语言观与外语教学的基本原则［J］. 外语研究, 2010 (1): 8-14.

［17］ 罗选民. 西南联大英文课［M］. 北京: 中译出版社, 2019: 4-5.

［18］ 唐彪. 家塾教学法［J］. 北京: 中国画报出版社, 2017: 182.

［19］ 唐德海, 李枭鹰, 郭新伟. "课程思政"三问: 本质、界域和实践

[J]. 现代教育管理，2020（10）：52-58.

[20] 束定方. 中国特色外语教学理论的深厚实践基础：陆谷孙先生的外语教学理念与主张［J］. 2017（1）：15-21.

[21] 七田真. 专为中国人写的超右脑英语学习法［M］. 海口：南海出版公司，2007.

[22] 王财贵. 教育的智慧学［M］. 南京：南京大学出版社，2009：82.

[23] 文旭，夏云. 全人教育在外语教育中的现实化［J］. 外语界，2014（5）：76-82.

[24] 习近平. 把思想政治工作贯穿教育教学全过程 开创我国高等教育事业发展新局面［N］. 人民日报，2016-12-09.

[25] 肖琼，黄国文. 关于外语课程思政建设的思考［J］. 中国外语，2020（5）；1，10-14.

[26] 徐火辉. 中国人英语自学方法教程［M］. 北京：外语教学与研究出版社，2016：50-55.

[27] 许渊冲. 逝水年华［M］. 北京：外语教学与研究出版社，2011：120.

[28] 曾建松，李洪儒. 语言哲学与外语教学：回顾与反思［J］. 2014（5）：49-56.

音乐名曲欣赏课程思政的实践研究

杨 伶[①]

【摘　要】本文从美的观念蕴含、音乐作品的思想艺术蕴含以及学生成长成才的特点三个方面论述了在音乐欣赏课程中进行课程思政的理论上的可能性，指出在音乐名曲欣赏的课程教学中要遵循艺术教育的规律，寓教于乐，才能达到课程思政的教学效果。在音乐名曲欣赏课程的教学实践中，本文强调音乐名曲欣赏课程思政的主体内容是经典音乐，特别是红色经典，体现了课程思政的价值内涵，也总结了"音乐名曲欣赏"课程的思政点。

【关键词】音乐名曲欣赏；课程思政；经典音乐；思政点

　　《高等学校课程思政建设指导纲要》指出，要"注重在潜移默化中坚定学生理想信念、厚植爱国主义情怀、加强品德修养、增长知识见识、培养奋斗精神，提升学生综合素质……在美育教学中提升审美素养、陶冶情操、温润心灵、激发创造创新活力"。这正是对音乐名曲欣赏这类在普通高等学校开设的美育课提出的课程思政要求。音乐名曲欣赏课程与专业的艺术教育不同，它承担着对普通高等学校的非专业学生进行艺术教育的重要职能，其主要育人目标是培养和提高学生的审美能力，使学生具有对"美"的感知能力、欣赏能力，并在"美"的潜移默化的作用下，不断完善自我；培养学生美的心灵，高尚的人格，使他们树立正确的世界观、人生观、价值观，促进学生全面发展。显然，音乐名曲欣赏课程的育人目标与课程思政建设的育人要求有着高度的契合，但在课程教学中如何更好地贯彻课程思政仍旧是一个值得深入探讨的实践课题。

[①] 作者简介：杨伶，首都经济贸易大学文化与传播学院艺术教学部副教授。

一、"音乐名曲欣赏"课程思政的理论可能性

早在中国近代美育提出之初，中国著名教育家蔡元培就提出了"以美育代宗教"的重要思想，分别于 1917 年撰写了《以美育代宗教说》，1930 年撰写了《以美育代宗教》，1932 撰写了《美育代宗教》三篇文章，论述他的思想。美育之所以能够代宗教，就是因为美育之中包含了可以代宗教的内容要素，特别是美育中的音乐艺术教育更能够滋养人的心灵，在提高人的艺术境界、审美鉴赏能力的同时，可以提高人的道德修养。我国古人强调，"乐之入人也深，其化人也速"。正是由于乐教与德教的高度契合，才使得在音乐名曲欣赏课程思政中贯彻《高等学校课程思政建设指导纲要》所要求的"结合不同课程特点、思维方法和价值理念，深入挖掘课程思政元素，有机融入课程教学，达到润物无声的育人效果"，成为可能。

首先，美的观念为润物无声的课程思政提供了前提。美的观念与人们的价值观、道德观紧密相连，反映着人们的价值观、道德观，因此，在美的教育中必然会体现价值观、道德观的教育。欣赏者进行音乐赏析时，会潜移默化地接受音乐作品所传达的价值观、道德观。在音乐名曲欣赏课程教学中，选择优秀的音乐作品，引导学生通过对音乐作品的体裁形式、风格、思想性、创作意图、表现手法等诸多方面进行深入细致的感悟、赏析，逐渐准确地把握住作品的音乐形象，领会作品中的人文情怀，汲取音乐艺术的精髓，就会在润物无声中使学生提高审美鉴赏力，引导他们树立正确的价值观、道德观，提高个性品质和道德修养。

其次，音乐作品的思想艺术意蕴为润物无声的课程思政奠定了基础。优秀的音乐作品，是内容与形式、思想性与艺术性的完美统一，有着强大的艺术感染力和思想感染力，有着强大的教育力量。优秀音乐作品的思想艺术意蕴默默地发挥着作用，学生在审美的氛围中会在不知不觉中受到感染，心灵得到净化，思想受到教育和启迪，产生乐观向上的思想情感，思想道德和人生境界得到提升，逐步形成完美的人格。

最后，大学生的成长成才特点对润物无声的课程思政提出了要求。大学期间正是人生价值观形成的关键时期，他们的情绪情感既趋于成熟和稳定，又缺乏一定的自制力。他们富于热情，但情感易于激动，容易冲动。大学生

身心的这种特点，要求我们对大学生的培养，不能通过生硬的灌输和说教，而是要润物无声、水到渠成。

虽然美的观念意含、音乐作品的思想艺术意蕴以及学生成长成才的特点为在音乐欣赏课程中进行课程思政提供了理论上的可能性，但"乐教"毕竟不同于"德教"，要想使课程思想达到润物无声、水到渠成的教学效果还要遵循艺术教育的规律，以艺术教育为主体，让德育寓于乐教之中，从而使艺术教育真正发挥出立德树人的功能。

第一，在课程教学中，要根据学生的特点，有计划、有步骤、有系统地实施美育。美育中的审美对象应当是美的，学生才可能产生美的感受，欣赏美的过程才能产生教育的作用，但不同的审美对象有着不同的背景、深度，需要有不同程度的知识背景和鉴赏能力。在课程教学中要结合学生欣赏音乐的鉴赏能力，分阶段和层次来讲授课程内容，要由浅到深，既要题材多样，跨越古今中外，又要包含知识性、趣味性、艺术性、审美性，在这个过程中潜移默化地贯穿课程思政的内容，才能起到良好的育人作用。

第二，帮助学生感知对象的美，要在引导学生倾心赏美上下功夫。引导学生发现美感是普通高校美育工作的重点，要引导学生感知美，培养和发展学生对于美的观察力、感悟力、理解力和想象力，从多方面帮助学生进入欣赏心理。根据美的对象的特点，进行适当的情境创设等。当学生进入美感心理之后，也可以采取一些方法帮助他们深化对美的感知和理解。例如，介绍前人的经验，在课堂上分组讨论，同学之间互相启发等；当然，在这个过程中要充分尊重美感的差异性，不能强求一律。只有学生内心生发了美感，倾心赏美，他们才能够乐心受教，艺术教育才能真正发挥作用。

第三，注意引导学生树立健康的审美观念。艺术作品不都是精品，也有良莠之分，对大学生的艺术教育一方面要精选艺术经典，另一方面要在引导上下功夫。正如习近平总书记在全国思想宣传工作会议上所强调的：用健康向上的文艺作品和做人处事陶冶情操、启迪心智、引领风尚。要培养大学生良好的审美心理结构，帮助学生树立健康的审美意识，包括具有正确的审美观念、健康的审美趣味和崇高的审美理想，提高学生的审美感知能力、审美鉴赏能力和创造美的能力。

总之，在音乐名曲欣赏这类美育课程中进行课程思政建设时要以润物无声作为自己的追求，只有坚持润物无声地进行课程思政，才能避免思政与课程本身两张皮，才能达到课程本身的教育目的，同时达到课程思政的教学效果。

二、音乐名曲欣赏课程思政的主体内容：经典音乐

《高等学校课程思政建设指导纲要》要求，"要在课程教学中教育引导学生立足时代、扎根人民、深入生活，树立正确的艺术观和创作观。要坚持以美育人、以美化人，积极弘扬中华美育精神，引导学生自觉传承和弘扬中华优秀传统文化，全面提高学生的审美和人文素养，增强文化自信。"在"音乐名曲欣赏"课程中最能体现这些要求的正是经典音乐作品。音乐教育是情感教育，美的东西作用于人的情感，给人以巨大的积极影响，同样，丑的东西也会作用于人的情感，带给人巨大的消极影响，只是两种影响的方向恰恰是相反的。因此，我们要想达到好的课程思政效果，就要在课程中注意精选古今中外优秀的经典音乐作品来教育学生，使他们健康成长。

（一）经典音乐作品具有持久的生命力和强烈的感召力

习近平总书记在中国文联十大、中国作协九大开幕式上发表重要讲话，指出：经典之所以能够成为经典，其中必然包含有隽永的美、永恒的情、浩荡的气，经典"容纳了深刻流动的心灵世界和鲜活丰满的本真生命，包含了历史、文化、人性的内涵，具有思想的穿透力、审美的洞察力、形式的创造力，因此才能成为不会过时的作品"。这里所说的经典音乐不仅是中国的音乐经典，也包括西方的音乐经典，在音乐经典中凝聚了人类人文精神的精华。

经典艺术作品具有持久的生命力。在内容上，它包含丰富协调的意蕴，具有内在深度和超越性，因而能够抗拒时间的腐蚀以深刻而持久的意蕴获得永恒。在形式上，它是艺术家充分调动自己的艺术创造力，揭示矛盾、展开矛盾、解决矛盾而达到和谐统一的结晶，具有高度的艺术技巧，是自然与法则、自由与限制高度统一的创造活动。它追求完美和谐的理想，以艺术的方式追求人与世界的和谐、完美、统一。因此，在对经典艺术作品的欣赏中，人们能够获得美的体验，使情感得到陶冶，使艺术教育的作用真正得到发挥。

经典艺术作品表现出强大的艺术魅力和精神感召力。当聆听钢琴协奏曲《黄河》时,滚滚黄河雷霆万钧、一泻千里的雄伟气势,以及它所孕育的中华民族百折不挠、勇往直前、坚强不屈的伟大品格会让我们热血沸腾。当我们聆听贝多芬《命运》交响曲时,我们会生出昂然向上、与命运顽强抗争的情怀。当我们聆听柴可夫斯基的《1812》序曲以及肖斯塔科维奇的《列宁格勒交响曲》时,我们不仅感受到音乐带给我们的强烈情感体验,也会感受到战争的可怕。让我们从内心就会拒绝战争,珍爱和平,珍惜我们现在的幸福安宁的生活,幸福和自豪感油然而生。因此,成功的艺术作品能够弘扬正气,教育、激发人们的斗志,是人们奋斗前行的动力之一。正是以这些艺术经典为素材,作为艺术教育的"音乐名曲欣赏"课程才能发挥出其应有的效果。

(二) 民族的经典艺术体现了中华民族的价值理想和民族凝聚力

中华民族有着无数值得她的子孙后代骄傲自豪的艺术瑰宝。中华民族先民的世界观和人生观都具有鲜明的审美观意味,瑰丽璀璨的中国古典音乐在两千多年漫长的发展历程中高峰迭起,成为具有永恒魅力的审美对象。这些优秀的作品以生动而具象的方式体现了中国文化的基本精神,凸显了中华民族平和、宽容、偏重理性的文化性格。趣味高雅、健康向上的艺术作品中闪烁出来的人生哲理,使学生获得教益,在潜移默化中受到影响。

民族艺术中承载着中华民族的价值理想。传统艺术教育是以人为本位的,注重发展人的主体性,提倡通过自我修养将外在的法则内化为自身的精神内涵,进而达到人格的自我完善。文质彬彬的君子风范,返璞归真的精神境界,极深研几的求知态度,尽善尽美的艺术趣味,自强不息的奋斗精神,舍生取义的崇高气节,以义制利的价值取向,民胞物与的人道思想,都是中华民族文化的深刻意蕴和价值理想。千百年来,中华民族能够在世界民族之林立于不败之地,呈现出健旺的生机和活力,在很大程度上就是得益于这种人文理想的凝聚和感召。

民族艺术经典中凝聚了民族性的元素,是民族的凝聚力、生命力所在。音乐艺术也具有强烈的民族特色,不同地域、不同民族有着不同的艺术特色,不同的艺术特色和艺术风格既滋养着民族艺术的发展,也对各个民族的民族性有着深刻的影响。在课程教学中充分利用民族优秀艺术文化资源,体会民族艺术的独特魅力，循序渐进地认识本民族的历史变迁、文化积淀和艺术形式，能够增强学生的民族自豪感、自尊心、自信心，树立民族意识，自觉地担当起保护和继承民族文化的重任。

一部部民族经典音乐是中华民族情感寄托和精神家园。展景抒怀的琴曲《平沙落雁》，借鸿雁之高飞远翔，抒发和寄托人们的胸臆，体现了古人对祖国美丽风光的歌颂与热爱。古琴曲《梅花三弄》，既表现梅花洁白芳香、凌霜傲雪的高尚品性，又通过歌颂梅花不畏寒霜，来赞喻具有高尚情操的人。《渔樵问答》反映的是一种隐逸之士对渔樵生活的向往，希望摆脱俗尘凡事的羁绊，表达出对追逐名利者的鄙弃。交响组曲《炎黄风情》则让人仿佛穿越古今，游览华夏神州山川地貌、领略各地风土人情，感受不同时期人们在生产生活中的热情和乐观精神，品味浓郁的乡音乡情。欣赏这样的民族经典音乐，能培养民族感情和国家认同感。

（三）红色经典尤其体现了思政价值内涵

这里说的红色经典是指中国近代以来创作的体现中国共产党领导下中国人民革命和奋斗历程的音乐艺术作品。中国革命和建设的不同时期的红色经典也有着不同的时代特色，例如，《南泥湾》体现了革命根据地人民在党的领导下自力更生、艰苦奋斗、乐观向上的精神风貌。《黄河大合唱》《大刀进行曲》《义勇军进行曲》《游击队之歌》《在太行山上》《打回老家去》《歌唱二小放牛郎》等抗日歌曲则体现了当时抗日救亡、保家卫国的时代主题，我们欣赏这些音乐作品的时候，感受到的是热血在沸腾，想到的是苦难中国所走过的艰难历程和先烈们所创造的艰苦卓绝的革命伟绩，这些都会激起强烈的爱国主义热情。《走进新时代》《在希望的田野上》等则体现了新时代人们对美好生活的向往和赞美，《歌唱祖国》《我的祖国》《没有共产党就没有新中国》《谁不说俺家乡好》《爱我中华》体现了人们对党，对祖国的热爱，《御风万里》表现了中国人民在党的领导下振奋和喜悦的情绪，如浩荡之风在祖国的万里长空中飞扬，又如56个民族团结和睦共同战胜一切困难的勇气和毅力。所有这些红色经典所具有的"红色"这一底色使它们独具思政价值。

红色经典体现了中国共产党人的信仰和追求，体现了时代的主旋律。艺术来源于生活，反映生活，经典艺术是如火如荼的现实生活生动的再现，红色经典则生动地再现了中国共产党领导下的中国革命斗争和社会主义建设的画面。这些红色经典对于没有经历那个时代的当代大学生来说，是最好的学习材料；对于尚未投身到建设祖国的伟大实践中的当代大学生来说，是最好的精神鼓舞。这些红色经典一经产生便不断传扬，已经鼓舞了几代人，激励人们为祖国的解放、人民的富强抛头颅、洒热血。在课堂上赏析红色经典，能够更好地发挥音乐的德育作用。

红色经典体现了蓬勃向上的精神气质。红色经典有着鲜明的时代特征，体现了昂扬向上的时代精神，在这些经典中，人们能够体会到英勇不屈、浴血奋战的战斗精神，开天辟地、敢为人先的首创精神，百折不挠、矢志奋斗的革命精神，勇于担当、求真务实的干事精神。红色经典中的这些精神气质必定会激起当代大学生的奋斗热情，鼓舞他们刻苦学习，增强勇担当、善作为、争先锋的干事创业能力和本领，切实肩负起新时代新使命，为实现中华民族伟大复兴的中国梦而不懈奋斗。

总之，音乐名曲欣赏课程思政一定要以经典艺术作品，特别是民族经典艺术作品和红色经典艺术作品为主体内容。经典艺术有着持久的生命力和强烈的感召力，民族经典中则体现了中华民族的价值理想和民族凝聚力。体现中国共产党领导下的中国人民革命和奋斗历程的红色经典更是富含思政价值内涵，以经典艺术作品作为课程主体内容才能使课程更好地实现教学目的，更好地承载课程思政的价值追求。

三、音乐名曲欣赏课程思政的具体落实：扣紧课程思政点

音乐名曲既然是艺术品，其中也自然涉及历史，民族，政治，经济等内容，蕴含着其本身的价值观和美学观，音乐名曲欣赏的课程教学不仅要解析音乐名曲的艺术性，也要对其中蕴含的思想内容进行分析解读，让学生在接受艺术教育的同时拓宽视野，丰富知识，形成良好的品德修养。在这个过程中，要想真正落实课程思政的要求，就需要注意提炼课程的思政点，在教学环节中注意贯彻这些思政点，紧扣思政点进行教学。概而言之，"音乐名曲欣赏"的课程思政点可以包括以下几个方面。

(一) 培养学生的爱国情怀和民族自豪感

中国有着五千多年光辉灿烂的历史文化，疆域辽阔，民族众多，音乐文化更是绚丽多姿，丰富多彩。许多少数民族被称为"歌的民族"，很多少数民族地区被称为"音乐的王国"，各少数民族大都有本民族代表性乐器，各民族的传统音乐都有着各自的风格和特色。在我国五千年历史的不同时期涌现出许许多多杰出的音乐家和他们创作的优秀音乐作品，这些作品都是音乐艺术的瑰宝，给人类留下了宝贵的精神财富。例如，我们课程中欣赏和讲授的《潇湘水云》《渔舟唱晚》《夕阳箫鼓》《云南音诗》《巴蜀之画》《我爱你中国》《平湖秋月》《黄河畅想曲》等描绘和歌颂了祖国的大好河山，《十面埋伏》《阳关三叠》《苏武牧羊》《昭君出塞》《胡笳十八拍》《关山月》《花木兰》《嘎达梅林》等蕴含着丰富的历史文化。我们今天在欣赏这些作品时，除了感知它们的艺术美之外，我们会有一种强烈的民族自豪感油然而生，会更加由衷地热爱自己的祖国。

(二) 培养学生树立正确的人生态度

音乐是人生的另一种展现形式，每一首乐曲都是作曲家人生的写照，每一首经典名曲所描绘的故事都有打动人心的力量，深入挖掘其中的内涵有助于引导学生树立正确的人生态度。例如，在《广陵散》的欣赏和讲授中可以激发学生对高尚人格的向往；在《命运》交响曲等作品的欣赏和讲授中重点强调学会正确对待人生中的挫折，学会在逆境中奋起；在《墨子悲丝》的讲授中，可以告诉学生既然丝都容易染成各种颜色，在这大千世界里，人更容易受周围环境的影响，因此要学会明辨是非，洁身自好，要有出淤泥而不染的能力。

(三) 引导学生树立正确的价值观

经典名曲之所以能传世，就在于其中蕴含了人们普遍认同的价值观和对美的向往和追求。如《合唱交响曲》中所体现的自由和解放，胜利和欢乐，团结和友爱；《C小调革命练习曲》中所体现的反抗压迫、顽强不屈的意志等；《流水》中所体现的百折不回，勇往直前，不到大海心不死的决心。在讲授这些乐曲时应该重点提示其中的思想内容和作曲家的深沉情感，引导学生树立正确的价值观。

(四) 引导学生珍惜美好生活，激发学生的责任感和使命感

经典名曲的美是永恒的，但每一曲经典名曲都有着它产生的时代背景，对比不同的时代背景和音乐所表达的思想情感更能让学生珍惜现在的美好生活。例如，在欣赏《汉宫秋月》《黄河怨》《江河水》《渔光曲》《松花江上》《二泉映月》《铁蹄下的歌女》等乐曲时，结合这些乐曲的背景和内容，对比当今的生活，引导学生感受在中国共产党的领导下祖国逐渐强大和人民安居乐业的幸福生活，激发学生的责任感和使命感。

将思政点贯彻到音乐欣赏中，学生不仅体会到了音乐的美，也更加关注其中蕴含的思想内容。例如，有同学说："当我们聆听《高山流水》时，心情会渐渐变得舒缓。静静用心聆听这首曲子，仿佛能看见一位长须白发的长者抚琴于天地山水之间，长发与琴声随风飘扬，天地间布满大雾，滚滚流水，宽广浩荡。有时是潺潺的流水，有时是沸腾的江河，带动自己的情绪跌宕起伏，回味无穷。曲子柔中有刚，静中有急，给人一种舒心、安定的感觉，不掺杂任何烦恼与忧愁。仿佛启示我们要用平和的心态去面对人生，面对人和事物，亲近自然。"有学生在赏析《嘎达梅林》后说道："前事不忘后事之师，我们今天的幸福生活，是无数英烈们用鲜血和生命换来的，要饮水思源，珍惜这来之不易的幸福生活，同时，更要居安思危，防患于未然，虽然我们国家一天天强大起来了，但和美国等西方发达国家相比，在许多方面还存在一定差距，作为当代大学生，我们要有忧患意识，要有责任感和使命感。"

总之，课程思政是音乐名曲欣赏课程的重要组成部分，也是当代美育的重要宗旨。作为高校的美育课程的音乐名曲欣赏课程，应当在每节课中都注意贯彻课程思政点，坚持立德树人，才能真正发挥其美育功能，培育学生美的心灵与人格。

参考文献

[1] 文艺美学丛书编辑委员．蔡元培美育文选 [M]．北京：北京大学出版

社，1983.

[2] 中共中央宣传部. 习近平论党的宣传思想工作 [M]. 北京：人民出版社，2020.

审计与鉴证业务课程思政元素设计与实践探析

朱小丽[①]

【摘 要】在审计与鉴证业务课程教学过程中,教师融入课程思政元素,把审计专业课知识及德育元素有机结合起来,探索专业课程创新教学方法,使教学活动中的"教书""育人"同向同行,完成当代人才培养目标。

【关键词】审计与鉴证;课程思政;教书育人

一、引言

课程思政指以构建全员、全程、全课程育人格局的形式将各类课程与思想政治理论课同向同行,形成协同效应,把"立德树人"作为教育的根本任务的一种综合教育理念。课程思政在本质上还是一种教育,是为了实现立德树人目标。"育人"先"育德"。注重传道授业解惑、育人育才的有机统一,一直是我国教育的优良传统。思想政治教育是做人的工作,解决的是"培养什么样的人""如何培养人"的问题,是我们党和国家的优良传统和各项工作的生命线。它始终坚持以德立身、以德立学、以德施教,注重加强对学生的世界观、人生观和价值观的教育,传承和创新中华优秀传统文化,积极引导当代学生树立正确的国家观、民族观、历史观、文化观,从而为社会培养更多德智体美劳全面发展的人才,为中国特色社会主义事业培养合格的建设者和可靠的接班人。课程思政主要形式是将思想政治教育元素,包括思想政治教育的理论知识、价值理念以及精神追求等融入各门课程中去,潜移默化地

---

① 作者简介:朱小丽,首都经济贸易大学华侨学院副教授。

对学生的思想意识、行为举止产生影响。

专业思政的内涵是以专业为载体，根据不同专业人才培养特点和专业能力素质要求，提炼专业所要求的核心价值，将之融通到专业人才培养全过程的专业建设中。通过专业内各门课的课程思政协同化，体现思政教育有机融入专业教育的体系化、规范化的系统设计，成为指导专业内各门课程思政、各个教学环节的育人逻辑主线，具有系统性、专业化和有机融合性的特点。

课程思政通过挖掘专业课程中所蕴含的思政元素，将思想价值融入价值体系，课程思政是以专业教育中的课程为载体进行的思政教育，因而课程思政是专业思政的基础，是专业思政的应有之义。专业思政则站在专业的高度确立思政目标、融入培养过程，通过专业内教学各环节的课程思政协同化，促使课程思政的教学各司其职、有序实施，因而专业思政是课程思政的深化，是课程思政的系统提升。专业思政与课程思政紧密联系、互为支撑，共同贯通高校教育教学全过程，构成高校立德树人的有机整体。

依据课程思政及专业思政概念、相互关系及要求，笔者将审计与鉴证业务课程所发掘的思政元素，分章节设计其内容、融入形式和过程，对其实施效果进行评价，并探索改进方案。

二、审计与鉴证业务思政元素设计方案

审计与鉴证业务课程在首都经济贸易大学华侨学院工商管理系国际注册会计师（ACCA）班选用的教材是 BPP 出版社出版的辅导教材，全书共 19 章，为配合学校教学周的安排及学生参加全球统考时间，在具体教学时将 19 章内容重新组合成 9 章，并将思政元素分章节融入组合后的章节中。在教学过程中的具体分配方案见表 1。

表 1　思政元素融入分配表

章节	主题	融入元素
课前 1	对自己提要求，对学生提要求	师德、责任的建立
课前 2	课前引导，建立信心	信心、毅力、方法

续表

章节	主题	融入元素
第1章	Audit and Assurance Engagement： ▶Types of assurance ▶Expectations gap	公正、客观、专业行为；不同的人对同一事物会有认知差距，需要良好的沟通
第2章	Professional Ethics & Acceptance ▶Professional ethics	社会主义核心价值观、普遍道德原则、ACCA职业道德
第3章	Corporate Governance & Internal Audit ▶Corporate governance code	诚信、正直、法治、专业行为
第4章	Risk Assessment ▶Materiality	敬业、专业竞争力和勤勉、谨慎、客观
第5章	Audit Planning ▶The importance and benefits of planning	敬业、专业竞争力和勤勉、谨慎
第6章	Audit Evidence ▶Using the work of others	保密、诚信、正直、责任担当
第7章	Internal Control ▶The control environment	爱国、自信，强的控制环境要有制度自信，所谓制度自信，就是从上至下认可自己的制度，坚决予以执行
第8章	Substantive Procedures ▶Circularization	公正、客观、当局者迷，旁观者清
第9章	Review and Reporting ▶Going concern	谨慎、敬业、专业竞争力和勤勉

三、思政元素具体融入形式及过程

审计与鉴证业务这门课全球考通过率较低，除了内容偏难以外，还有很多因素，诸如：①这个数字是全球通过率，全球有很多人没有接受集中课程培训，而是简单自学后就去参加考试；②审计与鉴证业务在全球统考系统中，是第一门含有大量文字分析的课程，中国学生普遍英语阅读和书写能力弱（作为华侨学院的学生，这方面有优势）；③很多人学习这门课时没有下足够多的功夫，方法也不对，拉低了通过率。其实要通过这门课并不难，大家要做到三点：树立信心、拿出坚强毅力、使用正确的方法。信心有了以后，大家要做的就是跟随老师，完全按照老师提出的要求去做，并按照老师总结的正确方法去学习、练习，就一定能通过。

在 Audit and Assurance Engagement（审计与鉴证业务）章节，在讲授 Types of assurance 时，会讲到 Reasonable assurance（合理保证）和 Limited assurance（有限保证）两种，不管是哪一种保证，都不是对鉴证业务100%的绝对保证，即从业人员出具的鉴证报告不能做到100%准确无误，只能做到合理保证。而讲到 Expectations gap 时，我们会发现很多客户和公众对此有不同的看法，他们总是认为鉴证从业人员提供的鉴证报告是100%准确无误的，这就要求从业人员在介绍自己的业务和签订合同时，一定要实事求是，明确做出合理保证的声明并和客户沟通清楚。良好的沟通才能避免出现这种认知偏差。

在 Professional Ethics & Acceptance（职业道德与业务承接）章节，在讲授 Professional ethics（职业道德）时，需要提醒学生：做好一个审计的前提是具备良好职业道德，而具备良好职业道德的基础是拥有良好的道德素质。什么才算是拥有良好的道德素质呢？让学生分组讨论五分钟左右，最后请每个组派代表陈述小组观点。在这个过程中，可以让学生分享各自的"三观"，也有利于他们学习到别人身上良好的道德素质。良好道德素质基本包括：热爱自己的国家，有民族自信和个人自信，不卑不亢；有崇高的理想，树立能实现自己人生价值、推动人类进步的人生目标；在外尊敬师长，团结同学，乐于助人，在家孝敬长辈，爱护幼小；乐观大气，不因眼前成就自满自负，也不因挫折打击颓废消沉；努力做到客观公正，不以有色眼镜判断人和事，也尽量不要受到他人不当影响。在恰当时机告诉学生，如果他们具备了这些基本道德素质，将来无论是做审计还是从事其他行业工作，都有了很好的基础，肯定不会太差的。

在 Corporate Governance & Internal Audit（公司治理与内部审计）章节，在讲授 Corporate governance code（公司治理准则）时，先讲述为什么要制定公司治理准则，且公司为什么要遵守公司治理准则。公司的股东是所有者，不负责公司的日常管理事务，公司的管理层是经营者，虽然不拥有公司，却掌握着公司的经营权，两方之间很难产生完全的信任，这就产生了代理问题。

因此，股东需要有一套准则来约束管理层，而管理层也需要按照这套准则运行，确保股东信任他们，也赢得公众的信任，同时也保护自己的权益。由此，引出对学生的指导：做事情要让别人（如客户、领导、家人、朋友等）信服，要有一套自我约束机制，眼睛向内做好自己，才能赢得客户和公众的信任，而有了这份信任，才会有客户忠诚度，才会有公众和朋友的支持。正如人们常说的："鲜花盛开，蝴蝶自来。"

在 Risk Assessment（风险评估）章节，在讲授 materiality（重要性水平）时涉及两个重要概念，一个是普通 materiality（重要性水平），一个是 performance materiality（实际执行的重要性水平）。一般审计人员会设置并对外公布一个普通"重要性水平"，并以该指标为标准，如果财报中信息错报与舞弊的数值超过该标准，就要执行审计程序并详细调查；如果错报与舞弊的数值低于该水平，一般就不认为报表存在重大错报，不再展开详细调查。但实际审计工作中，审计人员内部会另外设置一个"实际执行的重要性水平"，这个数值一般低于普通"重要性水平"，因此是一个更加严格的标准。如果财报中信息错报与舞弊超过该实际标准，即使没有达到普通"重要性水平"标准，他们也要展开调查，从而最大限度地减少审计风险。通过这两个概念的对比告诉学生，作为审计人员要有非常严格、谨慎的态度，而这一态度将会减少很多审计失败案例的发生，进而引导学生：如果能树立一个比外部标准更为严格的内部标准，将会减少很多失误，也会让自己的工作更加出色。

在 Audit Planning（审计计划）章节，在讲授审计计划的必要性或目的时，先设计引入古语，"凡事预则立，不预则废！"自古以来，做什么事情，如果有恰当、周密的计划，事情就会事半功倍。之后阐述计划的好处，例如：可以确保审计人员投入恰当的精力于审计重要领域；可以确保审计人员及时发现和解决潜在问题；确保审计工作有效地组织和完成；确保挑选出恰当的审计团队成员并分配恰当的工作给他们；便于审计工作的监督和检查等。在讲到审计工作底稿的保留时间时，国际审计准则规定是不少于 5 年，ACCA 协会对审计人员的建议是保留 7 年。此处，可以再次设计引入"敬业"价值观和"谨慎性"原则，告知学生"敬业""谨慎"对于会计专业人员的重要性。

在 Audit Evidence（审计证据）章节，在讲授 Using the work of others（采

用他人的工作）时涉及三个方面的问题：分别是使用外部专家、使用公司内部审计人员、使用外部第三方机构。无论是采用他人的工作成果，还是直接借用公司内部审计人员来协助外部审计工作，工作结果的最终责任都是由外部审计人员承担。审计人员需要和外部人员签订好相关保密协议，并对这些外部人员的工作进行最终审查，鉴定其工作成果恰当与否，能否被采用，且在审计报告中不会提及采用他人的工作成果进行责任转移。此处，设计引入"保密""责任担当"等思政元素，引导学生正确认识责任担当——如果属于自己职责范围内的事情，即使借用了他人工作成果或寻求了他人帮助，结果所带来的责任也应由自己承担，且应积极承担保密义务。

在 Internal Control（内部控制）章节，在讲授控制五要素之一 The control environment（控制环境）时强调：强的控制环境不但要有良好的组织架构、有能力的管理层、良好的沟通渠道，还需要有良好的企业文化；更重要的是，上层定好组织控制基调之后，组织内部从上而下要对控制制度一致认可并承诺坚决予以执行。换言之，就是组织内部所有人对本组织内部的控制制度有制度自信，坚信这套制度能让企业运转得更好，从而在内心认可并彻底执行之。通过这一概念引导学生也要对我们国家社会主义制度有制度自信，相信党和国家，不要盲目轻信或崇拜其他制度，要从内心认可国家制度的。

在 Substantive Procedures（实质性程序）章节，在讲授 circularization（客户函证）时讲到，客户函证属于外部第三方得来的证据，证据力强，可以不依靠别的证据就能充分证明问题，属于充分且合适（sufficient appropriate）的证据。不像从公司内部获得的证据，不够独立、客观，一般不能成为充分且合适（sufficient appropriate）的证据。这时会顺便跟学生聊聊苏轼的一首诗《题西林壁》："横看成岭侧成峰，远近高低各不同。不识庐山真面目，只缘身在此山中。"结尾两句是即景说理，谈游山的体会，之所以不能辨认庐山的真实面目，是因为身在庐山之中，视野为庐山的峰峦所局限，看到的只是庐山的一峰一岭一丘一壑，这必然带有片面性。它告诉我们：由于人们所处的地位不同，看问题的出发点不同，对客观事物的认识难免有一定的片面性；要认识事物的真相与全貌，必须超越狭小的范围，摆脱主观成见。而客户函证就超越了公司内部狭小的范围，摆脱了内部管理层的主观成见，因而可以作为充分且合适（sufficient appropriate）的证据。

在 Review and Reporting（审核与报告）章节，在讲授 Going concern（可持续经营）时，说明公司客户可持续经营假设的确认特别重要，这关系到股东和广大公众的根本利益，因而审计人员在做可持续经营假设审计时，要特别谨慎，必须关注很多指标，以便查看客户公司的可持续经营是否受影响。在审计报告中要有一个单独的模块专门对公司的可持续经营进行说明。当审计人员发现公司存在和可持续经营相关的重大不确定性时，还应当专门设置一个段落对此进行说明，充分披露给相关股东和公众，避免他们的利益遭受更大损失。从审计人员的这些操作中，总结并向学生说明：这是对自己负责，也是对客户负责，更是对广大公众负责。作为专业人士，你提供的工作结果，公众是信赖的，他们会基于你的结论做出判断，因此，不管在什么行业，对于关键性工作环节，务必要做到严肃、认真、谨慎；你保护的不仅是自己，还有广义上的"大家"。

四、结语

高校课程思政建设正在逐步被重视，这是一件利国利民的大好事。思想指导行为，人的行为很大程度上受到思想意识的指导，年轻的大学生是祖国的未来，他们的思想政治、意识形态直接影响了未来几十年我国整体思想政治、意识形态的发展。因此，加大课程思政建设势在必行。相信未来数年内，高校课程思政一定会迎来较为完善的发展体系。而本人作为专业课老师，也必将从中受益，学生更是受益终生。审计与鉴证业务是财会类专业的核心专业课，而核心专业课的课程思政建设具有更加重要的地位和意义。

将课程思政元素融入具体的审计学教学需要多磨炼几轮。从目前来看，整体实施效果是理想的，但也存在需要改进的方面。在今后的教学当中，应当探索更为丰富的融入形式，例如将思政元素融入作业、考试、问卷调查、线上活动、线下比赛等，并充分挖掘本课程中可融入的思政元素，丰富思政元素内容。

参考文献

[1] 张楠. 学习贯彻全国高校思想政治工作会议精神 努力开创我国高等教育事业发展新局面 [J]. 思想理论教育导刊, 2017（1）: 10-20.

[2] 张笑恒. 华为内部讲话 你的奋斗终有回报 [M]. 北京: 民主与建设出版社, 2017: 82-83.

[3] 习近平. 在全国宣传思想工作会议上的讲话 [N]. 人民日报, 2018-8-23.

[4] 习近平. 在哲学社会科学工作座谈会上的讲话 [M]. 北京: 人民出版社, 2016: 10.

[5] 高德毅, 宗爱东. 课程思政: 有效发挥课堂育人主渠道作用的必然选择 [J]. 思想理论教育导刊, 2017（1）.

[6] 金浏河, 高哲. 对"课程思政"的几点思辨 [J]. 现代职业教育, 2017（18）: 1.